AF316941

JASMÍN MARTÍNEZ

Resiliencia

UNA VEZ QUE SEPAS LA VERDAD, NO PODRÁS IGNORARLA.

Título: **Resiliencia**
Copyright © Jasmín Martínez
Primera Edición: Abril 2024
ISBN: 9798869322739
Diseño de portada: Tyler Evelyn Rood
Ilustraciones: Patricia Rodríguez
Diseño interior: Lotus Ediciones
Corrección y edición: Isaura Tapia
Todos los derechos reservados.

No se permite la reproducción total o parcial de este libro, ni su incorporación a un sistema informático, ni su transmisión en cualquier forma o medio, sin permiso previo de la titular del copyright. La infracción de las condiciones descritas puede constituir un delito contra la propiedad intelectual.
Los personajes, eventos y sucesos presentados en esta obra son ficticios. Cualquier semejanza con personas vivas o desaparecidas es pura coincidencia.

Para todos aquellos que creen que necesitan alas para poder volar y ser libres, cuando únicamente deben romper las cadenas que les retienen.

ADVERTENCIA

Este libro es apto para mayores de 18 o 21 años con criterio formado, ya que contiene temas que podrían ser perjudiciales para la sensibilidad de algunas personas.

Así cómo:

Escenas sexuales explicitas.

Escenas de violencia.

Lenguaje soez.

Problemas psicológicos y psiquiátricos.

Comportamiento ofensivo.

Entre otros.

NOTA ACLARATORIA

Si bien este libro es parte de una saga titulada Orgullo Blanco (Pride White), las historias han sido escritas para leerse de manera independiente, por lo que puedes comenzar en el orden que prefieras.

Tampoco es necesario haber leído los otros libros antes para comprender en su totalidad todo lo aquí escrito, pero si gustas conocer los títulos anteriores, te los dejo a continuación.

1. Aiden
2. Daemon
3. Caos

1 | Romeo

RAHSIA

¡Jesucristo!

¿Por qué tenía que ser tan difícil? ¿Por qué lo que supuestamente era sano dolía tanto? ¿Dónde carajos quedó mi fuerza de voluntad?

No tenía respuestas, por lo que me limité a respirar lo más hondo que pude, luego miré hacia el frente sintiendo de pronto un subidón de energía. Perfecto, ya estaba lista de nuevo, preparada y sobre todo decidida; esa vez me propuse llegar al final y alcanzar mi objetivo sin importar el dolor, el sacrificio, ninguna de las consecuencias.

—No más una chica *curvy*, Rahsia —me dije al tomar el mando a distancia para darle reproducir al vídeo en mi tele—. Ya basta de ser la chica *fatness*, es hora de convertirnos en la *fitness* —seguí.

—*¡Bien, mis reinas! Gracias por estar aquí, con las energías puestas y dispuestas a perder esos kilos de más. Así que comencemos girando los hombros. ¡Vamos, vamos, vamos! ¡Cuenten para mí!* —La música sonaba de fondo, alegre y energética, tal cual me sentía en ese instante—. *¡Y uno, y dos y tres! ¡Eso es!, ¡vamos!* —Comencé a moverme como lo hacía el entrenador y sus acompañantes.

¡Dulce Jesús! Era la tercera vez en el año que me proponía hacer ejercicios, comenzar una nueva rutina en mi día a día; incluso había llenado mi móvil con todo tipo de recetas la noche anterior, sobre todo de las que incluían mucha carne porque sabía que no resistiría a base de verduras, frutas y ensaladas.

Necesitaba una buena porción de proteína en cada tiempo de comida, y la prefería cuando era vacuna.

—Voy a por ti, ¡eh! —le hablé al vestido que puse en el respaldo del sofá de mi sala, donde me encontraba moviéndome de un lado a otro, al compás del vídeo de rango intermedio.

Creía que luego de tantos intentos, era merecido subir de nivel, por eso dejé de lado los de principiante.

Había comprado ese hermoso vestido dos semanas atrás, era el único que quedaba en la tienda y en dos tallas menos de la que yo usaba, así que lo tomé como una señal del universo para que dejara de lado la comida grasienta y la vida sedentaria. Y estaba muy decidida a que cuando me lo volviese a probar (porque sí, traté de meterlo en mi cuerpo con la esperanza de que la tela estirara, que sí lo hizo), ya no me mirase como si fuera una oruga o la versión femenina de Michelín.

—¡Vamos, Rahsia! ¡Tú puedes! —me animé cuando el entrenador pidió que lo hiciéramos.

Me movía con energías, con actitud, decidida. De hecho, ya me sentía con dos kilos menos y con el corazón acelerado en apenas cinco minutos de rutina. Y, sí, era tonto de mi parte, pero bueno, tenía que animarme psicológicamente, creerme una chica *fitness* para obligar a mi cuerpo a que se sintiera así, pues en los últimos meses mi peso se descontroló y nunca en mi vida había estado en una talla tan grande, así que sabía que era momento de hacer algo.

Otra vez.

—No, no, no y no —me regañé cuando mi móvil comenzó a sonar con una llamada entrante y mi cerebro me exigía que respondiera mientras mi voluntad trataba de negarse, puesto que solo habían pasado veinte minutos de rutina—. Al menos cumple los treinta minutos esta vez —seguí con mi monólogo en cuanto volvieron a llamarme.

Resiliencia

—*¡Vamos, reinas! ¡Eso es!, ¡lo están haciendo excelente!*

Traté de concentrarme en la pantalla, pero de refilón seguía observando el móvil. En ese momento era como una chica con déficit de atención, o más bien, mi oruga interior se negaba a abandonarme.

—¡Carajo, Angie! —grité mencionando a mi mejor amiga, pues tenía un tono de llamada especial para ella, por eso sabía quién era la insistente que pretendía truncar mis objetivos—. Espero que sea urgente, porque me has interrumpido en algo muy importante —reviré con la voz agitada y entrecortada.

Había cedido a la demanda de mi cerebro, pues fue más fuerte que mi voluntad. Además, me causó demasiada curiosidad que Angie no dejara de insistir con su llamada.

—*¿Estás follando, picarona?* —inquirió alegre y rodé los ojos, aunque no me mirase.

—No, Angie.

Mi amiga tenía una seria obsesión con el sexo, y más con que yo lo practicara.

—*¡Ah! ¡Ya sé! Estás haciendo ejercicios de nuevo.* —Dedujo y rio—. *Haz tres horas esta vez, amiga. Así te duran para dos semanas, si es que esta vez aguantas eso.*

—Voy a colgar, porque veo que solo llamas para estar de metida —zanjé y la escuché carcajearse.

No me ofendió su *sugerencia*, pues ambas teníamos nuestras dosis de humor negro y nos soportábamos y amábamos así. Además, al ser consciente de eso nunca me tomaba a pecho, o como ofensa, lo que me decía.

Era difícil que yo me ofendiera en realidad, incluso cuando alguien ajeno intentaba hacerlo con comentarios de mal gusto sobre mi peso o las porciones de comida que debería comer.

—*Ya, cielo. ¡Lo siento!* —exclamó—. *Bien sabes que eres bella en la talla que sea.*

—Eso ya lo sé —confirmé en tono engreído—. Si estoy haciendo ejercicios es solo para no aburrirme —bromeé.

—*Ajá… y para que ese chico misterioso que te tiene como loca, te vea preciosa cuando vuelvan a encontrarse.*

—No debí haberte dicho nada de eso —me quejé y le di detener al vídeo para luego sentarme en el sofá y charlar con ella.

¡Madre mía! Ahí iba de nuevo con mi círculo tóxico y vicioso, dejando de lado los ejercicios para ponerme a cotillear con Angie.

Otra vez.

Ese era mi cuento de nunca acabar. Quería perder unas libras, pero me daban pereza los deportes, ir al gimnasio o hacer los vídeos de ejercicios. Mi fuerza de voluntad para meterme en dietas era nula y tendía a romperme yo misma mis propias ilusiones siempre que me proponía bajar de peso. Y, siendo sincera, a veces odiaba las revistas de mujeres de tallas grandes, porque me hacían creer que estaba bien estar así, aunque mi salud dijera lo contrario.

Y entendía y, sobre todo, aceptaba y agradecía la inclusión, pero no era sano tener un peso como el mío cuando se descuidaba la salud. Apoyaba más el hecho de aceptarnos en cada una de nuestras etapas, amar todas nuestras versiones y por ese amor a uno mismo, trabajar en tener una condición médica y mental, saludables.

—*Entonces ¿nos vemos allí?* —indagó mi amiga antes de terminar con la llamada.

Me estaba proponiendo ir a comer a un restaurante muy majo que nos gustaba a las dos. La pobre dejó de invitarme a ir al gimnasio desde que la dejé plantada más veces de las que lo propuso, con la ilusión de que con ella me animaría más a tener un cambio físico.

Éramos las dos caras de la moneda, pues mientras Angie era pelirroja, esbelta, con músculos abdominales, piernas torneadas y sin una pizca de celulitis; sin contar la hermosura de chica de revista *fitness* que poseía. Yo tenía el cabello rubio oscuro, era robusta, con rollos por donde quiera que la ropa me apretara, piernas cargadas con piel de naranja y bellísima, tal cual modelo *curvy*.

Y no es que fuese engreída por creerme bella, sino más bien, me enseñaron a sentirme así, a creer en mí sin importar el físico que tuviese, siempre que no dejara de ser saludable. Tampoco fue fácil llegar a ese punto, porque hubo un tiempo en el que tuve el cuerpo soñado de cualquier adolescente, hasta que me vi en la obligación de aumentar de talla.

Sí, obligación. O más bien por protección.

Resiliencia

Y cuando quise recuperar mis *medidas perfectas,* ya nada fue fácil y pasé por un periodo oscuro a causa de eso. No obstante, el tiempo de quejarme por ello lo dejé en el pasado, aunque en las últimas semanas no me estaba sintiendo conforme con mi cuerpo, pero… ¡hombre! Seguía siendo humana e imperfecta, y era obvio que no todos mis días eran buenos, sin embargo, tampoco me quitaban el sueño como antes.

«De eso último se encargaba otra persona, no mis kilos de más». Exhalé tremendo suspiro al tener ese pensamiento.

—¡No me jodas, Rahsia! No me salgas con que pedirás solo una ensalada —se quejó Angie cuando estábamos en el restaurante tres horas más tarde.

—No me jodas tú. Como si no me conocieras —reviré, clavando el tenedor entre los pedazos de lechuga y tomates *cherry*—. Este es solo el tentempié porque me muero de hambre luego de esos veinte minutos de cardio —añadí y ambas reímos.

—¿Quieres que pida el plato fuerte por ti? Así escojo uno bajo en calorías —sugirió y negué, cubriéndome la boca antes de hablar porque ya estaba masticando un buen puño de ensalada.

—Necesito las calorías para poder hacer ejercicios mañana, así que déjamelo a mí —repliqué.

—Cielo… —advirtió ella entre risas.

—No me mires así que ya sabes cómo soy: pídeme de todo, menos que me meta en dietas estrictas o que deje el café, porque ahí me matas.

Angie negó divertida y sus ojos brillaron al verme. Ella siempre me observaba con orgullo, por muy tonto que fuera lo que saliera de mi boca.

—Eres grandiosa, pero eso ya lo sabes. —También tenía la costumbre de halagarme incluso cuando no había motivo para hacerlo—. Lo que diera por tener un poco de tu espíritu. —Suspiró y cuando negué con la cabeza me tomó de la mano por encima de la mesa.

Angie era de esas chicas las cuales, a primera vista, nos imaginábamos que tenían el mundo a sus pies y chicos por doquier

besando el piso por donde caminaba, pero la realidad se alejaba mucho de eso.

En ese momento, por ejemplo, sentí la pizca de tristeza en su tono, además de la admiración porque ella juraba que le encantaba mi actitud y que no me dejara deprimir por los estereotipos de la sociedad. Y no es que con ello me llamara gorda y dejara por sentado que mis noventa y un kilos sobrepasaban lo normal, sino a la realidad de los comentarios que solían hacerse en torno al sobrepeso.

Sin embargo, ya estaba más que claro que para experimentar la baja autoestima o sufrir de depresión y cualquier tipo de condición mental, nada tenía que ver el tipo de cuerpo, el género, la situación económica o sentimental, y menos la religión, el Dios, o entidad en quien se creía. Y Angie era un ejemplo, pues un año atrás pasó por situaciones difíciles que la llevaron a atravesar inseguridades y miedos y, a día de hoy todavía se levantaba cada mañana con la esperanza de superarlos.

Y desafortunadamente, no le estaba siendo fácil, pues todavía tenía episodios en los que yo como su amiga temía que recayera en viejas costumbres que solo la destruirían. No obstante, no podía desenredar su vida, pero sí estar ahí con ella mientras lo hacía por su cuenta.

—Sigue juntándote conmigo para que se te pegue un poco —recomendé entrecerrando los ojos y le sonreí, ella me imitó con un gesto de labios apretados—. Por cierto, te ves hermosa hoy, ¿será que tu Romeo llegará a tirar piedritas en tu ventana más noche? —inquirí.

Tenía semanas viéndose con alguien y, todavía no quería contarme de su aventura con detalles (aunque lo único que se guardaba era la identidad del hombre en cuestión, ya que con respecto a la intimidad era bastante creativa, tanto, que me sonrojaba solo de recordar sus anécdotas). Y no es que no confiara en mí, sino más bien a que callar ciertas cosas era el método de protección que acogió luego de su desastroso pasado.

Angie creía que, si no le daba importancia a su amorío, su corazón estaría a salvo. Y guardarse el nombre de ese chico para ella era mantenerlo en algo pasajero. Y respetaba su creencia, aunque pensara que eso no funcionaría, pues la conocía casi como me conocía a mí misma.

—Cielo, mi Romeo es como el chico de las cavernas, te lo he dicho miles de veces —disintió—. Carece de romanticismo y antes de tirar piedritas en mi ventana, me gritaría que baje a su encuentro entretanto se da golpes en el pecho con una mano y sostiene un garrote en la otra.

Solté una carcajada cuando señaló tal barbaridad, aunque a la vez, a mi mente llegó el chico que me estaba quitando el sueño a mí, puesto que él también parecía ser de la misma camada del Romeo de Angie, a pesar de no haberlo conocido en un ámbito tan personal.

—Te diría que exageras, pero no lo conozco y tú suenas demasiado convencida de lo que dices —comenté y ella negó divertida, luego le dio un trago a su bebida.

—Antes de seguir con el tema de chicos cavernícolas, déjame decirte que tú también estás bella —expresó—. Ese vestido se amolda muy bien a tu trasero y me encanta.

—No…

—No me vayas a salir de nuevo con que te hablo como si me gustaran las mujeres, Rahsia Brown —me cortó y mordí mi labio para no reír—. Simplemente sé admirar que mi mejor amiga posee buenos atributos y no tengo que ser hombre para hacer eso —se quejó.

—Estoy consciente de ello, pero vamos, cielo, tú admiras mis atributos a cada momento. Así que no me culpes por pensar que te gusto.

—¡¿Que me gustas?! Vaya modestia la tuya, ahora ya no son las mujeres sino tú en específico.

Encogí un hombro ante su reclamo y jugué con la pajita de mi bebida para luego tomar un sorbo.

—Sé que soy irresistible —me mofé y le guiñé un ojo.

—¡Jesús! Hasta me coqueteas —farfulló ella entre risas, contagiándome.

Se sentía bien tener esa confianza con mi amiga, aunque desapareciera frente a la persona a la cual quería coquetearle de

esa manera. Sin embargo, tenía que conformarme con hacerlo únicamente en mis fantasías más oscuras, pues en la realidad no era correcto y jamás lo sería.

—Dejemos tu flechazo conmigo y mejor háblame de Romeo —solicité toda orgullosa y ella rodó los ojos.

Tras eso empezó a hablarme del susodicho, a quien, en nuestro humor oscuro, bautizamos como *el amante suicida* únicamente porque ella aseguraba que era algo pasajero. E incluso siendo solo acostones ocasionales, él se convirtió en la primera persona con la cual mi amiga se relacionaba en el ámbito sexual después de un tiempo. Y me quedaba bastante claro que por parte de Romeo lo que tenían era una aventura, aunque me daba miedo que Angie olvidara eso y se involucrara de más, puesto que, de ser así, estaba segura de que sería la pelirroja quien sufriría.

Y ya lo había hecho demasiado en el pasado como para volver a lo mismo. Pero, de nuevo, no podía desenredar su vida, solo estar ahí con ella.

Lo confirmé cuando tras pasar un par de horas entre charlas, mi amiga tomó su móvil y comenzó a escribir lo que deduje era un mensaje, luego de enviarlo se mantuvo pendiente de la respuesta de su receptor, la cual no llegó con la brevedad que ella esperó y me di cuenta de que eso la desesperaba, puesto que la persona del otro lado del móvil la leyó enseguida (lo supe porque vi las palomitas azules en cuanto Angie puso el aparato sobre la mesa con la pantalla hacia arriba).

—¡Por Dios, Angie! Yo que tú me tardaba más —señalé molesta cuando el receptor de su mensaje se dignó a responderle y ella cogió el móvil con una rapidez extraordinaria, comenzando a teclear una respuesta.

Y no es que me rigiera por eso de pagar ojo por ojo, pero venga, que no estaba mal hacer sufrir a los tipos cuando mostraban esa falta de interés en uno; y eso es lo que veía en el caso de mi amiga y su dichoso amante.

—¿Qué? ¿Por qué? —inquirió a la defensiva.

Exhalé un suspiro antes de decir:

Resiliencia

—No me gusta ni deseo meterme en tu vida, amiga, pero ya pasamos por esto y no quiero que se repita. Mínimo deja que el tipo espere el tiempo que tú esperaste por su respuesta, ¿no?

Traté de decir lo último con tranquilidad para que comprendiera y no se ofendiera por meterme.

—No se repetirá —aseguró—. Ya hemos dejado claro con mi Romeo que esto no es serio, solo estamos pasando buenos ratos juntos. No más.

—Y por parte de él lo creo porque lo demuestra, pero por la tuya no, Angie —resoplé—. Hazme caso esta vez, por favor —supliqué.

Negó con la cabeza y a continuación se puso de pie, dando un paso para llegar a mi lado.

—No te preocupes, cielo. —Bajó un poco el torso hacia mí al decir eso.

Bufé al ver su actitud necia e identificar las palabras vacías.

¡¿Qué carajos pasaba con las chicas y su manía de fijarse en tipos que no las valoraban?!

—Sí me preocupo —solté con voz cansina y ella sonrió en un intento por eliminar la tensión—, porque no me estás escuchando, Angie.

—Lo tengo claro, ¿*okey?* —Chasqueé con la lengua porque sabía que solo decía eso para que dejara de joderla—. Y te dejo ya porque tengo una cita, yo pago nuestra cuenta.

Iba a replicar, pero me besó la mejilla y me dejó ahí sin darme la oportunidad.

—¡Pequeña mierda necia! —la fulminé y alcé las manos en señal de fastidio, negando con la cabeza al verla irse emocionada pues odiaba que fuera así.

Angie era hermosa y valiosa, pero, al parecer, solo yo lo veía y no ella que era quien más importaba. Lo peor de todo era que su sufrimiento pasado y el que intuía que se aproximaba, no era culpa únicamente de la otra persona sino de la maldita pelirroja por no valorarse como se debía.

Bufé otra vez, exasperada al pensar en eso y tras unos minutos me puse de pie para irme a mi apartamento.

Cuando llegué traté de no pensar más en Angie y me dediqué a los asuntos que tenía pendientes para el siguiente día en mi trabajo. Karina, mi secretaria, me había hecho llegar las citas de la semana y las agendé en mi *Tablet* para no olvidar ninguna. Llevaba un año trabajando como terapeuta en los consultorios de mi mentor, Tomas Cleveland, y me sentía feliz por la confianza que él depositó en mí, estando recién graduada.

Hacer mi trabajo social en el grupo de apoyo que él manejaba me sirvió para demostrar mi capacidad y, supe que lo hice bien cuando mi jefe puso a mi cargo a un grupo de pacientes que, según su experiencia, eran los más importantes.

> ¿Todas las citas están confirmadas?

Le pregunté a Karina por medio de un mensaje de texto.

> Todas a excepción de la del señor Pride.
> He intentado contactarme con él, pero hasta el momento no he tenido suerte.

Mi corazón hizo cosas locas al leer su respuesta, o más bien el apellido.

—Calma, vaquera. No olvides tu posición —me regañé y traté de controlarme.

No era ético y tampoco correcto, y más al ser consciente de que el hombre era ese tipo de problemas con los cuales no me convenía lidiar. Y no me refería a su condición sino al hecho de que era mi paciente y a que él demostraba el mismo interés en las relaciones con el sexo opuesto, que yo con mi relación con los deportes, el ejercicio y las dietas.

Y me estaba viendo en el espejo de Angie, así que me negaba a caer en esa situación.

Al volver a tener claro ese punto, le escribí a Karina que yo me encargaría de dejarle un mensaje al señor Pride y, luego de recibir su respuesta me dispuse a redactar las palabras para mi paciente desde el móvil del trabajo.

> Buenas noches, Daemon. Escribo para recordarte que tenemos una cita agendada para el martes. Te agradeceré que confirmes tu asistencia con mi secretaria en cuanto puedas. Que descanses.

Le di enviar al mensaje tras revisarlo tres veces seguidas, reiterando que nada fuese a leerse de forma errónea y sí muy profesional.

Lo trataba de *tú* porque acordamos que las formalidades no funcionarían bien en sus terapias, pues necesitábamos confianza de terapeuta a paciente (y viceversa) para que todo marchara bien con su proceso. Aun así, cuidaba que las cosas no se salieran de lo correcto entre nosotros, pues ya era suficiente con que, de un tiempo para acá, yo me hubiera dado cuenta de que lo comencé a ver *de otra manera* y no era sano para ninguno de los dos.

Y la única razón por la cual no rescindí como su terapeuta, fue porque los avances que consiguió tener bajo mis terapias, eran más fructíferos que los que tuvo con mi mentor; y no consideraba justo abandonarlo por no haber mantenido a raya mis sentimientos. Así que era mi responsabilidad lidiar con mis problemas y seguir ayudando a Daemon con los suyos.

—Se suponía que era yo la que debía meterme en tu cabeza, hermoso desastre, no tú en la mía —susurré mientras miraba el mensaje que le envié.

No había imagen en el ícono de su contacto, pero sus rasgos ya estaban grabados en mi memoria y al cerrar los ojos para imaginarlo con más claridad, siempre terminaba soltando un largo suspiro. Me era inevitable.

A veces creía que Daemon Pride White fue cincelado a la antigua por un artista que estaba enamorado de él, ya que lo detalló de manera perfecta y única, a pesar de que tenía un gemelo. No obstante, para mí el hombre fue hecho con un molde que luego rompieron, pues su creador era egoísta y no quiso arriesgarse a que tuviera más réplicas.

Fácilmente podía verlo en una revista, luciéndose como el hombre más guapo con ese cuerpo bien cuidado y la elegancia que tenía al vestir. De hecho, en mi cabeza lo imaginaba así, posando de frente con sus manos entrelazadas para que los músculos de sus brazos se marcaran en la ropa hecha a la medida, observándome con sus ojos gris miel y el ceño fruncido entre sus cejas de cazador, hipnotizándome con esa frialdad que lo caracterizaba. Aunque sus labios rellenos y rosados se robaran mi mirada, o su nariz perfilada, incluso su mandíbula filosa que siempre lo hacía parecer en tensión con el mundo entero.

¡Dulce Jesús!

Admitía que también había fantaseado con la idea de rodear su cuello grueso y fuerte mientras le daba besos castos en su nuez de Adán. O enterrando los dedos entre las hebras de su cabello que a veces parecía más castaño que chocolate.

Por esos pensamientos en muchas ocasiones llegué a creer que su aura oscura era el indicio de que un príncipe del pecado se escondía dentro de él, ya que era muy fácil que convenciera a algún inocente de caer a sus pies.

—Y justo ahí está el truco, Rahsia —indiqué—, que el pecado y peligro que ese hombre representa no es literal sino verdadero.

Aunque ya no me servía de mucho el recordatorio, pues a pesar de ser consciente de todo eso, cometí el error de comenzar a verlo de una forma distinta a mi paciente, y cada vez que me lo recriminaba me daban ganas de golpearme la cabeza contra la pared por haber sido tan tonta al cruzar ese límite sagrado.

—Lo conoces, mujer. Tú siempre has sabido que él es de los que te romperían el corazón con un chasquido de dedos —continué con mi regaño a mí misma.

Siendo su terapeuta tenía acceso a la mayoría de sus secretos, Daemon me los contaba por voluntad y como parte de nuestras sesiones. Prácticamente sabía cuándo tenía sexo y lo que significaba eso para él, era consciente de su desafecto por la mayoría de las personas y su lucha por ser diferente.

Mi trabajo era ayudarle a aferrarse a su verdadera esencia y lo llegué a conocer casi como me conocía a mí misma, aunque en el fondo de mi ser sabía que existía algo que Daemon no me permitía ver y su capacidad para esconderlo lo frenaba en mucho y también me asustaba, tal cual me atraía.

—¡Arg! —chillé y dejé el móvil cerca de mi bolso, consciente de que no me respondería, pues como lo dije antes, a él todo tipo de relaciones (profesional o personal) le importaban lo que a mí un partido de tenis.

Y yo casi siempre confundía el tenis con el ping pong.

> ¿Jugamos?

Leí en mi móvil personal, era la notificación de *PuzzleWorld* con un mensaje de *Demone*. Llevaba cerca de tres *años jugando partidas con él en la aplicación y era increíble có*mo ese alias, que se parecía tanto al nombre del culpable de llevarme cerca de mis inseguridades, me provocara cosas locas sin siquiera conocerlo.

Angie sabía un poco de Demone, aunque de forma inconsciente le hablé del jugador pensando en Daemon. Le guardaba ese secreto a mi amiga (sobre la identidad del hombre que me robaba el sueño), pero en mi caso lo hacía porque no era correcto decir en voz alta que un paciente me interesaba.

Eso no hablaría bien de mí como profesional.

Acepté jugar con Demone, como siempre, y me la pasé en ello durante tres horas. No pasábamos de mensajes de invitación a juegos o saludos cortos y creo que se debía a que los dos estábamos conscientes de que, si comenzábamos a querer saber más el uno del otro, nuestras partidas ya no serían interesantes.

Demone y Princess funcionaban mejor en lo virtual.

Al día siguiente, llegué temprano a la oficina a pesar de que mi primera cita era a las once de la mañana, pero quería dejar unos informes listos para el doctor Cleveland antes de que volviera de su seminario en Nueva York.

Tenía mi portátil abierta frente a mí junto a una taza de café humeante a un lado. Inspiré hondo un poco del delicioso aroma y tras ello me coloqué las gafas que me protegían de la luz del dispositivo, y comencé a escribir sin parar hasta que los toques en la puerta me interrumpieron.

—Señorita Brown, el señor Pride está afuera y pregunta si puede hablar con usted —informó Karina luego de abrir la puerta, llamándome así por mera cuestión de códigos de trabajo.

Me quité las gafas de inmediato con sorpresa. Eran las nueve de la mañana de un lunes y no tenía que verlo hasta el día siguiente.

—Dame cinco minutos y que pase —pedí y ella asintió.

Me puse de pie y me metí al pequeño cuarto de baño en mi consultorio. ¡Dios! No tenía por qué actuar así, pero tampoco me quería ver mal para mi paciente. Por lo que me acicalé el cabello y acomodé mi falda para luego finalizar con un toque de labial.

Menos mal todavía no había bebido café…, no es que me fuera a acercar tanto a él, pero quería estar presentable.

Justo iba llegando a mi silla en el espacio que usábamos para las terapias, cuando la puerta se abrió y Karina entró junto al ladrón de mi tranquilidad. Él me regaló un amago de media sonrisa y cerré las piernas como reflejo.

¡Ay, Jesús! Estaba actuando como desesperada tan temprano.

—Hola —lo saludé con el entusiasmo medido para no parecer fuera de lo profesional—. No esperaba verte hoy —señalé y un lado de su boca se curvó hacia arriba sin que el gesto llegara a ser una sonrisa.

En todo el tiempo que llevábamos conociéndonos, pocas fueron las veces que vi en él una sonrisa de verdad.

—Disculpa por no haber respondido anoche, tuve unas visitas inesperadas que me quitaron más tiempo del que pretendía darles —externó y sonreí.

—No te preocupes por eso. —Lo tranquilicé, restándole importancia.

Para muchos, Daemon era ese tipo serio e insufrible que manejaba la franqueza a un nivel que no todos tolerábamos, sin saber que en realidad se suprimía demasiado para no ofender sin razón alguna.

Resiliencia

Cuando alguien le caía bien, se limitaba a ser callado, pero si una persona no era de su agrado, teniendo una razón de peso para ello, ignoraba y se comportaba como si fuera ese hombre que únicamente les daría el privilegio de que él los mirara por encima de su hombro. La definición correcta de esa versión suya era egocéntrico y había de admitir que varios miembros del grupo de apoyo lo llamaban así.

—¿Será posible que mi terapia sea hoy? —preguntó con tono cuidadoso.

Agradecí en mi interior que justo ese día mi primer paciente llegaría tarde, así que con la mano lo invité a que tomara asiento en el sofá frente a mí. Yo ocupé mi lugar segundos después, debido a que me quedé de pie en cuanto lo vi entrar.

—¿Va todo bien? —Necesité saber, pues era raro que él solicitara terapias anticipadas.

Encogió un hombro en respuesta y antes de acomodarse en el sofá puso un paquete envuelto en papel marrón a un lado.

Iba vestido con un traje azul claro hecho a la medida, por dentro usaba una camisa celeste y acompañaba su atuendo con unos zapatos color pardo. Tenía el cabello más corto de los lados que de la parte de arriba, y no necesitaba peinarse; el estilo era nuevo y asentaba su peligro más que antes. Aunque era inteligente, ya que su fragancia olía a gloria, lo que yo consideraba una trampa de su parte para que su presa no se enfocara en la amenaza que él representaba.

Jesucristo.

«Yo era más tonta porque con fragancia o sin ella, ignoraba los riesgos».

—Sinceramente, no lo sé —respondió a mi pregunta.

Carraspeé por lo bajo en el instante en que se quitó el saco antes de sentarse, ya que me era un tanto difícil no admirar cómo sus músculos sobresalían aun con la ropa puesta.

¡Uf! Ese hombre era un espectáculo para mi vista. Mi mayor locura si no me controlaba de una buena vez.

—¿Cómo estuvo la boda? —indagué en el momento en que ambos estuvimos sentados frente a frente.

Esa semana había viajado a Richmond, Virginia (donde residía casi toda su familia) para la boda de su gemelo. Y no olvidaba la

emoción que él mismo vivió durante todos los preparativos que se hicieron para el gran día, puesto que su hermano lo mantuvo al tanto de cada detalle e incluso lo hizo decidir sobre ciertas cosas como si fueran ellos quienes iban a casarse en realidad.

En una ocasión Daemon me comentó que Aiden (su gemelo) y él siempre se habían considerado almas gemelas, por lo que aseguraban que la esposa de su hermano era en realidad una compañera de corazón. Me reí en cuanto la llamaron así y el hombre sentado frente a mí me pidió que culpara a Aiden de esa locura, pues era un lector empedernido, amante de la fantasía, y sacó eso de un libro que leyó.

Yo también era una lectora empedernida, por lo que apoyaba a Aiden y me pareció hermoso que, incluso amando a su esposa, nunca dejó de lado que su alma gemela era Daemon y decidió buscarle a la mujer que lo acompañaría por el resto de sus vidas, el nombre perfecto para demostrarle lo única que sería para él.

Compañera de corazón, en mi opinión era perfecto.

—Quise casarme con la novia, pero esta vez me reconoció —comentó Daemon tranquilo y reí.

Lo dicho antes, por mi trabajo tenía el privilegio de saber muchas cosas sobre su vida, así me las contara por obligación y no porque me considerara su amiga. Gracias a ello supe que en una de las visitas que le hizo a su familia, cuando Aiden y su esposa todavía no eran nada (pero ya se traían muchas ganas), ella los confundió y terminó besando a Daemon creyendo que se trataba de Aiden.

Por supuesto que este último se volvió loco en ese momento, pero ahora lo tomaban como una anécdota divertida con la que siempre chinchaban a la chica.

—Quiero saberlo todo —dije y Daemon apretó los labios para no sonreír, pues él tendía a decirme que en realidad yo era una cotilla que se desvivía por saber todo de su vida.

Tan equivocado no estaba, pero eran gajes de mi oficio.

Segundos después comenzó a platicarme sobre lo que hizo en la estadía con sus padres, lo feliz y orgulloso que estaba de su gemelo, su cuñada y la pequeña hija de ellos; ante la mención de su sobrina logré ver que sus ojos brillaron con emoción, aunque se opacaron al recordar a su prima y la situación que la chica estaba atravesando después de un atentado que su familia sufrió y en el cual ella se llevó la peor parte.

—Enfoquémonos en tu sobrina en este instante, ya que veo que hablar de ella te provoca una enorme felicidad —señalé cuando noté el cambio brusco de sus emociones y él me miró por unos segundos.

A pesar del tiempo que pasábamos juntos, todavía no me acostumbraba a su manera tan intensa de observar a las personas. Nunca sabía si me estaba asesinando o desnudando con ella, aunque no creía mucho en lo último, eso era más una ilusión de mi parte, pues por el récord de ese hombre, deduje que su tipo de chica era más la de medidas perfectas.

—Quise traérmela, pero su madre casi me mata —recordó y sonreí. Imaginarlo con una nena en brazos me daban celos y me ponía cachonda a la vez.

¡Dulce madre! Ahí iba de nuevo con mi ridiculez.

—Creo que nunca hemos tocado este tema, pero ahora mismo quisiera saber si has pensado en tener hijos algún día. Y sé lo que opinas de las relaciones serias y que no tienes ningún tipo de interés en ellas, pero ¿qué pasa por tu cabeza con el tema de los hijos?

Nuestra forma de trabajar se basaba en que Daemon hablara conmigo sobre su diario vivir para que no guardara nada solo para él, pues muchas veces el que callara podía convertirlo en una olla de presión muy peligrosa, o una bomba de tiempo que, al explotar, dañaría a muchos. Sus miedos eran los temas más difíciles de tratar y en ocasiones tuve que persuadirlo de muchas maneras para que me los confiara.

—Es algo que he tenido claro desde siempre, Rahsia —se animó a responder tras un rato. La forma en la que pronunciaba mi nombre era única y no entendía si se debía a su acento, pues era sabedora de que nació y vivió en Italia durante años, o por lo hechizada que me tenía—. No quiero hijos, nunca los he querido ni los querré.

¡Mierda!

No es que tuviera fe de que algún día me casaría con ese hombre y compartiría mi vida con él para siempre, pero oírlo tan decidido con ese tema me provocó una fea punzada en el pecho.

—¿Por qué? —cuestioné y ya no lo hice solo como su terapeuta, sino también por curiosidad.

—Porque no voy a condenar a ningún inocente con mi maldición —soltó y tragué con dificultad—. No me lo perdonaría nunca y por eso tomé la decisión de practicarme una vasectomía meses atrás. No le heredaré mi oscuridad a nadie.

¡Jesús! Me sentí decepcionada y sorprendida con su noticia, ya que era la primera vez que me lo decía (lo que era lógico porque apenas tocábamos ese tema), y lo observé dándome cuenta de lo cierto que era ese decir de: ya sabía que no podía ser tan perfecto. Porque, así fuera capaz de entender su decisión, se sentía fatal saber que una persona tan maravillosa como él, a su manera, no quisiera dejar frutos en el mundo.

Daemon Pride White definitivamente era un hermoso desastre.

Pero bueno, me concentré en mi trabajo y me obligué a recordar que solo era su terapeuta y estaba para comprenderlo y ayudarle. Y vaya que lo hice, luego de llamarle la atención por no haberme comentado que se sometería a ese proceso antes de llevarlo a cabo, ya que si bien yo no decidía por él, ese tipo de decisiones debíamos platicarlas porque era algo importante en su vida, y con su condición no era prudente que las ejecutara sin un buen análisis psicológico.

No obstante, al final comprendí que Daemon tenía razones más que válidas para hacer lo que hizo y estaba tan seguro de ello, que tomó cartas en el asunto, pues no se arriesgaría a cometer ningún *accidente* y le aplaudí eso, ya que era muy valiente al renunciar a algo tan bello con tal de no heredar los genes que tanto lo hicieron sufrir en su pasado.

Los de la bipolaridad tipo 1.

Y supe que su decisión al menos no fue precipitada en el sentido médico, la estudió bastante antes de llevarla a cabo y se reunió con doctores expertos para que lo informaran bien. La probabilidad de que heredara su enfermedad a un hijo estaba entre un treinta y cinco, o cuarenta y cinco por ciento; era muy poca, pero aun así no se quiso arriesgar.

También me comentó que incluso con su sobrina tenía ese miedo y ya había hablado con su hermano para que se mantuviesen pendientes.

Ese era uno de sus más grandes terrores y lo que lo mantenía un poco inquieto.

—Pero hay algo más ¿cierto? —inquirí—. Sé que tú no adelantas tus sesiones a menos que algo te preocupe.

Bufó una sonrisa irónica y recargó los codos en sus piernas, miró hacia el suelo y segundos después regresó la vista hacia mí, sin levantar la cabeza del todo, solo los ojos, regalándome con ello una posición muy peligrosa que solía ejecutar.

—A veces no me gusta que me conozcas tanto. —Aceptó.

Noté que desde ese momento debía manejarme con más cuidado.

—Pero todavía sabes esconderte de mí, Daemon —le recordé—. Crees que te conozco y tal vez lo haga en muchos aspectos, aunque sabes guardarme ciertas cosillas y eso no me deja ayudarte como quisiera. —Miró hacia un lado y negó con la cabeza.

—Tú sabes más de mí que mi propia familia —increpó.

—Bueno, pues sigue dándome ese privilegio y no me cambies el tema —pedí.

Sabía que lo que buscaba era eso. Y no lo conseguiría.

—Fui a ver a Essie al hospital —comentó, sabiendo que de nada le servía retrasarlo.

—Espero que se encuentre mejor. —Deseé.

El atentado de esa chica, su prima, casi logró que Daemon se derrumbara y jamás me asusté tanto como en esos días.

Elliot Hamilton, el tío de Daemon y su único pariente en Newport Beach, había solicitado que mi mentor le ayudara a darle la noticia a su sobrino, sobre el hecho de que Essie estuvo presente en el atentado que le hicieron a su familia y durante el fuego cruzado recibió una bala en la cabeza. Las probabilidades de que ella viviera eran casi nulas, pero hasta ese día seguía luchando por sobrevivir un día más.

Por suerte, junto al doctor Cleveland logramos mantenerlo estabilizado y no perdimos todo el avance que llevábamos ganado, aunque había notado que, desde ese tiempo para acá, Daemon no daba ni un paso hacia adelante como me lo esperaba.

Y me preocupaba.

—Lo está, aunque el camino será largo con ella —explicó y lo escuché con más atención—. El punto es, que cuando fui a verla me encontré a un enfermero en su habitación. Él usaba el uniforme habitual y una mascarilla cuando llegué y, no le habría dado importancia, ya que es común que el personal médico esté pendiente de la salud de mi prima, pero… me dio la impresión de haber visto antes a ese tipo y no en el hospital.

De cierta manera me inquietó lo que dijo, pues Daemon olvidó buena parte de su vida debido a un tratamiento de electroconvulsión al que fue sometido luego de sufrir una de las peores crisis de su condición. Y, por su médico de cabecera supimos que no sería bueno que recordara ciertas cosas, incluso deseaban que a su mente no volviesen a llegar algunas vivencias de su pasado, pero todo era posible y necesitábamos estar preparados, y prepararlo, para cuando el momento llegara.

—Pero no le viste el rostro —señalé, pues mencionó que la persona usaba mascarilla.

—No, pero fueron sus ojos los que se quedaron en mi mente y desde ese día, no he podido dormir más de tres horas seguidas. Estoy seguro de que la mirada de ese hombre es de mi pasado y me preocupa que haya sido parte del motivo que me llevó a recibir electrochoques.

¡Maldición!

Suspiré con fuerza al escucharlo y una voz en mi cabeza me gritó que tenía que mantenerme alerta, porque se avecinaban problemas.

2 | ¿Quién soy para ti?

RAHSIA

*Ellos eran dos piezas que encajaban a la perfección,
pero no eran del mismo rompecabezas.*
—Mario Benedetti—

Para mi mala suerte, desconocía los motivos exactos por los que Daemon tuvo que recurrir a la electroconvulsión. Únicamente se me informó lo esencial debido a que todavía me encontraba a prueba en mi posición y temían que, al saber la verdad, cometiera algún *pequeño* error con él. Y lo lamentaba, pero también era consciente de que me lo gané a pulso por los desaciertos que llevé a cabo en el pasado, en mi afán de ayudar.

Y no podía volver a equivocarme. No en mi trabajo.

Por esa razón, agradecí que el doctor Cleveland volviese pronto de su seminario, de esa manera él se encargaría de conducir a Daemon por la mejor vía para su salud mental, ya que luego de lo que me dijo analicé que habría que tratarlo con más cuidado.

—¿Desde cuándo comenzaron los problemas para dormir? —pregunté, más preocupada que antes debido a lo que escuché.

—Desde el lunes pasado, el día en que lo vi.

—¿Has estado tomando tu medicación? —Asintió en respuesta—. ¿Y qué más has hecho para ayudarte?

Lo vi incomodarse con mi última pregunta y supe que la respuesta que me daría no me gustaría como mujer, aunque como profesional iba a entenderlo.

—Creo que he entrado a un periodo hipomaniaco, así que tengo la libido por las nubes y ya sabes lo que me sucede cuando eso pasa —soltó y decidí no mirarlo, mejor opté por escribir algo en mi libreta.

«Al parecer, ha habido muchas mujeres con suerte en estos días», pensé y estuve tentada a escribir eso, pero me contuve, ya que parecería la loca del meme, plasmando idioteces en su libreta. Además, era fácil identificar que no era la terapeuta analizando en esos momentos, sino la tonta chica frustrada por no ser parte de ese grupo de afortunadas.

—No sé cómo tomarme eso, Rahsia. —Lo miré con los ojos desorbitados y me avergoncé como nunca al escucharlo.

¡Mierda! No era posible que haya vocalizado mis pensamientos, ¿cierto? Aunque supe que sí lo fue cuando sonrió, y esa vez de verdad. Mis mejillas se calentaron en un santiamén y estaba segura de que también se me pusieron rojas.

¡Dulce madre! ¿Por qué me pasaban esas cosas a mí?

—Digo… ¡Dios! Lo que quise decir es… —Me sentí una estúpida al no saber cómo salir de ese embrollo—. ¿No te servirá más comer chocolates para matar ese antojo? —Cerré un ojo y fruncí la nariz en un gesto irónico e inocente al soltar tremenda tontería.

—¿Perdón? —inquirió y, aunque quiso mantenerse serio, yo sobrepasé mis límites de idiotez y eso terminó con él carcajeándose.

¡Demonios! Si hubiese sabido que haciendo el ridículo lograría ver ese hermoso gesto en su rostro, creo, sin temor a equivocarme, que lo habría hecho desde antes.

—¡Ya! No te rías, hombre —pedí al comenzar a sentirme un poco humillada—. Solo dije eso porque muchas veces algunas mujeres calmamos nuestra libido comiendo chocolate. Al menos yo sí lo hago, ¿o no lo notas? —ironicé y me señalé de la cintura para abajo.

Todavía riéndose, Daemon me observó poniendo un puño debajo de su barbilla y mordiéndose el labio en el proceso. Me sentí incómoda en ese momento pues mi inseguridad quiso asomarse y traté de meter la barriga para que no se me notara mucho.

¡Madre santa! ¿Por qué me tenía que pasar eso justo cuando buscaba impresionar y no dar pena?

—La verdad, noto muchas cosas. —Dejé de respirar al escucharlo.

¿Era en serio? ¿Me lo haría más difícil? ¡Dios!

Eran pocas las ocasiones en las que él hacía comentarios de ese tipo y nunca sabía cómo tomarlo, sobre todo al recordar que tenía que ser profesional. Mi ética me lo exigía.

—Muchos michelines, ¿cierto? —inquirí, queriendo llevar el tema hacia otro lado. Él me miró sin entender de lo que hablaba—. Muchos gorditos, rollitos de gordura, Daemon —aclaré y negó a la vez que bufó una risa—. Bueno, pero concentrémonos en lo importante —sugerí.

Era momento de regresar a él y lo que le pasaba, y rogué para que se olvidara de mis tontos comentarios.

—Como quieras. —Concedió y miré hacia mi libreta anotando algunas cosas importantes, aunque no dejé de sentir su mirada clavada en mí, lo que me hizo seguir conteniendo la respiración para no sacar la panza que ya había logrado esconder.

—Si te parece, quisiera verte más seguido hasta que logres superar el insomnio. Tal vez tres veces por semana, no incluyendo la sesión grupal —propuse.

—De hecho, esperaba que lo pidieras —admitió y me hizo sentir bien, pues eso me indicaba que iba a poner todo de su parte para superar cualquier crisis por muy dura que fuera—, pero no sé si fuese posible dejar al menos una sesión fuera de aquí. —Frunció el ceño y lo miré sin comprender—. Tal vez podríamos ir a almorzar, o a un lugar tranquilo donde puedas trabajar conmigo sin que se sienta siempre como que lo haces por obligación —soltó y, a pesar de que no fue su intención, me lastimó que lo viera de esa manera.

—¿Te he hecho sentir eso? —cuestioné.

—No porque lo hayas querido —aclaró de inmediato—, pero llevamos demasiado tiempo viéndonos aquí, o en el grupo, y me estoy comenzando a hartar de ello. Y entiendo que debe ser así

porque nuestra relación es profesional, de terapeuta a paciente y no conviene hacerlo de otra manera por mi bien. —En realidad era por mi bien, quise decir, aunque callé—. Sin embargo, estoy actualmente en un momento en el que no quiero sentirme más como un imbécil con problemas, o que tú me escuchas solo porque te pago.

¡Wow! Eso último no me gustó y sentí una pizca de decepción en su comentario, algo que me alertó. Él estaba hablando más de lo normal y logré entender que el encuentro con esa persona una semana atrás, lo afectó más de lo que sospeché.

—Daemon, me conoces desde hace mucho tiempo ya. Sabes que no pude ser la terapeuta de Lucas por haberme involucrado más de lo debido con él, dejé que mis sentimientos por nuestro amigo interfirieran en su proceso y no quiero que pase lo mismo contigo, por eso soy cuidadosa —expliqué para que no fuese a tomar mi negativa como ofensa.

Lucas Morris fue la persona que llevó a Daemon al grupo de apoyo en el cual nos conocimos, mismo en el que me inicié como terapeuta. Y al igual que el hombre frente a mí, él sufría a causa de la bipolaridad.

A Lucas lo conocí mucho antes que a Daemon, y lo quería como se quiere a un mejor amigo; justo eso me llevó a cometer errores a la hora de tratarlo. Por esa razón el doctor Cleveland se vio obligado a darme de baja como su terapeuta y me advirtió que, si se repetía, la sanción podría ser permanente. Y no me permitiría perder pacientes y mucho menos mi carrera.

Asimismo, por ética y porque Daemon me lo dejó claro de forma inconsciente, me cuidaba mucho de no involucrar sentimientos con él, además de que no quería que me impidieran ser su terapeuta, ya que por encima de todo ponía su bienestar. Y, en todo caso, era lo más inteligente y sano mantener las cosas dentro de lo profesional, más para mí.

—Lo sé, lo sé —repitió como respuesta a lo que le dije—. Y perdóname por ponerte en esta situación. —Me quedé en silencio para que continuara expresándose—. Pero… ¿lo pensarías? Puede ser en otro lugar, solo salgamos de aquí así sea un día

—propuso—. Podríamos ir a caminar y sería divertido que me terapearas mientras trotamos.

—¡Qué va, hombre! Yo no caigo en esas trampas mortales —repliqué con ironía y él me miró con el ceño fruncido, gesto que me dio a entender que no comprendió por qué dije eso—. Me refiero a que le estás proponiendo ese plan a la persona equivocada —expliqué con una sonrisa burlona—. De hecho, mi mejor amiga sería la indicada para ti en ese caso. La pobre dejó de invitarme a hacer ejercicios porque la dejé plantada nueve veces de diez que me lo propuso. Y, hoy en día, mejor me invita a comer, al cine, a actividades que no impliquen sudar en exceso, o quedarse sin aire y con el corazón agitado.

En ese instante se mordió el labio y rio sin mostrar los dientes, pero lo vi divertido después de estar frustrado por mi negativa.

—Rahsia, ¿si sabes que hay cierta actividad que implica todo eso último que dijiste, y no son ejercicios? —Satirizó y me dejó sin palabras—. Y estoy seguro de que no te quejas de ello.

—¡Oh, por Dios! Haré como que no escuché eso —lo fulminé, más por mi bien y vergüenza.

Principalmente porque yo no hacía ese tipo de actividad que insinuó. No obstante, su comentario fue otro punto que me alertó.

En la mayoría de nuestras sesiones, Daemon era serio y en ocasiones hablaba solo cuando le preguntaba algo. Nunca lo conocí por ser un hombre de bromas y menos de comentarios sarcásticos, o con doble sentido y, sobre todo, jamás hizo nada de eso conmigo. Por esa razón me concentré en evaluarlo mejor para así confirmar si su etapa de manía era leve tal cual lo aseguró, puesto que a estas alturas no íbamos a arriesgarnos a dejar pasar ninguno de sus estados como pasajeros.

Seguimos hablando largo y tendido y cuando su mirada no estaba puesta en mí, sino en el suelo, aprovechaba para observarlo con detenimiento. Tenía algunas pecas en el rostro que provocaban que me relamiera los labios, pues las imaginaba como chispas de caramelo en una bola de helado de vainilla. Y madre mía, con lo que yo amaba ese postre… ¡Uf!

¡Carajo! No podía seguir así y me juré que me sacaría a ese tipo de la cabeza de una buena vez, pero mis intentos duraban lo mismo que mis rutinas de ejercicios.

Cuando faltaban diez minutos para las once de la mañana, terminamos la sesión y tuve que despedirme de él enseguida. Quedamos en que lo vería hasta el miércoles en el grupo de apoyo y, si no hubiese sido porque tenía una cita pronto, juro que habría alargado nuestro tiempo juntos.

—Esto es para ti —dijo de pronto y me entregó el paquete marrón que llevaba con él.

Me sorprendió ese detalle y me vi un poco tímida al tomarlo.

—No es mi cumpleaños —aclaré y me miró divertido—, pero gracias —añadí.

—Ábrelo —me animó y me sentí como niña ansiosa, ya que rompí el papel de inmediato.

Enseguida descubrí un libro gordito en mis manos, así como los amaba. La cubierta era en tonalidades oscuras y en el centro tenía una hermosa daga atravesando una manzana. *Pasión y Caos* leí en el título y de inmediato llegaron a mi cabeza muchas cosas relacionadas con el tema. Pero fue cuando vi el nombre del autor que miré a Daemon sin poder creérmelo y él sonrió con los ojos.

—¡Jesucristo! Espero que venga autografiado —advertí y él se encogió de hombros.

Abrí el libro y encontré en la primera página una dedicatoria escrita con caligrafía perfecta.

Todavía no te conozco, pero desde ya agradezco todo lo que haces por
mi alma gemela, y también por tu interés en leerme.
Espero que disfrutes el primero de muchos de mis libros.
Atte. Aiden Pride White.

—¡Ay, por Dios! —exclamé sin poder creerlo—. Me siento con ganas de gritar en este instante —añadí y cerré el libro de golpe, con un deseo inmenso de abrazar a Daemon por llevarme ese regalo, pero sin duda alguna esa no era una buena idea, así que me contuve y solo volví a darle las gracias como veinte veces más.

Por supuesto que por él supe que su hermano también estaba incursionando en el mundo de la escritura y ese era su primer libro publicado. La dedicatoria que me escribió era hermosa y me hizo alucinar como nunca, ya que, en palabras del gemelo de ese hombre que me tenía como una adolescente hormonada, yo sí le estaba ayudando a su alma gemela.

Y lo más importante de todo era que le había hablado de mí… ¡Dios mío! Hablaba de mí con su hermano.

¡Uf! Tenía que respirar y controlarme.

—¿Ya lo has leído? —Quise saber, escondiendo mi emoción.

—¡Joder! No. ¿Has visto lo grueso que es? Debe tener como mil páginas —se quejó y reí por lo dramático que fue.

—No exageres, si acaso son quinientas y créeme, cuando un libro es bueno y llega a manos de una mujer como yo, eso es poco —aseguré.

Sus ojos gris miel me analizaron y era capaz de pagar todo lo que tenía, con tal de saber qué estaba pensando al observarme de esa manera tan intensa. Pero era obvio que me quedaría con las ganas con lo enigmático que ese hombre era.

—Bien, entonces me haces un resumen cuando termines de leerlo —pidió y negué con la cabeza—. Nos vemos el miércoles —se despidió entonces y asentí.

Volví a darle las gracias y solo me hizo un gesto de mano, diciéndome sin palabras que no era nada, sin embargo, para mí era mucho que tuviese ese detalle conmigo.

—Me trajiste un regalo, hermoso desastre —susurré mientras lo miraba marcharse y me di cuenta de que todavía estaba sonriendo.

Y, en cuanto me vi sola deseé llamarle a Angie y contarle todo, pero me contuve, ya que no quería llegar a confesarle que me estaba volviendo loca por un paciente, pues eso, volviendo al punto que tanto me repetía, no iba a hablar bien de mí y se prestaría para comentarios que podían llegar a perjudicarme en un futuro. Así que lo más inteligente era seguir guardando ese secreto, por lo que me concentré en mi trabajo por el resto del día, aunque en ningún momento me saqué de la cabeza a Daemon Pride; y menos cuando veía a cada segundo aquel libro que me llevó.

Amaba leer, los libros eran una de mis debilidades más grandes, pero ese en especial se volvió mi favorito sin siquiera leerlo.

Cuando llegué a mi apartamento por la noche, llamé a Angie para vernos y hacer algo juntas, pero ella ya tenía planes con su Romeo, así que me quedé mirando la tele y pedí comida a domicilio; aproveché también para llamar a mamá y nos la pasamos charlando por casi tres horas con la intención de recuperar de alguna manera el tiempo juntas que estábamos obligadas a privarnos.

Nos tuvimos que separar por primera vez tres años atrás y confieso que el primero fue el más duro para ambas, aunque su esposo, y el hombre al cual yo amaba como padre, nos ayudó en sobremanera a que nos viéramos de vez en cuando sin levantar sospechas, ya que no era seguro que nos relacionaran en ese país.

Sacudí la cabeza para no pensar en mis días pasados cuando los motivos que tuvimos con mamá para alejarnos me invadieron, puesto que eso no me hacía bien.

Al día siguiente, tenía pocas citas agendadas, así que salí temprano del trabajo y me dirigí a casa de mi amiga, quien me llamó al mediodía para que nos viéramos, pues quería compensarme el no haber estado conmigo la noche anterior. No la culpaba por eso, era obvio que ambas teníamos una vida que atender y no podíamos vivir pegadas todo el tiempo; de hecho, lo que me gustaba de nuestra amistad era que no nos enfocábamos solo en nosotras, sino que también en amigos y rutinas ajenas a nuestro entorno.

Angie tenía asuntos y amistades que nada tenían que ver conmigo, y viceversa.

—Hice la pasta que tanto te gusta —avisó cuando ya estábamos dentro de la casa de sus padres y me deleité con el delicioso aroma de la comida— y renté unas películas. Así que espero que no tengas trabajo mañana muy temprano porque esta noche será larga.

—¿Celebraremos algo en especial? ¿O en serio crees que voy a molestarme por lo de anoche? —Sondeé y ella asomó la cabeza por la ventana que dividía la cocina del comedor.

—Solo estoy feliz de pasar la noche con mi mejor amiga. ¿Qué tiene eso de malo? —ironizó.

Resiliencia

—¡Diablos! Tienes que darle las gracias a Romeo de mi parte por ponerte así de animada —me burlé y ella negó con la cabeza, mordiéndose el labio para no reírse.

Había pasado mucho tiempo sin ver esa actitud en mi amiga y, aunque me daba miedo, también me hacía feliz que estuviera así y no triste como siempre se encontraba, desde que escapó de las garras de aquel malnacido narcisista que por poco la destruye.

—No puedo negar que él me deja muuuy relajada —admitió alargando la palabra para darle énfasis.

Llegué a la cocina y me dispuse a ayudarle a terminar lo que hacía falta. Mientras tanto, hablamos de cosas triviales y reímos con las tonterías que soltábamos de vez en cuando. Rato después estábamos cenando frente a la tele, comiendo y comentando lo que veíamos, una manía que solo podíamos ejecutar entre ambas, ya que la mayoría de las personas detestaba que se hicieran comentarios al ver una película; nosotras, en cambio, amábamos los *spoilers* y por increíble que fuera, no nos perdíamos ningún detalle por ponernos a hacer teorías. Al contrario, entendíamos mejor y hasta resolvíamos los misterios antes que los personajes.

Tras ver tres películas seguidas, optamos por buscar algún programa cualquiera en los canales del cable y entretanto comenzamos a hablar de algunas de nuestras cosas. Angie usaba su pijama corta, estaba con las piernas cruzadas (en posición de loto) y tenía un cojín sobre su regazo. De pronto, le dije algo que le causó gracia e hizo el amago de golpearme con el objeto y se lo quité divertida, pero mi risa se borró de golpe y me congelé en mi lugar al verle un tremendo cardenal en la pierna, muy cerca de la cadera.

—¿¡Qué demonios?! —solté horrorizada. Cuando ella se percató de mi mirada se bajó el *short* de algodón para volver a cubrirse, pero ya no servía de nada—. Dime que no es lo que estoy pensando —supliqué alerta y sacudió la cabeza para enfatizar su negación.

—No, Rahsia. No es lo que estás pensando —aseguró y sonrió para restarle importancia al asunto.

No lo logró.

—Por Dios, Angie. Júrame que Romeo no es Dante en realidad.

Dante Steward era su ex, el malnacido que no tuvo corazón para amar a mi amiga como ella a él, y el causante de muchas de sus desgracias. Me aterroricé al ver el morado en su pierna y a mi cabeza llegaron recuerdos de Angie toda golpeada, disociada y tratando de defender y justificar a ese imbécil.

—¡Mierda, Rahsia! En serio me ofendes al pedir eso —respondió a la defensiva—. Tengo un año de no saber nada de ese narcisista y ni quiero conocer su paradero —espetó.

Pero lejos de tranquilizarme me asustó más, pues eso significaba que, si no era Dante, Angie cometió el error de enredarse con otro imbécil igual a él.

—Entonces ese idiota de Romeo es de la misma calaña que el maldito de tu ex. ¡Por Dios! Yo sabía que era extraño que te negaras a hablarme de él y estúpidamente lo asocié con que solo querías ser prudente y no con que…

—¡Joder, Rahsia! ¡Ya para! Lo que has visto no fue provocado por maltrato. ¡Carajo! Dame créditos, *amiga,* porque no soy tan estúpida como crees y esto… —estaba de pie para ese momento y se bajó el *short* mostrándome bien lo que antes no pude. Mis ojos se desorbitaron al darme cuenta de que el cardenal entre su pierna y cadera tenía forma de dedos y en la nalga había otro igual—, no se hace solo con maltrato, también por placer desmedido. Y créeme que en ningún momento sentí dolor, de hecho, fue hasta esta mañana que los noté.

Negué como loca.

—No trates de justificarlo, Angie. No vuelvas a lo mismo porque ya sabemos cómo termina. Ningún acto de placer por muy intenso que sea te dejará marcas de ese tipo —aseguré.

Ella sonrió al escucharme y de nuevo se sentó a mi lado, en ese momento ya no estaba molesta y sin esperarlo, me acarició el rostro y negó.

—Gracias por quererme tanto, Rahsia. Y entiendo tu preocupación porque al final tú también has tenido malas experiencias que te llevan a creer que toda marca del tipo de las que tengo en mi cuerpo, son malas —señaló y respiré profundo para controlar mis recuerdos en ese instante—. Y si te hace sentir más tranquila, te juro por mi vida que mi Romeo no me ha maltratado de ninguna manera. Bien sabes que yo mejor que nadie sabría identificar entre un maltratador y un hombre intenso a la hora de follar.

—¡Carajo! Yo no veo la diferencia —contradije.

—¿Con cuántos hombres te has acostado? —inquirió.

Eso era golpe bajo y no tenía nada que ver.

—Mi falta de experiencia no me hace estúpida —me quejé.

—Pero obviamente sí inexperta. —Quise replicar, pero no me lo permitió—. Rahsia, solo has estado con Andy, y digo *estado* en el sentido de que tuviste una relación con él y lo terminaste después de la primera vez que intentaron acostarse, solo porque te dolió y lo hiciste parar en el primer empuje —me recordó, como si no hubiese sido yo quien vivió la experiencia—. El chico te entendió y aseguró que te daría tu tiempo, y tú decidiste que era mejor alejarlo por completo de ti.

—Porque no sería capaz de volver a hacer lo que hicimos —reviré.

—¡Mierda, amiga! Bien sabes que duele que te desvirguen y tú lo ves como maltrato y no como parte del proceso, así que es obvio que pienses así.

Me quedé en silencio, en eso tenía un punto.

Al final del día, yo también tenía mis demonios y luchaba día con día para encerrarlos en lo más profundo de mi ser. Actuaba siempre como una chica experimentada, pero carecía de eso en muchos sentidos de mi vida. Seguía siendo virgen porque no estaba dispuesta a pasar por ese dolor y porque, para mi desgracia, cuando estuve con Andy me atacaron recuerdos que no deseaba volver a tener y me aterrorizó lo que haríamos.

Y era cierto, no quise volver a verlo más, aunque Andy de vez en cuando me escribía para saludarme y pasaba olímpicamente del chico por vergüenza. Fue muy lindo siempre en nuestra relación y consideré que no merecía cargar con mis complejos, y sí ser feliz con una chica que se entregara a él sin miedos.

—Rahsia, solo cuando de verdad conozcas al tipo indicado y te entregues a él por completo, comprenderás lo que has visto en

mí —aseguró Angie, sacándome de mis cavilaciones—. Hasta el hombre más romántico y delicado, es capaz de dejar cardenales en su pareja a la hora del sexo, y no se debe al maltrato sino a la intensidad con la que muchas veces se folla. Y ni siquiera sientes dolor, o imaginas que eso pasará. Lo descubres al día siguiente y si el momento ha sido mágico como en mi caso lo fue anoche, al ver estas marcas sonríes y quieres repetirlo.

La observé al decir todo eso y fui capaz de notar la diferencia en esos momentos, pues en el pasado, cuando aseguró tantas cosas por justificar a Dante, lució nerviosa y triste, en este instante solo veía satisfacción en sus ojos y mucha pasión. Así que, confiando en ello, decidí respirar profundo y tratar de calmarme. Mi paranoia debía afectarla y tenía razón en que, mi inexperiencia en el ámbito sexual, me impedía ver el placer en ciertos actos.

Y únicamente cuando Angie me vio más tranquila, decidió hablarme de su encuentro la noche anterior con su Romeo; y pude entender por su emoción que tanto ella como su amante eran fuego puro al estar juntos. Incluso llegué a sonrojarme con todo lo que me confesó y admitía que odié no haber sentido ya todo lo que mi amiga describía con la palabra alucinante, pues de momento, existían ciertas cosas que me parecían exageradas e increíbles.

—Aunque hay algo con lo que debo tener cuidado, ¿sabes? —aseguró y la miré atenta, pues era la primera vez que se abría con el tema de ese chico—. Cuando lo conocí, dejamos claro que sería algo de una noche, pues no le gusta alargar sus encuentros sexuales con la misma chica para no hacerle creer que puede suceder algo más.

» Y de hecho fue así, solo nos acostamos esa vez, puesto que yo tampoco he querido rollos intensos tras lo que viví, pero luego nos reencontramos tres semanas después, cuando fui a un bar a beber algo con unas compañeras de trabajo. Nos saludamos y seguimos en lo nuestro, sin embargo, en cuanto fui al baño más tarde, él me siguió y sin decir ni una sola palabra volvimos a follarnos como locos y al saciarnos mutuamente, nos separamos y cada quien siguió su camino. De alguna manera consiguió mi número de teléfono y en esos mismos días me invitó para quedar de nuevo y darnos placer. Seguimos así hasta el día de hoy, aunque te confieso que en algún momento he llegado a pensar que existe un motivo fuerte para que me haya buscado, irrespetando una de sus reglas.

—Sé que es fácil pensar eso, Angie, pero ten cuidado —pedí después de escucharla y analizar todo—. Al tipo puede que le guste más cómo lo follas y por eso te ha seguido buscando. Eres mi mejor amiga y nos decimos todo por muy cruel que parezca y esto que te digo no es porque crea que no eres capaz de hacer que un hombre se interese en ti por lo que vales, sino porque sé de buena fuente que hombres como Romeo, en verdad le huyen a las relaciones serias y no quiero convertirme en una asesina si él te rompe el corazón —confesé y asintió.

Me había basado en las experiencias de Daemon al decir lo que dije, porque en muchas ocasiones él dejó por sentado que tenía chicas solo para desahogar sus necesidades sexuales y que no pasaba a más con ninguna, ya que según sus palabras: las mujeres únicamente le servían para tener sexo, así fuese vacío y algo carnal.

—Lo sé, cielo. Por eso te quiero mucho y no te preocupes, seré cuidadosa —afirmó y me obligué a creerle.

Dormí con ella esa noche, pues sus padres estaban en una convención de trabajo y no quería quedarse sola, así que la acompañé y al día siguiente me fui temprano a casa a prepararme para mi jornada laboral. Era miércoles, así que, en lugar de ir a la oficina, me fui hacia el salón donde trabajábamos con el grupo de apoyo.

Ese día nos enfocaríamos en ayudar a los pacientes a integrarse, por eso atendíamos a grupos de diez personas en diferentes horarios; en ellos se compartían vivencias, avances, fracasos, problemas y miedos. Y los miembros decidían en qué momento unirse, aunque de vez en cuando los alternábamos para hacerlos interactuar a todos.

Había otras dos terapeutas conmigo y el doctor Cleveland siempre nos apoyaba, aunque ese día no estaría, pues regresaba hasta el fin de semana de Nueva York.

—¡Mierda! Por ti los miércoles son mis días favoritos. —Sonreí al escuchar a Lucas, él siempre tenía un halago o un comentario listillo para mí.

—Yo tengo varios favoritos, pero no por ti —solté burlona y él hizo un puchero gracioso.

—¡Joder contigo! Eres la única chica en toda la faz de la tierra que me batea de forma olímpica. Pero tú te lo pierdes eh. Te. Lo. Pierdes —zanjó haciéndose el ofendido.

Negué con la cabeza y llegué a él para darle un enorme beso en la mejilla, me abrazó con ímpetu y lo golpeé en el brazo por haberme levantado en el aire y darme una vuelta como si se tratara de un novio emocionado por ver a su chica.

Con Lucas siempre era así y casi llegué a tener problemas por su culpa, aunque con el tiempo mi jefe entendió que no era yo quien buscaba o provocaba esa actitud en él, sino que era su forma de ser y hasta habló con el doctor Cleveland cuando se enteró de lo que ocasionó. Y sí, parecía que flirteábamos, pero tal cosa estaba muy lejos de la realidad.

Lucas era mi mejor amigo, lo veía como el hermano que nunca tuve y sabía que él me consideraba de la misma manera, además, era muy parecido a su amigo Daemon en muchas cosas, sobre todo en la cuestión con las mujeres.

Ambos les huían a las relaciones serias.

Y, tanto Lucas como Daemon siempre llegaban juntos a las sesiones grupales, así que no me sorprendió ver a este último tras de él, mirando serio la escenita que montamos.

—Hola —lo saludé entusiasmada y me acomodé la ropa que por culpa de Lucas ya no lucía impoluta.

Me sorprendió que Daemon solo asintiera en respuesta y de inmediato pasara por mi lado sin decir o hacer nada más.

¡Jesús! No es que esperara que también él me abrazara como su amigo, pero tampoco esa actitud que tuvo, pues fue muy antipático y de alguna manera me hizo sentir incómoda, apenada y mal.

¿Dónde mierdas estaba el Daemon que llegó a mi oficina el lunes?

—¿Qué mosca le picó? —inquirí.

—Ninguna, nena. No sé por qué te extraña, si él siempre ha sido así. Sorpréndete cuando te sonría mucho o te juegue bromas, porque entonces sí estarás con un tipo diferente —respondió Lucas y me quedé en silencio.

Resiliencia

Era cierto que a Daemon lo caracterizaba la seriedad, pero por alguna razón su actitud fue diferente a la del hombre que estaba acostumbrada. No obstante, en lo profesional me exponía a esos cambios en personas como él y decidí tomarlo de esa manera y no personal, o como la chica que esperaba algo más.

A continuación, la reunión dio inicio cuando el grupo estuvo completo e hicimos las actividades de siempre, pero incluimos algunas nuevas para hacerla dinámica. Lucas no paraba de gastarme bromas cada vez que me acercaba a él y nadie más lo notaba, también aprovechaba a contarme algunas de sus vivencias personales, mismas que no le confiaba a su terapeuta, situación que no me agradaba, ya que no le hacía bien.

Miré a Daemon de vez en cuando en el transcurso de la sesión, en los momentos en que se concentraba en lo que hacía y me seguía sintiendo mal, pues sabía que en su caso me ignoraba adrede. Desde que llegó no volvió a verme más y sentí que entre ambos se estaba formando una distancia muy grande.

Hablaba de terapeuta a paciente.

—¿Vamos a comer algo después de la sesión? —propuso Lucas cuando estábamos en la última actividad.

—Solo si me prometes que hablarás con Tania de todo lo que me has mencionado. —Contrapropuse, refiriéndome a su terapeuta y una de mis colegas.

Alzó la mano en señal de promesa y asentí.

—Te espero a la salida —avisó y se alejó de mí.

Daemon estaba cerca de nosotros, sentado en una silla frente a un panel blanco que tenía un punto negro dibujado al centro y varios círculos y líneas rectas a su alrededor. Se miraba muy tenso y noté que se le dificultaba mucho concentrarse en el bendito punto, que era el objetivo de esa actividad.

Con cautela decidí acercarme y cuando estuve a un paso suyo, vi su espalda moverse con intensidad, como si estuviera inspirando con fuerza.

—Un truco que funciona a menudo, es que le pongas a ese punto el rostro de la persona que más te importa —comenté y me paré frente a él, justo al lado del panel.

Sus ojos me buscaron y me sentí pequeña por la forma en que me miró.

—Ya, gracias —respondió lacónico tras varios segundos y solté la respiración que, sin saber, estuve reteniendo.

—¿Pasa algo? Porque te noto raro, conmigo en específico. —Dejó de mirarme cuando hice esa pregunta y se siguió concentrando en el panel—. Daemon, es en serio. Sea lo que sea, sabes que me lo puedes decir y, si lo necesitas, podríamos hablar al acabar la reunión.

Lo escuché soltar un bufido y sonrió satírico.

—¿Y qué? ¿Dejarás plantado a Lucas? —inquirió y de nuevo me miró de aquella manera tan dura.

Bien, olvidé mi comida con Lucas cuando propuse eso y me sentí muy mala amiga.

Ya lo había plantado antes por atender a pacientes que surgían de forma inesperada y no era justo que se lo siguiera haciendo. Aunque admitía que por Daemon era capaz de hacerlo, y no, no se trataba de la terapeuta hablando y pensando, si no de la chica tonta que no quería que ese hombre se molestara conmigo cuando no sabía ni qué hice para merecer su enojo.

Y pensándolo mejor, eso fue muy tonto de mi parte.

¿Qué carajos me estaba sucediendo? Estaba ahí queriendo saber qué hice para que ese chico se molestara conmigo, cuando sabía a la perfección que no hice nada.

—No, tienes razón —respondí entonces—. Siendo así, lo hablaremos mañana y haz lo que te recomendé para que logres concentrarte solo en ese punto —le animé y sonreí.

En ese instante sí estaba siendo la terapeuta, como debía ser siempre.

—¿Pensaste en lo que te propuse? —me cuestionó cuando vio mis intenciones de alejarme.

Lo había pensado, pero todavía no tomaba una decisión. Estaba esperando a mi jefe para comentárselo y que me aconsejara, ya que no quería que me afectara en nada si lo hacía por mi cuenta.

—Sí, pero tomaré una decisión hasta la otra semana —avisé.

—¿Vas a comentarlo con Lucas antes de responderme? —soltó y mis ojos se abrieron demás al escucharlo.

Me quedé estupefacta.

Daemon sabía a la perfección que Lucas y yo solo éramos amigos y me descolocó demasiado lo que insinuó con esa pregunta.

—Haré como si jamás hubieras hecho esa pregunta —dije un tanto ofendida.

—Pero sí la hice y quiero que me respondas.

¡¿Qué?! El tono que usó en ese instante fue demandante y altanero. Sentí que las orejas se me calentaron por la molestia y traté de controlarme al darme cuenta de que Daemon estaba teniendo un cambio abrupto y del enojo pasé a la preocupación.

—Siéntate, por favor —pedí, ya que se puso de pie con lo último que me dijo. No obedeció, por supuesto—. Ahora mismo necesito que veas ese punto, Daemon, y canalices lo que te está pasando —hablé más tranquila y me acerqué a él.

No dejaba de mirarme de esa manera tan gélida y estuve a punto de desviar la vista porque llegó a intimidarme, pero alcé la barbilla y con la mano le señalé la silla para que hiciera lo que le pedí. En esa sesión, se suponía que los pacientes debían trabajar solos o con sus compañeros, las terapeutas únicamente estábamos ahí para guiarlos, aunque en casos como el que estaba aconteciendo, se nos permitía trabajar de forma personal con nuestros pacientes particulares.

Mis colegas se percataron de la situación y trataron de reagrupar a los demás para que no pusieran su atención en nosotros. Y después de lo que me pareció una eternidad, Daemon al fin accedió a tomar asiento y me posicioné detrás de él, aunque no miró al frente como esperaba, sino hacia a un lado buscándome.

No podía tocarlo, debíamos solo guiar, pero sin poderlo evitar alcé la mano y la coloqué con suavidad en su hombro, lo sentí tensarse aún más y en lugar de apartarme, con la otra mano toqué el otro hombro.

Me vi tentada a hacer presión en mi agarre, ya que esa acción me estaba afectando demasiado, no obstante, respiré profundo y me contuve.

«Este toque no es personal», me dije una y otra vez.

—Mira el punto, Daemon Pride —hablé al fin. Su cabello acarició mi brazo cuando giró la cabeza para ver al frente. Mi piel

se puso chinita y me avergoncé, a pesar de que él no lo notó—. Ese es tu objetivo, eres tú en realidad. Los círculos y líneas son solo lo que crees que eres, esos malos pensamientos que te atormentan. Así que necesito que pongas tu mente en paz y me escuches con atención.

—¿Quién soy para ti? —indagó de pronto y me dejó de piedra.

—Un luchador que busca cada día ser mejor, eso solo pueden hacerlo los valientes —respondí sin titubear a pesar del *shock* inicial.

—Eso soy para la terapeuta Brown —aseguró—. Pero quiero saber quién soy para Rahsia —demandó.

Dejó de ver el panel y giró el rostro de nuevo para observarme, en la posición que se hallaba el gris de sus ojos desapareció y solo pude identificar los puntos miel, junto al peligro que esos iris tan especiales representaban; y mi corazón se aceleró por ellos y por la demanda de su parte.

¿Cómo iba a responderle sin comprometerme?

3 | Me perdería

RAHSIA

Aparté las manos de los hombros de Daemon y caminé hasta posicionarme frente a él. Sus ojos me siguieron, luciendo molesto, inconforme, expectante y hasta temeroso. Tenía que manejar la situación con cuidado porque la respuesta que le daría podría ser mi salvación, o perdición, y estaba donde estaba por amor a mi trabajo. Estudié psicología por pasión, no solo porque quería tener un título universitario; así que, perderlo todo por alguien que claramente no buscaba darme nada, no se encontraba en mis planes.

Y no iba a decir que *de momento*, porque por esperar algo a futuro, yo corría el riesgo de arruinar mi carrera.

—¿Es realmente importante para ti lo que piensa Rahsia? —indagué luego de un suave carraspeo, deseando que él se apiadara de mí y me sacara de ese apuro por voluntad, diciéndome que lo olvidara.

—Yo no pregunto nada de lo que no me importa una respuesta, Rahsia. —Por supuesto que no sería fácil con Daemon Pride—. Y

todo lo que vocalice para ti será porque quiero decirlo, aunque no siempre lo sienta —zanjó con la voz oscura, cargada de tensión en estado puro.

Respiré hondo, sosteniendo el aire unos segundos a la vez que estudiaba los grupos de las otras personas a lo lejos. No podía ignorar que Daemon en ese momento había mandado a volar nuestra relación de terapeuta a paciente y se desvió a lo personal. No obstante, analicé que era muy posible que la situación estuviera ligada al episodio de manía al que él entró recientemente.

«Suelta el aire con lentitud y cálmate», me repetí antes de responderle.

La manía era un estado muy volátil en los bipolares, pues era cuando más fácil viajaban a la velocidad de la luz entre la euforia y el enojo, siendo posible que cayeran en depresión si las personas de su entorno en lugar de comprenderlos, los empujaban a ese abismo de oscuridad conscientes o inconscientemente.

Y para quienes desconocían la condición de Daemon era perdonable, pero no era mi caso, por lo que me sería imperdonable llevarlo a ese punto solo porque me molestaba cómo me estaba hablando.

—Tanto para la terapeuta como para la mujer, eres una persona valiente y luchadora. Compartimos la misma opinión. —Empecé a decir y vi la decepción que le provoqué porque de seguro esperaba otra respuesta. Y mi debilidad por él me llevó a sentir una opresión en el pecho que casi me deja sin poder respirar—. Aunque Rahsia también te mira como un hombre grandioso, inteligente e interesante —añadí y noté, para bien, un cambio abrupto en sus ojos—. Eres admirable, Daemon, y la capacidad que tienes para reponerte de sucesos dolorosos únicamente lo he visto en personas resilientes. Y tú eres eso para mí: resiliencia.

Medio sonrió con lo último que dije y me asustó haber sentido que pude respirar mejor al ver su gesto. Era como si antes de eso me hubieran estado suministrando aire por una pajita. Pero en cuanto su rostro se suavizó, también abrieron ese tubo de oxígeno para que mis pulmones volviesen a llenarse.

Resiliencia

«¡Por Dios, Rahsia! ¿Cuándo vas a seguir tus propios consejos?», me regañé mentalmente.

—También eres un tanto guapo, sobre todo cuando sonríes —añadí, ignorando la llamada de atención que acababa de darme.

¡Jesús! Ya decía yo que no podía estar un rato sin cagarla. Pero ¿cómo culparme? Si con ese hombre mi capacidad para perder el filtro de la boca era más fuerte que mi voluntad de ponerme un bozal.

Eso no era de Dios.

—¿Un tanto? —cuestionó Daemon con un tinte de diversión en la voz.

«Por favor, no me hagas esas preguntas porque solita me echo de cabeza contigo», supliqué en mi mente.

—Pues sí, aunque también un tanto engreído —señalé queriendo parecer inafectada por la forma sutil que tenía de flirtear conmigo.

Mi corazón se aceleró y se detuvo al mismo tiempo cuando unas pequeñas arrugas se dibujaron en los rabillos de sus ojos porque sonrió.

¡Dulce madre! Cómo había extrañado esa sonrisa grande y genuina, pues era el indicativo de que dentro de ese hombre duro, serio, enigmático y frío, se escondía un chico inseguro y necesitado de atención; uno que Daemon solo me mostraba a través de la calidez de sus ojos, la suavidad de sus gestos y la timidez de sus mejillas sonrojadas.

Ante el mundo él era un hombre sexi y guapo que conseguía lo que quería con un chasquido de dedos, pero conmigo, y en momentos como ese, me mostraba la inseguridad que le obsequiaba su condición.

—Daemon, debo consultar y analizar tu propuesta con mi jefe, no con Lucas —le aclaré al verlo más tranquilo, regresando al punto que nos tenía ahí—. Si estuviera en manos de nuestro *amigo*, sabes que sin dudarlo me diría que no lo piense tanto y acepte lo que quieres. —Hice énfasis en la palabra amigo para que sin tanta explicación, entendiera que no había nada más que fraternidad entre él y yo.

Y no hubo enojo al escucharme, pero sí regresó a la seriedad, pues no le gustó que no hubiese tomado una decisión aún.

—No entiendo por qué demonios le dan tantas vueltas a eso. Es solo cambiar el lugar de la sesión y ya —soltó con fastidio y negó con la cabeza.

—Salir del consultorio contigo se prestaría para comentarios malintencionados, los cuales podrían terminar en obligarme a rescindir como tu terapeuta. Y no sé tú, pero yo no quiero eso —admití.

Omití decir que en realidad podría arruinar mi carrera si alguien infundía opiniones erróneas sobre nosotros, ya que necesitaba hacerle ver que para mí era más importante seguir apoyándolo en su proceso.

—*¡Cazzo! Scusami* —espetó entre dientes, hablándome en italiano. Él me había enseñado que lo primero era una maldición y lo segundo un *lo siento,* pues solía utilizarlo mucho en nuestras sesiones—. No tengo ningún derecho a ponerte en esta situación y lamento mucho que mi mal momento también te esté afectando a ti —reconoció.

A pesar de las complicaciones del momento, me alivió que fuera capaz de aceptar lo que pasaba. Era un gran avance a decir verdad, ya que al principio, cuando recién llegó al grupo de apoyo, se cerraba más conmigo y sufrí muchos dolores de cabeza al intentar que expresara sus emociones en cada episodio que atravesaba, pues se negaba a hablar con los demás y se limitaba a escuchar. Ni siquiera Lucas, siendo su amigo, conseguía mucho y el doctor Cleveland llegó a frustrarse en sus sesiones individuales.

Sin embargo, yo luché para ganarme su confianza, busqué la manera de conseguir siquiera un gesto de su parte que fuera más allá del ceño fruncido, o el asentimiento de cabeza. Lancé bromas inocentes dentro de los límites permitidos, y un miércoles que mi mentor no pudo asistir al grupo por cuestiones personales, por fin conseguí tratarlo de manera individual, sin salirnos de la sesión grupal, únicamente alejados de los demás, ya que Daemon nos comunicó que estaba dispuesto a hablar de algo y no solo escuchar esa vez, aunque prefería que solo Lucas lo acompañara en ese momento.

Resiliencia

Le agradecería a mi amigo por siempre ese día, ya que fue él quien me escogió para que fuera parte del grupo de tres que conformamos, puesto que desde esa terapia grupal, Daemon comenzó a integrarse más con los demás. Y por esa razón, cuando me gradué de mi carrera y me dieron la oportunidad de atender a pacientes de manera individual, el doctor Cleveland me eligió como la nueva terapeuta de ese hermoso desastre.

Y no lo llamé así únicamente por su condición, jamás lo encasillaría dejándome llevar por la bipolaridad. Lo hice porque con el tiempo, cuando adquirimos más confianza y él me habló de todos sus secretos (o de la mayoría), descubrí que Daemon era una maravillosa composición del caos. Un desastre capaz de dar felicidad y no ruina. Una pieza de rompecabezas buscando dónde encajar.

Y mi objetivo era que él creyera tan ciegamente en eso como yo lo hacía.

—No me afecta —aclaré por lo que dijo—, simplemente entiende que no estoy dispuesta a perderte como paciente. —«Porque es de la única manera que puedo tenerte», pensé—. Así que no nos arriesguemos mientras no tengamos el aval del jefe, ya que dime, ¿qué harías tú sin mí? —Terminé con esa pequeña broma para deshacerme de un poco de tensión.

Sin embargo, como respuesta únicamente obtuve el silencio de su parte y que me observara con detenimiento. Fue tan intenso y severo, que desvié la mirada, porque me metió en uno de esos momentos en los que sentía que sus demonios interiores me despedazaban viva. Incluso me acomodé las mangas de la blusa sin necesitarlo, las cuales me llegaban por debajo de los codos, y miré las mariposas rojas que tenía tatuadas en el brazo izquierdo.

¡Maldición! Me sentí idiota.

—¿Rahsia, puedes venir un momento? —solicitó Tania y estuve a punto de correr hacia ella y abrazarla por salvarme de esa situación embarazosa, pues seguí sintiendo la mirada de Daemon en mí.

Fulminándome, congelándome, analizándome. No lo sabía, lo único que tenía claro era que me intimidaba.

—Sigue con la actividad, es la última. —Carraspeé entre las palabras que le dije a Daemon y luego comencé a caminar.

No obstante, me detuve de golpe, a unos cinco pasos de distancia, por la declaración que soltó antes de que yo me alejara más de él.

—Me perdería.

Mi corazón se desbocó, mi pecho se movió con celeridad y la piel se me enfrió, a pesar de mi torrente sanguíneo ardiendo gracias a la sangre hirviendo que lo recorrió.

¿Eso había sido para mí? ¿Escuché mal? ¿O entendí erróneamente?

Lo observé sobre mi hombro con la intención de aclarar mis dudas y lo encontré mirando hacia el punto en aquel panel, algo que me hizo pensar que sus palabras fueron dichas por la actividad que llevaba a cabo.

La chica que se ilusionaba con facilidad y habitaba en mi interior me suplicaba para que lo enfrentara, porque ella juró que Daemon fue consciente de que detuvo mis pasos. No obstante, no me atreví a hacerlo, pues tenía miedo a ilusionarme, a que si él confirmaba que su declaración fue para mí, yo me olvidara de mi ética profesional y procediera como la mujer que desde hacía un año comenzó a verlo como hombre, no como paciente.

Pero, por fortuna, la terapeuta en mí tomó las riendas de esa situación y me hizo recordar las palabras que ese hombre me dijo rato atrás: «Él decía lo que quería, aunque no siempre lo sintiera».

Acto seguido continué con mi camino y le ayudé a Tania a ordenar algunas cosas que utilizaríamos para la siguiente sesión. En lo que restaba de la actual, me dediqué a pensar en Daemon, su actitud y su respuesta; de vez en cuando también lo buscaba con la mirada, él se concentró en lo suyo y pasó de mí como si no me hubiese hecho presente ese día.

Todavía me parecía formidable su manera de dejar al mundo de lado cada vez que quería, su mente era más que un misterio para muchos y sus cambios de humor una constante carrera que podía dejar sin aire hasta al mejor maratonista.

Y yo, que tenía una relación de amor-odio con los deportes, que era capaz de bailar durante una hora, pero incapaz de correr una milla sin parar, estaba dispuesta a meterme a una carrera con sus sentimientos y muy decidida a controlarlos si él me lo permitía, aunque tenía claro que eso era imposible, y que también estaba siendo muy contradictoria en cuanto a lo que quería y me convenía.

En mi defensa, la chica ilusionada en mi interior no dejaba de hacer su lucha en contra de lo que la terapeuta demandaba hacer. Y yo, que me encontraba en el medio, sabía las consecuencias de darle rienda suelta a la ilusión y los sentimientos.

Las viví y sufrí con Lucas cuando cayó en una etapa de depresión. Quería tanto a ese chico, que fui subjetiva en el momento en que debía ser objetiva, y terminé afectándolo en lugar de ayudarle como su terapeuta. La culpa todavía me carcomía y si no perdí mi trabajo fue solo porque el doctor Cleveland aseguró comprender mi falta, pues apenas hacía mi pasantía, por lo que enfrentarme a la realidad llevó sus complicaciones.

No obstante, sí tuve que renunciar a ser terapeuta de mi amigo y cargaba con una advertencia en mis archivos profesionales. La asociación Cleveland era una de las mejores en el estado y tuve un golpe de suerte cuando me admitieron como pasante en mi último año de universidad, así que de respetar mi ética y mantenerme en la línea recta con ellos, dependía mi futuro como una gran psicóloga y más cuando pretendía estudiar mi doctorado.

Lo único rescatable de ese infortunio, era que perdí a un paciente, pero mantuve a un amigo. Y ahora podía salir a comer con él, ir al cine, pasar el rato sin que nos afectara a ninguno de los dos; aunque lo que era fácil con Lucas no podría serlo con Daemon (en caso de que no hubiese aprendido mi desastrosa lección), pues al primero siempre lo vi por lo que era, además de que su actitud extrovertida hacía las cosas fáciles entre nosotros.

Daemon en cambio no solo era introvertido, sino que, además, la intimidad que teníamos de terapeuta a paciente sería imposible mantenerla de mujer a hombre, ya que no me iban los rollos de una noche como a él. Y de amigos… ¡Carajo! La verdad era que no me bastaba, pues no me haría la tonta conmigo misma, con ese hermoso desastre yo quería todo o nada.

Y sabía que a él le funcionaba mejor el nada.

—Y respeto lo que te hace sentir en control de tus emociones —musité para mí luego de disociar entre las personalidades que tenía en mi cabeza: la chica ilusionada y la terapeuta Brown.

Y no, no era nada clínico ni ninguna condición que yo padecía, simplemente se trataba de un método que utilizaba para aconsejarme a mí misma.

Cuando me encontraba en el restaurante en el que quedé de comer con Lucas, él todavía no había llegado, pues me envió un mensaje avisándome que se retrasaría un poco, aunque solicitó que ordenara la comida por él. Mientras esperaba a que se uniera a mí, volví a rememorar lo que pasó en la terapia con Daemon y me arrepentí por no haber aclarado su última respuesta, también experimenté las emociones de ese momento con el simple recuerdo y cuando menos lo pensé, me hallé retrocediendo al día en que lo conocí.

Y no me refería a cuando llegó por primera vez al grupo de apoyo, sino a tres años atrás. Un suceso que se mantenía intacto en mi cabeza, como si hubiese pasado ayer.

Había ido a visitar a mis padres durante una semana para acompañar a mamá en unos estudios médicos que debió realizarse y, gracias al régimen de seguridad que a papá le gustaba tener para mantenernos protegidas, me vi obligada a tomar mi vuelo de regreso a Newport Beach, California, en el aeropuerto de Norfolk, Virginia, una ciudad a cuatro horas de distancia del rancho en el que vivían.

Llegué con el tiempo justo para registrarme, ya que no me era fácil despedirme de ellos, sobre todo de mamá, pues siempre fuimos muy unidas y atravesamos juntas un infierno que fortaleció nuestra relación de madre a hija. Por lo que, tras nuestro largo hasta pronto lleno de besos y abrazos, casi tuve que correr hacia los escalones eléctricos que me llevarían a la segunda planta en donde se encontraba la sala de abordaje.

Lo más inteligente en ese momento habría sido asegurarme de que mi maleta de mano quedara bien acomodada en uno de los escalones que me llevaría hacia arriba, pero un chico de cabello entre castaño y chocolate, de metro noventa, piel blanca y porte de no te metas conmigo ni me mires, por supuesto que se robó mi mirada.

Él iba hacia la primera planta, concentrado en su móvil, ignorando al mundo sin importarle que todos los focos se posaran sobre su cabeza; y claro que no me notó, yo en cambio me idioticé con su presencia e incluso lo seguí con la mirada en cuanto los escalones nos posicionaron lado a lado. Y, cuando estuve a punto de llegar arriba, la vida me dio un revés por comérmelo con los ojos sin vergüenza alguna, haciendo que una de las rueditas de mi maleta se atorara entre la separación de un escalón con otro.

—Por favor, ¡esto no me puede estar pasando! —exclamé asustada al darme cuenta de que estaba a punto de llegar al final, por lo que tiré con fuerza de la maleta sin que la ruedita cediera—. ¡Oh, Dios! ¡No! —chillé dando un tirón más, en vano.

De verdad quise llorar al ver hacia arriba y darme cuenta que en tres escalones más terminaría por ponerle la cereza a mi pastel sabor ridículo.

—Déjame ayudarte antes de que termines llorando —pidió una voz masculina a mis espaldas.

Me giré con brusquedad, mi cabello suelto y largo voló con el movimiento y… ¡Demonios! Nunca esperé que aquel chico estuviera tan cerca de mí, que se hubiese regresado solo para ayudarme, que me haya notado en realidad. Pero sí era él, lo comprobé al picarle un ojo con las puntas de mi pelo.

—Merda —gruñó.

Reconocí su acento italiano, aunque la palabra me sonó parecida al español, esto último lo supe porque estaba aprendiendo el idioma. Y bueno, los insultos me los memoricé primero.

—¡Jesucristo! Lo siento tanto —supliqué y me llevé una mano a la boca, no entendí por qué esa acción, pues la vergüenza no me estaba dejando analizar nada.

Y ya no era solo por la maleta sino también por lastimarlo.

Él bufó lo que me pareció una risa y aún con el ojo cerrado logró tomar la maleta y de un tirón la levantó. Fue el único momento en el que estuvimos tan cerca, que logré sentir su calor corporal, sobre todo al llegar al final de los escalones y que, por estar más pendiente de su cercanía, terminé tropezándome al dar un paso hacia atrás. La caída sería dura y vergonzosa, pero él me tomó de la cintura para evitarlo.

—¡Demonios! Tú te levantaste con el pie izquierdo hoy, chica —señaló divertido.

Mis mejillas se incendiaron, no solo por el comentario sino también porque mis manos estaban en sus anchos hombros y nuestros pechos se unieron con la acción anterior; uno de sus brazos envolvía mi cintura y jamás soltó mi maleta. Ya había logrado abrir el ojo, pero lo tenía vidrioso y rojo por el daño que le hice con mi cabello. Aunque, incluso con toda la vergüenza que me embargaba, sus iris me hipnotizaron; el color miel en ellos abarcaba un poco menos de la mitad y el gris los rodeaba de una forma estupenda y única.

Parecía que usaba lentillas de fantasía.

—Creo que ni me he levantado aún y estoy en un sueño. Uno muy vergonzoso, pero sueño al fin —murmuré sintiéndome embrujada.

—¿Y en ese sueño me sacas los ojos con tu cabello hasta asesinarme?

—¡Jesús! ¡No! Lo siento por eso, es solo que me sorprendiste —repliqué.

—Olvídalo. Mejor promete que ya no te caerás para poder soltarte —propuso.

Me sentía tan cómoda, que en lugar de apartarme quería convertirme en una gatita mimada para que me siguiera arrullando entre sus brazos. Pero ya había hecho el suficiente ridículo, por lo que me aparté de él, todavía con las mejillas calientes y podía jurar que hasta rojas.

—Gracias —atiné a decir, hablando en español, cuando él me entregó la maleta y me miró con los ojos entrecerrados.

Quiso asegurarse por su cuenta de que ya no tuviera ningún percance, así que me acompañó hasta alejarme lo suficiente de los escalones eléctricos, algo que me hizo sentir tonta y afortunada en partes iguales, puesto que por su actitud seria y nada amable, podía asegurar que no tenía esos detalles con cualquiera de manera frecuente.

—No entiendo lo que dices —aclaró y le regalé una sonrisa tensa.

—Creí que hablabas español, porque escuché la palabrota que soltaste antes —expliqué y sus ojos perdieron un poco de la frialdad que los caracterizaba—. Te he dicho gracias —añadí.

—Fue italiano —informó y asentí—. ¿Tú hablas español?

—Un poco, apenas tengo un par de meses aprendiendo, pero espero hablarlo de manera fluida al terminar el curso. —Él asintió luego de escucharme.

—Deberías irte antes de perder tu vuelo —recomendó de pronto y alcé las cejas con preocupación.

Resiliencia

—*¡Jesús! Sí ya venía tarde* —*recordé y lo vi morderse la esquina del labio inferior, a lo mejor para no reírse de mi dramatismo*—. *Gracias de nuevo…* —*Me quedé en silencio porque hasta ese momento no nos habíamos dicho nuestros nombres.*

—*Recuérdame como tu héroe de las maletas* —*propuso y debía admitir que no lo esperé, pues no me dio la impresión de que fuera un chico de bromas.*

—*Por favor, tú recuérdame como la chica del aeropuerto, a secas. Y olvida que quise sacarte un ojo* —*supliqué.*

Me sonrió, no con la boca, pero sí con los ojos y con eso me hizo suspirar.

—*Hecho.* —*Aceptó y yo sí que le regalé una enorme sonrisa antes de salir corriendo.*

¡Madre mía! Esa manera de conocernos había sido muy vergonzosa e inolvidable para mí, mi evento canónico, de eso no tenía duda. Y, cuando nuestros caminos volvieron a cruzarse el día que llegó junto a Lucas al grupo de apoyo, fue la primera vez que uno de mis sueños más añorados se realizó; y casi me dio un paro cardiaco al confirmar que Daemon también me recordaba.

Aunque bueno, con el papelón y el tremendo ataque que le hice sin querer con mi cabello, cualquiera me recordaría.

—¿Qué te tiene en la luna, cariño mío? —preguntó Lucas sacándome de mi ensoñación en cuanto llegó al restaurante.

El mesero había llevado las bebidas que le pedí y mi amigo me encontró girando la pajita de la mía, haciendo que los cubos de hielo tintinearan mientras los miraba sin mirarlos en realidad.

Sonreí y exhalé tremendo suspiro cuando él se sentó frente a mí, aunque el gesto se me borró de golpe al verlo.

—¿Estás conduciendo tu motocicleta de nuevo? —indagué al notar la bandana azul oscuro sobre su cabeza, con la cual aseguraba su cabello negro que ya le rozaba los músculos trapecios, y su cazadora de cuero.

El tonto me regaló una mirada pícara y divertida, luego me guiñó un ojo café. Él juraba que con ese gesto había conseguido que muchas chicas mojaran sus bragas y, a decir verdad, era consciente de que podía ser una realidad, puesto que Lucas era atractivo, con su cuerpo alto, musculoso y tatuado. Incluso ese lunar tan

característico en forma de manchita de chocolate, que tenía cerca de esa boca de labios carnosos, le ayudaba para que las mujeres sintieran la necesidad de hablarle.

Pero jamás se lo aceptaría en voz alta porque su ego ya era más grande que él mismo.

—No vayas a comenzar a regañarme —advirtió al ver mis ganas de replicarle—. Solo me puse el atuendo para contener esta abstinencia que a veces siento que va a matarme, pero en realidad conduzco mi descapotable.

Lucas tenía prohibido conducir motocicletas, pues su adicción a la adrenalina que le provocaba la velocidad, lo hizo cometer errores graves tiempo atrás. Y, aunque me sonrió divertido en ese instante, también me sentí mal porque era consciente de lo difícil que era para él privarse de lo que tanto amaba.

—Tampoco es recomendable que conduzcas tu coche —reviré y él chasqueó con la lengua, luego le dio un sorbo a su bebida.

—No soy un imbécil inútil, cariño —se quejó y negué levemente con la cabeza.

—No, lo que eres es un temerario, Lucas. No te prohibieron conducir porque seas inútil sino porque te pones en peligro a ti mismo. Y ten cuidado con lo que vas a decirme —advertí al verlo con la intención de fulminarme, pues me sabía de memoria su respuesta y él era consciente de lo que me provocaba.

—Ya, Rahsia. Deja de comportarte como mi hermana mayor y mejor admírame como lo haría una mujer que sabe que tiene a un hijo de puta irresistible frente a ella —pidió volviendo a esa actitud despreocupada que lo caracterizaba.

—¡Jesús! —musité dándome por vencida y me sonrió de lado.

Empezamos a charlar de cosas que no incluyeran su seguridad porque sabía que eso lo hacía ponerse muy pesado y como bien me lo dijo, no quería a la hermana mayor sino a su amiga, por lo que me dediqué a ser eso.

—He notado a Daemon un poco extraño —comenté cuando nos llevaron la comida—. Y desde que nos conocimos, es la primera vez que lo veo actuar así. —Lucas me observó pensativo y suspiró tras unos minutos.

Resiliencia

—Había logrado controlar a nuestra amiga por mucho tiempo —*amiga* era el apodo irónico que Lucas tenía para la bipolaridad, él siempre intentaba verle el lado cómico a la situación—, pero últimamente lo he visto un tanto exaltado. Incluso ha estado trabajando más de la cuenta y, de hecho, ayer se quedó en la oficina toda la noche, solo fue a su casa hoy para tomar una ducha, cambiarse de ropa e ir a la sesión.

Ellos trabajaban juntos en la compañía constructora de los padres de Daemon, mi amigo en realidad hacía su pasantía allí, aunque el señor Elliot Hamilton, quien dirigía el negocio, ya le había ofrecido un puesto fijo en *White Construcctions*.

—¿Está conduciendo? —pregunté preocupada, Lucas negó y tragué con dificultad.

—Está utilizando a su chofer desde que volvió de Virginia. Ya sabes, Daemon tiende a ser más responsable que yo en ese sentido —aseguró sin vergüenza y traté de tranquilizarme.

Me fue imposible, pues me preocupaba, más de lo que debería, el que ese hombre entrara a un estado de manía grave y, más por el hecho de que tenía una sensación pesada en mi pecho, la cual se instaló ahí desde que él me habló del dichoso enfermero con el que se topó cuando visitó a su prima, y el cual Daemon intuía que era parte de su pasado.

«No, Rahsia. Detente».

Me frené a mí misma en el instante que deseé tomar mi móvil para llamarle, incluso se me cruzó la idea de buscarlo personalmente y asegurarme de que estuviese tomando su medicación, pues no podía ni debía saltarme ese límite. Y si seguía pensando en hacerlo, me vería en la obligación de tomar medidas extremas, ya que podría afectarlo como lo hice con Lucas.

—¿Has estado con él estos días? Y no me refiero al trabajo —cuestioné de nuevo a Lucas.

—No —respondió, tomando los cubiertos para comenzar a comer de su plato—. He tenido algunos asuntos que atender y por lo que sé, Daemon también. —Se metió un buen trozo de su filete mignon a la boca y al saborearlo cerró levemente los ojos, disfrutando del manjar—. Se podría decir que hemos estado muuuy

ocupados —confesó tras disfrutar de la explosión de sabores en su lengua, alargando la palabra, y no supe cómo reaccionar, consciente de lo que hablaba.

Miré la comida en mi plato, también había pedido un filete para mí, envuelto en tocino porque era la especialidad más deliciosa de la casa, pero en ese momento lo vi simplemente como un pedazo de lija que, al tragarlo, haría que mi garganta ardiera más.

¡Madre mía! Eso no tuvo que haberme afectado así, pues no desconocía lo que Daemon hacía con otras mujeres.

—El lunes por la noche le propuse algo, pero él ya tenía planes. Y anoche quiso que lo acompañara en la oficina, sin embargo, yo tenía planes —siguió Lucas.

—Ya me quedó claro que ambos han estado muuuy ocupados —murmuré sarcástica y con un poco de amargura.

Lucas solo se encogió de hombros, sonrió orgulloso y continuó gozando de su comida.

Yo en cambio seguí pensativa, analizando qué podía hacer para ayudar a Daemon sin involucrarme tanto con él, dejando aparte lo que hacía con su tiempo, pues era algo suyo. El hombre a diferencia de mí, vivía su vida haciendo a un lado nuestra relación de paciente a terapeuta. Algo que yo debía aprender a hacer.

—Cariño, come antes de que yo termine devorándome tu filete —pidió Lucas, con el tenedor en una mano y el cuchillo en la otra, viendo la comida en mi plato como si fuera un león hambriento que no tenía suficiente con lo suyo.

—Si no estuvieras mirando mi plato con la baba de fuera, diría que esa declaración tuya se escuchó muy sucia —repliqué, comenzando a cortar mi filete.

Lucas soltó una carcajada, comprendiendo de lo que hablaba y sacudí la cabeza, apretando los labios para no reírme también.

—Me encanta cuando sacas tu lado depravado —celebró y ya no contuve mi diversión.

Acto seguido, decidí olvidarme por unos minutos de Daemon y me concentré en mi amigo y en la comida que, como siempre, no me defraudó. Pasamos a temas más triviales mientras engullíamos cada bocado, confirmando una vez más que ambos éramos amantes fieles de la carne animal. Reímos de las locuras que los dos solíamos soltar y también hablamos de temas personales suyos, sintiéndome afortunada porque confiara tanto en mí.

—Tenemos que reunirnos más seguido —pidió Lucas cuando nos estábamos despidiendo fuera del restaurante.

La hora de la siguiente sesión estaba llegando y agradecía que el grupo de apoyo estuviera en la misma avenida de donde nos encontrábamos actualmente.

—Por favor —dije y le di un abrazo—. Y hasta que nos reunamos de nuevo, cuídate, Luquitas.

—Deja de llamarme así —gruñó tras darme un beso sonoro en la mejilla.

—Lo haré cuando comiences a actuar como un hombre responsable y no como un adolescente desastroso. —Lo chinché y él hizo un sonido de fastidio al sacar el aire por la boca.

A continuación, emprendí mi camino de regreso a mi trabajo, riéndome de mi despedida con mi amigo, ensimismada al pensar en nuestra comida juntos y muy distraída, pues al cruzarme la calle, ya lejos del restaurante, choqué con alguien que iba saliendo de un local de fragancias.

—Lo siento, lo siento —repitió y me tomó de los brazos.

—No, lo siento yo —dije con vergüenza y alcé la mirada para verlo a la cara.

¡Oh, madre de Dios! Eso no podía ser cierto.

El hombre era alto, con el cabello cobrizo y barbado. Sus ojos azul verdosos me miraron con asombro al reconocerme y deseé correr y esconderme de él.

—¿Rahsia? —me llamó incrédulo y sorprendido.

—¡Andy! —Traté de sonar con sorpresa y emoción igual que él.

La última vez que nos vimos, dijo que en una semana se iría a una convención de trabajo y esperaba que allí lo seleccionaran para un puesto que deseaba con ansias, aunque se tendría que mudar a otro estado. Fue en la misma ocasión en que estuvimos juntos (y me refería a muy juntos, tanto, que me dolió). Y lo quise mucho, lo extrañé por días, pero acepté que no estaría con él en plan de pareja porque no estaba dispuesta a darle algo que deseaba seguir manteniendo conmigo.

Por lo mismo, Andy merecía buscar a una mujer que sí se entregara por completo a él.

—¡Maldición! Estás hermosa —halagó y sonreí con ternura al escucharlo porque él siempre me miró así.

—Y tú estás diferente —señalé—. Mírate, tienes un montón de barba. —Él rio al escucharme, lo hizo con una carcajada suave.

Pero era cierto lo que dije, tenía mucha barba y varios hombres lo envidiarían por eso. Era del mismo color de su cabello y le daba un aspecto de irlandés que le quedaba bastante bien.

—Espero que te guste. —Deseó y sonreí.

—Me gusta. —Acepté sin mentir.

Bien decían que la barba era para los hombres lo que el maquillaje era para nosotras. Y a él, eso le sentaba de maravilla, pues no solo le daba una apariencia más madura sino también varonil.

—¡Diablos! —musitó de pronto y nos miramos mientras sonreíamos.

Me sentí un poco tonta porque no sabía cómo proceder, aunque consciente de que le debía una explicación. Andy la merecía después de que lo estuve ignorando por mucho tiempo cuando él fue respetuoso y bueno conmigo.

Lo corté, no sin razón, pero sí a lo cobarde y él estaba ahí, sonriéndome y luciendo feliz de chocar conmigo.

—¿Puedo darte un abrazo?

¡Carajo! Hasta me pedía un abrazo.

Antes de responderle miré a todos lados como si me escondiera de alguien, pero en realidad actuaba así cada vez que me ponía nerviosa. Andy frunció el ceño y estudió el entorno para asegurarse de que nadie me acosaba y al recordar mi manía negó y rio, tomándome de la nuca para acercarme a él con delicadeza y envolverme en sus brazos.

—Que bueno es verte otra vez —murmuró apretándome a él. La gente pasaba a nuestro alrededor sin darnos importancia.

Inspiré su fragancia al relajarme dándome cuenta de que era la misma de siempre, lo que me llevó a recordar nuestro tiempo, lo bueno que fue, lo bonito que la pasamos juntos. Eso bastó para que relajara mis brazos y con ello rodeara su cintura, fundiéndome en él.

Resiliencia

No lo hubiera creído antes, pero en ese momento coincidí en que se sentía bien volver a verlo y estar entre unos brazos que siempre me protegieron y me dieron mucho amor. ¡Carajo! Hasta en ese instante me di cuenta de cuánto extrañaba la sensación de comodidad y paz que una buena pareja aportaba.

—Lo siento —susurré y su pecho se movió indicándome que reía.

—¿Por qué, princesa? ¿Por cortarme sin darme una explicación? ¿Por no responder mis llamadas y saludos? ¿Por decirle a Angie que no me dijera nada sobre ti? ¿Por…?

—¡Ya, tonto! Lo siento por todo —lo corté y me separé de él.

Estaba riéndose y negando con la cabeza, pero no se veía molesto o resentido.

—Lo haré solo si aceptas salir a comer conmigo esta noche y a que hablemos de verdad —propuso.

—Está bien. —Acepté de inmediato.

Se lo debía y el destino me estaba dando una segunda oportunidad para hacer las cosas con él de manera correcta y no la dejaría pasar.

Cruzamos unas cuantas palabras más y quedamos en que me recogería a las ocho en mi apartamento.

Después de todo, llegué tarde a mi trabajo, me disculpé con mis compañeras tras inventarles una excusa y traté de concentrarme al cien en las sesiones, pero me fue imposible. En mi cabeza ya no estaba solo la situación con Daemon sino que a eso le sumaba mi encuentro con Andy y, encima, la cena que acepté tener con él.

Me volvería loca de tanto pensar.

Cuando salí del trabajo, le llamé a Angie para descargar un poco de mis penas; ella en cambio estaba emocionada al saber que me encontraría con Andy y hasta quiso convencerme de que esa noche sí dejara que me desvirgara. Quise matarla por sus consejos, pero terminé riéndome con sus locuras. Al despedirnos me hizo prometerle que le llamaría luego para contarle cómo me fue con todo, y tras eso decidí buscar lo que usaría.

No sería una cita en la que pretendía flirtear o reconquistar, pero mi vanidad siempre hacía aparición porque me gustaba verme linda, para mí. A veces me maquillaba y peinaba sin salir de casa, el único motivo era que me encantaba verme al espejo y admirar mi reflejo. Ese ritual comenzó en mí como terapia y luego lo adopté simplemente por deseo.

> Todos los pacientes están confirmados para sus citas de mañana.

En cuanto leí ese mensaje de Karina antes de salir de mi apartamento para reunirme con Andy, únicamente pensé en un paciente en especial.

Estando en mi cena con Andy horas más tarde, comprobé que todo estaba siendo más fácil de lo que imaginé, puesto que él siempre fue un hombre comprensivo que, aparte, me conocía muy bien. Por esa razón ya había deducido mis razones para alejarme y cortarlo en el pasado, así que me proporcionó una vía sin vergüenza en la que me evitó la conversación incómoda.

Hablamos largo y tendido sobre nuestras vidas y me comentó que se mudó a Colorado, por concentrarse en ello tampoco pudo buscarme el día que terminé con nuestra relación a través de un mensaje de texto. Sin embargo, admitió que su plan al estar de regreso, de visita por un mes, era encontrarme para que conversáramos de una buena vez y aclaráramos la situación a la cual no le dimos el cierre merecido.

—Extrañaba esto —señaló cuando comíamos del postre que decidimos compartir, pareciendo una pareja de enamorados.

Me reí al verlo alzar la cuchara rebosante de helado de vainilla con sirope de caramelo y chocolate. Él sabía que no podía decirle que no al postre, así que abrí la boca gustosa y saboreé la gloria.

—Hablar contigo es más delicioso que este postre.

—¡Hmm! Lo siento si no opino lo mismo —dije, cerrando los ojos mientras disfrutaba de la maravillosa explosión de sabores en mi boca.

Resiliencia

Él rio divertido.

Estábamos en un restaurante mexicano muy mono, el cual tenía su área para comer y una solo de bar por si pasabas de la comida y buscabas unos buenos tragos. El ambiente era muy acogedor, con familias o amigos disfrutando el rato.

Sin darnos cuenta, con Andy terminamos el uno muy cerca del otro y me tomó por sorpresa que en un momento dado él me besara. Aunque lo que me sorprendió en realidad no fue su gesto, sino que yo le correspondiera.

¡Jesús!

En ningún momento se cruzó por mi cabeza que eso pasaría, ya que, según mi plan, únicamente cenaríamos y charlaríamos de todo un poco, pero al parecer, a mi subconsciente le pareció que los consejos que me dio Angie eran más divertidos.

—Sí, el helado sabe mejor en tus labios —alegó Andy al separarse un poco y alcé una ceja, divertida y nerviosa.

Lo último aumentó en el instante que noté que volvería a besarme, pero una voz masculina y conocida nos interrumpió.

—Dejen de comer frente a los pobres, par de tórtolos.

—¡Lucas! —exclamé y me puse en pie de inmediato.

Me sentí pillada, como si de verdad él fuera mi hermano y acabara de descubrir que estaba saliendo a escondidas con mi chico. Y a Lucas le divirtió mi reacción.

—Juro que no quería interrumpirlos. De hecho, comenzaron a besarse cuando ya venía de camino a saludar —se excusó.

—Hombre, espero que no seas un pretendiente celoso —soltó Andy.

Lucas se limitó a reír y negar, tras eso vi a Andy ponerse de pie para darle un abrazo fraternal, situación que me dejó pasmada, pues era evidente que se conocían y yo no lo sabía, ya que en nuestro tiempo juntos jamás coincidimos los tres.

—Si lo fuera, ya serías historia, hermano —declaró Lucas por lo que Andy dijo antes.

—O tú, por pretender a mi chica —contradijo este último.

—Esto es incómodo —murmuré y ambos me miraron.

—Lo siento, cariño —se disculpó Lucas y luego me besó en la mejilla.

—¿Se conocen? —preguntó Andy y asentí.

No le dije de dónde o de qué conocía a Lucas, ya que eso no me correspondía; y entendí que mi amigo tampoco deseaba decírselo, pues terminó dándole una excusa para cambiar de tema y lo respeté.

Descubrí que ellos fueron compañeros en la universidad, en la primera carrera que Lucas cursó y no terminó, pues se cambió al confirmar que eso no era para él y, aunque no se frecuentaron mucho desde entonces, se consideraban buenos amigos. Por eso Lucas no dudó en acercarse a saludarnos en cuanto nos vio.

—Siéntate y aprovechemos a charlar un rato. —Invitó Andy a Lucas.

—No quiero interrumpirlos más y tampoco vine solo —avisó y por alguna razón me puse nerviosa—. Estoy aquí con unos amigos. —Señaló hacia atrás, a unas cuatro mesas de la de nosotros, y cuando me giré para saludar me encontré con unos ojos fríos e insondables que me escrutaron sin reparo.

¡Dulce Jesús!

Daemon estaba acompañado de dos hombres más a los que no reconocí, alzó su vaso como saludo hacia nosotros, sin sonreír, sin un solo gesto amigable, fue más algo educado al intuir que Lucas nos hablaba de él y sus amigos; y, aun con mi nerviosismo lo saludé con la mano y traté de comportarme casual.

La situación incómoda me despertó unas ganas tremendas de irme del restaurante y resguardarme en un lugar seguro.

—Por fin logré sacarlo de la oficina —mencionó Lucas para mí. No le di importancia frente a Andy, ya que tampoco quería que preguntara de más y mi amigo lo entendió, esos eran temas privados que no le importaban a mi acompañante.

Minutos después, Lucas se despidió de ambos y quedó con Andy para salir y ponerse al día pronto.

Como preví antes, mi estadía en el restaurante ya no fue cómoda y agradecí que estuviéramos finalizando el postre cuando Lucas llegó, pues no tardamos mucho en decidir marcharnos. Y, al ponerme de pie, busqué la mesa de mi amigo para despedirme de él y también de Daemon, no obstante, el último no se dignó a mirarme y estaba segura de que se dio cuenta de mi intención, pero tal cual lo hizo en el grupo de apoyo ese mismo día, me ignoró de forma olímpica.

Genial.

Salí del lugar resignada, Andy me tomó de la mano para guiarme hacia el estacionamiento y abrió la puerta del coche para mí, seguía siendo un tipo caballeroso y me constaba que no lo hacía solo por aparentar. Fue educado de esa manera desde niño. Le agradecí por el gesto y cuando estuve dentro esperando a que él subiera, miré una vez más dentro del restaurante; desde ahí lograba ver a los chicos. Lucas se reía de algo y Daemon charlaba muy animado con todos, en ese momento parecía un hombre sin ningún tipo de condición que lo agobiara, disfrutando de una salida con amigos.

—Oh, Dios —susurré por lo bajo, rogando a la vez que la noche pasara volando y así poder llevar a cabo mi sesión personal con él al día siguiente, ya que, para desgracia de todos a los que nos importaba ese hombre, sus ánimos eran la antesala de algo muy malo si no se trataba como debía.

Cuando llegamos a mi apartamento, Andy volvió a besarme como despedida y, aunque se lo permití, ya no lo dejé profundizar como en el restaurante porque me sentía rara, mal, con ganas de meterme a la cama y no despertar al menos en una semana.

Algo no encajaba conmigo, pero no sabía qué.

Al siguiente día llegué a la oficina más animada y ansiosa, Karina ya estaba ahí, pues siempre llegaba antes para preparar los expedientes de los pacientes y el delicioso café que me activaba como tanto lo necesitaba, sobre todo esa mañana.

—Tu primer paciente llega a las nueve de la mañana y el siguiente a las cuatro de la tarde —avisó al poner los expedientes en mi mesa.

La miré extrañada.

—Veré a Daemon Pride a las dos —le recordé.

—No, el señor Pride llamó para cancelar su cita y dijo que la reprogramaría hasta nuevo aviso —informó y negué.

Esa noticia me sentó muy mal.

¿Por qué Daemon haría eso?

4 | Pensamientos en voz alta

RAHSIA

Me encontraba en la entrada del edificio White tras tomar la decisión, junto al doctor Cleveland, sobre buscar al señor Elliot Hamilton (el único familiar inmediato de Daemon en la ciudad) e informarle la determinación de su sobrino de cancelar nuestra sesión y reprogramarla *hasta nuevo aviso.*

Y, claro que Daemon era un hombre adulto y tomaba sus propias decisiones, no obstante, cuando (como profesionales) considerábamos que era su condición la que se estaba haciendo cargo de una manera temeraria de sus actos, tomábamos la situación como una emergencia y era nuestra obligación hacer lo que estuviera en nuestras manos para evitar, todo lo que fuera posible, que cayera en depresión o cualquier otro estado que pudiera dañarlo.

Por esa razón, Karina me agendó una cita con el señor Hamilton después de intentar contactarse con Daemon sin obtener respuesta, pues al hombre le dio por desconectarse del mundo en el peor momento. Y su tío, demostrando lo mucho que le importaba el bienestar de su sobrino, propuso vernos el mismo día que solicitamos la reunión.

—Te llamé anoche y no respondiste, así que tú te lo pierdes —desdeñé al responder el móvil, ralentizando mis pasos antes de llegar a recepción.

Se trataba de Angie.

—*Cielo, lo siento. Tuve que salir a última hora, no estaba en mis planes, te lo juro* —se defendió. La escuchaba adormitada aún, a la una de la tarde.

—Y por lo visto no has salido de la cama. ¡Jesús, Angie! Si sigues así vas a perder el trabajo.

—*De nuevo, amiga: esto no estaba en mis planes… ¡Mierda! Siento que me dieron como a piñata de cumpleaños, o como si hubiera montado en bicicleta por horas. Necesito urgentemente una ducha con agua fría o caliente, lo que sea para que me relaje los músculos y me quite estos deliciosos dolores que tengo.* —Rodé los ojos, aunque no me mirase.

—¿Estás aún con tu Romeo?

—*¡Já! Ya quisiera.* —Bufó—. *No, cariño, nos vimos en un hotel, follamos como dos malditos poseídos y tras varias horas en ello, me quedé dormida. Desperté esta mañana, pero él no estaba por ningún lado, de hecho, creo que se fue después de haberme dado el último polvo, aunque mi cansancio no me dejó darme cuenta* —narró tranquila, yo en cambio negué.

Y no porque me escandalizara su franqueza, ya estaba acostumbrada a ella y tampoco me hablaba de nada del otro mundo, pero como lo dije con anterioridad: yo no era de rollos de una noche y tampoco me gustaba que mi amiga aceptara serlo, no obstante, eso Angie ya lo sabía y aun así seguía llevando su vida como se le daba la gana y lo respetaba. Total, si la chica accedía a acostarse con ese tipo, sin compromisos o promesas de una relación estable, era su gusto y su problema.

Como amiga ya había hecho mi parte, aconsejarla y prever lo que ella no, porque se cegó en que esa persona le daba lo que la hacía sentir bien a pesar de que era momentáneo. Y consciente de eso, de ninguna manera me convertiría en una cansona, recordándole a cada instante lo que sucedería, cuando a Angie le gustaba jugar con fuego.

Resiliencia

—Bueno, ve a meterte a la ducha entonces. Yo estoy en algo importante de mi trabajo, así que nos vemos luego —avisé.

—*Rahsia, no te escucho bien.* —No me extrañó que notara en mi voz que algo iba mal, pues podía ser la chica de rollos pasajeros con hombres y parecer que le importaba más eso, pero no era así. Ante todo, era mi amiga y estaba cuando debía de la manera que le fuera posible—. *¿Salió mal lo tuyo con Andy?*

—No es eso, es algo referente a mi trabajo.

—*Ah, entiendo. Sección clasificada para mí* —recordó—. *Bueno, nos vemos luego, pero no olvides que puedes hablar conmigo de lo que sea, no me meteré con tus loquitos* —se burló y la molestia que sentí no se mezcló bien con la preocupación que ya me agobiaba.

—Ya sabes lo mucho que odio que te expreses así, Angie, porque ninguno de mis pacientes es loco. Y en todo caso, no olvides que tú estuviste con ayuda psiquiátrica por varios meses.

—*¡Dios! Ya, lo siento. Solo quería hacerte olvidar lo que estás pasando porque te escucho muy preocupada. Buscaba que me regañaras, pero no así. Relájate, mujer.*

—¡Vete a la mierda! —espeté por lo bajo, y antes de colgar la escuché gritar un «aquí te espero» muy divertida.

Ese era uno de esos momentos en los que odiaba y no soportaba su humor negro, porque la tonta no siempre sabía cuándo era prudente tenerlo, o con quién meterse sin ofender indirectamente a nadie.

«Al menos ella estaba feliz», señaló mi subconsciente con razón, pues yo en cambio solo me concentraba en mi agobio por querer encontrar a Daemon y hacerle entender que no era sano para él dejar las sesiones, pero lo conocía y sabía que de momento no lo haría, por eso estaba en la empresa de su familia, con la esperanza de que su tío me ayudara a convencerlo de que las retomara, sin llegar a las imposiciones.

—Bienvenida. —Le sonreí y agradecí a la recepcionista luego de que me dijera eso con mucha amabilidad y me entregara el pase de visitante de la empresa.

Antes se había cerciorado de que tuviera una cita agendada y luego me indicó el camino a tomar. Enseguida de eso entré al

ascensor porque la oficina del señor Hamilton se encontraba en el último piso, este era de vidrio de la parte que daba a la calle, lo que me permitió admirar la ciudad y el mar al fondo. Visualicé a algunas gaviotas volando cerca y por instinto me tapé los oídos solo por si a alguna de ellas se le antojaba graznar.

Las odiaba por los recuerdos que traían a mi cabeza y, aunque eran aves sin culpa alguna con lo que me tocó vivir, también representaban parte de esa vida que intentaba dejar atrás, por lo que me era inevitable no asociarlas con el infierno.

—Aleluya —musité al salir del ascensor. La vista fue hermosa hasta que se convirtió en una tortura estar encerrada en esa caja de metal y vidrio, viendo las aves y rogando para que no graznaran.

—Señorita Brown, bienvenida —saludó la secretaria personal del señor Hamilton, ella ya me esperaba con una sonrisa amable.

En cuanto agradecí la hospitalidad me hizo pasar a la oficina con su jefe; él se hallaba en una llamada cuando entré, pero en lugar de pedirme que esperara afuera me sonrió y de inmediato despidió a su receptor para acercarse a mí.

—Confieso que esperaba a alguien mayor —admitió sin reparos y le sonreí, tomándole la mano a la vez en cuanto me la extendió como saludo.

«Confieso que no esperaba a un señor tan guapo», pensé y rogué para que esa vez mis disparates se mantuvieran solo en mi cabeza.

—Gracias por recibirme con tanta rapidez, señor Hamilton —comenté—. Soy Rahsia Brown y es un gusto conocerle al fin en persona —me presenté y él sonrió.

¡Diablos! En serio el hombre era muy guapo y no me gustaban los tipos mayores. Digo, tampoco es que lo estuviera tomando como posible candidato para que me desflorara, que no dudaba que tuviera un excelente desempeño por la vitalidad que mostraba, pero, simplemente admiraba lo evidente.

—Y sí, me lo dicen mucho —señalé sobre su anterior comentario, dejando de lado su atractiva apariencia.

Suponía que él sabía de mí por ser la terapeuta de su sobrino, así como yo de él por las charlas en que Daemon lo mencionó, pero era la primera vez que nos veíamos en persona, ya que, cuando era necesario hablar con los familiares de nuestros pacientes, mayormente era mi mentor quien se encargaba de eso, sobre todo con la familia Pride o White.

—Un orgullo para ti, deduzco sin temor a equivocarme —afirmó—. Tan joven, guapa, inteligente y no dudo que formándose un camino seguro hacia el éxito.

Madre mía.

Atractivo, exitoso y muy caballeroso. Un combo altamente peligroso y adictivo para muchas.

—Vine aquí buscando ayuda y de paso me iré con el ego por las nubes. Vaya bono que obtendré —comenté y eso lo hizo reír.

—Añade a esa lista tu buen sentido del humor —propuso y apreté los labios porque presentí que iba a regalarle una sonrisa que me cubriría de lado a lado el rostro—. Y ahora, toma asiento, por favor.

Me señaló una silla de frente a la suya en el escritorio y me acomodé de inmediato para darle la importancia que merecía mi visita y no a los halagos. La oficina era muy moderna y lujosa, imaginaba que algo típico en los presidentes de compañías tan adineradas como la que el señor Hamilton manejaba.

—Bien, como le comentó mi secretaria, mi motivo para estar aquí es su sobrino. —Comencé a explicarme cuando se sentó frente a mí y asintió, manteniendo el silencio con la intención de que yo me explayara.

En todo momento mantuve la prudencia y evité hablarle de situaciones privadas sobre Daemon. Noté que él sabía mucho de su sobrino en el sentido de que le daba la atención necesaria respetando sus silencios y distancia, sin despreocuparse por su salud, comportándose casi como un padre.

Mientras se metía a esa charla conmigo, me comentó que ese día Daemon le avisó que no llegaría al trabajo y de hecho, él se encontraba investigando las razones que tuvo para faltar, ya que le pareció muy sospechoso, pues su sobrino era muy responsable y en las pocas ocasiones que dejó de ir a la oficina se debió solo por sus estudios (cuando todavía no se graduaba de la universidad) o por alguna crisis que estuviera atravesando, pero jamás por simple

pereza o atender otros asuntos (a excepción de las terapias), esto último lo hacía en sus días libres.

Y me alivió en sobremanera descubrir que el señor Hamilton no solo se mantenía atento con su sobrino sino también estaba muy bien informado acerca de la condición que este padecía, lo que me inspiró mucha confianza y me llevó a decirle algo que no planeé, pero que en ese momento me pareció importante comentar.

—Debido a este tipo de padecimientos en nuestros pacientes, muchas veces tendemos a trabajar con sus familiares para ayudarles a que comprendan todo acerca de ellos, por lo que voy a atreverme a aprovechar esta reunión con usted para hablar sobre cierto tema que presiento, es el que ha desencadenado la inestabilidad en las emociones de Daemon. —Él se limitó a asentir y lo vi poner más atención de la que ya me daba—. Me habría gustado decírselo a sus padres, pero comprendo que ellos están lejos y usted me inspira confianza luego de comprobar que le importa todo lo que tiene que ver con su sobrino.

—Gracias por eso. Y créeme, si te contactas con sus padres para programar una cita porque quieres hablar sobre su hijo, vendrán enseguida así estén al otro lado del mundo —aseguró y me alivió saberlo—. Para ellos todo lo que tenga que ver con sus hijos es prioridad —añadió y asentí.

—Me alegra saberlo, lo tendré en cuenta —dije y exhalé un suspiro—. Y bien, como le dije antes, hay una situación que considero en este momento que es el punto de quiebre en la condición de Daemon, y lo iba a tratar con él en nuestra terapia, pero se ha presentado esta situación. Debo agregar que no conozco todo el pasado de su sobrino, aunque estoy consciente de que hay cosas que ustedes como su familia no quieren que vuelva a recordar. —Lo vi tensarse en ese instante y entendí que la situación podría ser más grave de lo que imaginaba.

Y no buscaba que me confesaran todo, pero sí que supieran guiarme para yo guiar a Daemon y evitarle una recaída. Es más, iba a tratar ese tema con mi jefe porque no podía ayudar como quería si me lanzaban a un camino lleno de niebla sin antes mostrármelo despejado, y que así al menos reconociera dónde estaba parada.

Resiliencia

—Daemon me comentó que comenzó a sentirse inquieto luego de ver a alguien en el hospital donde tienen a su prima. —Por fin llegué a ese punto y el señor Hamilton frunció el ceño, sabedor de que me refería a Essie—. Era un enfermero que se protegía con una mascarilla, a mi punto de vista: algo normal en este tiempo, o requerido para el personal médico, pero él dice que la mirada de esa persona lo intrigó demasiado y cree que pudo haber sido parte de su pasado. Desde ese día su estado de ánimo se volvió más volátil y comenzó a decaer hasta entrar a una fase de hipomanía. Aunque ahora me temo que ha ido en aumento y al cancelar la sesión, me limitó demasiado. Este es el motivo principal que me ha traído a usted —confesé.

La tensión en él se convirtió en preocupación en un santiamén, ahí supe que eso tuve que haberlo dicho antes, pero nunca esperé que fuera tan grave como el rostro del señor Hamilton lo demostraba y maldije en mi interior, sospechando que el pasado de Daemon era más oscuro de lo que supuse cuando me enteré de que se sometió a electrochoques.

También me asusté, no solo por querer salir corriendo de esa oficina para encontrar a Daemon y buscar la manera de ponerlo a salvo de lo que fuera que lo amenazara, sino que, además, porque me estaba adentrando en terreno peligroso, acercándome cada vez más a ese límite que no me podía dar el lujo de sobrepasar.

—¿Es eso posible? ¿O podría tratarse de una coincidencia? —me aventuré a preguntar y el hombre me observó con los ojos un poco entrecerrados, analizándome de una manera que me hizo sentir en una sala de interrogación a punto de ser juzgada injustamente de algún agravio—. No es necesario que me responda, simplemente quería llegar al punto de que, desde esa terapia con Daemon, sus cambios de ánimo han ido empeorando, por lo que necesito que esté más alerta con él, pues por más ganas que me den a mí de hacerlo, no puedo obligarlo a que siga viéndome, tampoco ustedes, sin embargo, si trabajamos en equipo podríamos persuadirlo. Además, le aconsejo que se asegure de que esté tomando sus medicamentos como se lo ordenó su médico de cabecera.

No había estado respirando al hablar, así que cuando finalicé me vi en la necesidad de volver a llenar mis pulmones de aire, lo hice dejando ver mi nerviosismo, cosa que no me ayudaría a que el señor Hamilton me descartara como sospechosa de lo que fuera que se me acusara.

Y quise fundirme en la silla que me encontraba porque él, de la sospecha pasó a observarme un poco sorprendido y quizá hasta incrédulo.

—Daemon te importa mucho, ¿cierto? —Su pregunta me descolocó más de lo que ya lo había hecho su actitud, pero traté de recomponerme al recordar que era la terapeuta ahí con él, no la chica.

—Todos mis pacientes me importan, me tomo mi carrera muy en serio. —Traté de sonar muy convincente al pronunciar cada palabra.

Al parecer lo logré, ya que volvimos a meternos en una conversación balanceada en la que yo recomendaba y el señor Hamilton acataba, haciendo preguntas necesarias para el bienestar de su sobrino. Asimismo, me pidió consejos sobre qué hacer o cómo tratar a Daemon a partir de ese instante, además de asegurarme que hablaría con los señores Pride para que ellos también fueran conocedores de la situación y lo que podría avecinarse. De paso, prometió que haría todo lo que estuviera en sus manos para hacerlo volver a las terapias.

Nos despedimos tras dos horas de pasar encerrados en su despacho y me fui con el tiempo justo para llegar a mi siguiente sesión. Menos mal mi paciente fue rápido y pude salir temprano de la oficina; mentalmente estaba agotada y tras llegar a casa por primera vez sin hambre y con ganas de caminar un poco para despejarme, decidí ir a la playa, aunque no quería hacerlo sola y menos con Angie después de su comentario de mal gusto, por lo que me cambié de ropa y al estar lista me fui por Maxi, el perro de mi vecina, un cachorro de Maltipoo que me enamoró desde la primera vez que lo vi.

Amaba a los perros y gatos, pero, por desgracia, carecía del tiempo suficiente para cuidar una mascota, así que me conformaba con verlos de lejos. Para mi suerte, Marian, mi vecina, había adoptado al perrito semanas atrás y al verme tan entusiasmada con él y saber mis razones para no tener uno, dijo que podía sacar a pasear al suyo cada vez que quisiera y de paso le ayudaba con el hermoso Maxi.

Así que, con mi pequeño amigo, me conduje hasta llegar a la playa de Newport Beach. Iba ahí muy seguido, a caminar, a sentarme sobre la arena, a tomar algo a los clubes frente al mar o a las cafeterías, a comer un helado, lo que fuera que se me antojara. Maxi caminaba muy animado delante de mí mientras yo cogía su correa, algunas chicas en bikini se detenían a acariciarlo y a él le encantaba la atención.

Creo que si hubiese sido chico, habría sacado a Maxi por otras razones.

Cuando ya habíamos caminado bastante y noté que mi amigo comenzó a cansarse, me metí a una cafetería y me pedí un moca helado; me senté en las mesas frente al mar y Maxi se echó a mi lado para descansar tras beber agua. Me relajaba caminar, prefería las zonas boscosas, respirar aire puro y ver la naturaleza verde y vibrante, pero estaba rodeada de pura playa así que ni quejarme servía.

La gente pasaba metida en su mundo, algunos corrían haciendo sus rutinas diarias de ejercicio y deseé rebajar unas libras solo con verlos. Esas personas lo hacían parecer fácil, incluso respiraban como si nada y yo únicamente viéndolos sentía que se me dificultaba hacerlo.

En un momento dado me quedé observando hacia un lado de la calle y a lo lejos vi a un tipo que se acercaba corriendo, parte de su rutina por supuesto, iba con el torso desnudo y usaba un *short* de deporte. Casi me atraganto con el sorbo que le di a mi bebida al reconocerlo, era Daemon.

¡Mierda! Daemon con el torso desnudo.

Y tenía un tatuaje en su costado derecho, grande, brilloso, hermoso, delicio… ¡Jesús!

Ya iba bastante cerca cuando me debatí entre saludarlo o dejarlo pasar, la verdad era que no sabía. Quería hablar con él, pero me sentía más segura de hacerlo cuando estábamos en el consultorio

o en el grupo de apoyo; en otras palabras, como la terapeuta y no como la chica paseando a su perro prestado en la playa. Y menos mientras Daemon corría a la vez que hacía babear a varias chicas y chicos. Además, lo noté muy concentrado en lo suyo, usando audífonos inalámbricos y en la cabeza una diadema deportiva que le ayudaba a que el cabello no se le pegara al rostro húmedo por el sudor.

Bendito fuera el que inventó esas rutinas de ejercicios.

Me quedé embobada viéndolo, su tatuaje era la mitad de una flor de loto azul y me entró curiosidad por saber si su intención fue tener el diseño a medias, o si lo compartía con alguien más. Los engranajes de mi cabeza comenzaron a maquinar a toda marcha con eso y terminé pensando en que, a lo mejor Daemon tenía también un pasado amoroso y ese *pasado* era el poseedor del complemento de esa flor.

Si era así, pues me sentiría envidiosa y no me daba vergüenza admitirlo para mí.

Igual me acobardé con ese pensamiento y dejé que ese hombre pasara de largo, concentrado en su rutina e ignorando al mundo que se lo comía con la mirada, yo incluida. Preferí quedarme ahí sentada, observándolo como idiota e imaginando algunas estupideces, y ni siquiera hice el intento de enmendarme, me pudo más mi deseo acosador y detallé los músculos de su espalda, sus nalgas firmes y cómo se marcaba cada cresta en su cuerpo por el esfuerzo físico.

—Es un pecado para la vista ¿cierto? —dijo una de las meseras del local cuando pasó a mi lado.

Me pude haber avergonzado porque me descubriera, pero ella hacía lo mismo que yo, así que no hubo razón, es más, me sentí celosa en realidad.

—Uno capital, al parecer —respondí consciente de que ella era tan libre de deleitarse con la vista igual que yo (manteniéndolo en la admiración y sin faltar el respeto), y sonrió con diversión.

—Pasa por aquí todos los días a la misma hora y, aunque no es el único hombre guapo en la ciudad y pueda haber muchos incluso más guapos, él posee algo que consigue que las personas tengan una reacción igual que la tuya, cuando lo ven por primera vez —explicó.

Resiliencia

Bufé una risa nerviosa porque no era la primera vez para mí y seguía teniendo la misma reacción. Magnificada incluso.

—Pensándolo bien, creo que yo sigo aguantando en este trabajo matador por ejemplares tan sexis como ese tipo. Es un taco de ojo difícil de rechazar —confesó y reí abiertamente, esperando que bromeara.

Con su comentario también me di cuenta de que yo no iba a la playa tan seguido como era debido, y menos a esa hora, pues nunca lo vi. También comencé a considerar cambiar mi rutina de ejercicios por la caminata, de preferencia por las tardes para que Maxi no se agotara con el sol.

—¿Vuelve? —Quise saber, ella imaginó que lo hice porque quería admirarlo de nuevo, de hecho, sí quería, pero por razones distintas a las que la mesera pensó.

De verdad quería analizarlo, hablar con él y asegurarme de que se encontraba bien anímicamente.

—No que yo sepa, nunca lo he visto. —Asentí a su respuesta—. Cualquier otra cosa que necesites, házmelo saber.

—Gracias —murmuré y se marchó para seguir con sus tareas.

Rato más tarde caminaba de regreso a mi coche con una sensación de decepción hacia mí misma por la falta de valor que tuve al ver a Daemon. Debí haber llamado su atención y hablar con él, hacer a un lado mi temor a equivocarme y concentrarme en ayudarlo, puesto que después de todo, el error que me empecinaba en evitar ya lo había cometido: me involucré de más con ese hombre. Tal vez no lo grité a los cuatro vientos ni lo comenté con nadie más, pero mi interior ya vibraba con su presencia o en su ausencia, solo necesitaba los pensamientos.

Y por querer convencerme a mí misma de que no la cagué, me abstenía a hacer algo más que pudiera ayudarle.

—¡Oh, Dios! ¿Es en serio? —farfullé para Maxi porque a mitad del camino hacia mi coche no quiso dar un paso más, por lo que me tocó cargarlo—. Ya quisiera yo que también me cargaran como a ti —le dije, sonriendo por lo manipulador que era, pues en cuanto estuvo en mis brazos comenzó a lamerme la mano, buscándome el rostro también.

Su corazoncito latía acelerado y le hice algunos mimos mientras cedía a su amor, ese cachorrito me tenía totalmente enamorada.

De pronto, mi móvil sonó con un mensaje entrante, pero no lo leí al ver que era de Angie. De alguna manera le haría entender a esa tonta que no le pasaría su falta por muy en broma que lo hubiese hecho.

Cuando llegué al coche mi corazón latía igual que el de Maxi por el enojo, además de que me dolían los pies porque hice más ejercicio del que planeé. Solo esperaba no levantarme doliente al siguiente día.

—¡Madre mía! —musité al ver hacia el frente luego de acomodar a Maxi en el asiento trasero del coche.

Me había estacionado cerca de la esquina en donde doblaría para incorporarme a la avenida principal que me llevaría hacia mi apartamento, y el corazón se me aceleró más que con el ejercicio al ver a Daemon de nuevo, seguía con su rutina, corriendo del otro lado de la calle en dirección contraria al camino que recorrió antes.

Entendí por qué aquella mesera nunca lo vio volver.

—Bien, es hora de dejar de ser una cobarde —me recriminé y sin pensarlo de más me apresuré hacia el claxon y lo golpeé con fuerza para llamar su atención, rogando porque no llevara la música a un volumen que impidiera que me escuchara—. ¡Dios! No me hagas correr detrás de ti —supliqué cuando la idea pasó por mi cabeza.

Gracias a Dios él escuchó y vio a la loca que le levantaba la mano a manera de saludo, casi como si fuera una fan llamando la atención de su cantante favorito. Y sentí un poco de vergüenza al verlo fruncir el ceño, deteniéndose de golpe. Únicamente cuando se aseguró de que era yo quien lo llamaba, comenzó a acercarse a trote suave.

¡Madre santa! Qué bien lucía hasta sudado.

—¡Gracias al cielo que me escuchaste! —Celebré cuando estuvo a unos pasos de mí.

—Nunca tengo la música con volumen alto cuando salgo a correr, me gusta estar pendiente de mi alrededor —comentó él.

«Pero no me viste cuando casi te babeé encima mientras pasabas a mi lado en aquella cafetería», pensé.

—Menos mal —murmuré en cambio y le sonreí.

Resiliencia

Su semblante serio era el del Daemon al que estaba acostumbrada.

—¿Estás aquí sola o esperas a tu novio? —preguntó de pronto y sentí que me sonrojé por el tono tan severo que utilizó.

A veces olvidaba lo directo que podía llegar a ser.

—Vine a caminar con Maxi —respondí y señalé al cachorro dentro del coche.

Él se había parado en dos patitas, apoyándose con las delanteras en la ventana medio abierta, en cuanto vio a Daemon; además, le movía la colita deseando que le diera atención y sacó la lengua hacia un lado, jadeando.

¡Carajo! Me vi reflejada en Maxi en ese instante.

—Ah, sí es un perro de verdad. Creí por un momento que era de felpa. —Mis ojos se desorbitaron con esa declaración que hizo y al parecer fue una reacción graciosa para él, ya que medio sonrió.

—Eso fue cruel, Maxi es un cachorrito por eso lo ves pequeño.

—Y así se vuelva adulto, seguirá siendo pequeño —zanjó y negué.

Maxi ladró con el objetivo de que Daemon lo viera y saltó para llamar más su atención, estaba rogándole porque lo acariciara y según veía, el chico no tenía intenciones de hacerlo.

¿Sería que tampoco le gustaban las mascotas?

—Eres cruel, mira que a él le gustas —musité y toqué el vidrio para que el cachorro se tranquilizara—, pero bueno… es una sorpresa verte por aquí —dije cambiando de tema.

Usaba una muñequera hecha de tela absorbente y se limpió la frente con ella, estaba rojo (de las mejillas sobre todo) y por momentos respiraba por la boca para poder llenar sus pulmones con el oxígeno perdido en su rutina. Con disimulo admiré el tatuaje en su torso, era más grande de cerca y brillaba con el sudor que lo recubría, haciendo que el azul de los pétalos se viera más vibrante, y las inhalaciones intensas que tomaba, le daban un efecto de movimiento a las anteras amarillas del centro de la flor.

Deseé acariciarlo.

—Vivo cerca, así que aprovecho para venir a correr a la playa. A veces llego hasta Balboa, pero por hoy he tenido suficiente.

¡Mierda! Yo solo había caminado una cuarta parte de Newport Beach y sentí que hice demasiado ¡Y él llegaba hasta Balboa! Que, por cierto, era una playa que lindaba con la que estábamos.

—Vaya resistencia la tuya —murmuré y negó con la cabeza, restándole importancia— y siento haberte detenido e interrumpido, pero bueno, no siempre tengo la suerte de ver a un chico guapo en la playa y poder hablarle —solté.

¡Ah, maldita bocona! Tenía que aprender a mitigar mis comentarios.

Daemon volvió a negar y a sonreír por la declaración, imaginaba que estaba acostumbrado a que lo halagaran, aunque no por mi parte; no cuando siempre quería parecer recta, profesional y seria ante él.

—Terapeuta Brown, modere esos comentarios ante su paciente —replicó tan serio que creí que me estaba reprendiendo y llegó a avergonzarme.

Carraspeé un tanto incómoda por eso.

—¿Lo sigues siendo? —cuestioné aprovechando el comentario para mi beneficio y él miró hacia otro lado—. Porque cancelaste nuestra sesión hoy, justo en un momento muy importante y delicado para ti, uno en el que quiero estar y ayudarte —señalé, comportándome como lo que me recordó que era.

—Mis ánimos para estar enjaulado son nulos y me siento así en tu consultorio —reviró y me di cuenta de que estábamos regresando a esos días en los que él siempre se comportaba a la defensiva conmigo—. Y sí, puede que lo haya aceptado *por mi bien*, y volveré a hacerlo, pero no hoy ni en unos días.

La manera en la que enfatizó que era por su bien no me gustó, sobre todo por la ironía implícita en su tono. De alguna manera me hizo sentir como si eso fuera más una excusa para mí.

—¿Intentas chantajearme para que acceda a vernos en otro lugar? —cuestioné, sintiendo una pizca de molestia la cual demostré en mi manera de formular esa pregunta.

Daemon lo notó y bufó.

—¿Crees que tengo necesidad de chantajear a alguien para que se vea conmigo donde, y en el momento que quiero? —reviró y su tono me anonadó.

Resiliencia

Incluso alcé las cejas y abrí de más los ojos, queriendo dejar de ser su terapeuta por unos minutos únicamente para recordarle que conmigo sí tenía esa necesidad, pues me sentí atacada injustamente.

—Además, tampoco tenía ganas de verte, o hablarte de mis putos problemas —siguió sin dejarme responder, y porque me mordí la lengua para controlarme—. Le he dado más importancia a olvidar y dejar de pensar, y tales cosas solo las consigo follando o ejercitándome, pero eso ya lo sabes, ¿no?

Sorpresa, ira, humillación y vergüenza fue todo lo que zumbó en mi interior cual lava queriendo derraparse con furia fuera del cráter. Por unos largos segundos mi mente se bloqueó no solo con las palabras de Daemon sino también por la molestia que mostró; un hecho que a la vez me sirvió para recomponerme porque mi carrera y dedicación a ella me habían enseñado a reconocer cuando las personas no sentían lo que decían, en los momentos que era el enojo apoderándose de sus lenguas, desconectándolas de sus cerebros.

Así que respiré hondo con la intención de calmarme, dejando que él se diera cuenta de mi acto y que viera que iba a comprenderlo porque deseaba ayudarle sin importar que se cerrara a mí. Y Daemon ya me conocía y sabía que no me cansaría de insistirle hasta que me dejara entrar y romper ese caparazón duro con el que se revestía.

—¿Podemos hablar en otro lugar? Y no te estoy pidiendo esto como tu terapeuta, sino como Rahsia —aclaré al ver su intención de replicarme.

Daemon me observó por unos segundos que me parecieron eternos y aparte intensos, y tuve la necesidad de meterme al coche y protegerme en el interior.

—Como mencioné antes, vivo cerca, Rahsia. Si quieres, podemos ir a mi casa, ya que dudo que alguien de por acá me reconozca como tu paciente y haga comentarios que luego puedan perjudicarte —zanjó y tragué con dificultad porque su casa era el último lugar en el que me convenía estar—. Es tu decisión —añadió al ver mi vacilación.

Me mordí el labio y tuve la necesidad de mirar a mi alrededor como siempre lo hacía cuando me ponía nerviosa, pero me contuve porque no quería que él entendiera mal.

—Sube al coche y dirígeme hacia allí. —Acepté sabiendo que era una locura, pero cedería esa vez porque necesitaba escucharlo y que me escuchara.

Si le sorprendió o no mi demanda, no lo demostró en ningún momento. Es más, actuó como si solo le hubiera ofrecido el autostop que estaba pidiendo.

«¡Oh, buen Jesús, ayúdame!», me repetí.

No vivía tan cerca como imaginé.

Yo supuse que su casa estaría a la vuelta de la esquina, pero al darme cuenta de las millas que recorrimos en el coche para llegar, me sorprendí de que las corriera y pareciera como si solo hubiese trotado una manzana.

—¡Wow! Dijiste casa y me encuentro con casas —señalé en plural en cuanto bajamos del coche que estacioné frente a uno de los dos garajes que pertenecían a ella y él negó divertido.

La zona era de lujo, con residencias que por fuera lucían pequeñas, pero al cruzar el puente que conectaba el vecindario con otros, noté que desembocaban en la orilla del océano, lo que me dio una idea de que por dentro esas casas eran grandísimas.

—No me preguntes la razón, solo sé que el abuelo John compró ambas y las hizo una sola —explicó.

Ya antes me había comentado que el lugar lo heredó su madre después de que sus progenitores fallecieran, aunque desde que se mudó al estado de Virginia ella solo la ocupaba para vacacionar o quedarse en los días que llegaba a la ciudad de visita o por trabajo. Y, a pesar de que hubo un tiempo en que pensó venderla, luego decidió quedársela para conservar el recuerdo de sus padres.

Para Daemon, porque fue lo que me dijo, el lugar era mucho siendo él solo, sin embargo, quiso darle el gusto a su mamá de quedarse ahí cuando tomó la decisión de mudarse a California. La verdadera razón se la reservó y entendí, así como respeté, que era algo de lo que no estaba dispuesto a hablar en ese momento.

Resiliencia

Tenía un jardín muy bien cuidado al frente, que era la unión principal entre las dos casas. Y como predije, la *modestia* de afuera era solo una fachada para lo ostentosa que era por dentro, opinión que daba dejándome llevar únicamente con ver el recibidor muy bien iluminado, piso de mármol y paredes en tonos claros llenas de arte de todo tipo. De una parte, el techo era altísimo y había grandes ventanales desde el suelo hasta él (separados por la mitad debido a las vigas de fuerza), por donde la luz del sol entraba con toda su gloria; y tras recorrer el pasillo por donde Daemon me guio, me encontré una sala de estar enorme con vista directa a la piscina detrás de las puertas de cristal (y de fondo el mar).

Al otro lado de esa sala había una más pequeña de sofás individuales, con chimenea incluida y enfrente un bar.

«¡¿Quién necesitaba dos salas dentro de un mismo espacio?!».

—Me hago la misma pregunta —respondió Daemon y me puse roja al darme cuenta de que pensé en voz alta—. Aunque cuando se reúne toda la familia, comprendo la razón.

—Lo que veo es demasiado impresionante y hermoso, así que no creas que la pregunta ha sido una crítica —aclaré.

—No pasa nada. —Me tranquilizó y le sonreí—. Iré a tomar una ducha rápida, así que te dejo en tu casa, siéntete libre de hacer más cuestionamientos. —Entrecerré los ojos al darme cuenta de que me estaba chinchando—. Y si lo deseas, para que lo hagas con más tranquilidad, puedes entrar a la cocina de ahí y encontrarás una zona muy cómoda para tu… ¿cachorro? —Ofreció y chasqueé con la lengua porque siguiera dudando de que Maxi era de verdad.

—¡¿Quién necesita una zona cómoda para perros en su casa?! —inquirí y eso lo hizo regalarme una media sonrisa que me aceleró el corazón—. Espera… ¿tienes perro?

Tomó tremendo suspiro antes de responder.

—Ya no. —No pude evitar hacer un puchero al presentir que su respuesta significaba que su perro había muerto, y quise decirle que lo sentía, pero las palabras murieron en mi lengua porque él dio un paso hacia mí, mirando mis labios.

El inferior todavía sobresalía por el puchero que hice y dejé de respirar en el instante que él alzó la mano. Iba a tocarme y no me

sentía capaz de detenerlo, así que agradecí que Maxi lo hiciera por mí al lamerle los dedos, dado que yo lo estaba cargando para que no se fuera por ahí cuando entramos a la casa.

—Voy por esa ducha —avisó y no esperó respuesta.

Subió enseguida la escalinata con diseño un poco sinuoso que se encontraba al lado izquierdo de donde nos hallábamos, y no miró atrás.

—¡Jesucristo! —musité cuando fui capaz de hablar y miré a Maxi quien a su vez me veía a mí—. ¿Sientes cómo late mi corazón? —le pregunté como si pudiera responderme.

Que de hacerlo me haría pasar una vergüenza porque de seguro ensuciaría mi ropa interior por el susto.

Antes de ir hacia donde me indicó, miré la puerta principal consciente de que ese era un buen momento para escapar y evitar algo que podría salírseme de las manos, pero opté por llevar a Maxi a su zona cómoda, descubriendo que se trataba de una habitación con todos los implementos necesarios para que las mascotas se sintieran a gusto. En lugar de puerta tenía una barda de metal que me llegaba hasta la cintura y para no abrirla incliné el torso por encima de ella y puse al cachorro dentro.

—¡Joder, Maxi! No me hagas quedar mal —pedí al verlo recorrer y olisquear cada parte de la habitación, con intenciones de levantar la patita para marcar un territorio que no era suyo.

Minutos después recorrí un poco de la casa, regresando a las salas que vi antes, yéndome a la más pequeña y descubriendo que enseguida del bar había una cocina más grande que en la que acababa de estar y en una esquina de ella un comedor pequeño, pero, por supuesto, al fondo, en una habitación separada se hallaba otro como para veinte personas.

—Bien, tiene lógica. Son dos casas —me dije, decidiendo ir hacia las puertas de vidrio para admirar desde ahí la piscina que lucía con un agua cálida brillante y más allá el mar—. ¡Oh, Dios! —exclamé al ver un barco catamarán en color blanco, atracado al muelle de madera.

—¿Quieres algo de beber? —Ofreció Daemon tomándome por sorpresa. Me había quedado observando el espectáculo de la puesta del sol que tenía desde mi lugar.

Resiliencia

Me giré para responderle, aunque no lo hice enseguida porque su imagen de cabello húmedo, vestido con un *jogger* oscuro, camisa lisa en color blanco; y descalzo, mostrándome una versión desenfadada suya, me dejó sin palabras. Me había acostumbrado demasiado a verlo con ropa formal, esa que le daba un aire más sofisticado, por eso mi reacción.

Aunque debía aclarar que, en ese momento, luciendo más joven también lo hacía más rebelde y todavía más peligroso.

—Estoy bien así —aseguré tras carraspear por lo bajo y él asintió, caminando más cerca de mí. Inspiré con disimulo cuando su olor me llegó, esa vez mezclado con su jabón de baño; fue casi como una llovizna refrescante en un día caluroso.

Cuando estábamos en el coche descubrí que ese hombre ni sudado olía mal, en cambio, quemaba más su fragancia y la hacía más intensa.

—Yo estoy sediento, ya vuelvo —avisó—. Y toma asiento —pidió al verme aún de pie.

Miré atenta su camino hacia la cocina más pequeña y me mordí el labio inferior al detallarlo de nuevo recién duchado y descalzo, imaginando que se quedó así luego de haber hecho algo juntos, sin ropa, sin… ¡Dios! Qué calor sentí de pronto.

—No te tomes tan en serio eso de que no has venido aquí como terapeuta —me reprendí en voz baja al tomar asiento tal cual Daemon me lo pidió.

Si Angie me hubiese escuchado, habría estado gastándome bromas hasta enfadarme.

Daemon volvió enseguida como lo prometió, con una botella de agua saborizada casi por la mitad en manos y caminando con la elegancia de un animal salvaje. Vaya presa más tonta la que fui al meterme en su territorio.

—¿Y? ¿Tienes más objeciones con la casa? —inquirió y bufé una risa.

—Es hermosa, de eso no hay duda. Pero como dijiste antes, creo que para personas tan solitarias como nosotros es mucho. —Me sinceré y él asintió, mirando el entorno.

Crecí con este tipo de comodidades y lujos, de hecho. Viví durante años en un mundo donde las exuberancias sobraban y

las odié con mi vida, por eso, aunque mamá y su esposo tenían la capacidad de ayudarme a tener una casa grande en una residencial de lujo, prefería mi apartamento pequeño y acogedor.

—Madre la mantiene tal cual la dejaron mis abuelos. Y las personas encargadas de ella solo le dan el mantenimiento necesario para que nada se deteriore —explicó él y asentí.

Había tomado asiento en un sofá grande en el que cualquiera podía dormir cómodamente, y, para mi sorpresa, Daemon se sentó a mi lado y no en el sofá individual cerca de donde yo estaba.

Él no se daba cuenta de que su cercanía me ponía más nerviosa y aumentaba la tensión que ya sentía por estar en su territorio.

—¿Vives solo? —Quise saber para concentrarme en otra cosa y no solo en que lo tenía a centímetros.

—En teoría sí —admitió—. Tengo a alguien que se encarga de las tareas más fáciles como lavar la ropa, limpiar las habitaciones o prepararme la cena. Es una señora que trabaja y vive aquí desde que mis abuelos estaban vivos, pero hoy es su día libre por eso no la has visto —explicó—. Además, está el capitán, quien igual administra todo lo de la casa y no solo se encarga del barco. Creo que también lleva años trabajando para la familia de madre, por lo que, en realidad me considero un inquilino, aunque a veces he intentado tomar las riendas y demostrar que soy más que una carga.

—Sabes bien que no eres eso, solo tú te consideras así —le dije y decidí tomarme un poco de confianza, subiendo una pierna en el sofá, dejándola un tanto cruzada, para quedar de frente a él; y me acomodé poniendo un brazo en el respaldar.

Necesitaba sentirme a gusto, recuperar mi confianza y hablar con él como deseaba, rogando que se abriera a mí sin ningún problema.

—¿Tu familia te visita a menudo? —cuestioné.

Tomó la misma posición que yo tenía y por poco hizo que nuestras rodillas se presionaran entre sí.

—Cada fin de semana. Aiden se ha abstenido un poco desde que nació Asia, pero mis padres vienen todos los viernes o sábados. Mi primo, Dasher, ha dejado de venir desde que Essie tuvo ese *incidente* y tío Elliot me visita con su familia siempre que se le antoja. A mi hermana es a la única que no veo debido a que está fuera del país.

Resiliencia

—Me sentí un poco aliviada al saber que no se la pasaba solo todo el tiempo en esa enorme casa—. ¿Y tú, Rahsia? ¿Vives sola?

No esperé que preguntara cosas sobre mí, pero por la forma en que pronunció mi nombre, intuí que no me estaba viendo como su terapeuta en ese instante.

—Sí —admití, siendo esa la primera vez en la que le concedería saber cosas personales sobre mí, pero debía de tener cuidado, ya que existían temas que ni Angie debía saber.

—¿Dónde están tus padres? —Me tensé ante esa pregunta y él lo notó. No deseaba mentirle, no a él, pero tampoco podía arriesgarme—. No respondas si no lo deseas, respeto eso. —Concedió y lo miré agradecida—. ¿Y tienes mucho con tu novio?

¡Carajo! Ese hombre estaba dispuesto a dejarme pasmada con sus preguntas. Pero esa se la admitiría, ya que prefería que hablara sobre Andy y lo que presenció en el restaurante y no de mis padres.

—Fuimos novios hace poco más de un año, pero nos dejamos por ciertas razones. Él se mudó a Colorado luego de nuestra ruptura y ha vuelto por un mes. De hecho, ayer fue la primera vez que nos vimos desde que nos separamos.

—¿Y qué? ¿Volverán a intentarlo? —inquirió.

Me estaba viendo a los ojos y no pude sostenerle la mirada.

—N-no lo sé —titubeé—. Andy es un gran chico, fue un excelente novio.

—¿Y aun así lo dejaron?

—¡Dios! Daemon, si fueras terapeuta creo que intimidarías —solté con una risa nerviosa.

—Por eso no lo soy —declaró y respiré hondo.

—No fue porque él haya fallado, ni yo. Simplemente entendí que Andy merecía a alguien que le entregara todo sin miedo a nada, o a medias, como sucedía conmigo.

—Pero hoy que volvió te arrepientes de haberlo dejado ir —aseguró por mí—. Ya que anoche parecía que la estabas pasando bien con él, e imagino que se fueron pronto para mejorarlo. —En ese instante lo miré incrédula porque en el restaurante me ignoró por completo.

Y resultaba que sí me ponía atención.

—Así que sí estabas al pendiente de nosotros y me ignoraste adrede —acusé.

No pareció sorprendido ni pillado por lo que dije.

—No te ignoré, solo evité incomodarte —replicó—. Pareces así cuando te miro demasiado.

Lo último fue una declaración que me sentó mal, ya que lo entonó con un deje de tristeza.

Ese hombre era inalcanzable para mí, y no por su belleza o posición económica, ni siquiera por mi físico o el tipo de chicas y relaciones pasajeras que él buscaba, sino más bien por nuestra situación y mis ganas de ayudarle con mi profesión; pero cuando actuaba así, me entraban unas ganas tremendas de mandar todo a la mierda, abrazarlo y protegerlo. Fundirlo en mí y no dejar que nada ni nadie lo dañara.

Y al darme cuenta de mis pensamientos me asusté porque confirmé que, sin duda alguna, ya había mezclado sentimientos con él. Y unos demasiado peligrosos, quizá más para mí.

—Te confesaré algo como Rahsia y admito que lo olvidaré luego como tu terapeuta —solté, tomando el valor necesario para continuar.

Daemon me miró esperando a que terminara de hablar y el corazón se me aceleró a mil, tanto, que creía que estaba sufriendo una taquicardia en ese instante, incluso tuve que apretar el puño al ver un leve temblor en él.

—Tu forma de mirarme es demasiado intensa, muchas veces me confunde y no siempre puedo sostenértela. —A pesar de lo que dije, él lo hizo de nuevo. Me observó de esa manera que me hacía temblar, me ponía demasiado nerviosa y me descontrolaba—. ¿Ves lo que te digo?, estás haciéndolo ahora, Daemon. Y cuando me miras así no sé si en tu mente me asesinas o me desnudas y…. ¡Mierda! —exclamé al darme cuenta de que, como siempre, le di voz a mis pensamientos frente a él.

Y en ese instante no me quedó más que taparme el rostro con ambas manos para evitar la vergüenza.

—Asesinando nunca, Rahsia —respondió y ante mi reacción me tomó de una mano para descubrirme el rostro.

Resiliencia

Se hallaba más cerca de mí y su rodilla ya rozaba con presión la mía. Y deseé soltarme de su agarre porque si seguía sintiendo su contacto iba a derretirme, pero él no me lo permitió y me hizo verlo a los ojos, poniendo dos dedos debajo de mi barbilla.

—Desnudándote, siempre —sentenció.

Y me quedé sin saber cómo se respiraba.

5 | Danik

RAHSIA

Cuando creíamos que teníamos todas las respuestas,
de pronto, cambiaron todas las preguntas.
—Mario Benedetti—

Podía jurar que Daemon sabría lo que me provocaría con esas palabras, él era consciente de que me dejaría sin respiración y de paso con el corazón a punto de colapsarme por la celeridad con la que latió y, aun así, sonrió de medio lado; pero no fue de esas sonrisas traviesas o educadas que siempre me daba, en ese instante fue perversa, como las que imaginaba que regalaban los demonios a sus víctimas cada vez que estas les entregaban el alma, posiblemente sin darse cuenta, por no leer las letras pequeñas. El color miel en sus ojos pareció oscurecerse uno o dos tonos y si no lo hubiese visto por mi cuenta, jamás habría creído que eso era posible.

Dejó de tomarme la barbilla y luego en lugar de sostener mi muñeca recorrió con sus dedos hasta la palma de mi mano, y con el pulgar se dedicó a trazar círculos perezosos en el medio que me estremecieron, ya que, así no fuera una mal pensada la mayor parte del día, presentía que ese toque llevaba implícito un doble sentido.

—Yo… —Tomé una larga respiración al darme cuenta de lo vacíos que estaban mis pulmones—. Esto… no me lo esperaba —atiné a decir.

¿Tenía que apartarme y soltarme de su agarre, pararme de ese sofá, irme y alejarme de él lo más que pudiera? Sí, pero no quería y por lo mismo no lo hice. Simplemente me quedé ahí y lo miré, encantada por su belleza, por la rareza de sus ojos, por todo lo que Daemon representaba.

—¿No esperabas que fuera sincero contigo cuando lo he sido siempre? —recriminó.

«En realidad, nunca esperé que me desnudaras en tus pensamientos».

Inspiré una vez más porque al parecer mis pulmones perdían su aire de reserva con la misma rapidez que lo recuperaban, ante el torbellino de nervios, adrenalina y vergüenza que ese hombre me estaba haciendo vivir.

—Cre-creo… creo que ahora sí necesito algo de beber —confesé y me di cuenta de que Daemon quiso contener una sonrisa, pero no pudo. No del todo.

—¿Algo fuerte o suave? —indagó.

—¿Buscas emborracharme? —pregunté tratando de sonar divertida y de romper un poco la tensión que se formó en el ambiente.

Incluso di un tirón suave en mi mano con la esperanza de zafarme de la suya, pero lo único que obtuve fue que Daemon acomodara su agarre y entrelazara nuestros dedos. Tragué con dificultad al observar la manera en la que estábamos unidos por primera vez, sintiéndome en una realidad alterna, viviendo mis sueños sin estar dormida. E hice lo que menos esperé al sentirme tan fuera de juego: moví perezosamente mi pulgar entre el espacio del suyo con el índice y admiré las venas en el dorso que sobresalían, gruesas y llenas de sangre fuerte y vibrante.

—Emborracharte ¿para qué? —Llamó mi atención y lo miré de nuevo a los ojos—. Porque si crees que es para convencerte de que me permitas hacerte todo lo que he imaginado cuando te desnudo, estás equivocada, Rahsia. Para eso te prefiero lúcida y consciente de lo que te haré sentir.

Resiliencia

¡Diablos! Me fue imposible no tragar con dificultad y sentir el corazón en la garganta en ese instante. Recordaba las veces que fantaseé con la idea de que él me hablara así, que quisiera hacerme suya. Y tenía que confesar que en esas fantasías yo era experta en la materia y lo seducía de las maneras que se me antojaban. Lo enloquecía con cada palabra, roce y mirada que le regalaba, hasta el punto de que me rogaba para que no lo torturara más.

Sin embargo, en la realidad y siendo la mujer que babeaba por ese hombre y no la terapeuta que trataba de mantener los límites, mi falta de experiencia y el asombro por la situación que vivía me tenía en *shock* y ni siquiera sabía qué decir, cómo actuar y menos qué hacer.

—Quiero algo fuerte —murmuré.

Me urgía meter en mi sistema cualquier cosa que me ayudara a controlarme o a descontrolarme, lo que llegara primero, pues siendo sincera, no sabía ni qué era mejor en ese punto.

—Ven conmigo —pidió y como el hombre inteligente y experto que era, al ponerse de pie no soltó mi mano porque de seguro suponía que mi habilidad motora era nula luego de que mi cerebro se fundiera por estar en terreno desconocido.

Me guio hacia la cocina que antes vi, fui siguiéndolo a un paso de distancia, por un instante divagando al ver nuestras manos sujetas, pensando en que en otro momento esa habría sido la oportunidad perfecta para sacar mi móvil y hacernos una fotografía muy *aesthetic* del agarre que manteníamos.

«Dios, ten piedad de mí», pedí en el instante en que Daemon giró levemente el rostro para mirarme sobre su hombro y me sonrió, de nuevo con ese gesto pícaro que erizaba mi piel y ponía temblar mis piernas, pues era consciente de que estaba exigiéndome el alma y yo no era capaz de negársela.

Y no fue hasta que llegamos al bar que me soltó, observó todas las bebidas que tenían y tras ello me preguntó con la mirada qué prefería.

—Lo dejo a tu elección, beberé lo que sea que me des.

—¿Segura? —Quiso asegurarse. Por mi salud mental evité pensar que tomó mi respuesta con doble sentido, o yo traté de no

tomar así su pregunta—. ¿Dónde has dejado a la chica parlanchina que no respira al soltar sus verborreas? —Su tono fue divertido luego de que me limitara a asentir a su cuestionamiento anterior.

—Ni yo sé dónde está —admití y bufó una risa.

Se fue hacia donde tenían los vasos ordenados a la perfección, Daemon cogió uno corto y le puso tres cubos de hielo que sacó del dispensador, tomó una botella de *whisky* y sirvió dos dedos.

¡Madre mía!

Eso me quemaría la garganta y me costaría tragármelo, ya que no estaba acostumbrada a ingerir licores fuertes y puros, pero lo necesitaba, por lo que no me negué y tampoco pedí una bebida adicional para mezclarlo.

—Gracias —musité cuando me lo tendió.

Esperé unos segundos para ver si él también se serviría un trago, aunque ya sabía que no solía beber porque se medicaba y porque siempre evitó las bebidas alcohólicas en el pasado, pues aseguró que muchas veces lo hacían sentir como en sus episodios oscuros (en lo poco que lograba recordar de ellos). Daemon identificaba así al momento justo cuando se encontraba en el medio de la manía y la depresión: un paso en falso y caía a cualquiera de los dos abismos. Y me confesó que odiaba la sensación.

No obstante, según como estaba actuando, deduje que esa sería una de las pocas ocasiones en las que optaba por ingerir así fuera un trago pequeño.

—Salud —brindó, animándome con un gesto de mano para que bebiera mi *whisky*, dejando claro que no me acompañaría de esa manera y solté un suspiro de alivio.

Y también para armarme de valor.

Cuando alcé el vaso para llevármelo a la boca noté que él no dejaba de mirarme, al parecer no quería perderse ningún detalle de mis gestos, por lo que al pasar el licor por mi garganta hice todo lo posible para no fruncir el rostro; una tarea demasiado complicada.

—¡Uf! ¡Joder! —exclamé tras obligarme a tragar la bebida y sentir que picaba en mi lengua y quemaba mi garganta. Tosí un poco y en segundos mi sangre se calentó.

—¿Otro? —Ofreció Daemon y negué con la cabeza.

Resiliencia

—No confío en la Rahsia alcoholizada, además, debo conducir luego y ya sobrepasé mi dosis de responsabilidad con este —dije y noté su intención de decir algo, pero calló dejándome con la duda.

También siguió observándome, sus ojos oscuros llenos de diversión y picardía. Yo no pude mirarlo, por lo que me concentré en mi alrededor, en todo menos en Daemon, pues tampoco confiaba en mi raciocinio en ese instante.

No acepté el trago para desinhibirme y coger el valor para pedirle, o permitir, que me hiciera todo lo que quería y me follara de las maneras habidas y por haber. Lo hice porque necesitaba relajarme, dejar a un lado el papel de la terapeuta de una buena vez y comportarme cómoda sin importar lo que él me dijese por muy descarado que fuera.

—¿Puedo admirar más de la casa? —solicité, ya que seguía sin saber cómo proceder.

Daemon hizo ese gesto masculino en el que parecía que los chicos ponían la punta de la lengua debajo de sus molares para ocultar la sonrisa *comemierda*, aportándoles un gesto y actitud llena de chulería. A él más, con su mirada de ojos entrecerrados que me regalaba, diciéndome sin palabras que sabía cómo me tenía y por qué seguía necesitando de concentrarme en el entorno.

—Adelante —alentó.

Me vi caminando hacia el enorme ventanal que dividía la sala más pequeña del área de la piscina, luego de que dijera eso, y me planté ahí mirando hacia el horizonte, a los edificios que estaban al otro lado del canal, al puente ubicado sobre este (el mismo por el que pasamos antes para poder llegar a su casa). Me fijé de nuevo en el catamarán notando en ese instante que tenía un helipuerto.

Sus padres jugaban en las grandes ligas, porque esos lujos no los daba cualquier trabajo.

Me percaté también de los otros barcos y veleros que navegaban cerca, algunos con jóvenes divirtiéndose y disfrutando el atardecer. Pero todo eso quedó en segundo plano en cuanto anticipé la cercanía de Daemon, mi cuerpo de nuevo estuvo en tensión, no una que incomodara sino más bien que torturaba de una manera

desesperantemente deliciosa. Inspiré su fragancia, dejándome envolver por ella y cerré los ojos un segundo.

Creía que se pararía a mi lado para observar todo lo que le robó mi atención, pero no, lo hizo detrás de mí y abrí los ojos de golpe cuando la calidez que emanaba me arropó. Me había calzado con sandalias para ir a la playa, así que sentí los dedos de sus pies desnudos rozar mis talones y apreté los puños porque comencé a temblar y mis manos me delatarían.

Cada célula y terminación nerviosa de mi cuerpo era consciente del suyo a un pie de distancia y sentí un cosquilleo en mi corazón que descendió de inmediato a mi estómago. Mis fantasías con él nunca llegaron hasta ese punto cuando quise ser realista, por lo que en ese momento no supe si la tensión entre nosotros era solo sexual, morbosa, equivocada, buena o mala.

—Jesucristo —susurré solo para mí cuando Daemon me hizo dar un respingo porque puso su mano grande en mi cadera.

Volví a cerrar los ojos, debatiéndome en las razones que él tenía para hacer eso, ignorándolas en un santiamén gracias a la calidez de su cuerpo filtrándose incluso a través de la ropa de ambos.

—¿Se han calmado tus nervios? ¿Te sientes mejor? —musitó en mi oído.

¡Mierda! Así se hubiesen calmado, con esa acción me volvió a descomponer.

No me consideraba una mujer pequeña, pero justo como estábamos la diferencia en nuestras estaturas fue muy evidente, razón por la cual Daemon tuvo que inclinarse para poder hablarme al oído. Su aliento cálido acarició la parte más sensible en mí: entre mi oreja y cuello; mi piel se erizó de nuevo con el roce y mi corazón hizo cosas locas en el instante en que su mano comenzó a moverse un poco más al frente de mi cadera, posicionándose sobre mi vientre.

Oh, Dios. Podría jurar que uno de sus dedos llegó más abajo.

—¡Daemon! —resollé bajo, rogando para que no me escuchara, ya que ni yo sabía si quería que se detuviera o siguiera adelante.

O más abajo con ese dedo.

No supe en qué momento nos movimos, pero en ese instante ya estaba más cerca del vidrio y pude presionar la frente contra él. El vaho de mi respiración pesada lo nubló de inmediato y no me dio vergüenza de que lo notara.

—*Dimmi, Rahsia*[1] —exigió en italiano y capté lo que estaba diciéndome.

Y, si hablando en mi idioma me idiotizaba, en su lengua era peor.

—Daemon… —supliqué de nuevo cuando bajó más la mano y estuvo a punto de acariciar el sur de mi cuerpo. Una parte a la que le estaba permitiendo llegar muy rápido.

Pero mis palabras murieron cuando el móvil en el bolsillo trasero de mi *short* comenzó a sonar y vibrar, reconocí que era papá por el tono de llamada, así que me aparté un poco de Daemon y tomé el aparato para confirmar lo que ya sabía.

—Lo-lo siento. Esta llamada es importante. —Logré decirle e inconscientemente le mostré de quién se trataba.

Él asintió y abrió la puerta, indicándome con la mano que saliera para que hablara tranquila en el área de la piscina, pues sabía que ahí tendría más privacidad; le agradecí y en el camino descolgué, pero no respondí hasta que llegué cerca de la barda que separaba el mar de la casa.

—¡Hola, papá! —Saludé luego de carraspear—. No esperaba que me llamaras —añadí, intentando sonar sorprendida y no asustada.

—*Lo imagino* —respondió él en tono seco y fruncí el ceño, ya que solo me hablaba de esa manera cuando yo hacía algo que le molestaba. Y desde hace mucho tiempo eso no pasaba.

Por otro lado, teníamos dos días de no hablarnos y la última vez que lo hicimos nos despedimos en los mejores términos, así que no me cuadraba su actitud y eso me llevó a mirar hacia el frente y también a los lados, debido a que él tenía a personas destinadas a vigilarme cada cierto tiempo. Y en un principio no estuve de acuerdo con sus guardaespaldas cuidándome desde las sombras, pero lo acepté porque sabía lo importante que era eso para papá y no me gustaba intranquilizarlo sin una razón de peso.

Me cuidaba porque me quería y valoraba eso.

—¿Tu gente ha estado siguiéndome? —inquirí.

---

1 Dime, Rahsia.

Mi tono fue un tanto molesto porque ya habíamos hablado de que permitiría que me cuidaran, pero no que se metieran en mi vida. No. Más.

Caleb Brown sabía que quería tomar mis propias decisiones, fueran buenas o malas. Mamá no me educó mal y por lo mismo estaba donde estaba y él lo sabía, así como también era sabedor de que odiaba que me quisiera sobreproteger. Si nos separamos fue por eso, para que pudiera vivir libre y sin miedos e hice, y puse, todo de mi parte para llevarlo a cabo, así que esperaba que lo respetara.

—*No a ti precisamente* —respondió confirmándome con su tono que estaba molesto y más. No supe qué decirle—. *Y no sé qué carajos estabas pensando para hacer lo que has hecho* —zanjó.

Me quedé boquiabierta, mis alertas se activaron y me puse muy nerviosa. Miré otra vez a los lados, pero no vi a nadie más. La casa estaba sola, o al menos eso creía.

—¿Y qué he hecho según tú? ¿Qué está pasando? ¿Por qué me hablas así? —lo reté a hablar y rogué para que no mencionase lo que sucedió con Daemon tras el ventanal, ya que por muy molesta que me sintiera eso me avergonzaría—. Y solo para que sepas, no he hecho nada malo, no sé qué te estás imaginando —añadí y lo escuché bufar.

—*¡Demonios, Da…!*

—¡Hey! —lo corté de inmediato, justo cuando estuvo a punto de decir algo indebido. Con eso me comprobó que todo era peor de lo que imaginé. Respiré profundo, tratando de comprender su comportamiento y su forma de hablarme—. Antes de que digas cualquier otra cosa, explícame qué sucede, papá. Porque me estás hablando de una manera que no me agrada y, sobre todo, sin motivo alguno. ¿Qué he hecho según tú? ¿Qué mal paso he dado? —pregunté de nuevo, en ese momento con un mejor tono, más tranquila para demostrarle que no buscaba una pelea innecesaria con él.

Lo escuché exhalar con pesadez y entendí que él también trataba de calmarse.

—*Sé dónde y con quién estás. Y con eso estás cometiendo el peor error de tu vida.* —Miré sobre mi hombro y encontré a Daemon parado en el

mismo lugar donde antes estuvimos, solo que en ese instante estaba bebiendo de su agua saborizada, lo que me indicó que había ido a la barra del bar, que fue donde dejó la botella antes.

Me buscó al sentir mi mirada y le sonreí para que no pensara que estaba sucediendo algo malo y cómo lo esperé, no obtuve respuesta de su parte, simplemente siguió observándome, en ese momento con intriga.

—No sé qué estás imaginando y tampoco me meteré en tus asuntos, papá. Yo estoy en la casa de un paciente que está pasando por momentos muy difíciles y sabes lo mucho que me importan todas las personas que recurren a mí —expliqué con descaro, pretendiendo con eso que fuera lo que fuese que le dijeron, no me juzgara—. Simplemente estoy tratando de ayudarlo y desconozco a qué tipo de familia pertenece, no obstante, él nunca me ha dado motivos para pensar que me oculta algo. —Exceptuando su pasado, el cual Daemon tampoco conocía—. Así que, deberías de explicarte mejor para saber qué terrenos estoy pisando —finalicé.

Alcancé a escuchar cómo maldijo por lo bajo.

—*Tienes que confiar en mí como siempre, hija* —sugirió—. *No te encuentras en un buen lugar y no, no es que estés en uno peligroso o que su familia lo sea, al menos no para Rahsia* —declaró y cuando hizo tanto énfasis en mi nombre, una punzada de miedo me atravesó el pecho.

Pensé en todo, en mi pasado y en mis demonios; y en ese instante sí me preocupé.

—Dime que la familia de mi paciente no son quienes estoy pensando —supliqué, en ese momento más alerta de todo lo que me rodeaba.

—*¡No, cariño! Cálmate, tampoco es eso, te lo prometo* —aseguró quitándome un enorme peso de encima—, *pero igual, no me gusta que estés ahí y te mezcles con esa familia.*

De nuevo fruncí el ceño, odiando los entresijos en sus palabras y su poca voluntad para que las cosas me quedaran claras.

—Si me dices por qué, tal vez podría comprenderte —murmuré—. Aunque debo ser sincera contigo: no cambiaría las cosas, ya que este paciente me importa demasiado y ahora mismo está pasando por una situación complicada, como te lo mencioné

antes, y quiero estar aquí para ayudarle, por lo que me veo en la obligación de dejar a un lado el peligro que corre Rahsia.

—*¡¿Y acaso ayudarlo también implica que tengas algo que ver con él?!* —acusó.

Sentí vergüenza por lo que pudieron haberle dicho, pero sus palabras también me hirieron, sobre todo porque con lo que insinuó me di cuenta del límite que terminé de saltarme. Enseguida de eso me embargó el enojo al pensar que, quien fuera que lo puso al tanto de mi ubicación haya sido tan explícito y violara mi privacidad.

—Voy a dejar de lado lo que acabas de preguntarme porque no tengo nada que decirte con respecto a ello —zanjé sin ocultar mi tono herido—. Le daré énfasis al hecho de que sabes a la perfección que odio que se metan en mi vida privada y me expongan de esta manera contigo y aun así lo permitiste —reclamé.

Por su trabajo y por los mismos peligros que yo todavía corría debido a mi pasado tormentoso, Caleb por un tiempo mantuvo guardaespaldas detrás de mí, estos siendo incluso invisibles para mí misma. Y lo permití porque era consciente de la realidad que me envolvía, pero le dejé claro que debían respetar mi privacidad y por lo visto se lo pasaron por el arco del triunfo.

—*¡Maldición, hija!*

—Me prometiste que eso no pasaría, Caleb —lo corté, ya que sin una razón de peso, yo no merecía ser expuesta así, sin importar lo incorrecto de lo que estuve a punto de hacer— y no lo pudiste cumplir. Así que no tengo por qué explicarte qué hago aquí y menos cómo trato con mis pacientes —concluí y lo escuché maldecir de nuevo.

Y sabía que se estaba sintiendo pésimo porque lo conocía, sin embargo, ya no estaba para escucharlo en ese momento debido a mi indignación y evitaría a toda costa ofenderlo así fuera de manera inconsciente, pues lo respetaba demasiado como para llegar a ese punto y no ser capaz de cortar por lo sano esa llamada.

—No es buen momento para seguir con esta discusión, así que lo haremos luego —avisé—. Solo te pido, *de nuevo,* que exijas a quienes me sigan que respeten mi maldita privacidad. —Acto seguido le corté.

Resiliencia

Tenía un nudo tremendo en la garganta y los ojos me ardían, no solo por la vergüenza de haber sido expuesta y mi pelea con un hombre al cual amaba con mi vida, como mi verdadero padre así no me haya engendrado, sino además porque me pesaba de manera dolorosa lo que me hizo ver con su reclamo.

¡Demonios!

La bruma de lo que Daemon me hacía sentir se esfumó con la cruel realidad y, la carga que se instaló en mis hombros debido a la culpa y falta de ética de mi parte se sintió más pesada. Miré hacia el horizonte y tomé respiraciones profundas con la intención de calmarme, pero no estaba siendo fácil y las lágrimas picaron en mis ojos.

Dentro de todo eso, lo que más dolía era ser consciente de que minutos atrás me terminé de pasar por el arco del triunfo todos los códigos de ética que aprendí con mi carrera. Y esa vez era peor que con Lucas, ya que así mis intenciones hubiesen sido ayudar a Daemon al aceptar venir a su casa, no podría hacerlo más como su terapeuta.

Luego de tanto evitarlo cometí el único error que no me podía permitir. Lo peor de todo es que no sabía si se sentía tan malo como creí.

—Solo tú podías cagarla de manera monumental, Rahsia —me recriminé mientras miraba al cielo, exhalando tremendo suspiro.

El sol ya casi se había escondido y las nubes adquirieron ese color rojizo hermoso, un espectáculo natural del que siempre disfrutaba, menos ese día, ya que el ocaso ahora sería el recordatorio de haberle fallado a un hombre que me importaba tanto, o más, que al que acababa de cortarle la llamada.

Y, únicamente volví al interior de la casa cuando me sentí capaz y me preparé mentalmente para marcharme. Menos mal Daemon ya no estaba donde lo vi antes sino que en la cocina grande sacando algo del refrigerador.

—¿Está todo bien? —Quiso saber cuando llegué cerca y medio le sonreí a la vez que asentía en respuesta.

De fondo escuché los ladridos de Maxi y lo tomé como otra señal del destino para que saliera de esa casa antes de seguir cometiendo más errores.

—Era papá queriendo saber cómo estaba —comenté.

Él hizo un movimiento de cabeza, indicándome que me ponía atención mientras lavaba algo de todos los alimentos verdes que sacó del refri. Me guardé el móvil en el bolsillo, ya que lo llevaba en la mano, y evité mirarlo para que no notara mi tristeza y el debate emocional que mantenía en mi cabeza.

—Pero por tu semblante triste y pensativo, deduzco que no todo ha salido bien —señaló y bufé una risa, observándolo secarse las manos con una toalla de cocina y luego acercándose a mí.

Contuve la respiración al darme cuenta de lo débil que estaba siendo con él tras saber que así quisiéramos cosas diferentes, teníamos algo en común: querer desnudarnos mutuamente y en mi caso, aprender en sus manos lo que era el placer.

—Debo irme —solté de pronto, Daemon frunció el ceño y negó levemente con la cabeza.

—Ni siquiera hemos hablado y viniste aquí con esa intención, ¿no? —recordó—. Además, estaba a punto de preparar algo para comer. —Señaló con la barbilla todo lo que había puesto en la isla de la cocina y, así nada de tanto verde que tenía ahí me llamara la atención, lo miré debatiéndome en qué hacer.

Aunque ya tenía claro lo que no podía.

—Ambos somos conscientes de que hablar es lo último que quieres conmigo —repliqué, formando una sonrisa de boca cerrada.

Él me respondió con otra.

—También quiero darte de comer… antes. —Su tono de voz fue seductor, oscuro, pecaminoso, muy adecuado para su insinuación.

Pero en ese instante, a diferencia de lo que hubiera sucedido antes de la llamada de papá, en lugar de placer sentí ganas de llorar porque como mujer deseaba quedarme, comer lo que sea que iba a preparar y luego comérmelo a él, no obstante, como profesional sabía que no nos haría bien mezclarnos más en lo personal, puesto que además de que ya no seguiría siendo su terapeuta, Daemon no se encontraba en el mejor momento para entender las muchas razones que tenía para marcharme, motivo por el cual evité decirle la decisión que tomé.

No quería dejar de ser su terapeuta, pero ya no era correcto serlo y eso me estaba doliendo más de lo que imaginé. Y si se lo decía en ese instante era posible que lo tomara de manera errónea, incluso podría creer que yo era la que quería jugar con él.

—Daemon… —me quedé en silencio para escoger bien las palabras que diría a continuación—, lo que sea que estabas pensando hacer conmigo, no puede ser, no terminará bien y lo sabes.

Lo vi negar con la cabeza, tratar de controlarse a pesar de que sonrió con ironía. Y sí, lo veía más suelto, incluso comunicativo, pero en su caso eso no parecía ser normal.

—¿Por qué? ¿Porque eres mi terapeuta? ¿Porque soy tu paciente? ¿Porque soy el imbécil lleno de problemas al cual quieres ayudar?

—¡Dios! Pero ¿qué dices? —exclamé anonadada por sus preguntas y cambio de humor drástico, pues acababa de mostrarse irónico y hasta desinteresado y en ese instante lucía furioso.

—¿Por qué, Rahsia? —insistió—. ¿Porque me he convertido en una especie de proyecto personal para ti? —soltó dejándome pasmada, sobre todo con lo último que dijo.

Lo miré incrédula.

—¡Maldición, Daemon! ¡No! No eres ningún tipo de proyecto para mí —corté cualquier otra cosa que fuera a decirme cuando vi su intención de seguir bombardeándome con sus preguntas—. Soy tu terapeuta, sí. Eres mi paciente, obviamente que sí, pero sobre todo eso me importas mucho.

—Y te gusto —se mofó aumentando con eso mi ritmo cardiaco—. Te gusto tanto como para que hace unos minutos estuvieras a punto de mandar a la mierda todo lo que nos limita.

«¿Y yo a ti? ¿Te gusto tanto como para que me consideres ser algo más que un acostón?», deseé preguntarle, pero callé porque no le daría más alas ni mucho menos lo obligaría a mentirme, pues yo más que él era consciente de que no buscaba nada serio.

Y no podía seguir perdiendo todo por nada, ¿cierto?

—¿Y de qué sirve eso? —No lo dejé responder—. Ceder a esta atracción que siento por ti no solo me perjudicará a mí sino que te dañará a ti y no quiero eso, Daemon. Por ningún motivo

voy a lastimarte. —Bufó una risa y leí en su semblante las ganas que tuvo de replicarme. Posiblemente con lo que le dije él pensó que yo me estaba creyendo mucho como para tener la mínima posibilidad de herirlo de alguna manera—. Cuando llegaste a mi vida no fue para que me convirtiera en un problema sino en una solución en la tuya, y es lo que pretendo ser pase lo que pase —declaré segura.

Farfulló algo en italiano que no entendí, ya que únicamente solía reconocer las palabras que tenían la misma pronunciación y significado que el español; enseguida de eso me dio la espalda y se llevó las manos a la cabeza, desordenando su cabello y mirando al techo a la vez que soltó una exhalación pesada. Su acción un tanto desesperada me indicó lo mucho que estaba tratando de mantenerse en control.

—Dijiste que vendrías aquí como Rahsia, no como la terapeuta —me recordó y negué con frustración. Segundos después estaba mirándome de nuevo—. Y tal cual te lo dije en la playa: si no fui a la sesión es porque no quería ver a la señorita Brown ni hablar con ella. Lo que sí quiero es olvidarme de mis problemas, de lo mal que está mi puta cabeza, de las malditas voces que han aparecido y las pesadillas de mierda que no me están dejando dormir. —Su voz se alzó dos tonos para ese momento y me asusté.

No de cómo me habló sino de lo que confesó, pues no tenía idea de que estuviera teniendo pesadillas o voces en su cabeza.

—¿A qué te refieres? —indagué.

No era estúpida, era consciente de que personas con condiciones como la suya podían experimentar delirios, confusiones o escuchar voces en su cabeza; a sus demonios como muchos las identificaban. Y en el reporte médico de Daemon me detallaron que tuvo bastante de eso ante un cuadro de desorden esquizoafectivo tipo bipolar y trastorno límite de la personalidad, que experimentó en los meses antes de someterse a la electroconvulsión.

Y durante el tiempo que teníamos trabajando juntos, era la primera vez que mencionaba que las secuelas de aquella época lo estuvieran afectando. Por eso hice esa pregunta, porque necesitaba que me explicara bien lo que le pasaba.

Resiliencia

—Como profesional crees que únicamente hablando puedo solucionar todo, pero no, Rahsia —se quejó—. A veces no me sirve repetir lo que me atormenta, ya que quiero olvidarlo, no pensar más en ello. Y si aceptaste venir aquí como la chica y no como la terapeuta, pues respeta mi deseo, mi puta decisión y no me terapees como a un maldito tarado que no puede decidir por sí mismo —espetó—. Al menos intenta fingir que eres mi amiga.

La necesidad de sentarme fue tremenda, por lo que busqué el taburete de nuevo y tomé asiento, pues sentí sus palabras como una estocada en el estómago que me dejó sin poder respirar, tanto, que tuve que abrir y cerrar la boca para recuperar el aire perdido y no llorar ante el dolor que me provocaron sus palabras. No conseguía entender que él se diera cuenta de que me gustaba lo suficiente como para mandar por un tubo mi carrera, pero que aun así creyera que fingía cuando me importaba más de lo que yo misma era capaz de imaginar.

Eso me dolió tanto como me enfureció.

—¿Y qué? ¿También pretendes que finja que soy una más de esas amigas a las que follas? —refuté, señalando que él quería hacerme lo mismo que a las demás—. Porque imagino que las follas a todas, ¿o me equivoco? No, no respondas eso —sonreí satírica antes de que lo hiciera porque, conociéndolo, no endulzaría su respuesta—, sé que sí —aseguré con amargura, recordando todas las historias que me contó como parte de su proceso—. Así como te encanta follar con desconocidas, no tienes inconvenientes en hacerlo con conocidas, pero ¿sabes cuál es el problema aquí? —No respondió nada, simplemente me miró serio, molesto y frustrado, aunque también burlesco—. Que soy una mujer a la cual no le gusta tener rollos de una noche. Y tampoco finjo nada contigo, sin embargo, eso es algo que tienes claro, a pesar de que seas un idiota que se ha atrevido a ponerlo en duda —añadí y comenzó a negar.

—Sí, ya sé que no eres de esos rollos, lo comprobé anoche —desdeñó, destilando más amargura de la que yo solté con mis palabras anteriores—, eres de las que busca una relación perfecta, de esas románticas, con detalles en las fechas especiales, caminatas de noche por la playa tomada de la mano de tu príncipe y cenas a la

luz de las velas… ¿Qué más? ¿Un amor a la antigua? —soltó con burla y me hirió más de lo que esperé.

Me hizo sentir como una ridícula buscando lo raro en un mundo donde los detalles ya valían un carajo, un universo alterno donde lo pasajero valía más que lo serio. Aun así, me limité a mirarlo, dolida por sus palabras e incrédula porque fuera capaz de burlarse de mí con tanta facilidad.

Definitivamente me encontraba fuera de juego con ese hombre. Daemon pertenecía a otras ligas, ya que en la mía no esperaba ser dañada con palabras. Y debido a eso me vi amenazada por mis inseguridades.

—A lo mejor por eso te alejaste de Andy, tu novio, porque te diste cuenta de que él también busca algo más divertido. —El *shock* que me invadió tras escucharlo fue indescriptible.

¿Cómo fue que llegamos a eso? ¿A que me ofendiera y se burlara así de mí?

—Admito que en este momento me es demasiado difícil respetar tu opinión —confesé luego de inspirar hondo—. Pero da igual que lo haga o no, sigue siendo tu problema que para ti sea estúpido lo que yo busco en una relación, no tenemos por qué compartir esos ideales y me disculpo por opinar o criticar tu manera de relacionarte con las mujeres. Es tu vida y tu decisión tener únicamente rollos pasajeros, lo comprendo. Por lo mismo espero que comprendas tú que a mí no me va eso, ya que tienes razón…

Me detuve a respirar porque estaba a punto de perder el control con mi dolor y la ira que me embargaban. Además, debía evitar cualquier tipo de discusión con él para no influir más en su estado.

—¿En qué de todo lo que te dije? —retó y alcé la barbilla antes de responderle.

—Soy de las que busca un amor a la antigua, pero eso no significa que querré casarme con el primer chico al que comience a conocer en plan romántico, aunque sí me gusta la idea de tener citas; y en estos tiempos no espero cartas, un mensaje de texto de buenos días, o noches, sí. Quiero llegar de esa manera al primer beso y si todo resulta como espero, pues pasar a ser novios y con la convivencia y el tiempo tal vez encaminarnos a situaciones más íntimas.

Resiliencia

Esa era la primera vez que decía mis expectativas en voz alta y no profundizaría en el hecho de que lo estaba haciendo con Daemon, en un momento que a lo mejor no era el correcto.

—¿Qué más quieres? Aparte de *todo eso* —indagó con una sonrisa en el rostro que no identifiqué si era de burla, dado el énfasis en sus últimas palabras, o de inocente diversión.

No me inmuté ni tampoco me avergoncé en ese momento.

—Hacer el amor con ese chico si se lo merece —zanjé y esa vez sí sonrió con burla—. Así sea estúpido para ti, busco hacer el amor y no tener solo sexo carnal, Daemon —reiteré con orgullo—. Si eso para ti es estúpido, pues de nuevo: es tu problema. Si eso me convierte en una mojigata, como a ustedes los hombres les encanta llamarnos a las chicas que no pensamos como la mayoría a las cuales están acostumbrados —volvió a sonreír al escucharme y negó con la cabeza—, entonces lo soy —reviré, alzando el tono, ya que odié su gesto—. Esta soy yo, acabas de conocer un poco de Rahsia y no te lo dije porque te importe sino para demostrarte que, a pesar de ser tu terapeuta, no finjo ser tu amiga.

Chasqueó con la lengua y sonrió abiertamente. Me sorprendió que mi poco autocontrol se hiciera cargo de la situación en el instante que quise despotricar por su actitud, lo que me permitió darme cuenta de que sus ojos habían adquirido un tono más oscuro para ese momento. Eran más marrones que miel (como noté cuando estuvimos en el sofá) y tragué con dificultad, pues no me dejó señalar tal cosa porque de pronto se acercó mucho a mí.

—¡Dios mío! —Medio grité por su agilidad de coger el taburete del respaldo y girarlo junto conmigo para que pudiéramos quedar frente a frente.

Daemon, suponiendo que trataría de apartarme, puso una mano a cada lado de mi cuerpo, apoyadas en el filo del granito, para enjaularme entre sus brazos.

Puta madre.

—Acabo de escuchar el discurso de una chica a la que le hace falta un hombre como yo —soltó con desdén y me pareció inaudito que, en lugar de sentir miedo o furia, experimentara cosquillas en mi estómago—. Para enseñarte lo placentero de los rollos pasajeros

y que entonces juzgues si de verdad no te gustan porque ya lo has experimentado y no solo por lo que crees que son.

Sonrió con picardía al verme tragar con dificultad y como si eso fuera poco, enterró el rostro en el hueco de mi cuello e inspiró hondo, erizándome la piel. Apreté la mezclilla de mi *short* entre mis manos al no saber en dónde más apoyarme, ya que su playera o alguna parte de su cuerpo no eran opciones inteligentes.

—Veo lo que son y con eso me es suficiente para que no me gusten —reiteré, agradecida de sonar entera con todo y el nerviosismo que me provocó.

Pero la entereza me duró poco tras su siguiente acción: me mordió el lóbulo de la oreja y luego lo lamió, yo por mi parte me mordí el labio inferior antes de que se me escapara un gemido porque lo que sentí estaba siendo nuevo y demasiado.

Jesús.

—De acuerdo. —Su voz sedosa tenía también un matiz ronco al susurrar eso en mi oído, situación que consiguió que el pulso de mi corazón descendiera al sur de mi cuerpo, provocándome la necesidad de cerrar las piernas para obtener un poco de fricción y calmarlo—. Me ha quedado confirmado que estoy a años luz de ser ese hombre que te dará alguna vez todo eso que describiste. —Me miró a los ojos de nuevo, sus iris ya eran del color del *whisky* que bebí.

En su historial médico habían enfatizado que él era uno de esos raros casos en los que sus ojos cambiaban de color según su estado de ánimo y nunca había sido testigo directo de la oscuridad que adquirían, pues era la primera vez que su manía empeoraba de esa manera.

Y podía jurar que si me lo hubiesen contado nunca habría creído que el cambio fuera tan drástico.

—Siempre he sabido que soy muy malo para ser un príncipe, Rahsia —continuó—. El peor, siendo sincero. Pero como villano me considero excelente. —Rozó la punta de su nariz con la mía, en un gesto que estaba lejos de ser inocente o travieso, pero sí tentador y peligroso; las piernas me temblaron al darme cuenta de eso —. Aunque como el cabrón que te hará creer que el infierno es tu paraíso, cuando esté entre tus piernas, soy perfecto.

Resiliencia

—Dios —susurré al sentir calor dentro de mis bragas y la necesidad de comprobar la veracidad de sus palabras.

Sin embargo, la manera en la que me dijo cada cosa, muy seguro de que lograría lo que quisiera y que le celebrarían todo sin importar que fuera unególatra, me hizo espabilar y ponerle más atención, notando lo que estuve ignorando gracias a lo nerviosa que me puso su actitud; Daemon se sentía poderoso, dueño de su mundo, capaz de conseguir lo que se le diera la gana y me asusté ante el recuerdo que me provocó.

—Soy dueño de mi mundo cuando estoy oscuro, me siento imparable y poderoso. Hago lo que quiero y consigo que hagan lo que me place, incluso siendo un total idiota.

—¿Y te gusta? —le pregunté, observándolo con atención.

—Sí —respondió sin dudar—. Porque soy libre, Rahsia. Mi oscuridad es el único estado en el que no me preocupo por controlarme, en el que no tengo que cuidarme de lastimar a otras personas con mis cambios de ánimo y me dedico a ser como quiero ser.

—Pero luego lo odias —recordé y bufó.

—Solo porque lastimo a personas que me importan. Pero siendo sincero, odio más recapacitar y obligarme a volver a tener el control. Así que supongo que por eso, cuando llego a ese límite entre la cordura y la locura, cruzo hacia esta última sin pensar en las consecuencias, para ser libre a pesar de que sea por poco tiempo.

En ese momento Daemon actuaba como me detalló en aquella sesión y temí que ya estuviera a un paso de su locura. Quienes no sabían lo que le sucedía, podrían tacharlo como a un chico mimado, un niñato pijo al que le cumplían cada capricho, sus ojos eran los únicos que lo delataban y la señal para que personas cercanas confirmáramos que había llegado ahí, al peor de sus estados.

Y sí, el dolor de todo lo que me dijo seguía latente porque sabía que así estuviera perdiéndose, vocalizó lo que lúcido no me diría, aunque lo pensara. No obstante, lo hundí en lo más profundo de mi interior y me obligué a ser la terapeuta y la chica que únicamente buscaba ayudarlo.

—¿Aún sabes quién soy? —le cuestioné tomándolo del rostro.

—Por supuesto, eres la terapeuta que me tortura, la mojigata a la cual quiero follar hasta sacarle lo desinhibida.

—¡Divino Jesús! —exclamé porque no me ayudaba y él sonrió seductor—. Daemon, quiero que me mires —pedí, enfocándome en lo que sucedía y no en lo que dijo.

Acercó el rostro tan cerca del mío que creí que iba a besarme, pero no lo hizo.

—Tus ojos no son verdes, son azules —señaló de pronto y fruncí el ceño— y tengo que odiar los ojos verdes y a las chicas rubias y pequeñas. —Alcé las cejas sin comprenderlo.

Pero no tuve tiempo de seguir poniéndole atención a lo que dijo porque me cogió el rostro, imitándome, y pasó su pulgar en mis labios; no me acariciaba, era más como un niño travieso queriéndome quitar el labial.

—Bien, Daemon. Mira mis ojos entonces y no olvides nunca que son azules —atiné a decir con dificultad, pues seguía quitándome el labial. Y me iba a sentir muy estafada si lo lograba, ya que según lo que leí en el empaque del producto, este duraba todo el día, comiera, bebiera… o besara—. Respira profundo y piensa en el mar, en el cielo —proseguí con la intención de regresarlo, o mantenerlo justo en el límite hasta que pudiese buscar ayuda o llevarlo al hospital, pues era lo único que evitaría que cayera en depresión—. Piensa en tu lugar favorito.

—No sé cómo es —confesó.

—¿Por qué? ¿Todavía no has ido?

—Todavía no me lo has permitido, pero sé que cuando me dejes, no querré irme de ahí —aseguró.

—¿De qué hablas? —cuestioné con una leve sonrisa escapándose de mis labios, los que él no dejaba de restregar y ya comenzaba a lastimarme.

—De mi lugar favorito, lo llevas entre tus piernas. —Mis ojos se agrandaron con su declaración y no lo detuve cuando cerró la distancia entre nosotros para besarme.

Madre mía.

Mi corazón se alocó a pesar de que no tocó mi boca, pues me besó en la mejilla, muy cerca de una de las comisuras, y el tiempo

pareció detenerse el rato que sus labios mojados se quedaron en mi piel, torturándome y haciéndome soltar una lágrima; una de dolor al verlo así, aunque también de felicidad por sentir un gesto de su parte que no creí poder vivir nunca.

—Odio que uses labial —susurró sin apartarse mucho.

Su aliento me acarició y estremeció a la vez.

—Yo odio que me hagas esto —hablé sin pensar y como todavía seguía sosteniendo su rostro, lo alejé unos centímetros.

—¿Danik? —murmuró de pronto y con eso logró que mi sangre se congelara y un escalofrío de terror me recorriera de pies a cabeza.

No sé en qué momento me alejé por completo, pero cuando reaccioné estaba a un metro de él, con miles de sentimientos revolucionando en mi interior, el miedo predominando con fuerza, el peligro acechándome.

¡Dios mío! Eso no podía estar pasando.

—¡No! —le grité cuando intentó acercarse de nuevo a mí porque en mi cabeza el pasado se estaba mezclando con mi presente.

Quería correr, debía correr.

6 | Un ángel

RAHSIA

Esos ojos podrían poner a
mis demonios de rodillas
—Ron Israel—

Daemon frunció el ceño por mi reacción, aunque no le dio la importancia que le hubiese dado si hubiera estado en mejor condición. Yo me abracé a mí misma y sacudí la cabeza tratando de recuperar el control que me robó al llamarme con ese nombre.

«Soy Rahsia Brown, no Danik», repetí en mi cabeza para volver a creérmelo.

No era más esa chica rota, débil y ultrajada. Dejé atrás el pasado lleno de dolor y maldad gracias a papá. Él me salvó y volvería a hacerlo si era necesario. Pero no lo era, ¿cierto? Y Daemon tampoco era un hombre malo que había llegado a mi vida fingiendo tener una condición mental únicamente para que me confiara y me descuidara, permitiendo con ello que aquellos malditos volviesen a encontrarme.

«*No te encuentras en un buen lugar y no, no es que estés en uno peligroso o que su familia lo sea, al menos no para* Rahsia».

Oh, por Dios.

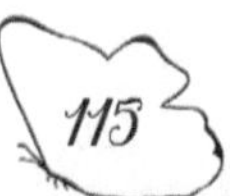

Entré en más tensión cuando las palabras de papá resonaron en mi cabeza y me odié por no haberle obedecido. Confiaba en Daemon, de verdad que sí, pero el terror que me daba pensar en que de nuevo podría caer en manos de aquellas personas que tanto me dañaron, me nublaba la razón.

«Pero si de verdad corriera peligro, papá no se hubiera quedado tranquilo. Él me hubiese obligado a irme de esta casa por medio de las personas que me vigilaban».

El pensamiento me hizo negar al recordar que papá también fue claro al enfatizar que la familia de Daemon no era peligrosa para Rahsia, pero él acababa de llamarme por otro nombre (con el que me bautizaron cuando nací) y el terror todavía sabía amargo en mi garganta y continuaba recorriéndome las venas y helándome el cuerpo entero.

—¡Puta mierda! —profirió Daemon de pronto, tomándose la cabeza con ambas manos—. Creo… creo que estoy teniendo visiones —informó y lo miré sin comprender.

Minutos después se acercó a la isla buscando apoyo y recargó los codos en ella sin dejar de tomarse la cabeza, luego se cubrió los oídos y comenzó a negar manteniendo una lucha interna con él mismo. Yo me quedé paralizada en mi lugar, temiendo moverme, creyendo que si lo hacía alguien podría atraparme para regresarme a Reino Unido. Y me rehusaba a volver a ese infierno, no lo soportaría.

«Corre, escapa mientras todavía puedes hacerlo».

Sí, debía hacer eso, pero no pude al ver a Daemon así, al darme cuenta de que estaba sufriendo.

—¿Por… por qué me has llamado así? —pregunté, arriesgándome con la esperanza de que a mí se me hubiese escapado ese nombre en algún momento y por eso él lo repitió.

¡Dios mío! Tenía que ser así.

—¡Joder! No lo sé, Rahsia —espetó, girando el rostro para mirarme sin perder la posición que había adquirido. Sus ojos oscuros estaban brillosos y llenos de confusión—. Nunca me había pasado esto. Estoy… estoy, siento que he entrado a la oscuridad, pero sigo consiente y ahora con un terrible dolor de cabeza.

Resiliencia

Tal vez no era el momento, mas no pude evitar respirar hondo, aliviada de que volviese a llamarme Rahsia, estúpidamente creyendo que eso significaba que lo que sucedió pudo haber sido una pésima broma del destino, una mala coincidencia; confiando a ojos cerrados, y como estúpida, que Daemon no era capaz de dañarme y mucho menos de devolverme al infierno.

—Voy a llevarte al hospital —avisé al obligarme a actuar como la situación lo demandaba. Él no dijo nada, por lo que supuse que también pensaba que era lo más inteligente en ese momento.

Su dolor de cabeza era algo que bien podría ser tratado con analgésicos en casa, pero no el episodio que atravesaba; necesitaba medicación intravenosa para controlarlo a la brevedad posible. Esto era algo que sabía porque lo viví con Lucas, aunque debía enfatizar que si se hubiese tratado de mi amigo en ese instante, él ya habría estado perdido, puesto que podía manejar mejor que Daemon sus estados de ánimo estando en control, pero no cuando las ciclaciones se volvían más inestables.

Y siendo sincera, me sorprendía mucho que Daemon luchara como lo estaba haciendo, que su voluntad fuera tan fuerte para no perderse y que peleara con los demonios en su cabeza, los cuales se volvían más crueles en situaciones como esa.

—Llama a tío Elliot, mi móvil está allí. —Señaló con la mano cerca de la estufa y corrí para cogerlo de inmediato.

Gracias al cielo el dispositivo no tenía ningún tipo de bloqueo de seguridad para acceder a sus funciones, ya que en ese momento yo sentía que pronto entraría en un *shock* nervioso, obsequio del cóctel de emociones muy peligroso que me provocaron su actitud, el nombre con el que me llamó y mi preocupación por su bienestar.

—*¿Daemon?* —respondió el señor Elliot luego de que buscara su número entre las llamadas recientes en el móvil de su sobrino.

—Soy Da… ¡Jesús! Lo siento, soy Rahsia. —Me di un manotazo en la cabeza al darme cuenta de lo que estuve a punto de soltar—. Señor Hamilton, Daemon está entrando en una situación muy complicada y necesito llevarlo al hospital, solo dígame en cuál tiene sus controles para irnos hacia allí de inmediato —expliqué apresurada, sin darle importancia a lo demás.

—*¡Joder! Estoy saliendo para su casa en este instante, imagino que están ahí*—inquirió y asentí.

Quise golpearme una vez más porque me estaba volviendo más idiota en un momento demasiado complicado.

—Lo estamos, pero si me dice el hospital podría avanzar y usted nos alcanza —señalé.

—*Ahora mismo te estoy enviando la ubicación, nos vemos allá.*

Corté en cuanto el móvil me avisó de su mensaje entrante y caminé con prisa hacia Daemon. Lo encontré sentado en el piso, con la espalda apoyada en la pared de la isla; seguía sosteniéndose la cabeza, esa vez recargando los codos en sus rodillas flexionadas. Me destrozó verlo así, pero me propuse ser objetiva porque no le fallaría como lo hice con Lucas.

—¿Crees que hay problema si dejo a Maxi aquí? —le pregunté con la intención de que se concentrara en mí y no en lo que fuera que lo agobiaba. Negó con la cabeza en respuesta—. Bien, vamos a mi coche. Te llevaré al hospital y tu tío nos encontrará allá.

—Tú no tienes por qué pasar esto conmigo —se quejó y al mirarme noté que sus ojos se estaban poniendo soñolientos.

Era como si hubiera bebido y el licor comenzara a hacerle efecto.

—No tengo, pero quiero, Daemon —aseguré y me puse en cuclillas frente a él—. Necesito estar contigo y antes de que pienses otra cosa, no es como terapeuta; es porque me importas demasiado y no te dejaré solo, ¿entendido? —Me miró de una manera en la que no supe descifrar lo que quería decirme sin palabras.

Hasta que habló para provocarme, literalmente, un paro cardiaco.

—Tus ojos… —susurró y luego tomó una larga inhalación—, son ese cielo que admiro desde mi infierno, Rahsia.

Las ganas de llorar me atacaron de súbito porque, ¿cómo era capaz de enfurecerme en un momento y al siguiente hacer que contuviera mis ganas de abrazarlo y besarlo? Tal parecía que era su mejor talento. Y en ese instante ni siquiera me detuve a pensar en las consecuencias cuando llevé mi mano hacia su rostro y lo acaricié.

«Mi precioso desastre, mi chico fuerte», eso fue todo lo que pensé al sentirlo, olvidando por completo lo que nos dijimos minutos atrás.

—¿Desde cuándo los has admirado? —indagué con voz trémula.

Resiliencia

—Desde que volví a encontrarte —respondió sin un ápice de duda y esbocé una sonrisa llena de tristeza y ternura.

Buscó mi caricia con el rostro cuando detuve el movimiento de mi mano en él y sentí que me apretaron el corazón, incrédula de que ese hombre fuera el mismo que minutos atrás aseguró que solo quería follarme para quitarme lo mojigata.

—Eres el luchador al que a… admiro —titubeé y lo cogí de la mano después de que él dejara de buscar mi caricia—, así que ponte de pie y ayúdame a llevarte al hospital porque así me veas grande, no podré cargarte en brazos. —Medio sonrió con mi declaración—. ¿Me estás imaginando cargándote como si fueras mi damiselo? —pregunté y su risa tuvo un sonido estrangulado.

—¿De… dónde sacas esas-esas ocurrencias? —Quiso saber y con ello me dejó entrever cómo se trababa su lengua al hablar.

Estaba entrando en un estado de embriaguez sin haber ingerido licor.

—Papá siempre me pregunta lo mismo —le respondí y me puse de pie sin soltarlo de la mano para que él también lo hiciera.

Quería llegar lo antes posible al hospital para que le ayudaran a minimizar el impacto de su estado, por lo que no le di importancia a que siguiera descalzo. Únicamente rogué para que Maxi no se desesperara el tiempo que lo dejaría solo, que deseaba que no fuera mucho.

—Siento tanto haber sido un total idiota contigo —susurró cuando salimos a la carretera principal, luego de atravesar una pequeña odisea, ya que, aparte de que me aseguré de dejar a Maxi con agua y algo de comida, cuidé que Daemon no se lastimara los pies, lo metí al coche y le coloqué el cinturón con él actuando medio borracho.

Un proceso que fue más difícil de lo que pude imaginar.

—Y vaya que lo has sido, pero hablaremos luego de eso. —Lo escuché reír con ironía en cuanto le respondí y lo miré de soslayo—. ¿Qué? ¿Acaso creías que te lo dejaría pasar? —inquirí al intuir que fue eso lo que le causó gracia.

Se acomodó en el asiento y tras eso miró el camino a través de la ventana.

—No serías tú si me lo dejaras pasar —murmuró—. Pero quiero que tengas claro que no todo lo que dije fue por mi estado.

Sentí de nuevo el dolor por sus palabras anteriores y también el miedo, además de una enorme curiosidad porque me dejara claro qué cosas fueron ciertas y no el resultado de su episodio, lo que él se encargó de hacer a continuación sin que se lo pidiera.

—Y entiendo que mereces más que a un maldito trastornado que solo busca follarte, porque tengo las bolas para aceptarlo frente a ti —zanjó y tragué con dificultad—. He querido eso desde el momento en que me di cuenta de que eres tú quien me despierta este deseo y me hace sentir como un puberto necesitando follar durante todo el día. Y he sido consciente de que más temprano que tarde terminaría insinuándote algo, pues no ignoro que también te gusto.

Contuve las lágrimas y sonreí con burla tras escucharlo.

—¿Crees que me gustas? —Satiricé y carraspeé al notar mi voz un tanto floja y débil. Ya me había dicho eso antes, pero entonces no pude profundizar en ello porque me sentía furiosa gracias a la discusión en que nos metimos.

Y agradecí su sinceridad, que dejara claras sus intenciones, pero eso no minimizaba el dolor que me impactó debido a que, cuando estuvimos en su casa me permití soñar con la idea de que lo que nos estaba sucediendo a ambos podría inclinarse a ser lindo y duradero; fantaseé con el hecho de que yo le gustaba más que otras y por eso rompería su regla para tomarme como algo más que un rollo pasajero.

Pero no. Daemon únicamente quería follarme porque le gustaba y creía que él a mí también.

Carajo.

Sí, me gustó años atrás, cuando lo vi en el aeropuerto y me ayudó con las maletas. Me siguió gustando en cuanto llegó al grupo de apoyo con Lucas por primera vez. Con el pasar de los días llegó a encantarme y me hice fanática de su fortaleza, y luego…

—No lo creo, te gusto —aseguró él sacándome de mis pensamientos.

Me sentí molesta conmigo misma al ser consciente de mi situación.

Resiliencia

—Necesitamos llegar pronto a ese hospital. —Me limité a responder tras sus palabras.

—Sí, lo sé. Ya quieres deshacerte de mí —reviró con sarcasmo.

—No, en realidad necesito que hagan volver al verdadero Daemon —admití, pues me era más fácil enfrentarlo a él.

—Soy el verdadero Daemon, solo que ahora con menos filtro que de costumbre. Por eso ha sido fácil confesarte que quiero follarte hasta que…

—¡Dios! Justo ahora mismo necesito que vuelvas a tener un filtro, porque yo sigo siendo la misma Rahsia. —Comenzó a reírse, esa vez a carcajadas tras lo que dije.

Contuve mi risa porque él podía tomarlo como una más de mis ocurrencias, pero le decía la verdad. Aprendí a sobrellevar al hombre frío y serio, al que se controlaba y se limitaba a responder lo que le preguntaba. Sin embargo, a ese chico desinhibido a mi lado era la primera vez que lo enfrentaba y me resultaba demasiado abrumador.

—Te confesaré algo —dijo, tiempo después de habernos quedado en silencio. Me preparé mentalmente para sus confesiones, ya que me estaba dando cuenta de que me dejaban pasmada—. Estar maniaco me gusta —soltó y traté de no sorprenderme, pues de cierta manera comprendía la razón.

—¿Por el sexo desenfrenado? —inquirí burlona y él bufó satírico.

Pero no era eso lo que yo pensaba, su estado maniaco iba más allá del sexo y lo aprendí no solo con la teoría sino también al investigar y enfrentarme a casos verdaderos, de personas reales como él que me enseñaron que la bipolaridad era más complicada que como la habían estigmatizado.

—No, eso también lo puedo tener cuando estoy controlado —se mofó con la verdad y reí con amargura—, pero no me busques si estoy a punto de entrar en depresión o cuando aumentan, o cambian mi medicación porque en ese momento no me importará ni afectará que seas la mujer más sensual del mundo, no te tocaré ni desearé en el sentido sexual —recomendó.

Eso también lo sabía, su condición no era solo tener sexo y buscar problemas como muchas los describían en los libros.

Por esa razón dejé de leer historias donde narraban a las personas bipolares como adictas al sexo, a los problemas y con tendencias posesivas, ya que, cuando comencé mis estudios y sobre todo, al tratar con gente que la padecía, me di cuenta de la idea tan equivocada que me formaba con esos libros. Con Lucas y Daemon fue con quienes aprendí más, pues al trabajar de manera personal con ambos me di cuenta de que eran chicos que luchaban cada día por ser *normales*, por quitarse de encima ese estigma con el que los señalaban cuando personas ajenas a su mundo se enteraban de la condición que los aquejaba.

A Lucas, de hecho, lo conocí cuando estaba en una relación seria con la única chica a la cual había amado con toda su locura (esas fueron sus palabras), y fui testigo directo de que él siempre trató de ser el mejor de los novios con su pareja, para nada fue el tipo machista o posesivo; y con eso me quedó claro lo mal que describían la bipolaridad en las historias de ficción que llegué a leer.

—¿Es porque finges cuando estás controlado? —indagué al recordar sus palabras y lo miré en cuanto me detuve en un semáforo en rojo. Se volvió a coger la cabeza y me preocupé más—. Si no te ayuda hablar, no lo hagas. Ya casi llegaremos —avisé y puse la mano en su antebrazo queriendo, de alguna manera, hacerlo sentir bien con mi toque.

—Creo. —Carraspeó antes de seguir—. Creo que no son visiones, son recuerdos —terminó y cerró los ojos.

Sentí que comencé a temblar, asustada por lo que podría significar su declaración, maldiciendo no saber su pasado debido a que eso me limitaba y me dejaba en el limbo, pues no tenía idea de cómo proceder sin afectarlo más.

Siempre le reproché eso al doctor Cleveland y su respuesta fue la misma todo el tiempo: «en el momento en que los recuerdos lleguen, lo trataré yo. Son órdenes de su familia». Pero, a la mierda con esas malditas órdenes. Mi mentor no estaba ahí conmigo, Daemon comenzaba a recordar y yo, que se suponía que debía estar para guiarlo, no podía; me ataron de manos y deseé tener a mi jefe y a los señores Pride en frente para restregarles en la cara esa estupidez que cometieron.

Resiliencia

—Daemon, para mi desgracia yo no tengo idea de lo que viviste antes de someterte a los electrochoques, así que no sé cómo ayudarte y… ¡maldita sea! —pronuncié frustrada, dándole un golpe al volante—. Lo siento tanto —solté con tono lastimero y una lágrima me rodó por la mejilla sin poder evitarlo.

Me sentí impotente.

—No finjo, Rahsia —habló Daemon de pronto y no pude preguntarle a qué se refería porque me sorprendió al llevar su mano a mi mejilla para limpiar la lágrima que dejé escapar—. Cuando estoy controlado —aclaró al ver mi gesto confuso—. Simplemente me esfuerzo demasiado para no ser mucho o poco, trabajo extra para parecer normal y que no sospechen mi condición y me vean solo como el tipo con trastorno de personalidad. Tú sabes muy bien que no quiero que nadie me catalogue de esa manera.

—Yo no te catalogo así —quise aclarar— y te juro que muchas veces olvido que eres bipolar. Es más, a veces pienso que vas a mis sesiones solo porque te gusta hablar conmigo —admití, agradecida de que él intentara distraerme en cuanto me vio frustrada—. Fantaseo con que eres un chico tímido y me tienes como tu terapeuta únicamente porque es de la única manera en la que te animas a interactuar sin que yo sospeche tus oscuras intenciones… —Sentí que comencé a ponerme roja al soltarle tremenda mierda.

Ya estaba más que claro que no solo él perdía el filtro. Bueno, yo ni siquiera tenía uno.

—¡Joder! Eres única, Rahsia —exclamó divertido— y me gusta cuando se te olvida que estás pensando y vocalizas todo —continuó mientras yo seguía avergonzada—. Logras que olvide mi mierda —confesó.

Genial. A él podía gustarle que yo perdiera el filtro, pero a mí no, pues le decía cosas que debía mantener solo para mí, sobre todo al tener claro que únicamente quería follarme.

—Vaya, me alegra que te guste. A mí no porque solo me pongo en ridículo —repliqué esbozando una sonrisa para que él supiera que no me estaba quejando en el sentido de reprocharle algo—. Estamos a una calle del hospital, por cierto —avisé al mirar hacia afuera y reconocer el lugar.

Escuché que soltó una exhalación, pero ya no dijo nada. Por mi parte me dediqué a conducir luego de que el semáforo se pusiera en verde y los coches delante de mí avanzaran. Con cada metro que nos acercábamos al hospital me invadía el alivio, pues confiaba en que allí le ayudarían y evitarían el impacto más fuerte de ese episodio que atravesaba.

—Olvidaré todo con el medicamento que van a inocularme —avisó cuando doblamos para entrar a la zona del hospital—. Si acaso no lo hago, es probable que crea que ha sido un sueño porque justo en este momento me siento consciente y a la vez en las nubes, como si hace unas horas me hubieran inyectado un chute de adrenalina que ya está perdiendo su efecto. —Chasqueé con la lengua, una reacción lastimera por lo que le escuché decir—. Pero sé que tú no olvidarás mi comportamiento, terapeuta Brown. Y no imaginas cuánto lamento haber sido tan idiota contigo. —Sacudí la cabeza para que le restara importancia.

Y no supe cómo tomar que me llamara por mi profesión y apellido en lugar de utilizar mi nombre. No obstante, no era momento para fijarme en eso.

—Despreocúpate por eso. Ya he olvidado todo y sin necesidad de medicamentos —bromeé justo cuando entré al estacionamiento y lo escuché reír.

Aparqué cerca del área de emergencias y tras quitarme el cinturón me ocupé del suyo, rozando nuestros dedos en el proceso porque él trató de hacerlo por su cuenta. La coincidencia habría podido ser solo eso, algo inocente, pero ambos nos detuvimos ante el contacto y Daemon no se conformó con el toque fugaz; lo repitió en realidad, tres veces consecutivas para que me quedara claro que quería sentirme y que lo sintiera.

—¿Es seguro que olvides, o creas que todo lo que ha pasado hoy ha sido un sueño? —pregunté con el corazón en la boca.

Nos hallábamos más cerca, mirándonos a los ojos. Con el nerviosismo y deseo invadiéndome de pies a cabeza gracias a lo que quería decir y hacer.

—Sí —me respondió, acercándose un centímetro más a mi rostro, su tono oscuro y sedoso activando en mi pecho y vientre unas cosquillas que calentaron cada terminación nerviosa en mi cuerpo—. Ya estoy en ese punto sin retorno; y si no estoy haciendo locuras es solo porque de cierta manera tú me controlas —admitió.

Mi nerviosismo aumentó porque luego de decir eso miró mis labios y lamió los suyos, una acción de su parte que me desencadenó cosas inexplicables, ocasionó que varios escalofríos reptaran por mi columna y la respiración se me volviera errática. Los latidos de mi corazón pulsaron con tanto brío que temí que Daemon los escuchara.

—¿Qué quieres decirme, terapeuta Brown? —inquirió, alternando la mirada entre mis ojos y boca—. Porque veo tus ganas de soltarme alguna verdad, si no, no te habrías asegurado de las probabilidades de que lo olvide.

Sonrió con chulería y podía jurar que notó que mis mejillas se colorearon de rojo, consciente de que me tenía en sus manos al deducir mi intención.

—Soy virgen, Daemon —solté antes de perder el valor que me insuflaron en segundos y el cual sería fugaz—. Y estuve a nada de permitir que te adueñaras de mi virginidad porque no solo me gustas, sino que despiertas sentimientos en mí que jamás he tenido por nadie más.

Sus ojos se abrieron de más al comprender lo que le decía y si hubiera sido otro momento, me habría reído de él, ya que en ese no parecía que disfrutara mucho de mi pérdida de filtro.

—Mierda, Rahsia…, yo…

—Shhh. —Lo callé y puse un dedo en sus labios—. ¿Crees que eso habría hecho alguna diferencia entre nosotros? Porque sé el tipo de relaciones que buscas, pero ¿me habrías considerado una excepción al adueñarte de algo que yo valoro mucho?

Me estaba arriesgando a que me lastimara o ilusionara con esas preguntas, pero todavía necesitaba tener clara su opinión, descontrolado o controlado, no importaba. Lo que sí quería era su sinceridad para saber cómo proceder con él desde ese día en adelante, ya que, aunque había tomado la decisión de rescindir como su terapeuta, todavía iba a ayudarlo para que se acoplara con otro colega, además de que seguiríamos viéndonos en el grupo de apoyo.

Daemon me miró, sus ojos de un color marrón oscuro donde tenían que ser gris y miel, y rojos de donde eran blancos. Inspiró con fuerza, las aletas de su nariz se movieron con brusquedad y tras ello me tomó de la barbilla.

—¿Sabes lo injusto que es que me digas esto justo ahora? —Su voz sonó más ronca que antes—. Es como si le acercaras un jugoso filete a un león hambriento y enjaulado, y luego huyeras sin darle siquiera un bocado —explicó y tragué con dificultad.

—Pero yo no hui, simplemente te dejé claro lo que busco —le recordé y sentí mi pecho subir y bajar con celeridad cuando él me cogió entre el cuello y la barbilla con un agarre más firme que delicado.

—Nena, nunca olvides que yo no soy el típico caballero que esperará el momento indicado o más romántico —aconsejó y gemí en el instante que con su agarre me acercó más a él, sin dejarme procesar cómo me llamó y lo sombrío en su tono al pronunciar el apelativo—. Y no sabes lo fácil que sería para mí quitarte la virginidad justo aquí, ahora que me has confesado que yo podría ser el dueño de tu himen. —Mi cuerpo se sacudió ante la rudeza de esa declaración y Daemon sonrió al percatarse de ello.

—Es fácil, pero… confío-confío mucho en ti y sé que no serías capaz, porque sabes que no soy como las chicas a las que estás acostumbrado —aseguré y su sonrisa se agrandó.

—Y con ello acabas de responder tu propia pregunta, terapeuta Brown —replicó más cerca de mi boca—. No te tomo justo aquí porque ya eres una excepción en mi vida —zanjó.

Pero no fue únicamente su declaración la que me dejó petrificada sino el hecho de que la acompañó con un beso que depositó en la comisura de mis labios. Sufrí un paro cardiaco y morí unos segundos cuando cerré los ojos, disfrutando de la sensación.

—¡Oh, Dios! —Jadeé.

Se había separado lo suficiente para rozar la punta de su nariz con la mía, de nuevo el gesto siendo más peligroso que inocente. En ese instante comprendí que sí era ese león hambriento oliendo a su presa.

—Ya me dijiste lo que buscas en un hombre, lo que esperas de mí —prosiguió y el agarre que mantenía entre mi cuello ascendió a mis mejillas—, pero ¿sabes por qué no me puedo enamorar de ti? —preguntó y negué con la cabeza, viéndolo a los ojos—. Porque me despiertas la ternura y los demonios al mismo tiempo. —Abrí los párpados de manera desmesurada al escucharlo y sentí que me derretiría cuando comenzó a acariciarme el rostro—. Con lo primero puedo hacerte la mujer más feliz —aseguró, haciendo un gesto con la boca que me hizo pensar que se debatía entre lamerme o morderme— y con lo segundo, la más infeliz —declaró.

Estaba a punto de morirme, podría jurarlo. Y más cuando volvió a cogerme por debajo de la barbilla, obligándome a echar la cabeza un poco hacia atrás; él entreabrió los labios y respiró por la boca, jadeando cerca de mi piel, erizándome en el proceso.

—No te tengo miedo —lo reté al presentir que buscaba asustarme de alguna manera.

Negó con la cabeza, pero no me inmuté, ya que, debía hacerle entender que no me dejaba guiar por lo que él creía que era.

—Deberías, porque no soy como el tipo malo de los libros —advirtió—. Yo soy real y bipolar —añadió.

Lo tomé de la muñeca en el instante en que apretó su agarre en mi cuello, no me dañó, pero sí sentí que fue una acción con la que Daemon quería enfatizar que lo que acababa de decirme no era ningún juego.

—La bipolaridad es una condición en ti, no lo que te define —aseguré—. Yo veo a Daemon Pride cada vez que te plantas frente a mí, a veces alegre, otras serio y muy pocas triste. Y no tienes idea de lo mucho que me tengo que contener para no mandar todo al demonio cuando de ti se trata —admití y eso lo tomó por sorpresa—, de las ganas que me entran de verte cuando apenas y te has ido de mi consultorio. No sabes cuántas veces he querido abrazarte y besarte. Olvidar que soy tu terapeuta y tú mi paciente. ¡Maldita sea! No solo me gustas, Daemon, ya estoy total y perdidamente enamorada de ti —confesé sin haberlo planeado, sin preverlo, sin pensar en los daños colaterales que provocaría.

Él me soltó en ese momento y comenzó a respirar con dificultad.

¡Carajo! No quería dejarlo sin aire con mi declaración y temí haber cometido un gran error con eso, pero tomé la oportunidad que se

me dio para que tuviera claro en lo que se metía. Y no, nada de lo que me sucedía era algo súbito; en realidad, pasé un buen tiempo procesándolo e incluso negándolo, pero no podía seguir tapando el sol con un dedo. Y la prueba más grande de ello era lo que pasó en su casa y por lo cual estaba considerando dejar de ser su terapeuta.

Me enamoré de Daemon Pride White un año atrás y tuve el tiempo suficiente para descubrir si sería algo pasajero, pero ahí estaba, descubriendo que mis sentimientos por él no mermaban sino que se intensificaban con el pasar de los días.

—Daemon —lo llamé al ver que se tomó la cabeza de nuevo y se quejó, apretando los ojos, dejándome ver que le dolía.

—¡No dejaré que me jodas de nuevo solo porque buscas tu venganza! —gritó de repente y me paralizó.

—Pero ¿qué dices, cariño? —pregunté, obligándome a reaccionar—. Yo no busco ninguna venganza —aseguré a pesar del *shock* que me embargaba.

—¡Tú, maldita embustera! ¡No eres quien dices ser!

—¡Dios! —grité cuando me hizo recularme en el asiento y me cogió del cuello otra vez.

Pero su agarre no fue lo que me dejó de piedra sino lo que aseguró de mí. El miedo me atravesó el cuerpo entero porque ya me había llamado con otro nombre y, aunque aseguró que no sabía la razón de hacerlo, ahí estaba, acusándome de usurpadora.

«Imbécil, por qué no huiste cuando podías hacerlo», me reproché.

—¡Mentirosa! —gruñó.

—¡Daemon, me lastimas! —Logré decirle. Sus ojos lucían perdidos a pesar de parecer que me miraba y entonces entendí que en realidad estaba recordando algo—. ¡Mírame! —supliqué y le cogí el rostro. Ya comenzaba a cortarme la respiración con su agarre, mis orbes oculares se sentían pesadas y mi cabeza inflamada—. ¡Daemon, te lo suplico! ¡Mira mis ojos… son-son azules! ¡Mírame, joder! —grité al recordar el delirio que tuvo en su casa y a la vez le pegué una bofetada.

No fui suave, golpeé fuerte como defensa y para que reaccionara. Mi acción lo hizo gruñir enfurecido, pero también lo regresó al presente.

Resiliencia

—Mi… mis ojos, D… —repetí a duras penas, por si se le ocurría arremeter más contra mí.

Me soltó de golpe y tosí de manera incesante, sintiendo que los pulmones y la garganta me ardían y dolían; la cabeza me punzaba y mi mirada seguía borrosa por las lágrimas de terror que solté.

¡Mierda! Nunca estuve tan de acuerdo con eso de que el amor mata lentamente, ya que mi declaración casi me llevó a la muerte.

—¡Puta mierda, Rahsia! —exclamó asustado al ser consciente de lo que hizo—. ¡Me estoy perdiendo más! ¡Joder! —Me encogí en mi lugar al ver que intentó acercarse de nuevo a mí y a pesar del momento que vivía, fui capaz de notar cuánto le dolió mi reacción—. Lo siento, lo siento, no te veía a ti, vi a otra mujer.

Para ese momento me hallaba tratando de tomar respiraciones profundas, mis pobres pulmones no se llenaban, mi tráquea estaba aplastada aún y el aire no pasaba como debía. Pero me obligué a espabilar y no seguir actuando con miedo hacia él para que la situación no empeorara.

—Esto me servirá, para no… —Volví a toser, sufriendo arcadas a la vez—. ¡Mierda! Recuérdame que no me le vuelva a declarar a nadie —solté. Él negó y maldijo.

Salió del coche en un santiamén y llegó a mi lado para sacarme de él.

—Jamás volverás a vivir esto conmigo, te lo juro por mi vida —aseguró—. Nunca me lo perdonaré —añadió y le permití que me tomara de los brazos para ayudarme a salir y exponerme al aire fresco.

Estar en el exterior me ayudó a respirar mejor, aunque el dolor de cabeza persistía.

—¿Qué ha pasado? —pregunté con la voz ronca, sabiendo que su reacción no se debió a mi declaración.

—Estoy recordando a una chica llamada Danik.

—¡¿Qué?! —chillé, presa de un nuevo terror.

¡Dios mío! ¿Cuándo pararía ese caos?

—Rubia, pequeña, de ojos verdes. —Lo miré pasmada en cuanto describió a la Danik que recordaba.

¿Era posible que otra chica con ese nombre haya sido parte de su pasado? Porque de ser así, entonces la vida estaba siendo una mierda con nosotros.

—No, esto no puede ser —murmuré más para mí mientras él me hacía caminar a la entrada de emergencias.

—Cuando tío Elliot llegue, pídele que llame a mis padres y diles esto a ellos, Rahsia: estoy recordando y no son memorias buenas —solicitó y asentí cuando nos detuvimos frente a la recepción—. Y, por favor, deja tu lugar como mi terapeuta porque no volveré a ponerte en peligro. —Lo miré pasmada, sin saber cómo tomarme que él también quisiera eso, aunque por una razón distinta a la mía—. Te lo dije, nena, no soy bueno para ti, no merezco que te enamores de mí. Eres… eres un ángel que no estoy dispuesto a corromper —soltó llamándome de nuevo con ese mote.

Y como si lo que estábamos viviendo fuera fácil, o sus palabras no significaran tanto para mí, terminó su declaración dándome un beso casto en los labios con el cual se adueñó de mis latidos y de mi respiración.

Jesús.

Sin pretenderlo, ese día él me estaba dando una muestra de cómo eran los suyos, pues de los nervios y preocupación pasé a la excitación, luego a la tristeza y enseguida al enojo para después llegar en un santiamén al terror. Tras ese cóctel de emociones el proceso se repitió hasta posicionarme justo en ese instante, en el que la adrenalina, el *shock*, la felicidad y la añoranza hicieron una mezcla más mortal que sus manos en mi cuello.

Todo eso en cuestión de minutos, horas, y en dosis más pequeñas de las que él experimentaba desde que era un niño. Y con ese tiempo tan corto yo tuve suficiente para querer volverme loca, y quise llorar por la crueldad de la condición, por el sufrimiento contra el que mi hermoso desastre luchaba día con día.

—Soy Daemon Pride y vengo de emergencia con una crisis mixta —informó él cuando la enfermera llegó detrás de la isla de recepción—. Me siento a punto de enloquecer, pero antes necesito que la atiendas a ella porque he estado a punto de estrangularla —exigió.

Resiliencia

La enfermera lo reconoció de inmediato y me miró preocupada, pero guardó la compostura y levantó el teléfono para pedir apoyo. Segundos más tarde alguien tiró de mí hacia un extremo diferente al que llevaban a Daemon y mi corazón dolió cuando me gritó:

—¡Lo siento, nena! ¡Juro que no volveré a lastimarte!

Hice un puchero al verlo tan dolido, arrepentido, frustrado y con miedo.

Y no fui consciente de lo que me hacía o decía otra enfermera, solo pensé una vez más en que Daemon me llevó a vivir en su mundo por un instante; y me parecía increíble que tuviera la fuerza para despertarse día a día sabiendo que repetiría el proceso, unas veces con intensidad y otras normal.

—Yo pasé por una depresión profunda y pensé en quitarme la vida porque esos días fueron un infierno —musité y la enfermera me miró—. Y si no hubiese sido por un sueño que tuve, creo que lo habría llegado a hacer. Me iba a rendir muy pronto y, ahora, al recordarlo tras ser testigo de la lucha de ese hombre del cual estoy enamorada, me siento patética.

Ella sonrió comprensiva y me cohibí, ya que era la primera vez que se lo decía en voz alta a alguien que no fuera Daemon. Y, aunque él lo olvidara yo no lo haría, lo acepté y no había vuelta atrás.

—No juzgues tu proceso ni sentir, porque lo viviste diferente a él, pero eso no significa que haya sido menos o más, sin importar el tiempo por el cual lo atravesaste —me animó y le sonreí agradecida.

Ser psicóloga no significaba que siempre pudiera aplicar las terapias en mí y en ese momento me sentía muy vulnerable.

Me encontraba en la habitación que instalaron a Daemon, él estaba dormido y con un suero conectado en la vena de su mano derecha. El doctor que lo atendió informó que le administraría un estabilizador del ánimo junto a medicamentos antipsicóticos y antidepresivos para regresarlo a su estado controlado, y confirmó que era una suerte que lo hayamos llevado justo a tiempo, pues todavía podía revertir los daños.

A mí me suministraron algunos analgésicos para el dolor de cabeza y otros desinflamatorios por la garganta. El impacto de lo sucedido todavía me embargaba, pero aun así investigué a dónde llevaron a Daemon, cuando el doctor aseguró que podía marcharme, y lo busqué porque quería saber cómo estaba.

Su tío se hallaba con él cuando llegué a la habitación y se asustó al verme, ya que, al parecer encontró a Daemon dormido y por lo mismo no tenía idea de lo que pasó antes de que le inocularan un calmante. Le expliqué, sin exponerme, por todo lo que atravesamos, además de solicitarle que llamara a los padres de su sobrino.

Cabía recalcar que Elliot ya había puesto al tanto a los señores Pride de lo sucedido y si no le dije nada de lo que Daemon me pidió, fue únicamente porque me quedó claro que él quería que se lo comunicara a sus padres sin necesidad de intermediarios. Y a mí me urgía hablar con ellos con la intención de aclararles muchas cosas para que no repitieran los errores que ya habían cometido conmigo.

Mi propósito no era culpar a nadie, pero sí hacerles entender que la reacción de su hijo pudo haberse minimizado si en lugar de ocultarme las cosas, me hubieran informado del pasado que los llevó a tomar una decisión tan drástica como los electrochoques, ya que la probabilidad de que sus recuerdos volvieran siempre fueron muy altas y yo no conseguí prepararlo para que el resultado no fuera ese que vivíamos.

—¿Quieres algo de tomar? Iré a la cafetería —avisó y se ofreció el señor Hamilton, negué con la cabeza a la vez que le agradecí.

Me había insistido mucho con que me fuera a descansar, así como yo con él al pedirle que no se sintiera culpable cuando noté su frustración por no poder evitar lo que pasaba con Daemon. También nos dedicamos a charlar y muy amablemente me ayudó a que una persona de su confianza fuera por Maxi a casa de los Pride y luego lo llevara con Marian.

A ella le llamé para avisarle que tuve una emergencia y me disculpé por no ser yo quien le devolviera al cachorro, pero fue comprensiva y aseguró que no le molestaba, todo lo contrario, entendía que no siempre éramos capaces de predecir lo que sucedería.

Resiliencia

—Vuelvo pronto —dijo el señor Elliot yendo hacia la puerta de salida de la habitación.

—Está bien —murmuré y en cuanto estuve a solas con Daemon me senté en la silla que estaba a la par de su camilla y admiré lo pacífico que lucía.

Incluso la arruga que siempre se formaba en su ceño fruncido había desaparecido, tenía los labios un poco pálidos, pero las mejillas bastante rojas; la constelación de pecas en su nariz se marcaba más ante el contraste de colores y me vi acariciándolas antes de pensar siquiera en lo que hacía.

Los recuerdos de lo que vivimos en su casa y luego en mi coche me encontraron de súbito y confirmé, una vez más, ante el hombre vulnerable que tenía frente a mí en ese momento, lo fuerte que también era.

—Te admiro tanto —susurré bastante cerca de su oído—. Eres el hombre más increíble y luchador que he conocido, Daemon. Y créeme, me enamoré antes de quién eres y no de tu físico. —Dejé de acariciarle las pecas de la nariz y me concentré en sus mejillas—. No me rendiré contigo y entiendo que no puedas darme lo que quiero, pero te acepto como amigo, y como tal voy a protegerte —juré.

Antes dije que no me conformaría con una amistad entre nosotros, pero ya comprendía que él tenía razón, como pareja no teníamos futuro. No obstante, antes de enamorarme de Daemon prometí que lo ayudaría a encontrarse cuando se sintiera perdido y eso no tenía por qué cambiar.

Mientras lo tocaba admiré las mariposas y el ciclo de la metamorfosis tatuados en mi brazo; tenía otra mariposa en mi costado izquierdo (bajo mi axila y cerca de mi pecho), era roja y la hice en alusión al recuerdo de lo que aquel niño de mi infancia me quiso hacer ver.

Mamá me explicó que el sueño que me salvó la vida al estar sumida en la depresión, fue en realidad un recuerdo de mi niñez, cuando tuvo que llevarme a terapias porque no paraba de llorar debido a que mi padre biológico ya no llegaba a verme. Ella aseguró que fui muy apegada a él, que me encantaba alardear con que era mi príncipe porque papá siempre me trató como a su princesa y cuando faltó, siendo yo apenas una bebé de dos o tres años, sufrí demasiado, situación que la preocupó.

Comenzó a llevarme a las terapias infantiles que le recomendaron para que pudiera superarlo, y en una de tantas, mientras ella había estado hablando con el médico y una de las terapeutas me llevó a jugar al jardín para que aprendiera a interactuar con otros niños, uno de ellos me comparó con una pupa.

La terapeuta fue testigo de mi enfado porque yo vi muy fea a esa pupa, razón por la cual, en lugar de aprender a interactuar terminé peleando con él.

Al regresarme dentro de la clínica, llorando a mares, le explicaron a mamá lo que había pasado, y también aprovecharon para enseñarme el proceso de la metamorfosis; y me embobé en el momento que una pupa se convirtió en la mariposa roja más hermosa que vi.

Quise regresar al jardín para encontrarme de nuevo con el pequeño y decirle que ya no estaba enfadada, pues me enamoré de la mariposa y me entusiasmó la idea de convertirme en una, pero él se había ido y yo no volví a regresar a la clínica, gracias a que mamá me sacó del país y luego caímos en el infierno.

Sacudí la cabeza cuando el recordatorio de la anécdota de mamá me llevó a pensamientos horripilantes, pues no estaba dispuesta a sufrir por ellos.

—No recuerdo nada de mi niñez, ¿sabes? —le dije a Daemon—. Lastimosamente tampoco a mi padre biológico —añadí.

Para mí aquel sueño hubiese seguido siendo eso hasta que mamá me habló de mi pequeña experiencia; de lo que sí estaba segura era de que ese chiquillo y su comparación conmigo y la pupa, me salvaron la vida.

El niño y mi padrastro, a quien adopté como verdadero padre, consiguieron que me mirase de una manera diferente (en momentos distintos) cuando me sentía una basura. Justo después de que estuve atrapada entre las garras de un pedófilo que no me arrebató la virginidad únicamente porque le daban asco las niñas gordas, y yo había aumentado mucho de peso, un método de protección contra él. No obstante, el maldito me conservó como recompensa, o pago, para alguna de las escorias que lo rodeaban.

Resiliencia

Sin embargo, mientras mi *momento* llegaba me hizo presenciar eventos que ningún ser humano decente merecía atravesar; fui abusada psicológicamente casi a diario a la vez que a mi madre la violentaban en todos los sentidos con tal de protegerme. Y si no hubiese sido por Caleb, jamás habríamos conseguido huir vivas de ese infierno.

Después de todo, yo sí fui una pupa como aquel niño aseguró. Y la metamorfosis que experimenté para convertirme en una bella mariposa, fue la más dura, pero tuve al padre que la vida me devolvió (en una persona diferente a la del inicio), para acompañarme en el proceso y por él, por mamá y por mí, juré que saldría adelante.

Y es lo que estaba haciendo.

Las mariposas en mi brazo representaban a mis padres, el proceso de la metamorfosis (junto a la pupa), a mí y a mi lucha. A aquel niño desconocido lo eternicé con la *Morpho* roja en mi costado izquierdo, que aparte de inmortalidad también significaba renacimiento, alegría y belleza, ya que eso viví después de soñarlo.

Volví a la vida y así no lo conociera, así jamás lo encontrara, me salvó y le estaría agradecida por el resto de mis días y después de ellos.

—Rahsia. —Escuché que me llamaron a lo lejos—. ¿Rahsia? —Otra vez.

Abrí los ojos de pronto y me avergoncé cuando vi al señor Hamilton; estaba tocándome con delicadeza el hombro. Me había quedado dormida con la cabeza apoyada en la camilla de Daemon y le sostenía la mano.

«¡Jódeme!». Exclamé en mi mente.

¡Mierda! En serio, solo a mí me pasaban esas cosas.

—¡Jesús! —reviré con la voz ronca y carraspeé, aunque me dolió por la lesión en mi garganta—. ¡Lo siento tanto!

—Hey, cálmate. No pasa nada —me tranquilizó con amabilidad y sin ponerme de pie aún, me tomé la cabeza para que el mareo, por el susto que sentí, me pasara—. Vine antes, pero estabas dormida y, ya que no quisiste ir a tu casa, te dejé descansar aquí. Sin embargo, ahora tenemos visitas y me vi obligado a despertarte —susurró.

Miré con brusquedad hacia la puerta abierta y encontré a dos personas paradas afuera de la habitación. Era una pareja elegante y con un aura que logró que mis vellos se erizaran. La mujer exudaba belleza por cada poro, con su piel delicada, cabello perfecto y cuerpo increíble; el hombre me dio miedo, y no por los tatuajes que sobresalían en su cuello o manos, sino por la mirada fría que poseía.

Vi personificado en él a uno de mis personajes literarios, y por supuesto que era hermoso, pero yo no era tan estúpida, así que evité mirarlo mucho a los ojos para que no me robara el alma y para que su pareja no creyera que lo hacía con malicia.

«Qué tonta fui al pensar que Daemon intimidaba con la mirada. Y estaba cien por ciento segura de que ese sexi señor no me desnudaba».

¡Já! Él sí me asesinaba.

Entraron a la habitación en cuanto se percataron de que me puse en pie y rogué no tener lagañas en mis lagrimales, o el cabello alborotado, ya que ellos eran tan perfectos que parecían un pecado, tal cual el chico en la camilla….

¡Mierda! Eran sus padres.

No. Me. Jo. das

¡Eran los padres de Daemon!

—Buenas… —Vi la hora en mi móvil y noté que eran las tres de la madrugada.

«¡Fabuloso! La hora del diablo, según algunas personas». Y no sé por qué los miré a ellos al pensar en eso.

—¿Días o madrugada? Lo siento, nunca he tenido la necesidad de saludar a esta hora —solté.

El hombre negó con la cabeza, pero a pesar de que no sonrió, tampoco lo vi molesto. La mujer sí contuvo una sonrisa.

—Hola —me saludó ella con educación.

Ambos se colocaron al otro lado de la camilla y observaron a su hijo, la mujer fue la primera en besarlo en la mejilla, el hombre le siguió, depositando un beso en la frente de Daemon.

—Elliot nos ha hablado un poco de lo que ha pasado. Y te lo agradecemos, pero no era necesario que te quedaras —refutó el hombre.

Resiliencia

Olían riquísimo, y así de cerca como estábamos me fue impactante ver los ojos de los dos y darme cuenta de que Daemon poseía el color de ambos, aunque más me conmocionaron sus vibras, lo que me provocaban; era como tener el peligro y la seguridad en un mismo paquete.

¡Madre mía! Esa pareja se complementaba en todo, desde la belleza hasta la personalidad.

—Yo… lo sé —respondí—, pero no lo hice porque fuera necesario, sino porque quería estar con él. Y si no les molesta, seguiré aquí hasta que despierte. Ya he avisado a mi secretaria que cancele todas mis sesiones de mañana, bueno, de hoy —me corregí.

El señor Elliot carraspeó de pronto y me sonrió cuando lo miré.

—Bien, Rahsia. No tuve tiempo antes de las presentaciones, pero he notado que has reconocido a Isabella y Elijah Pride, los padres de Daemon —señaló y asentí, sonriendo con los labios apretados—. Ella es Rahsia, la terapeuta de su hijo —informó para ellos.

—Gracias por todo lo que estás haciendo por él, Rahsia —dijo Isabella y me tendió la mano—. Y es un gusto conocerte.

Maldije por el leve temblor en mi mano cuando tomé la suya, el mismo que aumentó en el momento que el señor Elijah imitó a su esposa y me dio un apretón firme.

—No tienen nada que agradecer —aseguré.

—¿Y cómo te apellidas? —preguntó el señor Pride sin soltar mi mano.

—Oh, Lo siento. Soy Rahsia Brown —me presenté.

En ese preciso instante creí que acababa de decirle mi nombre al diablo, y este creyó que estaba bendito, ya que no le gustó y lo demostró al apretar mi mano y no permitir que me zafara en cuanto lo intenté.

Fruncí el ceño tratando de mantener la calma, pero esta se esfumó cuando noté que sus ojos cambiaron de fríos a peligrosos en un santiamén.

¡Jesucristo! ¿Pero qué había dicho para que me mirara con ganas de robar y despedazar mi alma?

7 | Buen vino

RAHSIA

Me resbalé con una ilusión
Y me fracturé el alma.
—Danns Vega—

Si no me hubiese mirado con ganas de matarme, habría sido fácil pensar que ese hombre era un intenso, atrevido e irrespetuoso, al cual no le importaba que su mujer presenciara que él coqueteaba con otras. Además de que lo hubiera puesto en su lugar por cogerme la mano de esa manera.

Aunque tampoco negaría que si el señor Pride fuera soltero y yo no estuviera loca por su hijo, tal vez hasta habría fantaseado con él, puesto que entre ese hombre y Elliot Hamilton, llegué a considerar que los señores de su edad podrían ser lo mío. Y más si se conservaban tan bien como ellos.

«¡Carajo! El estrangulamiento de Daemon a lo mejor me fundió el cerebro».

Pero no detallé más eso porque la esposa de ese *buen vino* (aunque amargo) carraspeó, por lo que, avergonzada me solté del agarre que todavía mantenía en mi mano, rogando para que ella no pensara mal de mí y mucho menos imaginara lo que no era. Aunque siendo sincera, que tal cosa pasara de su parte habría sido increíble, pues, en primer lugar: Isabella no parecía ser una mujer insegura. Y segundo, su esposo tendría que ser un idiota para descuidarse de esa reina.

Y no tenía pinta de serlo.

—¿Puedo saber qué te sucedió en el cuello? —preguntó la señora Pride y me tensé por la dureza en su tono.

Miré al señor Elliot y él se encogió de hombros, dejando en mis manos la decisión de comunicarle a los padres de Daemon lo que pasó. Y, para mi desgracia, no podría decirles todo sin exponerme, aunque tampoco callaría y, haría lo mejor para su hijo.

—¿Podemos hablar sobre esto afuera? —solicité—. Entiendo que no desean dejar solo a Daemon, yo tampoco, de hecho, pero no me gustaría tocar ese tema aquí con él —expliqué al verlos reacios y ambos miraron a su hijo.

La intención de no dejarlo ni un segundo fue bastante clara. Y no entendía qué pasaba con ellos, ya que después de comportarse amables (o educados en el caso del señor Pride), en ese momento los noté tensos, en alerta y desconfiados. De mí sobre todo, una situación que ni me convenía ni ayudaba porque podría influir de manera negativa en Daemon y mi trabajo con él.

Si hubiese sido el interés amoroso de su hijo, no me habría importado lo que pensaran de mí, pero no era el caso. Y como terapeuta necesitábamos trabajar en conjunto.

—El doctor avisó que Daemon no despertará hasta dentro de varias horas, así que vayan tranquilos a la cafetería. Yo me quedaré con él. —Se ofreció el señor Elliot.

Con la mirada le pedí a los Pride que aceptaran, segundos después asintieron y el señor Elijah me hizo una señal de mano para que saliera de la habitación antes que ellos. Los esperé afuera mientras cruzaban unas palabras en privado entre los tres y, tras varios minutos, se encontraron conmigo.

Isabella me observó de una manera intimidante y supe entonces que no eran personas fáciles. Pero, de alguna manera, me obligué a recordar que no estaba ahí para que ellos me viesen bien sino para ayudar a Daemon.

—Antes que nada, quiero presentarme bien con ustedes —comencé a decir cuando nos sentamos en una mesa de la

cafetería, alejados de todos, aunque no había muchas personas en ese momento—. Ya les dije mi nombre: Rahsia Brown. Me gradué hace un año como psicóloga, pero trabajo con Daemon desde hace dos años aproximadamente.

A los dos pareció sorprenderles esa información, cosa que me hizo pensar en que probablemente a mi jefe se le olvidó ese detalle cuando se comunicó con ellos.

—¿Estás con Cleveland desde entonces? —preguntó Elijah.

—En realidad, estoy trabajando con él desde hace tres años —corregí—. Fui la chica de los mandados por mucho tiempo, en su momento ascendí a secretaria y cuando iba a terminar mi carrera, me dio una oportunidad como pasante.

Se podría creer que no era necesario explicarles mi currículo, pero cuando las personas eran reacias como ellos, servía de mucho demostrarles que el profesional confiaba y no tenía ningún problema con abrirse de esa manera.

—Cuando Daemon llegó al grupo de apoyo yo hacía mi pasantía y al graduarme, el doctor Cleveland me permitió trabajar con él en sesiones individuales, ya que se mostró más abierto conmigo que con los demás. Y les aseguro que a pesar de mi edad y de que soy una recién graduada, he tratado de ser la mejor en lo que hago y ayudarle en ciertos puntos que nadie más ha podido.

Me extendí en ciertas cosas con ellos, porque también necesitaba que vieran el interés que tenía en ayudar a su hijo.

—Conque los avances de D se deben a ti y no a Tomas —murmuró Isabella y sentí muy íntimo que llamaran así a su hijo. No imaginé que tuviese un apodo, quizá porque siempre se mostró ante mí como un hombre independiente y serio—. Eres la chica de la que él ha hablado tan bien.

Me emocioné ante el conocimiento de que Daemon haya hablado bien de mí, pero me obligué a no dejarles entrever eso.

—No me voy a adjudicar nada, me basta con que él tenga, y demuestre, avances —aseguré. Isabella sonrió y no pude saber con qué razón.

Ironía, tal vez. No estaba segura.

—¿Y qué le sucedió a tu cuello? —Esa vez fue el señor Elijah quien preguntó tal cosa.

Los miré a ambos y respiré profundo.

Opté por comenzar a decirles lo que pasó con Daemon cuando volvió de la boda de su hermano, manteniendo la secuencia de los acontecimientos para que entendieran mejor el desenlace. Pude vislumbrar el miedo, la alerta, preocupación y desconfianza en sus rostros mientras narraba cada hecho, y les demostré mi frustración al mencionarles que no logré avanzar con él tras ese día; ya que, ellos podían estar reacios conmigo, pero no por eso dejaría de decirles lo que importaba y afectaba gracias a sus decisiones.

—A ver… no sé cómo decirles esto —murmuré y sentí sus miradas penetrantes cuando yo me concentré en mis manos entrelazadas encima de la mesa.

Se disculparon por Daemon en cuanto supieron que era el causante de mis marcas y les aseguré que eso no era lo importante y no tenían por qué sentirlo.

—Solo suéltalo y no te vayas por las ramas —me animó, o desafió, el señor Pride y creo que si no tuviese mi conocimiento como psicóloga, habría seguido intimidándome.

—¿Alguna vez han caminado con los ojos vendados en un lugar que no conocen? —pregunté al tomarle la palabra y los miré de nuevo a la cara.

En otro momento, y con más confianza, me habría reído de sus ceños fruncidos.

—No —respondió él.

—Y supongo que eso sería una cosa jodida porque el miedo nos jugaría en contra y no sabríamos dar bien los pasos sin temor a caernos, o caminar directo a la muerte —añadió Isabella.

Sonreí antes de decir:

—E incluso así, me lanzaron a mí a un camino que desconozco. Y con los ojos vendados no puedo hacer mucho, aunque aun así me esfuerzo. —Los dos me observaron sin creer lo que escuchaban—. Miren, no vamos a buscar culpables, pero si tengo que señalar a alguien como responsable de que Daemon esté ahora mismo en esa camilla y yo con el cuello amoratado y la voz ronca, los señalaré a ustedes.

Los ojos de Isabella se crisparon y los de su marido se entrecerraron, impactados y a lo mejor hasta molestos por mi atrevimiento.

—Joder, sí que te tomas en serio eso de soltar las cosas sin irte por las ramas, chica —señaló el señor Elijah y traté de disimular mi sorpresa por la vileza en su tono.

—Y no voy a disculparme por algo que usted me pidió. —Me obligué a dejar de lado el impacto por su señalamiento, manteniendo claro que no éramos Rahsia y los padres de Daemon, sino la terapeuta Brown y dos personas que necesitaban de mis servicios—. Sin embargo, tampoco busco ofenderlos o molestarlos —aclaré—. El punto aquí es que ambos entiendan que en mi campo necesito que sean sinceros conmigo, ya que les aseguro que si me hubiesen dicho la verdad detrás del pasado de su hijo, yo habría podido prepararlo para este momento y minimizar el impacto de los recuerdos que volverían a encontrarlo. Y antes de que se confundan o me malinterpreten, no hubiera hecho ningún milagro, pero tampoco habría permitido que él estuviera tendido en esa camilla, dependiendo de los medicamentos para no caer en depresión.

—Se suponía que Tomas lo trataría para este momento —replicó la señora Isabella.

—¿Y también se suponía que sabrían el momento exacto en que todo pasaría para que mi jefe lo tratara? ¿Se suponía que estaría aquí para entonces? —inquirí y vi en su rostro que mis preguntas no le agradaron.

—¿Qué pretendes en realidad, Rahsia Brown? ¿Por qué el interés en saber la historia de nuestro hijo? —Sentí que se me calentaron las orejas por la rabia cuando el señor Elijah me preguntó tal cosa.

¡Dios! ¿Era en serio? Porque no quería dudar de la inteligencia de ambos.

—Sabe, señor Pride. Esto es como si usted le cuestionara a un doctor por qué él le pregunta en dónde le duele. —Satiricé y su rostro se descompuso entre el asombro y el enojo.

—¿Sugieres que soy idiota? —reviró con perfidia.

—¡Jesús, no! No es necesario que lo sugiera —respondí sin pensar en cómo me interpretaría. Él me miró con los ojos bien abiertos—. Digo… no, no estoy diciendo con eso que lo sea —aclaré de inmediato y el calor en mis orejas descendió a mi rostro, siendo esta vez una reacción llena de vergüenza.

—Ni lo intentes —le advirtió a su esposa y cuando la miré a ella, parecía que luchaba por no reírse.

—Escuchen —dije y solté una exhalación—, comprendo que desconfíen de mí, pero por favor, no olviden que trabajo con Daemon desde hace dos años y él de verdad me importa —aseguré tratando de volver al punto, sobre todo cuando el señor Elijah comenzó a mirarme de una manera retadora—. Quiero ayudarlo, se los juro. Y si los recuerdos que antes le borraron ya comenzaron a llegar, lo mejor será hablarle de su pasado porque lo importante aquí es el bienestar de su hijo —finalicé—. Y estoy dispuesta a hacerme a un lado si a ustedes les molesta que yo quiera saber algo más. Después de todo, el doctor Cleveland vuelve mañana, así que le haré llegar un informe para que comiencen a tratarlo.

Ya estaba en mis planes rescindir, Daemon también quería eso y, aunque yo lo haría por razones distintas a la desconfianza que sus padres manifestaban, entendí que era el mejor momento para hacerlo. Y no se sentía bien darme cuenta de que ese era el motivo principal para que ellos fueran tan reacios conmigo, pero ya mi mentor me había advertido que los Pride eran una familia que manejaban todo lo referente a su hijo con precaución y sumo cuidado, lo que me esperanzó en que no fuera yo el problema sino el método de protección de ellos.

—Háblame un poco de ti —pidió de pronto Isabella y la miré ceñuda—. ¿Dónde naciste? ¿Quiénes son tus padres y dónde están ellos? —Me tensé sin poderlo evitar.

¿Qué tenían que ver mis padres en eso? Por otro lado, no era mi obligación y tampoco incumbencia de ellos mi vida privada. No obstante, analicé la probabilidad de que ella quisiera probarme al sentirse atacada por todo lo que les dije ante la situación con Daemon.

Resiliencia

—Nací en Georgia, mis padres son militares retirados y me pasé la mayor parte de mi niñez viajando —respondí para saciar su interés. También porque ya llevaba diez años ensayando esa mentira, así que hasta yo me la creía; razón por la cual me salió natural el discurso—. Me instalé en California hace unos años y ellos vivieron conmigo mientras aprendía a valerme por mí misma, pero regresaron a su ciudad natal en cuanto no los necesité más.

—Caleb hubiese estado orgulloso de mí por la entereza con la que dije cada cosa.

La señora Isabella y su marido se miraron entre sí, un tanto sorprendidos. No comprendí la razón y tampoco le di importancia.

—Me disculpo un momento, tengo que hacer una llamada —avisó el señor Elijah tras ver algo en su móvil, luego de eso se miró una vez más con su esposa y supe que tenían la capacidad de entenderse sin decir ni pío.

Isabella me sonrió cuando él se fue, no fue una sonrisa sincera, aunque tampoco hipócrita.

—¿Y visitas a menudo a tus padres? ¿O ellos a ti? ¿Tienes novio? ¿Vives sola?

—Bien, ahora mismo me estoy sintiendo en un interrogatorio. ¿De qué se me acusa? —solté con tono de broma.

—De suplantación de identidad —respondió de la misma manera y juro que perdí el color.

¡Mierda! ¡¿Qué carajos?! ¡¿Era en serio?! ¡¿Me había descubierto?! ¡¿O estaba jugando conmigo?!

Carraspeé y respiré profundo, sin que lo notara, para recuperar mi control.

—¿Y a quién se supone que suplanté? Espero que a una famosa, ¿una modelo, será? —Le seguí la *broma* y entonces ella rio entre divertida y altanera.

—No —dijo luego de soltar un suspiro—. ¡Jesús! Siento mucho todo esto, Rahsia —añadió todavía mostrándose tensa—. Sé que podemos llegar a ser como un grano en el culo cuando de nuestros hijos se trata —prosiguió y el cambio en mi presión me hizo necesitar algo dulce.

Sentía la cabeza caliente y ya no se debía a su interrogatorio, sino a que comencé a calmarme cuando ella me habló más tranquila.

—Sí, sobre todo su esposo —murmuré. Ella me miró incrédula—. ¡Ay Dios! Lo siento, a veces no pienso lo que digo —me expliqué para resarcir un poco lo que insinué y ella negó.

—O dices lo que piensas —refutó y sonrió. Esa vez sí con diversión. Era muy hermosa y su sonrisa podía transmitir mucho, bueno o malo, según el momento en que regalaba el gesto—. Me recuerdas a mí en eso, aunque te confieso que yo casi siempre me limitaba a pensar y no me atrevía a vocalizar los susurros de mi cabeza.

Sonreí al imaginarla, aunque de seguro sus pensamientos no eran tan tontos y escandalosos como los míos.

—Daemon dice que se divierte cuando pierdo el filtro, lo que él no sabe es que en realidad muchas veces olvido que estoy pensando y vocalizo todo, no es que quiera perderlo.

En ese momento también olvidé con quién estaba, por eso no me cuidé de no dejarle entrever mis emociones cada vez que pensaba o hablaba de su hijo. Y de más estaba decir que ya era tarde para recomponerme, puesto que ella era demasiado inquisitiva como para no notar lo que expuse con una oración tan simple.

—Eres muy auténtica, Rahsia —indicó—. Y me pones difícil el odiarte.

—¡¿Quiere odiarme?! —le cuestioné exaltada, ella rio y negó con la cabeza.

—También es muy sencillo tomarte el pelo. Así que entiendo por qué ha sido fácil para Daemon abrirse contigo.

«Y por lo visto, a mí también me era fácil abrirme con él».

Y ella era una experta en evadir temas, noté eso, mas no lo señalé porque no quería que fuese cierto que quisiera odiarme y me explicara las razones, fundamentadas o no, no me era grato.

De pronto me miró con un deje de tristeza en los ojos y quizá hasta culpa, pensé en que se debía a Daemon y su situación e imaginé que para ella, como madre, le era difícil no sentirse así, incluso cuando lo que pasaba su hijo no era su culpa.

Resiliencia

Su esposo llegó minutos después y le tendió el teléfono; ella respondió aún sentada, pero se puso de pie enseguida tras unos segundos escuchando lo que fuera que su emisor decía.

—Ya, cálmate. Para tu suerte, no es lo que haremos, pero no se debe a ti. —Alcancé a escuchar que le dijo a quien fuera que la escuchara.

El señor Elijah atrajo mi atención y los nervios que se calmaron con su esposa volvieron a atacarme al quedarme a solas con él.

—De verdad no es un idiota —aclaré con urgida necesidad, pues sentí que debía hacerlo.

Negó y bufó una sonrisa apenas visible, tanto, que creí imaginarla. Daemon llegó a mi cabeza de inmediato, ese gesto lo veía en él muy seguido.

—Sí lo fui, tenías razón —murmuró, asentí y tras ello negué. No quería que pensara que lo estaba confirmando—. ¡Joder! Me cuesta creer que tú seas hija de… —Se quedó en silencio de pronto, analizando lo que diría y esperé atenta—. Militares. —Fruncí el ceño por ello.

No entendí por qué era difícil creerlo.

—¿Por qué? ¿Tendría que ser más ruda por eso? ¿Atlética? ¿O cómo?

—Olvídalo —pidió y miró hacia donde su esposa estaba hablando por teléfono, tras ello me observó a mí y noté que no sabía cómo decirme lo que fuera que estuviera pensando—. Sabíamos que tarde o temprano esto pasaría y rogamos para que nuestro hijo no recordara nada, pero fue un riesgo que decidimos tomar —habló al fin.

Lo miré seria, notando que no pudo ocultar con su frialdad todo lo que sufría.

—Daemon es mucho más fuerte de lo que ustedes imaginan —aseguré— y tiene tantas ganas de sentirse normal que lucha hasta con lo que para nosotros es imposible, con tal de lograrlo. —Mientras decía cada palabra, me perdí en los recuerdos que tenía con él.

Y vocalicé para él todas las veces que Daemon llegó a mí con la esperanza de sentirse mejor, cómo se obligaba a ser feliz a pesar de que la tristeza quería consumirlo. Lo vi claro en mi mente,

justo cuando sonreía y en su interior lloraba, sus ojos siempre me demostraban lo que en verdad pasaba.

No paré de hablar ni cuando la señora Pride volvió, ambos me escucharon atentos; les narré dos años de la vida de su hijo que desconocían y, tal vez no pasábamos juntos a diario, pero sí tres días de cada semana, mismos en los que me dediqué a escudriñarlo y conocerlo casi como la palma de mi mano.

El tiempo pasó entre anécdotas y preguntas que me hicieron y cuando nos dimos cuenta, ya eran las cinco de la mañana.

Decidimos volver a la habitación de Daemon y agradecí que no me hicieran sentir como una intrusa, el señor Hamilton se despidió para ir a descansar un poco a su casa (y luego irse hacia la empresa que lideraba), tranquilo porque dejaba a su sobrino en las mejores manos y pidiéndole a los Pride que lo mantuviesen al tanto de todo.

A las ocho de la mañana recibí una llamada de Karina informándome del regreso de Tomas Cleveland, él ya se había puesto en contacto con los Pride y según lo que mi secretaria me dijo, el jefe me creía en otro tipo de emergencia (igual que ella); entendí de inmediato con eso que los padres de Daemon me ahorraron dar explicaciones, al no mencionar mi presencia en el hospital, que podrían poner en entredicho mi ética. Por lo que terminé dándoles las gracias.

Una hora después, Daemon comenzó a reaccionar y mi corazón se volvió loco cuando abrió los ojos.

¡Dios! Aquella mirada miel grisácea estaba de regreso y nunca en la vida imaginé que volvería a presenciar algo tan increíble como el cambio de color en sus ojos.

Sus padres estuvieron de inmediato a su lado y se me estrujó el corazón al ver a su madre siendo tan tierna con él, lo trataba como a su bebé y Daemon, aunque reacio, respondía a ella y recibía los mimos que Isabella quisiera darle. Elijah Pride definitivamente era la versión original de su hijo, pero como padre, no podía ignorar el llamado de su sangre; así que vi en primera fila cuando dejó la frialdad en un rincón para convertirse en el papá que cualquier hijo quisiera tener.

Resiliencia

Menos mal no envidiaba nada de eso, pues la vida me dio a unos padres igual de amorosos y protectores que ellos.

—¿Rahsia? —me llamó Daemon con la voz ronca cuando se percató de mi presencia.

Me miró incrédulo y me puse más nerviosa, pues en ese instante no sabía si quería que recordara todo lo del día anterior, o que lo olvidara, ya que me expuse y abrí mi corazón más de lo que pretendía con él.

—Hola —saludé y carraspeé para que mi voz sonara fuerte y no nerviosa—. ¿Te sientes mejor? —pregunté.

Vi a sus padres atentos a lo que decíamos o hacíamos. No ayudaban con mi nerviosismo.

—Bien, supongo. Es un poco más de lo mismo, ya estoy acostumbrado —aseguró y me sentí mal.

No merecía que las cosas fueran así.

Sus padres se miraron entre sí y juré que se estaban comunicando de nuevo. De pronto, el señor Pride dijo que haría unas llamadas importantes e Isabella se le unió alegando que se comunicaría con Aiden para que no estuviese preocupado por su gemelo. Daemon asintió en respuesta hacia ellos y en cuanto los vio salir, negó con la cabeza y sonrió; imaginaba que también notó lo mismo que yo y me vi tentada a decirles que no era necesario que hicieran eso.

Yo podía hablar con su hijo frente a quien sea porque no existía nada privado y no deseaba que se formaran una idea equivocada.

—Les caes bien —murmuró Daemon cuando estuvimos solos.

—Porque no los viste cuando recién me conocieron —alegué y él sonrió, en ese momento un tanto divertido—. No te rías, no fue gracioso para mí. Te juro que creí que había llegado a mi último día de vida.

—Pero sigues aquí y te han dejado a solas conmigo, eso significa que les has caído bien —los defendió y sacudí la cabeza.

Ni de tonta me confiaría, a esa pareja había que tenerle miedo.

—Lo que tú digas, prefiero mantener mis alertas. —Repuse—. ¡Jesucristo! ¿Has visto cómo me mira tu papá? —inquirí y decidí acercarme un poco a su camilla para hablar bajo en caso de que sus padres estuviesen de metidos escuchando todo—. Él sí que me asesina con la mirada, de eso no tengo la menor duda —susurré.

Daemon volvió a sonreír, en ese instante fue un gesto grande con el que mostró los dientes y todos los efectos secundarios por haber trasnochado, se esfumaron al presenciar tal maravilla.

—Menos mal que hace solo eso, si no… —Dejó la frase inconclusa y me observó directo a los ojos, no supe por qué hasta que me vi tomándole la mano y acariciándolo.

Fue algo que no premedité, simplemente me dejé llevar por la felicidad y tranquilidad que sentí al verlo bien. El día anterior había sido una completa locura y el terror que viví no lo olvidaría tan fácil.

—¿Crees que esto no te meterá en problemas? —preguntó de pronto. Quise dejar de tocarlo cuando me lo hizo ver, pero me cogió con la fuerza necesaria para impedírmelo.

La vía intravenosa en su mano demostró el esfuerzo, pues por el delgado tubo transparente vi su sangre manchar el líquido que le administraban. Tras mirarme a los ojos se concentró en mi cuello y me intimidé, no quería que preguntara nada, no había necesidad de que supiera que fue el causante de ese daño.

—Me gusta que estés aquí, Rahsia. No tienes por qué, pero me gusta. —Agradecí cuando su mirada volvió a mis ojos—. Se sintió jodidamente bien despertar y encontrarte en esta habitación junto a mis padres, mas no seré egoísta contigo, te cuidaré y no perjudicaré tu carrera —aseguró y aflojó nuestro agarre, aunque no me dejó ir.

Sus palabras me provocaron felicidad y tristeza a la vez.

—No debería estar aquí, tienes razón, pero no hay otro lugar en el que quiera estar. No me importa el riesgo en este instante, solo me importa asegurarme de que estás bien y de que no hay peligro de que vuelvas a recaer.

Mi piel se erizó y cerré los ojos cuando su mano llegó a mi rostro y lo acarició. Daemon no había dicho nada del día anterior, tal vez sí lo olvidó y quizá lo agradecía en ese momento, aunque sabía que luego me dolería.

—Me darán el alta en unas horas, no es necesario que me tengan internado tanto tiempo y tampoco que tú sigas aquí —avisó y me avergoncé por no medir mi reacción anterior.

—Yo…

Resiliencia

—Hemos hablado con Tomas, nos reuniremos con él a las dos de la tarde —me interrumpió la señora Pride y me alejé un poco de la camilla—. El doctor nos dijo que te podemos llevar a casa en una hora aproximadamente, solo espera a que reacciones bien.

—Estupendo —dijo Daemon y trató de sentarse. Lo ayudé y su madre llegó enseguida a acomodarle la camilla y una almohada en la espalda para que estuviese más cómodo.

Mi móvil comenzó a sonar y vi que se trataba de Karina, me disculpé con ellos y salí para responderle. Me avisó que el doctor Cleveland necesitaba reunirse conmigo a las tres de la tarde y, de alguna manera, sentí en mi interior que no sería para nada bueno; también le urgía que le hiciera llegar el último informe de Daemon y supuse que era para saber bien lo que se haría de aquí en adelante.

—*Lo siento mucho, sé que tienes una emergencia, pero, al parecer, él cree que esto es más urgente y ya sabes cómo se pone cuando algo lo estresa* —explicó Karina y negué, aunque no me viese.

Sabía lo exigente que podía llegar a ser mi jefe, no era la primera vez que me enfrentaba a algo así, pero en esta ocasión estábamos en la misma sintonía, así que le dije a Karina que no se preocupara y que ya me pondría en ello. Me despedí con la promesa de que llegaría pronto a mi oficina y tras cortar respiré profundo para volver a la habitación y despedirme.

El señor Elijah ya estaba ahí, lo vi entrar justo cuando atendía la llamada.

—Creo que tendré que irme ya, el deber me llama —avisé. Los tres me miraron y me enfoqué en la señora Isabella, ya que me fue insoportable la mirada de esos dos hombres.

—Gracias por haber estado aquí, pendiente de nuestro hijo —comentó ella.

—No lo agradezca, no lo hice por ustedes… digo, no, no, no… —Me rasqué la cabeza y medio sonreí. No quise mirar a Daemon porque él estaba riéndose con lo que insinué—. Olvídenlo, mejor me callo y me voy ya, pero no quise ser grosera —aclaré.

—Eres como la perra conciencia en persona —soltó el señor Pride y lo miré anonadada.

—¡Elijah! ¡Por Dios! —lo reprendió su mujer—. No te ha querido ofender, no lo tomes a mal. —Se apresuró a aclararme.

Daemon miraba atento y curioso lo que sucedía.

—Solo pensé en voz alta, así como tú. Pero no es una ofensa —añadió ese hombre enigmático y asentí.

—No se preocupen y mejor me voy antes de que yo también termine haciéndolo de nuevo —avisé e indecisa levanté la mano para decirle adiós a Daemon.

En un principio pensé en acercarme a él y decirle, o hacer algo más, pero al parecer mi cerebro ya comenzaba a funcionar mejor, así que opté por darme la vuelta e irme. Ya había hecho muchas cosas que no debía y si quería mantener mi trabajo con mis demás pacientes, tenía que enfocarme; además, me iría para hacer algo que ayudaría con el proceso de ese hombre y tal cosa importaba más que nada.

Fui a mi apartamento con el objetivo de tomar una ducha y prepararme para ir a la oficina, y de paso aproveché para buscar a Marian y disculparme con ella por lo de Maxi. La mujer fue muy amable y reiteró que me comprendía y que podía volver a sacar al cachorro si me apetecía, pues seguía confiando en mí.

Una hora más tarde, tras una ducha con agua fría para espabilar el cansancio que ya se apoderaba de mí, me conduje hacia las instalaciones Cleveland, llegando sin problema, aunque con el corazón acelerado y una rara sensación en mi estómago. Se sentía como un presentimiento que todavía desconocía si era bueno o malo.

—¡Madre mía, Karina! Estás tratando de conquistarme, ¿cierto? —exclamé y ella rio. Me había estado esperando con todos los archivos que le pedí por teléfono junto a un *frappé* de caramelo que consiguió para mí como un bonito detalle de su parte—. Lo has logrado por cierto, ya que ahora mismo siento que te amo más que a mi vida —exageré.

Karina rodó los ojos y amplió su sonrisa.

Resiliencia

—Solo porque te consiento —alegó y la miré con los ojos entrecerrados, fingiendo indignación—. Anda, ponte a trabajar que el tiempo corre y es poco —me animó y asentí.

Tenía razón, por lo que me fui a mi escritorio, abrí la portátil y comencé a digitar palabra por palabra, dándole forma a un informe muy bien detallado que luego mi mentor utilizaría. Incluí archivos y datos importantes que obtuve esa semana; incluso añadí recomendaciones de mi parte como terapeuta personal y me centré tanto en ello que mi bebida se descongeló y la espuma de la crema se deshizo.

Literalmente quería meterme en ese informe, recalcar lo importante que era que Daemon fuese tratado con urgencia referente a su pasado, e incluso detallé paso a paso lo que recomendaba para minimizar el impacto de la verdad. Y, solo en ese momento me permití sentir el dolor por no ser yo quien lo seguiría tratando, pero ya no era correcto, debía hacerme a un lado por el bien de ambos.

Karina llegó horas más tarde por el informe y avisó que los padres de Daemon llegarían pronto para una reunión de última hora que se pactó con nuestro jefe, algo que ya sabía, mas no lo dije. Miré mi frappé todo líquido y me obligué a beberlo únicamente porque necesitaba cualquier cosa comestible en mi estómago, aunque otra vez lo sentía cerrado por los nervios repentinos que se instalaron en mi interior.

Cuando faltaba media hora para mi reunión me sentí peor y las ganas de ir a orinar fueron insoportables; era vergonzoso, pero cada vez que me enfrentaba a algo incierto me sucedía lo mismo.

Pegué un respingo cuando el teléfono de mi oficina sonó, me había sumido en mis pensamientos una vez más; lo respondí y escuché a Karina avisándome que el doctor Cleveland me esperaba. Por un instante creí que nuestra reunión sería solo entre los dos, pero al darme cuenta de que Karina me dirigió a la sala de juntas que nuestro jefe tenía predestinada para reuniones grandes, intuí que tendríamos compañía y no supe si debía fingir que no conocía a los presentes, o actuar sincera.

—Buenas tardes —saludé al entrar, luego de haberme acomodado la ropa y el cabello.

Los padres de Daemon se hallaban ahí, taciturnos e impecables como en la mañana; el doctor Cleveland me respondió al igual que ellos, educado y dándome la bienvenida. Estaba vestido con su ropa formal, el cabello entrecano lo llevaba peinado a la perfección y, aunque quiso parecer contento de verme como en otras ocasiones, en ese instante su seriedad fue excesiva y quise correr al baño otra vez.

—Es bueno volver a verte, Rahsia. Pasa por favor —pidió mi jefe poniéndose de pie. Miré a los señores Pride, Isabella me sonrió en saludo y Elijah asintió—. Te presento a Isabella y Elijah Pride, los padres de Daemon.

Tragué con dificultad, ellos no mencionaron nada de conocerme antes y me quedé inmóvil, pues también me parecía mal fingir.

—Es un gusto conocerte, Rahsia. —Isabella fue la primera en hablar y me tendió la mano, su acción me animó a imitarla y terminar fingiendo.

—Gracias, lo mismo digo —aseguré.

Miré al señor Elijah y dudé en tomarle la mano, no quería que volviese a suceder lo mismo que en la madrugada, pero tampoco podía ser una maleducada. Así que se la tendí y agradecí que esa vez me soltara de inmediato.

Tras las presentaciones el doctor Cleveland comenzó a explicarme la razón de estar ahí y me sentí una hipócrita cuando narró lo sucedido con Daemon sabiendo que lo viví en carne propia (tan en vivo que tuve que maquillar las marcas en mi cuello). Me dio las gracias por el informe detallado que proporcioné, aceptando mis sugerencias; y, por último, comunicó lo que ya suponía: el tratamiento lo continuaría él y, así fuera ilógico, me sentí decepcionada, sin saber qué decir o cómo reaccionar.

Sería mi decisión, pero, por lo visto, los señores Pride tomaron en cuenta mi oferta de hacerme a un lado. Y siendo sincera, una cosa era que yo rescindiera por motivos personales y otra, que ellos me destituyeran porque no confiaban en mí como psicóloga. Lo sentí injusto, puesto que independientemente de mi error al involucrar sentimientos, siempre hice lo mejor para su hijo.

—¿Y él lo sabe? ¿Está de acuerdo en trabajar con otro terapeuta? ¿Acepta que lo vuelva a tratar usted? —le pregunté a mi jefe.

Resiliencia

No quise mirar a los señores Pride por miedo a hacerlo mal y respiré profundo para tranquilizarme.

—De hecho, fue quien lo sugirió. —Esa declaración por parte de Isabella me cayó como una baldada de agua con hielo y me dejó sin palabras.

«Respira y contrólate, porque esto Daemon ya te lo había advertido».

Dije eso en mi cabeza varias veces, ya que mi reacción estaba a punto de ser una muy inmadura, pero… ¡joder! Se sentía horrible el rechazo. Además, Daemon me pidió que renunciara cuando estaba en su crisis, no lúcido, por lo que nunca vi venir que ahora que se encontraba mejor me querría lejos de él.

—Lo hemos deliberado al llegar a casa después del hospital, lo meditamos y acordamos juntos. Todos tomamos la decisión unánime de que sea Tomas quien lo siga tratando a partir de ahora —explicó el señor Elijah cuando los miré, y me temía haberlos fulminado.

Mi rostro no les mostraba ninguna reacción, pero por dentro quería morirme, ya que al haber tomado ellos la decisión y comunicársela a mi jefe, era como perder a un paciente más y, que ya fueran dos no hablaría bien de mi trabajo.

Sin embargo, lo que más dolía y destrozaba era el hecho de que Daemon no hubiera tenido la amabilidad de advertirme que eso pasaría, permitió que fueran sus padres quienes me destituyeran.

—Esto no tiene nada que ver con tu trabajo y, de hecho, estamos agradecidos porque has logrado algo que nadie más ha podido. Se lo hemos dejado claro a Tomas —indicó Isabella y sonreí.

—Gracias, aunque eso no quita el hecho de que, incluso haciéndolo bien, su hijo prefiera continuar con otro terapeuta —repliqué y no escondí el toque de ironía en mis siguientes palabras.

¡Por Dios! Ni yo me entendía en ese momento. Tampoco el señor Elijah, quien negó al escucharme y me miró severo, pidiéndome que callara.

¡Puf! Solo eso me faltaba.

—Esto no tiene por qué afectarte, Rahsia —habló mi mentor, intuyendo lo que pensé antes por perder a un paciente—. Tanto Daemon como sus padres darán buenas referencias de ti y eso será magnífico para tu currículo. Has hecho un excelente trabajo con un paciente difícil y lo preparaste bien para lo que sigue.

—Genial. Me alegra haberlos ayudado y también espero que Daemon pueda seguir avanzando de aquí en adelante —dije de corazón.

El señor Cleveland sonrió satisfecho con mi respuesta y hasta orgulloso de mi postura. Miré a los señores Pride y les sonreí también para demostrarles que no me desmoronaría, ya que después de todo, ellos querían hacer lo mejor para su hijo y no iba a juzgarlos si buscaban a alguien con más experiencia.

Porque de eso estaba segura, las razones de Daemon para no quererme más como su terapeuta eran muy distintas a las de sus padres. Ellos buscaban lo mejor para su hijo y decidieron que yo no lo era por muy bien que lo haya encaminado para lo que seguía, así que lo respetaría.

Fin del asunto.

—Y si no hay nada más que decir, paso a retirarme, ya que tengo a otros pacientes que atender —mentí—. Fue un gusto conocerlos —finalicé y sin pensarlo más me puse de pie.

Y no esperé a que ellos siguieran dándome excusas para que no me sintiera mal, pues eso de «no eres tú, no tiene nada que ver contigo», me la sudaba en ese instante en que el dolor me nublaba la razón.

¿Desde cuándo habías planeado deshacerte de mí, maldito y hermoso desastre?

8 | Isabella

RAHSIA

*Te va a destruir de la manera más bella
y cuando se vaya finalmente, entenderás
por qué los huracanes tienen nombre de personas.*
—Mario Benedetti—

Me fui a casa con un dolor de cabeza que parecía más una migraña del demonio, y no culparía únicamente al desvelo y a mi falta de alimentos, ya que mi nuevo fracaso también tenía mucho que ver. Y, aunque cuando me sacaron del caso de Lucas me sentí muy mal, que lo hicieran con Daemon pesaba de una manera que me hacía querer morir.

«Esto iba a pasar, Rahsia. Tú lo querías e ibas a renunciar», me recordé.

Pero incluso con ese conocimiento me seguía sintiendo pésimo.

—¡Jesucristo, Ronin! ¿Pero qué haces aquí? —Medio chillé cuando llegué al estacionamiento de las instalaciones de mi oficina y encontré a ese asiático recargado sobre el capó de mi coche.

Acababa de enviarle un mensaje de voz a papá, ya que me estuvo llamando con insistencia. Y como no quería que me interrogara, fingí mi mejor tono y le avisé que había tenido un día muy pesado, por lo que solo me urgía llegar a mi apartamento y dormir. Hice lo mismo con mamá y Angie, pues esta última me propuso por un WhatsApp que nos reuniéramos para charlar.

Pero eso era lo último que quería.

—*¿Ya no puedo venir a visitar a mi sobrina favorita?* —preguntó Ronin a través del traductor en tiempo real de su móvil.

Entrecerré los ojos y eso lo hizo sonreír y encogerse de hombros.

Ronin era un japonés de la edad de papá, compañeros de trabajo y mejores amigos. En muchas ocasiones había servido de mi guardaespaldas (a petición de Caleb en los primeros meses que estuve sola en California), aunque a él le encantaba denominarse *mi niñero* porque sabía lo mucho que me enfurecía eso.

—¿Y perderte de unos buenos polvos con tu esposo solo por *visitarme?* —Satiricé y rio abiertamente al ponerse de pie y caminar hacia mí.

En el proceso dijo algo en su móvil para traducirlo, ya que, así entendiera el inglés como si fuera su propio idioma, se negaba a hablarlo. Su orgullo era demasiado grande y no le permitía pronunciar palabra que no fuese en japonés.

—*Eso debería demostrarte que eres mi sobrina favorita* —refutó y me reí, abriendo los brazos para envolver su cuerpo cuando él hizo lo mismo con el mío.

La voz del traductor era idéntica a la suya, ya que crearon el programa personalizado para él.

—No me creas tan ingenua —reviré al separarnos—. Si estás aquí sin tu esposo es porque soy una misión que papá te encomendó. Eeeh, no intentes excusarte. —Lo detuve al ver que quería replicar—. Owen y tú son como chicles cuando tienen tiempo libre —recordé.

Ronin se rascó la cabeza y yo negué. Lo había atrapado y no tenía escapatoria.

—*Ven, te llevaré a tu apartamento y charlamos en el camino* —propuso.

—Tengo mi coche.

—*Alguien lo llevará por ti* —indicó y como no tenía ánimos de discutir le entregué las llaves.

Las dejó sobre el capó y me guio hacia una *todoterreno* que sabía que era blindada. Lo reconocía porque papá las utilizaba mucho debido a los peligros de su trabajo y a los enemigos que siempre se encontraban a la espera de un mínimo error para atacarlos, tanto a él como a sus compañeros.

—*¿Vas a decirme a quién debo matar por poner ese gesto triste en tu rostro?* —cuestionó Ronin cuando ya llevábamos varios minutos en la carretera hacia mi apartamento.

Había notado que alguien nos seguía en mi coche de cerca, aunque no vi quién lo conducía.

—Supongo que estás al tanto de dónde estuve ayer —musité y su silencio fue respuesta suficiente—. ¿Te enteraste de cómo violaron mi privacidad al decirle a papá una situación que debieron guardarse? Porque bastaba con simplemente decirle dónde y con quién me encontraba —me quejé.

—*Si sirve de algo, me encargué de darle un buen castigo a esa persona por no respetarte* —confesó y negué con la cabeza. No me gustaba saber que por mi culpa alguien fue castigado, pero tampoco sería hipócrita, en ese momento sentí cierta satisfacción, ya que me expusieron sin razón válida.

—Lo odio, pero gracias —comenté y noté que sonrió—. Ahora, ¿podrías también darle un castigo al chico que me tiene así? —indagué y eso lo hizo alzar las cejas, además de borrar su sonrisa.

Y no, Daemon no se merecía ningún castigo, pero yo estaba dolida con él por no haberme dicho por su cuenta que no me quería más como su terapeuta. Y me refería a que lo hiciera estando lúcido, no en una de sus crisis.

—*¿Es el mismo con el que estuviste ayer?* —Sentí que mis mejillas se calentaron cuando Ronin hizo esa pregunta—. *Si lo es, créeme que así me cueste la vida, le daré un castigo por lastimar a mi nena.*

Sonreí haciendo un puchero a la vez, y no le di importancia a eso de que podía perder la vida. Ronin siempre me trató como un padre desde que nos conocimos y en su momento me confesó que yo era la hija que a él le hubiese gustado tener, ya que era la versión femenina y tierna de su esposo. Owen le había dado la razón al conocer la opinión de su chico y ambos me aseguraron que, si no me gustaba Caleb como papá, ellos podrían serlo.

De más estaba decir que Caleb los mandó al infierno por intentar suplantarlo.

—No será necesario —le dije y lo vi muy aliviado—. Estoy triste por algo que pasó con él, pero te aseguro que no me ha lastimado de ninguna manera. —Esa fue una pequeña mentira, sin embargo, no valía la pena mencionar lo que Daemon me hizo por creerme otra persona.

—*Daemon te gusta mucho, ¿cierto?* —Quiso saber y lo miré anonadada.

—¡Lo conoces! —chillé y él rio sin gracia.

—*Literalmente lo vi nacer a él y a su hermano, pero ellos son un tema del cual no puedo hablarte.* —Se apresuró a añadir al ver mi sorpresa y curiosidad.

Y no iba a insistirle, ya que desde que Caleb nos hizo parte de su familia a mamá y a mí, aprendimos a respetar los códigos de silencio que ellos poseían en su trabajo, no obstante, evitar preguntarle a Ronin sobre el pasado de mi hermoso desastre me formó una bola en la garganta que cada vez crecía más.

—Solo respóndeme una pregunta —supliqué y sentí que me miró con advertencia.

—*No podré si lo incluye a él y su familia* —me recordó y asentí.

—¿He sido una tonta por poner mis ojos en Daemon? —El silencio que inundó el coche tras mi pregunta fue incómodo. Y me arrepentí de haberla hecho.

Ya era consciente de que fui una tonta por motivos laborales, pero necesitaba que alguien que me apreciaba como él, me dijera si estuve a punto de enviar todo al carajo por nada. No obstante, Ronin siguió en silencio lo que nos quedaba de camino y yo quise fundirme en el asiento por la vergüenza que me embargaba.

—*No has sido una tonta, cariño* —habló en cuanto aparcó frente al edificio de mi apartamento—. *Pero, lastimosamente, hay un pasado cruel con Daemon. Y una vez que sepas la verdad, no podrás ignorarla.*

—¿Eso significa que voy a querer alejarme de él si llego a saber todo? —inquirí y Ronin sonrió con cariño.

—*Conociéndote como te conozco, vas a querer estar más cerca de ese chico y reparar un corazón que no rompiste* —aseguró—. *Ahora, ve a descansar un poco porque luces unas ojeras horribles* —recomendó y mis ojos se crisparon haciéndolo reír.

Resiliencia

—¡Qué maldito eres! —refunfuñé entretanto me quitaba el cinturón.

En cuanto estuve libre, Ronin me tomó de la mano y tiró de mí hacia él para abrazarme y depositar un beso en mi cabeza.

—*Nunca es fácil enamorarse de chicos rudos, Rahsia* —musitó y recordé que en una ocasión él me habló de sus inicios con Owen.

Y Ronin no era un hombre lindo y caballeroso, de hecho, la primera impresión que daba era la de un japonés peligroso, aunque al conocerlo quedaba bastante claro que también tenía un lado amable, extrovertido y bocazas. Pero Owen lo superaba en todo y sí, era más rudo, aunque yo también ya lo había cachado siendo como un osito de peluche con su esposo cuando creía que nadie más los veía.

—*Y menos cuando el corazón de estos ya ha pertenecido a alguien más.* —Me tensé al escuchar eso, pues no me era grato saber que Daemon ya se había enamorado antes.

Y estaba claro que ese hombre no me diría nada más, por lo que luego de soltarme semejante bomba se despidió de mí y aseguró que volvería a visitarme pronto, así que entré a mi apartamento resignada y con el dolor de cabeza en aumento, aunque el cansancio que sentía era peor, ya que ni siquiera tuve ánimos de desvestirme y a duras penas busqué el medicamento que un médico me había recetado para jaquecas y migrañas tan fuertes como la que me aquejaba. Luego de bebérmelo cerré las cortinas oscuras de mi habitación y tras ello me lancé a la cama.

El pulso en mis sienes me hizo creer que el corazón se me había subido a la cabeza, tenía los párpados calientes y rogué para dormirme de inmediato con la ayuda de los sedantes que poseía el medicamento.

—¡Madre de Dios, Daemon! Me afectas demasiado —murmuré tras dar un largo suspiro.

No quería hacer un drama, pero me estaba resultando imposible, ya que no solo me metí de lleno en su caso sino también la cagué al involucrar sentimientos y de paso, me estaba resultando insoportable que me hicieran a un lado, pues tenía la sospecha de que lo hicieron por creerme incompetente y eso no le sentaba bien

a mi psicóloga interior. Sobre todo, porque sin importar que me hubiera enamorado de ese hombre, luché mucho para ayudarlo y que avanzara sin afectarlo con sentimentalismos ni nada personal de mi parte.

Me hice la promesa de no permitir que nada de eso influyera en su proceso y lo cumplí más allá de mí misma incluso, ya que por encima de todo siempre me importó más su bienestar. Y lo seguía haciendo.

¿Una partida?

Leí con un solo ojo en la barra de notificaciones de mi móvil. Era de mi juego preferido, con mi contrincante favorito, pero ni eso me animó. Más bien, mi cabeza palpitó con fuerza por la luz del aparato y esto que ya le había bajado todo el brillo.

—Hoy no, Demone —susurré y bloqueé el móvil ignorándolo. Cerré los ojos y puse mis antebrazos cruzados sobre mi frente, la presión que ejercía me calmaba un poco el dolor.

Con esfuerzo logré no pensar en nada y, sin sentirlo, conseguí dormirme.

Al día siguiente desperté a las once de la mañana, menos mal era sábado. Me levanté de la cama sintiéndome atontada, efectos secundarios de las píldoras que con una larga ducha desaparecieron.

Había pasado una hora debajo de la regadera, treinta minutos dedicados únicamente a que el agua cayera sobre mi cabeza y se escurriera por todo mi cuerpo; evitando pensar (aunque me era difícil) en cualquier cosa que volviese a activar la migraña, y menos mal conseguí no torturarme con algo que ya no estaba en mis manos.

Me vestí con un pijama de pantalón de algodón cuando salí de la ducha y me sequé el cuerpo con toda la paciencia del mundo. Y pasé de peinarme porque mi estómago rugió de hambre como león enfurecido, así que me fui a la cocina con la toalla todavía envuelta en mi cabello, a prepararme un café instantáneo y calentar en el microondas un *croissant* de los que ya vendían en cajas y preparados.

Comida instantánea, parte de la facilidad que daba un país en el que se vivía a mil por hora. Me ahorraba tiempo, aunque era pésimo para mis hábitos alimenticios y no me ayudaba en nada con los kilos que deseaba perder.

—Maldita sea. No es de Dios que no pueda darle ni un primer trago a mi elixir favorito —me quejé cuando escuché que el timbre del apartamento sonó con insistencia. Me levanté del taburete en el que estaba sentada frente a la isla de mi cocina y miré con tristeza la taza de café que tuve que dejar de lado para ir hacia la puerta.

Tan molesta y distraída estaba que ni siquiera me cercioré por la mirilla de quién se trataba antes de abrir.

—¡¿Qué demonios estabas pensando al no responderme?! —Mis ojos se ensancharon al encontrar a Caleb gritándome cuando abrí.

—¡Cálmate, papá! —pedí sin ocultar mi asombro—. Y deja de gritar, por favor —supliqué, tomándome la cabeza con una mano gracias a que sus gritos hicieron que una punzada de dolor me atravesara las sienes.

Me sorprendía verlo porque podría esperar a que Ronin volviese a aparecerse por mi apartamento u otro de sus hombres, mas no a Caleb, puesto que su presencia me ponía en peligro (a él, sobre todo). Por eso nos impusimos límites y tomamos caminos separados, para evitar que mis demonios y sus enemigos nos siguieran el rastro y, éramos conscientes de que al estar juntos les facilitábamos la búsqueda y cacería de brujas que nos montaron años atrás.

Por lo que verlo no era señal de buen augurio.

—¿Qué haces aquí? ¿Qué está pasando? —cuestioné y él entró de inmediato.

Antes de cerrar la puerta miré lado a lado del pasillo exterior, Lupo (uno de los hombres más jóvenes que trabajaba con papá) se hallaba a unos metros, vigilando la zona. Me saludó con la mano y omití invitarlo a entrar porque era sabedora de que no lo haría, pues según lo veía había llegado como escolta de Caleb en una visita improvisada, no en plan de amigos o conocidos.

—Caleb, dime por favor que no le pasó nada a mamá —supliqué alarmada tras cerrar la puerta. Solo por esa razón él se atrevería a romper las reglas y el pensamiento me apretó el corazón—. ¡Dios mío! ¡¿Nos han encontrado?! —seguí. Mi cabeza se estaba formando los peores escenarios posibles—. ¡No, no, no!

La necesidad de ir corriendo a donde dejé el móvil me embargó junto al miedo y preocupación, además del arrepentimiento por no haber hablado con mamá el día anterior ni responder las llamadas de ese hombre frente a mí que irrumpió en mi apartamento con un gesto molesto, pero que en ese instante al darse cuenta de mi terror lo suavizó y me tomó de los brazos en cuanto intenté pasar a su lado.

—No, Rahsia, no pienses lo peor —pidió. La toalla cayó de mi cabeza al suelo por la acción de ambos y mi cabello húmedo se desparramó, ocasionando con eso que papá se fijara en mi cuello, nublando en un santiamén sus ojos con terror—. ¿Quién te hizo eso? —cuestionó, su tono me heló la sangre.

Una sola vez lo vi y escuché así, años atrás, cuando yo era una adolescente y me rescató de las garras de aquel maldito que me entregó a él como un regalo. E inevitablemente, ese tono suyo activaba recuerdos en mi cabeza que me dañaban y petrificaban, mismos que por más terapias que tomé, no salían de mi mente tan fácil.

—¿Fueron los Pride? ¡Y responde con la verdad! —exigió y me quedé atónita.

—Tú… tú cómo sabes que… que ellos… ¿Los conoces? —inquirí y me zafé de su agarre.

Era obvio que los conocía si Ronin también lo hacía, pero me dejó demasiado estúpida su tono, por lo que no razonaba como era debido.

—Responde, Danik —repitió y la opresión en mi pecho al escuchar ese nombre fue horrible.

—Soy Rahsia, papá —le recordé y me tragué el nudo que se formó en mi garganta.

Danik era mi pasado, la chica rota, la que sufrió cosas inimaginables, la niña que se quiso dar por vencida, la mujer débil.

Resiliencia

Ese nombre me recordaba todo lo malo y detestaba escucharlo, aunque nunca lo dije en voz alta y menos al hombre frente a mí.

Caleb vio las intenciones que tuve de romperme y negó.

—¿Rahsia Brown, mi hija? ¿La mujer fuerte, la prudente, la que se aleja de los problemas y no los busca? ¿Rahsia, la chica que me cuenta todo y me escucha? —interrogó y fruncí el ceño al ver que, aunque estaba enojado, también aterrado.

—Sí, esa misma —le aseguré, recomponiéndome como me lo enseñó. No les daría tregua a los recuerdos del pasado, por ningún motivo permitiría que me hicieran sucumbir, por eso inspiré y exhalé las veces que fueron necesarias hasta volver a encontrar mi control y valor—. Siéntate, por favor, y hablaremos —pedí.

—Rahsia…

—Por favor, papá —lo corté al notarlo reacio.

A regañadientes caminó hacia la sala y se sentó en el sofá de dos plazas. Yo me fui a la isla por mi café y de paso le ofrecí algo de beber, a lo que se negó de inmediato.

¡Puta madre!

Eso de que me haya tomado por sorpresa era una pésima broma, ya que con Ronin pude evitar un escándalo por haber llevado las marcas en mi cuello maquilladas, pero con papá obviamente fue imposible porque no me avisó de su llegada y yo acababa de ducharme, lavando el maquillaje y dejando a la vista los cardenales que exageraban lo que en realidad pasó con Daemon.

—Creí que Ronin te informaría que todo estaba bien conmigo —comenté en cuanto me senté frente a él.

Lucía inquieto y mantenía los puños apretados, evitaba observar de más mi cuello, pero no lo conseguía del todo y supuse que lo que imaginaba que me sucedió lo ponía peor.

—Él está intentando servir de mediador, así que por eso no me puedo fiar de lo que me diga —admitió y alcé una ceja sin comprender.

—Es tu mejor amigo, papá.

—¡Y también el de ella! —espetó dejándome con más dudas que certezas.

—¿Quién es ella?

—Ahora mismo eso no importa, Rahsia. Y te suplico que me expliques qué demonios te pasó en el cuello antes de que cometa una locura —rogó-demandó en partes iguales y la desesperación en su tono me afectó como si fuera mía.

Caleb Brown no era de perder los estribos, todo lo contrario, era sensato e incluso parecía frío y sin sentimientos en situaciones de emergencia o peligro, donde la cordura se ponía a prueba. Algo que le ayudaba a actuar con certeza e inteligencia, sin embargo, en ese momento distaba mucho de ser ese hombre que yo conocía.

—No es nada de lo que puedas estar pensando —aseguré.

Alcé una mano cuando él quiso replicarme, viéndolo de nuevo como el hombre que era para mí: mi mayor apoyo desde que llegó a mi vida y en quien confiaba tanto como para admitirle cosas que ni siquiera con mamá lo hice. Incluso fui más cercana a Caleb que a ella en un tiempo, cuando recién nos llevó a Italia y yo me atreví a culpar a mi madre por todo lo que vivimos en Londres.

—Papá, voy a contarte todo lo que necesitas saber, pero te ruego que me comprendas y no me juzgues —añadí y él negó un tanto indignado.

—Nunca lo he hecho —me recordó.

—No pareció así en tu última llamada —reproché y sus mejillas enrojecieron.

—Eso fue porque…

—No me expliques la razón, mejor escúchame ahora que tengo el valor de hablarte —solicité y endureció la mandíbula, a lo mejor frustrado, o arrepentido, por lo que señalé que hizo.

Pero no dije nada por hacerlo sentir mal, sino para que entendiera que incluso con ese comentario que hizo yo seguía confiando en él, ya que era capaz de comprender que fue su molestia hablando en ese instante. Además, lo que me estaba pasando con Daemon y su entorno comenzaba a volverme loca y a afectarme más allá de lo normal y, ya que no podía confiárselo a cualquiera, ni siquiera a Angie por mucho que fuera mi mejor amiga, Caleb era mi opción inmediata, quien estaba segura de que me impediría cometer errores incluso más graves de los que ya había cometido, si no tomaba cartas en el asunto.

Resiliencia

—¿Recuerdas lo que pasó con mi amigo Lucas hace un tiempo? —inquirí luego de darle un trago a mi café, el cual, por cierto, no disfruté como esperaba debido a que no me era grato recordar mis errores, así que lo dejé en la mesita de centro.

—El chico con el que quisiste irte de viaje para ayudarlo a escapar de la policía. —Me tensé cuando dijo eso.

Susurré una maldición y a la vez me restregué el rostro con ambas manos. Había pasado mucho tiempo de eso y ya lo analizaba mejor: fue la mayor estupidez que pude llegar a cometer y si me hubiesen suspendido en la universidad y cancelado mi pasantía por ello, bien merecido me lo tendría.

Más de dos años después entendí que jamás debí hacerlo, pero en el momento creí que era lo correcto, pues nadie quería darle una oportunidad a Lucas luego de que el control en sus emociones lo abandonara tras perder a la mujer que amó con toda su locura, de una manera inesperada para él, aunque no para los demás familiares que sí se prepararon ante la pérdida y le ocultaron todo. Sus padres en ese momento no le prestaban la atención necesaria por seguir concentrados en el divorcio turbulento que tuvieron, por lo que lo dejaron a sus anchas sin importarles las consecuencias.

Pero yo no pude hacerme de la vista gorda y consideré que meterlo a la cárcel únicamente lo dañaría más de lo que ya lo hacía su bipolaridad, y como nadie de la familia Morris estaba dispuesto a apoyarlo, lo intenté por mi cuenta. De la peor manera claro está, de una que me perjudicó, pues no solo fui señalada de involucrar sentimientos sino también de complicidad con un ciudadano temerario que atentaba con la seguridad de los demás.

—Sí, él —admití con vergüenza—. Tú sabes que yo trabajo con personas que necesitan mucho de mi ayuda y por supuesto que cometí un error con Lucas y todavía te agradezco por habernos ayudado a salir de ese embrollo. —Y no solo evitó que fuéramos a la cárcel y ser fichados por las autoridades, sino también consiguió que el padre de Lucas se hiciera cargo de sus responsabilidades con su hijo y lo internara en una clínica para que le dieran el tratamiento que requería—. Te lo agradeceré de por vida…

—Llega al punto, cariño, porque te juro que me estoy viendo tentado a investigar por mí mismo por qué tienes el cuello así —me cortó y suspiré profundo.

Yo sabía que podía hacer eso y más.

—Debo suponer que conoces a los Pride White si Ronin también lo hace. —Comencé y volvió a tensar la mandíbula—. Así que está de más decir que me encontraba en casa de ellos el jueves y por eso quisiste que saliera de allí, pero yo no te obedecí de inmediato y espera… —supliqué cuando intentó ponerse de pie al entender todo mal—. Daemon estaba pasando por una crisis muy mala. Lo llevé al hospital y justo cuando llegamos él comenzó a confundir el presente con el pasado y, por ironías de la vida, una chica llamada Danik lo dañó, me vio a mí en ella e intentó estrangularla —finalicé, cerrando los ojos para minimizar el impacto de su reacción.

Los abrí segundos después cuando el silencio reinó y lo encontré de pie, observando al exterior a través de la ventana, con una mano en la nuca y otra en la cintura. Se veía tenso e intentando asimilar lo que le dije. No quise acercarme ni hacer nada porque lo conocía y sabía que necesitaba su espacio. Opté por mirar las puntas de mi cabello, este ya se estaba secando y me quedaría como un asco por no peinarme.

Pero eso no era lo importante en ese momento, solo una distracción que mi cerebro buscó para que el nerviosismo se apaciguara.

—¿Tienes idea del peligro al que te expones con Daemon? —En ese momento se volteó para enfrentarme, yo me quedé anonadada porque con eso me confirmó que él sabía todo lo referente a mi chico. No era mi chico oficial, pero sí el de mis sueños y con eso me bastaba para utilizar el adjetivo posesivo—. Sí, nena, sé perfectamente quién es él y quiénes son sus padres —afirmó— y lo que te digo nada tiene que ver con su bipolaridad.

Abrí y cerré la boca queriendo decirle muchas cosas sin poder vocalizarlas.

—Ellos son parte de tu trabajo —atiné a decir a pesar de la impresión. Caleb no dijo nada, solo me miró serio.

Resiliencia

Él trabajaba para una organización importante a nivel internacional, ligada a los gobiernos y su seguridad, por eso pudo salvarnos a mamá y a mí, pero nunca dejó que indagara en su vida laboral porque alegó que la información en ese caso sería peligrosa. Sin embargo, quise hacerle muchas preguntas en el momento en que su silencio embargó el apartamento.

—¿Su familia es mala?

—Depende de la situación y a quién se lo preguntes —respondió y sacudí la cabeza.

Seguía estupefacta.

Aunque entre mi asombro pensé en la señora Isabella y su esposo, y entendí un poco su respuesta. La primera impresión que tuve de ellos fue que iban a matarme, que eran una pareja peligrosa y eso se notaba a leguas, en el señor Pride más que en ella, pero se lo adjudiqué a lo protectores que eran con sus hijos, no a que su peligro era real y verdadero.

¡Jesús!

—Rahsia, los Pride White son importantes para mí, Isabella sobre todo y he visto crecer a los gemelos y a su hermana —confesó, lo que tenía lógica si Ronin también aseguró lo mismo—. Pero en la misión en la que te salvé a ti y a tu madre cometí varios errores y rompí algunas reglas, casi las vuelvo a poner en peligro cuando me descubrieron y me perdonaron con la única condición de que Brianna y tú no se acercaran a ellos.

—¡¿Qué?! ¡¿Por qué?! —inquirí asustada.

Mamá y yo no éramos malas, no buscábamos hacerle daño a nadie y menos a quien no conocíamos, así que era ilógico que Caleb fuese castigado por salvarnos. Porque lo único que ese hombre hizo fue eso, no más.

—Son reglas de mi trabajo, cariño. Las arrebaté de las manos de Jean Paul Blanc y con eso declaré una guerra en la que por supuesto él se ensañaría con ellos y por ende con sus hijos, queriendo cobrar ojo por ojo haciéndoles pagar lo que yo hice —respondió con simplicidad y la mención de ese hombre me puso alerta.

Me puse de pie al sentir unos dedos fantasmales recorriéndome la columna y comencé a caminar de un lado a otro para alejar la

sensación de terror, con una mano sobando mi cuello y la otra en mi cintura, pensando y tratando de analizar lo que acababa de escuchar.

—¿Entonces ellos saben quién soy en realidad? Me refiero a Isabella y a Elijah Pride. —Lo miré esperando una respuesta de su parte.

Bufó y recargó las manos sobre el respaldo del sofá, mirando hacia abajo en un gesto de derrota o cansancio.

—Por supuesto que lo saben, solo fue necesario que dijeras mi apellido y lo relacionaron todo, ya que en nuestro mundo no creemos en las coincidencias —comentó y me sentí como una tonta, después de creerme lista por narrarles una vida que me aprendí de memoria para despistar a las posibles amenazas—. ¡Mierda, hija! No tienes idea de las horas que he pasado desde que me llamaron para confirmarlo, tuve miedo de que te dañaran porque, para mi jodida suerte, estabas al lado del hijo que más ha sufrido por culpa de ellos, del pasado que nos precede —añadió y no supe cómo tomar esa situación.

—¿Por eso enviaste a Ronin para asegurarte de que estuviera bien?

—No, él estaba con ellos en realidad, pero sabe lo que ocurre, así que aprovechó para asegurarse por su cuenta de que no te dañaran, ya que los Pride White cuidan a sus hijos igual o más de lo que nosotros te cuidamos a ti y, lastimosamente, Daemon ha sido atacado de la peor manera. Por eso te vieron como una amenaza.

—¡Dios! ¡¿Una amenaza yo?! ¡¿Para Daemon?! —repliqué estupefacta.

Esa insinuación era la más tonta a la que me enfrentaba en la vida. En primer lugar, porque yo no era peligrosa ni para una mosca. En segundo, porque jamás en la vida tuve la intención o necesidad de hacerle daño a nadie.

¡Maldición! Si ni cuando otros me dañaron a mí pensé así, lo único que siempre quise fue huir y ponerme a salvo junto a mamá, no más. Y los Pride White me vieron como una amenaza para su hijo. ¡¿Su hijo?! El mismo tipo por el cual yo estaba hasta las narices.

¡Dios! Si comérmelo a besos representaba un peligro para ellos, pues entonces vivíamos en mundos diferentes.

Resiliencia

—No te conocen en realidad, cariño. Aunque eres demasiado auténtica y vieron lo mismo que todos vemos en ti, por eso sigues aquí e Isabella prometió que no te dañarían.

—Y, sin embargo, estás aquí, comprobándolo tú mismo. —Bufé con sarcasmo—. Vaya confianza la que les tienes. —Satiricé y sonrió.

Ese pequeño momento fue como una tregua entre su terror y tranquilidad, ya que comprobó por cuenta propia que estaba tan bien como para soltar mis comentarios listillos, por lo que caminó hacia mí y me envolvió en sus brazos, abrazándome de una manera que no sabía que necesitaba hasta que él lo hizo. Rodeé su cintura y presioné mi rostro a su pecho, sintiendo cómo depositó un beso en mi coronilla y sobó mi espalda.

Caleb no me engendró, pero era el mejor papá que la vida pudo darme.

Y no ignoraba que mi padre biológico me amó con su vida y me consintió como a una verdadera princesa, lastimosamente murió cuando yo apenas era una bebé y a día de hoy no recordaba nada de él; me conformé con lo que mamá se encargó de contarme en las pocas ocasiones que accedió a hablar de su primer esposo.

—Y yo que creí que el señor Elijah era un abusivo seductor y por eso no me soltó la mano cuando me presenté con ellos —murmuré y sentí que su pecho tembló.

—¡Joder, Rahsia! —exclamó entre risas—. Te aseguro que ya no estaría vivo si hubiese sido así —aseguró y me separó de él.

—No seas tan protector —pedí y negó.

—No lo dije solo por mí. —Mis ojos se ensancharon al entender a lo que se refería. Menos mal Isabella sí comprendió las razones de su marido para no querer soltarme la mano.

—No fue tan grave como se ve, papá —reiteré cuando volvió a fijarse en mi cuello y rogué para que no se ensañara con Daemon, pues no quería que lo viera como un peligro porque no lo era.

—No lo sigas tratando de ninguna manera —pidió en un susurro y me dejó entrever que le sentó mal decir eso. Tomé sus brazos para que ambos nos sentáramos en el sofá grande y suspiró de nuevo—.

Lo veo como a un hijo y me duele lo que está pasando, pero no quiero que te expongas y seas tú la que pague lo que no debe.

—¿Por eso sus padres decidieron que lo siga tratando el señor Cleveland? ¿Porque saben quién soy y que rompiste las reglas por nosotras? —cuestioné y asintió. Exhalé tremendo suspiro, encontrándole más sentido a todo—. Sé que no es correcto, pero necesito saber un poco más, papá. —Negó al intuir lo que iba a pedirle—. Por favor, así sea un poco —supliqué juntando mis manos frente a nosotros y me miró derrotado y culpable.

—Hija, confórmate con saber que los Pride White te conocieron y entendieron que no les mentí en el pasado, pero no van a arriesgarse a que tú salgas dañada. Además, yo también pedí que te dejen fuera del caso de D.

—¡Dios! Pero explícame un poco. —Bufé, sin ignorar que él también llamaba a Daemon con ese diminutivo.

Pero lo dejé de lado y le di toda mi atención al hecho de que no era justo que me tuvieran en ascuas, eso comenzaba a molestarme demasiado.

—Es que hay cosas que…

—¡Carajo! Esto no puede ser cierto —me quejé porque justo cuando él podía decirme algo más relevante, el timbre sonó.

Se puso de pie de inmediato al ver mi intención de ir a abrir la puerta y lo hizo por mí, aunque antes le preguntó algo a Lupo por el intercomunicador en su oído y tras escuchar la respuesta maldijo y abrió sin ver por la mirilla.

Me quedé de piedra al ver a Isabella Pride al otro lado.

—Conque no te bastó mi palabra —refutó hacia papá.

—Tú habrías hecho lo mismo, por lo que no debería extrañarte verme aquí —respondió él sin inmutarse.

—¿Y puedo pasar? —inquirió ella, segundos después me miró.

Yo sabía que cuando queríamos podíamos ser mujeres dominantes y nos imponíamos ante quien fuera, pero a Isabella se le daba tan natural, que quise coger la toalla que antes se cayó de mi cabeza para envolverme con ella y luego acurrucarme en un rincón. No obstante, esa era mi casa y ya no era una niña miedosa, así que alcé la barbilla y la miré.

Resiliencia

Mi cabello alborotado y medio húmedo junto a mi pijama no ayudaban a verme tan imponente como ella, pero haría el intento.

—Por supuesto —respondí. Isabella me agradeció con un asentimiento. Ladeé la cabeza para ver detrás de ella y comprobar si estaba sola y en cuanto lo confirmé agradecí que su esposo no la acompañara, porque en mis fachas sí que me avergonzaría—. Tome asiento. —La invité—. Y perdón por el atuendo, pero este día ha sido de visitas inesperadas —me excusé.

—Perdóname por presentarme sin avisar —pidió ella y le sonreí.

Iba vestida con un *jean* azul rasgado de las perneras, zapatillas casuales de rayas celestes y una blusa muy mona en color blanco. El cabello lo llevaba en una coleta floja y me agradó verla así y no con aquellas ropas tan elegantes con las que la conocí, pues en ese momento era más una mujer con un aire fresco y cálido que me inspiraba confianza a pesar del encuentro que tuvo con papá.

—¿Me estabas siguiendo? —inquirió él y lo miré sorprendida de su tono tosco.

—¡Por Dios, papá! —le reproché, avergonzada de que actuara así. A Isabella no le molestó, ya que sonrió al verme regañándolo.

—No, tonto. Ya tenía planeado venir a ver a Rahsia —confesó y no supe cómo tomar que me llamara con ese nombre sabiendo mi verdadera identidad.

¡Madre mía! En ese instante todo cuadró en mi cabeza y entendí por qué me acusó de suplantación de identidad en el hospital, y todas las preguntas que me hizo cuadraron. Ellos ya sabían quién era y solo quisieron ver hasta dónde llegaba con mi farsa.

¡Qué vergüenza!

—¿Y para qué? Si se puede saber. —Volvió a cuestionarla papá con el mismo tono y negué rendida.

Isabella bufó una risa y noté entre ellos una relación más allá de la amistad o el trabajo; eran hermanos, en ese momento molestos, pero no odiándose. Caleb no la veía como amenaza a pesar de que podía serlo si consideraba que yo dañaría a su hijo.

—Le debemos una explicación y quiero dársela —admitió ella y me tomó por sorpresa.

No me lo esperaba.

—¿Hablas en serio? —Papá también se sorprendió.

—Sí, Caleb. Muy en serio y quisiera poder hablar con ella a solas. —Ambos se miraron como queriéndose decir algo, sin poder porque yo estaba enfrente. Carraspeé incómoda e Isabella me miró—. ¿Puedes, Rahsia? —preguntó y moví la cabeza en afirmación.

—Solo iré a peinarme antes de que mi cabello se convierta en un desastre, y me cambiaré por algo más decente —avisé.

Fue una excusa en realidad, pues noté que a papá le urgía decirle algo a solas y lo respeté. Por eso me tomé un poco más de tiempo del necesario al buscar ropa cómoda y peinarme, asegurando mi cabello en una coleta que para nada lucía tan fantástica como la de Isabella Pride, no obstante, ya había aceptado mi cabello fino que, con ese peinado se parecía más a una cola de ratón en lugar de caballo.

Mis gomitas y todo lo que tomaba para tener un pelo abundante al final resultaron ser una estafa porque no me funcionaban.

—Maldito consumismo que siempre me engaña —musité viéndome al espejo, dándome cuenta de que papá tuvo razón al asustarse, ya que los cardenales en mi cuello eran en realidad las marcas de los dedos de Daemon.

Y ya ni siquiera me dolía ni afectaban en nada, pero por como lucían hacía parecer lo contrario.

Regresé de nuevo a la sala de estar y encontré a Isabella todavía hablando con papá, lucían más tranquilos y charlaban con la normalidad de dos amigos. Mientras estuve en mi habitación no dejé de pensar en la razón que llevó a la señora Pride hasta mi apartamento, pues todavía me costaba creer que solo hubiese sido para darme una explicación.

—Esperaré afuera, luego podemos ir a comer algo —avisó papá y se acercó para darme un beso en la frente.

Descubrí a Isabella mirándonos con curiosidad, papá ya no la observó con advertencia como al principio y al marcharse se limitó a decirle que hablarían después; lo que me dio a entender que, lo que sea que platicaron en mi ausencia dejó más tranquilo a Caleb y por lo mismo tuvo la confianza de dejarme a solas con su amiga sin temor a que me asesinara.

Resiliencia

Eso me dio tranquilidad también a mí.

—¿Puedo ofrecerle algo de beber? —dije y asintió.

—Estuve tentada a darle un sorbo a tu café —confesó y reí.

Eso tampoco me lo esperé.

—Ahora mismo le preparo uno, es instantáneo, pero me queda delicioso. Ya verá —prometí y me fui a la cocina a prepararle uno.

La vi seguirme y con confianza se sentó en un taburete de la isla mientras esperaba por un poco de ese elixir de los dioses; calenté el mío, ya que se enfrió entre tanta distracción, y cuando serví el de ella me quedé aún del lado de la cocina. Con un gesto de mano la animé a darle un sorbo e hice lo mismo sin dejar de verla, cerró los ojos al disfrutar del primer trago.

—¿Ve que me queda delicioso? —me mofé y asintió.

—Sin duda alguna, aunque a mí todo café me gusta. Es mi debilidad.

—Y la mía, pero no me quite mérito —bromeé y sonrió.

—Te confieso que creí que no ibas a querer hablar conmigo después de irte tan molesta de la oficina de Tomas —soltó de pronto y me sonrojé.

—No me fui molesta —mentí y ella me miró con los ojos entrecerrados—. Bueno, tal vez un poco, pero entiendo sus razones y en serio, no es necesario que me explique nada.

—Lo sé, pero vimos lo mucho que te preocupa Daemon y yo también me he sentido frustrada por no poder ayudarlo. —Me dejó entrever un poco de tristeza al decir eso y quise tomarle la mano en señal de apoyo.

—Señora Pride, yo…

—Solo dime Isabella y no me trates de usted —me cortó y asentí.

—Bien, seré directa.

—Es lo que espero —admitió.

—No sé qué es lo que tú y tu esposo creen de mí, pero yo no busco dañar a Daemon. Y ya papá me confesó que conocen mi verdadera identidad, así que te juro por mi vida y la de mi madre que en ningún momento hemos pensado en ocasionarles problemas —aseguré—. ¡Dios! Si ni siquiera sabía de su existencia hasta que los conocí ayer, y nunca creí que el destino me llevaría a ustedes cuando

las órdenes que le giraron a papá eran que debíamos mantenernos alejadas. Pero a la vida le encanta jugar de esta manera a pesar de que, como te repito, no busqué ni busco crearle problemas a nadie. Mi misión es ayudar con mi carrera, no más y…

—¡Jesús! Respira un poco —pidió ella y me avergoncé. Solía soltar verborreas sin controlarme cuando necesitaba aclarar un punto—. No es necesario que me hables de tu pasado ni de razones, eso ya lo hablé con Caleb y está más que claro. Y también comprobé que únicamente buscas ayudar a mi hijo; y lo haces, Rahsia, por eso estoy aquí —sentenció y la miré extrañada por lo último que dijo—. A ver, siéntate, por favor, porque lo que te diré no es fácil.

Me fui de inmediato a un taburete al lado de ella y utilicé todo mi autocontrol para no bombardearla a preguntas ni darle más explicaciones, pues en serio lucía como que no las necesitaba y con la urgencia de hablar y sacarse todo eso que tenía atragantado.

Y agradecí que lo hiciera conmigo porque yo no soportaba la incertidumbre.

—Hablé esto con Elijah y lo decidimos juntos —aclaró en cuanto estuve sentada a su lado y asentí—. No vas a tratar más a Daemon, pero créeme que no es porque no seas capaz de hacerlo sino porque será lo mejor para tu carrera y cuento con que eso ya lo sepas.

—De hecho, también pensé en rescindir antes de que ustedes lo hicieran por mí. —Acepté y ella sonrió y asintió, un gesto que me indicó que le alegraba que ambas estuviéramos de acuerdo con ese punto.

—Sin embargo, en algún momento volverás a verlo, hablarán y quiero que también le ayudes como amiga. —Comencé a ponerme nerviosa al sentir que había cosas implícitas que no me diría con palabras, pero no traté de aclarar nada con respecto a eso, me limité a mirarla y guardar silencio—. Te contaré su pasado, será mi versión, consciente de que hay otras y muchas situaciones que todavía desconozco.

No me podía creer lo que estaba escuchando, aunque mi corazón de alguna manera presintió que eso no sería bueno y se aceleró como loco. Pensé que su visita era más para indagar sobre mí y no para que me hablara, por voluntad propia, sobre algo que antes no quisieron decirme.

—Todo comenzó cuando a la vida de Daemon llegó Inoha Nóvikova, su primera novia, su primer amor, su primera y casi mortal decepción —comenzó y toda mi piel se erizó.

«Nunca es fácil enamorarse de chicos rudos, Rahsia. Y menos cuando el corazón de estos ya ha pertenecido a alguien más».

Las palabras de Ronin cobraron sentido y la tristeza me golpeó, seguido de los celos al confirmar que Daemon amó hasta el punto de la muerte. No obstante, me obligué a dejar eso a un lado para darle toda mi atención a Isabella y lo difícil que era para ella tocar ese tema, pero con valentía siguió adelante y me narró cada hecho que presenció de primera mano y muchos otros que supo por sus familiares.

Ya sabía que Daemon era sobreviviente de una de las etapas más oscuras de su bipolaridad, pero juro que quise gritar de dolor al ver el de su madre al rememorar todo.

Los electrochoques no solo fueron para regresarlo a la bipolaridad tras el cuadro de desorden esquizoafectivo y trastorno límite de la personalidad a la que se enfrentó, sino también para que olvidara lo que lo estaba matando en vida, y en varias ocasiones sentí que el estómago se me revolvió por las barbaridades que su madre me confió.

—Nunca he querido ser la madre que quiere tener a sus hijos sobreprotegidos, tampoco una celosa que no desea que ninguna mujer se le acerque a sus niños, porque, aunque ya sean todos unos hombres, para mí seguirán siendo mis niños, Rahsia, y los cuidaré de todo y contra todos. —Me limpié las lágrimas y sorbí la nariz sin decir nada—. Cuando conocí a esa chica la primera vez, Daemon ya había presentado cambios severos en su condición y por un momento creí que ella podría ayudarlo, pero contrario a eso, Inoha solo empeoraba la situación y lo empujaba a sus episodios más crueles. Y, en la realidad ese era su plan, lo presentí desde el primer segundo en el que la tuve frente a mí.

Sacudí la cabeza y fruncí el ceño tratando de contenerme.

¡Madre mía! ¿Cómo alguien podía ser tan cruel para dañar a una persona de esa manera? Me era inconcebible.

A simple vista, Daemon parecía un hombre normal, un chico guapo capaz de hacer caer a sus pies a cualquiera; su manera de tratar a las mujeres y las relaciones que buscaba lo hacían ver como un cabrón peligroso, pero escuchar a su madre me estaba dejando sin palabras y sin lágrimas porque… ¡Maldita sea! Ese jugador de primera, el hijo de puta rompecorazones no era más que un ser sensible tratando de protegerse de lo mierda que fue la vida con él.

Y sí, muchas veces costaba llevar su ritmo y para muchas personas era agotador y una misión casi imposible de culminar, pero era porque en realidad no sabían, ni estaban capacitadas para enfrentarse a personas como Daemon. Incluso para mí era difícil a veces, sin importar mis años de experiencia y trabajo arduo con personas que padecían condiciones mentales.

—Mi hijo hizo muchas cosas malas, Rahsia. Guiado por su enfermedad o no, cometió errores que pudieron llevarlo a la cárcel. Y llegó a un punto en el que tuvieron que recluirlo en una clínica para controlarlo… ¡Dios! No tienes idea de lo duro que fue para mí dejar que Elijah llamara a los médicos para que se lo llevaran, aún me tortura el recuerdo de verlo siendo escoltado por varios enfermeros. —En ese instante sí le tomé la mano al verla quebrantada por hablar de una situación tan dura—. Y tras salir de allí creímos que todo estaría bien, pero no. Esa solo fue la antesala de lo que seguiría.

—¡Dios mío! —murmuré y me llevé una mano a la frente.

Todo lo que había escuchado era horrible y venía a decirme que solo fue la antesala.

¡Joder!

—Daemon intentó suicidarse dos veces, una antes de entrar a la clínica y la segunda después de que salió. La última vez lo hizo frente a mí y a su padre, y te juro que si Elijah no le hubiese quitado el arma recibiendo él el disparo en su mano… ahora mismo no estaría aquí contándote su historia.

Me puse de pie y caminé de un lado a otro porque el aire comenzó a faltarme. Quería saber la verdadera historia del pasado

de Daemon, pero llegando a ese punto, entendí que nunca estuve preparada; era demasiado, me superaba de una forma que jamás imaginé y si nunca sentí odio por nadie, en ese instante Isabella Pride lo cambió todo, ya que, por primera vez en la vida deseé matar a esa mujer que fue capaz de dañar a Daemon.

—¿Por qué ella lo odiaba tanto? ¡Jesús! ¡¿Hasta qué punto se tiene que estar podrido del alma como para dañar a Daemon de esa manera?! ¡Madre mía! Que yo he querido pegarle algunas veces por testarudo, te lo confieso, pero nunca en la vida se me ha cruzado la idea de decirle algo hiriente porque sé lo malo que podría ser para él, y porque todo el tiempo quiero protegerlo —solté llorando.

—Inoha me odia a mí. Y su odio es tan grande, que no le importó dañarlo a él porque sabía que eso me destruiría. —La miré incrédula, sin entenderle.

—Pero… ¿qué le hiciste para que te odie tanto? —Me atreví a preguntar.

Estaba mirándome, pero cuando le hice esa pregunta se acomodó de nuevo en el taburete y observó hacia el frente, enfocándose en la cocina. Segundos después inspiró todo el aire que pudo.

—Torturé a su padre hasta el punto de volverlo loco, y luego, Elijah lo asesinó —confesó.

¡Santa mierda!

Me quedé congelada y con el corazón paralizado tras escucharla.

9 | Daño y alivio

RAHSIA

Mi cabeza se negaba a procesar lo que acababa de escuchar y vi detenidamente a Isabella rogándole con la mirada que desmintiera lo que dijo. Cuando no lo hizo, observé hacia la puerta principal del apartamento, deseando que papá volviese, pero no ocurrió; así que no me quedó más remedio que quedarme en mi lugar tratando de no moverme, sin conseguirlo. Queriendo respirar sin lograr siquiera inhalar una pizca de oxígeno.

—Estoy esperando a que digas algo —murmuró con la voz débil. Acto seguido volteó el rostro para mirarme directamente.

Carraspeé antes de decir:

—Y yo estoy esperando a que digas que esto es una broma y a que te rías de mi cara de póker.

Sonrió con tristeza.

—Lo que quiero en realidad es que no tengas miedo de mí, porque ahora mismo temo que salgas corriendo —confesó.

—Quiero hacerlo, pero ni a eso me atrevo —confirmé, censurando su confesión—. Por ridículo que parezca, aquí me siento en una zona segura —añadí pareciendo una tonta.

Me hallaba a unos pasos de ella, pero en ese momento me sucedía como cuando sentía un miedo indescriptible por las noches al pensar mucho en que vivía sola y que en el apartamento podría haber fantasmas. Esos instantes en donde me cubría de pies a cabeza con la sábana y me quedaba quietecita, creyendo que, con eso, lo que fuera que existiera viviendo conmigo me dejaría tranquila si no me movía.

¿Ridículo? Tal vez, pero me funcionaba y rogué para que en ese momento también lo hiciera.

—¿Crees entonces que esa chica tuvo toda la razón de dañar a Daemon para lastimarme a mí? —inquirió manteniendo un rictus desolado—. ¿Piensas que lo que hice la justifica?

Parecía importarle mi opinión y no entendía por qué. A lo mejor buscaba mi ayuda como terapeuta, tal vez nunca se atrevió a hablar de eso con nadie y la culpa por lo que Daemon sufrió a causa de ella la torturaba día tras día. Por lo que me obligué a ser imparcial tras analizar sus palabras, ya que mi trabajo era comprender a las personas y hacerles ver sus errores y virtudes de una manera objetiva.

—¿Por qué lo hiciste? ¿Por qué asesinaron a su padre? ¡Dios! Siento que hice esa pregunta como si hablara de porqué hicieron trampa en algún juego —me reproché a mí misma y sentí una opresión horrible en el pecho.

Pero, para mi desgracia, vi muchas muertes y a pesar de que me dolían y atormentaban, hubo un momento en que se convirtieron en algo común para mi diario vivir, razón por la cual llegué a tomarlo como algo normal.

—Sea como sea que te lo explique, al final lo único cierto es que lo hice por venganza —admitió dejándome pasmada.

Aun así, tuve la capacidad motriz y mental para regresar a mi lugar y pedirle que continuara, prometiendo a la vez que no la interrumpiría, pues precisé escuchar su versión y ayudarla si era necesario. Eso sí, no juré que la comprendería porque como humana me sentía incapaz sin saber el trasfondo de la situación, sin embargo, me mantendría ecuánime y analizaría todo lo que saliera de su boca.

Para mi sorpresa, Isabella aceptó y comenzó a narrarme su historia, iniciando desde el día en que perdió a su madre, adentrándome de paso al mundo en el que la obligaron a vivir. Y, con sinceridad podía decir que, su vida únicamente la imaginaba en los libros, aunque tenía claro que toda historia partía de una realidad y ella era el ejemplo de eso.

Sus padres fallecieron cuando todavía era muy joven y tuvo que sobrevivir como pudo, a base de prueba y error, de aciertos y desaciertos. Hizo cosas que la enorgullecían y otras que la avergonzaban; en el proceso llenó sus manos de estiércol al caer y no le quedó más que limpiarse en su propia ropa al levantarse.

Con Isabella Pride estaba confirmando lo fácil que era para muchos *privilegiados* juzgar, tanto a personas que se convertían en delincuentes, drogadictos o vagabundos, como a quienes se convirtieron en lo que ella fue, tachándoles de basura de la sociedad sin detenernos ni un solo segundo a pensar que a lo mejor la única opción que tuvieron fue tomar caminos erróneos y rodearse de gente que nunca les dio un buen consejo, o los guio por donde era correcto. Y no dejaría de lado que existían aquellos que ya traían la maldad instalada de fábrica, pero por ellos no teníamos derecho de estigmatizarlos a todos.

Ella, por ejemplo, fue víctima de un mundo al que nunca quiso pertenecer y pagó por cosas que no se buscó; la secuestraron, violaron y torturaron junto a otras de sus amigas, su madre también vivió lo mismo antes de que muriera cuando Isabella estaba por cumplir los dieciséis años. Y, no le justificaba el daño que ocasionó al buscar venganza, pero sí entendí que no podía tacharla de villana sin corazón porque en su lugar, tal vez hubiese hecho lo mismo.

También me vi reflejada en ella, puesto que pasé por situaciones similares con la única y enorme diferencia de que yo sí tuve, y tenía, a una madre que incluso con mis veinticuatro años de vida seguía protegiéndome y que, en el pasado, evitó que me dañaran poniéndose en mi lugar, cayendo y levantándose, errando y acertando; manchándose las manos y limpiándose para seguir sin mirar atrás. Luego llegó Caleb para cuidarnos a las dos.

Isabella en cambio vivió ese proceso sola tras haberse quedado sin padres cuando tenía dieciocho años, expuesta a un mundo muy diferente del cual la criaron. Explotaron la burbuja en la que creció y tuvo que defenderse por su cuenta.

—No te voy a justificar, pero te entiendo y me sorprende demasiado que esa maldita arpía aun sabiendo la verdad sobre tu historia, y que su padre fue el autor intelectual de la atrocidad que te hicieron, siguiera con su daño. Tiene una mente muy podrida para atreverse a tanto —aseguré cuando finalizó.

Su actitud se mantuvo inquieta, como si no terminara de sacar todo lo que necesitaba a pesar de haberme contado una historia tan extensa y de asegurar que Inoha también la supo; se lo confesaron con el afán de hacerla comprender que la versión que le contaron fue la de una falsa caperucita, dejando a Isabella como la loba feroz que atacó por atacar, guardándose el hecho de que fue su padre quien la golpeó en incontables ocasiones hasta que la obligó a defenderse.

Yo comprendí todo con lo que escuché, aun así, notaba en sus ojos cuando miraba los míos, que había algo más atormentándola y que no encontraba la manera de decírmelo.

—¿Por qué me miras con culpa si sabes la razón por la que hiciste todo? —indagué.

Un lado de su boca se curvó con ironía y nerviosismo en partes iguales.

—¿Si hubiese sido tu padre al que le hice todo eso también me entenderías? —Eché un poco la cabeza hacia atrás cuando soltó esa pregunta capciosa.

No me la esperé y me desconcertó mucho, tanto, que coloqué mis manos unidas entre mi boca y nariz (en la posición que tomaban los niños cuando sus padres les enseñaban a rezar). Pensé en Caleb porque era esa figura paterna en mi vida y había mucho de su pasado que yo desconocía; no obstante, conmigo era un príncipe, un padre abnegado y ejemplo para muchos.

Aunque incluso así no podía responderle.

Resiliencia

—Todo lo que pueda decirte ahora mismo será mentira o suposición, ya que únicamente viviendo las circunstancias, que espero jamás experimentarlas, podría saber en realidad cómo actuaría o qué pensaría —aclaré y ella exhaló profundo—. Sin embargo, algo que sí te aseguro es que a mí no me educaron para vengarme de nadie y si Caleb te ha hablado de mi historia, entonces sabes que lo único que siempre he querido en la vida es sentirme a salvo. Y sí, quiero que esos malditos paguen por lo que nos hicieron a mamá y a mí, mas no sería capaz de tomar la justicia por mi mano y menos de dañar a terceras personas. No obstante, admito que no le estoy deseando nada bueno a esa chica que lastimó a nuestro be… digo… a tu hijo —me corregí antes de cagarla.

Isabella sonrió, débil, pero lo hizo.

—Lo quieres, y no como paciente o amigo —aseguró y, aunque ya no tenía nada en mi taza me la llevé a la boca simulando que bebía. Lo dijo tan segura que se me aceleró el corazón—. No respondas si no deseas, no es necesario ni quiero incomodarte. Creo que ya tuviste suficiente con lo que sabes de mí.

Seguí viendo en sus ojos aquel tormento, una culpa que no la dejaba tranquila, un miedo que amenazaba con dejarla fuera de juego en cualquier momento y sentí ganas de abrazarla, mas no me atrevería a tanto.

—Hay algo que sí te puedo responder —murmuré y me observó atenta. Como se lo dije antes, no podía prever mi reacción si fuera mi caso, pero necesitaba dejarle claro ese punto que expondría a continuación—: si hubiese sido mi padre al que tú y tu marido le hicieron todo lo que me has dicho, no te perdonaría, y menos si él hubiese sido como Caleb es conmigo. Aunque tampoco te odiaría porque lo que ese hombre les hizo a ti, a tu madre y a tus amigas, fue lo más vil que puede existir y yo, Isabella, he sido testigo del dolor que se siente al ver que violan a una madre con tal de proteger a su hija.

En ese instante los recuerdos de mi vida en Londres llegaron, vi al exmarido de mamá ofreciéndola como mercancía en mi lugar, ya que ella así se lo rogaba. Lo reviví todo en mi mente como si hubiese sido ayer. Ese tipo era un enfermo al que le gustaba ver cómo sus amigos follaban a *su mujer* en sus narices. Yo me iba a un rincón y me hacía un ovillo, rogando porque mamá llegara pronto a decirme que abriera los ojos, que todo había sido una pesadilla; deseando tener poderes y hacerme invisible para que ese tipo no me mirara.

Mi único deseo en la vida era que alguien llegara y nos salvara. Y se cumplió diez años después de vivir en ese infierno.

—Y lo que más me duele de tu historia entre todo lo malo que me contaste, y creo que es la mayor razón por la cual no te perdonaría —señalé, ya que todo fue horrible y traté de alejar los recuerdos de mi cabeza—, es que te hubieses rebajado al punto de secuestrar a una niña con tal de coger a ese malnacido. Y sé que no la lastimaste, pero no quiero ni imaginar el miedo de esa chiquilla cuando la separaste de su mamá y la hiciste permanecer con personas extrañas.

Isabella había planeado su venganza con la mentalidad de una villana, por eso cuando vio la oportunidad de secuestrar a la esposa y a la hija de ese hombre, sabiendo que ambas eran ajenas a los pecados del monstruo, tal cual lo fue ella en su momento, la tomó ignorando todo lo demás y atacó hasta conseguir su objetivo.

—¡Por Dios! —dijo en un quejido lastimero y de nuevo me dejó de piedra cuando fue ella quien se puso de pie para luego abrazarme.

Estaba llorando con un desconsuelo total que hizo que el corazón se me apretujara demasiado en el pecho, era como una niña herida y arrepentida, hipando porque ya no lograba sacar el dolor que sentía solo con el llanto.

—Perdóname, Danik —atinó a decir entre hipidos y me tensé cuando me llamó así—. Me… ce-gué por mi dolor y… no me importó… ¡Dios! Es mi culpa que mi hijo sufriera así. Perdóname —repitió.

No entendía por qué me pedía perdón a mí.

—¡No! —la censuré y abracé al ver que ella lo necesitaba—. No me dejaste terminar, iba a decirte que, si yo fuera esa chica me habría alejado de Daemon al saber que es tu hijo, jamás me hubiese ensañado con él.

—¿Y si el caso fuera como ahora contigo? Que lo conociste antes a él que a Elijah y a mí —cuestionó y se separó para mirarme al rostro.

Resiliencia

—Si no lo haría antes de conocerlo como lo conozco, menos en este momento —juré—. Daemon no es tu marido o tú, yo no soy esa chica. No busco venganza por nada ni nadie y si mi padre fuera ese hombre que te dañó, pues lo lloraría, pero no lo justificaría. —Se volvió a sentar y le pasé un pedazo de papel de cocina para que se sorbiera la nariz.

Las servilletas estaban lejos, los kleenex igual, así que le di lo que tenía a la mano y me puse de pie para ir por una botella de agua. Sus lágrimas no cesaban e intentaba procesar lo que acababa de decirle.

—¿Te arrepientes? —inquirí cuando la vi más calmada y negó con la cabeza—. No sé por qué, pero imaginaba esa respuesta —murmuré.

—Me arrepiento de cómo lo hice caer y más ahora que he hablado contigo, pero conociéndome… si retrocediera el tiempo, sé que solo cambiaría el método.

—Me preocupa no sentir miedo como al principio, cuando dijiste eso de matar tan fácil —solté y sonrió.

Sus ojos estaban rojos e hinchados, igual que su nariz.

Seguimos hablando un rato más, ya más calmadas; de verdad no la juzgaba por lo que hizo, pues tuvo motivos suficientes para actuar como su naturaleza le dictó. No estaba de acuerdo, pero la respeté y se lo dejé claro. Optamos por beber otro café y le aseguré que, si se me daba la oportunidad de hablar con su hijo y podía ayudarlo, lo haría sin dudar.

Isabella sonrió tras decirle eso, lo hizo con ironía y diversión.

—Sé que te veré pronto —aseguró cuando nos despedimos en la puerta de mi apartamento.

—Cuídate —pedí y justo cuando se dio la vuelta para marcharse, me atreví a hacerle una pregunta que me carcomió la cabeza por un buen rato desde que supe su historia—. ¿Isabella? —la llamé y me observó. No era inteligente pronunciar lo siguiente porque su respuesta me dañaría, o aliviaría, y estaba consciente de que justo en ese instante, la duda sería mejor, pero mi lengua no siempre le hacía caso a mi cerebro—. ¿Caleb fue parte de lo que le hiciste a ese hombre y a su familia?

Entreví su sorpresa al escucharme y de alguna manera esa reacción me entristeció mucho.

—Él solo seguía órdenes y en ese momento si me cuestionaba, corría el riesgo de morir —zanjó, adjudicándose toda la culpa.

Y por increíble que fuera, me dañó y alivió en partes iguales.

Pasé con papá toda la tarde de ese sábado, y no quise tocar el tema de la confesión de su amiga porque no me sentía preparada. Además, siempre fui consciente de que él tenía un pasado que no me incumbía y que lo más importante era cómo nos trataba a mamá y a mí en el presente. De igual manera, noté que Caleb no se hallaba listo para ahondar en la historia que me contó Isabella y únicamente dejamos claro que los dos sabíamos a qué llegó la mujer a mi apartamento.

Así que, habiendo analizado eso lo aproveché hasta donde pude, sabedora de que no lo volvería a ver en un buen tiempo. Incluso Ronin se nos unió y entre los tres deliberamos que lo más inteligente era que siguiéramos manteniendo que yo era Rahsia Brown y mis padres unos militares retirados con residencia en Georgia, sin importar que Isabella y su marido supieran mi verdadera identidad. De hecho, ellos también le habían recomendado a Caleb que mantuviéramos mi secreto como lo veníamos haciendo (para protección de mamá y mía), tal cual ambos también lo harían incluso con Daemon.

Eran mis razones, mi secreto, uno que no le afectaba en nada a mi bello desastre y en eso todos estuvimos de acuerdo, incluidos sus padres, gracias al cielo.

Por la noche quedé de verme con Angie. No tenía ánimos de salir, pero tampoco de estar sola y pensar en lo sucedido con Daemon y luego con su madre, además, todavía me carcomía la urgente necesidad de hablar con alguien referente a lo que me pasaba y llegué a analizar que mi amiga era la indicada.

Antes de que llegara traté de cubrirme los cardenales del cuello porque no quería que ella tuviese malos recuerdos o entendiera todo mal como lo hizo papá.

Resiliencia

—¡Mierda! ¡Te he extrañado tanto! —exclamó cuando la recibí en la puerta y me reí porque se me fue encima y se enganchó a mi cintura, besándome ambas mejillas como si fuese una novia loca reencontrándose con su chico.

Era más baja que yo, así que le resultó fácil pegarse a mí como una koala.

—¡Carajo! Para ser tan menuda pesas mucho. —Bufé y la cogí de las piernas tratando de no tirarla—. ¿Haces esto con tu Romeo? —Quise saber y se bajó de mi cintura sonriendo con ironía.

—Nunca lo he intentado, pero sospecho que si lo hiciera me dejaría caer —expresó y me reí, ya que así lo dijera en serio parecía causarle gracia y no enojo.

Había pedido comida a domicilio, esta llegó antes que ella así que la animé a que fuéramos a la sala para comenzar a cenar porque me moría de hambre. Y como era costumbre en nosotras, nos contamos de todo mientras engullíamos cada bocado. También la chinché al decirle que me sorprendía mucho que estuviese conmigo esa noche y no con su chico, a lo que Angie confesó que ya tenía varios días sin comunicarse con él.

—Pero eso es muy normal entre dos personas que solo mantienen una relación sexual, cariño —me recordó—. De hecho, últimamente nuestros mensajes se están limitando a, *¿quedamos para follar?* Y no más.

—¿Y te sigues sintiendo bien con eso? —indagué.

Ya habíamos terminado de comer, pero disfrutábamos de una copa de vino, ambas sentadas frente a frente en el sofá de dos plazas.

—Te seré sincera —avisó—. Creo que me gusta demasiado como para sentirme bien solo con eso, pero lo acepté tal cual, así que no tengo derecho a exigirle más.

—Pero sí tienes derecho a no conformarte únicamente con lo que te da si eso no te hace feliz —reproché—. Tienes derecho a decirle que las cosas han cambiado para ti y si él no está de acuerdo, pues ponerle un alto a lo que sea que tengan.

Angie entornó los ojos cuando supuso que iba a ponerme en el plan de hacerle entender sus errores y eso me sentó mal.

—Nunca he olvidado que tengo una fecha de caducidad con Romeo, Rahsia. Y nuestra sexo-relación se sintió bien por mucho tiempo, me hizo bien, aunque creas lo contrario. Por eso me negaba a dejarlo, a pesar de todo lo que me hacías ver.

—¿Te negabas? —Deseé constatar y ella hizo una mueca de sonrisa.

—Me has caído muy mal por señalar lo pésimo que te sentaba a ti, como mi amiga, que aceptara ser solo la chica del rato, pero eso no significa que no creyera que tuvieses razón. Siempre la has tenido y por eso he decidido alejarme de él, cielo. Ya que, créeme, ese hombre no tiene intenciones de iniciar una relación seria con nadie. —Negué con la cabeza un tanto molesta, aunque también agradecí que ella comenzara a entender mejor la situación—. ¡Y ya fue suficiente de hablar de mí! —exclamó de pronto, soltando el aire que retenía—. Ahora quiero saber qué te sucede, porque traes una carita de tristeza que me provoca ir a buscar al culpable y asesinarlo por lastimar a mi nena.

Sonreí porque me causaba gracia cuando me trataba como a una niña que necesitaba que todo el mundo la defendiera, luego pensé en Daemon y mi sonrisa se borró.

—¡Bah! —Bufé y también solté el aire retenido, me restregué el rostro con una mano y la miré—. Cometí el error de enamorarme de un tipo como tu Romeo y no sé qué hacer.

—A ver, a ver, a ver. Barájamela más despacio —pidió y alzó la mano para callarme—. ¡¿Que tú estás qué?! —gritó y pegué un respingo.

—¡Diablos! Me haces sentir peor —me quejé. Dejé la copa de vino en la mesita de centro y me llevé ambas manos al rostro, restregándomelo y cubriéndolo a la vez.

No sabía por qué me daba vergüenza lo que sentía por Daemon. A lo mejor era el hecho de que me enamoré de él siendo mi paciente. Y sí, ya le había comentado a Angie sobre él tergiversando un poco la historia, pero jamás le dije que me enamoré. Lo dejé en una simple atracción, a eso se debía su reacción exagerada.

—¿Por qué me estoy enterando hasta ahora de que estás enamorada? Porque esto no ha sido de un día para otro, tú no eres así, Rahsia —apuntilló y me encogí de hombros.

Resiliencia

No podía decirle que me enamoré de un paciente, porque eso significaba confesarle que Daemon era diferente en todos los sentidos y, aunque confiaba en Angie, no permitiría que, con el pensamiento retrógrada que tenía a veces, lo tachara de peligroso o algo de esa índole.

Daemon mantenía su condición en secreto precisamente para que no lo señalaran de incompetente, o lo inferiorizaran debido a la bipolaridad y lo estaba comprendiendo mejor, ya que me había dado cuenta de que, lo que yo veía de una manera gracias a mis estudios y empatía, no lo veían los demás.

—Lo conozco desde hace dos años, trabajamos juntos. —Eso no era del todo una mentira—. Y, antes de que me bombardees a preguntas, déjame contarte todo —advertí y se quedó calladita—. Nuestra relación siempre ha sido profesional y te juro que traté de verlo así todo el tiempo, pero ya no puedo más, Angie… —Negué antes de seguir hablando—. Yo… no solo me he enamorado, también lo quiero. Lo quiero tanto que no sé ni cómo explicarlo.

Me di cuenta de eso luego de analizar lo mucho que me afectó la crisis de Daemon, por cómo me dolió que me hiciera a un lado y por mis ganas de buscarlo, abrazarlo y protegerlo tras saber la historia que me contó su madre.

Lo quería como jamás quise a un hombre, tanto, que me daba miedo, puesto que sabía que le entregué mi corazón a una persona que no lo querría. Al menos no como yo ansiaba que lo hiciera.

—¡Jesús! Cielo, ¿por qué no me lo dijiste antes? —exclamó Angie y tiró de mí hacia ella para poder abrazarme.

Le correspondí dejando que me consintiera entretanto le contaba todo de una manera que no me comprometiera de más y ella me escuchó atenta; le expliqué la forma de ser de Daemon y lo mucho que le huía a las relaciones, algo que ya no le juzgaba después de saber su pasado. Y, al final, ni Angie podía atreverse a tratarlo de idiota porque no lo era, pues él nunca me dio motivos para que yo me ilusionara y lo que me pasó fue simplemente un capricho del destino.

—¿Se lo has dicho?

—Técnicamente no —respondí, ya que si se lo dije fue sabiendo que iba a olvidarlo.

—Ya, pero debes decírselo sí o sí, o alejarte de él por completo, cielo. Ese hombre tiene que entender que tú no eres solo para ser tomada por una noche, eres demasiado especial para que un tipo te quiera ver de desahogo.

—Tú también eres especial —reviré.

—Lo soy, pero a diferencia de ti, a mí no me afecta ni ocasiona ningún problema tener únicamente vínculos sexoafectivos con alguien. Como con Romeo, con quien acordamos y consentimos que lo nuestro sería así. Ha sido un ganar-ganar para ambos. Él me usa y viceversa —explicó y asentí.

Tenía razón, su forma de relacionarse con el sexo opuesto no la hacía menos que nadie, al contrario, era una mujer que al igual que yo, sabía lo que quería y lo tomaba. A ella le gustaba el sexo ocasional, a mí no y se respetaba.

Ni Angie era liberal por eso ni yo una retrógrada, todo lo contrario: éramos libres y decidíamos como tal.

—Y, ahora que yo quiero algo más y él no, pues tendré que alejarme porque tampoco volveré a humillarme ante ningún hombre —prosiguió y noté que eso le dolía un poco.

—Pero no te alejes de él sin antes decírselo, porque no sabes si a lo mejor ha cambiado de parecer y busca algo más contigo —señalé y sonrió con burla.

—No lo veo en una relación seria ni conmigo ni con nadie, cariño. Él es un alma libre, le gusta follar con mujeres hermosas, con una o varias a la vez; y disfruta demasiado de ello como para dejarlo por algo más formal. —Estaba acostumbrada a escuchar cosas sexuales por parte de Angie, que solo leí en los libros, pero incluso así me sorprendió lo que dijo.

—¿Cómo sabes que le gusta estar con varias a la vez? ¿A caso tú…? —Dejé la pregunta en el aire y sacudí la cabeza.

—He estado con él y con otra chica a la vez. —Mis ojos se ensancharon de una manera casi cómica, estaba segura de eso.

—Yo no creí que a ti te… —No supe cómo continuar.

—¿Me gustan las chicas? —terminó por mí y asentí. Angie rio y me miró cómo quien miraba a una niña inocente—. Tampoco lo supe hasta hace un tiempo. Y antes de que me lo preguntes, no es necesario que sea lesbiana para estar en un trío —explicó.

¡Mierda! Este día había sido de confesiones que me dejaban sin aire y sin pensamientos. Y me dejarían sin vida si continuaba así. Y de nuevo, no tenía una mente retrasada, de hecho, era muy abierta con respecto a los tipos de relaciones y sus implicados, ecuánime debido a mi profesión. Pero, en lo personal era la primera vez que alguien tan cercano a mí se abría de esa manera después de creer que era heterosexual.

Por eso me quedé pasmada con la confesión de mi mejor amiga.

—A veces lo haces por simple curiosidad —continuó—. Aunque sí, me gustan las chicas, pero no estuve con ninguna hasta que Romeo lo propuso. Ella no me gustaba —apuntilló refiriéndose a la persona con la que de seguro mantuvieron el trío—; lo hice por experimentar. Fue algo alucinante, sin embargo, todavía no sé si soy bisexual, ya que no siento el deseo de volver a estar con ninguna mujer si no es la chica que me despertó la necesidad de descubrirme en ese sentido.

—Creo que ahora ya no querré que me vuelvas a abrazar —solté y ella comenzó a reírse con verdadera diversión.

Angie me conocía demasiado como para tomarse mi humor oscuro en serio. Por eso estaba segura de que a mí no me afectaba en nada que le gustaran los hombres, las mujeres o los extraterrestres si eso quería, me daba igual con tal de que fuera feliz, la amaría siempre. Tampoco creía que amar a una persona sin importar su género fuera una enfermedad de transmisión táctil, lo respetaba demasiado como para pensar así.

Mi broma fue eso, no más. Una alternativa que tomé para liberar la tensión.

—No seas tonta, Rahsia —pidió entre carcajadas, contagiándome. Segundos después se montó en mi regazo y comenzó a darme besos en la mejilla como prueba de que haría más que abrazarme—. Nunca ha sido necesario que me gusten las chicas para ser como soy contigo —recordó y me tomó del rostro obligándome a que la viera a los ojos—. Te amo demasiado y sí, a veces mi forma de ser se puede malinterpretar, pero solo tú y yo sabemos lo especial que es nuestra relación. Eres la mejor amiga que cualquiera desea tener y por ti, yo soy capaz de todo, jamás lo olvides.

Tras decir lo último me dio un pico en la boca que nunca esperé y se bajó de mi regazo, riéndose por mi reacción.

—¿Era necesario el beso en la boca? —cuestioné atónita, ella no paró de reírse.

—Fue solo para sellar mi promesa, como las sacerdotisas —aclaró y bufé divertida.

Luego de un rato volvimos a nuestra charla anterior, sobre los problemas y confusiones, y terminamos durmiéndonos muy noche.

Antes de cerrar los ojos había visto en mi móvil muchas notificaciones en *Puzzle World*, donde mi contrincante favorito me invitaba a partidas, pero las dejé pasar porque todavía no me sentía con ánimos para jugar o hacer pequeñas interacciones con él.

Demone hacía que olvidara hasta mis días más malos, pero cuando Daemon no iba incluido en ellos, ya que contra él nadie podía.

Al día siguiente nos levantamos muy tarde y, tras ducharnos y ponernos más hermosas, decidimos salir a comer algo. Después de mucho tiempo le estábamos dando a nuestra relación de amigas lo que era merecido, aprovechando que ninguna de las dos tenía planes por cuenta propia, pues últimamente eso se nos había hecho muy difícil.

Sin embargo, nuestro tiempo juntas casi se ve opacado debido a que en un momento dado de la tarde vi que Angie estuvo chateando con alguien y su rostro de tristeza mezclada con frustración, me dio a entender que aquello no fue nada bueno para ella.

—¿Puedo saber qué sucedió? —Me atreví a preguntarle, utilizando un tono que le indicara que no pretendía meterme en sus asuntos para juzgarla o apuntillar lo que estaba haciendo mal.

Íbamos caminando hacia la playa de Balboa con la intención de sentarnos un rato sobre la arena y relajarnos un poco; Angie había querido ir más temprano, cuando el sol aún estaba alto, pero me

negué. No era muy amante de quemarme y estar bajo el sol a veces me provocaba dolor de cabeza.

—Pues decidí seguir tu consejo, quiero hablar con mi Romeo y decirle lo que me sucede, pero el idiota dijo que no tenía tiempo para eso y lo que sea que quiero decirle, puede esperar. Alegó que no está pasando por un buen momento y prefiere evitarme un encuentro con él.

Sentí que las orejas se me calentaron por la furia y mi sangre bulló con la necesidad de tener a ese hombre frente a mí y decirle un par de verdades, ya que por mucho que lo de ellos fuera algo pasajero o informal, no tenía por qué ser tan patán. La empatía no le haría daño, por Dios.

—No sé qué sea, pero odio que te pongas mal por él —censuré y la abracé—. Pero bien, dejemos de lado a los hombres y concentrémonos en nosotras que ya lo merecemos. —Justo cuando terminé de decirle eso, mi móvil comenzó a sonar y vi que se trataba de Andy—. Maldición —murmuré bajo y ella rio.

Ya sabía todo lo sucedido con él en nuestra cena pasada y me tomó el pelo con sus bromas, como siempre.

—Responde —me animó.

Decidí hacerlo en el cuarto tono y puse la llamada en altavoz, así no tenía que contarle a Angie después lo que nos diríamos, o al menos no lo que él me diría a mí.

—*Por un momento creí que no me responderías, preciosa* —dijo Andy sin saludar y sonreí.

—Estuve a punto de pasar de ti porque estoy con Angie, pensando en disfrutar tiempo de calidad con ella —confesé y lo escuché reír.

—*Yo también he estado pasando tiempo de calidad con un amigo, pero ya me está desesperando* —admitió él y a lo lejos escuché un «imbécil» por parte de una voz que reconocí enseguida.

—¡Já! Puedo entender por qué —solté divertida.

Angie escuchaba atenta y con una sonrisa en el rostro.

—*¡Auch! Eso dio justo en mi corazón, nena. Y sabes lo sensible que soy.*

—Con eso entendí que Lucas también podía escuchar nuestra conversación y me reí.

—Invítalos a venir. Podríamos hacer una fogata y beber algo —propuso mi amiga y fruncí el ceño.

—¿También te he desesperado? —inquirí y todos comenzaron a reírse, pues mis receptores nos escucharon claro.

—*¡Creo que ya me cayó bien tu amiga!* —gritó Lucas y entorné los ojos.

—*A mí siempre, y más con sus maravillosas propuestas.* —Se le unió Andy, adulándola.

Angie sonrió con picardía y sospeché sus razones para querer tener invitados. Estaba colada por Romeo, pero también decidida a dejarlo, sin embargo, luego de haber conseguido superar su dependencia a Dante e ir a terapias, descubrió lo mucho que le ayudó conocer a otras personas, no como intereses amorosos y menos como ese clavo que saca a otro, sino como redescubrimiento. Un método propio de ella para reunir todas sus fuerzas y marcharse de donde no era bien recibida, una necesidad de comprobar que podría existir alguien mejor que el hombre que no le correspondía tal cual deseaba.

Y, al parecer, Lucas despertó su interés en ese sentido. Quizá con mi amigo pretendía ver más allá de sus narices y confirmar con ello que era mejor marcharse que aferrarse y terminar asfixiada en el proceso. Y no mentiría, me dolía mucho verla recurrir de nuevo a ese método porque Romeo (así fuera solo un interés sexoafectivo) llegó a ser la única pareja más duradera que mi amiga tuvo después de Dante, aunque lamentablemente su elección, que, si bien no era peor que la anterior, tampoco fue la mejor.

Por otro lado, aunque no me era grato que se fijara en Lucas porque él también era mi mejor amigo, decidí confiar en que ambos eran adultos y harían lo que les convenía; además de que, que se conocieran no era indicio de que terminarían envueltos en una situación que les afectaría a ambos. Así que terminé por hacerle caso a Angie y le dije a Andy dónde estaríamos.

Necesitábamos dejar de perder la cabeza por hombres que no nos correspondían y pasar un rato con amigos nos podría ayudar a despejarnos, a pesar de que Andy no me veía del todo como amiga.

Resiliencia

Leí el mensaje de Lucas, en respuesta a la pregunta que acababa de hacerle sobre por qué estaba con Andy y no con mi hermoso desastre, pues eran mejores amigos y en crisis como la que Daemon acababa de pasar, siempre se mantenía a su lado. Decidí escribirle antes de que llegaran a Balboa y mientras Angie iba por unas bebidas a un bar cercano, pues ese era un tema que no podríamos hablar frente a los demás.

Su respuesta me dejó más tranquila, ya que así mi intención fuera sacar a Daemon de mi cabeza por un rato, no podía evitar preocuparme por él y Lucas era mi único enlace directo, y con quien me sentía más cómoda de preguntar si mi tormento ya se hallaba bien. Me alivié en cuanto mi amigo me aseguró que sí, que estuvo con Daemon el día anterior y lo vio mejor.

Cuando llegaron hice las presentaciones correspondientes entre él y Angie. Ella se quedó boquiabierta ante el enigma y la belleza que envolvía a Lucas, su emoción al conocerlo fue evidente y la comprendía. Mi amigo era un metro ochenta y pico de pura maldad, guapura y peligro, capaz de hacer babear a cualquiera. A la pelirroja a mi lado, por ejemplo.

—Toma —le dije a mi amiga y le tendí una servilleta, estábamos sentadas frente al círculo de cemento destinado para hacer las fogatas, mientras Lucas y Andy preparaban todo—, límpiate la baba antes de que me mojes —me burlé y ella rio a la vez que me tiró la servilleta.

—¡Mierda, Rahsia! ¿Por qué no me habías presentado a este amigo tuyo? ¡Joder! ¿Te das cuenta de lo apetecible que es ese lunar cerca de su boca? ¿Lo has visto desnudo?

—¡¿Pero qué demonios?! ¿Por qué tendría que haberlo visto desnudo? —solté mirándola, ella no dejaba de ver a Lucas—. Y no te lo había presentado porque no se dio la oportunidad antes, bien sabes que tenemos vidas separadas y no siempre

mezclamos a nuestras amistades —le recordé y negó toda indignada.

—Pero hay prioridades, cielo —me reclamó y mordí el interior de mi mejilla por lo turbada que parecía—. ¿Y, aunque sea lo has visto sin camisa? —siguió con sus preguntas y terminé riéndome—. Es que, en serio, amiga. Necesito saber si todo lo que se marca a través de ella es real.

Miré a Lucas y me reí más, claro que ya lo había visto sin camisa. Era un poquito más delgado que Daemon, pero igual de musculoso. Sin embargo, el cuerpo de mi propio Adonis era simétrico mientras que el de mi amigo tendía a ser más ancho de los hombros, además de que tenía más tatuajes; un rasgo que le daba su propia particularidad. Y no era ciega, notaba el atractivo en él, aunque en mi caso siempre lo vi como el hermano que nunca tuve y no con la morbosidad que Angie mostraba en ese instante.

—A ver, déjame sacarte de la duda. —Ese fue el único aviso que le di antes de llamar a Lucas—. ¡Luquitas, aquí mi amiga está que se muere por saber si todo lo que se marca debajo de tu ropa es real! —grité.

Angie me miró incrédula y se puso muy roja por lo que hice. Me reí porque sin pretenderlo mi amiga me estaba pagando muchas de las bromas que me jugó en incontables ocasiones. Y sinceramente, me extrañó su actitud cohibida, ya que ella no era de las que se comportaba con timidez ante nadie.

—Vaya perra que eres —siseó entre dientes en el momento que Lucas caminó hacia nosotras y con esa sonrisa pícara que me regalaba antes de hacer una travesura, tomó el dobladillo de la camisa blanca que llevaba puesta.

Nos guiñó el ojo y se la sacó sin reparo al detenerse a un paso de nosotras, quedándose únicamente en su *short* corto y bastante bajo de las caderas, tanto, que su V se marcaba más de lo que estaba preparada para ver y, aquellas alas que tenía tatuadas varias pulgadas abajo de su ombligo lucieron en toda su gloria junto a los demás tatuajes desperdigados por su torso.

—Y puedo continuar para que sigas comprobándolo —propuso tras acomodarse la gorra que usaba hacia atrás, en lugar de la bandana en esa ocasión, para que el cabello no se le fuera hacia el rostro.

Tiró la camisa sobre la arena y metió los pulgares dentro de la cinturilla de su *short*, bajándolo más de lo que ya lo llevaba y me puse de pie en un santiamén justo cuando aquella fina línea vertical de vello oscuro se asomó por debajo de la tela.

—¡Alto ahí, vaquero! No me quiero traumar —chillé y él comenzó a reírse, aunque cuando volvió a mirarse con Angie le regaló una sonrisa maliciosa, con labio mordido incluido.

«Pobre de ti, Romeo. Acabas de perder a tu sexo ocasional», pensé.

Pues Lucas se veía muy interesado en Angie y sí, él era igual que Daemon (y al tonto que despreciaba a mi amiga) con respecto a las relaciones, pero tendía a ser más caballeroso con las chicas y confiaba en que, si en algún momento mis amigos llegaban a algo, evitarían lastimarse dando o exigiendo más de lo que podían.

Y no, no creía en eso de que un clavo saca a otro, pero había excepciones ¿no?

—Puedes tocar, son reales —animó Lucas a Angie, refiriéndose a sus músculos o tatuajes, no estaba segura.

—Los míos también son reales, aunque eso ya lo comprobaste, ¿cierto, cariño? —Ese fue mi turno de pasar vergüenza cuando Andy se acercó y aseguró tal cosa.

Angie me miró diciendo algo como «en tu cara, tómalo» y negué.

Desde ese momento decidí cambiar el tema de los cuerpos y le rogué a Lucas para que volviese a ponerse la camisa. Era un fanfarrón al que le encantaba lucirse, pero tuvo piedad de nosotras y se vistió. La fogata estuvo lista minutos después, los chicos nos sorprendieron al haber llevado también un reproductor portátil donde pusieron música a un volumen que no incomodara a los demás y consiguieron más bebidas para pasar un rato ameno.

No negaré que me gustaba la compañía de Andy, mas no se equiparaba en nada con lo que me hacía sentir Daemon y estarlos comparando solo me acarrearía más problemas y confusión, así que me obligué a disfrutar de esa noche; por supuesto que evité los momentos más privados con Andy y le pedí que tomáramos las cosas con calma, ya que, no estaba en un buen momento para darle alas a algo que probablemente no funcionaría más.

Lucas y Angie continuaron con su flirteo y a mi amiga se le olvidó pronto la vergüenza que la hice pasar; y por supuesto que me perdonó, pues con eso comprobó que Lucas se sentía atraído por ella.

Una vez más, esa noche me dormí tarde y al siguiente día, ir al trabajo fue una misión difícil de lograr, pero me sentí triunfadora al conseguirlo.

El martes la tristeza volvió cuando a las diez de la mañana, mi paciente habitual no hizo su aparición y revisé el móvil para comprobar una vez más su falta de respuesta a un mensaje que le envié el día anterior. Solo pregunté cómo estaba y jamás lo vio. Opté por llamar a Lucas y preguntarle si sabía de él, mi amigo fue el encargado de mantenerme al tanto sobre el bienestar de Daemon y se lo agradecí.

—*Daemon es así. Se encierra en sí mismo y es muy difícil hacerlo expresarse, eso ya lo sabes, nena. Pero no te preocupes, está saliendo adelante y yo estoy a su lado. Tu amiga a veces me distrae, pero hago lo que puedo.*

Lo que me confesó por último me hizo negar y sonreír a la vez, ya que Angie me había demostrado también lo emocionada que estaba con mi amigo, aunque Romeo todavía continuaba comiéndole la cabeza, razón por la que no me sorprendió que evitara lanzarse con Lucas.

Ese tipo la atrapó sin siquiera proponérselo, o quererlo.

«Como Daemon conmigo», pensé.

A las cuatro de la tarde estaba preparándome para irme a mi apartamento a descansar, mi día de trabajo al fin había terminado y me urgía llegar a mi camita y reponer mis horas de sueño perdidas durante el fin de semana (pues con el lunes no me bastó), aunque justo en ese momento Karina apareció.

—Lo siento, Rahsia, pero afuera está una chica que insiste en verte. Le dije que tu hora de trabajo acabó, que ya te vas y debe programar una cita antes. Ella alega que te necesita y en serio luce muy mal. —Fruncí el ceño, eso me intrigó mucho.

Karina no era de abogar por nadie a menos que considerara que era grave.

Resiliencia

—¿Le has pedido sus datos? —pregunté y asintió.

—Dice que buscó a muchos psicólogos en internet y que la asociación Cleveland le figuró como la mejor. En la web de esta tú apareces con la mejor calificación y por eso te ha buscado.

Asentí en respuesta.

En la página web estábamos incluidos todos los psicólogos que conformábamos la asociación y también tenía la opción de que los clientes calificaran a cada miembro; y de momento, yo estaba con un punto más que los demás debido a los Pride y la puntuación que me dieron, me lo habían notificado ese día por la mañana.

Una noticia que me provocó una sensación agridulce.

Le pedí a Karina que hiciera pasar a esa persona para saber qué la tenía tan desesperada y minutos después, a mi consultorio estaba entrando una mujer pequeña, de cabello negro. Su piel era blanca, aunque en ese instante se miraba pálida; no le pude calcular una edad puesto que lucía un tanto demacrada, cargando con un sufrimiento que ya no podía esconder incluso yendo bien vestida. No obstante, sus ojos oscuros dejaban entrever el desastre que era por dentro.

—Gracias por recibirme —dijo de inmediato y me sorprendió cuando se acercó a mí y me abrazó.

—Toma asiento, por favor —le pedí en cuanto me soltó y le sonreí.

—Sé que ya debías marcharte, pero estoy desesperada. Él me ha encontrado y tengo miedo —resolló comenzando a temblar.

Me preocupó su estado y por el acento que tenía al hablar, deduje que no era de California y quizá tampoco del país, pues esa «r» tan marcada no era una forma de hablar en Estados Unidos.

—A ver, quiero que respires profundo y te calmes un poco. Vamos a comenzar por lo sencillo —propuse y asintió. Era una chica muy hermosa a pesar de los golpes que se notaba que la vida le había dado—. ¿Cómo te llamas y de dónde eres?

—Me llamo Noara Moore y vengo de muy lejos. No me preguntes de dónde aún —suplicó y asentí sabiendo que, si era un caso difícil, no me diría todo en la primera cita.

—Está bien, Noara. —Acepté y suspiró. Usaba ropa muy caliente para el clima que atravesábamos y al ver algunas cicatrices en su cuello, imaginé que lo que buscaba era cubrir las marcas en su cuerpo—. ¿Y puedo saber quién es él? —pregunté con cautela y sus ojos me miraron con sorpresa.

Parpadeaba mucho y no supe identificar la razón, pues sus orbes estaban un poco rojas, irritadas tal vez por llorar, alguna alergia o por usar lentillas. Era difícil saberlo.

—Un monstruo —respondió y la manera en que lo hizo me preocupó, pues su voz se cargó de odio y miedo a la vez.

10 | Disfruto

RAHSIA

Era miércoles, Daemon no llegó a la terapia grupal y eso volvió a descolocarme a la vez que me preocupó más de lo que ya estaba, por eso hablé con mi jefe sin ocultarle cómo me sentía, valiéndome del hecho de que fue mi paciente, que apenas había dejado de serlo y, por lo tanto, era normal continuar pendiente de él. Sobre todo, mientras se adaptaba a un nuevo terapeuta.

El doctor Cleveland me aseguró que Daemon se incorporaría a las terapias hasta la siguiente semana y tuvo la amabilidad de informarme todo el plan que había hecho para adentrarlo poco a poco a su pasado, asegurándome que irían paso por paso y eso me dejó más tranquila.

Antes de irme a casa ese día, Karina me facilitó el expediente que abrió para aquella chica que llegó en mi búsqueda el día anterior, así que decidí llevarlo conmigo. Su nombre se leía al principio de la primera página y estudié a detalle lo que se escribió en el papel con todos sus datos. Noara Moore, era un año mayor que yo, pero el maltrato en su cuerpo cubría la juventud que un día tuvo. No me adentré demasiado en su vida porque se mantuvo reacia, no obstante, acordamos vernos dos veces por semana y esperaba que pronto pudiese unirse a las terapias grupales.

Quería ayudarla porque era mi trabajo y porque su estado avivó mi empatía. Además de que me recordó a mí cuando recién llegué con mi terapeuta, aterrada y necesitada a la vez.

Esa vez fui yo quien envió ese mensaje a *Demone*, lo ignoré por días porque mis ánimos estaban por los suelos, pero tras leer aquel expediente y revisar mi móvil una vez más con la esperanza de que Daemon hubiese respondido a mi mensaje, y desilusionarme con su falta de interés, decidí que ya era tiempo de olvidar un poco. Y únicamente con mi juego lo conseguía.

Mis ojos se desorbitaron de una manera cómica al leer aquello, su respuesta fue casi igual a la que una vez yo le di después de que él desapareciera por días; aunque reí porque la mía (en el pasado) fue una súplica y la de ese chico se leía a demanda. Quise señalarlo, sin embargo, actué a su manera y lo ignoré, buscando de inmediato nuestro primer reto. Ya nos hallábamos en un nivel muy avanzado y sospechaba que éramos los únicos a punto de terminarnos ese juego, pues ya habíamos hecho todos los rompecabezas habidos y por haber.

Gasté alrededor de tres horas jugando, *Demone* me ganaba por un punto en ese instante y si no hubiese sido porque tenía que ir a trabajar al siguiente día, habría seguido. Las horas se me pasaban volando cuando jugábamos juntos y me reí al recordar que, en un tiempo, tuve un enamoramiento cibernético por ese chico. Suponiendo que era hombre.

Resiliencia

Le envié, sin decir nada sobre su mensaje anterior. Su única respuesta fue un emoticono de manita diciendo adiós y sonreí para después bloquear mi móvil, confirmando una vez más como *Demone* me hacía olvidar todo.

En ese momento incluso a Daemon.

Los días fueron pasando, Lucas hablaba conmigo a diario y me aseguró que ya Daemon se encontraba bien. No sabía cómo sentirme al respecto, pues me alegraba en el alma su bienestar y también me dolía que pasara de mí tan fácil. Por ratos me sentía tonta, otras decepcionada, a veces molesta y la mayoría del tiempo triste. Una semana atrás estuvimos a punto de besarnos en su casa, me confesó que me deseaba, aunque aclaró que solo era sexo; y tras analizarlo, entendí que actuó regido por su estado y eso me desilusionó de una manera increíble.

El jueves por la noche Angie se vio con su Romeo y casi la mato porque en lugar de hablar con él, terminaron follando otra vez. Y porque me dijo que Lucas la había invitado a salir el viernes y ella aceptó, prometiéndome que, si volvía a sentirse emocionada con mi amigo, dejaría todo con su sexo *más que ocasional* sin explicarle que era porque se estaba enamorando de él. Obviamente no estuve de acuerdo, no quería que jugara con Lucas ni viceversa y me obligué a callar solo porque tampoco era tonta y estaba consciente de que a mi amigo le encantaba divertirse y lo pasajero.

Ese viernes Andy también me invitó a salir y acepté, ya que no me apetecía estar sola. Fuimos a cenar y luego a bailar a un club muy mono de la ciudad, el tonto no desaprovechaba su momento para flirtear u ocasionar roces entre nosotros que parecían inocentes, aunque paró en cuanto le dejé claro que no lograría nada.

—Respóndeme algo para tenerlo claro y no incomodarte más con mi coqueteo. — Estábamos sentados en una mesa

cerca de la pista de baile y gritó para que pudiese escucharlo por encima de la música.

—Pregunta —lo animé, dispuesta a ser sincera con él.

—¿Estás saliendo con alguien?

—No —dije segura y sin titubear.

—Pero te gusta alguien más, porque siento que no te soy indiferente, sin embargo, hay algo que no te deja seguir adelante —aseguró y miré hacia otro lado, aferrándome a mi manía de otear por todas partes simplemente porque me ponía nerviosa—. Habla conmigo, cariño. Bien sabes que también soy tu amigo —me recordó y tomó mi mano en señal de apoyo.

Lo miré y suspiré muy profundo, Andy tenía razón, él me gustaba mucho y sabía que, si Daemon no estuviese en la ecuación, lo intentaría una vez más. Pero estaba enamorada de ese chico que no me correspondía, y yo no era de las que creían que un clavo sacaba a otro.

—Es algo complicado y mientras no lo supere, no puedo seguir adelante con nadie —confesé y él asintió regalándome una sonrisa.

Andy me conocía muy bien y agradecí cuando dejó el tema de lado y me llevó a la pista a bailar, en ese instante actuó conmigo más como un amigo y me sentí afortunada de tener a personas tan bellas en mi vida, pues él, Lucas y Angie me demostraban una amistad sin egoísmo ni envidias.

El sábado Angie llegó muy temprano a mi apartamento para contarme todo sobre su cita con Lucas, hubiese querido que se guardara algunos detalles, pero conociéndola, eso ya era pedir imposibles. Estaba muy emocionada y segura de alejarse de Romeo de una vez por todas. Y tuve esperanzas de que mi amiga al fin fuese feliz.

Comimos algo liviano juntas y horas más tarde me estaba rogando para ir a una fiesta entre amigos a la cual la invitó Lucas. Me negué porque aparte de Daemon, Lucas tenía amigos demasiado parranderos y no quería ni imaginar en lo que me metería si aceptaba.

—Te lo ruego, Rahsia. Hago lo que tú quieras, pero ven conmigo. No me puedes dejar sola en esto. —Negué ante sus súplicas.

Resiliencia

—Quiere estar contigo, no conmigo —alegué y frunció el rostro como si estuviese a punto de llorar.

Siguió rogándome, bajándome el sol, la luna, las estrellas y el cielo entero con tal de que la acompañara y solo fue hasta que me acusó de mala amiga, que sospesé la idea de ceder. Conocía el entorno de Lucas y sabía que se sentiría incómoda si iba sola y a él le daba por pasarse largos ratos con sus amigos. Ya me lo había hecho a mí y casi terminé castrándolo por dejarme abandonada.

—En serio, tengo que estar muy idiota por haber accedido. Además de que es demasiado cliché —refunfuñé cuando me subí al coche y Angie se puso en marcha—. Y será mejor que cierre los ojos y me duerma antes de que me arrepienta —señalé y comenzó a reírse.

Cuando leía algún libro en el que pasaban situaciones como estas, siempre pensé en la falta de carácter y seguridad que tenían los personajes para ceder luego de asegurar que no. Hasta que lo viví en carne propia, con una amiga llorica de pelo rojo, con poder de convencimiento que iba muy feliz a mi lado mientras yo me moría del sueño por haberme dormido a las dos de la madrugada.

Esperaba no arrepentirme de ir a esa dichosa fiesta, aunque lo dudaba porque estaba casi segura de que me tocaría volver sola, pues no creía que Angie y Lucas desaprovecharan la oportunidad de quitarse las ganas que seguían teniéndose.

—Rahsia, despierta. Lucas viene a recibirnos. —Abrí los ojos cuando escuché a Angie.

Se suponía que solo cerraría los ojos para descansar la vista y cuando ella me llamó, sentí que había dormido al menos dos horas. Miré a mi alrededor y el sueño se esfumó de golpe, y si no hubiese estado sentada, juro que me habría caído de culo al ver en dónde estábamos.

—No. Me. Jodas —exclamé, el aire comenzó a faltarme. Miré a Angie y ella me observó asustada—. ¿Tú sabías para dónde veníamos? —inquirí sintiendo la molestia despertarse en mi interior.

—Claro que no, nunca he estado aquí. Pero parece una casa de gente con muuucho dinero —exageró al ver por el vidrio delantero del coche.

El corazón me iba a mil, ya lo sentía en la garganta y el estómago se me revolvió.

—¡Madre mía, Angie! ¿Recuerdas a mi Romeo? —vociferé y sus ojos se ensancharon al encajar todo.

—¡¿No?! —cuestionó con asombro y asentí como loca.

—¡Sí, Angie! Vive aquí, es su casa. No puedo entrar a allí —aseguré, pero ella sonrió con picardía.

—Sí que puedes —apuntilló y antes de decirle algo más, salió del coche justo cuando Lucas llegó y nos saludó con entusiasmo.

Miré de nuevo hacia la mansión Pride y en mi estómago experimenté sensaciones indescriptibles. Juro que si hubiese sabido que era esa casa a la que nos dirigíamos, ni loca hubiese aceptado venir porque Daemon me demostró que no tenía intenciones de interactuar más conmigo; y, llegar a su casa sin ser invitada por él me hizo sentir como una buscona.

—Si de verdad fueras mi amigo, le habrías dicho a Angie a dónde nos invitaste —le reproché a Lucas cuando abrió mi puerta y me dio un tremendo beso en la mejilla, yo todavía seguía adentro del coche.

—No hubieses venido y quería verla. Y ella me aseguró que, sin ti, no vendría —explicó sereno.

Angie nos sonrió a ambos, toda inocente, parecía muy emocionada por conocer a mi Romeo y con ganas de hacerle saber unas cuantas cosas.

—Vamos, preciosas. La fiesta las espera —nos animó Lucas.

Me sacó del coche e hizo que enganchara mi brazo al suyo y luego ofreció el otro para mi amiga. Con cada paso que daba mis piernas se sentían más pesadas. Lucas vestía un *short* playero húmedo, lo palpé cuando se rozó con mi muslo, por lo que imaginé que había estado en la piscina.

Solté el aire que tenía retenido y mis ganas por regresarme cada vez eran más intensas.

Había querido ver a Daemon, comprobar yo misma que ya estaba bien, pero cuando pasó de mí me hizo sentir que era distancia lo que más necesitaba, así que llegar a su casa sin ser invitada por él no me hacía gracia. Sin embargo, seguí caminando y me dejé guiar por Lucas, esa vez no entré por la puerta principal sino por una lateral que conectaba el exterior con la piscina; poco a poco la música y las risas de las personas se hacía más fuerte y cuando llegamos me llevé la sorpresa de que aquello era algo más privado, con personas que nunca vi antes.

—Esta es la familia más joven de Daemon —murmuró Lucas solo para nosotras.

—¿Daemon? —inquirió Angie y me miró, asentí para confirmarle que así se llamaba mi Romeo.

Tragó con fuerzas, pude notarlo.

—Hola, chicas —nos saludó una mujer que lucía de nuestra edad. Era muy hermosa y acentuaba su maravilloso cuerpo con un bikini naranja de dos piezas.

—Angie, Rahsia, ella es Bárbara —la presentó Lucas.

Ella muy amable se acercó para darnos un beso en la mejilla, Angie estaba tensa y me extrañó ya que venía muy emocionada.

—Qué bueno que estén aquí, Lucas no ha parado de hablar de ustedes —confesó Bárbara y me cayó muy bien sin conocerla a fondo.

—¡Ey, D! Ven acá.

En ese instante deseé preguntarles a quienes me acompañaban si alguna vez sintieron el cuerpo totalmente helado, la sangre caliente, los oídos sordos, la cabeza expandiéndose y encogiéndose, como si fuese inflada con aire, y el corazón sin palpitar. Porque eso fue lo que experimenté en el momento que Lucas llamó a Daemon, quien iba saliendo de aquella cocina en la que una semana atrás estuvimos muy juntitos.

¡Madre del amor hermoso!

Iba vestido con un *short* de poliéster azul marino de arriba y con flores hawaianas blancas en la parte de las piernas. Su torso estaba desnudo y mostraba con orgullo la mitad del loto que adornaba el lado derecho de este; detrás de él caminaba un chico que era su copia exacta y si no me hubiese encontrado experimentando aquella sensación, me habría emocionado de ver a su gemelo escritor y más, de comprobar que era Aiden quien compartía un tatuaje con su hermano, pues también iba con el torso desnudo y en su lateral izquierdo lucía la otra mitad de la flor, solo que en color rojo al igual que su *short*.

—¡Mierda! —Escuché a Angie murmurar y no supe por qué, tampoco quise averiguarlo.

Daemon se veía más relajado que la última vez que estuvimos juntos y tras los nervios y el enojo por su desplante, deseé abrazarlo, pues me sentí muy feliz porque estaba superando esa etapa tan horrible que amenazó con perderlo del todo.

—¿Angie? ¿Qué haces aquí? —No supe ni cómo reaccionar cuando Daemon se dirigió a mi amiga directamente y pasó de mí y los demás, ella únicamente lo observó sin poder responderle, muy nerviosa.

Daemon no le habló con sorpresa ni molesto, en realidad, no mostró emoción alguna. Fue más bien lacónico.

—Es la chica de la que te hablé, *bro*. Aunque no sabía que ya la conocías —intervino Lucas, Daemon miró a mi amiga y alzó una ceja.

Una pizca de burla se reveló en su rostro con tal gesto. Yo me tensé imaginando cosas que no quería.

¡Dios, no! ¡Por favor, no!

—Le ayudé con un seguro médico —explicó Angie provocándome un alivio inmenso, agradeciendo que fuera su trabajo como agente de seguros la que la llevara a conocer a mi tormento—. Y tampoco me esperaba encontrarlo aquí o que fuese compañero de trabajo de mi mejor amiga. —Quise rascarme la cabeza cuando añadió tal cosa y me miró.

Lucas sonrió imaginando la razón de mi mentira.

—¿Compañeros de trabajo? —preguntó Daemon, hasta ese instante se dignó a mirarme y también me alzó una ceja, siendo lacónico.

Conocía a ese hombre y ya había visto ese comportamiento tan desinteresado de su parte, pero justo en ese momento, al no ser más su terapeuta y haberle confesado lo que sentía por él, me supo muy mal. Actuaba como si todo le importara un carajo, su ego era elevado al punto de lo presumido y lo único que cruzó por mi cabeza fue: ¿qué mierda hice al entrar, al llegar a su fiesta?

—Tú debes ser Rahsia, ¿cierto? —Aiden llegó en ese instante y se dirigió a mí con mucha confianza y familiaridad.

Resiliencia

Nunca los vi juntos, por eso me fue impactante hacerlo en ese momento, ya que eran gemelos idénticos a excepción del color de ojos y el semblante que manejaban. Angie lucía más sorprendida que yo y si no hubiera estado tan turbada por la actitud del anfitrión de la fiesta, y luego emocionada por conocer a mi escritor favorito, le hubiese tomado una foto para inmortalizar ese momento tan gracioso en ella.

—¡Madre santa! ¡Amo tu libro! ¡Dios! ¡No me creo que te esté conociendo! —Mi locura de fan se activó de repente y Aiden rio al verme actuar así. ¡Maldición! Su sonrisa era la de Daemon, aunque con un toque más cálido que la de él—. Juro que quiero abrazarte —solté sorprendiéndolos a todos.

Bárbara y Lucas comenzaron a reírse al verme comportarme de esa manera, Angie negó y se miró con Daemon, él estaba serio y tras mirarla ella, me observó atento.

—Pues hazlo, aprovechemos que mi esposa está adentro cambiando el pañal de Asia —bromeó y fue él quien se acercó a mí y me envolvió en sus brazos.

Daemon me había hablado de su cuñada y lo territorial que era, por lo que temí que entendiera mal mi reacción, no obstante, abracé a Aiden. De verdad era su fan número uno, el hombre escribía magia y si no hubiese sido por todo lo acontecido, ya habría terminado de leer su libro, aunque iba por la mitad y eso fue más que suficiente para saber que desbancó a mi escritora favorita con su historia.

Mi cabeza me hizo una mala jugada, sin embargo, pues al ser tan idéntico a su hermano, terminé imaginando que era a Daemon a quien tenía desnudo y presionado a mi pecho y me sonrojé cuando me separé.

—¡Carajo! En serio, eres increíble —murmuré.

—Sí, me lo dicen mucho. —Fanfarroneó y me guiñó un ojo, pero nunca vi malicia en su gesto.

—Si te escucha Sadashi, te dejará sin bolas —advirtió Bárbara y me reí de ello.

Todos lo hicimos.

—Ella es mi mejor amiga Angie —la presenté cuando me acordé de que estaba ahí.

Tanto así me nubló conocer Aiden.

Angie me miraba con ternura y le sonrió a Aiden al acercarse para darle un beso de saludo. Lucas se disculpó un instante cuando un chico de cabello negro lo llamó dentro de la cocina y me quedé con los gemelos, mi amiga y Bárbara.

—Oye, sé que no es buen momento, pero me gustaría mostrarte el plan que hice para ti. Digo, aprovechando que Lucas está ocupado y tu hermano sigue aquí con su loca fan, acompañados por Bárbara —pidió Angie a Daemon y él asintió de inmediato.

Los hermanos se miraron entre sí y luego Daemon dirigió a Angie hacia el interior de la casa, pero por un lado diferente a la cocina. Antes de que se alejaran miré a mi amiga y le rogué para que no fuese a hablar nada de mí con él y más rogué porque se limitaran solo a conversar de su trabajo.

—Volveré a la habitación, tengo que confirmar que Dasher no se esté muriendo en el retrete —avisó Bárbara y fruncí el ceño—. Hizo una apuesta con Lane y comió más picante del permitido —explicó para mí y arrugué la nariz al escucharla.

Tanto ella como Aiden rieron.

—Dasher es nuestro primo y Barbie su novia —informó Aiden cuando nos quedamos solos, ganándose mi atención.

Tenía conocimiento de quiénes eran por Daemon, cuando me habló de la situación de Essie, la hermanita de Dasher.

—Le queda perfecto el apelativo —musité por cómo llamó a Bárbara, y Aiden sonrió.

—Madre me habló de lo que hiciste por mi hermano —comentó y me tensé un poco.

Esperaba que solo le hubiese hablado de que lo llevé al hospital.

—Me alegra que ya esté bien —convine con total sinceridad.

Me era difícil ver gestos tan amables y cálidos en Aiden, pues estaba acostumbrada a una versión suya más seria por medio de su gemelo, eso me puso nerviosa y me obligó a otear más allá de donde nos encontrábamos, percatándome de que una chica salió de la casa. Era asiática, menuda y de cabello negro; preciosa a pesar de su rostro serio, vestía un bikini negro, unas enormes gafas protegían sus ojos del sol y en sus brazos cargaba a la cosita más hermosa que vi en mi vida.

Debía ser Sadashi y su hijita.

—¡Hey, nenas! Vengan aquí —pidió Aiden. La chica me miró y medio sonrió cuando estuvimos frente a frente.

La nena en sus brazos tenía alrededor de cinco o seis meses, la cargaban con un bañador de dos piezas en color blanco con rosas rojas, un sombrero del mismo diseño cubría su cabecita y se veía muy tierna con toda la pancita al aire (era injusto que las niñas sí lucieran bien con sus rollitos expuestos y no yo). Miraba todo el alboroto que hacían algunos adultos en la piscina y contuve mis ganas de comérmela a besos.

—Rahsia, te presento a mi esposa Sadashi y a nuestra nena, Asia —confirmó Aiden y le ofrecí la mano a su mujer.

—Al fin te conocemos. Has sido una sensación estos días —soltó Sadashi y la miré con intriga.

—¿Buena o mala? —inquirí.

—Para tu suerte, buena —respondió ella con una sonrisa y no supe si tomármelo a bien o a mal.

—¿Puedo cargarla? —Me atreví a pedir a su nena y ella asintió amable. Los ojos almendrados de la pequeña me miraron y el gris inocente en ellos me hicieron ver las versiones tan distintas que conocí en esa familia.

El gris miel frío en Daemon, el grisáceo e implacable en el señor Elijah, el cálido con Aiden y la inocencia en los de esa pequeña.

Asia quiso llorar cuando la cargué, pero en cuanto le hice un par de mimos comenzó a calmarse. Seguí platicando con sus padres y me ayudaron a relajarme mucho, fueron amables, me trataron como si me conocieran de años y me presentaron a los demás invitados. Supe también que decidieron hacer ese viaje porque los adultos de la familia los convencieron de que, a pesar de los malos acontecimientos, tenían que seguir viviendo; Dasher fue el más reacio debido al estado de su hermanita, pero su madre lo terminó amenazando para que se divirtiera un poco.

Entendí sus razones.

Lane fue el chico que llamó a Lucas antes y salió de nuevo junto a mi amigo y con una chica de cabello castaño, hermosa como las demás y a la cual conocí como Leah, la prima de los gemelos Pride. Más tarde, Dasher hizo su aparición con Bárbara de la mano y me reí mucho por las locuras que soltaban a cada momento; intentaban tomarle el pelo a Sadashi cada que podían, aunque ella sabía cómo sacarles la vuelta y terminaban por dejarla en paz. Aiden era una versión entre tipo serio y divertido, sabía reírse y gastarles bromas a todos, incluso a su esposa, quien no era muy fan de los tratos melosos de su marido y, la hermosa Asia quien todavía estaba en mis brazos, reía cuando ese montón de testosterona hermosa, le daban toda su atención.

—Vaya suerte que tienes, preciosa —le dije a la nena con voz chiquita y Bárbara a mi lado rio.

De vez en cuando miraba hacia donde Daemon y Angie se fueron, ya había pasado un buen rato y no regresaban. Lucas me preguntó por ellos en cuanto llegó con Lane y Leah, le expliqué lo que hacían, murmuró un «aburridos» por hablar de trabajo esa tarde y sonreí solo por hacerlo. La verdad era que no me gustaba lo que sentía en el pecho y no sabía si se debía al miedo de que mi amiga hablara *de más* o a la actitud tan desinteresada de Daemon cuando me vio.

«Y yo que me moría por abrazarlo», pensé con ironía.

Casi una hora después, Angie volvió y se unió a nosotros, estaba seria y un tanto incómoda, pero cuando vio mis intenciones por indagar, cambió y volvió a ser ella. Lucas la presentó con todos los que aún no la conocían y mi amiga se integró con facilidad, la miré una vez más suplicándole que no hubiese cometido una cagada y al verme con la nena en brazos se acercó para acariciarla.

—Relájate, cielo. No dije nada de ti, solo hablamos de un plan de seguro médico que necesitaba y, ya que tengo la información en mi móvil, aproveché para ya no tener que verlo en la semana —explicó en susurros para que nadie que estuviese cerca nos oyera.

Me dejó más tranquila saber eso, ella volvió al lado de Lucas cuando este la convenció de meterse a la piscina. Íbamos con nuestra ropa de baño por debajo de la de verano y admiré mucho la educación y respeto de los hombres presentes, pues no se la comieron con la mirada (a excepción de Lucas) al verla con aquel diminuto bikini color verde chillón; la tanga casi se le metía en sus firmes nalgas y noté a mi amigo susurrarle algo en el oído.

—¿Y tú no te meterás a la piscina? —La voz de Daemon fue capaz de erizarme la piel, aunque traté de no mostrar ninguna emoción.

No lo vi ni sentí llegar cerca de mí.

Me encontraba en una tumbona con Asia en mis piernas, usaba un diminuto *short* blanco con puntos negros, de cintura alta que se pegaba a mi cuerpo como piel extra, mis pechos los cubrí con un *top* negro y solo una pequeña parte de mi panza se mostraba con él. Asia se veía mejor que yo mostrando los michelines. El cabello lo tenía suelto esa vez y cuando no estaba en el exterior, las gafas en mis ojos me servían como diadema.

—No de momento, estoy de niñera. Decidí ser buena con tu hermano y darle tiempo a solas con su esposa —señalé, él se sentó en la tumbona a mi lado y sentí su mirada escrutante. Opté por concentrarme en donde estaban Aiden y Sadashi, en un rincón de la piscina, alejados de todos—. ¡Jesús! ¿Será que le está metiendo mano? —solté al verlos tan sospechosos y Daemon bufó una sonrisa.

—Que puta suerte, ¿no? —apuntilló obligándome a que lo mirara.

Él no podía ver mis ojos por las gafas de sol, pero los tenía muy abiertos. No sabía cómo tomarme su comentario y me dejó sin palabras por unos segundos.

—Bueno, tú también puedes meter mano cuando quieres y a quien quieres —resoplé, recordando su manera de vivir y todas las anécdotas que sabía de él.

—No siempre a quien quiero —disintió. Él también usaba gafas, pero su rostro indicaba que me estaba observando. De nuevo me vi fuera de juego y carraspeé cuando no supe qué responderle y me puse más nerviosa.

Menos mal Asia hizo un sonido gracioso llamando mi atención, estaba sonriéndole al guapote frente a nosotras; Daemon ya me

había comentado que la pequeña lo confundía con su hermano y en ese instante fui testigo de algo que no esperé de ese hombre: él cogió a la bebé y comenzó a hacerle mimos hasta que ella rio más y gozó cuando su tío se la comió a besos.

¡Jesucristo! Sabía que siempre había sido un tanto dramática y exagerada, pero ese momento en realidad me llegó al corazón y sentí que los ojos se me llenaron de lágrimas. Daemon sabía ser tierno con su sobrina, era el claro ejemplo de esos tipos duros, fríos y sin sentimientos que juraban y perjuraban que ninguna mujer los iba a dominar y cuando a su vida llegaba una nena como Asia, los derretía de una forma tan fácil que te hacía preguntar, ¿qué fue del chico rudo?

¡Dios! ¿Por qué ese hombre se negó a tener hijos y tomó una decisión tan drástica? Bien, sabía el porqué, pero verlo con Asia me ilusionó de una manera horrible, como si fuera a mí a quien le negó la oportunidad de dar a luz a otro hermoso ser de ojos grises.

—¿Puedo usar el baño? —pregunté tras un rato.

Daemon estaba recostado en la tumbona y la nena sobre su pecho, jugando con el rostro de su tío, intentando coger sus gafas, él hacía como que le mordía los deditos protegiéndola con sus labios y ella seguía sonriendo.

¡Carajo! Quería ser Asia en ese instante.

No quise interrumpirlo, me gocé presenciarlo en esa pose de tío posesivo y meloso, pues ya antes Aiden y Sadashi habían llegado para coger a su hija, pero Daemon se los impidió. Fue lindo verlo discutir con su cuñada para que lo dejara en paz con Asia, y más cuando no permitió que la nena viese a su hermano, pues sabía que querría irse con él.

Aiden terminó por arrastrar una sombrilla playera para cubrir el enorme cuerpo de su hermano y a su pequeña en brazos, así el sol no la lastimaba. Por mi parte, ya ni me atreví a intentar cargarla de nuevo, pues con ese hombre en plan «no, es mía» no podría.

—Claro, está entre la cocina pequeña y el cuarto donde dejaste antes a tu perro de felpa —me indicó y entorné los ojos.

Me puse de pie y le di la espalda para ir por donde señaló, aunque justo cuando llegué cerca del *cuarto de perros*, todo me sentó de golpe y llegué con prisa al baño. ¡Por la puta! ¿No se suponía que olvidaría todo? Porque recordaba a la perfección que Maxi estuvo ahí y eso no podía ser una simple casualidad ¿no?

Comencé a hiperventilar y me golpeé la cabeza en la pared de aquel enorme baño al cual me metí. Mis ganas de escapar de su presencia un rato fueron más porque no me sentía cómoda con su comportamiento hacia mí, pero en ese momento ya no quería salir debido a que tuve miedo de que en realidad no hubiese olvidado nada.

Sin embargo, si era así, pues su actitud se debía más a que quería alejarme de él por razones que amenazaron con hacerme sufrir mis inseguridades.

—Mierda, Rahsia —murmuré para mí y me lavé el rostro.

Sabiendo que vendríamos a un lugar con piscina omití el maquillaje, así no tenía que preocuparme por los ojos de mapache, pero al verme al espejo, deseé tener un poco para disimular la palidez que me provocó la preocupación.

—¡Joder! —Bufé cuando ya llevaba veinte minutos encerrada. No podía ser tan cobarde y a menos que tuviera los ovarios para irme y dejar a Angie, debía dar la cara.

Y no, no tenía el valor para irme y dejar a mi amiga. Así que no me quedó más remedio que acomodarme el *top* y el *short* y respirar profundo antes de volver a la piscina. Vaya situaciones en las que me metía por andar de bocona.

—¡Dios mío! —grité cuando abrí la puerta y encontré a Daemon frente a ella a punto de tocar—. ¡Jesucristo, Daemon! No puedes asustarme así —censuré y me llevé las manos al pecho.

El corazón me palpitaba como loco y lo sentí golpear mis palmas, Daemon sonrió al ver mi reacción y negó.

—Tardaste mucho y vine a ver si te sucedía algo. —Tras decir eso me puso la mano en la cintura y me hizo retroceder dentro del cuarto de baño otra vez.

Experimenté miles de sensaciones en el estómago al percatarme de él cerrando la puerta, mirándome a los ojos sin intenciones de dejar de hacerlo. Llevaba las gafas sobre la cabeza igual que yo en ese momento y lo que experimenté fue como cuando estaba en

la rueda de la fortuna e iba en bajada, cosquillas y ganas de orinar insoportables, era de la única manera que podía describirlo. Hasta olvidé que quise preguntarle dónde estaba Asia.

—Yo… es solo que… —Decidí concentrar mi mirada en su pecho cuando no pude soportar más sus ojos en los míos—. ¿Qué pasa si alguien quiere usar el baño? —cuestioné de pronto.

Su mano dejó mi cintura y la subió a mi barbilla.

¡Dios mío! ¿Por qué ese hombre tenía que actuar así? En un momento serio, al otro atrevido, al siguiente molesto y… Mejor no seguía, sabía la razón; era solo que a pesar de eso y de mi conocimiento, seguirle el ritmo no siempre era fácil.

—Hay siete más en esta casa, así que no nos joderán —aseguró y tragué con fuerza.

Ese *no nos joderán*, no me convenció, al menos no en mi caso.

—Creo que siento calor —murmuré y quise salirme de su agarre, alejarme un poco de él.

De verdad sentía calor, aunque sabía que era por los nervios.

—Es porque llevas mucha ropa, Rahsia. —Me quedé mirándolo perpleja y negué.

—¿Recuerdas todo lo que pasó entre nosotros hace una semana? —inquirí. No podía seguir con esa duda, no lo haría.

—No todo, solo tengo leves flashazos de cuando estuvimos aquí —confesó y de cierta manera sentí que pude respirar un poco mejor.

Entre mi nerviosismo por lo que me hacía sentir, recordé lo que hablé con Angie días antes y entendí que tuvo razón en algo: yo no era para ser tomada como desahogo y prefería parar todo de una vez, antes de que me dejara embaucar en algo que a la larga me lastimaría solo a mí. Y lo quería, lo deseaba, vaya que sí, mas no me conformaría con ser únicamente su sexo ocasional.

—Daemon, creo que es mejor que salga de aquí —convine y negó.

—No te alegras de verme, te molesta estar a solas conmigo —señaló y palpé la irritación en su voz.

—¿Si no me alegra? ¡Puf! Estoy feliz de verte y comprobar que has superado esa maldita etapa. He pasado toda la jodida semana queriendo saber que estás bien y pasaste de mi mensaje como si yo

te molestara. Y soy tan tonta que cuando entré hoy aquí y te vi, solo deseé abrazarte a ti en lugar de tu hermano —reclamé y él mantuvo un rictus imperturbable. Aunque se alejó de mí y agradecí el espacio.

Menos mal el baño era grande para los dos y yo fui solo por lavarme el rostro, porque hubiese sido superincómodo estar ahí encerrados si hubiera hecho otra cosa.

¡Carajo! Tenía que aprender a controlar mis estúpidos pensamientos.

—Y no, no me molesta estar a solas contigo, pero no puedo darte lo que buscas de mí, Daemon —solté con tristeza.

—¡Puta madre, Rahsia! Me pides demasiado —se quejó y sus palabras me lastimaron más de lo debido.

Él estaba entendiendo todo mal de mi parte y me vi en la obligación de aclarárselo.

—No, no te confundas. No te estoy pidiendo lo que sé que no puedes darme y créeme que te entiendo y no te juzgo. —Quise señalar al recordar su historia.

No tuve valor de seguir mirándolo de frente porque me quebraba, así que me giré y recargué en el lavabo, él iba a verme por el espejo, sin embargo, yo opté por mirar el grifo, así sentía que sería más fácil.

—No soy capaz de estar en una relación sin compromisos, no estoy a tu altura ni a la altura de las chicas con las que sales de esa forma. Y tampoco te quiero imponer nada de mí, Daemon, simplemente espero que me comprendas así como yo comprendo que tú solo quieras follarme, te proteges de esa manera. Sexo sin amor, así le llaman —ironicé—. El problema es que yo busco amor con sexo, nuestras piezas de rompecabezas son equivocadas en ese sentido.

Silencio fue todo lo que obtuve tras mi discurso y pasados unos minutos decidí mirar nuestros reflejos en el espejo; Daemon me estaba observando con esa mirada indescifrable. Sabía que por dentro podría estar sufriendo una confusión que iba a ocasionarle estrés y eso desencajaría algún episodio en él, pues a pesar de que quería solo follarme, no me veía como a cualquiera, nuestro tiempo juntos me lo demostró.

Me giré con lentitud de nuevo y lo enfrenté.

—No me puedo enamorar, Rahsia. No de ti, porque al final, sé que te dañaré —explicó y le sonreí.

—Por eso no puedo aceptar darte lo que buscas, porque yo ya me enamoré de ti y si me sigo dando alas, solo me lastimaré más —confesé y sus ojos por primera vez me mostraron sorpresa.

Esa vez le confesé lo que me sucedía estando él en sus cincos sentidos, creí conveniente que era mejor hablarle con la verdad para que me entendiera como quería. Daemon era de sexo sin amor, y Rahsia, de amor con sexo. No compaginábamos y era mejor dejarlo y tenerlo claro.

Sin que me dijera nada más, salí del baño y él me lo permitió. Volví a la piscina y me uní a los demás tratando de no mostrar lo que me rompía por dentro, aunque Angie me conocía demasiado así que intuyó que algo no estaba bien, sin embargo, le pedí que no tocara ese tema porque lo que más deseaba era olvidar el asunto y disfrutar un poco de esa fiesta.

Dasher era un tipo muy divertido que me ayudó bastante con mi ánimo, estuve con él y Bárbara por un buen rato, ya que desconocían lo que me pasaba así que me hacían olvidarlo; eran una pareja muy hermosa, llevaban juntos mucho tiempo y por lo que vi, tenían algo serio y sus planes a futuro lo demostraban; ella era un gran apoyo para Dasher en ese momento tan duro que vivía.

Vi cuando Daemon volvió y optó por unirse a Lane, Leah y Aiden. Angie y Lucas estaban en ese instante con Sadashi, mi amigo cargaba a Asia y la pequeña lloraba; de vez en cuando mi mirada traicionera buscaba al hombre que de plano se convirtió en mi amor platónico, pues tenerlo era imposible para ese punto, y como siempre, él supo ignorarme. Terminé por aceptar un trago que me ofreció Lane y tras ese llegaron más.

No estaba borracha, aunque sí achispada y agradecida porque la pequeña cantidad de alcohol en mi cuerpo me hizo sentir mejor y dejar de lado lo que ya no estaba en mis manos solucionar; cuando el sol se ocultó los chicos optaron por continuar haciendo su parrillada y ya noche nos metimos dentro de la casa y mientras comíamos y bebíamos, a Lane se le ocurrió hacer *karaoke*. Ese fue uno de los momentos más divertidos y ya todos habían cantado a excepción de Daemon y de mí.

—A ver, princesa, hazlo tú —me animó Lane y me tensé cuando me llamó así.

Lo hizo con cariño, sin malicia, aunque ese apodo lo usaba en mi juego, o *Demone* y mis padres que me llamaban así, e incluía a mi padre biológico.

Al principio me negué a la petición de Lane y todos comenzaron a animarme, me pedían que no fuese aburrida como Daemon, ya que estaban conscientes de que él por ningún motivo se uniría a esa locura y con el alcohol en mi sistema y la ovación de ellos, decidí hacerlo.

—¿Cuál quieres? —preguntó Dasher, quien la hacía de Dj.

Todos estuvieron cantando canciones corta venas o de plano románticas, así que no me quedé atrás.

—Si no entienden español, van a joderse porque cantaré *Disfruto* —avisé y noté que todos sonrieron y miraron a Daemon.

La canción era de mi cantante favorita en español, con quien perfeccioné el idioma. Le deletreé el nombre a Dasher y él sonrió feliz cuando la encontró.

—¿Es con dedicatoria? —indagó con picardía.

—Si no la entiendes, igual podría mentirte con si lo es o no —apuntillé y le guiñé un ojo con más valor que antes de hacer esa locura, porque escogí una canción con trampa, ya que no entenderían.

Los demás no escucharon lo que dije a Dasher por estar inmersos en otras cosas, aunque cuando tomé el micrófono vi que estaban atentos a mí. La música comenzó a sonar y en una pantalla grande frente a todos apareció la letra (con subtítulos incluidos para ellos), miré al rubio por su astucia y entonces él me guiñó un ojo a mí.

¡Maldición!

Me puse nerviosa, pero no me eché atrás. Seguí adelante y pasé de leer la letra, ya que me la sabía de memoria.

—*Me complace amarte, disfruto acariciarte y ponerte a dormir.* —Inicié con la mejor voz que tenía. Todos dieron un grito de emoción y sonreí, pero cuando miré al fondo, donde Daemon se encontraba,

los nervios me amenazaron al ver su seriedad—. *Es escalofriante tenerte de frente… hacerte sonreír…*

Al escoger esa canción, no lo hice pensando en dedicársela, pero en el pasado, cuando la escuchaba a solas siempre pensaba en él y sí, en ese momento lo miré sin dejar de cantarla.

—*Daría cualquier cosa… por tan primorosa, por estar siempre aquí. Y entre todas esas cosas… déjame quererte… entrégate a mí. No te fallaré, contigo yo quiero envejecer.*

En un rato éramos muchos, en ese instante, únicamente nosotros. O al menos para mí desaparecieron todos y solo lo vi a él.

—*Quiero darte un beso, perder contigo mi tiempo, guardar tus secretos, cuidar tus momentos. Abrazarte, esperarte, adorarte, tenerte paciencia, tu locura es mi ciencia…* —Todos los chicos comenzaron a gritar y me hicieron volver al momento, riéndome por la emoción que expresaban ante algo que no entendían si no leían los subtítulos, pero que intuían. Noté a Daemon empuñar las manos, aunque jamás dejó de mirarme—. *Disfruto… mirarte… cada movimiento, un vicio que tengo. Un gusto valorarte, nunca olvidarte, entregarte mis tiempos. No te fallaré…*

Los chicos comenzaron a tararear junto a mí, brindaron y los que tenían pareja se besaron, incluso Lucas besó a Angie en la mejilla y fue un momento muy bonito, aunque Daemon decidió marcharse, Aiden le dijo algo y lo ignoró. Eso de cierta manera me entristeció, pero respiré profundo hasta terminar mi canción, me aplaudieron al finalizar y fui sorprendida por Leah cuando me abrazó con fuerzas.

—Ve a la piscina, Daemon está allí —susurró y me separé para verla con el ceño fruncido—. Hazlo, por favor, Rahsia —me animó al ver mis intenciones de negarme—. Nosotros entendimos tu canción a medias, pero él lo hizo perfectamente porque habla español.

—¡¿Qué?! —vociferé abriendo los ojos en demasía, ya que estuve muy confiada en que nadie me entendería.

—Ve —me alentó sin darme más explicaciones.

Le hice caso y comencé a caminar hacia la piscina sin fijarme si los demás notaban lo que haría. Seguí y seguí hasta que encontré a Daemon mirando hacia el mar, tomaba con mucha fuerza los

barrotes de la barda que separaba su casa del agua y sé que me escuchó llegar cerca, mas no se inmutó ni me miró.

—¿Daemon? —lo llamé. Me daba la espalda, pero se irguió bien y a pesar de la luz opaca, vi que se llevó la mano al cabello y se lo alborotó—. ¿Estás bien? —Quise saber.

—No, Rahsia, no lo estoy —replicó con voz gruesa mientras se giraba y me enfrentaba—. No debiste haber venido —gruñó, pero al hacerlo me tomó de la cintura y me hizo pegarme a la barda.

Eso fue todo el aviso que me dio antes de presionar su boca a la mía.

11 | No respondas

DAEMON

«Contrólate, contrólate, contrólate».

Eso era lo que se repetía en mi cabeza desde que tenía uso de razón.

Pero *control* era una palabra que ya me asqueaba y llevarlo a cabo mucho más, sin embargo, debía hacerlo si no quería seguir dependiendo de nadie para llevar mi vida, porque ya era suficiente con depender de los medicamentos que desde niño me recetaron. Tenía que medir mis sentimientos para darlos en dosis moderadas, normales; no obstante, el problema yacía en que lo moderado para mí era mucho para los demás. Y esa noche, después de todo lo que me propuse, mi control se fue a la mierda por culpa de la única mujer que era capaz de mantenerme a raya, o desestabilizarme si así se lo proponía.

Puta mierda. Rahsia no tenía la más jodida idea del poder que regentaba sobre mí.

Mi propósito era alejarme de ella, al menos hasta que me sintiera capaz de enfrentarla sin perjudicarla, pero a la vida le encantaba agarrarme de su perra y la llevó hasta mi casa junto a su dichosa amiga, la misma que me sirvió de desahogo por un tiempo, sobre todo cuando más descontrolado me sentía.

¡Me cago en la puta!

Estaba dispuesto a hacer lo que le prometí a Angie: me mantendría alejado de Rahsia hasta tomar una decisión de lo que haríamos, sin embargo, tenerla en mi territorio, sin la barrera que antes me impedía acercarme más de lo debido, tras escucharla confesándome que se había enamorado de mí y luego cantando esa jodida canción junto a la manera en la que me miró, mandó mi puto autocontrol a la mierda.

Y que me buscara luego de eso fue un maldito detonante.

Por eso ahí estaba, comiéndole la boca como en mucho tiempo no lo hice con nadie; y por suerte para mí, ese día decidió pasar de sus labiales, aunque la habría besado incluso si hubiese llevado algún poco en sus labios porque ya no estaba dispuesto a privarme de esa necesidad.

Eso era para mí besar a mi hermosa exterapeuta: una puta necesidad.

Y sobre lo de los lápices labiales, detestaba el sabor de esos productos cosméticos por los ingredientes con que los fabricaban, ya que tenían el mismo gusto de los medicamentos de los cuales dependía. Por una razón similar no bebía agua si no era saborizada, pues lograba sentir el litio en la normal por muy mínimo que fuera.

Límites y restricciones incluso en lo más simple.

Pero, en cuanto probé la boca de ese ángel todo eso se fue a la mierda y le di rienda suelta a mi naturaleza descontrolada, me permití ser lo que era: un puto maniaco que obtenía de su sabor la *Quetiapina* para calmarme, aunque eso también me volvía más famélico y me convertían en un adicto que por mucho tiempo se negó a su droga favorita.

«Contrólate», me exigió de nuevo la voz en mi cabeza en el momento que Rahsia gimió suave y con ello me provocó una erección del demonio. Conseguí alejar mis caderas de las suyas para que no me sintiera, ya que pensaba respetar sus límites a pesar de todo. Sin embargo, la *piccola diavoletta*[2] no me lo puso fácil en cuanto con sus labios suaves y cálidos me dio la bienvenida, abriéndolos para mí, dejando que sintiera el sabor a licor que persistía en su lengua por las bebidas que Lane le dio.

Emanaba calor cuando puso las manos en mis antebrazos y profundizó el beso, dejándose llevar de una vez por todas, mandando a la mierda todos los obstáculos que ella misma nos impuso.

El beso era crudo, inesperado, anhelado para ambos. Capaz de erizarnos la piel, calentarnos la sangre, dificultarnos la respiración y acelerarnos el ritmo cardiaco. Nos elevó y a la vez nos sucumbió. Nos salvaba y al mismo tiempo nos condenaba.

Era deleite y sufrimiento. Triunfo y fracaso. Magnífico y mísero. Todo porque Rahsia y yo éramos las dos versiones de la vida, ella la buena, yo la mala.

Dejé de concentrarme en lo último cuando de un momento a otro sus manos estuvieron en mi cintura, empuñando entre ellas la camisa (que me puse antes de meternos a la casa para cenar) y tirando de mí para presionarme en su pecho. Me hice paso en su boca con la lengua y dejé de sostenerle la nuca en cuanto me recibió gustosa y la succionó con suavidad, llevándome a niveles peligrosos.

Mierda.

¿Cómo podía arrastrarme a la locura incluso siendo suave cuando yo siempre necesité de la rudeza?

Presioné con fuerza los barrotes de la barda detrás de ella para no cometer una insensatez, pues lo único que quería era desnudarla y follarla como tanto deseaba, así como lo imaginé y aluciné en incontables ocasiones.

—Sabes a paz y guerra en partes iguales —sentencié entre el beso.

Sabía a muchas cosas, pero eso que dije era lo que más destacaba.

—Y tú a cordura y locura —devolvió haciéndome sonreír por lo acertada que era.

Nos encontramos de nuevo con nuestras bocas, Rahsia

---

2 Pequeña diablita.

siendo tan famélica como yo en ese instante. Su inocencia me perturbaba y mi lujuria la corrompería. No tenía dudas sobre eso, pero, aun así, a pesar de no querer dañarla, era demasiado egoísta para mi conveniencia y después de que me diera ese bocado para probar su gloria no estaba dispuesto a dejarla ir hasta saciarme de ella.

—Quédate conmigo —pedí, interrumpiendo el beso solo los segundos necesarios para hablar, viendo sus ojos cerrados.

Yo mantuve los míos abiertos todo el tiempo por lo que vi el instante en el que ella abrió los suyos con sorpresa, mirándome con la intención de asegurarse de que había escuchado bien. La besé una vez más antes de que respondiera, por si acaso pretendía darme una respuesta negativa.

Mordí su labio y tiré de él enseguida para luego chuparlo y calmar el dolor que le provoqué, porque fui brusco. Contenerme me estaba costando un infierno, con Rahsia siempre me sucedía, pues era la única mujer que me imponía límites. Con todas las demás era fácil, insinuaba, hablaba y lo conseguía en cuestión de minutos, con mi exterapeuta en cambio llevaba dos años deseándola y muchos de mis estados maniacos fueron propiciados por su negatividad, ya que cada vez que le insinué algo, supo rechazarme con bastante mesura y, aunque la entendía, también me frustraba.

—Prometo portarme bien, Rahsia. Solo quiero tenerte a mi lado. Te juro por mi vida que esta vez no pasaré de los besos, a menos que tú me pidas más —susurré sobre sus labios.

Me alejé un poco de ella, tenía la boca entreabierta y respiraba con celeridad, los labios se le estaban hinchando y juré que sus mejillas ya se habían vuelto rojas, a pesar de que la luz no me permitía verlo bien, pero lo sabía porque la conocía.

—*È la mia inocente diavoletta*[3] —gruñí muy bajo y entre dientes para que no captara nada de lo que dije.

—¡Jesús! Creo que vas muy rápido —señaló insegura como respuesta a mi propuesta, y sonreí burlón.

—Créeme, no dirías lo mismo si supieras desde cuándo he deseado tenerte así —confesé y sus ojos se abrieron un poco más

---

3 Es mi inocente diablita.

por la sorpresa—. Ya no eres mi terapeuta, y sé que buscas más y no puedo dártelo, pero necesito que entiendas algo —dije y le tomé la barbilla cuando dejó de mirarme por causa de lo que señalé que no iba a entregarle.

Y juraba por mi vida que la comprendía porque yo mejor que nadie sabía que esa mujer era para más que un acostón… ¡Diablos! Lo supe desde que le ayudé con las maletas años atrás. Y no buscaba aprovecharme, Dios sabía que no. Estaba protegiéndola de mí en realidad, de lo que podía hacerle si me permitía sentir más por ella y no se debía solo a la advertencia que me dejé en aquel diario antes de someterme a los electrochoques, sino más a las pesadillas que experimentaba por las noches, a esos sueños tan vívidos que me obligaban a pensar que no eran más que recuerdos del pasado, esos que luchaban por volver y a los cuales trataba de sepultar antes de que ellos me sepultaran a mí.

Tenía miedo de darle lo que pedía, porque se lo entregaría en dosis que podían ser peligrosas; sin embargo, ahí estaba otorgándole algo que no le daba a nadie, a menos no que yo recordara.

—Te estoy dando algo de mí que no le doy a cualquiera, en cambio tú sí —incidí y recordé el día que vi a ese imbécil que la besaba y ella correspondía.

Inhalé hondo para alejar los malditos recuerdos de mi cabeza, pues todavía podría volver a enloquecer si seguía por ese camino. Rahsia me miró estupefacta, por supuesto que no comprendía lo que estaba saliendo de mi boca.

—Desde que tengo memoria, el sexo ha sido para mí un desahogo, una necesidad debido a mi condición. Los besos en cambio son parte de algo más íntimo y pocas veces he llegado a tener este tipo de intimidad con alguien.

—Pero… ¿cómo? —murmuró y se quedó sin saber qué decir. Todavía me encontraba agarrando la barda, así que seguía manteniéndola en una prisión, eso la llevó a apoyarse en mis antebrazos una vez más cuando lo necesitó debido a la sorpresa que le causaron mis palabras.

Ese detalle lo mantuve para mí siempre, junto a otros que nunca le dije en nuestras terapias.

—¿Los besos para ti son como el sexo para mí? —inquirió y no supe descifrar el sentimiento en sus palabras—. ¿Y me has besado a pesar de que no puedes darme lo que espero?

Bueno, esa pregunta me turbó, y supuse que tras confesarme que estaba enamorada de mí se abrió una brecha entre nosotros a la que no sabía cómo enfrentarme; y luego, escucharla cantando con tanto sentimiento y ver su reacción a la pregunta de Dasher me envió directo a un punto desconocido.

Rahsia no lo sabía, pero aprendí español por ella. Desde que dominó ese idioma con tanta perfección y la escuché hablar con pacientes hispanos que eran parte del grupo de apoyo, me interesé por saber qué decía. Así que entendí todo lo que cantó sin dejar de mirarme, con el *karaoke* de mi familia y amigos.

—Que no pueda dártelo no significa que no seas especial para mí —zanjé, su mirada llena de anhelo me hizo sentir un miserable. Ella merecía toda mi sinceridad—. Rahsia, me contengo contigo para protegerte. —Tomé su rostro entre mis manos—. Conoces una parte muy importante de mi vida, pero no lo peor que tengo. No convives conmigo a diario y no quiero decepcionarte con mi desastre. —Iba a hablar, a alegar, así que le di un beso casto para callarla—. Únicamente sabes lo que te conté cuando me tratabas y te juro que, al ir a verte, intentaba comportarme lo mejor que mi cordura me permitía. A veces me veías inquieto, pero créeme, por dentro ya había perdido los estribos. En muchas ocasiones me calmaste, en otras me dejabas más descontrolado, justo como ahora.

—¿Yo-yo te descontrolo? —preguntó con tristeza y me tomó las manos sin apartarme de su rostro.

—Y me controlas, me calmas —añadí, esa vez terminé dándole un beso en la punta de la nariz.

Ese instante solo lo viví en mis sueños y pensé que jamás se cumpliría, lo que no me importaba si todavía la seguía viendo. Lo único que necesitaba en mi maldita existencia era tenerla cerca, como terapeuta o amiga y sí, también quise follarla con la estúpida idea de sacarla así de mi sistema, pero ella lo evitó porque era más sensata que yo.

Resiliencia

—Cuando llegué esta tarde creí que te molestó verme, pensaba que no respondías a mi mensaje porque necesitabas alejarte de mí de una vez por todas. —Noté que ya había recuperado su valor y se alejó un poco de mí para mirarme mejor mientras hablábamos.

Coloqué las manos en su cintura, desde que la toqué no quería dejar de hacerlo.

—Y lo necesitaba, aún lo necesito, pero no es porque tú me molestes, Rahsia. Se debe más a que verte como una amiga se está convirtiendo en un reto para mí que no creo que pueda vencer; y realmente he querido hablar contigo de muchas cosas, mas no en ese consultorio que solo me hace recordar mi problema y los que puedo causarte.

No dejó de sorprenderme cuando fue ella la que me besó en ese instante, su manera de tomar mi boca era más tierna y con sentimientos tan puros a los que no estaba acostumbrado, no por parte de una mujer que no tuviera nada que ver con mi familia. Me estremeció su acto, casi me cohibí porque no creía merecerlo y nada tenía que ver mi bipolaridad.

O eso quería creer.

—Quiero quedarme contigo, pero muero por tomar una ducha y cambiarme de ropa. Ya me harté del bañador, siento que las orillas de la tanga se han ensañado con mis nalgas a tal punto de enterrarse en mi piel. —Me reí al escucharla y sin pensarlo la abracé.

Era su frescura, su autenticidad, su inocencia, la espontaneidad que la caracterizaba lo que llegó a aterrarme y fascinarme a la vez.

—Me pones difícil el portarme bien —susurré—, ahora quiero ser esa tanga que se entierra en tu piel, en tus nalgas, sobre todo.

—¡Madre mía, Daemon! —exclamó y se apartó de mí.

—Quédate conmigo, Rahsia. —Volví a pedir—. Puedes bañarte y te prestaré algo mío para que te sientas cómoda. De verdad te necesito en este momento porque sé que, si te vas, me voy a ir directo a un estado maniaco muy cabrón.

—¿Me estás chantajeando? —preguntó incrédula, y asentí.

—Sí, lo hago. Pero no miento, me conozco y sé lo que me pasará si te vas.

Muchas veces terminé en hipomanía cuando ella se negó a algo que le propuse, rápidamente eso me llevó a episodios de manía y, por fortuna, en la mayoría de las ocasiones pude controlarlos, pero no siempre fue así y estaba seguro de que, si ella se negaba en ese instante, me sería difícil manejarlo y le jodería todo a mis invitados, pues iban a tener que lidiar con un cabrón que podía convertirse en un grano en el culo en cuestión de segundos.

—¡Hey, chicos! Esperamos no interrumpir. —Lucas y Angie llegaron en ese instante, mi amigo habló con diversión al decir tal cosa y negué con la cabeza, igual que Rahsia.

Angie miró a su amiga y luego a mí, pero la ignoré porque no quería darle motivos a Lucas para que preguntara nada. Si bien, la necesidad de decirles lo que sucedía (o sucedió) entre la pelirroja y yo me estaba jodiendo la cabeza, también entendí el punto de ella al pedirme que calláramos y habláramos del tema más calmados para tomar una buena decisión.

—Cariño, creo que es hora de irnos —avisó Angie a Rahsia y miré a esta última con la esperanza de que se negara.

Cuando me fijé en Lucas lo encontré sonriendo de lado, con ese gesto entendí que Angie se quedaría con él esa noche y supuse que ella, en calidad de mejor amiga, pretendía llevarse a Rahsia a su apartamento para dejarla segura.

Pero ¡que se fueran a la mierda ambos! Si querían divertirse, perfecto, mas no por eso me joderían los planes a mí.

Rahsia me miró antes de responderle a su amiga y me obligué a no demostrar nada, porque, aunque la quería conmigo, no continuaría aprovechándome de la situación para que ella me complaciera. Necesitaba que la decisión fuera suya, que me eligiera, consciente de dónde se metería.

—¿Podemos hablar unos segundos? —le pidió Rahsia a Angie y ella asintió—. Volveremos enseguida —murmuró para nosotros.

Las vi irse para el otro lado de la piscina y comenzaron a hablar bajo, Lucas también puso su atención en ellas y luego en mí.

—¿Qué? ¿Tengo la jodida cara pintada? —espeté cuando comenzó a reír con diversión mientras me miraba.

—Nunca creí ver este momento. —Satirizó y fruncí el ceño—. Tú dándole batalla a otro hombre por una chica. A Andy para ser más claro. —Bufé al escucharlo.

Ellos dos eran amigos y por Lucas supe las intenciones que Andy tenía con Rahsia. Y no me hacía ni puta gracia estar en el medio de nadie, pero haría la excepción por mi exterapeuta, además, estaba más que claro lo que ella sentía por mí y eso me hizo sentir que el que se encontraba en el medio era otro, y yo se lo estaba permitiendo.

Pero no más.

—¿Qué batalla? —me mofé, sintiéndome seguro de lo que insinué.

—Hijo de puta engreído —se burló Lucas y medio sonreí.

—Cuidado y te escupes la cara —señalé.

Lucas comenzó a reírse y terminó por contagiarme; éramos iguales en muchos sentidos y demasiado diferentes en otros. Donde él era empático, yo apático y su facilidad para integrarse a las personas estaba a años luz de la mía. La mayoría del tiempo Lucas era el extrovertido y yo el introvertido, aun así, nos llevábamos muy bien y nos compaginábamos, ya que nos entendíamos a la perfección, pues teníamos los mismos miedos, problemas y sueños.

Y siendo sincero, nunca creí llevarme tan bien con alguien igual de patético que yo, porque ambos estábamos de acuerdo en que lo éramos y ya no nos deprimía como antes.

—Te quedarás con Angie, supongo —indagué de pronto y él asintió.

Me fijé de nuevo en las chicas, Rahsia me daba la espalda y Angie me miró en ese momento, parecía molesta, en desacuerdo con su amiga. La miré pidiéndole de esa manera que no se metiera en mis asuntos porque no iba a gustarle mi reacción.

A ella le mostré mi versión hija de puta, pero siempre podía ser peor si me tocaban los cojones.

—Me siento mal por no decirle mi condición, ya que me interesa más de lo que pensé y creo que por eso estoy experimentando esta incomodidad —confesó Lucas y me concentré en él—. Tú tienes una puta suerte con que Rahsia te conozca a la perfección, yo en cambio estoy jugándomela con Angie, porque puede salir corriendo lejos de mí al confesarle lo que soy —añadió.

Y lo entendí como si me pasara a mí.

De mi mente no sacaba que a lo mejor en el pasado que olvidé, atravesé por una situación similar, ya que incluso con Rahsia me daba miedo ser yo mismo a pesar de que ella sabía mi condición y me había tratado. No le mentí cuando le dije que incluso en mi descontrol, intentaba controlarme. Mi lado oscuro solo lo habían soportado mis padres y hermanos; Dasher, Lane y Leah también, pero nunca como mi familia directa. Y temía que esa mujer corriera lejos de mí al descubrirme en realidad.

—Espera, necesitas descubrir si lo que hay entre ustedes tiene una posibilidad de algo serio y si es así, pues dile la verdad. Angie verá si se arriesga o no, hermano. Tienes que saber manejarlo —aconsejé y él asintió.

«Tienes que saber manejarlo» era una oración que odiábamos de cualquier otra persona sana mentalmente, porque solo nosotros sabíamos en el infierno que vivíamos y no, no siempre podíamos manejarlo como queríamos. Pero entre nosotros nos decíamos muchas frases como esas, a veces con ironía y otras en serio, tal cual se lo dije en ese instante.

—¿Puedo decirte algo? —inquirió Angie hacia mí en el momento en que regresó con Rahsia.

—¡Angie, por Dios! —se quejó Rahsia, la pelirroja lucía bastante molesta.

—Puedes —la animé lacónico.

—A solas —señaló sin importarle que Lucas la mirara con sorpresa y Rahsia con súplica.

—Lo que quieras decirme hazlo frente a ellos. Rahsia no es una niña a la cual debes cuidar, es una mujer en todo el sentido de la palabra, capaz de tomar sus propias decisiones y encuentro ridículo tu comportamiento —censuré, irritado por su actitud y a punto de mandarla a la mierda si continuaba así.

Porque mi mierda era fácil de rebalsar y de los cuatro solo ella lo desconocía.

Y, por supuesto que mis palabras la hirieron y tomaron por sorpresa, no obstante, no sentí ningún remordimiento. Angie sabía a la perfección lo que significaba estar conmigo, en su caso, lo dejamos claro y aceptó tal cual. Incluso cuando hablamos por la tarde lo volvimos a aclarar y le di la oportunidad de que me dijera lo que quisiera, optó por callar y pedirme que no comentáramos nada de momento, le advertí que eso podría traer malas consecuencias y si cedí, fue solo porque alegó que era ella quien debía contarle todo a su amiga y lo respeté.

Pero en ese instante me estaba cabreando su actitud y yo no era de los que soportaban tanto.

—Esta mujer es mi mejor amiga, por eso me meto y no permitiré que un idiota como tú la dañe —espetó.

Noté la vergüenza en Rahsia y la sorpresa en Lucas.

—¿Y cómo sabes que soy un idiota? —indagué con ironía y sus ojos se sobresaltaron al entender lo que dejé implícito—. Y mejor aún, ¿cómo sabes que solo quiero dañarla? Porque a diferencia de ti, tu mejor amiga sí me conoce y no de días o semanas, lo hace de años. Y si tu molestia es por lo que imagino que te dijo, pues tomó su decisión porque nunca he sido un idiota con ella, ¿no crees?

—Esto se está poniendo incómodo y me pongo muy inquieto con la incomodidad —avisó Lucas.

Rahsia lo miró con preocupación porque ambos sabíamos que ese no era un juego por parte de nuestro amigo.

—Daemon tiene razón, Angie. —Acotó Rahsia con la intención de calmar la tensión—. Lo conozco desde hace mucho tiempo, así que, por favor no te comportes tan protectora conmigo —solicitó.

Me fue imposible no sonreírle con burla a su amiga. Me era fácil hablar y soltar todo lo que pasó entre nosotros porque a diferencia de la pelirroja, me gustaba irme directo al punto ya que comenzar por las ramas no traía nada bueno. Lo único que me detenía era que respetaba las promesas y a Angie le hice una.

—No olvides esto que me acabas de decir porque te juro por mi vida que, si Rahsia suelta una sola lágrima de dolor por tu culpa, te lo cobraré muy caro —sentenció Angie y tras finalizar tomó a Lucas de la mano y se lo llevó sin esperar respuesta.

Fue cómico ver a Lucas caminar estupefacto con ella, rascándose la cabeza y a lo mejor pensando que se estaba interesando en una chica más loca que nosotros dos juntos. Y a pesar de mi molestia,

entendí a Angie, puesto que a ella le mostré una versión mía muy hija de puta y por lo mismo sintió temor de que actuara igual con su mejor amiga; e iba celosa, eso también lo noté, aunque respeté el hecho de que por encima de sus celos predominara la amistad que le profesaba a Rahsia.

Cuando hablamos a solas me lo dejó claro y su seguridad y sinceridad se notó a leguas, igual que la culpa por algo que hicimos sin saber, sin tener idea de que el destino jugaría de esa manera con nosotros. Fue por Angie que supe que Rahsia sentía más por mí, aunque, que ella personalmente me lo confesara en el baño lo hizo real.

—¡Dios! En serio lo siento. Angie suele ser intensa, pero nunca celosa conmigo. —Rahsia llamó mi atención y sacudí la cabeza.

—Olvídalo, no te pedí que te quedaras para hablar de ella —la corté con un poco de brío y eso la sorprendió. Maldije en mi interior por permitir que la actitud de esa pelirroja me afectara—. Gracias por quedarte —añadí enseguida para mermar mi molestia y olvidar el mal momento. Rahsia sonrió aliviada y eso me tranquilizó—. Vamos a mi habitación, tomas una ducha y te pones cómoda antes de que esa tanga te siga jodiendo y yo envidiándola —propuse.

Su sonrisa se convirtió en una risa escandalosa que me hizo entrecerrar los ojos y admirar lo fácil que podía ser todo con ella, ya que me comprendía a un punto que quizá ni mi madre consiguió a pesar de su dedicación hacia mí y la bipolaridad que me acompañaba desde niño. Y no olvidaba que Rahsia contaba con la madurez que le daba su profesión, lo que le hacía un tanto sencillo llevar mis cambios de humor, además de que no se veía en la obligación de convivir conmigo a diario, las veinticuatro horas al día. Por esa razón me daba miedo que un día se aburriera de mí y se cansara de mis malditos problemas.

A lo mejor esa era la razón de querer aprovechar al máximo todo lo que quisiera darme antes de huir de mi lado. Y como dije antes, no me aprovecharía de ella, pero tampoco negaría que con tal de conseguir algo de lo que me negaba por ser mi terapeuta, fue que le solicité a mis padres que la hicieran dimitir.

Resiliencia

—Te dejo en tu espacio —aseguré luego de llevarla a mi habitación y que se metiera al cuarto de baño. No esperé a que me respondiera y le di la privacidad que necesitaba antes de romper por primera vez una promesa que hice.

Sobre la cama le dejé una playera y un bóxer limpios; salí de inmediato al imaginarla con mi ropa puesta y tener la urgente necesidad de meterme a la ducha con ella. Terminé en la recámara de Aiden y Sadashi minutos después, mi cuñada estaba ahí durmiendo a Asia.

—¿Puedo tomar una ducha aquí y usar ropa de Aiden? —solicité. Ella me miró con el ceño fruncido.

—Si sabes que ya aprendí a identificarlos, ¿cierto? —señaló, recordando que cuando lo suyo con mi hermano apenas comenzaba, nos confundió y terminó encaramada en mí, comiéndome la boca como una posesa.

Aiden nos encontró antes de que pudiera quitármela de encima y se puso como loco, aunque sin dudar ni un solo segundo de mí, pues sabía que jamás me metería con lo que consideraba suyo. Pero, por supuesto que no le hizo ni puta gracia que su chica nos confundiera (a favor de mi cuñada, la habitación estaba un poco a oscuras cuando todo pasó). Después de esa noche seguí gastándole bromas a Sadashi por el error que cometió, razón por la cual se vio en la necesidad de hacerme esa declaración.

—No seas tonta —murmuré con diversión y noté que también le causó gracia, pero como éramos iguales en la seriedad, se limitó a negar con la cabeza.

—Busca en el cajón de allí. —Señaló hacia un tocador, pero en lugar de ir a donde indicó me fui directo a la cuna de Asia—. ¡No te atrevas, Daemon! Me costará dormirla de nuevo y asumo que no querrás lidiar con ella en este momento —susurró la advertencia, Asia se movió, mas no despertó.

—Sabes bien que no despreciaría un instante con ella —reproché, pero fui a donde señaló antes.

—Y, sin embargo, me obedeciste. Por primera vez —se burló y la miré taciturno.

Aunque, para victoria suya callé y me fui a tomar mi ducha porque necesitaba quitarme el protector solar de la piel y, sobre todo, bajarme un poco el deseo que Rahsia me despertaba con solo pensarla desnuda en mi habitación.

—*Cazzo* —pronuncié, pegando la frente sobre la pared de baldosas mientras el agua de la regadera escurría por mi cuerpo y me agarraba la base de mi falo erecto.

Con la mano libre giré la llave hacia el lado derecho, llevándola hasta el tope con el objetivo de que el agua comenzara a caer lo más fría que fuera posible. En cuanto lo conseguí solté un jadeo y únicamente comencé a enjabonarme cuando mi erección mermó un poco, lo cual conseguí en el momento que la frialdad del agua me congeló el cerebro y saqué de mi cabeza la imagen desnuda de Rahsia.

Media hora después salí de la ducha, sequé mi cuerpo y me vestí en el baño porque intuía que Sadashi todavía se hallaba en la habitación por si acaso nuestra nena se despertaba con el sonido del agua, ya que tenía un sueño bastante ligero.

Era consciente de que todos se dieron cuenta de mi interés por Rahsia, Leah incluso había tocado el tema de forma directa y fue quien más me animó para que iniciara algo serio con ella sin entender el punto y las razones que me impedían enamorarme. En ese momento me planteé que únicamente madre lo comprendía, aunque también supuse que en su caso eran más por los celos maternales.

—Te veo inquieto —señaló Sadashi cuando salí del cuarto de baño secándome el cabello con la toalla. Mi cabeza seguía siendo un torbellino de pensamientos—. ¿Se debe a las amigas con las que te has liado?

—¿Qué demonios? —vociferé con su pregunta y la miré ceñudo.

—¿Te sorprende? —se burló—. A estas alturas ya deberías saber que tanto Aiden como yo, somos Sigilosos por una buena razón y no solo por saber matar —reprochó, mencionando el nombre con el que reconocían a los miembros de una de las organizaciones que lideraba madre: La Orden del Silencio.

Ellos, junto a Grigori (la otra organización en la que padre también era uno de los líderes) luchaban contra el crimen organizado; eran la mafia blanca de varios gobiernos, tal cual les habían llegado a llamar; y Aiden, desde hacía unos meses, era candidato oficial de los Sigilosos catapultándose como el heredero directo de nuestra madre, ya que el liderato de ambas organizaciones se otorgaba mayormente por lazos familiares.

Y entre mi gemelo, Abby y yo, era Aiden quien nació para seguir con el legado de nuestros progenitores, todos lo sabíamos.

Por otro lado, Sadashi era un miembro activo de La Orden desde que tenía alrededor de dieciocho años, una de las Sigilosas más letales y peligrosas de la nueva generación, apodada Shi (muerte en japonés) porque era lo que más impartía con sus enemigos. La súbdita más leal a mi madre y la ejecutora favorita de padre. Mi contraparte femenina en muchos sentidos, sobre todo en la seriedad y el malhumor que nos caracterizaba.

—Intuimos lo que los demás ignoran y a leguas notamos que te liaste con Rahsia y su amiga. Y tu terapeuta ha sabido jugar mejor su partida porque te tiene como un idiota, pensando y repensando en qué hacer —prosiguió, alardeando de sus virtudes.

Una vez más callé ante lo que dijo, no pensaba cuestionar ni negar nada porque tanto ella como mi hermano podían llegar a ser un grano en el culo si se lo proponían. Aiden, sobre todo.

—No me he liado con Rahsia, al menos no como quiero. —Acepté y ella alzó una ceja—. Con su amiga en cambio, he estado jodiendo por un tiempo, desconociendo la relación que las dos tienen —añadí y Sadashi rio irónica, aunque sin poner en duda mi palabra—. Ambos nos enteramos hoy, ya que Angie tampoco sabía que conozco a Rahsia.

—¿Y vas a decírselo? —preguntó curiosa, analizándome a la vez.

—Pensé en hacerlo cuando las vi llegar juntas a casa, pero entonces Angie inventó una excusa para hablar conmigo y en cuanto estuvimos a solas me dijo que Rahsia le confesó que estaba enamorada de mí, pero jamás le mencionó mi nombre. Se enteró de mi identidad esta tarde y me suplicó que calláramos hasta tener la cabeza fría y analizar con inteligencia y madurez cómo proceder.

Sadashi me escuchó atenta. Confiaba en ella y su criterio, así que también esperaba que me diese algún consejo.

—Si van a contar su verdad, háganlo antes de que sea muy tarde, porque no será nada agradable que Rahsia y Lucas se enteren hasta que, lo que sea que formen, se vuelva serio y crean que ustedes les vieron las caras de idiotas —recomendó y me acomodé el cabello húmedo para controlar la frustración—. Ahora, si piensan callar, pues que sea porque los dos están de acuerdo que lo que tuvieron fue algo pasajero y sin importancia que no merece la pena ser expuesto. Sobre todo, asegúrate de que Angie esté consciente de ello. —Comprendí su punto y asentí—. Al final, todos tenemos un pasado que igual que la vida, nos pertenece solo a nosotros y estamos en nuestro derecho de disponer con quien lo compartimos. Y sí, es muy jodido que el tuyo sea con la amiga de la chica que te interesa, pero si algo sin relevancia únicamente servirá para dañar la susceptibilidad de esas dos personas, no se te juzgará por mantenerlo para ti.

—¿De verdad crees que no se me juzgará? —indagué.

—No lo harán las personas con la madurez suficiente para comprender que tú y Angie jamás quisieron lastimar a terceros con su aventura, y tampoco callarán por malicia o para seguir follando —reiteró.

Concordé con ella. Mi pasado era mío y nada de lo que hice fue para dañar a Rahsia y menos a Lucas, tampoco cambiaba mi manera de pensar con respecto a lo que quería obtener de la mujer esperando por mí en mi habitación. Así que haría uso de mi derecho y guardaría lo que sucedió con Angie para mí, a menos que, cuando habláramos, ella decidiera confesarle todo a su amiga.

Habíamos sido víctimas de un capricho del destino, pero eso no me detendría si Rahsia quería darme un poco de su gloria antes de decidir con Angie lo que haríamos. Y no importaba que eso me catapultara como un cretino ante los demás, lo que sí me importaba era aprovechar lo bueno que la vida se dignara a darme, ya que, a diferencia de otros, yo vivía en un infierno a diario y no podía darme el lujo de despreciar el cielo si me lo ofrecían por un segundo, solo por querer tener una moral digna.

—A veces hay pasados que no valen la pena revelar, porque en lugar de ayudar, destruirán. Y allá abajo tienes un claro ejemplo —agregó Sadashi refiriéndose a mi hermano y su pasado.

Resiliencia

Asentí de acuerdo, aunque manteniendo solo para mí que no era un ejemplo, sino dos, dándole más importancia a que acababa de señalarme un gran punto y despejó mi cabeza de una manera increíble.

Ella conocía la historia de mi gemelo porque fue testigo directo de lo que sucedió entre él y alguien de nuestra familia. Y tuvo la suficiente madurez para entender que eso no tenía por qué afectarle, además de darse cuenta de que si se guardaron ese pasado no fue por querer verle la cara de idiota a nadie sino para no lastimar con una verdad que en serio era innecesaria.

—Gracias por tu consejo —respondí caminando hacia la puerta para volver a mi habitación.

—Cuando lo necesites aquí me tienes —me recordó y le regalé un asentimiento de cabeza.

Mientras caminaba por el pasillo me di cuenta de lo nervioso que estaba ante el conocimiento de que Rahsia se hallaba esperándome. Me reí de mí mismo al ver cómo me ponía esa chica y de paso, me di un pellizco en el brazo izquierdo para asegurarme de no estar viviendo un sueño, ya que todavía no me podía creer que hubiese aceptado quedarse conmigo.

Respiré profundo para controlarme antes de tocar y abrir la puerta, porque no quería cagarla sin haber comenzado siquiera.

—¡Puta madre! —musité por lo bajo en cuanto abrí y encontré a Rahsia.

Ya vestía con mi ropa y juraba que ese bóxer retó mi autocontrol porque le quedaba ajustado y corto, la camisa se le enrollaba por encima de la espalda baja haciendo que sus nalgas se vieran más grandes.

Me gustaban las mujeres esbeltas, con buenas curvas y cuerpos atléticos, pero Rahsia poseía una belleza natural y una sensualidad innata que me mantenía en la cima del deseo.

—Creí que te habías arrepentido y no volverías —confesó al verme entrar, regalándome una sonrisa. Yo permanecí con un rictus imperturbable, aunque por dentro ya estaba más que perturbado.

La encontré frente al escritorio, llevaba el cabello en un moño mal hecho y me percaté de su nerviosismo en cuanto vio que me acercaba a ella. Todos mis sentidos se sobreactivaron cuando su

aroma inundó mis fosas nasales. Olía a mí y eso funcionó como un vial de adrenalina y posesividad inyectado directo en mis venas.

Me cagaba en todo. La ducha de agua fría no sirvió para una mierda.

Antes de responder a lo que dijo me coloqué a su espalda e inhalé sobre la piel de su cuello como una maldita bestia oliendo su comida favorita. Me enloqueció su fragancia corporal mezclada con mi gel de baño, verla vestida con mi ropa fue un castigo, y contenerme un maldito infierno.

—Jamás. —Logré susurrar y mordí el lóbulo de su oreja.

—Es-estaba viendo esto —atinó a decir y noté mi cuaderno sobre el escritorio. Lo tenía abierto en las páginas donde dibujé a Tristeza y Esperanza.

La primera era una mujer sensual con rasgos perversos y tristes a la vez, la segunda una más sensual, pero con detalles angelicales y demoniacos. Cualquiera se asustaba al verlos y me temían a mí por dibujarlos. Me puso nervioso que ella reaccionara igual, por eso me alejé un poco para mirarla, aunque solo noté curiosidad en sus rasgos.

—¿Quiénes son? —preguntó y eso me turbó.

—¿Cómo sabes que tienen una identidad y no son solo simples dibujos? —Quise saber.

—Porque yo también dibujé uno en el pasado y le di una identidad, era de la única manera en que me dejaría tranquila por las noches —confesó y eso me dejó idiota.

Nunca esperé que ella pasara por una situación que la obligara a desahogarse así, y menos que describiera lo mismo que yo hacía.

—Son Tristeza y Esperanza, parte de mis demonios —admití y asintió, en ningún momento se inmutó o mostró miedo, al contrario, solo vi comprensión.

—Mi demonio fue Dolor, una pequeña puta que me jodió por mucho tiempo, pero a la cual asesiné con la ayuda de mis padres. Esa es la única muerte en mis archivos —soltó divertida y sonreí—, aunque también tengo un ángel, ¿quieres conocerlo? —preguntó y se alejó hasta que quedamos frente a frente.

—¿Lo tienes contigo? —indagué.

Resiliencia

—Justo aquí. —Señaló el lado izquierdo de su torso, debajo de su axila, al lado de su pecho y por lo que veía sobre mi camisa, no usaba sostén; así que si pensaba mostrarme algo tenía que saber hacerlo porque…

—Si te subes esa camisa, no respondo —advertí en cuanto tomó los bordillos y comenzó a correrla. Me miró asustada y se paralizó, con la tela arriba de su ombligo, pero de pronto hizo lo que menos esperé.

Terminó de subirla hasta sacarla de su cuerpo.

—No respondas —me animó.

Puta mierda. Esas palabras fueron como el banderazo que iniciaba una competencia de NASCAR. Y deseé tener la capacidad de ir más lento que esos coches con ella.

Pero yo no confiaba en mí en ese ámbito y Rahsia tampoco debió hacerlo.

@Patty_Arty31

12 | Solo besos

DAEMON

El dolor me está matando el alma:
yo no quiero ser recuerdo y tú, me
trata con una indiferencia profunda
que quema peor que mil soles al planeta.
—Manuel Ignacio—

«Mierda».

Eso fue lo que pensé cuando la camisa cayó al suelo hecha un montón, cerca de sus pies descalzos. Las uñas las llevaba pintadas de un color lila suave, se veían delicados, y sexis en cuanto puso uno en punta al percatarse de que la observaba; esa mujer no estaba ni enterada de lo sensual que era con sus acciones inocentes.

Tragué con dificultad mientras recorría con la mirada desde sus pies hacia arriba, poco a poco, admirándola, grabándome cada detalle suyo; cuando llegué a su abdomen noté que se cubrió los pechos. «Muy tarde», pensé, mas no quise señalarlo. Rahsia era tan distinta a todas con las que estuve, desde el cuerpo hasta el carisma, en ella únicamente veía belleza real cuando en las demás vi pura atracción que jamás pasó de lo físico, de lo carnal y las ganas de desahogarme.

Con esa chica sentía luz, mientras que otras simplemente se acoplaron a mi oscuridad. Rahsia era auténtica, perfecta en lo que ella creía que era imperfecta.

—Este… es mi ángel. —Logró decir entre titubeos, se giró un poco para que su costado izquierdo quedara a mi vista.

La luz de la habitación era tenue, solo las lámparas de noche a los lados de mi cama nos iluminaban y eso le dio un brillo especial a su piel; la erección dentro de mi pantalón de chándal era evidente, pero no me importó que la viese, de hecho, me gustaba demostrarle cómo me ponía sin siquiera tocarla. Me bastaba verla, admirarla de pies a cabeza.

Con la mano y brazo derecho se cubrió los pechos, el izquierdo lo subió hasta apoyar la palma arriba de su oreja, me observó a través del ángulo que formó y la manera en que lo hizo casi provocó que la tumbara sobre la cama y comenzara a devorármela por completo.

«Contrólate», me dije a mí mismo y me obligué a ver la mariposa tatuada bajo su axila, era de al menos siete centímetros de alto por lo mismo de ancho, el rojo era vibrante y quien se lo hizo realizó un excelente trabajo, ya que lucía en 3D y se notaba el color oscuro de la parte de debajo de las alas a pesar de que estaban extendidas. Tenía los detalles de una *Morpho*, aunque por el color creí que se trataba de una Monarca.

—Una hermosa Monarca —susurré, ella sonrió y negó.

—Es una *Morpho* —aclaró.

—Las *Morpho* son azules —señalé y di un paso hacia ella.

—Sí, pero era mi tatuaje así que quería una *Morpho* roja y fue lo que me hicieron. —Sonreí al escucharla, ya estaba a centímetros de ella, así que con cuidado acaricié su *Morpho roja* con el dorso de mis dedos.

Su piel se erizó ante mi contacto y con toda la intención llevé mi caricia hasta muy cerca de su pecho, dejando que mi dedo índice avanzara más de lo debido.

—La sigo viendo como una Monarca, no inventes nuevas especies —censuré, chinchándola un poco.

—No vayas a molestarme porque todavía puedo irme —amenazó, sin embargo, reí con picardía ante lo último.

—Déjame eso a mí —pedí y entendió el doble sentido de mis palabras porque sus ojos se agrandaron con incredulidad.

—Yo-yo solo quería mostrarte cómo inmortalicé a mi ángel —señaló y bajó el brazo para colocarse de nuevo frente a frente.

Resiliencia

Cruzó ambos brazos sobre sus pechos y la miré a los ojos, algunos mechones de cabello se salían de su moño, estaban húmedos por la ducha que tomó y las mejillas las tenía enrojecidas. Lucía demasiado inocente para sus acciones y, sobre todo, para lo que yo quería hacerle en ese instante.

—Y, sin embargo, te sacaste la camisa cuando pudiste haberla subido del lado de tu tatuaje. —Tras señalar tal cosa acaricié su mejilla, arrastrando mis dedos a su boca, dejando que mi pulgar recorriera su labio inferior, era más grueso que el superior y mordí los míos deseando hacerlo con los suyos—. Dijiste que no respondiera y es lo que haré —sentencié.

Calló con mis palabras y me dejó acariciarla como quería, su mirada se conectó a la mía y sin permiso alguno tomé sus brazos y los descrucé. Sus pechos eran grandes y el marrón claro de sus pezones me hizo salivar tal cual perro hambriento, con ambas manos acaricié su clavícula, rodeé el inicio de sus tetas y con los dedos medios tracé el centro de su pecho hasta llegar a su ombligo.

Un gemido escapó de su garganta y me detuve en el instante que sentí que el sonido me haría perder la cordura. Su pecho subía y bajaba por las bocanadas de aire que intentaba tomar, siendo insuficientes para aportarle el oxígeno que yo le robaba con mi acto. Puta madre, nunca me sentí tan bestia como en ese momento, ante una mujer que confiaba en mí, dejando de lado que, al tener la mínima oportunidad, me la devoraría sin remordimiento alguno.

—¡Mierda, Rahsia! —gruñí tomándola de la barbilla. Sus ojos se crisparon y no le di oportunidad de que analizara lo que sucedería a continuación. La besé jodidamente ansioso por ella a pesar de mí, abrí sus labios con mi lengua y alejé la pelvis de su vientre.

Tenía la boca fría por haber estado respirando a través de ella en un intento por soportar lo que le hice sentir.

—Quiero ser el caballero que mereces —aseguré sobre sus labios, ambos queriendo respirar con normalidad sin llegar a conseguirlo—. Pero ¿a quién engaño? —Llevé las manos a su nuca, anclándolas para no bajarlas y tomar sus tetas—. Soy y siempre seré el lobo hambriento que únicamente piensa en comerte.

Su aliento se estremeció al aspirarlo entre sus dientes cuando dejé su boca para lamerle el cuello. Con las manos sujetó mi cintura con más fuerza de la necesaria y avanzó hacia la cama en cuanto la guie, instándola a tumbarse sobre el mullido colchón. Y no estaba seguro si se daba cuenta, o si se trataba de su nerviosismo tomando el mando, pero no dejó de repetir mi nombre por lo bajo con una mezcla de súplica que me confundió, ya que no sabía si me rogaba para que parara o continuara.

Pero como la ignorancia me jugaba a favor, no pedí que me aclarara ese punto.

—Prometí no pasar de los besos —le recordé mirándola sobre mi cama, ella asintió y no sé qué me dio más placer, si tenerla tan vulnerable o que se pusiera en mis manos con una confianza ciega—. A menos que tú quieras más —reiteré mientras inclinaba mi torso hasta llegar a uno de sus pechos.

Fui consciente del movimiento de su garganta cuando tragó en seco y el gemido que soltó en el instante que metí su pezón en mi boca, fue como sentir el primer empuje de mi polla dentro de un coño húmedo y deseoso porque lo llenara.

—¡Dulce lengua! —Jadeó y sonreí.

Echó la cabeza hacia atrás y empuñó la sábana con fuerza. Me había posicionado de rodillas entre sus muslos, plantando las palmas en la cama para evitar un poco el contacto porque no quería perder la dirección y ya comenzaba a hacerlo al paladear la piel arrugada y dura de su pezón, al olerme en ella por usar mis productos en la ducha.

El control que mi cabeza pedía nunca fue tan torturante de llevarlo a cabo como en ese momento, cuando sus gemidos y jadeos llenaron la habitación por el movimiento de mi lengua en su pecho, por cómo chupé y mordisqueé su carne, y la manera en la que busqué el otro para darle la misma atención.

¡Mierda!

Cerré una mano sin apartarla de la cama hasta enterrarme las uñas en la carne, ya que no me bastaba con verla ahí a mi merced, necesitaba sentir un poco de dolor para confirmar que ese no era un sueño, sino mi realidad.

Resiliencia

«Es ella. La mujer que se negó a ti en incontables ocasiones está retorciéndose del placer que le das».

Tras escuchar la firmeza de la voz en mi cabeza, recorrí con besos un camino descendente que me llevó a su abdomen y de ahí, a bajarme de la cama para llegar al sur de su cuerpo, por sobre el bóxer, agradeciendo que no me detuviese.

—Madre mía, esto… esto. —La voz de Rahsia murió en cuanto besé la cara interna de su muslo derecho, facilitándome la acción porque había plantado sus pies en el colchón, flexionando las piernas para darle acceso a mi cuerpo cuando estuve sobre ella.

Deseé entretenerme en su sexo segundos atrás, pero me conformé con darle un pequeño mordisco, ya que antes necesitaba hacerme de un poco más de poder sobre mis emociones porque no quería dañarla ni asustarla.

—¿Por qué sabes tan delicioso en donde sea que te pruebe? —indagué a la vez que lamía su muslo izquierdo, cerca de la ingle, a centímetros del lugar que sin temor a equivocarme me sabría a gloria.

Los ojos de Rahsia brillaban con deseo y anhelo, sus mejillas estaban más rojas y parecía no dar crédito a lo que estaba permitiendo que pasara, porque yo podía estar tratando de recuperar mi control, pero ella mantenía el suyo y, a pesar de la erección que empujaba con violencia la tela de mi pantalón prestado y lo apretadas que estaban mis bolas, si la chica me negaba ese momento, me retiraría así me tocara desatar un infierno donde no me viera, para explotar la frustración con la que me dejaría.

—Daemon… —me llamó cuando me atreví a tomar el elástico de la única prenda que me evitaba verla en toda su gloria, y no dejé de mirarla a los ojos mientras se la sacaba.

No dijo que no, pero sí se llevó uno de los antebrazos sobre su rostro para tratar de cubrir la vergüenza que la embargó de pronto.

—Yo-yo no soy como ningu… —Le besé el pubis cuando murmuró tal cosa porque entendí lo que me diría.

Todavía me costaba entender que las mujeres tuviesen complejos con sus cuerpos, que creyeran que todos los hombres únicamente nos fijábamos en eso, que lo físico era lo único que nos importaba.

Existíamos muchos que buscábamos más y que veíamos perfecto lo que ellas creían defectos. Me pasaba con ella, sobre todo.

—Si fueras como las demás no estarías aquí en mi habitación, conmigo casi babeando sobre ti —declaré—. Eres perfecta, Rahsia Brown —aseguré volviendo a ponerme sobre ella para devorarle la boca, moviendo mi lengua como pensaba hacerlo con su sexo.

Y si tenía suerte, esa noche también la follaría y le enseñaría lo perfecto que su cuerpo se acoplaba al mío.

—Daemon, soy virgen —confesó sobre mis labios.

Me quedé estático un momento porque creí que había soñado con ella diciéndome eso, pero que lo soltara de pronto me hizo ver que en realidad fue un recuerdo que tenía de antes de caer en mi leve oscuridad.

Me cagaba en la puta. Eso cambiaba la jugada de forma magistral, ya que si la tomaba como tanto quería, iba a dañarla. Además de que, si su primera vez era conmigo, de alguna manera la apegaría más a mí y, aunque ella era una mujer especial, seguía pensando en que no podía enamorarme.

Rahsia no merecía atarse a mi mierda, pero tampoco quería que no lo hiciera.

—*Cazzo* —gruñí ante la contradicción que se unió a todo el caos que ya me recorría el sistema.

—Necesito ser sincera contigo antes de proseguir —convino—. Quise estar con Andy tiempo atrás, pero me arrepentí, así que estoy medio…

—¿Medio qué? —la corté con el ceño fruncido.

No me gustó que mencionara a ese idiota y menos que pusiera imágenes en mi cabeza que no eran necesarias.

—Es que me dolió, entonces me arrepentí —explicó y chasqueé con la lengua al captar su punto.

—Eres virgen, no medio virgen —zanjé, entendiendo lo que quiso decir cuando la interrumpí.

Para mí la virginidad nada tenía que ver con que tuviese el himen intacto o no.

—Solo… —la miré con expectativa—, ten cuidado —suplicó.

Resiliencia

Toda mi molestia por las imágenes de ese malnacido tocándola se fueron al carajo con su ruego. Rahsia quería seguir adelante conmigo, continuaba poniéndose en mis manos y lo odié porque en mi estado no podía tomarla; no merecía su primera vez, pero mi demonio egoísta la quería.

«No así, no como me siento en este momento», me recriminé.

Tenía que estar en un mejor estado emocional, pero, sobre todo, ella debía pensar bien si me regalaría a mí la oportunidad de ser su primera vez porque si lo hacía, también sería el último. Por eso no le respondí, en cambio, recorrí nuevamente su cuerpo con besos y me deleité cuando cada parte de su piel que toqué con mi boca se erizó.

La miré a los ojos al llegar a su pubis depilado, ella se había recargado sobre sus codos para mantenerse atenta a lo que le haría, sin experiencia, pero curiosa, eso me hizo sonreír y luego la besé con suavidad, aunque siendo húmedo en cuanto arrastré la lengua al inicio de su raja; enseguida soplé en los labios de su coño provocándole un gemido y que echara la cabeza hacia atrás.

—Solo besos —ironicé. Saqué la lengua para lamer el inicio de sus labios y tras ello pronuncié—: y lametones.

Joder.

Su sabor era indescriptible, una mezcla de dulce y salino que inoculó en mi sistema adrenalina pura, obligando a mi corazón a bombear más rápido, la sangre concentrándose en mi polla y en el saco de mis testículos, haciendo que mi erección fuera más grande y la presión haciéndome sentir como una bomba a punto de explotar.

—¡Jesucristo! —gritó ella en el momento en que me dejé de juegos y comencé a succionar su clítoris con más intensidad de la que utilicé al chuparle la lengua.

Rahsia me dopaba mejor que cualquiera de mis medicamentos, aunque sus gemidos estaban llevándome a ese subidón que experimentaba cada vez que entraba en manía. Abracé sus piernas en el instante en que me sentí llegar a la locura y gruñí porque su instinto y el placer se apoderaron de sus caderas y comenzó a moverlas, diciéndome sin palabras que le gustaba lo que le estaba

dando, mandando la pena y su inocencia al carajo, regalándome una versión suya más desinhibida.

—¡Daemon! —me llamó cuando introduje un dedo en su entrada, con cuidado de no provocarle dolor.

Me cogió de la cabeza enterrando los dedos en mi cabello, sin decidirse a apartarme o retenerme, temblando y gimiendo. Mi polla estaba muy dura y quería estar dentro de ella, pero esa noche se trataba solo de Rahsia y su placer que también sería mío. Por eso la seguí saboreando, disfrutándola sin escrúpulos y con una intensidad que únicamente experimentaba con ella.

Por años necesité más de mi culminación que la de mi pareja sexual, pero esa noche me urgía la suya porque estaba seguro de que solo así encontraría satisfacción.

—Tus ojos me muestran el cielo —le dije, introduciendo un dedo más en su entrada, dejando de abrazar su muslo para abrir sus labios y con el pulgar dibujar círculos en su clítoris—, pero tu coño me permite saborearlo.

—¡Madre mía, Daemon! —Jadeó porque volví al ataque con mi boca, deslizando la lengua de arriba abajo entretanto metía y sacaba los dedos.

Sus gemidos y movimientos me pedían más y fue un milagro poder mantenerme a raya y no sobrepasar con brusquedad aquella barrera que me impedía hundirme hasta el tope de mis dedos. Con la otra mano abrí su raja y jugué con su capullo de nervios, chupando suave y trazando círculos que la acercaban cada vez más al limbo de su culminación.

Lo sabía porque sus paredes se contrajeron alrededor de mis dedos y suponer lo que estaba sintiendo consiguió que el líquido preseminal goteara del orificio de mi polla, tal cual lo hacía su humedad empapándome, confirmándome de esa manera que sus gemidos no mentían.

—*Va bene, mia piccola diavoletta*[4] —Me miró queriendo saber qué le dije en italiano, pero olvidándolo en cuanto la embestí una vez más y al mismo tiempo chupé su clítoris empapado de sus fluidos dulces. Gritó alto sin importarle el escándalo que pudiera estar montando

---

4 Muy bien, mi pequeña diablita.

y tensó las piernas sin dejar de mover las caderas para encontrar mis envites—. Móntame los dedos como lo harás con mi polla.

El sudor helado le recubría la piel y la mía cada vez se ponía más febril. Por dentro mi sangre bullía a presión.

—Da-Daemon, voy a… ¡Aaah! —gritó comenzando a correrse.

Me vi en la necesidad de empuñar la sábana entre mi mano para no perder el poco dominio que llegué a conseguir al concentrarme en su placer. Rahsia se retorció en mi boca con espasmos profundos que la llevaron a erguir el torso y enganchar una pierna en mi hombro, convulsionando con el nirvana que alcanzó gracias a mi lengua y dedos.

Ralenticé los movimientos segundos más tarde y al sacar los dedos de su interior apreté la corona de mi polla para soportar la necesidad, ocasionando que más líquido preseminal chorreara de ella. Y si bien era cierto que pensé en que su orgasmo llegó más rápido de lo que imaginé, me enorgulleció haber jugado tan bien mi partida.

—¡Jesús! Daemon, estoy… estoy viendo estrellitas. —Esas fueron sus primeras palabras al calmarse un poco.

Mis demonios estaban a punto de tomar el mando para follarla como tanto querían, pero su declaración los hizo retroceder y yo sonreí un poco aliviado. Luego de eso le di un beso casto en el sexo y regresé a su boca, lamiendo el camino que antes me llevó a su sur. Seguía temblando y tenía la piel caliente; le aparté el cabello que le había caído en el rostro y tomé su boca con crudeza, dejándole probar su sabor y el vivo deseo que amenazaba con lanzarme al acantilado de la locura.

—Yo… estoy lista para darte más —confesó cuando la miré a los ojos.

El azul de sus iris era más vivo y brillaba como si tuviese perlas en lugar de pupilas. Yo también quería más, pero ese no era el mejor momento por mucho que mi polla estuviese a punto de romper mi pantalón.

—Estás pensando con la cabeza nublada por el placer —declaré con la voz ronca.

—¿¡Qué?! ¡No! —alegó.

Me alejé de ella antes de que me convenciera y me puse de pie, yéndome al baño por una toalla. No sabía qué mierda me estaba ayudando para no regresar a la cama y follarla como tan desesperado estaba por hacerlo, pero lo agradecía. Aun así, y porque no confiaba en mí, antes de volver a la habitación me lavé el rostro e intenté respirar despacio.

—Si la tomas en este estado, la dañarás porque buscarás el placer solo para ti y no deseas eso. Rahsia no merece esta versión tuya, la asustarás y eso te aterra, ¿cierto? —le dije al reflejo en mi espejo.

«Maldito patético, ni eso puedes».

Abrí de más los ojos al escuchar esa voz en mi cabeza y alucinar la malvada sonrisa que me devolvió mi propio reflejo.

—¡Puta madre! —gruñí y apreté los puños para no golpear el espejo y hacerlo añicos.

Las alucinaciones y voces habían regresado a mi cabeza desde que volví de Richmond, y ya me las estaban tratando, pero no era un proceso que me haría efecto de la noche a la mañana. Así que mientras tanto, debía trabajar en mi respiración para despejarme un poco y evitar situaciones tensas o estresantes. Sin embargo, no estaba dispuesto a desaprovechar una oportunidad con Rahsia por muy jodido que fuera para mi bipolaridad.

Luego de inhalar y exhalar varias veces y tomarme la nuca con fuerza, conseguí sentirme un poco dentro de mis cabales. Menos mal Rahsia no había venido a casa en un momento de mi hipersexualidad porque entonces, me habría arrepentido el resto de mi vida por mis acciones.

Jamás la tomaría por la fuerza, pero tampoco la hubiese considerado como lo estaba haciendo.

Volví con ella minutos después y la encontré buscando la camisa; todavía estaba desnuda y tuve que sacudir la cabeza con intención de espabilar los pensamientos que volví a tener. La tomé con suavidad del brazo y sin decirnos nada la obligué a volver a la cama, esa versión tan dócil que me regalaba me ayudó a mantener mi dominio. Sobre todo, en cuanto abrí sus piernas luego de que se sentó sobre el colchón.

Resiliencia

Sentí su mirada desconcertada en mí cuando vio que me puse de rodillas y me metí entre sus muslos, comenzando a limpiar los estragos de su orgasmo. Salivé al ver su coño brilloso por la humedad, pero mantuve la cordura al límite.

—¿No quieres tener sexo conmigo? —Se atrevió a cuestionar en voz baja.

Bufé una sonrisa irónica ante semejante tontería.

—Quiero follarte de todas las maneras posibles y en todos los sentidos, Rahsia —aseguré mirándola con intensidad—, pero necesito que analices bien si quieres entregarme a mí tu virginidad, porque eso te ha llevado a otro nivel conmigo. —La cogí del cuello sin dañarla y la acerqué a mi boca—. Ya que te juro que si me adueño de ella te creeré mía y sé que tú no concuerdas con este tipo de pensamientos o acciones posesivas. Y para mi maldita suerte, yo soy posesivo con lo mío y no puedo controlarlo. Así que piensa con detenimiento lo que harás porque la próxima vez que me digas que estás dispuesta a darme más, lo tomaré —advertí.

No dijo nada, se quedó pensativa y mirándome sin saber cómo reaccionar, dejando que terminara de limpiarla y, cuando finalicé me puse de pie para volver al baño; seguía teniendo una puta erección que me mataría si no la trataba de inmediato. Rahsia la notó en cuanto mi pelvis estuvo casi a la altura de su rostro y me causó gracia la manera en la que alzó las cejas y entreabrió la boca.

El pequeño jadeo de sorpresa que soltó me enfermó más de deseo.

—Tomaré una ducha —avisé.

Ella se apresuró a tomarme de la cintura al intentar alejarme.

—¿Quieres que lo piense? Lo haré —aseguró y tuve la intención de cogerle las manos en el momento que las arrastró cerca de mi pelvis—. Mientras tanto, tú podrías enseñarme a darte placer.

—¡Puta mierda! —siseé mordiéndome el labio superior cuando acarició mi falo por encima de la tela del chándal.

Me miró desde su posición con una inocencia corrompida y ese simple gesto por poco hace que me corra.

¿Que le enseñara a darme placer? ¡Joder! Su sola presencia e inexperiencia me daban la dosis suficiente para lanzarme a la hipersexualidad si así se lo proponía.

—Sé lo que quieres hacer en la ducha —susurró con el tono exacto para mi placer auditivo—. Déjame hacerlo por ti —pidió y antes de que le respondiera, tomó la cinturilla del pantalón y comenzó a bajarlo.

Únicamente cogí un pijama de Aiden, pasé del bóxer, así que mi polla celebró la liberación y le mostró a Rahsia lo brillosa que tenía la corona por el deseo que me provocó. Le sonreí con maldad cuando alternó la mirada entre mi rostro y falo impaciente por lo que sea que quería darle; y, ya que no estaba dispuesta a quedar ante mí como cobarde, se armó de valor y con ambas manos cogió la longitud venosa. Lo hizo con delicadeza, una a la que no estaba acostumbrado, sin embargo, me gustó más que el placer que recibí de mujeres experimentadas.

—Eres demasiado hermoso, Daemon —musitó admirándome, tocándome con un sentimiento tan profundo que fue capaz de convertir algo vano en único.

—¡Joder! —gruñí y eché la cabeza hacia atrás cuando ahuecó mi polla con las manos e inició un vaivén de adelante para atrás.

No era brusca, sino demasiado delicada y descubrí que el simple hecho de que fueran sus manos las que me tocaban de esa manera, era lo que me daba un placer indescriptible.

—¿Lo hago bien? —indagó nerviosa y la miré.

Abrí la boca para dejar escapar el aire que me ahogaba y me concentré en sus ojos azules, sintiendo que los mechones más largos de mi cabello se fueron hacia mi frente y se pegaron en mi piel por la película de sudor frío que ya me recubría.

Me deleité viéndola bombear mi polla con las dos manos. Ser testigo de que necesitaba ambas para cubrirme me provocó morbosidad y aumentó mi ego.

—Lo haces perfecto —halagué y entreabrió su boca en un gesto sexi que la hacía lucir como si jadeara, sintiendo también el placer que me daba.

Me subí la playera y cogí el bordillo con los dientes para mantenerla arriba, la presión que hice en la tela me sirvió para no gruñir fuerte y me balanceé junto a su movimiento para provocarme más fricción. Ella seguía desnuda, así que el arte que era su cuerpo, su inocencia y acción, formaban un conjunto tan glorioso que me llevaría al orgasmo muy rápido.

—Tú lo eres —aseguró y en su afán de acariciarme llevó una mano a mis bolas, lo que me hizo maldecir.

—Sigue haciendo eso —pedí.

Le acaricié el rostro y maldije de nuevo cuando llevé el pulgar a sus labios y Rahsia lo chupó, solté la playera entre mis dientes y opté por morderme el interior de la mejilla en el momento que deseé tumbarla en la cama e introducirme en ella sin delicadeza; no obstante, el dolor de mi acción no fue nada en contra del placer que sentía y ni siquiera dejé de hacerme daño al probar el sabor de mi sangre.

Sabía que tenía que detenerme antes de cometer una estupidez, pero me estaba costando un infierno, aunque pude cogerle la mano, moviéndola a mi ritmo únicamente para vivir la ilusión de que yo era quien tenía el poder; la otra la mantuvo en mis bolas, acariciándome y llevándome a un éxtasis inimaginable.

—¡Mierda! —bramé cuando mi simiente amenazó con abandonarme.

Los músculos me ardieron, mis abdominales se contrajeron y mis bolas se apretaron sintiendo la sangre acumularse en mi entrepierna; la sensación nublándome el juicio y acercándome a mi propio nirvana. Rahsia notó mi placer desmedido y se acercó a tal punto que mi polla ya hinchada apuntó directo a sus pechos, esa vista que me regaló fue mi detonante para comenzar a correrme, dejando que mi semen se derramara con potencia en sus montículos, salpicándole la barbilla.

Joder, joder, joder.

Apreté mis abdominales porque mi placer visual se mezcló con el físico, haciendo que fuera demasiado. Nunca había visto algo tan caliente como su imagen inocente salpicada con los restos de mi desequilibrio.

Regresó la mano que mantuvo en mis bolas hacia mi falo y de nuevo me cogió con las dos, aprendiendo el ritmo que me mantenía en la gloria a través de mi propio agarre. Tomé la playera regresándola a mis dientes y la mordí con tanta fuerza que creí que iba a romperla. Sentía cada músculo de mi cuerpo calentarse y la

liberación llegando a mi jodida cabeza, lamiendo cada centímetro de mi piel.

No dejé de mirarla en ningún momento y en esa ocasión Rahsia también lo hacía, deleitándose con mis gestos de placer y mi necesidad por recuperar el aliento y, supuse que ella también estaba sintiendo mi satisfacción tal cual yo gocé la suya cuando la hice correrse con mi boca.

—Dime que te gustó, que lo hice bien —suplicó y estuve a punto de volver a correrme solo con escucharla.

Incliné mi torso antes de responderle, obligándola a soltarme, y la besé; lo hice con brío, pero también con más deseos, si es que eso era posible. Mordí su labio inferior y chupé su lengua a la vez que esparcí mi semen en sus pechos y limpié el que quedó en su barbilla, untándola, marcándola; alborotando el olor tan característico del fluido hasta que nos inundó las fosas nasales. En ese momento sí tenía mi verdadera esencia en su cuerpo y agradecí cuando fue ella quien me mordió entre el beso porque estuve a punto de perder mi mierda ante el torbellino de posesividad que me atacó.

—No, estuvo bien, fue perfecto —aseguré con la voz ronca en su boca y luego me separé de ella, subiéndome el pantalón en el proceso. La miré a los ojos y temí que los míos fueran a oscurecerse y no solo por el deseo que aún sentía. Estaba ciclando muy rápido gracias a no poder soltarme como en realidad quería—. Todavía necesito una ducha —señalé y sonrió—. Ven a ducharte conmigo —pedí y la cogí de la mano guiándola al cuarto de baño.

Al llegar ahí la solté para preparar el agua y cuando estuvo en su punto terminé de desvestirme, Rahsia me admiró con una sonrisa en el rostro que no pude descifrar, pero que tampoco indagué. Preferí extenderle la mano de nuevo y en cuanto me la tomó entramos a la ducha, ella cuidando de no mojarse el cabello.

Verla con los pechos brillosos por mi semen fue algo que no quería dejar de admirar, pero tampoco la asustaría con mi intensidad, así que la limpié con cuidado y luego ella me lavó a mí.

¡Me cagaba en la puta! Rahsia no me lo ponía fácil y lo más irónico era que ella ni idea tenía del infierno que me provocaba.

Resiliencia

—Tu pene es muy bonito —soltó de pronto dejándome imbécil, aunque segundos después comencé a reírme.

Ella frunció el ceño y enganchó sus brazos en mi cuello. Me gustaba que no fuera tan pequeña y que estuviera a mi altura en todos los sentidos. Pero más me enloquecía que se acoplara a mí, tanto en mi caos mental como en momentos tan íntimos como el que estábamos viviendo.

—¿Por qué te ríes? —Quiso saber y me tocó la nariz para llenarme de espuma.

Sonrió al verme y sabía que había dejado una buena cantidad porque mi nariz picó cuando las burbujas de jabón comenzaron a explotarse.

—Porque no esperaba ese halago. Me tomó por sorpresa —expliqué.

—Hmm, o sea que habrías esperado algo así como… —Hizo un gesto pensativo antes de seguir y conociéndola, sabía que soltaría algo listillo—. Joder, hombre, tienes una bestia entre las piernas y tu ver… —Le cubrí la boca impidiendo que terminara esa frase porque de verdad me sorprendió que se atreviera a decir algo así.

Comenzó a reírse con auténtica diversión y terminó por contagiarme. En serio, esa mujer tenía tremendas ocurrencias. Segundos después descubrí que aquel torbellino de emociones que amenazaban con descontrolarme se apaciguó de inmediato.

—¡Jesús, Daemon! ¿Qué creíste que iba a decir? —inquirió burlona cuando logró quitar mi mano de su boca.

—Que mi verg…

—¡Madre santa! Tú sí que tienes una mente tremenda. —Me silenció tal cual yo lo hice antes—. Solo iba a decir que tu ver… dadera esencia se impregnó en mí. —Fruncí el ceño y entrecerré los ojos tratando de asimilar si me decía la verdad o no.

Rahsia volvió a reírse a carcajadas y quitó la mano de mi boca para darme besos castos, me rendí ante sus tonterías y terminé metiéndola por completo debajo de la ducha hasta mojar su cabello. Solo le causé más gracia con mi acción y verla así me provocó satisfacción y miedo porque estaba consciente de que momentos como ese no serían tan perdurables, o repetitivos.

No conmigo.

Cuando volvimos a la habitación y nos metimos en la cama optamos por hablar de muchas cosas, me confesó que para ella también era increíble que estuviésemos así en ese momento y descubrí que era fan de los besos y caricias, pues no desaprovechó ni un instante conmigo. Y no me molestaba, aunque no estaba acostumbrado a ser así de afectivo con nadie.

Asimismo, me platicó del verdadero significado de su mariposa, inmortalizó a un niño de su pasado y a pesar de que no profundizó las razones, entendí que fue muy importante en su vida.

Menos mal se trataba solo de un niño.

Nos dormimos cuando ya era muy noche, fue Rahsia la que se rindió primero y sonreí al ver su expresión tan serena, quedándome un rato más despierto, admirándola. La verdad era que no deseaba dormir porque por primera vez la realidad no estaba siendo cruel conmigo; me daba miedo despertar al día siguiente y comprobar que todo había sido un sueño. Sin embargo, la vida parecía tener un serio problema con mi existencia y me lo demostró cuando sin necesidad de medicamentos mi cerebro se desconectó, rindiéndose ante el descanso.

Al día siguiente nos levantamos muy tarde, por supuesto que Rahsia fue víctima de los chicos, ya que a ellos les encantaba joder y sobre todo a ella por estar ligada a mí de muchas maneras; y me sentí orgulloso al ver lo fácil que se acopló y las maneras tan inteligentes en que supo sacarles la vuelta.

Desayunamos todos juntos y como siempre, ignoré los comentarios graciosos que a mis invitados les encantaba soltar cada vez que podían y, en un momento dado, vi a Rahsia hablar con Dasher alejados de nosotros.

Esa mujer tenía la capacidad de formar una química buena con cualquiera, aunque supuse que con mi primo tenía mucha más. No negaría que me sentí celoso al verla con él, lejos de todo aquel que pudiera interrumpirlos, aprovechando que Bárbara salió con Leah

para hacer unas compras, pero no fueron celos pasionales sino la molestia de que Dash me robara su atención.

«Tú no eres el centro de su universo».

Me asusté como la mierda cuando escuché de nuevo aquel susurro en mi cabeza y me fui para mi habitación sin pensarlo dos veces. El doctor había decidido aumentarme la dosis de medicamentos y cambió algunos psicóticos en cuanto le comenté de las voces que me estaban atacando. No eran nuevas, pero desde que me mudé a Newport Beach desaparecieron, y decidieron volver en un punto de mi vida en el que me acostumbré al silencio mental.

No las quería de regreso, por eso hablé con el doctor Cleveland sobre ellas y le supliqué que las eliminara; él fue quien me pidió calma y recomendó que tratara de no estresarme porque eso me dañaría, aunque como profesional también era sabedor de que tal cosa no funcionaba conmigo.

Yo era peor que un niño hiperactivo al que obligaban a quedarse quieto, mi mente se dominaba sola y mi raciocinio era un pobre imbécil que no sabía imponerse.

«Tu pasado es turbio, Daemon, y para introducirte a él necesito que estés en un estado más controlado».

Lo recordé decir.

Me pedía lo imposible, aunque me propuse lograrlo con tal de encontrar un poco de luz, pues no quería volver a mi pasado ni tener que lidiar de nuevo con los problemas que conseguí dejar en el olvido gracias a la electroconvulsión. Y, estaba dispuesto a volver a someterme a ese tratamiento si con eso controlaría las alucinaciones, ya que ahora más que nunca quería sentirme medianamente normal para no cagarla con la *piccola diavoletta* que confiaba en un raciocinio inexistente en mí.

Mierda.

No le temía a enfrentarme a aquella oscuridad que casi me llevó a la muerte, me daba más pavor decepcionarla a ella.

—¡Hey! Estás aquí —dijo Rahsia sorprendiéndome.

Me había bebido los medicamentos y opté por recostarme un rato, ya que uno de ellos me provocaba mareos minutos después de ingerirlo. Por esa razón los bebía de noche, pero en ese momento

necesité de un calmante con urgencia y, me perdí tanto en mis pensamientos que ni siquiera la sentí llegar.

—¿Estás bien? —preguntó preocupada.

Esa mañana estaba usando un pantalón de chándal mío, la playera era la misma de la noche anterior y debajo de ella usaba el sostén del bañador que traía puesto cuando llegó con su amiga.

—Necesitaba estar solo un rato —respondí sin mentir y sin cuidar el tono que utilicé, uno que al parecer fue brusco porque la hizo sentir avergonzada y darme cuenta me sentó mal.

¡Cazzo! Me gustaba tener a los chicos en casa, a mi sobrina, sobre todo, pero a veces el bullicio llegaba a hartarme y Lane, Dash y Aiden juntos, eran mucho de eso. Así que los culparía a ellos por llevarme a ser un imbécil con Rahsia sin darme cuenta.

—Me iré ya, Angie espera abajo por mí —avisó.

Me senté de inmediato y maldije por provocar que el mareo que ya sentía fuese más fuerte. También la molestia me recorrió en milésimas de segundos porque quería que estuviese conmigo aún y odié que llamara a su amiga para marcharse.

—No estaba huyendo de ti —aclaré—, te vi hablando con Dash y decidí venir por mis medicamentos. No tenías por qué llamar a tu amiga, además, me hice planes contigo para este día —espeté y noté que respiró hondo con la intención de controlar su molestia—. ¡Mierda! Ya te hartaste de mí —ironicé.

El enojo había aumentado, dándole paso a la ira y ya no estaba en mis posibilidades detenerme en ese punto. A eso le temí siempre, a cambiar con ella de un rato para otro, pues viajar de la molestia a la felicidad, o viceversa, era algo incontrolable.

—¡No! Solo estoy contando hasta diez para no meterte un tortazo por hablarme así —soltó y mis ojos se desorbitaron con sorpresa.

Dicho eso se sentó a mi lado y me cogió del rostro para besarme. Se suponía que quería golpearme, y no me quejaba del beso, pero me confundió mucho que actuara así.

—Mírame a los ojos y respira profundo —pidió al alejarse de mi boca.

Resiliencia

—Mejor te sigo besando —repliqué y la cogí del cuello para acercarla de nuevo. Me correspondió y también sonrió mientras nos besábamos.

—Es tentador, pero, por favor haz lo que te pido. —Su voz fue amortiguada por mis labios y logró apartarse de mí—. No llamé a Angie, ella vino a dejar a Lucas porque su coche se quedó aquí anoche, así que me ofreció un aventón —explicó al verme más tranquilo—. Y si tienes planes conmigo, pues es mejor que te prepares para aguantarme por el resto del día, ya que solo iré a mi apartamento a ponerme algo decente, y no es que tu ropa sea indecente, sin embargo, necesito estar fantástica para ti. —Se señaló las curvas y sonreí—. Y lo más importante, no me harto de ti —prosiguió—. Sí, a veces quiero golpearte, pero nunca me hartas; aunque ten cuidado con cómo me hablas porque un día me agarrarás de malas y ahí no respondo —advirtió muy segura.

¡Demonios! ¿Dónde dejó a la mujer sumisa de la noche anterior? Y no me estaba quejando, todo lo contrario, me puso duro ver su capacidad para cambiar de rol cuando era necesario.

—Yo podía llevarte —señalé, volviendo al punto para distraerme y que no notara mi erección—; y no necesitas estar fantástica para mí. Ya lo eres —aclaré y sonrió con ternura.

—No me hables así porque me enamoras más y eso no nos conviene. —Alcé una ceja tras su declaración.

Todavía no me acostumbraba a lo fácil que era para ella hablar tan abiertamente de lo que sentía, sin temor a exponerse o a salir más dañada por mi negación, pues sabía que había mujeres que ocultaban sus sentimientos por miedo a ser usadas. Y yo era sincero, pero jamás tan auténtico como mi exterapeuta.

—¿Volverás pronto? —pregunté.

No demostró que la dañé por cambiar de tema, es más, me pareció que me observó comprensiva.

—En dos o tres horas, Angie tiene que hacer algo y pretendemos volver juntas. Los chicos han planeado salir en el catamarán y ya nos incluyeron —avisó y bufé con ironía.

Por supuesto que ellos querían navegar y yo no estaba preparado para más mareos, pero vi muy entusiasmada a Rahsia con la idea así que callé.

—Eso es mucho tiempo, pero está bien —murmuré y me puse de pie para ir a despedirla. Tampoco quería atosigarla, o aburrirla con mi presencia.

Cuando llegamos a la primera planta Lucas me saludó y sonrió con picardía al ver a Rahsia con mi ropa. Todos imaginaban que tuvimos una noche salvaje y quién sabía qué mierdas más, pero no le di importancia y tampoco estaba dispuesto a sacarlos de su error. Angie se limitó a asentir en mi dirección y segundos después se concentró en escribir algo en su móvil, el mío vibró en el bolsillo de mi pijama y lo ignoré. Luego de eso ella y su amiga se despidieron prometiendo volver pronto.

No hubo beso de despedida de mi parte hacia Rahsia, incluso nos mantuvimos un poco distantes cuando nos rodeamos de los demás y creí que ambos estábamos bien con eso, ya que en ningún momento vi que a ella le incomodara tal cosa.

—Lo imaginaba —murmuré para mí al ver mi móvil con un mensaje de texto de Angie, minutos después de que se fueron.

—¡Puta mierda! —Maldije y me llevé la mano a la cabeza. Pero ella tenía razón, eso debíamos aclararlo lo antes posible y tomaría en cuenta el consejo de Sadashi.

Pensando en eso me fui a mi habitación para cambiarme de ropa. Más tarde, les dije a los chicos que haría algo de emergencia que tío Elliot necesitaba y le pedí a uno de los guardaespaldas (tenía a un par cuidando mi culo, ya que mis padres no se confiaban de dejarnos desprotegidos gracias a sus enemigos que siempre estaban pendientes de la más mínima oportunidad para jodernos) que me llevara a la dirección de siempre.

Odiaba hacer eso, mentirles; y más a Lucas, quien se creyó por completo mi excusa. Me prometí que no seguiría con este juego. Ni

él ni Rahsia merecían interpretar mal lo que hicimos con Angie sin intención de dañar a nadie.

Llegué al hotel (propiedad de madre) cuarenta minutos después del mensaje de Angie, tenía una habitación ahí que utilizaba para mis encuentros sexuales con las chicas que se cruzaban en mi camino, en los momentos en los que mi hipersexualidad estaba a flor de piel. Angie la conocía a la perfección, en la recepción ya la reconocían, así que le permitían pasar sin mayor problema.

Aun así, me sorprendió encontrarla ahí, pues creí que llegaría después de mí.

—Creí que aún estarías con Rahsia —señalé.

La encontré tomándose un trago y se encogió de hombros en respuesta.

—Contaba con que estarías aquí pronto —dijo y sonrió satírica.

—Ve al grano —pedí y me acerqué a ella para quitarle la bebida.

No quería que se pusiera cómoda porque nuestra charla sería rápida.

—¿Cuáles son tus intenciones con Rahsia? Y más te vale que seas sincero, Daemon, porque voy a jugarme mi amistad con ella y no vale la pena perderla por un idiota que solo buscará jugar con sus sentimientos.

—Ya estoy bastante harto de que me trates de idiota. —Bufé.

—Es lo que me has demostrado ser y no me refiero a que únicamente me follabas cuando se te daba la gana —escupió.

—¡¿Qué demonios pasa contigo?! ¿Cuál es tu puto interés en saber qué intenciones tengo con tu amiga? —cuestioné fastidiado.

—¡Pasa que a pesar de todo yo me enamoré de ti! —gritó y, aunque lo sospeché, que lo aclarara fue como una patada en mi estómago—. Y mi mejor amiga lo sabe a la perfección, se lo confesé e incluso fue ella quien me animó a decírtelo. ¡Mierda, Daemon! Le he detallado cada cosa que hemos hecho tú y yo, no me he guardado nada. Y el jueves te pedí vernos para confesártelo, pero terminaste cambiando el juego, acabé de nuevo en esta maldita cama. —La señaló con ira y sus lágrimas me demostraron el dolor que sentía.

El día anterior Angie me dijo muchas cosas, pero jamás lo que estaba soltando en ese instante.

Me cagaba en todo.

Por esa puta razón no repetía mis noches sexuales con ninguna mujer, porque sabía que la constancia le daría paso a algo más y no sería de mi parte. Así que me odié en ese momento por haber sido tan imbécil, por darle alas a algo que no quería.

—¿Y sabes qué es lo peor? —prosiguió y callé, caminando de un lado a otro—, que, según yo, por protegerme omití tu nombre y viene ella a confesarme que está perdidamente enamorada de un compañero de trabajo, que lo conoce desde hace dos años y te juro que es la primera vez que la veo así. Ni siquiera con Andy la vi tan afectada y ahora me entero que fue porque siempre ha estado colada por ti.

—¡Joder! —Bufé al verla tomar asiento y comenzar a llorar con sollozos profundos.

No fingía, su dolor era verdadero.

—No tienes una puta idea de lo sorprendente y doloroso que fue enterarme ayer de que tú eres el mismo tipo del cual las dos estamos enamoradas. —Logró decir a pesar de que hipaba.

De verdad me sentí muy miserable y terminé tirando de una silla, sentándome frente a ella. Tenía los codos recargados en las rodillas y con las manos se cubría el rostro, con cuidado la hice que me mirara y limpié sus mejillas. Angie solo era una víctima de mis recaídas y lamentaba mucho haberla llevado a ese punto.

—Yo no busqué esto, Angie. En ningún momento te di señales de que quería algo más. ¡Puta mierda! Conocí a Rahsia antes que a ti y por motivos personales me he mantenido lejos de ella, hasta hace unas semanas que decidí eliminar esas barreras —confesé y me llevé ambas manos a la cabeza al verla tan mal, me sentía muy frustrado—. Y te juro que, si ayer no hubieses inventado eso de que me estabas vendiendo un seguro, habría aclarado todo. Conozco a Rahsia y ella lo hubiese entendido.

—Claro que lo habrías hecho, para ti sería fácil ponernos a ambas en esta situación tan incómoda.

—¡Yo no sabía lo que Rahsia siente por mí y menos tú! —exclamé perdiendo los estribos.

Resiliencia

—¡Rahsia es mi mejor amiga, Daemon! ¡Mierda! Ambas hicimos una promesa de jamás pelear por un hombre, de nunca fijarnos en el mismo tipo. Así que lo siento si creíste otra cosa, pero tengo claro lo que ella hará en el momento en que sepa de nosotros.

Me estaba sintiendo ansioso, eufórico, molesto, preocupado, triste. Tenía un puto cóctel de emociones provocado por todo lo que salía de su boca, por supuesto que ella también estaba igual, aunque con menos intensidad que yo.

—No habías pensado en eso, ¿en serio? —soltó exaltada y burlona—. Porque me sorprende que no si dices conocerla tanto. —Miré hacia otro lado y respiré pesado y profundo para no perder mi mierda—. ¿Qué crees que pasará si voy con mi amiga ahora mismo y le digo que tú eres mi maldito Romeo? El idiota del cual me enamoré, el mismo del que ella está enamorada.

Me puse de pie y comencé a caminar de un lado a otro de nuevo, abrí y cerré las manos, intentando que con esa acción mi corazón se calmara. Presioné la mandíbula con fuerzas y la miré, rogando por detenerme antes de cometer una locura.

—Ilumíname —repliqué con la voz ronca.

—Se alejará de ti, sin duda alguna lo hará —respondió con una seguridad envidiable.

—¿Por qué estás tan segura? —inquirí y me mordí el interior de la mejilla, ya que la ansiedad estaba a punto de vencerme.

—Porque es lo que yo haría, lo que haré si ahora mismo me juras por tu vida que no la dañarás.

Bien, eso no lo esperé en ningún momento y pensé en que la estuve juzgando mal porque solo imaginé que quería hacerme la vida imposible con su amiga, no hacerse a un lado.

—¿Lo haces por ella o también por Lucas? —Quise saber, pues estaba saliendo con mi amigo.

Nuestra situación los dañaría a ambos.

—Lucas es un tipo increíble, aunque apenas acabo de conocerlo. Y no es porque sea mala persona, pero no me importa lo que él piense de mí. Bien sabes que no le afectará que me haya acostado contigo si a diferencia de las demás, yo he estado con ambos en

momentos diferentes, por separado y no al mismo tiempo —soltó irónica y bufé.

No sabía qué mierdas estaba pensando el día que le comenté que había compartido a algunas chicas con uno de mis mejores amigos. Bueno, la respuesta era que no estaba pensando en realidad.

—Me importa Rahsia, no soportaría que esa mujer sufriera por mi culpa y estoy cien por ciento segura de que se alejará sabiendo que me enamoré de ti y, sobre todo, al recordar todas las cosas que tú y yo hemos hecho.

Sí, yo también estaba de acuerdo con eso, porque si era cierto que Angie le contó todo sin escatimar en detalles, entonces inconscientemente Rahsia conocía un lado de mí que no deseaba que ella supiera.

—¿Por qué callarías si dices estar enamorada de mí? ¿Quién me asegura que más adelante no querrás joderme con esto? —inquirí y sonrió satírica.

—¿Tú querrías ver sufriendo a tu hermano por tu culpa? —cuestionó y la miré con sorpresa—. Sí, me enamoré de ti, pero lo que siento por Rahsia supera cualquier enamoramiento y estaría idiota si la cambio por un hombre. Ella lo vale todo, vale que me haga a un lado y que suprima el miedo que tengo de que la dañes porque sé cómo eres cuando pierdes el control y Rahsia definitivamente no es como yo, Daemon. —No había necesidad de que lo aclarara, yo era el más consciente de eso—. Prométeme que no la lastimarás, que no la usarás como me usaste a mí porque tu mundo es muy distinto al suyo.

Se acercó a mí y me tomó de las manos, en sus ojos solo había súplica.

—Si temes que la comparta, despreocúpate. Jamás se me ha cruzado por la cabeza permitir que otro la toque, solo pensarlo me enerva —aseguré y sin pretenderlo apreté sus manos—. Mas no puedo asegurar que no la dañaré de otras maneras, Angie, porque fuera de ese mundo en que me has conocido yo soy un desastre y, créeme, el miedo de lastimarla es lo que me ha mantenido lejos de ella, pero ya no puedo más —confesé.

Resiliencia

No esperé lo que hizo a continuación, pero cerré los ojos con fuerza para contener el torbellino que amenazaba con tumbarme. Angie estaba besando mi mejilla y tras eso susurró en mi oído.

—Tú y yo seremos un secreto, Daemon. Ni Rahsia ni Lucas tiencn porqué saber nuestro pasado, porque únicamente somos eso, pasado.

La miré a los ojos y descubrí la gran mujer y amiga que era, ya que sus iris solo demostraban sinceridad y un amor puro hacia Rahsia.

—Nada más te pido que me respondas algo antes de acabar con todo —pidió y asentí. Se lo debía—. ¿Qué habría pasado si te confesaba lo que siento por ti en un mundo donde ni Rahsia ni Lucas existieran?

La miré a los ojos y solté el aire retenido, sería completamente sincero con ella.

—Me habría alejado de ti, porque con nuestros amigos o sin ellos, yo no cometeré el error de enamorarme de nuevo.

13 | Yo sé lo que veo contigo

RAHSIA

¿Se podía ir a la luna sin despegar los pies de la tierra?

Si me hubiesen hecho esa pregunta una o dos semanas atrás, habría dicho que no. Pero ese día, mientras me tumbaba en mi cama de espaldas y veía el techo de mi habitación, sonreí sabiendo que era posible. Rememoré cada cosa que viví con Daemon en su habitación, a su lado, debajo de él.

¡Uf! ¡Madre mía! ¿En serio pasó todo aquello anoche? ¿Con Daemon, mi tormento, mi hermoso desastre, mi amor imposible?

Me sentí acalorada con los recuerdos y las ganas de volver a verlo incrementaron. Todavía no me lo creía, aún seguía en mi sueño y pellizcándome a cada momento para corroborar que me encontraba en la realidad, porque… ¡Dios! Era consciente de que ni en mis mejores alucinaciones habría llegado a tener un orgasmo como el que me provocó su boca.

Y lo que yo le hice… ¡Carajo! Eso me sonrojó más.

Miré los libros en el pequeño librero al lado de la mesita de noche y comencé a tirarles besos y a agradecerles por todo lo que me

enseñaban, ya que sí, mi acción fue guiada por mis lecturas y me sorprendí de lo mucho que se aprendía con las historias *románticas*.

En todo el camino a mi apartamento no hablé con Angie, me limité a sonreír y a recordar lo que viví en casa de los Pride White; con eso le di a entender a mi amiga hasta lo que no hice y, por alguna razón, ella únicamente negó sin hacer preguntas, pero prometió que hablaríamos cuando regresara por mí en unas horas. Y, siendo sincera, me sorprendió que no se quedara conmigo con lo cotilla que era, aunque también entendí que necesitaba ir a su casa después de pasarla en un hotel con Lucas.

Luego de revivir todo lo que pasé, acostada en mi cama, decidí meterme a la ducha y tras eso busqué un nuevo bañador y ropa cómoda para después del chapuzón que pensaba darme en la piscina de los Pride White, o en el mar. Y tras unas horas transcurridas me encontraba lista y un poco desesperada porque Angie no daba señales de vida.

Le llamé muchas veces, pero no respondió, eso llegó a preocuparme y a analizar que se comportó un poco rara desde que nos vimos, y por alguna razón que no comprendí (o debido a mi sexto sentido como amiga), temí que algo malo le estuviera pasando, posiblemente con su Romeo, puesto que así quisiera seguir adelante con su vida y se mostrara entusiasmada con Lucas, la vi muy enamorada de ese tipo y no quería que le rompiera el corazón.

Angie solía ser muy vulnerable cuando del amor se trataba, pues se entregaba con facilidad sin ponerse a pensar que podría salir dañada. Y a estas alturas del partido yo no podía juzgarla porque me sucedía lo mismo con Daemon.

Corrí a la puerta cuando escuché sonar el timbre y la abrí sin siquiera percatarme de quién llamaba, exhalé un largo suspiro de alivio al encontrarme con Angie del otro lado y noté que iba recién duchada, con ropa cómoda y un bolso playero colgado en uno de sus hombros. Tenía las gafas de sol puestas, pero aun así su nariz roja la delató y el conocerla tan bien me hizo saber que estuvo llorando.

—Usaré el servicio y luego nos marchamos, cielo —avisó fingiendo emoción y ocultándose bajo su personalidad extrovertida.

Resiliencia

Me hice a un lado para que pasara, pero la miré con seriedad—. ¡Por cierto! Te ves preciosa, Daemon se irá de culo al verte. —A pesar de mis sospechas con el hecho de que ella no se encontraba en su mejor momento, sonreí porque me hizo ilusión que asegurara tal cosa.

No obstante, seguí mirándola y analizándola.

Esa no era Angie Dawson, mi mejor amiga. La chica que a pesar de todo lo que había pasado no dejaba que nada ni nadie le bajara los ánimos; esa era otra mujer, una que tenía una vida como la del payaso, quien sonreía y mostraba felicidad, pero por dentro algo la estaba destrozando.

Y me sentí pésimo al darme cuenta de que mientras yo me hallaba en una nube de felicidad, ella sufría en silencio para no arruinar mi momento. Eso me llevó a enviarle un mensaje de texto a Daemon en el que le avisé que nos retrasaríamos un poco, ya que, así me muriera de ganas por verlo, mi mejor amiga sufría y me sentí en la obligación de estar ahí para ella.

Sonreí al leer la respuesta de mi tormento y le contesté con un emoji de carita rodeada de corazones, luego terminé de preparar lo que me hacía falta y esperé a que Angie saliera del cuarto de baño.

—¡Lista! Debemos apresurarnos porque los chicos están ansiosos por zarpar —me animó Angie al salir, todavía acomodándose el vestido playero que usaba.

—Acabo de avisarle a Daemon que nos retrasaremos un poco. Así que, por favor toma asiento —pedí y señalé el sofá de la sala. Ella me miró estupefacta y cuando notó que le hablaba en plan de amiga psicóloga, frunció el ceño y negó con la cabeza.

—No sé qué es lo que piensas, pero de verdad que no estoy para que me psicoanalices —advirtió y seguí con la mano extendida, incitándola a que tomara asiento.

—No quiero psicoanalizarte, Angie. Ahora mismo solo soy Rahsia, preocupada por mi mejor amiga, ya que, así uses unas gafas

que te cubran el rostro entero sé que has llorado y por mucho que sonrías o finjas que estás bien, estoy segura de que no. Y siento mucho si mi emoción por lo que me sucede con Daemon me hizo no notarlo hasta que entraste por esa puerta.

Angie bufó y, sabiendo que no me rendiría, lanzó su bolso al suelo como una niña berrinchuda y tomó asiento. En ese momento se subió las gafas a la cabeza y me dejó ver sus ojos hinchados y aún rojos. No solo había llorado, esa pobre chica seguía sufriendo y me dolió el corazón al darme cuenta.

—¡Jesús, cariño! Pero ¿qué ha pasado? —pregunté con tono lastimero, pero me mantuve en mi lugar para darle espacio.

—He hablado con Romeo y terminamos con lo poco que teníamos —soltó, aceptando que era mejor decírmelo sin tapujos y no provocarme que se lo sacara a cucharadas—. Le confesé lo que siento y como era obvio, aclaró que él jamás sintió más por mí que solo atracción física.

Quise molestarme con ese idiota por lo que estaba haciendo pasar a mi amiga, pero si algo se encargó de recalcarme Angie, fue que entre ellos todo estuvo claro desde un principio. Era esa pelirroja quien cometió el error de enamorarse de un hombre que solo la quería para sexo y, muy dentro de mí, sabía que la única que perdería en ese juego sería ella y no él.

—¿Te trató mal? —cuestioné, sabedora de que algunos tipos podían ser más que idiotas cuando las chicas se enamoraban de ellos.

Cuando *cambiaban* el juego con los sentimientos.

—Al contrario, yo lo traté mal a él, lo juzgué pésimo y terminó demostrándome que, a pesar de su forma tan fría de ser, es mejor que esos patanes que se creen el centro del universo. —Me sentí un poco aliviada al escucharla y ella lo notó—. Sé que está saliendo con alguien más y pienso que esa chica influye mucho en su personalidad.

—Espero que no haya estado saliendo con ella mientras se acostaba contigo, porque entonces no importa lo bueno o caballeroso que haya sido para *cortarte*. —Sus ojos se abrieron con sorpresa al escucharme y tras eso negó.

Resiliencia

—¡No! Estoy cien por ciento segura de que no salía con ella mientras se acostaba conmigo…

Fruncí el ceño porque en el momento que se quedó en silencio supe que Angie no estaba cien por ciento segura de esa respuesta.

—¡Malditos canallas! ¿Cómo pueden hacer eso? —me quejé.

Odiaba a ese tipo de hombre, me fastidiaba saber que era tan fácil para ellos tener una relación seria cuando a la vuelta de la esquina se revolcaban con sus *amigas con derecho,* me daban ganas de castrarlos.

—¿Y tú con Daemon? ¿Desde cuándo salen? —Su pregunta me turbó, aunque tras sentirme muy molesta, le sonreí con timidez.

—No estamos saliendo —respondí y me sentí muy insegura de cómo proseguir. Angie frunció el ceño y esperó atenta a que yo siguiera hablando—. Todo lo que te dije sobre él es cierto —bueno, el ochenta por ciento era verdad—, lo conozco desde hace más de dos años y… pues yo me enamoré de él sin que Daemon moviera un solo dedo. Es más, nunca creí que fuera su tipo, ya que, sé que le encanta salir con chicas *fitness* como tú. Por lo que ha sido mi inalcanzable desde la primera vez que nos vimos.

—No empieces con eso, Rahsia. Bien sabes que eres bella y que hay hombres que prefieren a las hermosuras como tú, que a las *fitness* como yo —me cortó y le sonreí agradecida.

—El punto es, que no salimos y nunca habíamos interactuado de forma tan personal hasta ayer.

—¡Joder! ¿En serio? —inquirió entre sorprendida y aliviada. Esa combinación que mostró me hizo reír—. Cariño, con lo reservada que eres nunca imaginé que te fueras a la cama con él en la primera interacción personal que tuvieron y no te estoy juzgando… ¡Mierda! Eres mi ídola —añadió.

Comencé a reírme con nerviosismo y ella me acompañó mientras se ponía de pie. Llegó hasta mí para abrazarme y se aferró a mi cuerpo con desesperación, demostrándome cuánto necesitaba de mi apoyo; solo la aparté cuando noté que había comenzado a llorar de nuevo.

—Son lágrimas de felicidad, te lo juro —se defendió porque la miré con preocupación.

Sonrió débil para que le creyera y se me partió el corazón porque ella de verdad demostraba estar feliz por mí, pero lo que sucedía con

su Romeo también la destrozaba y de pronto me sentí igual que Angie la noche anterior cuando me vio con Daemon: sobreprotectora.

—Ese tonto se ha perdido de una gran mujer —aseguré y limpié sus mejillas.

—Y Daemon se ha ganado a la mejor contigo —me devolvió, en ese momento se me escaparon unas lágrimas a mí—. No importa si lo de ustedes apenas comenzó ayer, o si fui una exagerada al juzgarlo, sé por qué él te escogió, Rahsia. No solo eres hermosa sino también una de las mujeres más buenas y maravillosas en este mundo. Y, si ese hombre es capaz de hacerte sonreír como una tonta, pues te merece. Aunque déjale claro que tendré mis ojos sobre su culo y si te hace llorar así sea por lo más mínimo, lo voy a castrar porque a mi nena nadie la dañará mientras yo viva.

Sus palabras me llegaron al alma, Angie era la mejor amiga que todas las personas debíamos tener. Su lealtad y lo protectora que era conmigo me aseguraban que podía contar con ella en las buenas, en las malas y en las peores. Así quisiera matarla a veces por sus comentarios o tonterías, sabía que estaría para mí siempre.

—¡Como te amo, carajo! —grité y la abracé con fuerza, ella me correspondió y me sentí muy agradecida con la vida por darme a una hermana de otra madre como Angie.

Porque en realidad ella era eso para mí. Por mucho tiempo me sentí sola y deseé tanto a una hermana hasta que conocí a esa pelirroja y supe que la vida me concedió mi deseo.

Seguimos hablando un rato más y me pidió que ya no le volviese a mencionar a Romeo, pues aseguró que era un tema que dio por sentado, acabado y enterrado; le hice caso porque era lo mejor para ella y me enorgullecía que tuviera la madurez y dignidad de no mendigarle a ese chico por muy enamorada que estuviera.

Mi amiga dio un avance estupendo después de su última relación seria (y abusiva) y me hacía muy feliz que se valorara como siempre tuvo que hacerlo.

Resiliencia

En el camino hacia casa de Daemon, Angie me comentó lo que pasaba con Lucas; no se acostaron la noche anterior, se la pasaron charlando y conociéndose. Angie le habló de buena parte de su vida y me sorprendió mucho que Lucas también le platicara de la suya, aunque omitió su condición y cierta parte de su pasado.

Y esperaba que, si lo de ellos avanzaba, Lucas fuera capaz de sincerarse con ella y mi amiga lo aceptara por lo que en realidad era. Yo estaría ahí para ayudarle a entenderlo de ser necesario.

—¿De verdad piensas que me veo bien? —le pregunté a Angie antes de bajarnos del coche cuando llegamos a la mansión Pride, o White en realidad.

Mi amiga me observó incrédula y sacudió la cabeza.

—Parece que no tuvieras espejo, cielo —se quejó y rodé los ojos—. Si Daemon no te ve hermosa será porque está ciego, que lo dudo, eh. Ese chico sabe lo que se está ganando contigo y debe tener mucho cuidado.

Me eché un vistazo más y solté una exhalación. Me había puesto un bañador de dos piezas, la parte de arriba simulaba ser una blusa campesina de flores rojas y naranjas con mangas cortas, mis hombros quedaban desnudos y se unía justo en el medio de mis pechos con un moño. La parte de abajo era una tanga blanca y lo acompañaba de momento con una falda de mezclilla azul, mi estómago quedaba expuesto y a pesar de mi peso, agradecía no tenerlo abultado, al menos no si estaba de pie.

Los rollitos eran otro tema y no me metería con ellos.

—Y con esas coletas que te dan un aire inocente, dan ganas de corromperte. —Pegué tremenda carcajada al escucharla.

Llevaba el cabello dividido en dos coletas flojas, una a cada lado de mi cuello y sí, yo sabía que ese peinado me hacía lucir inocente, y eso me gustaba.

Salimos del coche todavía riéndonos y admitía que mientras caminábamos a la entrada principal, me ponía más nerviosa. Ver de nuevo a Daemon me provocaba muchas cosas y no sabía si me seguiría tratando como a Rahsia o como a su exterapeuta.

—¡Sí! ¡Al fin llegan! —gritó Leah al abrirnos la puerta y tanto Angie como yo sonreímos por su dramatismo.

—Siento mucho habernos tardado —dije al saludarla y negó.

—Bueno, al menos la espera valió la pena porque están hermosas —halagó Lucas, quien iba saliendo de la cocina con varias bebidas entre las manos y brazos, y alcanzó a escucharme a pesar de la distancia.

Angie corrió a ayudarle y me agradó ver cuando él le besó la mejilla y ella sonrió tímida. Mi amiga era de ser extrovertida y que Lucas sacara ese lado sutil de ella decía mucho.

—Tú vas a volver loco a mi primo —señaló Leah con diversión y apreté los labios para no sonreír cuando entrelazó su brazo al mío y nos guio hacia la piscina.

—Por cierto, Rahsia. No te sorprendas si encuentras a Andy aquí.

—¡¿Qué?! —inquirí con el alma saliéndose de mi cuerpo al oír a Lucas.

Me giré para mirarlo, ya que los habíamos sobrepasado con Leah y vi a Angie riéndose de ello.

—Me llamó, estaba muy aburrido y le comenté que saldríamos a navegar. Obviamente le pregunté a Daemon si podíamos incluirlo y estuvo muy de acuerdo.

—¡Carajo! —me quejé, sabiendo por qué Daemon accedió.

—Bueno, creo que el viaje acaba de volverse más divertido —urdió Leah, intuyendo mi razón para reaccionar como lo hice.

Había dejado todo claro con Andy, él aceptó ser solo mi amigo, pero tras lo que pasó con Daemon y sabiendo lo posesivo que podía llegar a ser, temí que su razón para incluirlo en el viaje fuese para que Andy entendiera que ya nada podía ser posible entre nosotros, o para que yo tomara una buena decisión con respecto a Daemon.

—Habría sido lindo de tu parte que no se te ocurriera invitarlo, *amigo*. —Satiricé hacia Lucas y él se encogió de hombros.

No esperé a que respondiera, simplemente seguí mi camino con Leah e ignoré que ella me mirase con interés. No era ninguna adolescente, nadie de los presentes lo éramos, pero siendo jóvenes, adultos o mayores, la presencia del ex siempre sería incómoda aquí y en China.

«Ayúdame, Diosito», pensé.

Resiliencia

Cuando salimos a la piscina saludé a Lane, Dasher y Bárbara, esta última se llevaría tremenda sorpresa en el viaje y sonreí hacia su novio muy agradecida de que, a pesar de apenas conocerme, me confiara algo tan serio e íntimo. Sadashi se hallaba retirada de ellos, terminando de preparar el bolso con las cosas de Asia y, cerca del muelle que nos llevaría hacia el catamarán, se encontraban los gemelos Pride White junto a Andy y un señor ya mayor.

Aiden cargaba a Asia.

—¿Lista para zarpar? —le pregunté a Sadashi con la esperanza de que mis nervios se calmaran y ella asintió. Usaba un bikini rojo con puntos blancos y cubría sus caderas con una salida de baño blanca de tela transparente.

—Quiero aprovechar que estamos solas para pedirte algo —comentó y la miré atenta—. ¿Podríamos reunirnos tú y yo, sin que nadie se entere, para hablar de ciertas cosas? —Su proposición me tomó por sorpresa y ella lo notó—. Digamos que estoy pasando por una situación un tanto difícil y me vendría bien conversarlo con una psicóloga, pero quiero que sea con discreción, nadie puede enterarse —explicó.

—Daemon me comentó que se marchan el miércoles, podrías visitarme mañana en mi consultorio —sugerí y negó.

—Me parece mañana, pero no en tu consultorio. —La miré con pena.

—No puedo hacer eso, Sadashi. Va en contra de mi ética profesional —le expliqué y ella asintió.

Agradecí que entendiera ese punto, pues como profesional no podía tratar a nadie fuera de mi consultorio, tampoco a personas conocidas, aunque en eso a veces se podía hacer una excepción si no existían lazos sentimentales.

—Entonces olvídalo —solicitó y antes de que le dijera algo volvió a hablar—. ¿Qué te parece si me invitas a un café en tu apartamento? Sé que mañana no tienes muchas citas, así que sales temprano. Llegaré a las cuatro de la tarde y te agradeceré que no se lo comentes a nadie. —Me quedé estupefacta con lo último, más con que ella supiera tanto de mi horario profesional o dónde vivía.

Quise indagar por qué lo sabía, pero justo en ese momento Aiden llegó y me saludó muy alegre. Sadashi se comportó como si nada hubiese pasado y trató de cargar a su pequeña, sin embargo, ella se aferró a su papi. Me obligué a actuar con naturalidad y a esperar hasta el siguiente día para que esa asiática me sacara de dudas.

—Pero mira cómo acaba de mejorar mi día. —La voz de Andy me puso alerta y me giré para mirarlo. Su sonrisa demostraba lo sorprendido y alegre que estaba de verme y antes de que pudiese reaccionar sus brazos me arroparon en el típico abrazo de oso—. ¡Te ves preciosa! —exclamó y me tensé por su acción al percatarme de Daemon llegando tras él.

Nos observó con un rictus severo y en su mandíbula noté la presión que hacía con los molares. Tanto Sadashi como Aiden estuvieron atentos a lo que pasaba y me pareció que nunca me sentí tan incómoda en la vida.

—Coincido contigo. —Acotó Daemon con voz ronca y fuerte.

Andy me soltó, pero dejó una mano en mi cintura y con disimulo lo tomé de la muñeca apartándolo con delicadeza.

Vaya situaciones en las que me metía sin buscarlas.

—Te ves tan hermosa como siempre, Rahsia. —No supe a ciencia cierta si Daemon me estaba halagando o se burlaba en ese instante.

—Gracias, chicos —murmuré y miré a Aiden y a Sadashi, ambos luchaban con una sonrisa y quise odiarlos.

—Creo que Lucas quería sorprenderme y por eso no mencionó que vendrías —señaló Andy todo inocente y me sentí muy mal.

Daemon seguía observándonos y supe lo que haría en el momento que caminó hacia mí, aun así, no tuve tiempo a reaccionar y casi me ahogo con tremendo beso que me plantó.

¡Maldita sea! Al parecer uno de los presentes sí tendía a actuar como adolescente a pesar de que no lo era, y en lugar de llamarle la atención por ello le correspondí el beso con torpeza, aunque pensando en que era algo que hablaríamos en privado y a la brevedad posible, porque sería la primera y última vez que me prestaría para una provocación como esa.

—Tardaste mucho —susurró sobre mis labios.

Resiliencia

Esa vez no cerré mis ojos al besarlo y noté que él tampoco. De hecho, ma parecía que nunca los cerró en todas las veces que me besó desde la noche anterior y eso me provocó curiosidad, pero lo dejaría para después.

En ese momento no era necesario verme en un espejo para comprobar que estaba roja, acalorada y con vergüenza. El carraspeo por parte de Aiden nos hizo volver al momento y no pude agradecerle, ya que prefería que la tierra me tragara a volver de nuevo a la realidad.

—Bueno, chicos. Creo que es momento de marcharnos —informó Aiden y comenzó a caminar hacia el muelle de nuevo, llevándose a su esposa e hija con él y gritándoles en el proceso a los demás para que subieran al catamarán.

Le obedecieron de inmediato.

—¡Bien! Creo que este día está lleno de muchas sorpresas —comentó Andy entre una exhalación fuerte y Daemon lo miró con desdén.

¡Carajo! Sabía que podía ser un cabrón, pero se quedó corto lo que yo imaginé.

—¿Sorpresas? ¿Por qué? —inquirió.

—No sabía que salías con Rahsia —respondió él.

—En realidad no…

—Es nuevo, apenas comenzamos a salir ayer, aunque nos conocemos desde hace un par de años. Nos tardamos, pero ya estamos en ello —me cortó Daemon.

Sonreí con debilidad hacia Andy cuando él me miró y supuse que recordó nuestra conversación pasada.

—Lo entiendo, viejo. Eres su situación complicada —replicó Andy y mi vergüenza aumentó cuando Daemon me miró con interés.

—*Okey*, Andy —dije mirándolo y luego miré a Daemon—, *situación complicada*, creo que es hora de marcharnos —avisé y comencé a caminar sin esperar por ninguno.

Lo hice antes de tomar la decisión de pasar del viaje porque juraba que ese encuentro con Andy y Daemon me había puesto con los nervios de punta.

Me uní a Leah y a Bárbara, quienes dejaron a sus novios atrás, confiando en que serían la mejor compañía en ese instante. Angie y Lucas acompañaron a Andy y lo guiaron hacia donde estaban Lane y Dasher; Daemon buscó a Aiden, Sadashi y Asia, ellos hablaban con el señor de antes, Leah me explicó que se trataba del capitán del catamarán mientras tenía la amabilidad de darme un recorrido por el transporte marino y ¡madre mía! El lugar era casi como estar en una casa de lujo con todas las comodidades; contaba con tres habitaciones, dos baños, cocina, sala y hasta una zona de recreo para adultos.

Leah me comentó que el abuelo de sus primos celebró las mejores fiestas en su *pequeño juguete* y su tía aprovechaba para hacer lo mismo cuando llegaban a la ciudad por cuestiones de trabajo.

—¡Joder! Que me siento importante al estar aquí. —Silbó Angie al unirse a mí y a Leah en el recorrido. Las tres nos reímos del comentario—. Imagino que ustedes visitan mucho a Daemon y están siguiendo los pasos de tu tía al hacer sus propias fiestas —señaló.

—Antes veníamos más, cuando Essie podía acompañarnos, o Abby —explicó Leah.

Angie no entendió la razón de mencionar a las chicas, tampoco sabía de ellas y aprendí que esa familia cuidaba mucho lo que diría frente a personas que todavía no incluían en su círculo de confianza, ya que, Leah le dio una explicación vaga a mi amiga.

—Bueno, me alegro de que nos incluyeran esta vez —celebró Angie y Leah la miró divertida.

—No nos quedaremos a dormir aquí hoy, pero si te entran ganas de divertirte con Lucas a tu manera mientras navegamos, te aconsejo que no utilices esta habitación —le recomendó Leah a Angie cuando estábamos en la habitación más grande.

Angie le guiñó un ojo con picardía.

Era la habitación más lujosa y con la cama más grande, Angie sostenía en sus manos una fotografía que tomó de la mesita de noche, en ella se hallaban los padres de Daemon, él y su gemelo junto a una chica preciosa que reconocí como Abigail, la pequeña y consentida de la familia.

Resiliencia

Ambas entendimos que estábamos en la habitación de los señores Pride White.

—¡Joder! ¿Por casualidad hay alguien feo en tu familia? —inquirió Angie y me reí.

También me hice la misma pregunta antes.

—Gracias por eso y no, ni los agregados. Si conoces a mamá o a papá lo entenderás. O mira a Sadashi, y qué decirte de tía Laurel, la madre de Dasher, incluso él mismo.

—¿Por qué incluso él? —cuestionó Angie con curiosidad y rodé los ojos.

—Ya, idiota. Deja de estar de metida —la regañé.

Me hizo un puchero y tomé a Leah del brazo ignorando a la pelirroja y saliendo de la habitación. Yo sí sabía la razón de que Leah dijera lo último, Dasher era adoptado, pero nadie lo sospecharía nunca a menos que la familia lo confesara.

Cuando llegamos afuera descubrimos que ya habíamos zarpado y ni siquiera nos enteramos, los chicos estaban montando su fiesta y Lane retaba a Andy para que bebiera de un sorbo lo que fuera que le sirvió en un vaso rojo, Lucas se reía y lo animaba. Las mujeres a mi lado corrieron en busca de sus acompañantes e inspiré con fuerza el aire salino que me rodeaba.

Angie se sacó el vestido y a Lucas se le fueron los ojos al verla, sonreí ante esa reacción y más cuando Andy frente a ellos gritó y frunció el rostro con desagrado por lo que bebía.

—Conque te alegra que él esté aquí. —Pegué un respingo al escuchar a Daemon detrás de mí.

Me había quedado en una especie de porche acuático, todos los demás se hallaban en la zona de diversión para adultos que constaba de sillones mullidos *beige*, que formaban una media luna, y algunas tumbonas acomodadas cerca del barandal que protegía al catamarán y sus ocupantes del mar.

La voz de Daemon me puso la piel chinita y cuando me giré para verlo lo admiré de nuevo con el torso desnudo, esa vez usaba un *short* celeste playero que hacía juego con el color de su tatuaje. Tenía el cabello desordenado por el viento que provocaba la velocidad del catamarán y protegía sus ojos con unas gafas. Su piel estaba brillosa

y a pesar de la distancia, sentí el aroma a coco de la crema solar y también el de su molestia; eso me recordó lo que aseguró y lo que hizo en su casa.

—No sé a qué te refieres —repliqué, alzando la barbilla y mirándolo con provocación.

—Lo sabes, no eres estúpida y yo tampoco lo soy —habló y su voz oscura demostró el enojo que lo atravesaba.

—Pues al parecer lo estoy siendo porque no te entiendo —repuse, tratando de no molestarme más por lo que dijo.

Daemon fue rápido al tomarme de la mano y antes de reaccionar ya me estaba dejando guiar por él hacia una habitación cerca de la de sus padres. Me solté de su agarre cuando estuvimos dentro, esa era más pequeña, la cama igual, aunque cabían dos personas en ella, sobre todo si una estaba sobre la otra y…

¡Dios mío! ¡¿Por qué estaba pensando en eso?!

—Estabas sonriendo al verlo —espetó Daemon sacándome de mis cavilaciones y fruncí el ceño al entenderlo todo.

Se arrancó las gafas con brusquedad y las tiró sobre la cama.

—Por si no lo notaste, también estaban con él Lucas, Angie, Lane y Leah. Y no sé por qué reclamas cuando fuiste tú quien accedió a que Andy viniera y ¿para qué, Daemon? —inquirí. Puse las manos en su pecho cuando intentó acercarse a mí, no me distraería con su cercanía. Eso debíamos aclararlo de una buena vez—. Querías que me viera contigo, necesitabas restregarle en la cara que estás *saliendo conmigo* y, ahora que toco ese tema, ¿desde cuándo me pediste salir? Porque te recuerdo que ayer lo único que hiciste fue besarme, tocarme y… ¿besarme? —Me avergoncé con lo último, Daemon me miró severo.

—¿En serio es necesario pedirte que salgamos después de todo lo que te hice?

¡Madre del amor hermoso! Ese chico tenía serios problemas con comprender mi forma de ser. Vamos, que entendía que él estuviese acostumbrado a que las chicas botaran sus bragas solo con verlo, pero yo no, bueno sí, aunque no con tanto descaro.

—¡Claro que lo es! Lo que pasó ayer no volverá a suceder a menos que me lo pidas. Me tomaste por sorpresa con ese beso

tan impresionante, pero… ¡Jesús, Daemon! No es justo, tú sabes lo que siento por ti y actuando así me haces pensar que te estás equivocando conmigo y crees que me voy a dejar usar tan fácil.

—¡Perfecto! Entonces sal conmigo y déjale claro a ese imbécil que ya no tiene oportunidad contigo y no, no te estoy usando. Nunca te usaría a ti. —Mis ojos se ensancharon al oírlo.

No solo porque accediera y me pidiera salir con tanta facilidad después de negarse, sino también por su necesidad de marcar territorio y más por lo que aseguró.

—Andy ya lo tiene claro desde antes de que actuaras como un neandertal —solté—, no hay necesidad de seguírselo recordando con esas muestras de posesividad. —Me cogió las manos para apartarlas de su pecho y se acercó más a mí.

—Yo creo que sí, me lo demostró en casa. Ese hijo de puta te habría besado si no interfiero. —Negué en desacuerdo—. Lo habría hecho, Rahsia. El gilipollas te sigue comiendo con la mirada a pesar de que le dije que estamos saliendo.

—No puedo controlar las miradas de nadie, Daemon. Es suficiente con que no le demuestre interés de mi parte.

—¡Para mí no, joder! ¡Quiero molerlo a golpes para que entienda! ¡Quiero que le grites que no buscas nada con él! ¡Que le digas que estás conmigo y solo conmigo! —gritó y eso me asustó, aunque traté de no demostrarlo.

Daemon podía perder el control con rapidez.

—¡Por Dios! No eres un adolescente, no hay necesidad de los golpes ni de que le aclare lo que ya está más que claro —repliqué y rio sin diversión alguna, pero sí con mucha ironía.

—Creo que olvidas que soy peor que un adolescente. Te lo dije, Rahsia, puedo ser muy peligroso, recuerda que soy…

—¿Un idiota? Sí, no lo olvido —lo corté y me miró sorprendido.

—Sabes a lo que me refiero —aclaró y sí lo sabía, pero no lo veía así.

—No, no lo sé, ya que la mayoría del tiempo veo a un hombre intrigante, interesante, seguro, decidido, guapo, un tipo que me vuelve loca en todos los sentidos —aseguré y con cada cosa que decía lo apunté con el dedo y lo recalqué tocando su pecho—. Y

ahora mismo, a un idiota celoso, posesivo, inseguro y que no confía en mí. Eso es todo lo que veo —finalicé y traté de empujarlo, pero mi pobre índice era nada contra su enorme cuerpo.

Mis inseguridades no eran nada en comparación a las suyas y su forma de ser podía tomarse por caprichosa e intolerable para muchos, hasta que entendían que a pesar de que era guapísimo y que fácilmente tenía a sus pies a la chica que se le antojara, volviéndose altanero por eso, en la realidad seguía siendo un ser vulnerable e incrédulo de él mismo.

—Confío en ti, pero no en mí ni en él —admitió y entorné los ojos.

—Si me conoces, entonces sabes que soy capaz de alejar de mí a las personas que no me interesan, que no me convienen o a las cuales no puedo tener —murmuré y asintió—. Te alejé a ti por mucho tiempo, Daemon. A ti, aun sintiendo lo que siento.

—Lo sé, por eso tuve que renunciar a ti como mi terapeuta. Era la única manera en la que podría tenerte —confesó y mi corazón palpitó como si fuera en una maratón.

¿Renunció a mí con esa intención?

¡Jesucristo! Y yo hice todo un drama suponiendo otras cosas.

—Entonces…. ¿sí querías algo conmigo desde antes? —cuestioné insegura, él sonrió como si lo que acababa de preguntar fuera lo más estúpido.

—No entiendo por qué te sorprende. —Fue mi turno de reír irónica.

—Mírate y mírame. —Nos señalé y negó.

En un santiamén me tomó de la cintura y me giró en mi eje para hacerme quedar frente a un espejo de cuerpo completo que no noté antes. Era parte de un pequeño guardarropa y la imagen que vi me impactó más de lo que esperé. Daemon era impresionante, imponente, altísimo y con un aura de peligro que sobresalía ante la mía llena de inexperiencia.

Inocencia y maldad, eso fue lo que mostró nuestro reflejo. Reafirmó su agarre en mi cintura y me miró a través del espejo, tiró un poco de mí hacia atrás y sentí su pelvis en mi trasero y ¡madre mía!

Resiliencia

—¿Tú-tú… estás teniendo una erección? —pregunté y con toda intención de confirmarlo se rozó en mi culo, la tela del *short* no hacía nada para disimularlo.

—Y me cuesta controlarlas cuando estás cerca —admitió. Lo vi por el espejo cuando giró el rostro para observar mi cuello y se lamió los labios—. Yo sé lo que veo contigo, Rahsia. Desde la primera vez que nos encontramos en el aeropuerto, cuando creí que no volvería a verte —aseveró provocando que mi pecho cosquilleara y mi vientre se calentara—. Y siento mucho si te hice creer que me gustaba más otro tipo de mujeres con mis vivencias.

Vaya, no esperaba que pidiera disculpas por eso.

—No las recuerdes ni me incites a que yo lo haga —susurré porque ese momento era mío y no quería enturbiarlo con todo lo que me contó como parte de las terapias.

Menos mal él se encargó de borrar cualquier recuerdo de mi cabeza cuando besó la comisura de mis labios, haciendo que me aferrara a su brazo. Con la otra mano me tomó de la barbilla y giró mi rostro para alinear mi mirada con sus ojos penetrantes, instantes después presionó nuestras bocas en un beso delicado que me cortó la respiración y aumentó aquellas cosquillas en mi pecho que de inmediato bajaron a mi estómago.

¡Dios!

Daemon era dominante incluso siendo delicado y me daba dulzura a pesar de la amargura que aparentaba.

Gemí cuando tiró de mi labio con sus dientes y tan pronto como busqué hacer lo mismo, metió su lengua en mi boca arrasando con todas mis terminaciones nerviosas, desconectándome y conectándome con un choque de voltaje potente que dio en mi corazón y palpitó incluso en mi entrepierna.

¡Maldita sea! Quería entregarme a él, no me importaba el dolor, si era pronto, o las consecuencias que tendría después; cada vez que ese hombre ponía una mano encima de mí necesitaba que siguiera y no parara hasta que me desflorara incluso el alma.

—¡Dios! —susurré sobre sus labios y abrí los ojos.

Daemon tenía abiertos los suyos.

—Estoy más que tentado a quedarme aquí y dejar de lado la reunión con los chicos —confesó y volvió a besarme, esa vez dándome solo un pico.

Sus ojos siguieron abiertos y yo no cerré los míos para asegurarme de si él los seguiría manteniendo así.

—¿Por qué no cierras los ojos cuando me besas? —pregunté tomándolo por sorpresa.

No respondió enseguida, lo que hizo fue seguirme observando y me acarició la barbilla.

—Para asegurarme de que no estoy en un sueño —admitió sin titubear.

Ni en un millón de años mi corazón, mente y alma esperaban esa respuesta. Y con eso Daemon hizo que vocalizara una decisión que tomé en tiempo récord.

—Fóllame ahora mismo —demandé.

14 | Todavía veo las mariposas

RAHSIA

El tiempo se detuvo en cuanto esas palabras salieron de mi boca y, por supuesto que, así como yo no esperé su respuesta con respecto a por qué no cerraba los ojos al besarme, Daemon tampoco esperó la mía. Sin embargo, dije lo que dije porque lo quería, lo necesitaba. Al demonio con los límites, me los impuse durante veinticuatro años y estaba dejando de vivir las experiencias que más deseaba por culpa de prejuicios, o lo que sea que yo misma me implanté.

—¿Estás segura? —preguntó. Según él, sus intenciones eran darme espacio, pero esa mano que recorrió de mi mandíbula hacia mis pechos y se detuvo en la cinturilla de mi falda dictaba todo lo contrario—. Porque ya viste cómo me he puesto con unos besos que te he dado, o con haber lamido y devorado tu coño.

—¡Daemon! —exclamé cohibida cuando habló así. Intenté dejar de mirarlo, pero de nuevo me cogió la barbilla y lo impidió.

¡Maldición! No debí haberme peinado con esas coletas de niña inocente porque con mi falta de experiencia todo se sentía y me hacía ver peor.

—Daemon, ¿qué? —exigió. Me mordí el labio y sentí que me puse más roja que mi *top*—. *La mia innocente diavoletta*, me acabas de pedir que te folle y te sonrojas con mis palabras. —Me sostuvo las mejillas hasta acercarme a él. No me besó como antes, esa vez solo se ocupó de ser él quien mordía mi labio y, aunque la curiosidad por saber qué significaban las palabras con las que ya me había llamado anteriormente y en ese momento, me picó, lo olvidé con su siguiente declaración—. Te he comido el coño anoche y solo recordarlo me hace ponerme enfermo de deseo y posesividad.

El corazón me amenazó con salirse por mi garganta.

Me hizo girar para quedar frente a él y mis ojos se desorbitaron cuando me cogió la mano y la llevó hasta su entrepierna. Su mirada estaba oscurecida y nada tenía que ver con uno de sus episodios, sino más bien con la intensidad de lo que estábamos viviendo.

—¿No llevas bóxer? —inquirí al sentir su corona y sonrió.

—Haces unos cambios de tema tan ocurrentes —señaló. Estaba actuando torpe, eso pasaba—. Y no, no llevo. Pero responde a lo que te pregunté, ¿estás segura de querer que te folle ahora mismo? ¿Sin importar que luego de eso ya no te deje probar a nadie más que no sea a mí?

Es que no quería probar a nadie más, porque si hubiese sido así no sería virgen a los veinticuatro años.

—¡Santa polla! —solté cuando me hizo restregar la mano ahí, sacándome de inmediato de mis pensamientos.

Había pensado lo mismo anoche, en cuanto descubrí su pene grande, grueso y con venas gordas de sangre que lo recubrían. La corona sobresalía del falo como un hongo, rosada y brillosa, y admitía que deseé probarla, pero me contuve porque no quería pasar una vergüenza al no saber hacerlo. Y, no mentí cuando le dije que era muy bonita, nunca esperé ver el miembro de un hombre de esa manera.

—Muero por penetrarte hasta el…

—¡Jesús! ¡Allí no! —grité saliendo de mis cavilaciones y como pude le tapé la boca.

Resiliencia

En un momento me estuvo mirando con deseo y al siguiente le añadió diversión, apartando mis manos de su boca.

—Hasta el alma, Rahsia. ¡Mierda! Y crees que yo soy un boca sucia por hablarte así cuando tu mente no se queda atrás —señaló. Ya no estaba roja, creo que todavía no inventaban el nombre del color de la vergüenza que sentí en ese momento—. Pero volviendo a lo importante, si me dices que estás segura, te voy a follar como el maldito desequilibrado que soy.

En contra de todo lo que estaba viviendo y sintiendo, no cambié de opinión y asentí.

—Estoy segura —sentencié—, llegó el momento de desequilibrar un poco mi cordura.

No sé qué le causaron mis palabras, pero estaba segura de que no fue nada malo porque enseguida nuestras bocas se encontraron, en ese instante como dos camiones haciendo colisión, pero sin daños físicos, aunque sí mentales. Nos besamos como si fuera la primera y última vez que haríamos contacto, mi lengua acariciando la suya cuando me encontró y juraba que todo lo que me estaba haciendo fue lo mismo que hizo con el sur de mi cuerpo la noche pasada.

Y vaya que mi entrepierna lo sabía, me lo demostró en cuanto aquella corriente eléctrica me atacó el vientre y se detuvo justo en mi manojo de nervios, provocando que la humedad se hiciera presente a causa de ese beso orgásmico. Recorrí sus brazos y hombros con mis manos hasta llegar a su nuca y enterrar mis dedos en su cabello.

Esa vez era yo y no el viento quien se lo desordenaba.

Había leído que los besos eran adictivos, Daemon dijo que lo dopaban y entendía la razón. Él sabía delicioso, sus labios suaves y dulces, aunque demandantes; me mordía y chupaba y gemí porque mis pensamientos ya volaban cuando sus manos me apretaron los cachetes del culo.

—Daemon —susurré sin aire en el instante en que metió una mano en medio de mis piernas y me tocó por encima de la tanga.

Presionó su frente a la mía y miró hacia abajo, gemí de nuevo con los movimientos circulares que hizo con el dedo medio mientras que con la otra mano desató el moño que unía mi *top* y mis pechos quedaron expuestos.

—Quiero follarte, desflorarte, penetrarte, hacerte mía —sentenció y me mordió el labio con fuerza. Quizá me habría dolido si no hubiese movido con agilidad el dedo en mi entrepierna—. Pero no aquí.

—¡¿Qué?! —chillé.

Quise llorar porque se negaba de nuevo. No entendía por qué siendo un cabronazo, un maldito follador, me estuviese rechazando así. Aunque tras querer matarlo me aferré a sus brazos porque con destreza hizo mi tanga a un lado y me tocó en carne viva, metiendo un dedo dentro de mí.

—¡Puta mierda, Rahsia! No me pongas difícil el querer ser un caballero contigo —espetó al sentirme muy mojada.

Cerré los ojos y recargué la frente en su hombro, a la vez que hice más presión en sus brazos y me mordí el labio para no gritar.

—Voy a comerte el coño de nuevo —susurró en mi oído, en ese instante no me dio vergüenza, solo más deseo—, pero únicamente mi cama o la tuya serán testigos de cuando sobrepase esa barrera con mi polla.

—¡Daemon! —supliqué, sus dedos no dejaban de moverse en círculos, torturándome al jugar con mis fluidos, utilizándolos como lubricante para que el placer en mi vientre aumentara.

—¿Daemon qué, nena? —Con la mano libre me cogió de las mejillas y me obligó a verlo.

¿Nena? ¡Dios mío! Era un apelativo muy común, pero que lo dijera él para llamarme a mí lo hizo especial y único, sobre todo por el tono y la manera en la que paladeaba cada sílaba. Grité de placer dejando de darle atención a eso en cuanto los movimientos en mi entrepierna se apresuraron, Daemon me miró y sonrió abriendo un poco la boca, simulando un jadeo de su parte.

¿Podía ser más sexi? A esas alturas suponía que sí.

—¿Quieres correrte? —cuestionó con la voz oscura y asentí—. ¿Así o con mi boca?

Me estaba muriendo del placer y la vergüenza, y él lo sabía tanto como lo disfrutaba.

—Co-como tú quieras —titubeé y negó chasqueando con la lengua.

Resiliencia

—No, Rahsia. Será como tú lo pidas, solo hazlo.

—¡Oh, Dios! —gemí cuando sentí que introdujo otro dedo.

No fue delicado, aunque debió tenerme muy excitada porque no me dolió como supuse que lo haría, es más, esperé a que volviera arremeter, pero con más intensidad. Se metió uno de mis pechos a la boca y lo chupó con ímpetu, recargué las manos en sus hombros y me mordí el labio con fuerza para no gritar.

—Pero te sugeriré algo —habló, continuando con lo anterior—. Puedes pedirme que lo haga de ambas maneras, mi lengua y mis dedos hacen un buen equipo.

—Te necesito, Daemon —solté. Al carajo con la vergüenza, me urgía correrme—. Quiero tu boca y tus dedos. ¡Jesús! Deseo tu pene también, pero no quieres dármelo —señalé en un lamento y negó divertido.

—Te lo daré, lo prometo —aseguró y me subió la falda hasta la cintura para luego comenzar a sacarme la tanga.

Y, en ese instante tocaron la puerta con insistencia.

—Esto tiene que ser una jodida broma —se quejó.

—¡Maldita sea! —espeté.

Deseé salir y matar a quienquiera que nos estuviera interrumpiendo.

—¡Chicos! Siento mucho interrumpirlos, pero Dasher está a punto de pedirle matrimonio a Bárbara y solicita que estemos todos presentes. —Era Lane quien estaba del otro lado de la puerta.

El enojo en Daemon fue evidente.

—¡Vete a la mierda, Lane! —gritó con la clara intención de ignorarlo.

Intentó seguirme bajando la tanga, pero lo detuve al recordar la ilusión de Dasher por este día.

—Por mucho que odie decir esto, lo haré: deberíamos acompañar a tu primo en este paso tan especial.

—¡Tu chica tiene razón, hermano! —me apoyó Lane desde afuera.

—¡Yo también estoy en algo muy especial y acabas de joderlo! —contraatacó Daemon hacia su amigo y sacudí la cabeza. Ya tenía la cara roja de vergüenza y deseo, y que dijera eso me puso peor—.

Lo hizo —aseguró al mirarme, era como un chiquillo refunfuñando y sonreí.

—¡Lo repito, lo siento! Pero es importante, viejo. No todos los días tu primo, tu mejor amigo, se compromete en matrimonio con la mujer que ama.

Como respuesta para Lane, Daemon bufó y rio satírico; alcé una ceja y lo miré con curiosidad, pero no lo vi dispuesto a explicarme su reacción, se limitó a ceder ante la petición de su amigo y me acomodó la falda. Yo volví a hacer el moño en mi bañador para cubrirme las tetas.

Me sentía incómoda con aquella humedad entre mis piernas y estaba segura de que no me quitaría la falda frente a nadie que no fuera Daemon ese día, puesto que al hacerlo me expondría y sabrían lo que estuvimos haciendo.

—Te voy a recompensar esta interrupción —susurró él para luego besarme.

Como ya sabía, sus ojos estuvieron abiertos y admitía que después de su confesión me pareció lindo que los mantuviera así. Me hacía sentir demasiado importante ser el sueño de un hombre como él y la ley de atracción se hizo presente cuando lo seguí luego de que pusiera fin a ese formidable beso.

—¿Y eso por qué ha sido? —preguntó luego de que lo pellizcara.

—Para comprobarte que esta hermosura está en tu realidad —dije mientras caminábamos hacia afuera. Me tomó de la mano y sonrió—. Eres un chico con suerte —añadí y le guiñé un ojo.

Estaba sacando a relucir mi actitud adorablemente altanera, según las palabras de Angie cuando me comporté así frente a ella.

—Vaya que lo soy —respondió él haciendo que mi ego creciera.

Me acomodé el cabello mientras caminábamos y sentí tremendo alivio al no encontrar a Lane, ya que hubiese sido bochornoso verlo después de que nos interrumpiera, pues no era idiota y debía saber por qué nos encerramos.

Afuera todos los presentes estaban gritando, Bárbara todavía ignoraba la razón de que Leah le estuviera cubriendo los ojos y Dasher se preparaba a sus espaldas, poniéndose de rodillas para hacer su proposición.

Resiliencia

—¡Me cago en la puta! —espetó Daemon a mi lado y lo miré.

Estaba con el móvil en la mano y vi el nombre de «Patito» en la pantalla, era una videollamada entrante y noté su incomodidad.

—¿Está todo bien? —cuestioné y me miró serio.

—No esperaba que Abby me llamara justo en este instante.

—¡Joder! Respóndele, viejo. Así estaremos casi completos para acompañar a Dash —dijo Lane llegando detrás de nosotros.

Llevaba tres copas de *champagne* y nos tendió una a Daemon y a mí, todos los demás también tenían una para brindar. Miré a Daemon nuevamente y me di cuenta de su inseguridad y la lucha interna que mantenía, algo que no comprendí. Minutos después terminó por responder y me alejé unos pasos para darle privacidad.

—Patito, llamas en el mejor de los momentos. —Lane por su parte desconocía la privacidad y reí cuando Daemon le metió un codazo.

—*¿Y eso por qué?* —Escuché a la chica decir, sonaba divertida.

Lane, por supuesto, que le dijo la razón y me desconcertó demasiado ver a Daemon tan molesto, aunque ya no pude ponerle atención porque Angie llegó junto a Lucas y Andy, este último me observó curioso y ya sabía que estar con él no ayudaría con el ánimo de Daemon, pero tampoco actuaría como una chica sometida al hombre con el que recién salía y menos me dejaría someter.

Además, no hacía nada malo.

Dasher al fin pudo proponerle matrimonio a Bárbara, ella no se lo podía creer, aunque era obvio que diría que sí. En todo el alboroto que se armó terminé por alejarme más de Daemon, él seguía hablando con su hermana y se acercó a los recién prometidos; imaginé que Abby quería felicitarlos.

—Así que después de probarlo, ahora no puedes dejar de hacerlo. —Miré a Angie sin comprender lo que me decía. Estábamos solas en ese instante.

—¿De qué hablas?

—No te hagas, picarona —dijo y me golpeó con el hombro, no fue brusca sino más bien cariñosa.

—Ya estás borracha y recién comienzas —acusé y negó.

—Tenemos horas navegando, cielo, pero obviamente tú ni enterada por estar follando.

—No estaba follando —me defendí, mis ojos se desorbitaron con su acusación y me reí al ver que ella quiso poner los suyos en blanco y por poco le quedaron trabados—. Todavía no me acuesto con Daemon, Angie, te lo juro.

—¡Puf! Estoy borracha, no idiota.

—¡Te lo juro! —exclamé y ella negó.

—Romeo es de los que se lleva a las chicas a la cama en la primera oportunidad, no espera. —Fruncí el ceño al escucharla, ya arrastraba las palabras y tronó los dedos para hacer énfasis en lo rápido que era…

—¿Romeo? —inquirí al percatarme de cómo lo llamó y me miró divertida.

—Sí, amiga, Romeo. ¿Acaso ya olvidaste que también le llamabas así al principio? —Hice un movimiento negativo con la cabeza y reí.

Por supuesto que lo hice y me sorprendió haberlo olvidado.

—Aunque no lo creas, no hemos tenido sexo y esta vez yo sí quiero, pero él se niega —confesé y Angie me miró como si me hubiesen salido dos cabezas—. Anoche no quiso, dijo que me daría la oportunidad de que pensara bien si quería entregarle mi virginidad a él y ahora allá adentro, aseguró que solo me tomará en su cama o en la mía. —Mi amiga podía estar borracha, pero todavía comprendía y yo necesitaba sacar eso—. ¿Y por qué aseguras que es rápido? —Quise saber y miró hacia el frente.

—Creo que es la mala costumbre que tengo de juzgar a los hombres y encerrarlos en el mismo círculo de mierda a todos —explicó un tanto serena y la miré hasta que ella me buscó con los ojos. Entendía su forma de pensar porque desde hacía mucho mi amiga solo tenía malas experiencias—. Me ha pasado también con el papacito de tu amigo. —Hizo un movimiento de cabeza para señalar a Lucas.

Nos habíamos alejado de todos, esperando el momento oportuno para felicitar a Dasher y Bárbara. El yate se detuvo para darnos tranquilidad y admirábamos el tremendo paisaje que nos rodeaba, el agua era azul oscura, pasiva, hermosa y aun así no dejaba de ser peligrosa. La playa y las casas se miraban diminutas desde nuestro punto y solo la música en el catamarán rompía el sonido del viento y del agua.

—Perder tu virginidad será especial y me alegra que Daemon lo esté valorando —prosiguió con el tema después de un buen rato—. No mereces menos, cariño, y me hace feliz que tras haber esperado una eternidad para probar una de las mejores maravillas de la vida, escogieras bien con quién hacerlo.

La abracé cuando terminó de hablar, sus palabras me hicieron comprender mejor la negatividad de Daemon y deseé volver pronto a tierra para comprobar qué sucedería ese día.

Luego tuvimos la oportunidad de felicitar a los prometidos, Bárbara se veía extasiada y no podía dejar de ver la argolla que ya adornaba su anular; con Dasher en cambio me sorprendí un poco, pues tras haberlo visto feliz y nervioso, lo noté con la chispa apagada al abrazarlo.

—Todavía no te casas y ya te estás arrepintiendo —me burlé y sonrió.

—Para nada, aunque, a veces, que te feliciten por este paso da un poco de miedo —explicó.

—¡Oooh sí! —Todos miramos a Angie cuando gritó.

Truth Hurts de Lizzo estaba sonando en ese instante y supe de inmediato por qué reaccionó así. En seguida se llevó a todas las chicas a la pista improvisada, Sadashi se negó y al percatarme de ello me acerqué y me la llevé conmigo. Los chicos comenzaron a gritar emocionados al vernos bailar, aunque abuchearon cuando cantamos a todo pulmón parte de la canción y se las dedicamos. Nada era personal, por supuesto. Ese fue nuestro himno por mucho tiempo con Angie y nos encantaba bailarlo y gritarlo.

Para ese momento había perdido de vista a Daemon, me enfoqué demasiado en las chicas y nuestro baile y tras una canción llegó otra. Descubrí que a Lane le encantaba hacerla de cantinero y más le gustaba emborrachar a los presentes, pues no paró de preparar y llevarnos tragos. Sadashi ya se encontraba achispada y nos reíamos por cualquier tontería, Aiden cuidaba de Asia junto a los demás chicos, aunque también tenían a una niñera que los ayudaba.

—¡Mierda! Estos tipos sí saben divertirse. —Andy también estaba achispado y me reí por el comentario.

Se había quitado la camisa y noté que tenía el cuerpo más trabajado que cuando estuvimos juntos, su piel brillosa olía a crema solar y ya se le notaba el bronceado.

—Somos las chicas las que hemos puesto la diversión —señalé y se subió las gafas. Donde estábamos el sol pegaba menos.

—Extrañé mucho esa chispa tuya —comentó y me guiñó un ojo. Miré a mi alrededor y él lo notó, mi manía se hizo presente dándole a entender algo equivocado—. ¿Crees que Daemon se enfadará contigo por hablarme? —inquirió.

—Claro que no. —Me apresuré a responder.

—Menos mal, Rahsia. No me gustaría verte sometida ante nadie, eres demasiado libre y especial como para que un idiota machista quiera quitarte el brillo.

—Eso jamás pasará —respondí un poco exaltada—. Me conoces, Andy, y sabes bien que no dejo que nadie decida por mí. Daemon no será la excepción —aseguré.

—Esa es mi chica —halagó y le di un golpecito en el brazo.

Seguimos hablando un rato más y me sorprendió mucho que acabara con el coqueteo que casi siempre incluía cuando estábamos juntos. Se marchó en busca de Lucas rato después y yo me fui hacia donde se hallaban las chicas. Ya había pasado mucho tiempo, horas en las que Daemon desapareció de mi vista y eso comenzaba a inquietarme, aunque justo cuando me dispuse a buscarlo lo vi salir de adentro del catamarán junto al capitán; le sonreí cuando nuestras miradas se cruzaron y solo obtuve un asentimiento de su parte, acción que me sentó mal.

Decidí a acercarme para saber qué pasaba, pero Daemon lo notó y en lugar de permitirse hablar conmigo terminó por llamar a Lucas y pedirle que charlaran un rato.

—¿Qué sucede contigo? —le cuestioné antes de que Lucas llegara.

—Nada —respondió lacónico—. Solo aléjate de mí en este instante. —Me detuve en seco al escuchar esa demanda de su parte, puesto que todavía estaba caminando hacia él—. No es un buen momento, Rahsia, en serio.

Resiliencia

No quise insistir porque sabía que también debía darle su espacio. Y menos mal que Lucas llegó para cortar ese momento incómodo entre su amigo y yo, ya que no supe qué hacer cuando me pidió que me alejara de esa manera pésima. A pesar de eso, miré a mi amigo suplicándole que no fuera a dejarlo solo, recordando a la vez que muchas veces a los bipolares les resultaba mejor hablar con personas con su misma condición; y era consciente de que justo en ese instante Lucas era mejor compañía para él.

Me alejé sin decir nada y me uní a los demás, decidí confiar en Lucas y traté de disfrutar de ese viaje, aunque me fue difícil al ver a Daemon y a nuestro amigo hablar en el portahelicóptero del yate, que quedaba en lo alto y desde donde nos encontrábamos podía observar los gestos molestos de Daemon. Miré a los demás chicos para confirmar si veían lo mismo que yo, pero estaban absortos en sus cosas.

Mi estadía ya no se sintió bien e intenté disimularlo, hice de todo por mezclarme, pero me fue casi imposible. Al final, terminé rogando para que las horas pasaran y regresáramos a la mansión White.

La pequeña Asia fue la única en hacerme sonreír.

Para cuando volvimos de nuevo a tierra, sabía que ya no vería a Daemon. En el yate, y al regreso de Lucas, me dijo que su amigo había optado por recostarse un rato, puesto que decidió ingerir un calmante para controlar su estado de ánimo. Terminé por pedirle un aventón a Angie (Andy se ofreció a llevarme, pero me negué) y me despedí de mis nuevos amigos. Por supuesto que quise cerciorarme de que Daemon estuviese bien, mas no pude. Me conformé con lo que Aiden me aseguró.

—Sé que lo comprendes, Rahsia, pero de verdad siento mucho que tengas que pasar por esto con él —me dijo cuando me acompañó hasta la puerta.

Angie y Lucas me esperaban en el coche.

—Me siento mal porque estábamos *bien* —comenté haciendo comillas con los dedos. Estar bien con Daemon no siempre era fácil— y de pronto él se puso raro y ni siquiera supe por qué.

—Te lo dirá en cuanto se sienta mejor —prometió y asentí. Era consciente de que lo haría— y gracias por entenderlo.

—No lo agradezcas. Ha sido un placer conocerte a ti y a tu familia —declaré y me sonrió.

—También ha sido un placer conocerte, cuñada. —Sonreí tímida cuando me llamó así—. Por cierto, Rahsia —añadió en el momento que comencé a irme y detuvo mis pasos—. Te daré un consejo, si quieres que mi copia nunca aparte su boca de la tuya —lo miré perpleja ante eso, Aiden solo sonrió—, no uses labial cada vez que estés cerca de él.

—¿Eh? ¿*Okey*? —Fue lo único que se me ocurrió decir sin indagar más.

Me puse labial al bajarme del yate porque sentí los labios resecos, pero no lo había usado cuando llegué a la casa, antes de que zarpáramos para navegar un rato.

Continué el camino hacia el coche y a mi mente llegó el día que estuve con Daemon por primera vez en esa casa, él restregó sus dedos en mis labios, lo hizo como un bebé travieso queriendo quitarme el labial, aunque no lo logró. La curiosidad me invadió y junto con la tristeza y preocupación, lograron mantenerme callada durante todo el recorrido a casa. Lucas y Angie hablaron de lo bien que la pasaron y de los planes que tenían para esa noche, les deseé lo mejor cuando llegué a mi apartamento y me despedí de ellos; mi amiga prometió buscarme al día siguiente para almorzar juntas y solo asentí.

Teníamos muchas cosas de las cuales platicar.

Cuando entré en mi apartamento solté tremendo suspiro, ese día había sido agridulce y lo que menos esperaba era volver sola, o volver en realidad. Debía trabajar al día siguiente, comunicarme con Karina para que me pasara la agenda, aunque no pensé en nada de eso horas antes.

Me fui directo al cuarto de baño a tomar una ducha, preparé el agua y me desvestí, antes de meterme debajo de la regadera cogí el móvil y le envié un mensaje a Daemon deseándole que se sintiera mejor, agregué que lo extrañaba y no esperé respuesta porque sabía que no me contesetaría. Así que con un dolor en el pecho me duché y tras salir me preparé para irme a la cama.

Resiliencia

Esa fue la respuesta de Karina al mensaje que le envié rato antes. Miré mi móvil personal y me decepcioné al no encontrar ningún mensaje de Daemon, incluso sabiendo que no habría respuesta. Resignada me fui a la cocina por una botella con agua y pegué un respingo cuando de regreso a la habitación el timbre sonó con insistencia.

Con sigilo me acerqué y observé por la mirilla y si el sonido del timbre me asustó, lo que vi me paró el corazón.

—Tranquila, Rahsia. Es posible que sea Aiden —me susurré al ver a aquel chico.

Pero era absurdo hacerme la tonta, identificaba a esos gemelos sin necesidad de verlos a los ojos o al tatuaje que los diferenciaba. Era Daemon el que se hallaba afuera y si hubiese ignorado su procedencia, o los contactos de sus padres, me habría asustado de que supiera dónde vivía.

Conté hasta veinte para no parecer tan urgida y me acomodé el *short* de algodón que usaba como pijama. Era cortísimo y de puro milagro me cubría las nalgas. Y para ser sincera, me gustó estarlo usando en ese momento.

—¡Daemon! —exclamé sorprendida, o al menos fingí muy bien que lo estaba.

Lo encontré con una mano recargada a cada lado del marco de la puerta y me miró con frialdad cuando nos encontramos.

—Te dije que sería tu cama o la mía.

¡Jesucristo!

Esa fue toda la advertencia que obtuve antes de que se fuera sobre mí. Su boca demandante se apoderó de mis labios, nuestros dientes chocaron, su lengua se encontró con la mía y nuestro calor y aliento se mezclaron; todas las sensaciones de ese beso desenfrenado agolpándose en mi vientre, atravesando mi entrepierna con una corriente de lujuria que me robó el poco oxígeno que Daemon me estaba dejando.

Lo dulce y suave no cabía entre nosotros en ese instante, nos deseábamos demasiado como para tenernos paciencia, lo confirmé al gemir sobre la boca de Daemon porque él me cogió las nalgas con fuerza y mi sexo palpitó ante la expectativa.

Por un momento de verdad creí que llegó para que habláramos sobre lo que sucedió en el yate, o al menos hacer eso antes que otra cosa, pero no… ¡Dios! No. Iba a pasar… ¡Maldición! Hasta ese día llegaría siendo virgen.

Di un paso hacia atrás cuando Daemon me obligó a hacerlo, cerró la puerta detrás de él y se sacó la playera alejándose de mí unos centímetros. Sus hombros y brazos estaban rojos por el sol recibido ese día, también más calientes de lo normal y olía delicioso; me sacó la blusa a mí y al no usar sostén mis pechos quedaron expuestos en un nanosegundo, aunque sus manos desesperadas me cubrieron enseguida.

—Dime que no te has arrepentido —suplicó sosteniéndome del rostro y besándome una y otra vez.

—Jamás —aseguré con la voz amortiguada por sus labios y para hacerlo más creíble pasé las manos por su pecho y descendí a su abdomen, tocando los surcos y ondulaciones de sus músculos.

Dejé de besarlo para mirarlo a los ojos y noté el deseo voraz que los velaba. Me deleité al percatarme de su nuez de Adán moviéndose con violencia en cuanto desabroché su cinturón y el botón de su vaquero, y sin perder el tiempo metí la mano dentro y tragué en seco al descubrir que de nuevo no llevaba bóxer.

Me encontré con toda su gloria piel a piel y me asusté al pensar que me metería todo eso, pero lo disimulé.

—Vienes listo —susurré con una sonrisa, tratando de olvidar que aquello podría ser doloroso y él negó.

—No fue intencional, sino por la prisa que tenía de llegar aquí —aseguró y le creí, Daemon no me mentiría con lo sincero que tendía a ser—. ¿Y tú lo estás? —cuestionó, antes de darme chance de responder había metido la mano en mi diminuto *short*.

—Daemon —gemí.

Su beso había hecho que me humedeciera, así que cuando introdujo un dedo entre mis pliegues se deslizó con facilidad. Soltó un gruñido que me calentó el cuerpo entero y sus ojos penetrantes no se apartaron de los míos incluso cuando me besó y mordió el labio, tirando un poco de él.

Jadeé porque comencé a sentirme más dolorida y necesitada con los movimientos de arriba abajo que ejecutaba en mi sexo, siendo delicado a pesar de que podía jurar que lo que él más deseaba en ese instante era ser duro conmigo.

—¿Alguna vez te has probado? —preguntó y no le entendí—. Cuando te has masturbado, Rahsia, ¿te has probado? ¿Así? —Se llevó el dedo a la boca, el mismo que antes tuvo adentro de mí.

¡Madre mía!

Era obvio que eso me avergonzaría, pero también me puso a mil porque Daemon chupó su dedo con una sensualidad que desconocía que los hombres tuvieran, descomponiendo su gesto duro para formar uno de placer.

—Jesús —musité por lo bajo y negué con la cabeza al saber que él seguía esperando una respuesta de mi parte.

Sonrió, aunque lo hizo con maldad y peligro, demostrándome que esa noche sus intenciones conmigo eran perversas.

—Sabes delicioso —aseguró y metió una vez más el dedo en mis pliegues, jadeé con la caricia y cerré los ojos, aunque los abrí enseguida porque en un parpadeo no lo sentí más—. Abre la boca —demandó y en cuanto lo hice introdujo su dedo, haciendo que me saboreara.

No sentía asco de mí, pero sola jamás me habría probado. Era más de usar algún juguete en las pocas ocasiones que llegué a experimentar con mi placer, sin embargo, aceptaba que saborearme fue un acto sensual que me gustó más de lo que supuse, por lo que chupé su dedo, imaginando de paso cómo lo haría con su pene; porque estaba segura de que en algún momento le haría una mamada, ya que pretendía comerme a ese hombre en todos los sentidos y lo haría bien.

—¿Cuál es tu habitación? —Señalé hacia el lado derecho como respuesta, mi habitación quedaba justo enfrente de la sala.

Mostrándose como Pedro por su casa, me tomó de la mano y me llevó hacia donde le indiqué, cerrando la puerta cuando estuvimos

dentro. Al percatarme de que la situación se estaba volviendo más intensa me sentí un poco cohibida, sobre todo cuando Daemon se deshizo de sus zapatos y calcetines, bajó la cremallera del vaquero y permitió que mirase de nuevo su vello púbico corto. Tal cual comprobé cuando estuvimos en su habitación el día anterior, no estaba depilado, solo recortado y como reflejo me relamí los labios.

Envidiaba ese abdomen plano y los músculos que lo acentuaban, ese hombre no tenía grasa corporal y su cintura era tan delgada que podía abarcarla con mi mano. Mierda, era injusto, aunque dejé de sentirme mal porque, a pesar de que yo no tuviera el mío así, el suyo estaba a nada de ser mío también.

—Quiero dejarte claro algo, Rahsia. —Dio un paso cerca de mí.

La emoción por lo que estaba a punto de suceder me duró poco, ya que con lo que Daemon advirtió presentí que la magia entre nosotros terminaría, pues de cierta manera esperaba que me dijera que lo que pasaría no nos comprometería a nada. Y no aseguraba que me podría negar a continuar, o si iba a poder parar, de decirme lo que suponía.

—¿Sexo sin amor? —inquirí recordando su regla, dando yo el primer paso para no sentirme tan humillada.

Él no había dejado de mirarme y frunció el ceño ante mi interrogante.

—Te he pedido que salgamos cuando no salgo con nadie, te he besado, te he hecho muchas cosas que no realizo con mis encuentros casuales. Estoy aquí a pesar de que tú no aceptas el sexo sin amor, así que no, Rahsia. No es eso —aseguró y lo miré confundida—. Iba a decir que yo siempre cumplo mis promesas y te hice una en el yate. —Lo recordé a la perfección: no habría nadie más después de él—. Y también te prometo que no te vas a arrepentir de entregarte a mí. No quiero apagar tu luz, necesito que brilles más cuando estás conmigo.

Lo miré perpleja y de inmediato lo que le dije a Andy llegó a mi cabeza, también el cambio de humor que Daemon tuvo luego; él debió haberme escuchado y me sorprendió que, en lugar de molestarse y reclamarme, me estuviese prometiendo algo tan lindo.

—Daemon, yo no…

Resiliencia

—¡Shhh! —pidió y en un segundo ya estaba frente a mí, acariciándome los labios y callándome en el proceso.

Yo sabía que tuvo que hacer tremendo esfuerzo para no descontrolarse y me llegó al alma que haya preferido medicarse antes de enfrentarme con la ira que de seguro sintió. Daemon era un tipo increíble en todos los sentidos y una vez más confirmé por qué me enamoré de él.

—¡Dios! Te… —Me asusté ante lo que estuvo a punto de salir de mi boca, él esperó a que continuara sin tener idea de lo que soltaría, por lo que decidí besarlo.

Esa vez ya no lo hice siguiendo su arrebato anterior, sino con parsimonia. Adoré su boca, sus labios me encandilaban de una manera increíble y mis manos se unieron para endiosar su cuerpo. Por sorprendente que fuera, ese hombre supo seguirme y la posesividad que le añadió al gesto provocó un charco entre mis piernas y palpitaciones en zonas que desconocía que podían sentirse con un corazón loco y acelerado.

Estuve tumbada en la cama justo cuando creí que me moriría por falta de aire y la bocanada de oxígeno que tomé fue poca cuando vi que Daemon se deshacía de mi *short*. Se puso de rodillas entre mis piernas y me admiró desnuda, en verdad lo hizo; sus ojos tuvieron la capacidad de reflejar cómo él me veía y podría jurar que nunca me sentí tan hermosa y atractiva como en ese instante, incluso más que el día anterior, ya que todo lo que estábamos viviendo en ese momento se apreciaba como si fuera la primera vez que teníamos un encuentro íntimo.

Lo que pasó en su casa fue formidable, pero lo que estábamos a punto de llevar a cabo era la verdadera primera vez para ambos, por eso deduje que los dos lo vivíamos como tal.

—Te gusta lo que ves —aseguré y negó.

—Me encanta lo que veo, me enloquece más de lo que ya estoy —reiteró.

El beso que me dio en la boca a continuación fue corto, ya que pronto bajó a mi barbilla y ascendió a mi oreja, lamió el lóbulo dejándome escuchar su aliento cargado de deseo; la piel se me puso chinita cuando arrastró la lengua en mi cuello y chupó suave. Abrí

la boca y solté un fuerte jadeo porque una de sus manos se abrió paso hacia mi sur y la tortura dio inicio, en ese momento más cruel.

Daemon me obligó a abrir las piernas con las suyas y mientras me tocaba con círculos tortuosos siguió bajando la boca hasta encontrarse con mis pechos, les dio la misma atención a ambos, lamiendo y chupando, mordisqueando mi carne y con la punta de la lengua jugando con mis pezones tal cual lo hizo con cierto nudo de nervios la noche anterior.

—¡Ah! —grité cuando introdujo un dedo en mi vagina, me miró desde su posición y noté que en sus iris el color miel peleaba por cubrir al gris.

De un segundo a otro su boca dejó mis tetas y se ocupó con mi entrepierna, asaltándome con su lengua y dientes, devorándome fuerte y rápido. Le cogí el cabello y grité de placer. Antes me contuve porque sabía que podían escucharnos, pero no en mi apartamento y dudaba que mis vecinos más cercanos estuvieran, puesto que trabajaban por la noche.

—¡Daemon! —grité.

Madre mía.

Succionó mi clítoris y luego lo soltó, apreté los párpados con fuerza al sentir cómo frotaba su lengua en mi piel sensible y temí sufrir un paro cardiaco con todas las emociones que me atravesaban.

—¡Maldición! —siseé con los dientes apretados por la manera en la que él se sumergía entre mis piernas y me comía como si estuviera muriéndose de hambre.

Gruñó en cuanto empuñé la parte superior de su cabeza y arqueé mi espalda al segundo de sentirlo mordisqueando mi capullo, succionándolo y lamiéndolo, yendo alrededor en círculos, en el orden antes mencionado; zambulléndose de regreso para volver a reclamarme con su boca.

—Mierda, podría correrme solo con saborearte y ver cómo gozas de lo que te hago —susurró contra mi piel, alzando la mirada hacia mí. Abrí la boca con la intención de soltar un jadeo, pero este se retrajo en cuanto lo vi abriendo mis pliegues con los pulgares y dándole un lametazo a mi clítoris—. *La mia innocente diavoletta,* tan suave y apretada.

Resiliencia

Inhalé a través de mis dientes y me mordí el labio, viendo atenta y llena de lujuria cómo lamía mi raja sin dejar de mirarme a los ojos.

¡Maldita sea! Daemon lucía como un demonio perverso y seductor corrompiendo a un dulce ángel, haciéndome caer en su pecado sin la esperanza de lamentarme simplemente porque estaba ciento por ciento segura de que jamás me arrepentiría de entregarme a él, de permitirle hacerme sentir todo lo que experimentaba con su boca en mi sexo.

—¡Oh, Dios! —gimoteé al sentirlo deslizar su lengua en mi entrada y me quejé con más fuerza—. ¡Daemon, necesito más!

—¿Qué más, *piccola*? —preguntó, construyendo un dolor profundo en mi capullo cuando lo arrastró entre sus dientes—. ¿Quieres mi polla irrumpiendo dentro de ti? —Asentí en respuesta—. ¿Me quieres a mí poseyendo lo que tanto has cuidado? —indagó, deslizando dos dedos en mi interior, provocándome un poco de dolor que de inmediato se vio opacado por el placer y necesidad debido a su lengua rodeando mi clítoris.

—Sí —gemí segura, sintiendo el orgasmo construirse y agolpándose en mi vientre.

—Serás mía, Rahsia Brown —advirtió y me pareció inaudito cómo podía hablarme sin descuidarse de mi placer, ya que si no jugaba con su lengua en mi sexo lo hacía con sus dedos—. Y no permitiré que nadie más toque lo mío después de esta noche.

—¡Oh, Dios! ¡Sí! —Enterré los dedos en su cabello al decir eso. Debía estar muy perdida como para no rechistar ante su posesividad, o, mejor dicho, él supo atraparme con sus dedos yendo y viniendo de adentro hacia afuera y su lengua frotando mi clítoris.

Mis músculos comenzaron a cosquillear y a debilitarse, respiré con celeridad, sintiéndolo venir y segundos más tarde grité su nombre, dejando que el orgasmo explotara y me devastara de pies a cabeza, sufriendo los espasmos sin poder respirar y obligándome a detener su acto porque me dejó hiper sensible.

—Madre… mía. —Conseguí decir entre jadeos mientras trataba de recuperar el aliento.

Todavía me sentía en una ilusión, en la mejor de todas, con mi clítoris pulsando como un tambor y mi pecho sacudiéndose con las réplicas de mi orgasmo. Daemon había desacelerado, manteniéndose entre mis muslos dándome lamidas suaves y lentas.

—Tienes un coño delicioso y adictivo, terapeuta Brown —alabó al incorporarse luego de dar un beso en mi clítoris con ternura.

Me sonrojé por cómo me llamó, sin dejar de sentir las pequeñas explosiones de placer dentro de mi estómago. El calor de mi orgasmo seguía entre mis piernas y respiré todavía tratando de recuperar el aliento, pero eso se convirtió en una misión imposible al verlo limpiarse la boca con el dorso de la mano, sosteniéndose con la otra el pene, el cual luchaba por salir de la cárcel que formaba su pantalón.

Tragué en seco y mi corazón volvió a acelerarse al verlo sacándose esa ropa que todavía lo cubría y deseé tener la fuerza de voluntad para mirar hacia otra parte, aunque con tremendo monumento me fue imposible.

—Te gusta mirar mi bonito pene, eh —confirmó recordando mi halago y lo miré avergonzada y tímida.

—Tu apetitoso miembro —repliqué, sin embargo, él simuló una sonrisa ladina. Sacó unos preservativos de la bolsa del pantalón que ya estaba en el suelo y al ver la tira entendí que al siguiente día todos en el consultorio sabrían que me follaron.

Cogió uno y tras rasgarlo y sacarlo comenzó a ponérselo en la corona; hasta eso me pareció sensual y descubrí que en Daemon sus brazos sí demostraban los dotes en su entrepierna: gruesos, largos y llenos de venas gordas de sangre.

—Voy a ir a tu ritmo, *piccola*, pero si sientes que me descontrolo o no te gusta lo que hago, no dudes en decírmelo —pidió cuando se subió en la cama y se acomodó entre mis piernas.

No hizo nada de inmediato, simplemente me besó haciendo que me probara en sus labios de nuevo. Con una mano sostuvo su peso y con la otra me acarició; los besos que daba en mi cuello estaban convirtiéndose en mis nuevos favoritos.

Jadeé cuando alzó mi muslo a la altura de su cintura y se colocó en mi entrada, guiando su miembro a donde quería tenerlo. Dejé de respirar y un poco de miedo se arremolinó en mis entrañas, calentando mi interior y tensando mis músculos; sin embargo, no era un miedo que me haría huir sino uno que me hizo más consciente de la humedad entre mis piernas y de mis pezones rozando su pecho.

—Voy a cuidarte —aseguró y miré sus ojos gris miel, con lentitud tomé su rostro y le sonreí, sintiendo el golpeteo en mi pecho y las pulsaciones de mi corazón por todas partes.

—Lo sé. —Exhalé cerca de sus labios, provocándolo y demostrándole que seguía dispuesta a llegar al final con él—. Confío en quien le estoy entregando mi cuerpo.

Tras eso comencé a salpicar besos en su cuello, también algunos lametones y lo escuché soltar un suspiro en cuanto le pellizqué la piel con mis labios. Gruñó algo en italiano y enseguida acarició mi sexo con la corona de su pene, arrastrándola de arriba abajo, acercándose a mi hendidura y sabiendo aprovechar lo resbaladiza que me tenía con los estragos de mi orgasmo y su saliva.

Un respiro después había logrado que mis caderas se movieran solas, precisando cada vez más de lo que iba a darme. La sensación lujuriosa invadió mi torrente junto a un fuego delicioso que me abrasaba la piel, deshaciéndose de los nervios y el miedo por el dolor, dándole paso a la más cruda necesidad de sentir a ese hombre dentro de mí, de ser suya tanto como quería que él fuera solo mío.

La presión que Daemon ejercía en su mandíbula me demostraba que no era fácil para él, y era sabedora de que no estaba acostumbrado a tener paciencia en el sexo, por eso amé su esfuerzo, ya que de cierta manera los dos teníamos una primera vez.

Poco a poco comenzó a profundizar los empujes, haciéndome sentir placer mezclado con incomodidad, pero aun así no pensé en detenerlo, no a Daemon. Quería esto y más con él, por lo mismo en uno de esos envites lo encontré con mi pelvis y me mordí el labio para no demostrar el dolor que me provoqué.

—¡Mierda! Esto es el cielo y el infierno para mí —susurró en cuanto nuestras miradas se alinearon de nuevo. El sudor frío impregnaba mi piel y el suyo hacía que las hebras que le caían en la frente se le pegaran.

Entre el placer doloroso lamenté hacerle las cosas más difíciles al percatarme de la agonía en sus ojos gris miel y para recompensárselo lo cogí con una mano del rostro y lo besé suavemente. Con la otra le tomé la cadera aprovechando que él se concentró en mi boca y marqué mi propio ritmo, sintiéndolo empujar y deslizarse entre mis muslos, provocándome ardor por el estiramiento de mi himen.

—¡Jesús! —Jadeé arqueando la espalda—. Estás tan grande, grueso y… —Lo besé de nuevo en cuanto el dolor aumentó y él acarició mi pecho, siendo duro, pero sin lastimarme, simplemente consiguiendo que me concentrara en ello—. Estás tan duro —puntualicé.

—Y tú jodidamente apretada —gruñó—, mojada y perfecta.

Su voz oscura y cargada de deseo fue un placer auditivo que nubló mi cabeza y me llevó a pedirle más fuerza con cada embestida, hasta que atravesó por completo la barrera que le impedía ser él mismo conmigo.

Gemí ante el dolor que me cruzó el cuerpo, sintiendo el corazón más acelerado y la respiración pesada. Daemon se detuvo al darse cuenta de lo que hizo, para darnos el tiempo de que mis fluidos lo lubricaran y yo me acostumbrara a su grosor ensanchándome y la longitud llenándome.

Mi piel estirada dolía, pero también sentía el placer palpitando en el fondo, queriendo avivarse hasta llegar a sobresalir.

—¡Dios! —exclamé con la voz entrecortada cuando fui capaz de hacerlo sin demostrar dolor. Nos miramos a los ojos, ambos cayendo en la realidad, aunque él parecía no terminar de creer que estaba ahí, encima y dentro de mí, haciéndome sentirlo por todas partes—. Es real —musité mordiéndole la barbilla sin ser brusca, únicamente buscando que sintiera la presión de mis dientes—. Acabas de atravesarme hasta el alma —confirmé y comencé a pellizcarle el brazo, descendiendo hasta que llegué a una de sus nalgas.

Sonrió cuando también lo pellizqué ahí y tras eso hice presión para que se moviera.

—Eres real —confirmó para después salir unos centímetros de mi interior para volver a introducirse con la primer embestida verdadera ya sin mi himen.

Siguió sin ser brusco, permitió que mis fluidos lo lubricaran hasta que yo dejara de sentir ardor y dolor, aumentando el ritmo poco a poco, estirándome, su punta frotando muy profundo dentro de mí, tanto que podía palparlo en mi estómago.

Cuando el placer comenzó a sobresalir del dolor y la incomodidad, abrí más mis muslos para que tuviera un mejor acceso y mis caderas buscaron sus envites y…

—¡Daemon! —lo llamé y él se bebió mi gemido, jadeando con su propio placer, aumentando el mío y reforzándolo por encima del dolor y escozor.

Se recargó con ambas manos en la cama, despegó el pecho del mío y miró hacia abajo, justo donde estábamos unidos; lo imité y… ¡Madre mía! Me estaba comiendo toda esa larga y gruesa longitud y me pareció increíble a la vez que morboso, ver cómo nos uníamos con cada embestida.

La imagen logró que me olvidara por completo de la incomodidad y noté el orgullo en Daemon cuando su falo mostró los rastros de mi sangre.

Lloriqueé con placer, maldije y solté incoherencias en cada empuje que recibí a continuación. Mi sangre se calentaba y enfriaba a la vez, el vaivén permitía que mis pechos bailaran al son de sus movimientos y disfruté de la brutalidad con la que Daemon enterraba sus dedos en uno de mis muslos, de cómo se deslizaba dentro y fuera de mí.

Solo en ese instante entendí las palabras de mi mejor amiga, pues sabía que al siguiente día mis piernas tendrían pruebas de esta noche y no por maltrato, sino por el más exquisito placer.

—Eres fascinante, Rahsia Brown —gimió en mi oído.

Había vuelto a unir nuestros pechos cuando buscó mi boca, y yo envolví mi pierna en su cintura sin que él dejara de sostenerla. Me seguía marcando la piel con los dedos igual que hacía con mi alma.

—Vas a hacerme adicta a ti y a esto que me provocas estando entre mis piernas —aseguré luego de enterrar el rostro en su cuello y arrastrar el lóbulo de su oreja en mis dientes.

—*Cazzo* —Jadeó, metiendo el brazo por debajo de mi muslo, enganchándolo de esa manera y dando un tirón de mi culo tan

fuerte que su siguiente embestida al impactar con mi piel resonó en toda la habitación.

—¡Oh, Dios! ¡Sí! —grité.

Su pene golpeó más profundo y mi muslo dolió un poco más por cómo lo apretó entre sus dedos, muestra del poco control que todavía tenía. Pero en lugar de obligarlo a calmarse lo provoqué con mis caderas, siendo consciente del fuego que comenzó a acumularse en mi vientre, mi orgasmo llegando al extremo.

Grité por el placer desmedido en cuanto sus embistes se hicieron más potentes, dejando la delicadeza cuando notó que yo no la quería más. Y admiré la capacidad que tenía de darme dulzura y placer al mismo tiempo. El chico que muchas creían rudo y frío me estaba calentando cada célula del cuerpo, me adoraba con gestos, acciones y palabras románticas a su manera; y me sentí completamente segura de que jamás me arrepentiría de haberle cedido a él mi verdadera primera vez.

—¡Daemon! —gimoteé.

Mi habitación se había llenado con nuestras respiraciones, gemidos y el sonido de su piel golpeando la mía. El placer acumulado en mi vientre, que me hizo arder y contraer los músculos, explotó en miles de partículas; cerré los ojos y me aferré con fuerza a sus brazos, dejando que me follara mientras mi orgasmo se abría y extendía, estallando en mi pecho, descendiendo a mi estómago, erupcionando en mi sexo e inundando mi cuerpo y cerebro con calor y euforia.

—¡Maldición! —grité—. ¡Daemon!

Mis gemidos descontrolados hicieron eco en toda la habitación, mi clítoris pulsaba y mi vagina se apretó alrededor de su pene tratando de retenerlo ahí. Daemon se mantenía embistiéndome y me aferré con ambas manos a su cadera, aguantando su potencia, dándome cuenta de cómo alargaba mi placer y llevaba mi cabeza a la deriva hasta que me quedé sin fuerza y presioné mi frente en su barbilla, permitiendo que el orgasmo siguiera atormentando mi cuerpo.

Resiliencia

—*Tu sei mia*[5] —gruñó con la voz ensombrecida por el éxtasis—. Dilo, *piccola* —demandó tomándome de la barbilla—. Dime: *sono tua, Daemon* —suplicó.

Lo miré a los ojos, dándome cuenta de su necesidad y el placer que deformaba sus hermosos rasgos, convirtiéndolo en algo crudo, sensual e irresistible. Y no entendía el italiano, pero sospeché lo que me dijo por cómo una de sus palabras sonó tan parecida a *mía* en español, así que tuve una idea de lo que quería que dijera.

Y no quise negarme porque en ese momento yo también lo sentía así.

—*Sono tua, Daemon.*[6] —Concedí al tomarlo del rostro.

—¡*Merda! Sì, tu sei mia* —gimió y sus envites se volvieron más potentes, rudos y alucinantes.

Presionó su frente a la mía y me hizo beber sus jadeos de gozo en cuanto comenzó a correrse, permitiéndome vivir un momento único y perfecto, dejándome ver lo sexi que era un hombre cuando no temía demostrar el placer que experimentaba. Cerré los ojos para vivir mejor todo y me sorprendí porque volví a correrme simplemente con sentir lo que él atravesaba.

—¡Madre mía! —susurré sobre su boca.

—¡Mierda! Creo que… —Calló cuando abrí los ojos y lo miré, nuestras respiraciones aceleradas se compaginaban y nuestros corazones luchaban por dar un latido más sin llegar a detenerse por lo rápido que ya palpitaban. Daemon se encontraba rojo y bañado de sudor. Le acaricié el rostro y juro que me enamoré un poco más de él—… Todavía veo las mariposas —finalizó y fruncí el ceño sin entender.

—Yo veo estrellas —confesé, creyendo que Daemon se refería a eso.

Me besó y sonrió entre el beso.

—Eres real —repitió y me dolió el corazón.

¿De verdad fui el sueño de ese hombre? ¿En serio se creyó incapaz de tenerme?

---

5 Eres mía.

6 Soy tuya, Daemon.

—Claro que lo soy, Daemon —aseguré y le di un beso casto—. ¿Por qué lo sigues dudando?

—Porque solo en mis sueños veo las mariposas y ahora entiendo que te representan a ti —confesó.

No pude contener un puchero y que los ojos me ardieran por las lágrimas y, antes de preocuparlo en vano por mi reacción, lo abracé.

Ese hombre que todavía continuaba sobre y dentro de mí, era Daemon Pride White; y no el que le mostraba al mundo, sino el que dejaba salir cuando estaba a mi lado. Y con ello entendí que esa noche sobrepasó una barrera más conmigo.

La más peligrosa de todas.

15 | Blanc

RAHSIA

Tantas cosas por decirte y tan pocas salen de mi boca. Deberías aprender a leer mis ojos cuando te miro.
—Frida Kahlo—

Uno de mis tantos sueños, o mejor dicho obsesiones, con Daemon era acariciar el tatuaje en su torso, trazarlo con mis dedos, palparlo y de ser posible saborearlo. Sin embargo, nunca imaginé que lo haría en la realidad y menos en la situación que lo estaba haciendo: con la cabeza recostada sobre su brazo, oliendo su piel tan cerquita y él trazando círculos perezosos en mi espalda, erizando mis vellos en el proceso.

Eran las tres de la madrugada cuando paramos de hacer todas esas cosas maravillosas que recién estaba descubriendo, el cansancio me provocó un sueño insoportable, pero no quería dormirme; me daba miedo despertar por la mañana y descubrir que todo había sido un sueño, tal cual le sucedía a él.

Daemon tenía los ojos cerrados, pero no dormía, solo descansaba. En ese instante agradecí usar siempre el aire acondicionado a sesenta y cinco grados *Fahrenheit* cuando estábamos en verano, ya que eso me permitió estar más abrazadita a él sin padecer de calor.

—Te ves como una niña curiosa haciendo eso. —Detuve mi dedo índice al escucharlo y sonreí.

Estuve a punto de llegar a las anteras de su loto cuando me di cuenta de que me miraba atento, me mordí el labio inferior mientras le regalaba una sonrisa y él simplemente me observó con la seriedad que lo caracterizaba.

—Solo estoy cumpliendo un deseo más que siempre tuve contigo —expliqué y medio sonrió en respuesta.

Lucía tranquilo pero pensativo, como si su cabeza no lo dejara estar sereno y disfrutando del momento.

—¿Cómo te sientes? —inquirió y con la otra mano me acarició la mejilla. La que tenía en mi espalda la dejó quieta sobre mi hombro.

Yo estaba con una pierna sobre la suya, y no busqué esa posición solo por querer tener contacto con él con todo lo que me fuera posible, sino más bien porque de esa manera podía quitarle presión a mi sexo, lo cual necesitaba para aliviar el ardor y la incomodidad que me quedó luego de todo el placer que me provocó.

Suponía que la primera vez era así y sabía que en un día ya no sentiría nada. O eso esperaba.

—Adolorida —admití y arrugué la nariz.

—Fui muy brusco y no me dijiste nada —acusó regañándome.

—Fuiste como debías ser, Daemon. Supiste ser delicado y rudo en el momento correcto, así que obviamente no iba a quejarme cuando me encantó todo lo que me provocaste —aseguré.

Para ese momento ya no me hallaba recostada en su brazo, me recargué con el codo y sostuve mi cabeza con la mano; tenía el cuerpo de lado, así que lo miraba a la cara sin dificultad.

Él se llevó una mano detrás de la cabeza y la usó como almohada, volvió a cerrar los ojos y lo admiré. Su ceño estaba fruncido y no pude contener las ganas de acariciarle la frente, sobé con suavidad ahí para relajarlo y luego pasé un dedo por su nariz.

Suspiré profundamente al comprobar que nunca me cansaría de tocarlo.

—¿Cuánto por tus pensamientos? —Ofrecí y curvó la boca hacia un lado.

Resiliencia

—Créeme, me pagarías por no saberlos —aseguró sin abrir los ojos y negué.

Me acerqué y le mordí con suavidad la barbilla, lo hice por deseo y por querer que olvidara lo que pregunté y lo que le obligué a responder para que no profundizara en ello.

—¿Cómo te sientes tú? —susurré cuando me miró.

Los momentos de silencio tras haber hecho el amor, y follar, se hicieron presentes en muchas ocasiones y solo la música suave procedente de mi móvil nos acompañaba. *I won't give up* de Jason Mraz sonaba en ese instante y esa canción decía muchas cosas que quería decirle a Daemon, pero que me callaba porque no era el momento. Sin embargo, no por eso dejaba de sentirlas.

Por alguna razón que ni yo comprendía estaba segura de que él y yo juntos valíamos la pena, y no quería adelantarme a los hechos y menos provocar o comprometerlo a nada. Tampoco pretendía hacerme ilusiones que terminaran arruinando todo, por eso opté por callar para que Daemon no se sintiera obligado, pues estaba dispuesta a darle su espacio sin rendirme.

No quería ser ese alguien que se fuera fácilmente dándole la espalda, al contrario, le daría todo mi amor sin temerle a la tormenta que él representaba, lucharía por entenderlo y esperaría con paciencia a que viviera su infierno para luego ir a donde sea que estuviera y tomarlo de la mano para regresarlo conmigo.

Lo traería del caos a la calma y justo en ese momento lo miraría a los ojos para que él notara en los míos lo orgullosa que me sentía de ver lo lejos que podía llegar gracias a su fortaleza.

—¿La verdad? —me preguntó sacándome de mis pensamientos y asentí en respuesta—. Un poco sorprendido. —Alcé una ceja al no entender la razón—. No me creía capaz de controlarme contigo, Rahsia, y quería que tu primera vez fuera especial. Por eso me negué a tomarte el sábado.

—Pero ha sido increíble, sobre todo porque fue contigo —reiteré.

—Con mi versión dopada —se burló de sí mismo y sacudí la cabeza—. Tuve que medicarme para no tomarte después de escuchar lo que hablaron tú y Andy, lo hice porque sé que tienes razón y porque no quiero ser el imbécil de esto que hemos iniciado.

Perdí el aliento cuando me confesó lo que hizo, aunque ya supiera que se medicó cuando estuvimos en el catamarán, que me lo dijera abiertamente y asegurara que yo fui la razón, me secó la garganta y aceleró mi corazón.

—¿Y qué hemos iniciado? —inquirí tratando de retomar mi control sin demostrarle lo afectada que estaba.

No quería que se enfocara en lo que tuvo que hacer porque, aunque para mí ese fue un acto increíble de su parte, para él significaba debilidad y el recordatorio de lo que no podía controlar por sí mismo.

—Algo de lo que ya no nos podremos escapar y menos tú, *diavoletta*, porque ya eres mía. —Tras decir eso me cogió de las mejillas con una sola mano y me llevó hacia su boca.

El acto fue propiciado por el deseo de dejar claro su punto y, aunque quise alegar que estaba de acuerdo en todo menos en las posesiones, su boca supo distraerme.

Luego hablaría con él sobre eso, a pesar de que yo misma y por voluntad repetí lo que me hizo decirle en italiano, en ese instante solo me apetecía seguirle el beso, disfrutar de su gloriosa lengua, de la calidez que me transmitía, y admirar la capacidad que tenía de calentarme el alma.

Me estaba convirtiendo en una adicta y la droga que ese chico era, podía ser la más peligrosa que existía en el mundo.

Al menos para mí.

—¿Qué significa *diavoletta*? —indagué sobre su boca.

—Diablita —musitó sin dejar de besarme.

—¿Entonces soy tu inocente diablita? —pregunté entre risas, pues había captado algunas palabras italianas porque sonaban similares al español.

—Mi inocente diablita —confirmó—. Mía, nena —añadió y volvió a arremeter contra mis labios en cuanto vio mis intenciones de replicar.

«Pequeño manipulador», pensé entre nuestro beso.

Pero de nuevo no dije nada.

Jesucristo, así trabajaba el diablo.

Resiliencia

—¿Quieres que almorcemos juntos hoy? —Estaba terminando de vestirme cuando Daemon llegó a mi habitación con esa invitación.

Llevaba una taza de café para mí y la tomé cuando me la tendió, me aproveché de su cercanía y le robé un beso casto. Usaba solo el vaquero, iba descalzo, luciendo ese cuerpo perfecto y definido, con el pelo aún mojado por la ducha reciente.

—Tú y ese estilo sexi y desenfadado me van a volver loca —acusé y movió la cabeza con diversión. Todavía me parecía increíble ver que, aunque no sonriera a menudo, podía demostrar que estaba contento incluso en la seriedad que siempre lo acompañaba—. Y a eso agrégale que estás en mi habitación… ¡Jesús! Un caliente modelo de revista está en mi espacio, solo para mí —analicé con mucha emoción.

Puse la taza de café en la cómoda frente a mi cama y me arreglé el cuello del vestido viéndome en el espejo, a través del reflejo vi a Daemon medio curvar la boca de lado y negar con la cabeza por las locuras que le soltaba.

—Y te folla. Y te lo follas —añadió fanfarrón.

Me sonrojé con eso y de recompensa obtuve que llegara detrás de mí, me cogiera de la barbilla y me besara. Su boca estaba más calientita y sabía a café.

—Y nos follamos —susurré en sus labios entre sonrisas de satisfacción y orgullo—. Creí que no bebías café —señalé luego de darle un beso casto y sentir el sabor que llevaba.

—A veces bebo un trago o dos por la mañana, no más. Me afecta mucho —explicó y sentí remordimiento y una tremenda y dramática tristeza porque no pudiese disfrutar de ese maravilloso elixir.

A estas alturas de mi vida no podría dejar el café ni aunque me estuviese muriendo por culpa de ello. Para Daemon era fácil, ya que nunca se acostumbró a esa bebida debido a su condición y lo mucho que afectaba en su sistema nervioso.

—¿Entonces, Rahsia? ¿Almorzamos juntos? —Volvió a cuestionarme con ese acento italiano y exquisito que no lo abandonaba. Se sentó en la cama, viendo atento todo mi ritual mañanero a la espera de mi respuesta y me causó gracia.

Me acomodé la falda del vestido y me aseguré de que los botones en el frente estuviesen bien cerrados, era sencillo, en color blanco con las mangas cortas y trasparentes y me encantaba cómo me veía con él, junto a las gargantillas en el cuello, el cabello suelto y maquillada muy poco.

Ir a almorzar con Daemon sonaba de ensueño, que él hiciera planes conmigo tan pronto me encantaba, eso me decía que no fui un simple follón, pero recordé que quedé de ir a comer con Angie y no quería plantarla, no cuando teníamos muchas cosas que platicar, e igual de importantes que comer con el hombre que me traía loca.

—Me encantaría —dije con voz lastimera—, pero quedé de ir a comer con Angie y no me gustaría plantarla, ella no está pasando por un buen momento ¿sabes? —expliqué y noté que se tensó—. ¿Podríamos vernos para cenar? —propuse y me giré para mirarlo de frente, no quería que tomara a mal mi negativa—. Te prometo que el postre será delicioso —añadí y le guiñé un ojo.

Esa vez sí logré que me regalara una sonrisa de verdad, convirtiendo el momento en lo mejor de mi mañana.

—Está bien si sirve para que descanses y así tengas listo mi postre. —Aceptó y me tomó de la mano para acercarme a él.

Reí nerviosa y traté de controlarme cuando me acarició las piernas desnudas.

—Rahsia, creo que este vestido está muy corto —señaló.

No era corto, me cubría la mitad de la pierna y estaba entre el límite aceptable para mi trabajo.

—Y hermoso, ¿cierto? —reiteré dándome una vuelta de brazos abiertos para que me apreciara mejor—. Personalmente, pienso que me hace lucir fantástica, me encanta cómo acentúa con delicadeza mi cintura y mi cabello suelto me da un toque dulce y profesional. Me gusta lucir así —expliqué con entusiasmo.

Daemon sonrió de lado y se puso de pie, dejando claro una vez más lo alto e imponente que era. Sin embargo, ni esa altura,

o su mirada gélida y actitud seria me harían dar un paso atrás con respecto a su sugerencia del largo de mi ropa.

—Solo lo decía porque deja ver el interior de tus piernas y mis marcas —explicó tomándome de la cintura—, pero si a ti no te incomoda que las vean, a mí menos. Me gusta pensar que es un aviso para muchos y un recordatorio para ambos de lo que te hice durante toda la noche —aseguró y tras finalizar me comió la boca.

Literalmente lo hizo y dejó de besarme hasta que comencé a ponerme morada por falta de aire… ¡Mierda! Iba a tener que buscar unos *tips* para aguantar la respiración porque estaba consciente de que los besos de ese chico siempre serían así.

Me despedí de él rato después con la promesa de que nos veríamos por la noche, lo dejé en mi apartamento esperando a su chófer y sonreí mientras me conducía al consultorio. En ese momento era yo la que necesitaba pellizcarse para asegurarme de que lo que vivía era real y, además, demasiado perfecto.

Pasé dos años en una relación platónica con Daemon y era gracioso y sorprendente que para él yo también le resultaba imposible; solo en los libros leí sobre personas que vivían enamoradas entre sí durante toda la vida, que no se declaraban nada porque uno creía que el otro jamás le aceptaría. Y, al analizar lo que estaba sucediendo, descubrí que a veces esas historias ficticias sí partían de una realidad.

Daemon no estaba enamorado de mí (lo seguía teniendo claro), aunque sí muy interesado en mis rollitos. Me reí con el cambio de la palabra, pero bueno, en mi caso era tonto decir huesitos, ya que la vida me dotó con tremendos y sexis rollitos.

¡Carajo! Ese día amanecí con sobredosis de ego, autoestima y me sentía muy, muy, muuuy feliz.

—¡Rahsia, al fin llegas! El doctor Cleveland y los demás te esperan desde hace cinco minutos —avisó Karina al verme entrar a las oficinas.

Estaba preocupada, yo solo le sonreí. Ese día no existía nada que me hiciera cambiar de ánimo.

—¡Bah! Y tiene suerte de que no me tardé más —solté lo que quería que solo fuese un pensamiento, pero al recordar todo lo que Daemon me provocó mientras me besaba, fue imposible.

Karina me miró asombrada y sonrió al entender que una vez más no pude callar lo que mi cabeza gritaba.

—Quiero saber luego qué te tiene así, ahora ¡corre! —me animó y tomó mis cosas personales para llevarlas al consultorio por mí.

Al llegar a la sala de juntas me disculpé con mis compañeros, era la primera vez que la psicóloga Rahsia Brown se retrasaba en su trabajo, puesto que para ella lo más importante era eso; así que por obvias razones se preocuparon y preguntaron si todo estaba bien. Me limité a decirles que quedé atascada en un embotellamiento y al ser algo tan común en la ciudad, se lo creyeron sin dudar.

Justo cuando faltaban quince minutos para las diez de la mañana, salimos de la junta que fue solo informativa y me dirigí a mi consultorio a organizar algunas cosas y prepararme para mi primera cita.

Era la segunda vez que trataría a esa paciente y releí ciertas cosas que anoté sobre ella en la sesión pasada; Noara Moore estaba resultando ser muy intrigante y me preocupaban los hechos que tuvo que vivir en el pasado para que actuara tan desconfiada y miedosa. De cierta manera me recordaba a mí cuando recién escapamos de Londres con mamá y eso me inquietó más.

—*La señorita Moore ha llegado* —avisó Karina por el teléfono.

—Que pase —solicité y me apresuré a encender una vela con aroma a bosque, que tenía en una mesa cerca de los sofás en los que siempre llevaba a cabo las sesiones.

Noara entró justo cuando llegué a mi escritorio para tomar un cuaderno con tapa de cuero café y una pluma, era nuevo y lo tenía destinado solo para ella.

—Hola, Noara. Te ves muy guapa hoy —saludé y la halagué al mismo tiempo.

—Gracias —respondió seria, mirando a todas partes menos a mí.

—Toma asiento —pedí y obedeció enseguida.

Vestía un *jean* azul holgado con una blusa de algodón blanca de mangas grises y largas. El cabello negro lo usaba suelto y en ondas, era muy abundante e increíble; iba maquillada con naturalidad y el delineado hacía que sus ojos se viesen más negros.

Resiliencia

Noara era pequeña y las botas estilo militar que calzaba le quedaban de maravilla. Detallé todo porque la primera vez que la vi fue todo un desastre a diferencia de esa mañana, que lucía como en sus mejores días, o eso imaginé.

—Hace mucho calor afuera ¿cierto? —Comencé a conversar desde el momento en que me senté frente a ella.

Noara asintió y bajó un poco más las mangas de su camisa, ella dedujo la razón de hacerle el comentario sobre el clima, que, si bien era cierto que había muchas personas que usaban ropa caliente en pleno verano (y por lo mismo no debía extrañarme), en Noara presentía que las razones de llevar cosas tan encubridoras no eran solo por gusto o moda.

—¿Usted está bien? —su pregunta me tomó por sorpresa.

—Trátame de tú, al parecer tenemos casi la misma edad y el hecho de que sea tu terapeuta no significa que debas hablarme con formalidad. —Volví a pedirle como en la sesión pasada e intentó sonreír—. Y sí, estoy bien. Gracias por preguntar.

—¿Segura? —insistió y levanté una ceja.

—Eh, sí. ¿Por qué preguntas?

—He notado que tienes morados en los brazos y, al parecer, también en las piernas —señaló y me avergoncé.

Miré mis brazos percatándome hasta en ese momento de que ahí también tenía marcas de los dedos de Daemon, y medité mejor el señalamiento que él me hizo sobre mi vestido, pensando en que para la próxima lo tomaría en cuenta y no solo como si me estuviese sugiriendo que vistiera diferente por simple deseo suyo, tal cual supuse esa mañana cuando en realidad mi tormento previó lo que podría suceder, puesto que las mangas del vestido no me cubrían lo necesario y, al sentarme, la parte de abajo se subía lo suficiente para dejar entrever la cara interna de mis muslos.

Carajo.

La emoción y los placeres de la noche que vivimos me impidieron ver, o sentir, que mi cuerpo quedaría como si de verdad hubiera sido maltratado y no consentido.

—Sé que sonará tonto, pero no es lo que parece —le expliqué a Noara con vergüenza.

Por primera vez vi un gesto de emoción por su parte, fue algo irónico, una sonrisa que con claridad decía «eso ya lo viví y creí lo mismo», y no la juzgaba si pensaba así, ya que muchas veces la violencia comenzaba como un juego y no nos dábamos cuenta de ello. Tenía claro que mi caso era distinto, pero era algo que ella no entendería si sus pensamientos estaban arraigados a un pasado traumático.

—Bueno, la terapeuta aquí eres tú —replicó en un tono que me encendió las mejillas—. Aunque debo decirte que mis traumas se han desencadenado después de estar en una relación tóxica y muy tormentosa. Una que también dejó muchas marcas en mi cuerpo que, en su momento, creí que *no eran lo que parecían.*

Podría molestarme por el comentario burlón, de hecho, como Rahsia sentí la necesidad de aclararle ciertas cosas y pedirle que no se metiera en mi vida, no obstante, eso únicamente iba a demostrar inmadurez de mi parte y falta de respeto hacia las opiniones ajenas, que, si bien muchas veces me la sudaban, las seguía respetando. Como psicóloga, sin embargo, vi la oportunidad de saber más de ella, de hacerla hablar y motivarla a sacar todo lo que le atormentaba.

—Me gustaría que me hablaras de ello —comenté en tono interesado.

De nuevo sonrió con ironía e hizo un movimiento de negación con la cabeza, aunque no fue motivado por lo que diría, sino más bien por recordar sucesos dolorosos que la hacían sentir una tonta. Lo supe porque pasaba igual en la mayoría de los casos como el de ella.

—Estuve estúpidamente enamorada, amé con locura a un tipo que solo buscaba desahogo conmigo. Por supuesto que al principio se mostró como ese galán que todas las mujeres queremos, prácticamente me bajó el sol, la luna y las estrellas, pero cuando di mi brazo a torcer con él, me mostró su verdadero rostro. Que por supuesto no era el del ángel que aparentó al principio sino el de un verdadero y repugnante demonio.

Ira fue la primera emoción que noté en ella cuando las palabras comenzaron a salir de su boca como torrentes de agua. Noara me narró una historia que al principio parecía ser la de un cuento de hadas, pero que con el tiempo se convirtió en una de terror; vi tristeza, decepción, dolor, añoranza de ciertas cosas conforme fue avanzando y admitía que, en mi corto recorrido como terapeuta, era la primera vez que escuchaba tanta maldad hecha a una mujer que únicamente amó con todo lo que tenía.

El monstruo con el que estuvo, y por lo que me dio a entender, era parte de una red de trata de blancas, de esos que ante el mundo demostraba ser la persona más respetable, pero que en el submundo del narcotráfico era el más repudiable.

El hombre la tuvo secuestrada cuando Noara comenzó a quejarse del tipo de vida que le daba y como recompensa recibió maltrato físico y psicológico; llegamos a un punto en el que ella tuvo la confianza de enseñarme parte de sus brazos y con horror fui testigo de unas cicatrices atroces que dañaban su bonita piel.

—Fui torturada de maneras que no tienes idea. Al día de hoy tengo miedo de aceptar la comida que mi propia familia me ofrece porque hasta para comer sufrí. El hombre que una vez dijo amarme me violó cuando quiso y las primeras veces en las que comenzó a hacerlo, dejó marcas en mi cuerpo parecidas a las que tú tienes. Al principio se excusó diciendo que era porque al estar juntos perdía el control por el amor y deseo que sentía hacia mí. Tanto me amaba que deseaba fundirme en su piel, esa era su oración favorita.

Bufó al decir eso y puso la punta de la lengua sobre sus dientes superiores, en un gesto que demostraba que quería llorar y reír a la vez, ya que se consideraba una tonta por haber creído lo que creyó.

—Luego, cuando le pedía que parara porque lo que hacía me lastimaba, me mandaba a callar para dejarlo gozar. El maldito egoísta no sabe lo que significa la palabra «no».

—¿Nunca intentaste hacer nada? Poner una denuncia, por ejemplo.

Hice la pregunta esperando que me diera una respuesta diferente a lo que yo leía en ella, ya que, si estaba tan enamorada del tipo, de seguro no hizo nada para defenderse cuando tuvo que hacerlo.

—Claro que sí, desde la primera vez que le dije que no y me ignoró —respondió y la miré con interés—. Pero viene de una familia poderosa e influyente que me amenazaron cuando se enteraron de lo que pensaba hacer. Me alejé de él entonces y tiempo después me volvió a buscar, me pidió perdón y como una estúpida creí en su arrepentimiento. Todo fue un plan para que regresara a su lado, me secuestrara y obligara a trabajar en uno de sus tantos negocios como *dama de compañía*.

Traté de actuar neutral al escuchar tremenda barbaridad, pero me fue inevitable no pensar en mi pasado, cuando fui testigo de primera mano de la forma en la que operaban esos malnacidos, cómo jugaban con las ilusiones de jovencitas que buscaban un mejor futuro.

Dejé que Noara siguiera hablando y cada palabra era como revivir mis días al lado de Jean Paul Blanc, un puto francés dominando territorio inglés, el exmarido de mamá, nuestra peor pesadilla.

Por mucho tiempo tuve que consolar a chicas que llegaron a las garras de ese demonio con la promesa de una carrera como modelos profesionales, actrices, cantantes o de becas universitarias. Incluso vi a chicos que cayeron en sus mentiras y sufrieron el mismo destino atroz.

Por esa razón podía ponerme en los zapatos de Noara Moore. Mi madre fue violada hasta por cinco tipos a la vez con tal de que no me tocaran a mí.

—Tienes algunas cicatrices recientes, ¿te infringes daño tú misma? —pregunté cuando estábamos a punto de finalizar.

—Claro que no, suficiente daño me provocaron ya como para hacérmelo yo misma —repuso y asentí—. Son recientes porque no fue hasta hace unos pocos meses que me libré de ese infierno y, cuando vine a buscarte con desesperación, se debió a que gente de los malditos Blanc se presentaron en el restaurante donde trabajo.

En el momento que aquel apellido salió de su boca sentí que todo el mundo se me vino encima, tenía que haber escuchado mal. Caleb me estaba protegiendo y asegurándose de que nadie de ese infierno llegara cerca de mí; la respiración comenzó a faltarme, la sangre se me heló y el corazón me latió aterrorizado.

«Tienes que disimular, Danik».

Eso se repitió en mi cabeza y sentí ganas de llorar porque utilicé mi nombre verdadero y no mi nueva identidad.

«Los Blanc jamás llegarán a ti, debes actuar tranquila si en algún momento mencionan ese apellido».

A mi cabeza llegaron las palabras de papá y respiré profundo para lograr lo que tanto me aconsejó. Noara era una víctima al igual que yo, y una muy mala coincidencia hasta que comprobara lo contrario.

—¿Crees… —carraspeé cuando mi voz sonó lejana, atascada en mi garganta por el miedo que sentía— que saben de ti?

—No lo sé, salí de ese restaurante y no volví a regresar. Por una compañera supe que llegaron para reunirse con alguien, imagino que es gente asquerosa igual que ellos, con la que tienen negocios aquí —explicó y asentí.

—¿El tipo con el que estuviste era mayor que tú? —cuestioné con la necesidad de saber bien quién de los sobrinos de Jean Paul la dañó, o si fue él mismo.

—No, somos de la misma edad —aseguró.

Noara tenía veinticinco años, así que pensé en el único Blanc de esa edad. El más joven de los hombres y también el orgullo de Jean Paul por ser una asquerosa y exacta copia de él.

«¡Maldita sea! Respira», me regañé a mí misma al sentir que perdería el control.

Decidí cambiar de tema para mantenerme a raya y le di algunos consejos que debía seguir hasta nuestra siguiente cita.

Cuando finalizamos la sesión la acompañé a la salida del consultorio pensando en hablarle a papá con urgencia, pero manteniendo mi actitud tranquila, soportando lo necesario hasta poder desplomarme sola. Aunque, al salir a la sala de espera encontré a Daemon sentado en uno de los sofás, él al vernos se puso de pie para saludarme, sin embargo, un jadeo a mi lado llamó mi atención.

Encontré a Noara pálida y temblando de una manera que me preocupó.

—¿Estás bien? —le pregunté y la tomé del brazo por temor a que se desplomara.

Daemon se acercó para ayudarme al percatarse de lo que sucedía, aunque justo cuando estiró su brazo Noara soltó una súplica.

—*Non farmi più del male, ti prego*[7].

No entendí ni un carajo, pero Daemon sí y se detuvo estupefacto.

---

7 No me lastimes más, por favor.

16 | Muñeca de porcelana

DAEMON

Desde que me fui del apartamento de Rahsia, no podía sacármela de la cabeza. Los gestos que hizo mientras la hacía mía, los gemidos de placer que soltó y su forma de llamarme entre jadeos todavía me torturaban, eso sin añadir que dijera en italiano lo que le pedí.

Era mía… Mierda, lo era. Y en contra de todo lo que me enseñó madre, con Rahsia no podía dejar de ser posesivo, pues ella avivaba más ese lado turbio que siempre conseguí mantener a raya, además del insaciable. Y no estaba ni cerca de sentirme satisfecho sexualmente después de todo lo que le hice, pero no quise seguirla follando sabiendo que era su primera vez.

Me sentía muy jodido, desesperado por obtener sexo duro y hasta me vi tentado en buscar un desahogo, pero me contuve y opté por masturbarme mientras me duchaba. La hipersexualidad podía ser una puta mierda cuando intentabas estar solo con una persona y más, si la chica apenas comenzaba a saber del ámbito sexual.

Pensé en pasar toda la mañana en el gimnasio para quemar esa energía extra que me estaba jodiendo, así que llamé a tío Elliot para avisarle que llegaría a la oficina por la tarde y le pedí a Alexandre (mi chófer designado y uno de los encargados de cuidar mi culo) que nos llevara a nuestro destino. Antes de meterme a la ducha le había pedido a Dasher que entrenara conmigo, así que ambos íbamos listos para una buena pelea.

—¿Quieres calentar antes? —preguntó cuando ya estábamos en el gimnasio, con ropa adecuada y guantes de *sparring*—. ¿O ya calentaste lo suficiente en casa de Rahsia? —se burló.

Hice movimientos giratorios con la cabeza para estirar mi cuello y sonreí irónico con su pregunta.

—Si lo hice o no, no te importa —apuntillé y alzó las manos en señal de rendición—. Y no necesito calentar, lo que me urge es darte unos buenos puñetazos.

Para cuando terminé de decirle tal cosa ya me había ido sobre él, le giré el rostro de un puñetazo y lo hice rebotar sobre las cuerdas del *ring* en el que estábamos. Los guantes tenían una parte de espuma para proteger a mi contrincante, pero aun así el golpe aturdió al rubio imbécil frente a mí.

—¡Puta madre, D! ¡¿Quieres entrenar o pelear de verdad?! —se quejó e hizo movimientos con la mandíbula para destensarla y aliviar el dolor.

—Lo siento, es solo que te debo un regalo por tu compromiso con Bárbara —expliqué y bufó.

—¿Ahora con qué mierda me vas a salir? —Esquivé un golpe que me lanzó y se lo devolví. Esa vez él también supo apartarse y golpeé el aire.

—No dudo que la amas, sé que lo haces. Se te nota, aunque a Barbie se le nota más, pero ¿estás seguro de dar ese paso con ella? ¿Crees que lo que sientes es suficiente para unir tu vida a la de una mujer que claramente merece algo mejor?

—¡No te pases de imbécil! —espetó—. Y devolveré tu respuesta: si estoy seguro o no, no te importa —añadió exasperado, esa vez atacamos al mismo tiempo y acertamos.

Resiliencia

—Solo soy insoportablemente sincero para ti —aseguré y comencé a saltar de un pie al otro mientras rodeaba el *ring*—. Podré haber olvidado muchas cosas, pero nunca cuando describiste a tu mujer ideal. Esa que te haría temblar de coraje, pasión y amor a la misma vez; la misma que te obligaría a hacer locuras, a la que querrías matar y cuidar al mismo tiempo. La chica que fuese capaz de convencerte a saltar de un precipicio y quien saltaría contigo. Y que pasara lo que pasara, nunca soltarías ni te soltaría la mano.

—La encontré en Bárbara —rebatió.

—También añadiste que ella tenía que ser de esas chicas que les importara una mierda los estereotipos, que no conociera de tabúes. Inocencia y perversión, eso querías.

—Te repito, la encontré en Bárbara.

—Viejo, te diviertes más con Lane. Disfrutas más cuando estás con él, te ríes más, eres Dasher Black, mi primo, mi hermano solo cuando Lane o Aiden están a tu lado.

—Sabes qué, vine a entrenar, no a que me hables mal o insinúes que Bárbara no merece todo lo que pretendo darle como mi esposa. —Se quitó con brusquedad los guantes y salió del *ring* como si el diablo le hubiese soplado fuego en el culo.

—¡Dasher! También recuerdo que mientras decías todo eso estuviste concentrado en una fotografía —le grité y únicamente alzó la mano y me enseñó el dedo medio sin voltearse a mirarme.

Me reí por eso y meneé la cabeza en negación. Si iba a casarse con Bárbara, lo apoyaría, puesto que la chica era de las buenas, pero antes ese idiota tenía que escucharme porque él sabía que podría engañar a todos, menos a mí. Yo era sabedor de que estaba con su, ahora prometida, más por agradecimiento que amor, ya que la familia entera fue testigo del apoyo que ella le dio cuando sucedió el atentado contra Essie.

Barbie jamás lo dejó solo ni lo dejaría porque amaba a Dasher más que a sí misma, pero eso a la larga no sería suficiente.

Si mi primo quería un matrimonio con amor, este tendría que ser recíproco y con Bárbara solo era unilateral, pero, si lo que buscaba era tranquilidad y comodidad, entonces iba por buen camino. De

igual manera tenía que hacérselo ver le gustase o no y, si incluso así seguía con sus planes, pues ya sería su puto problema.

Debido a que me quedé sin contrincante, tuve que buscar un saco de boxeo y en él dejé ir toda esa energía que amenazaba con hacer un cortocircuito en mi sistema. La manía estaba siendo una de mis más constantes compañeras por estos días, aunque no tan fuerte debido a los medicamentos que siempre tomaba.

Extrañaba mi periodo de eutimia, ese que se prolongó más de lo que esperé; sentirme en control total de mis estados de ánimo fue increíble, por primera vez fui normal hasta que visité a Essie y vi a ese enfermero.

Joder.

Mientras golpeaba el saco con fuerza y sin parar, muchas imágenes comenzaron a llegar a mi cabeza; no sabía si eran reales o imaginaciones mías, pero me vi con claridad en un lugar similar al gimnasio, besando a una chica. El momento fue demasiado intenso y casi sentí las piernas de ella aferrándose a mi cintura, sus pezones duros en mi pecho mientras yo me restregaba en su entrepierna.

—Puedo ayudarte si quieres.

Volteé a ver hacia atrás en cuanto escuché esa voz, me hallaba tratando de quitarme un guante, pero cuando giré no había nadie y fruncí el ceño, mirando un poco extrañado todo a mi alrededor. Ninguna persona estaba cerca, aunque las palabras fueron claras y muy cercanas.

—¡Mierda! —me quejé. No vi a la chica en mi imaginación, fue una alucinación en realidad, esa voz me lo confirmó—. Joder, ¡otra vez no! —vociferé entre dientes, lanzando los guantes al suelo, demostrando con el acto brusco la frustración que me invadió.

Tras eso me fui a casa a ducharme de nuevo y prepararme para ir a la oficina; encontré a los chicos haciendo planes sobre ir a algún lugar o hacer algo, e intentaron convencerme de quedarme, pero no lo lograron. Me gustaba estar con ellos, aunque más ser responsable con el trabajo. Y si quería que madre confiara totalmente en mí, debía demostrarles mi dedicación.

Antes de llegar a la compañía White le pedí a Alexandre que fuésemos a los consultorios Cleveland, necesitaba pedirle a mi psiquiatra que cambiara, o aumentara la dosis de mis medicamentos, cosa que pude haber hecho por teléfono, pero quería ver a Rahsia, por eso decidí hacerlo personalmente.

—Hola, Daemon. No lo esperábamos hoy —saludó Karina al verme llegar a recepción.

—Lo sé, vine porque necesito consultar algo con el doctor Cleveland —avisé.

—Lo siento mucho, pero él acaba de entrar en sesión con un paciente y ya sabe cómo es esto —explicó y asentí—. ¿Lo va a esperar o prefiere dejarle un mensaje?

Decidí dejarle un mensaje y al terminar le pregunté por Rahsia, Karina me informó que también se encontraba en una sesión, pero que estaba a punto de terminar. Casi siempre las terapias eran de dos horas, así que le comuniqué que la esperaría y me senté en la sala de espera.

No sacaba de mi cabeza aquella voz del gimnasio, tampoco la alucinación. Muchas veces pensaba que no recordar era mejor, pero justo en momentos como ese me lo replanteaba, ya que existían muchas dudas en mí que evité cuestionarle a mi familia, aunque reconocía que eso solo me jodía.

Miré hacia la puerta del consultorio de Rahsia cuando esta se abrió y la vi salir junto a una chica menuda y pequeña. No entendí la razón de que mi corazón se acelerara como lo hizo, pero tenía las bolas suficientes para aceptar que no se debió a la mujer con la que estaba comenzando a salir, sino por la que iba a su lado.

Era hermosa, como una muñeca de porcelana que se veía demasiado delicada. Pero no fue su belleza la que me impactó de esa manera, sino algo más que no entendía.

—¿Estás bien? —Hasta que escuché a Rahsia me di cuenta de lo que estaba pasando.

Me puse de pie y me acerqué a ellas en cuanto vi que la chica a su lado iba a desplomarse, estaba pálida y realmente asustada; hice el intento de sostenerla, pero sus palabras me detuvieron y se sintieron como un golpe crudo de realidad.

—*Non farmi più del male, ti prego.*

Yo no la conocía como para que me dijera eso, para que demostrara tanto terror con mi cercanía.

—¡Oh, mi Dios! Se está desmayando —exclamó Rahsia y vi lo mucho que se le dificultó sostenerla.

Eso me obligó a salir de mi trance y tomé a la chica en brazos antes de que tocara el suelo. Su aroma fue otro *shock* en ese instante, uno que hizo que mi piel se erizara y me llevara a lugares desconocidos, u olvidados.

—Llévala adentro de nuevo y recuéstala en el sofá grande —me suplicó Rahsia sacándome del trance.

Le gritó algo a Karina, aunque no puse más atención.

Caminé dentro del consultorio y miré a la chica, entre mis brazos lucía más pequeña y liviana, también muy indefensa. Su reacción al verme me había puesto fuera de juego y temí haberla dañado en algún momento de mi oscuridad. Rahsia volvió a llegar cuando la recosté en el sofá, llevaba algo en las manos y miré atento todo lo que hacía.

El aroma de esa mujer quedó impregnado en mi camisa y al inspirarlo sentí que no era la primera vez que lo olía.

—Creo que ha entrado en un *shock* nervioso —comentó Rahsia con preocupación.

Karina llegó con un tensiómetro y midió la presión arterial de la chica, dijo algo que no escuché porque me desconecté de ese momento y solo pensé en la súplica que la pelinegra lanzó hacia mí.

«No me dañes más, por favor», el italiano no era su idioma, pero lo sabía hablar muy bien.

—Solo dejémosla descansar, su presión está un poco alta, aunque nada del otro mundo. Va a reaccionar pronto —tranquilizó Karina a Rahsia y ella asintió.

—Ve por agua para cuando despierte —le pidió Rahsia y Karina obedeció de inmediato—. Necesito hacer algo con urgencia, ¿te quedas con ella? Volveré antes de que despierte —dijo hacia mí y asentí.

Rahsia estaba actuando un poco rara y no sabía si se debía a lo sucedido con la chica, aunque no quise preguntarle nada. Dejé que se fuera y me quedé atento a la pelinegra. Karina llegó segundos después con una botella de agua y no le puse atención por concentrarme en la mujer sobre el sofá. Tenía los labios maquillados con un tono rosa que fácilmente pasaría como su propio color, las pestañas negras eran largas y sus cejas un tanto gruesas.

Poseía facciones finas y perfectas.

—Hey, con calma, señorita Moore —sugirió Karina cuando la chica comenzó a reaccionar. Le ayudó a sentarse y de nuevo sus ojos se conectaron a los míos.

Yo seguía de pie en el mismo lugar y el terror volvió a su cuerpo, a sus ojos.

—*Tranquilla, non avere paura di me*[8] —le pedí antes de que volviese a reaccionar mal. Miró a Karina y respiró profundo para controlar el temblor en sus manos—. *¿Io e te ci conosciamo?*[9]

En cuanto esa pregunta salió de mi boca me miró, pero esa vez el miedo fue reemplazado con la incredulidad.

—*¡Vaffanculo, figlio di putana!*[10]

Me sorprendí cuando soltó tal ofensa, era increíble lo bien que esa chica se recomponía.

—Bien, por tu acento veo que el italiano no es tu primer idioma —repliqué al verla molesta.

Admitía que con ese rostro tan perfecto lucía hasta tierna.

Karina nos miró curiosa, imaginaba que intuyó que ya nos conocíamos con la chica. Si era así o no, pues no la recordaba, para bien o para mal.

Rahsia llegó en el instante en que su paciente quiso ponerse de pie y se apresuró a llegar hasta ella.

—Noara, necesito que te lo tomes con calma —pidió Rahsia y la cogió con suavidad del brazo.

Noara.

Su nombre era desconocido también y me pareció que ella quiso medir mi reacción al escucharlo, ya que me miró de nuevo y solo

---

8 Tranquila, no me tengas miedo.

9 ¿Tú y yo nos conocemos?

10 ¡Vete a la mierda, hijo de puta!

negué y me encogí de hombros, demostrándole así que tampoco me sonaba de ninguna parte.

—Estoy bien, pero necesito irme —aseguró la chica minutos después.

Las analicé, Rahsia se mostraba preocupada, Noara seguía con miedo. Luego de unos segundos, y sabiendo que no tenía por qué estar ahí, decidí salir del consultorio sin decirles nada, para darles espacio. Aunque me detuve cuando Rahsia pronunció mi nombre.

—¿Daemon? ¿Te irás? —Quiso saber.

Mi cuerpo estaba de medio lado para poder verla, Noara seguía mirándome a mí. La indignación en ella se colaba a través del miedo.

—No, nena, pero esperaré afuera mientras te desocupas —solté un tanto lacónico.

Karina mostró sorpresa al escucharme llamar así a su amiga y compañera. No lo planeé, simplemente el mote salió de mis labios como agua que ya no podía retener y esperaba no ocasionarle problemas a Rahsia por eso, aunque supuse que no cuando ella me sonrió y asintió.

Seguí mi camino y al estar a solas lo primero que hice fue tomar mi teléfono y llamar a Alexandre. El hombre era leal a mí y se lo agradecía, ya que la mayoría de los guardaespaldas respondían más a mis padres. Alexandre, sin embargo, decidió verme como a alguien capaz de tomar sus propias decisiones, aunque tenía claro que podía intervenir cuando a mí no me funcionara el cerebro de forma correcta.

—*Dígame* —respondió tras el primer tono.

Estaba afuera, esperándome; era el único que viajaba conmigo a todas partes, pero había otros hombres que nos cuidaban manteniéndose alejados para que nadie sospechara que andaban tras mi culo.

—Necesito que sigas a una chica pelinegra que saldrá de aquí —pedí, estando atento a que no me escuchara ni Rahsia ni las otras dos mujeres—. Es de tez blanca, pequeña y menuda, usa *jeans* azules, camisa blanca con gris y botas militares.

—*¿La invito al lugar de siempre?* —preguntó y sonreí, aunque no pudiese verme, por lo que imaginó que quería de ella.

Resiliencia

—No, solo síguela sin que se dé cuenta y luego me informas de sus movimientos —aclaré y murmuró un «de acuerdo»—. También dile a Quentin que tome tu lugar y espere por mí, pero no le menciones lo que harás en realidad.

No esperé su respuesta porque no era necesario, guardé el móvil en el momento que las chicas salieron de nuevo y esa vez evité mirar a Noara, pues preferí demostrarle que no la conocía y ya no quise provocarle más temor, aunque por dentro la curiosidad por saber de ella y el motivo de su reacción me carcomía demasiado.

—Siento mucho todo esto —dijo Rahsia cuando me acerqué. Ella se quedó en la puerta del consultorio mientras Karina acompañaba a la pelinegra hasta la salida.

—No deberías, no fue tu culpa —señalé.

Continué notándola extraña y algo me decía que no se debía solo al desmayo y reacción de su paciente. Miraba atenta por donde Karina y Noara se fueron, así que la tomé de la barbilla y la hice verme a mí colocándome frente a ella.

En ese momento no me importó que Cleveland o alguien más nos viera, solo actué de acuerdo a lo que necesitaba y la besé. Al principio se sorprendió y apartó, observándome un tanto preocupada, pero luego fue ella quien se apoderó de mi boca, llevándome en el proceso hacia dentro. Me encargué de cerrar la puerta y la cogí de las mejillas con ambas manos, profundizando el beso, probando un poco de su boca y alabando su lengua con la mía.

Un pequeño gemido se escapó de su garganta en cuanto mordisqueé su labio y sonreí sin dejar de besarla, ella me tomó de los brazos buscando apoyo, apretándomelos un poco; la sensación me transportó de inmediato a la madrugada que acabábamos de pasar juntos, cuando hizo lo mismo instándome a que la penetrara con más fuerza. Mi erección creció ante el recuerdo y el sabor de su boca y, con toda la intención me rocé en su vientre.

La quería, me urgía penetrarla, follarla con desenfreno y quitarle el dolor que antes le provoqué con placer. Mordió mi labio y llevó

las manos a mi abdomen, las mías siguieron su ejemplo solo que las llevé a su trasero, las metí bajo la falda del vestido y las arrastré a su culo otra vez, esa vez deleitándome porque fuese carne contra carne.

—Debemos parar —suplicó con voz lastimera.

La miré, sus labios estaban rojos e hinchados y verlos así me instó a seguir.

La obligué a caminar hacia atrás hasta que llegamos al escritorio y la impulsé para que se sentara sobre la superficie de madera, tras eso me colé entre sus piernas, cogí con una mano su nuca y volví a apoderarme de su boca.

—Detenme entonces —susurré sobre sus labios.

—Eres malo —se quejó, pero sonrió.

Tiré de sus caderas hacia la orilla del escritorio para tener más acceso a su centro y me rocé en él demostrándole cómo me tenía, lo mucho que la estaba deseando.

—Quiero follarte, aquí —avisé. Quería que su primera vez fuera en mi cama o en la suya, pero en las siguientes pensaba tomarla donde se me antojara, siempre y cuando Rahsia estuviera de acuerdo con ello.

—¿Qué pasó con eso de que solo sería en mi cama o en la tuya? —recordó cuando besé su cuello.

—*Piccola*, ya eres mía y quiero enseñarte el placer de todas las maneras que existen e inventarnos nuevas —respondí a la vez que masajeaba sus pechos—. Y para eso no vamos a limitarnos a nuestras camas.

—¡Daemon! —Jadeó cuando volví a colarme por debajo de su vestido y toqué su coño.

—¡Oh, por Dios! —Tanto Rahsia como yo nos giramos hacia la puerta al escuchar esa exclamación.

Puta mierda.

Karina había vuelto junto a la pelinegra. La primera nos miraba con asombro, la segunda… no supe descifrar su mirada.

—¡Madre mía! ¡Karina, yo…!

—Lo siento, lo siento —se disculpó Karina interrumpiendo a Rahsia.

Resiliencia

Esta última me apartó de ella y se acomodó el vestido. Estaba roja de la vergüenza, yo solo me mordí el labio, evitando reírme de la situación.

Joder, no entendía por qué les parecía tan escandaloso lo que estábamos haciendo, éramos solo una pareja con ganas de follarnos y eso no era nada del otro mundo. Y sí, podía deberse al lugar, pero ya me encontraba un poco lejos de la prudencia como para darle importancia.

—Noara olvidó su móvil, volvimos por él —informó Karina.

—¡Dios! Pasa, yo… yo no sé dónde pueda estar. —Rahsia hablaba entre titubeos.

Karina entró corriendo, haciendo movimientos torpes y sin saber bien dónde buscar. Noara se había quedado en la puerta, mirando a Rahsia.

—Deberías entrar tú y ayudarle a Karina, ya que es obvio que no sabe qué hacer. —La insté al ver que Rahsia no podía soltar una palabra más.

Noara salió del trance en el que se encontraba y caminó directo al sofá, encontró el móvil con facilidad y luego sin decir nada salió del consultorio, Karina la siguió y volvió a disculparse por la interrupción, aunque en el proceso su mirada la traicionó y se posó en mi pantalón, que obviamente estaba abultado por el deseo que la terapeuta Brown me provocó.

—¡Oh, dulce Jesús! —Logró murmurar Rahsia cuando estuvimos solos y se recargó con ambas manos en el escritorio.

Me posicioné detrás de ella y besé su cuello.

—Creo que olvidé poner el seguro —dije divertido y su cabeza se movió con tanta rapidez, que temí que su cuello se torcería.

—¡¿Me estás jodiendo?! —espetó y me encogí de hombros.

—Eso pretendía.

—¡Dios! ¡¿Qué está pasando contigo?! —La molestia era palpable en su voz—. Pudo haber sido mi jefe, Daemon. ¡Joder! Mi secretaria y una paciente me han encontrado a punto de follar contigo en mi consultorio, en mi trabajo —recalcó dejándome ver que estaba más que molesta como para utilizar expresiones tan fuertes, según el nivel que ella manejaba.

Dicho eso se irguió bien y me enfrentó, mostrándome su furia y, aunque entendía su punto también creí que estaba exagerando.

—Ya, *piccola*. Que tampoco te he obligado a que respondas así a mis besos y, sí, olvidé poner el seguro y, sí, también sé que no es ético que hayamos hecho esto aquí, pero fue algo *inocente* que nació del momento —repuse y la tomé del cuello con suavidad.

Quiso apartarme, pero no se lo permití. Por primera vez la estaba viendo enojada y era un imbécil por eso, pero me pareció que lucía más hermosa e intenté besarla, no obstante, logró girar el rostro a tiempo y besé su mejilla.

El rechazo me agrió el estómago.

—¿Sabes qué pasará si Karina o Noara reportan lo que vieron?

—No lo harán y menos Karina —aseguré y me aparté de ella, concediéndole lo que quería—. Además, no creo que el doctor Cleveland se ensañe con su mejor terapeuta por esto.

—¡¿Esto?! ¡¿En serio?! ¡¿Crees que es algo *inocente*?! —inquirió y me pasé la mano por el cabello para calmarme.

Sacarme de mis casillas era muy fácil y Rahsia lo sabía, tuviese razón o no, la mujer me conocía.

—Sería mi segunda falta, Daemon. Puedo perder mi trabajo si lo reportan…. ¡Dios! ¡¿Cómo se te ocurrió hacer algo así?!

En el momento que eso último salió de su boca me reí, lo hice sin gracia, con ironía y mucha burla dirigida hacia ella. Sentía que estaba actuando demasiado dramática y si era solo porque nos descubrieron, pues me decepcionaba y mucho.

—Lo hice porque deseaba comerme a besos a la mujer con la que estoy saliendo, me ganaron las ganas de sentirte mía de nuevo. ¿Me descontrolé? Sí, tú me descontrolas y solo pienso en follarte y demostrarte cuánto me gustas, pero ¿por qué me seguiste tú con ese *algo*? —pregunté y sus ojos se abrieron de más. Tampoco la dejé responder—. No te obligué a hacer nada que no desearas, Rahsia Brown, y siento mucho ese descuido que tuve, no volverá a suceder y trataré de que no te ocasione problemas.

Acto seguido caminé hacia la salida, lo hice antes de decir cosas por las cuales después me arrepentiría y no me detuve ni siquiera cuando escuché a Rahsia llamarme. Estaba a poco de perder mi mierda y no explotaría con ella.

Quentin me estaba esperando como le ordené a Alexandre, le pedí que me llevara a la compañía de madre y al llegar ahí me metí en la oficina e intenté concentrarme solo en el trabajo. Mi móvil me avisaba a cada instante que tenía mensajes y llamadas que dejé perder y cuando la mente no me dio más, borré todo sin revisar ni las notificaciones. Eché la cabeza hacia atrás y me recargué en el respaldar de la silla, cerrando los ojos por un momento y respirando como me enseñaron para controlar la ansiedad que me atacaba.

La reacción de Rahsia me seguía jodiendo y la curiosidad por saber los motivos que tenía Noara para temerme, aún más.

«Patético».

«Volverás a lo mismo».

Abrí los ojos al escuchar esas estúpidas voces y maldije. En un cajón del escritorio mantenía el diario que tía Amelia, hermana de madre, me dejó luego de morir cuando yo era apenas un niño y Leah (su hija) una bebé, y comencé a leer algunas partes que ya me sabía de memoria.

Ella fue bipolar no tratada por mucho tiempo y, cuando por fin recibió ayuda y supo que yo heredé su maldición, comenzó a escribir su lucha con la intención de que yo la conociera y me ayudara de alguna manera. Madre en algún momento me comentó que creía que su hermana presintió la muerte y por eso trató de buscar la forma de permanecer en nuestras vidas.

Conmigo lo consiguió y muchas veces leer su diario me dio la fuerza para seguir con mi propia lucha. En ese momento, por ejemplo, en que continué con las respiraciones lentas y profundas mientras hojeaba aquel cuaderno que contenía tantas vivencias, consejos y advertencias.

—*Joven Pride, el señor Alexandre pide hablar con usted* —avisó mi secretaria y pedí que lo dejara pasar.

El hombre era unos años mayor que yo, imponente y peligroso, aunque también educado.

—¿Conseguiste algo? —pregunté en cuanto lo vi atravesar la puerta de mi oficina y asintió.

—Sé dónde vive y dónde trabaja, pero, si me permite un consejo, le diría que la busque en su lugar de trabajo. Será más fácil y menos sospechoso —recomendó y lo miré con aprobación.

—¿Y me recomiendas ir ya a su lugar de trabajo? —indagué.

—Sí, es la mejor hora.

—Llévame allí —pedí, poniéndome de pie.

Y una hora más tarde me encontraba a punto de entrar a uno de los mejores restaurantes japoneses del este de Costa Mesa.

Alexandre logró obtener mucha información sobre Noara Moore y entendí la razón de que me recomendara hacerle una *visita* en su trabajo, pues el lugar era exclusivo, con espacios reservados y adecuados al estilo de pequeños *washitsu,* como los cuartos tradicionales de Japón utilizados para comer; tenían pisos de tatami y *shōji* de papel traslúcido que aportaban la privacidad que los comensales buscaban a la hora de la comida. Se podía escoger al mesero o mesera de nuestra preferencia si ya los conocíamos y yo, aunque no conocía a nadie, sabía muy bien a quién elegiría para atender mi mesa.

—Tengo una reservación a nombre de Alexandre Montiel —dijo Alexandre hablando por mí.

Tampoco quise utilizar mi nombre o apellidos, porque si Noara me conocía, no quería que huyera al saber que estaría aquí.

La *host* nos pidió que la siguiéramos y nos condujo a través de espacios divididos por paredes de bambú, algo muy original que reconocí en el instante. Las luces del lugar fueron muy bien adecuadas como luz natural y encontré fuentes de agua por doquier. Pensé en Maokko, Lee-Ang y Sadashi, las asiáticas de la familia, al ver la decoración en honor a su cultura, seguro de que el restaurante les encantaría.

—¿Tienen a alguien en específico para que los atienda? —preguntó la chica al instalarnos en nuestro lugar.

—Sí, a Noara Moore —respondí yo esa vez y ella asintió con una sonrisa amable.

—Enseguida llegará —aseguró.

Las mesas eran de estilo *chabudai,* de patas cortas y, como sillas utilizaban el mismo tatami que recubría el pequeño cubículo.

Resiliencia

Nos quitamos los zapatos antes de entrar y nos acomodamos en nuestros lugares, o más bien yo lo hice. Alexandre se quedó de pie, esperando a que la chica llegara para luego dejarme a solas con ella.

—Hola, bue… —La pelinegra se quedó sin palabras en el momento que vio a quién asistiría esa tarde.

Usaba ropa alusiva a la cultura japonesa, en color blanco y negro. Esa vez el cabello lo tenía recogido en un moño y sus ojos estaban delineados, remarcando sus iris oscuros.

—No lo hagas —advertí cuando se dio la vuelta decidida a marcharse, Alexandre se colocó frente a ella en un santiamén y obstruyó su salida—. Solo quiero hablar contigo, Noara —prometí—. Estamos en tu lugar de trabajo, uno público que, aunque no es necesario, es para que te sientas segura con mi presencia —añadí y eso hizo que volviese a verme.

—Jamás estaré segura cerca de un Pride White —soltó—. Nunca si es cerca de ti, Daemon.

Esa fue toda la confirmación que necesité para asegurar que esa chica era de mi pasado, del malo, del que dejé atrás. Y el cual quería recordar, así fuera solo una parte de él.

Sobre todo, si ella estaba incluida.

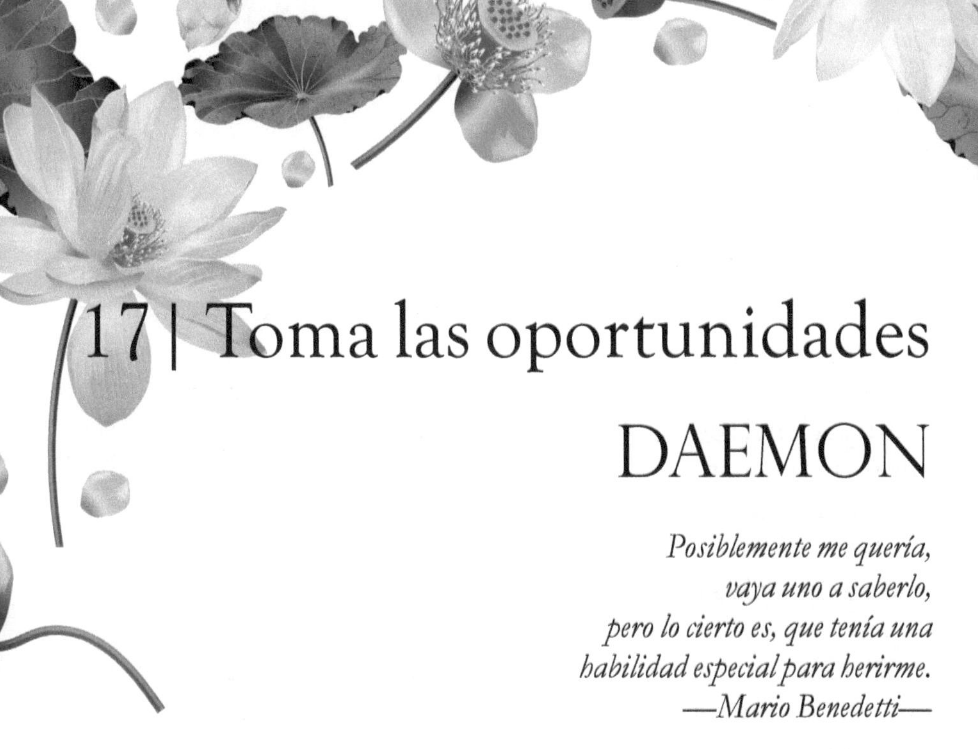

17 | Toma las oportunidades

DAEMON

De un momento a otro, el terror de esa chica fue sustituido por ira, una pura y cruel que se le evaporaba hasta por los poros. Me odiaba, eso estaba claro, pero por alguna estúpida razón de mi parte quería saber por qué; me importaban los motivos que la llevaron a temerme y aborrecerme.

—Puedo asegurarte que estás a salvo, prometo que no te dañaré. Solo quiero que hablemos —repetí y sonrió con sorna.

—Puedes prometerlo tú, pero ¿qué hay de tus padres y de las personas que te protegen? —cuestionó y miró a Alexandre.

Mi sorpresa al saber que ella estaba al tanto de mis guardaespaldas fue evidente, aun así, actué como si no pasara nada.

—El único que sabe que estoy aquí para hablar contigo y no por comer es Alexandre, y él es de mi entera confianza. Nada saldrá de su boca si no me pone en peligro, ¿lo estoy contigo? —inquirí con socarronería, tomando la misma postura que ella tuvo.

Pude notar la rigidez en su cuerpo al ver mi actitud, también la sorpresa. No estaba seguro de qué esperaba de mí o cómo fui antes con ella, pero era evidente que no era nada de lo que encontraba ahora.

—No —dijo segura.

Noara seguía de frente a Alexandre, pero me observaba a mí, que ya me hallaba sentado sobre el *tatami*. En ese instante pudo sostener mi mirada y algo en la de ella me recordó a algunos sueños que tuve en días pasados.

—Siéntate, Noara. Solo quiero que hablemos —aseveré.

Mi paciencia era muy poca después de lo sucedido con Rahsia y ella no me ayudaba.

—Está bien, hablemos si es lo que quieres, pero no aquí.

—No saldré de este restaurante contigo —aclaré con un rictus que no daba pie a réplicas—, la seguridad juega para ambos en este lugar.

Sonrió y negó al escucharme, ese gesto malicioso me transportó de inmediato a un lugar distinto, junto a una chica que no podía verle el rostro.

—Podemos ir a un lugar más reservado de este restaurante, con paredes de verdad y puertas para mayor privacidad. No saldremos de aquí —propuso y me puse de pie porque eso sí me pareció bien.

—Te seguiremos —la alenté e hice un ademán con la mano instándola a que caminara.

Al salir del pequeño cubículo me di cuenta de que tampoco estaba usando zapatos cuando entró; los de ella eran de meter, así que le fue más fácil que a mí estar lista para dirigirme a esa zona más privada que mencionó.

Alexandre nos siguió, el tipo no me dejaría solo en ningún momento, también tenía comunicación con los otros guardaespaldas por si algo pasaba y eso me tranquilizó, pues hasta que no estuviese seguro por completo de lo que sucedió con Noara, no me fiaría. Conocer la vida de mis padres me dio una idea de los peligros que podíamos correr sus hijos y haber recurrido a los electrochoques, de alguna manera me decía que tuve que pasar por algo muy jodido para someterme a lo que siempre le temí.

Noara se detuvo frente a una puerta oscura de madera y habló por su radio avisando que estaría en el privado atendiendo a su cliente, pues él así lo pidió. Admitía que muchas cosas pasaron por mi cabeza al escucharla decir eso y solo aclaré todo cuando entré al lugar y me di cuenta de que era más grande que donde estuvimos, la mesa era de patas cortas, pero alargada y estrecha, y en lugar de *tatami* el piso era de madera; como sillas colocaron almohadones y vi inciensos encendidos en lugares estratégicos.

Había menos luz y una melodía tradicional de Japón inundaba el espacio cerrado. Y, a pesar del momento y la razón que me tenían ahí, se respiraba paz y tranquilidad.

—Por un instante creí que esta era una de esas zonas donde ofreces sexo a tus clientes —admití y ella soltó un bufido.

—Según tengo entendido no me recuerdas, pero te es fácil creerme una puta —replicó y cerró la puerta.

Alexandre se quedó esperando afuera.

—Bueno, si cobras por tus servicios, en realidad solo serías una mujer trabajadora más. —La vi morderse el labio para no sonreír y sacudió la cabeza con un poco de diversión.

—Sigues siendo tan sincero e imprudente como antes, veo que eso no cambia —admitió.

Darme cuenta de que recordaba tanto de mí me provocó una punzada en el pecho, me sucedía eso cuando mi entorno cercano hacía lo mismo. No siempre podía ignorar la incomodidad de haber perdido recuerdos que a lo mejor fueron importantes y me sentía impotente por no ser capaz de controlarme y contenerme ante ciertas situaciones.

—Aprovechando que me conoces iré directo al grano —advertí y la seguí cuando me invitó a sentarme frente a ella. Antes había alcanzado una tetera de hierro fundido en color turquesa, con detalles dorados y mango negro, junto a dos tazas sin orejas a juego que colocó en medio de ambos—. ¿Qué pasó entre nosotros? ¿Fuimos algo?

Sus manos temblaron cuando intentó tomar la tetera, la manga de su uniforme se corrió y pude ver con claridad muchas cicatrices grandes y desiguales en su brazo, algunas lucían rosadas, otras blancas y sin poderlo evitar la tomé de la muñeca y corrí más la tela para observar mejor.

—No hagas eso —pidió y se zafó de mi agarre, mi toque no le sentó bien, fue como si le doliese.

—¿Quién te ha hecho daño? —exigí saber y me miró intrigada.

—¿Me lo preguntas en serio? —reviró y fruncí el entrecejo, ella notó mi desconcierto—. ¡Joder! De verdad te frieron el cerebro —apuntilló entre incrédula y sorprendida—. ¡De verdad fueron capaces! —añadió y eso me molestó.

—La decisión la tomé yo —aclaré.

—¡Y una mierda! —exclamó y comenzó a reír burlona. Dejó el té de lado y se puso de pie, la imité viéndola caminar de allá para acá, negando y maldiciendo entre susurros—. Juro que me negué a aceptar cuando me dijeron que me habías olvidado, Daemon. —Incidió y se acercó hasta que quedamos de frente, era bastante pequeña, aunque su temperamento contrarrestaba la estatura—. Creí que lo hicieron como parte de una tortura más y ahora al verte en el consultorio me aterré porque pensé que me habían encontrado de nuevo, pero también tuve esperanzas de comprobar que todo fue una mentira, hasta que te comportaste como si jamás me hubieses visto.

Su actitud me estaba confundiendo y con todo mi ser quise saber de qué hablaba, quién fue ella en mi vida.

—¿Quiénes creíste que te encontraron? —Mi corazón se aceleró con temor al hacer esa pregunta, hizo el intento de hablar, pero calló de inmediato y se giró para darme la espalda.

—Yo-yo no estoy lista para hablarte sobre eso —murmuró y pude sentir el miedo en su voz—. Ya confié una vez y me fue muy mal.

—¿Confiaste en mí? ¿Fui yo quien te falló? —Al hacerle esa pregunta se giró para mirarme, sus ojos me mostraron tristeza y lo que sentí no podía descifrarlo.

—Nos conocimos hace algún tiempo, tres años o menos.

Caminó hasta los almohadones y tomó asiento. Cogió la tetera y sirvió té en cada taza sin siquiera preguntarme si quería. No iba a beberlo, solo quería escucharla, así que volví a mi lugar y la miré a los ojos.

—No fue fácil, nada fue fácil entre nosotros. Al principio me enfrenté a un Daemon extremadamente difícil, parecías odiarme sin siquiera conocerme y cada vez que intentaba acercarme a ti, me atacabas como un animal herido. —Se concentró en su taza y luego la cogió con las dos manos para darle un sorbo al té. Sentí raro escucharla y no recordar nada—. Cuando al fin me dejaste llegar a ti, te lanzaste sin paracaídas y me abrumaste, pero caí rendida. De hecho, había caído desde antes y, aunque suene patético, tu hostilidad fue lo que más me atrapó. No sé, creo que tengo un gen demasiado idiota y por eso me llaman la atención los tipos arrogantes. —Rio al decir tal cosa y negué.

—Me debería ofender lo que estás diciendo, pero tienes razón en la descripción. —Acepté y sonrió, esa vez lo hizo de verdad.

Su rostro se iluminó dejando atrás a la chica aterrorizada y seria, mostrándome a una mujer cálida y experimenté lo que nunca imaginé: su gesto me recordó a Rahsia y la forma en que me hacía sentir cuando sonreía.

—No creí que pasara de tu parte, pero nos enamoramos. —Tragué en seco al escuchar eso y pensé en el diario de tía Amelia—. Fuiste mi primer amor y creía que yo fui el tuyo, aunque fuimos víctimas de personas egoístas y malvadas que jamás nos quisieron juntos por errores del pasado que ni siquiera cometimos nosotros.

Mi cabeza era una bola de confusión en ese instante porque leí algo muy distinto a lo que ella decía, pero dejé que continuara hablando.

—Ambos luchamos, y mucho, para defender nuestro amor, pero al final del día, las personas que nos querían separar triunfaron.

—No recuerdo nada de lo que me estás diciendo, sin embargo, hay algo que llama más mi atención —la interrumpí de golpe y me miró atenta—. Si tanto nos *amábamos,* ¿por qué actuaste así cuando me viste?

La rigidez se instaló en sus hombros y la manera en la que abrió sus ojos en demasía me pusieron alerta.

—Porque me dañaste mucho en tu etapa oscura. —Fruncí el ceño al escucharla—. Sí, D, sé que eres bipolar y lastimosamente te conocí en el peor momento de tu enfermedad.

Me puse de pie al escucharla usando mi apodo por la intimidad que representaba. Únicamente mi familia me llamaba así, ni siquiera

Rahsia lo había hecho y que otra chica que no fuera ella sí lo hiciera, no me sentó bien.

—Nunca dañaría a alguien estando medianamente cuerdo —repliqué, ella se mantuvo en su lugar.

—Ahora lo sé. Pero también tú sabes que estando oscuro eres vulnerable y manipulable, por eso te indujeron a hacerme cosas horribles, las cuales me siguen provocando pesadillas.

Mi corazón se aceleró ante la seguridad y el dolor de sus palabras y me estremecí por lo que eso podía significar.

—¿Soy el causante de las cicatrices en tus brazos? —inquirí y negó de inmediato.

—No, pero sí de otras que no se notan a simple vista —confesó.

Mis manos comenzaron a sudar y mi cuerpo fue recorrido por un escalofrío seguido de un leve temblor.

—¿Quiénes estuvieron detrás de lo que nos sucedió? —pregunté y sus ojos me demostraron sorpresa. Ella no esperaba esa pregunta.

—No te lo diré, no invocaré nombres porque no estoy dispuesta a arriesgar mi vida.

—¡Pero yo necesito saberlo! —espeté y en ese instante Noara volvió a ponerse de pie.

—No, Daemon. No te dañaré de esa manera, no me rebajaré al nivel de esas personas miserables que nos jodieron la vida a ambos.

Joder.

El caos en mi cabeza aumentó porque Noara hablaba muy segura de sí misma, de lo que vivió o vivimos, y habría sido capaz de convencerme con su verdad si yo no hubiese tenido la mía, aunque en ese momento estaba dudando de todo.

—Sé de buena fuente una versión muy distinta de cuando me enamoré —aseveré y sin pretenderlo la cogí de los brazos. Noara jadeó asustada y eso me llevó a soltarla y maldecir por mi arrebato.

El corazón ya me latía como loco y la respiración se me entrecortaba. Era una mierda no recordar y en ese instante lo confirmé aún más.

—Lo supongo, siempre hay dos versiones en una historia —susurró sin perder su seguridad—. La de lo ideal y la de la realidad. Ahora la pregunta sería ¿cuál sabes tú? ¿La ideal que solo

le conviene a ciertas personas? ¿O la real, la que únicamente tú y yo sabemos?

—¡No recuerdo ni una mierda! —exclamé.

Sacudí la cabeza y respiré hondo. Necesitaba calmarme, no me convenía perder el control cuando la manía estaba esperando eso para vencerme.

—*Hoy, 20 de octubre, me he dado cuenta de que monstruo sería una palabra muy suave para describir a ciertas mujeres, y, sobre todo, a la chica de la cual me enamoré. Sus ojos verdes me prometieron esperanza, su rostro de ángel me dio paz, su cuerpo perfecto me llevó a conocer el paraíso y su corazón me hizo creer que era mía y yo suyo. Sin embargo, detrás de su perfección descubrí la putrefacción que siempre escondió de mí, y con la cual me arrastró al peor de los infiernos.* —En cuanto esas palabras salieron de mi boca, sus ojos se abrieron de forma desmesurada—. Esa advertencia fue escrita con mi puño y letra hace un tiempo, justo antes de someterme a los electrochoques. Así que, la fuente soy yo, Noara, y si lo que me acabas de decir tiene algo de cierto, entonces cubres tus ojos para que no vea el color real.

Sabía que su corazón estaba descontrolado con solo verle el pecho subiendo y bajando con celeridad.

—No hablabas de mí —juró recomponiéndose de inmediato.

—¿Cómo me lo asegurarías? —la reté.

En cuestión de segundos estuvo a centímetros de mí, alzó la cabeza para poder enfrentarme y me tomó la mano derecha hasta colocarla en su mejilla. La suya temblaba, sus ojos se cerraron por unos segundos ante el contacto e intenté apartarme, pero me retuvo.

—Tienes mis ojos a solo un toque, comprueba si te oculto el color —me animó y se puso de puntillas, aun así, no llegó tan cerca, aunque sí lo suficiente para que su aroma me golpeara.

¡Mierda!

Puso una mano en mi pecho para recargarse, con la otra sostuvo la mía en su rostro y se imantó en mi mirada.

—No pretendas verme de idiota, Noara —gruñí y la tomé con fuerza de la barbilla—. Si me conoces como insinúas, sabes a la perfección que no soy de los que está dispuesto a que lo vean de imbécil —desdeñé.

Parpadeó y sus pestañas largas abanicaron aquellos ojos que buscaban perderme.

—Me tienes aquí, Daemon. Estoy a centímetros de ti, me estás tocando; comprueba de una buena vez si soy esa chica de ojos verdes a la cual debes aborrecer —me retó ella—. Te encuentras cuerdo en este instante, sin nadie que te inste a verme diferente o que te obligue a dañarme y a creerme otra.

¡Maldita sea! Esas palabras estaban teniendo un efecto en mí que no quería.

—Si crees que no lo haré, estás equivocada —señalé y la tomé del cuello, alcanzando también parte de sus mejillas con mis dedos pulgares.

Una frialdad que no conocía se apoderó de mí en el momento que fui consciente de nuestra piel tocándose.

Estaba tan cerca de Noara que nuestras bocas podían rozarse con un leve movimiento, ella retrocedió un paso y la seguí sin permitirle apartarse. Sus manos temblaron al tomarme de las muñecas, barrí las mías hacia arriba y miré sus ojos con detenimiento. El iris era plano, tal cual lo tenía un ojo natural y no curvado como cuando usaban lentillas.

Sin hacerle daño llevé el pulgar bajo su orbe y tiré cerca de las pestañas inferiores, pero no había nada ajeno a sus globos oculares, eran reales y negros como la noche más oscura.

—¿Quién te asegura que no te obligaron a escribir esa advertencia para ti mismo? —indagó de pronto, sembrando una espina de desconfianza que para mi jodida suerte surtió efecto—. Piénsalo, D. No recuerdas cuándo la escribiste ni por qué, y, por lo que veo, únicamente sabes que te sometiste a los electrochoques por una razón que alguien más te ha dicho y, a diferencia de ti, a mí no me borraron la memoria, por lo que sé de qué son capaces con tal de conseguir lo que les conviene.

—¡Cállate! —pedí, negándome a que la desconfianza me envenenara más.

—Ya me han silenciado lo suficiente —confesó con un deje de tristeza y odio en la voz—. Pero si eso te hará sentir mejor, lo haré. Solo déjame aclararte que no soy esa mujer de la cual *te advertiste*.

—Satirizó y me molestó mucho su tono—. No soy Danik Black —susurró y me quedé estático al escuchar ese nombre.

«¿Crees que Danik sí acepte a este hijo de puta inestable?».

El recuerdo de esa pregunta salida de mi boca llegó de inmediato a mi cabeza. Me soñé haciéndola mientras hablaba por teléfono con alguien, aunque la respuesta jamás llegó. Todavía podía sentir en mi boca el sabor amargo de la ira y el dolor cuando desperté, y también en ese instante al recordarla.

—¡Shhh! Daemon, mírame. —Noara era la que me tenía de las mejillas en ese momento, me llamaba con voz queda, intentando calmarme.

Rahsia hacía eso cuando comenzaba a descontrolarme y trataba de llevarme de regreso a la realidad.

—Necesito irme —avisé y me aparté de golpe.

Se aterró, pero en esa ocasión fue porque me alejé de ella buscando la salida.

—No me pongas en peligro de nuevo —suplicó y eso captó de nuevo mi atención—. Habla con quien creas conveniente sobre tu pasado, pero déjame fuera de esto, por favor. No quiero volver a ese infierno. —Sus ojos ya estaban llenos de lágrimas al pedir tal cosa—. No soportaré que me vuelvan a prostituir solo para apartarme de ti.

—¡¿De qué demonios estás hablando?! —exigí saber y se encogió al escuchar mi tono.

—Yo hui, Daemon. Nadie puede saber que estoy aquí. Investiga tu pasado, pero déjame fuera o mátame con tus propias manos porque te juro que prefiero eso a caer en las garras de esos malnacidos otra vez.

La puerta se abrió de golpe justo cuando Noara comenzó a temblar de manera incontrolable, los hombres eran parte de la seguridad del restaurante y me observaron como una amenaza, pero corrieron hacia ella para auxiliarla.

—¡Es un ataque de pánico! —gritó uno de ellos.

Hice el amago de acercarme, pero alguien me tomó del brazo y cuando me giré encontré a Alexandre.

—Debemos irnos, joven. No puedo exponerlo a ningún escándalo.

—Ella está mal —repliqué con la intención de quedarme un poco más y él negó.

—Estaré pendiente de ella si así lo quiere, pero ahora tengo que sacarlo de aquí.

No discutí más y dejé que me llevara afuera. Mi cabeza estaba llena de voces, mías, de mis demonios y de Noara. La irritabilidad me impactó junto a la preocupación y la desesperación. Ir en coche de pronto se sintió como si me hubiesen metido en una habitación diminuta que apenas y me dejaba moverme; cerré los ojos en cuanto el correr del auto y la velocidad de los objetos afuera comenzaron a marearme y me provocaron náuseas.

Demonios.

Quería gritar, tirar cosas, golpear a alguien, follar duro, lo que fuera con tal de desahogarme, de olvidar lo que me atormentaba, lo que me estaba volviendo loco.

—Llévame al hotel —le ordené a Alexandre y lo vi asentir.

No quería estar cerca de mi familia en ese estado porque sabía que cualquier cosa me haría explotar, Asia no merecía permanecer en mi entorno en ese instante, nadie en realidad.

Cuando llegué a mi destino solo fui capaz de quitarme la camisa y comencé a golpear un saco de boxeo que tenía en la habitación; no usé protección, ya que me urgía sentir dolor. El tiempo pasaba, el pantalón lo tenía empapado de sudor y mis brazos todavía no se cansaban, los nudillos ya estaban enrojecidos, pero la sangre no salía. Grité en cada puñetazo que di, no obstante, las palabras de Noara y el nombre de Danik Black seguían resonando en mi cabeza.

Me estaba descontrolando en lugar de calmarme.

Dos horas más tarde decidí tomar una ducha de agua fría, sentía la mandíbula tensa al igual que todo mi cuerpo, las muelas comenzaban a dolerme por la presión que ejercía en ellas y mi respiración se volvió entrecortada.

Sabía que follar era la mejor opción para desahogarme en ese momento y terminé gritando una maldición porque Rahsia no podía ser la mujer a la cual debía tomar con desenfreno. Me iba a volver loco, caería en un pozo profundo si seguía así, por lo que cogí el móvil y busqué entre mis contactos a alguien y el nombre de Angie me apareció en los utilizados recientemente.

¡Puta mierda!

Yo salía con Rahsia y así Angie follara de maravilla, ellas eran mejores amigas y la pelirroja estaba comenzando algo con mi mejor amigo. Además, quería respetar a esa hermosa mariposa.

¡Jodida mierda! Rahsia estaba enamorada de mí y no quería herirla, no pretendía hacerlo.

Grité con ira pura, a un pelo de perder mi mierda. Alexandre entró de seguro por haberme escuchado y se sorprendió al encontrarme solo en bóxer. Me miró un tanto temeroso, era la primera vez que tenía un ataque como ese frente a él; en otras ocasiones siempre entrené y follé como un depravado antes de caer a ese punto, mas no en este momento, no cuando luchaba con todas mis fuerzas por respetar a Rahsia, pero en el intento estaba cayendo.

Me estaba llevando a lo profundo.

—¿Necesita que llame a su hermano? —preguntó con cautela y negué.

Claro que estaba al tanto de mi enfermedad y mis ataques, aunque nunca vivió uno tan intenso.

—No, déjalo y quédate fuera de esto —advertí, mi voz sonó gruesa y rasposa.

—Sus ojos están rojos, joven. Debo llamar a alguien —avisó.

Llegué hacia él casi como si tuviese superpoderes y lo cogí del cuello antes de que hiciera algo. Quería molerlo a golpes, eso me iba a hacer sentir muy bien.

—Y se volverán oscuros si insistes en hacer algo que no te he pedido —amenacé.

Unos golpes en la puerta llamaron mi atención, no esperaba a nadie y miré a Alexandre realmente enfurecido porque intuí que él sí lo hizo. Así que, no lo pensé y le metí un cabezazo que de seguro haría que mis ojos cambiaran de color, pero por la fuerza que ejercí; eso no me importó y terminé por darle también un puñetazo que enseguida lo hizo sangrar de la boca igual que ya lo hacía su nariz gracias a mi primer ataque.

—Nunca me desafíes, hijo de puta —gruñí y negó.

—No lo hice. —Logró decir.

Lo dejé ahí y me fui hacia la puerta. Pobre del que llegaba en ese instante, ya que encontraría una versión mía que jamás olvidaría. Me buscaron en el peor momento y los haría arrepentirse.

Aunque cuando abrí la puerta maldije.

—¿Cómo mierdas me has encontrado? —vociferé con furia.

La chica me observó estupefacta.

—Daemon, yo…

Se quedó en silencio en cuanto la tomé del cuello y con más fuerza de la necesaria la uní a mi boca.

De verdad lo sentía mucho por Rahsia, pero ya no había vuelta atrás conmigo. Quería follar y muy duro.

«Toma las oportunidades que se te presentan».

Susurró una voz en mi cabeza y sonreí como el hijo de puta que era.

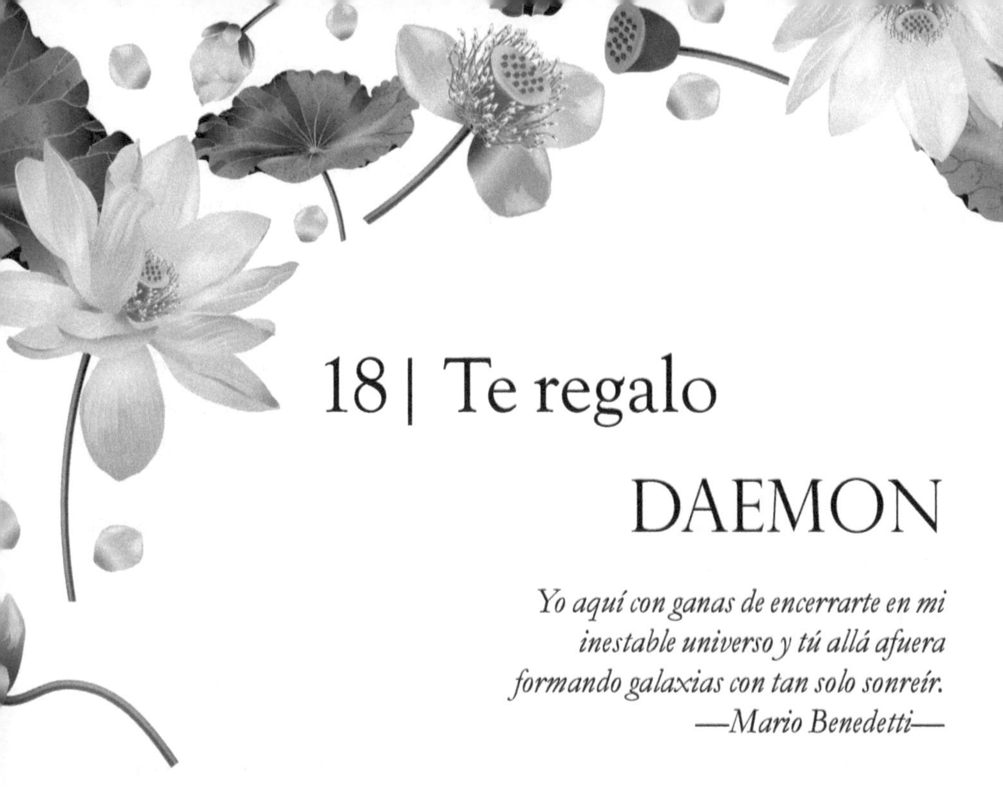

18 | Te regalo

DAEMON

Había follado duro y sin control alguno cuando me encontraba en ciclación mixta e hipersexualidad, pero nunca besé estando así y, ahora entendía por qué me pude abstener de eso incluso perdido: ninguna de las otras personas fue ella, mi maldita droga.

La torpeza con la que intentó seguirme el beso me excitó más porque fue la confirmación de que yo tenía el control, y me encantaba ser el dueño del dominio absoluto, tanto de mis emociones como de mi entorno.

Puta mierda.

Estar justo donde me hallaba y sentirme como sentía era lo mejor de mi jodida maldición, así durara un instante, un suspiro, no me importaba; tampoco lo hacía el hecho de que en ese momento era un hombre volátil, con la facilidad de un parpadeo para viajar, a la velocidad de la luz, de la felicidad completa a la ira y tristeza universal.

—¡Demonios! —Escuché a Alexandre maldecir y sonreí sin dejar de comerle la boca a la mujer que me subestimó como tonta al buscarme en mi estado.

Mi guardaespaldas se asustó, consciente de que la mierda ya se había desatado y ni él ni nadie conseguirían contenerla.

—Estás consciente de que acabas de meterte en el peor de los problemas ¿no? —demandé para ella, acunándole el rostro en un gesto que estaba muy lejos de ser delicado o cariñoso. Más bien era posesivo e inclemente.

Y sabía que no esperaba mi recibimiento, ya que la dejé con la clara intención de no buscarla más, al menos no hasta que despejara un poco mi puta cabeza, pero ese corderito me estaba demostrando que le encantaba meterse en la cueva de la bestia.

—Daemon, yo… —Jadeó tratando de coger aire cuando volví a apropiarme de su boca y únicamente consiguió gemir.

Tenía sus labios rojos y los palpé hinchados al arrastrarlos entre los míos, obsequio de la brutalidad de mi boca, pero ese hecho en lugar de calmarme solo los hizo más apetecibles para mí.

La sentí temblar en mis manos, mi corazón latía a mil por hora y la respiración se me aceleró aún más por tener a esa droga a mi alcance; el sudor enfriaba mi piel y su calor hacía crecer más la erección dentro de mi bóxer, rogándome por tomarla, por permitirle obtener lo que era suyo.

Puta madre.

No recordaba haber probado ningún estupefaciente, pero en ese instante no me cupo ninguna duda de que lucía como un maldito rehabilitado cayendo en su más letal adicción, tal cual el mayor de los perdedores. La taquicardia y el subidón en mi sangre lo confirmaban.

—¡Oh, Dios! ¡Espera! —suplicó cuando quise sacarle la blusa.

Miró hacia un lado y me di cuenta de que estaba observando a Alexandre.

—¡Sal de aquí! —le ordené, él todavía se limpiaba la sangre del rostro.

—Daemon, no creo que sea buena idea que haga esto con la señorita. Usted tiene una re…

—Yo no he pedido tu opinión, Alexandre. ¡Así que sal malditamente ya de aquí! —espeté con la voz ronca y gruesa ante la combinación de mi deseo, furia y frustración.

—Señorita, por favor. Tiene que salir de aquí, él no… —insistió y gruñí. Alexandre era rápido, pero no cuando yo estaba descontrolado.

Sentí la mandíbula tensionada en cuanto llegué a él, todavía intentando contenerme. Me mordí la lengua con fuerza para que el dolor me hiciera reaccionar, mas no funcionó.

—¡Hijo de puta! ¡Cuando te dé una orden acátala sin decir ni una jodida palabra! —Bufé con odio.

Saboreé lo metálico en mi boca por la herida que me ocasioné yo mismo en la lengua y, eso en lugar de contenerme aumentó mi libido, me excitó de maneras peligrosas y me instó a golpear nuevamente a Alexandre.

Lo cogí de las solapas del saco para que no fuera a alejarse cuando le propiné otro cabezazo, enseguida de eso conecté un puñetazo en su rostro y lo lancé al suelo, más enfurecido que antes porque él no arremetiera en mi contra.

—Defiéndete, maldito imbécil —exigí.

Pelear o follar, eso necesitaba. Y si Alexandre quería estarse entrometiendo en lo que pretendía hacer, pues optaría por relajarme un poco con él con lo primero, antes de hacer lo segundo con la mujer que gritó aterrada al ver lo que estaba pasando.

—¡Daemon, por Dios! ¡Para! —suplicó, siendo inteligente al no acercarse.

Cuando Alexandre se puso de pie volví a llegar a él y con brusquedad lo empotré en la pared, justo en el camino había una mesa de decoración y el tipo quedó con la espalda presionada al filo de ella. Su mueca de dolor me hizo saber que no era nada grato estar en esa posición.

—Estás para cuidar mi culo, no para meterte en mis asuntos —espeté.

—¡Váyase de aquí, por favor! ¡Corra! —gritó él viendo a mi corderito y con el antebrazo metido en su cuello lo presioné más a la pared.

El hijo de puta estaba viendo lo que pasaba por meterse en mis asuntos y seguía provocándome. Mierda, definitivamente no valoraba su vida.

—¡No! —chilló ella y de refilón la vi llegar a nuestro lado, gritando en el instante en que alcé el puño para conectarlo en la nariz sangrante de Alexandre—. ¡Suéltalo, Daemon! —imploró y puso su mano temblorosa en mi brazo.

Me mordí la punta de la lengua para no gritarle a ella, ya que ansié hacerlo con toda mi alma oscura por meterse donde no la llamaban, y volví a hacer presión en la mandíbula.

Puta mierda, mi dentista iba a estar feliz con el dinero que haría conmigo cuando llegara a su consultorio con las muelas destrozadas, puesto que la fuerza que ejercí fue la adecuada para provocarme ese tipo de daño.

—Daemon, no me iré de aquí, deja que él sí lo haga, por favor —suplicó una vez más. Negué con la cabeza porque no le creí, sin culparla de que quisiera huir de mí—. No voy a irme a ningún lado, te lo prometo, pero suéltalo para que se vaya —repitió, apretando su agarre en mi brazo—. ¿Confías en mí? —su pregunta me sorprendió y aflojé la presión en el cuello de Alexandre.

¿En serio me preguntaba si confiaba en ella? ¿Después de todo?

—¿Y tú? —inquirí mordaz. Sus ojos se agrandaron más de lo que ya estaban al verme la boca manchada de mi propia sangre—. ¿Confías en mí? —Reformulé sin abandonar el tono burlón.

Podía notar que en ese momento me temía, aunque me quedé sin palabras cuando se recompuso y alzó la barbilla.

—Siempre y sin dudarlo ni un poco —respondió, dándome una bofetada con guante blanco que me aturdió demasiado y consiguió que soltara a Alexandre.

Él cayó al suelo y yo me acerqué a esa mujer que, por lo visto, confiaba demasiado en las personas equivocadas.

—Joder, corderita tonta —repliqué, chasqueando con la lengua, irguiéndome más para dejarle lo suficientemente claro que yo era una mierda peligrosa y que nadie estaba a salvo a mi lado en ese momento—. Sabes que, así como estoy, solo peleando o follando voy a calmarme —señalé— y no follo suave en mi estado, menos después de esto —declaré señalando a Alexandre y sus ojos demostraron sorpresa por mis palabras.

—¡Señorita!

—Vete, Alexandre —exigió ella cuando hice el intento de girarme a ese gilipollas cagapalos—. Daemon no me dañará, confío en él. No mentí en eso —dijo alto para que yo también lo tuviese claro—. ¡Vete! —gritó y sonreí.

Me encantó verla girando esa orden, tomando el control de la situación. Su poder era temeroso, pero no por eso menos exigente. Alexandre maldijo al darse cuenta de lo mismo que yo y, siendo inteligente, esa vez salió de inmediato. Agrandé mi sonrisa ladina y mi polla se puso más rígida, la necesidad dolió comenzando como una punzada en el saco de mis bolas y desembocando en el orificio de mi corona en forma de líquido preseminal.

Me cagaba en la puta mierda.

Iba a follarla de las maneras que se me antojaran, ya que después de todo, fue ese corderito tonto quien entró a mi cueva sabiendo las consecuencias. Y bien decían que el que avisa no es traidor, ¿cierto?

—Todavía no sé si en este momento eres increíblemente valiente, o increíblemente estúpida. —Satiricé y alzó la barbilla de nuevo.

—Créeme, me estoy debatiendo con lo mismo. —Aceptó, consiguiendo con ello que curvara mi boca en un gesto lleno de perversidad.

Únicamente tuvo tiempo de dar un pequeño grito cuando la cogí de la cintura y la senté en la mesa donde antes estuvo sufriendo Alexandre. Me metí entre sus piernas y cogí su cuello con brío, midiendo su pulso acelerado al mismo tiempo que me adueñé de su boca y me bebí su miedo.

—No soy yo ahora mismo —gruñí, empapando mi polla dura como el acero, de su excitante calor a través de la ropa que todavía la protegía de mí.

Maldita sea. Todavía entre mi caos quería buscar un poco de control, una misión imposible.

Respirando con más celeridad me sumergí de nuevo en su boca, ella intentó seguirme el beso, pero no pudo ni podría, pues no estaba

acostumbrada a mis demandas. Sin embargo, eso no me importaba, lo único que quería era que estuviese dispuesta a todo conmigo.

—¡No debiste venir! —vociferé entre excitado y enfurecido cuando pegué mi frente a la suya, aún sintiendo su pulso elevarse al escuchar la ronquera en mi voz. Cogí su blusa y se la saqué, aliviado de que ella me lo facilitara—. ¡Voy a lastimarte, joder! —espeté comenzando a sacarle el *jean* oscuro que usaba.

Mi cabeza gritaba que hiciera una cosa y mi cuerpo otra. Aunque, en lo que ambos se sincronizaron fue en que no podía contener el impulso de querer ver su cuerpo y poseer la cremosidad de su piel hasta dejarla marcada por mí.

Córtala.

«¡Maldición, no!».

Apreté los párpados con fuerza cuando mi cabeza gritó que la lastimara. Era Dolor, uno de mis demonios.

—¡Mírame! —exigió ella y cuando no lo hice me tomó del rostro con firmeza—. ¡Mírame! Estoy aquí, cariño, y sabes la razón. —Negué cuando me llamó así—. Confío en ti, tengo más fe en ti de la que tengo en mí misma.

Sacudí la cabeza y solté una risa burlona. Una burla dirigida a mí porque yo no merecía ni su confianza ni su fe.

—Iba a llamar a alguien —solté porque la necesidad de que ella se retractara hinchó mi pecho hasta hacerlo doler. Quería que me odiara, porque odiaba que tuviese esa fe en mí. Autodestruirme era otra de mis pasiones, cerrarme en mí mismo lo que más amaba—. A otra mujer, Rahsia —aclaré y se quedó estupefacta—. Lo haría aun sabiendo que si te enterabas te dañaría, porque prefiero eso a lastimarte con mi forma de tomarte.

—Ahora mismo soy yo la que quiere lastimarte —aseguró y noté el dolor en sus ojos con el simple hecho de decirle mis intenciones.

Pero lo prefería porque la oscuridad me estaba succionando el poco raciocinio que me quedaba y, si decirle la verdad la alejaba de mí antes de mostrarle mi verdadera cara, ella misma me lo agradecería luego.

—¿Ves lo mierda que soy? ¿Entiendes ahora por qué no debiste enamorarte de mí? —refuté.

Resiliencia

—¿Por qué vas a lastimarme al hacerme el amor? —preguntó en cambio y me tomó por sorpresa, lo hizo por como se refirió al hecho de que la follaría.

¿Le iba a hacer el amor así de descontrolado? Mierda, por supuesto que no.

—Precisamente porque no te haré el amor, *piccola*. —Me sinceré y la tomé del rostro con ambas manos—. Necesito follar muy duro para volver a hacerme de un poco de control y tú apenas comienzas en esto, por eso sé que voy a romperte si te tomo en este estado, ya que mis jodidos demonios me lo exigen.

Ella meneó la cabeza en negación y no ocultó su mirada acuosa.

Rahsia sabía que no le mentía, que no vivíamos en un mundo paralelo donde la fantasía existía. Mis demonios eran reales y, aunque los mantuve a raya por mucho tiempo, estar descubriendo la verdad de mi pasado los despertó más hambrientos que nunca.

Medicamente les llamaban alucinaciones al sufrir episodios psicóticos, pero las personas que los teníamos en nuestras cabezas sabíamos que no eran solo eso, ya que se sentían demasiado reales a pesar de los fármacos que nos obligaban a ingerir para que *desaparecieran*.

Los religiosos aseguraban que era por falta de Dios, pero sinceramente, yo no creía que el ser supremo al que adoraban, se ensañara de esa manera con un niño de casi cuatro años, solo por hacerle creer en él.

—Así como estoy no me controlo, Rahsia y sé que, si me dices que pare, no voy a poder hacerlo —proseguí, pues ya había comprobado que ella era una tentación, un ángel que mis demonios querían lastimar—. Por eso pensé en follar con alguien más, con una mujer que esté acostumbrada a que la tomen con rudeza y al estilo que yo acostumbro cuando caigo en este pozo. —La vi negar con la cabeza y retener las lágrimas que ya amenazaban con abandonar sus hermosos ojos azules—. Nada sería con afecto, solo carnal —aclaré en cuanto ella se deshizo de mi agarre sobre su rostro—. Y prefiero mil veces a que me odies por lastimar tu corazón y no porque te he forzado a hacer algo que no quieres. Eso no lo soportaría.

Me alejé en el momento en que dije eso, todavía podíamos alcanzarnos si así lo queríamos, pero por un milagro entre toda mi mierda fui capaz de darle espacio y la oportunidad de que se fuera.

Ambos nos miramos a los ojos, Rahsia tenía en los suyos el deseo de golpearme, pero no más. Y, aun así, busqué odio y decepción en ese cielo azul que me regalaba, mas no los encontré. Únicamente identifiqué la turbulencia por lo que le provoqué con mi declaración.

Yo no merecía a esa chica, jamás estaría a su altura.

—Eres grandioso —soltó y la miré estupefacto. La ira se había apaciguado un poco en mi interior—. Grandiosamente idiota y dulce.

Fruncí el ceño y luego dije:

—No veo cómo esas dos palabras pueden encajar en una sola oración.

Y me tensé cuando me tomó de la mano y tiró de mí hacia ella. Envolvió los brazos en mi cuello y desde atrás me cogió la cabeza para que la viera a los ojos.

—Odio que pensaras llamar a cualquiera de las idiotas con las que follabas antes de mí, pero entiendo tu punto —aseguró lo que menos esperé—. Ahora, si vuelves siquiera a sospesar esa idea porque crees que no soy capaz de enfrentar esta etapa contigo, voy a castrarte, Daemon Pride White —amenazó y selló su promesa dándome un beso casto en los labios.

Puta mierda.

La posesividad con la que impregnó su gesto provocó niveles de excitación en mí a los cuales nunca creí llegar y, no sabía si en mi estado eso sería más peligroso.

—No quiero lastimarte, *la mia piccola diavoletta.*

—Y no lo harás, cariño. —Esa palabra de nuevo, una que me provocaba más posesividad con ella—. ¿Sabes por qué? —Negué en respuesta—. Porque soy más fuerte de lo que crees —aseguró y besó la comisura de mi boca con ternura. Que se quedara e hiciera tal cosa en ese momento demostraba lo valiente que era—, porque soy capaz de tomarte sea cual sea la etapa en la que estés —siguió y su beso llegó cerca de mi oreja—, porque confío en ti —repitió al lamerme el lóbulo— y porque te quiero —susurró haciendo que toda mi piel se erizara y no por su aliento rozándome, sino por esa declaración.

Algo cambió en ese instante para mí. Me aparté para mirarla a los ojos y la encontré regalándome una de esas sonrisas suyas que me iluminaban incluso en mis peores momentos, solo que esa vez un toque de sensualidad la acompañaba.

Y eso fue todo lo que necesité para descender de la ira hacia la plenitud, así de rápido me tenía.

—¡Fóllame a tu manera, Daemon! Ya estoy en tu mundo y no me asustarás tan fácil, pero, sobre todo, no huiré —aseguró.

Uní su boca a la mía.

Rahsia me tenía en sus manos, no mentí cuando le dije que sin ella me perdería; y no era por el hecho de los conocimientos que poseía como terapeuta ni la experiencia en su tiempo tratándome, sino por la pasión con la que me miraba a los ojos y su necesidad de hacerme sentir bien y normal en todo momento.

Con mi pequeña diablita tenía la oportunidad de ser yo mismo, incluso en este estado.

Supe entonces que debía ser mejor que un desastre para esa mujer que me aceptaba aun siendo lo que era, pues ella me procuraba, se estaba entregando a mí en cuerpo y alma. Rahsia merecía mi respeto en todo el sentido de la palabra y por primera vez pensé en que, si volvía enamorarme, quería que fuera de esa preciosa mariposa que me abría sus alas sin temor a que se las aplastara.

—Si estoy siendo duro detenme, nena. Porque así me cueste un infierno, te juro que pararé —prometí mientras la llevaba a la cama. Pasaría de los juegos previos, también de los preservativos, ya que por la mañana recibí los resultados de mis análisis periódicos. Estaba limpio y con toda confianza me permitiría sentirla piel contra piel.

Deseé hacerlo así cuando la hice mía por la noche anterior, pero no iba a arriesgarla sin estar seguro de que no corría ese tipo de peligro conmigo.

—Confío en ti —reiteró.

La insté a sentarse en la cama y me observó alejarme de ella para ir hacia una cómoda de donde saqué unas bridas de seda. Se las

mostré mientras regresaba a su lugar con la intención de explicarle que prefería que no me tocara porque me daba miedo lastimarla al sentir sus caricias tiernas, las cuales avivaban mi posesividad. Sin embargo, no fue necesario decirle nada, ya que alzó las manos y me las ofreció con auténtica obediencia.

—Toma de mí lo que necesites, *mio Signore*.[11]

Jodida mierda.

Tragué en seco al escucharla y me obligué a respirar profundo, tratando de controlar a mis demonios que quisieron tomar posesión de mis facultades para consumirla de todas las maneras posibles. Sin embargo, mi fuerza de voluntad cada vez era menos, así que para obtener una tregua con ellos y que no se cagaran en mi momento, me apresuré hacia Rahsia y la cogí de la parte de atrás de su cabeza, empuñando su cabello, con la otra mano le tomé la mandíbula y la incliné obteniendo más acceso a su boca en cuanto eché el torso al frente, buscándola y besándola.

Puta madre. Esa mujer me sabía a gloria.

Moví sus labios con mi lengua, malditamente famélico y me zambullí dentro, haciéndola mía de esa manera, dejando claro que no solo era su señor sino también su dueño, porque era mía, joder.

—¿Cómo sabes decir eso en italiano? —cuestioné sobre su boca, deleitándome con su aliento estremecido.

—Lo… leí en un libro —gimió luego de que arrastrara su labio entre mis dientes.

—¿Qué tipo de libro, *innocente diavoletta*? —seguí con mi cuestionamiento a la vez que me apartaba de su boca para quitarle la ropa interior y luego acomodarla boca abajo sobre la cama.

—Uno de… ¡Jesús! —Jadeó en cuanto apresé sus muñecas, cruzándolas sobre su espalda para atarlas—. En uno sobre BDSM —confesó y sonreí de lado.

—¿Te gustan los Dominantes italianos? —inquirí con sorna, dándole un azote en el delicioso culo que poseía entretanto la obligaba a reacomodar su postura para la comodidad de sus rodillas.

Maldijo antes de responderme.

---

11 Mi Señor.

Resiliencia

—Me gusta este Dominante italiano —aseguró tras ladear el rostro para mirarme.

Yo era más un desquiciado que Dominante.

—*Cazzo, piccola.* Deja de incitarme para que te corrompa —demandé por la manera en la que posó sus ojos sobre mí, mirándome con anhelo, deseo e inocencia.

Poniéndose en mis manos sin temor a nada. Ni a la muerte misma que yo representaba en ese momento.

—¿Y si quiero que lo hagas? Que me corrompas… ¡Ah! —gritó porque con su provocación hice más fuerza de la necesaria en la atadura que llevé a cabo en sus tobillos, asegurando el final de la cuerda en unas argollas que tenían las esquinas de la cama, para restringirle el movimiento.

No era la primera vez que llevaba a cabo ese tipo de juegos sexuales, por lo que tenía lo necesario. No obstante, esa era la única ocasión en la que los estaba haciendo más para el placer de mi acompañante que el mío, cuidándola todo lo que mi poca cordura me permitía.

—Ten cuidado con los tratos que haces con el diablo, nena —aconsejé a punto de enloquecer cuando la vi con el culo expuesto y en pompa.

Quería hincarle el diente cual bestia hambrienta y su mirada velada por el deseo y las hebras del cabello que se le fueron a la cara, mirándome a la espera de que le hiciera algo, no me ayudaban. El azul brilló con lujuria en cuanto me acerqué al centro de su cuerpo y pasé las manos por sus muslos, manteniendo la vista clavada en el punto donde quería hundirme con saña, pero me di cuenta de que no estaba lista, no en el punto en el que la necesitaba y eso me hizo chasquear con la lengua.

Si la follaba sin prepararla, no disfrutaría como yo lo haría. Y podía ser un desquiciado, pero jamás un cobarde. Al menos en el sexo me gustaba ser un caballero, dar y provocar placer más que recibirlo. Así que, me incliné hasta acercar el rostro a su culo y le mordí el glúteo con fuerza, aunque cuidando que no fuera doloroso; enseguida la recompensé con un lengüetazo porque soltó un siseo y acaricié con mi lengua por toda la zona hasta llegar al lugar que tanto

ansiaba, embriagándome con su aroma corporal que casi me tiró del precipicio en donde contenía el poco autocontrol, sintiéndolo irse a la mierda en el instante en que mi paladar estalló con su sabor.

Mierda. Mierda. Mierda.

Mi pene se retorció y tuve que tomarla de ambas nalgas con fuerza en cuanto se movió contra mi rostro, regalándome un primer gemido de placer porque deslicé la lengua por toda su raja expuesta hasta llegar a su culo, repitiendo el proceso de arriba abajo, disfrutando a rienda suelta de su dulce carne, gimiendo al palpar que aquella protuberancia entre su coño se endureció.

—¡Por Dios! —gritó.

De nuevo me zambullí en su coño desnudo y chupé arrastrando mi lengua por toda su longitud, dándole la misma atención a su culo como si quisiera prepararla para que también me recibiera ahí. No obstante, iría paso a paso y esa vez únicamente le dejaría claro que conmigo no habría escrúpulos, pues la quería probar en todos los sentidos, por todas partes.

Abriendo sus pliegues enterré mi lengua en su vagina y gemí al saborear su humedad desbordándose de mi boca.

—¡Maldita sea! —gruñí y luego sacudí mi lengua una vez más en su clítoris, dándome cuenta de cómo movió las caderas buscando más fricción—. Eso es, *piccola*. Dime que amas mi lengua en tu coño y los lametazos que doy en tu culo.

—¡Por favor! —rogó y sentí otra oleada de humedad desparramarse de adentro hacia afuera junto a los movimientos de mi lengua—. Daemon, siento que voy a correrme ya —avisó.

Me retiré de ella y vi lo brilloso que estaba su coño, justo en el punto exacto para que la empalara a mi antojo. Su cuerpo se sacudió al sentir mi abandono y su respiración se volvió artificial.

—No lo harás así —sentencié y me erguí. Apreté mi polla a través del bóxer, esta dolía y pulsaba por la liberación contenida, pero era un dolor que me gustaba sentir, tras eso terminé de desvestirme—. Será conmigo dentro de ti, *bella farfalla*[12].

El susurro de mi cuerpo en las sábanas, su respiración superficial y la mía pesada llenaron mis oídos y toda la habitación. Rahsia se

---

12 Hermosa mariposa.

acomodó mejor en sus rodillas al sentirme llegar detrás de ella y arqueó la espalda, exponiendo más su culo como una ofrenda que me ofreció con voluntad. La tomé y restregué mi polla de arriba abajo en su coño, buscando su entrada caliente y mojada.

—Me desquicia lo mucho que… —respiré con fuerza al empujar mis caderas, deslizando mi pene dentro de su apretado canal, escuchándola a ella contener su respiración— tu cuerpo sabe que es mío.

—¡Oh, Dios!

—Maldita sea —gemí junto a ella al sentir su estrechez cuando llegué al fondo de su coño y su interior me absorbió con potencia—. Qué vista más alucinante la que me das de tu culo en pompa, tragándote todo mi polla.

Rahsia volvió a gemir como respuesta debido a que me salí de su interior unos centímetros y luego me deslicé de nuevo hacia adentro, siendo más una estocada potente esa vez que hizo que mi pelvis resonara en sus nalgas por el impacto.

«Rómpela».

Fue Dolor quien pronunció esas palabras en mi cabeza y cerré los ojos, inclinando mi rostro hacia el techo. Me acomodé lo mejor que pude, tomándola de las ataduras de sus manos y la escuché jadear, eso me obligó a detenerme un momento para darle la oportunidad de que se acostumbrara a mí.

Era la primera vez para ella en esa posición, mi primera vez estando con una chica que me entregó a mí su virginidad y solo en ese momento supe lo difícil que era esa tarea. Y también lo glorioso al pensar que la desfloré, aunque más el sentir su apretado interior torturando de manera deliciosa mi polla.

—Eres mi infierno en este momento —gruñí deslizándome hacia afuera y luego de regreso, tomando un ritmo que nos diera placer a ambos. El esfuerzo que estaba haciendo por contenerme me provocó sudores helados y el movimiento que ella hizo con sus paredes vaginales sacudió mi polla—. ¡Mierda! —Jadeé con la voz entrecortada, creyendo que podría correrme ahí mismo.

Empujé las caderas con más fuerza y más rápido, consiguiendo aumentar sus gemidos que equivalían al placer que le daba.

—No tengas miedo, Daemon. Confío en ti, sé a quién le entregué mi cuerpo —aseguró viéndome sobre su hombro a la vez que me tocaba mi abdomen con sus manos atadas todo lo que podía—. Eres *mio Signore,* ¿no?

—Y tú eres mía —aseveré y la sentí temblar cuando enterré mi pene hasta la empuñadura—. *Sei la mia, piccola diavoletta.*

Gimió, esa vez más fuerte y sentí que se apretó alrededor de mi falo como un puño furioso. La sangre corrió a mi entrepierna y el calor se acumuló en mi pene.

—Daemon —sollozó.

—¡Mierda! —espeté yo cuando movió sus caderas para encontrar mis embistes, dándome luz verde a desatarme.

Me sacó de mi control en un santiamén, la locura se desbordó en mí al ver su trasero impactando en mi pelvis y muslos, y comencé a penetrarla como un maldito poseso. Sus gemidos se potenciaron en cuanto busqué su coño y lo acaricié para intensificar su placer, nuestra piel chocaba de manera escandalosa y en minutos vi parte de sus piernas y culo enrojecerse.

Gritó cuando el primer orgasmo la alcanzó, sacudiéndose sobre mi polla, consiguiendo que mis abdominales se contrajeran porque sus paredes vaginales masajearon mi falo a un punto en el que creí que me llevaría a la cima de mi propio orgasmo, pero lo contuve y no le permití descanso.

Acaricié su espalda y la arañé un poco al arquearla, dándome una vista erótica de ese hermoso cuerpo del que era dueña; bajé mi torso sosteniéndome con una mano, con la otra cogí su cuello y giré su rostro para buscarle la boca, la tenía helada y reseca por los jadeos constantes y me fascinó humedecerla con la mía. Me siguió el beso, siendo este profundo y duro. Su lengua rozó la mía, enviando un estremecimiento a mi polla, aunque llegó un momento en que solo nos quedamos a milímetros, tragándome sus gemidos, volviéndome un completo desquiciado al comprobar cómo me aceptaba.

—¡Daemon! —gimió cuando otro orgasmo la atacó.

«Rómpela».

«Es tuya».

Resiliencia

«Demuéstrale de lo que eres capaz».

Esa vez Muerte también se unió a los susurros de Dolor y sacudí la cabeza.

«No, hijas de puta, no me van a joder con ella», pensé. Recordando la confianza que Rahsia me estaba demostrando.

La hice darse la vuelta y que siguiera disfrutando a pesar de que no le di la oportunidad de recomponerse ni un poco; me metí entre sus piernas y luego me zambullí en su calor húmedo una y otra vez. Su rostro estaba rojo y con una película de sudor sobre la frente. Mi pene se hinchó ante la imagen y me fue imposible no sonreír al verla con la capacidad de seguir gimiendo y disfrutando lo que le daba.

La desaté en medio de mis embistes y recoloqué las cuerdas de manera que me diera palanca entre sus pechos cuando me apeteció vérselos enrojecidos por las ataduras, observando cómo sus pezones se volvían de piedra por la restricción de sangre. Me acerqué a uno de ellos y lo cubrí con mi boca, disfrutando de su rostro contraído por la excitación.

—Me sorprendes, terapeuta Brown —susurré sobre su capullo endurecido, mordisqueando la piel suave alrededor de él, comiéndola y dándole más rienda suelta a mi necesidad de tocarla y acariciarla.

Jadeó y yo gruñí, buscando su otro pecho para darle hambrientos besos profundos, arrastrando su dulce piel a través de mis dientes. La manera en la que su coño se apretó alrededor de mi polla me indicó lo mucho que le gustaba mi acto y cuando no supo qué hacer con el bombardeo de sensaciones que le estaba dando, apretó los puños y enseguida se aferró a mi torso, arañándome cuando la aprisioné con mi cuerpo en la cama.

—Si me hago adicta esto, será tu culpa… ¡Mierda! —gritó cuando la cogí de ambas piernas y la abrí para que me sintiera más.

Yo estaba de rodillas para ese momento, puse sus piernas en mis hombros y me incliné un poco hacia adelante. Gruñí ante la sensación tan apretada alrededor de mi polla y le di un pequeño mordisco en la pantorrilla, jadeó; acaricié sus pechos y poco a poco bajé una mano a su coño para apretar su clítoris mientras la embestía duro y profundo.

—¡Puta madre, Rahsia! —gemí en el instante en que ella, usando mis hombros como apoyo, comenzó a balancearse hacia mí y me mordí el labio con fuerza.

Eso era todo lo que necesitaba, iba a correrme y supe que Rahsia también lo haría una vez más.

Bajé sus piernas y las usé para envolver mis caderas cuando busqué su boca, la besé y me hundí con más fuerza, mis embistes se volvieron bestiales y no disminuí la presión hasta que gritó mi nombre y mi pene se hinchó más. Y, con el empuje siguiente comencé a correrme junto a ella, mi semen salió disparado; la puta liberación me llenó la cabeza y recorrió desde mi columna vertebral hasta mi saco, las bolas se me contrajeron y siguieron lanzando mi simiente a borbotones. Cada músculo en mi cuerpo se tensó, mi visión se volvió oscura y los pulmones protestaron como cuando corría sin cesar y exigían oxígeno.

Mi corazón era otra historia, pues latía al ritmo del de Rahsia.

—Eso… mierda… ¡Eso fue magnífico! —susurró en mi oído cuando nuestras respiraciones nos permitieron hablar y sonreí.

—Y espera cuando te folle en serio —respondí al apoyarme en mis manos para mirarla directo a los ojos.

Estos se desorbitaron, yo todavía seguía en su interior, aunque con la intención de deshacerme de sus amarres para luego masajear las zonas afectadas. Y, tras la sorpresa de ella por mis palabras, sonrió demostrándome que podía conmigo.

Y ya no me extrañó porque Rahsia siempre había podido conmigo.

Me encontraba bocabajo, tenía los brazos doblados uno encima del otro y los utilizaba como almohadas. La sábana se aferraba a mis caderas mientras Rahsia arrastraba sus uñas con suavidad por toda mi espalda, mi mirada estaba fija en la pared, pensando en la mueca de dolor que ella hizo cuando fue al baño. Aseguró que estaba bien, pero desde ese momento mantuve una punzada incómoda en mi pecho.

Resiliencia

La lastimé, lo sabía.

Seguí follándola por horas hasta que me sentí seco, por supuesto que ella demostró que le gustaba, que gozaba lo que hacía, aunque justo en ese instante creía que únicamente fingió para que yo pudiese desahogarme como tanto necesitaba y estaba molesto por eso. Con Rahsia por no detenerme, por mentirme, pero sobre todo conmigo mismo por excederme, sin embargo, no le dije nada porque si lo hacía iba a explotar de nuevo.

Ella había intentado conversar conmigo, pero me limité a darle respuestas secas y cortas a sus preguntas. Se rindió cuando entendió que evitaba hablar, aunque no se apartó de mí y optó por acariciar mi espalda. En ese momento la sentí moverse, segundos después cogió su móvil y lo colocó a mi lado dejándolo a mi vista.

Me tensé cuando la pantalla se iluminó con una notificación de juego, era el mismo en el que yo pasaba horas jugando, aunque lo que me dejó con el corazón acelerado fue leer el aviso.

Princess, tus vidas están completas ahora.

¡Princess! ¡¿Era jodidamente en serio?!

Levanté la cabeza y giré el cuello para poder verla, ella me sonrió en respuesta, con inocencia, sin ser consciente del porqué la estaba observando.

«He contado los días, horas y segundos. Esta vez me hiciste esperar demasiado y casi estuve a punto de dejar este juego, por favor, no vuelvas a irte. PuzzleWorld no es lo mismo sin Demone».

El recuerdo de aquel mensaje era claro, no tenía idea de en qué momento lo recibí porque fue antes de los electrochoques. Pero lo encontré mientras revisaba mi móvil un día y tuve curiosidad. Mis juegos con esa chica fueron constantes, nuestros mensajes no pasaban de saludos cortos y ese era uno de los más largos que recibí de su parte. Al seguir la secuencia me di cuenta de que tuve interés en esa jugadora a pesar de no saber quién era.

Hasta ese momento, porque mi puto corazón me decía que no me equivocaba.

—¿Princess? —inquirí y su sonrisa se hizo más grande.

—No te burles —advirtió, la miré atento esperando a que dijera algo más—. Me encanta ese juego y siempre te piden un apodo

como usuario, decidí utilizar el mote de cariño con el que papá me llamaba.

—¿Te llamaba? —pregunté. Sabía muy poco de sus padres, pero con eso me bastó para intuir que se llevaba bien con ellos y, aunque ya era toda una mujer imaginaba que su padre la seguía viendo como su niña.

Al menos padre era así con Abby, la niña de sus ojos.

—Bueno, mi padre biológico era quien me llamaba así —explicó.

Me sorprendió darme cuenta hasta ese momento de que tenía dos padres.

—¿Qué pasó con él?

—Falleció cuando era apenas una niña de dos años —confesó.

—¿Te duele eso?

—No lo recuerdo mucho, aunque sé que me amó con locura. Me habría gustado conocerlo, pero la vida lo decidió de otra manera.
—Asentí de acuerdo.

—¿Es bueno el juego? —cuestioné cambiando de tema y vi en sus ojos que lo agradeció.

—Fascinante si te gustan los rompecabezas, yo lo amo.

Esa era la razón por la que yo también lo jugaba, unir piezas mantenía mi cabeza ocupada y sé que madre inculcó ese hábito en mí como terapia, pero con el tiempo lo vi más como una pasión que como un pasatiempo o ayuda psicológica.

—Deberías probarlo —me animó.

Ella sabía que pasaba horas armando rompecabezas y la naturalidad con la que me invitó a hacerlo me demostró que no tenía ni idea de que era conmigo con quien jugaba. Y pensé que era mejor así.

—Prefiero los reales —dije entonces, omitiendo lo que acababa de descubrir.

Me di la vuelta para tumbarme sobre mi espalda, su mirada no me dejó en ningún momento; esa vez llevé solo un brazo detrás de mi cabeza, Rahsia se movió para acomodarse en la misma posición y volví a ver esa mueca de dolor en su rostro.

El enojo punzó de nuevo en mi pecho.

—Háblame —solicitó y la miré serio—. No te cierres conmigo, estoy aquí para ti y por ti.

Resiliencia

—Si hablo diré cosas que no quiero, deja que me logre controlar —respondí un tanto pesado y asintió, aunque fue claro que mi respuesta le dolió.

Me sentí una mierda, pero me molestaba que hubiese callado cuando le pedí que me detuviera si la dañaba; la sangre me hirvió de coraje al pensar que fingió placer y eso no lo soportaba. No obstante, no iba a herirla con palabras y reclamos.

No estaba en condiciones para aclarar las cosas, me conocía y sabía eso.

Sin decirle nada me levanté de la cama y fui hacia al baño, tenía una tina enorme así que abrí los grifos del agua caliente junto a la fría y la preparé con sales aromáticas y relajantes. Raras veces la ocupaba, nunca con compañía, pero el personal de limpieza se encargaba de mantenerla limpia, incluso dejaban velas aromáticas alrededor, y decidí que era un buen momento para meterme en ella y arrastrar a Rahsia conmigo.

Eso ayudaría a calmar su molestia, que de verdad rogaba porque solo fuese eso.

—Ven, tomemos un baño —pedí cuando regresé a la habitación y la encontré con el móvil en la mano.

Estaba desnudo y me pavoneé frente a ella sin pudor, por supuesto que a Rahsia todavía se le dificultaba no mirar mi polla con detenimiento y sonreí al verla en ese instante concentrada en ello. Me acerqué para cogerla de la mano y solté un poco de aire retenido al comprobar que no mostró dolor con el movimiento, pero mis ojos se clavaron en sus piernas, brazos y torso.

¡Maldición!

Caminó frente a mí y cuando me mostró el culo vi que ahí también estaban mis marcas, en otras ocasiones eso me causaba orgullo, cuando eran moderadas; en Rahsia me hicieron sentir una mierda, pues había demasiadas y lucían como si le hubiera dolido mucho cuando se las hice.

Apreté los puños con violencia y me crují el cuello para contenerme porque quería reñirle fuerte, ella tuvo que haberme detenido y no lo hizo… ¡joder!

—¡Jesucristo! Esto se siente demasiado bien —exclamó cuando la ayudé a meterse en la tina y sintió la calidez del agua y lo bien que olía.

Asentí como respuesta y luego me metí para acomodarme detrás de ella.

—Deja ese móvil ahí. —Señalé a un lado de ella y antes de hacer lo que le pedí buscó algo en el aparato. En su carpeta musical.

La cogí de la cintura cuando me senté tras ella y la halé hacia mi cuerpo, todavía seguía reaccionando con timidez a mi cercanía, algo que me parecía dulce.

Decidí comprobar si estaba concentrada en lo que hacía con el móvil y besé su cuello, su piel se erizó demostrando que se hallaba más atenta a mí.

—Sé que no quieres hablar, así que espero que escuches esto con atención. Dicen que expresar lo que tanto necesitamos a través de la música, resulta mejor —señaló—. Y, ya que sabes español, voy a aprovecharlo.

Curvé la boca hacia un lado y vi cuando le dio reproducir a una canción que llevaba por nombre *Te regalo*.

La melodía comenzó tranquila, Rahsia puso el móvil donde antes le indiqué y tras eso se giró para quedar frente a mí y mirarme a los ojos mientras me tomaba de la mano y depositaba un beso en ella.

Déjame tomarte de la mano, déjame mirarte a los ojos. Déjame a través de mi mirada darte todo mi esplendor. Déjame quedarme aquí, déjame besarte ahí.

Tragué con dificultad cuando con las últimas palabras de la chica que cantaba, Rahsia tocó mi corazón y luego mi boca.

Donde guardas tus secretos… los más oscuros y los más bellos.

—Rahsia, no creo que esto…

—¡Shhh! Solo escucha, cariño. No tengas miedo —pidió y colocó dos de sus dedos en mis labios.

Te regalo mis piernas… recuesta tu cabeza en ellas.

Cerré los ojos al escuchar las siguientes palabras de la melodía.

Te regalo mis fuerzas… úsalas cada que no tengas. Te regalo las piezas que a mi alma conforman.

Abrí los ojos de golpe con esa estrofa, sus piezas… ¡Joder! Rahsia no tenía ni idea de que eso… mierda, ni siquiera me atrevía a pensarlo.

Resiliencia

La miré sonreír cuando la chica dejó de cantar y la melodía nos acompañó. Rahsia me estaba hablando a través de una canción y me golpeó como un tornado todo lo que decía. Mi única reacción fue soltar su mano y llevar la mía a su rostro para acariciarla. Amor, eso era todo lo que sus orbes azules irradiaban.

—Daemon, sé que es pronto, pero yo de verdad te… —La besé antes de que pronunciara esas palabras.

No quería oírlas, aunque era ridículo cuando lo que esa mujer hacía me lo demostraba, pero no me sentía digno de lo que me estaba entregando y por eso me negué a que pronunciara algo de lo que luego iba a arrepentirse. Porque mi corazón me decía que arruinaría todo, la dañaría de una u otra manera, aunque hiciera y diera todo de mí por no hacerlo.

Lo jodería, tal cual lo hice en el pasado con…

—Para, me estás lastimando.
—No lo jodas ahora, nena. Estoy a punto de correrme, no me cortes.
—¿Estás drogado?
—No digas mierdas y mejor calla, en estos momentos me gustas más así.

Me alejé de Rahsia cuando esas palabras y recuerdos llegaron a mi cabeza. Estaba con… Noara.

¡Jodida mierda! Forcé a esa chica a estar conmigo y hasta ese momento comprendí su terror cuando nos topamos en el consultorio. Abusé de ella… yo…

—¡Daemon! —Escuché a Rahsia llamarme y la miré aterrado.

—Violé a la chica de la que una vez me enamoré —solté y el miedo arrasó con el brillo de amor en sus ojos azules.

19 | Una sola frase

DAEMON

Hay recuerdos que no voy a borrar,
personas que no voy a olvidar.
Hay aromas que me quiero llevar y
silencios que prefiero callar.
—*Fito Páez*—

El agua de la tina pareció haberse enfriado después de confesarle ese recuerdo que llegó a mi cabeza tan de repente. Y sentí miedo de lo que Rahsia pensara, dijera o hiciera, pero también alivio y hasta un poco de satisfacción con la idea de que me odiara. Estúpido de mi parte, tal vez; no obstante, por alguna razón idiota necesitaba eso de ella.

Las imágenes fueron un poco distorsionadas en mi cabeza, pero sabía muy dentro de mí que todo fue real, que hice lo que hice por una razón egoísta. Noara me había observado con ojos cargados de dolor y miedo, mas no luchó contra mí y entendí que esa fue su manera de defenderse frente a mi agresión.

—Daemon… —La voz de Rahsia apenas fue un susurro audible y miré hacia el agua de la tina porque no soportaría ver sus ojos en ese momento.

Ellos eran mi cielo y no quería profanarlos con la maldad que yo representaba.

—Ver tu cuerpo lleno de mis marcas me ha hecho sentir una mierda esta vez y más cuando haces esas muecas de dolor —repliqué, cortando lo que fuera que iba a decirme—. Te dañé, Rahsia, y no puedo sacar de mi cabeza que también te forcé a hacer algo que no querías y… creo que eso ha hecho que recuerde lo que hice en el pasado.

—¡Oh, por Dios! ¡No, Daemon! —exclamó y me tomó de las manos otra vez—. No me has forzado a hacer nada, te lo juro. —La miré cuando besó mis dedos, quería demostrarme que no me temía y que decía la verdad—. Y sí, siento molestia en mi entrepierna, no negaré eso, pero no es porque tú me dañaras. Disfruté como loca cada cosa que me hiciste, mas no tengo práctica en esto, cariño. Mi cuerpo se está acostumbrando a ti, así que es normal que duela un poco.

—No me lo digas solo por no desestabilizarme más, por favor —supliqué y me sonrió con ternura.

Volvió a meterse entre mis piernas, frente a frente, y me cogió el rostro. Ya no vi miedo en su mirada.

—Confía en mí, Daemon. He amado y disfrutado cada toque tuyo.

—Pero ahora sabes que agredí a una chica antes, a alguien que me importó tanto como para enamorarme de ella, ¿qué te dice eso de mí? ¿Qué piensas? —inquirí con la estúpida necesidad de que me viese distinto.

«Mereces el odio y la repugnancia».

«Imbécil».

Sacudí la cabeza para espabilar aquellas putas voces, vi a Rahsia tensarse con mis preguntas y supuse que en su mente estaba buscando las palabras adecuadas para responderme.

«Te odiará».

Dolor sonó emocionada al decir tremenda estupidez.

O tremenda verdad.

—¿Recuerdas todo de ese momento? —indagó y fruncí el ceño—. No voy a justificarte, pero necesito que me digas si lo recuerdas para poder darte una opinión —explicó.

—¿Y qué pasa si te digo que no únicamente para que no me juzgues? ¿O si te digo que sí, pero te cuento una versión que no me haga quedar como un violador?

Resiliencia

Su sonrisa fue genuina y la respuesta que me dio bastante rápida, zanjando con eso que no dudó ni un instante.

—Tú no me mientes, Daemon. Incluso cuando sabes que vas a lastimarme con la verdad, no la omites porque de alguna manera siempre buscas que me decepcione de ti. Por eso sé que no cambiarás ninguna versión solo porque te conviene.

Tragué en seco y sentí la respiración acelerada.

—No recuerdo todo, solo el momento en el que ella me pidió que parara y yo la mandé a callar como un misógino de mierda buscando mi placer. Vi el terror en sus ojos dirigido hacia mí y la aceptación de lo que le hacía simplemente para que no la dañara más.

—¡Madre mía! —murmuró Rahsia y se llevó una mano a la boca.

Palideció por un momento y me di cuenta de que le estaba costando respirar.

—Debes alejarte de mí, *piccola* —sugerí y me miró con incredulidad—. Hoy pude *controlarme,* pero no sé si en otra ocasión lo haré y te juro que, si llego a dañarte de alguna manera, o como la dañé a ella, buscaré la…

Manera de acabar con mi vida.

No terminé la declaración en voz alta porque no quería que ella lo tomara como chantaje, ya que, en ningún momento pretendí que me tuviera lástima o se mantuviera a mi lado por obligación. Es más, en cada oportunidad que tuve traté de que viera el monstruo en mí y no al caballero que se empeñaba a ver. Sin embargo, no mentía al pensar que era capaz de quitarme la vida si la dañaba. Podía sonar extremista, pero era lo que estaba seguro de hacer en mi estado, ya que era cansado vivir únicamente para lastimar a los demás.

—A ver, quiero que tengas claro algo. —Me tomó de la barbilla cuando dijo eso y me pareció irónico—. No voy a justificarte, pero tampoco te juzgaré por un pasado que ambos desconocemos. Si lo hago, será por quien eres ahora conmigo y esta versión tuya que yo sí conozco, hasta el momento me invita a mantenerme firme aquí, cariño.

Meneé la cabeza y traté de no mirarla a los ojos, pero ella afirmó su agarre en mi rostro y lo impidió.

—Deja de ser un corderito tonto —aconsejé—. La bestia siempre será bestia por mucho que se muestre mansa ante ti.

Rahsia chasqueó con la lengua en total desacuerdo.

—Nada de corderito tonto, Daemon. Soy una mujer que no se rendirá contigo, incluso si los cielos se vuelven tormentosos —aseveró y comencé a ponerme nervioso—. Tenemos mucho que aprender el uno del otro, pero me conoces y sabes que no soy una cobarde que se irá fácilmente.

Joder. No quería que la esperanza picara en mi pecho ni que el corazón me latiera tan rápido, pero lo hicieron al escucharla.

—¿En serio no me temes? —Mi voz resonó dubitativa y noté que eso la sorprendió.

—Ni en tus peores momentos, *mio Signore*. Y creo que ya te lo demostré. —Sonreí por como me llamó, pero también imanté mi mirada a la suya, comprobando en sus ojos que me decía la verdad.

—Estás más loca que yo, nena —declaré haciéndola reír.

Y, antes de permitirle a mis demonios dominarme con susurros crueles, la tomé de la nuca y la acerqué hasta que nuestras frentes se presionaron entre sí.

Creía en cada una de sus palabras, por imposible que eso fuera para mí, debido a mi inseguridad; confiaba ciegamente en ella y rogué para jamás arrepentirme de eso y menos fallarle, ya que, por primera vez (en lo que yo recordaba), necesitaba de alguien que no fuera parte de mi familia.

Y era a ella, mi hermosa mariposa.

Pasé horas al lado de Rahsia y ella me siguió demostrando que no me temía ni juzgaba. Hablamos de la razón por la que llegó al hotel en mi búsqueda y cómo supo encontrarme. Quería disculparse conmigo por lo que sucedió en su consultorio, algo que aclaré que estaba de más, ya que, aunque me molestó su reacción también supe entenderla.

Me mencionó que se había reunido con Sadashi para tomarse un café esa tarde y fue la asiática quien le averiguó mi ubicación, cosa que no me extrañó. Asimismo, me explicó que se sentía estresada por ciertas cosas que le estaban sucediendo y, cuando le pedí que hablara conmigo, me aseguró que lo haría, mas no en ese momento porque no quería preocuparse y menos preocuparme a mí por algo que a lo mejor no tenía lógica según sus palabras. No estuve de acuerdo con eso, pero decidí respetarla tal cual ella me respetaba.

Cuando la noche entró de lleno quería dormir a su lado como el día anterior, sin embargo, necesitaba buscar a Aiden y hablar con él, así que al estar listos fui a dejarla a su apartamento. Esa vez otro de los hombres que se encargaba de cuidar mi espalda fue quien nos llevó, y uno más condujo el coche de Rahsia para que ella pudiese viajar conmigo.

Alexandre había desaparecido y no me extrañaba… ¡Mierda! En realidad, no lo culparía si decidía dejar su lugar; lo lamentaría, sí y mucho, puesto que era en el único que confiaba de verdad, pero por primera vez me pasé de la raya con el hombre, fui un imbécil y lo buscaría luego para disculparme.

—¿Puedo pedirte algo y me prometes que lo harás? —solicitó Rahsia cuando estábamos en el estacionamiento de su apartamento. Asentí y la miré para que continuara—. Sé que mañana tienes tu terapia con el doctor Cleveland, así que por favor menciónale el recuerdo que tuviste en la bañera.

Su petición no me sorprendió, podíamos estar saliendo, pero me trató por un buen tiempo y por mucho que quisiera ser solo Rahsia conmigo, no se le haría fácil dejar de lado a la terapeuta. También, entendía mejor lo difícil que fue para ella lidiar con mi enfermedad desconociendo mi pasado, no obstante, hizo un excelente trabajo; y, cuando el momento de enfrentarme a lo que olvidé llegó, agradecí que fuese solo Tomas Cleveland el que estuviese al tanto porque si hice cosas malas, me avergonzaría de que esa chica las supiera.

—Está bien —respondí lacónico y se acercó a mí para abrazarme y darme un beso—. ¿Nos vemos mañana para almorzar? Después de mi terapia —propuse.

Le acaricié la barbilla con mi dedo pulgar y ella cerró los ojos por unos segundos para disfrutar de mi toque.

—Me encantaría, pero mis padres llegan esta noche y pedí libre mañana en el trabajo para pasarla con ellos —explicó soltando tremendo suspiro, volviendo a mirarme.

Fruncí el ceño.

—¿Debería preguntar por qué siento que vienen de sorpresa? —inquirí.

Apenas comenzábamos a salir, lo sabía. Y no teníamos por qué contarnos todo, ya que cada uno merecíamos privacidad, pero algo me decía que la llegada de sus padres no era solo porque la extrañaban, puesto que el tiempo que llevaba de conocerla me aseguraba que era Rahsia quien siempre los visitaba a ellos.

Según me comentó una vez, los Brown se negaban a viajar, ya que su tiempo en la milicia los obligó a dejar su tierra, su hogar, más veces de las que quisieron. Así que ahora que eran libres, preferían mantenerse en su hacienda y vivir una vida donde los viajes no existían.

—Porque es así, querían darme una grata sorpresa, pero lo descubrí a tiempo —explicó y sonrió, aunque el gesto fue más una mueca obligada.

Alcé una ceja y curvé la boca con sarcasmo.

—No creo nada de lo que me dices, pero está bien. Tómate tu tiempo y esperaré hasta cuando estés lista para hablar conmigo —dije.

Quiso hablar, alegar, no se lo permití.

Esa vez fui yo quien la buscó para besarla, me despedí de ella con la intensidad que me caracterizaba y cuando nos faltó el aire, de alguna manera poco sutil la hice bajarse del coche y me marché de inmediato.

La mayoría de las personas a mi alrededor tendían a subestimarme por mi condición, yo mismo lo hacía, pero muchas veces eso me hartaba y me veía en la necesidad de dejarles claro que me daba cuenta de cosas que ellos creían que hacían bien.

O sin que nadie más lo supiera.

Con Dasher por ejemplo, hizo algo por lo cual toda mi familia lo hubiese matado, y no hablaba metafóricamente… ¡Joder! Yo mismo quise asesinarlo cuando me enteré, pero tuvo suerte de que caí en una crisis antes de conseguirlo, y al salir de ella, logré entender que no fue su culpa; entonces deseé darle una lección al verdadero culpable, sin embargo, ya estaba pagando, así que no creí necesario unirme a esa tortura. Tampoco mencioné nada a nadie.

Ese secreto lo guardaba solo para mí y así se quedaría.

Cuando llegué a casa me encontré a Lane en el cine que madre construyó en su mansión para toda la familia, estaba viendo una de sus series favoritas y fue una suerte que respondiera cuando le pregunté por los demás, por lo ensimismado que se hallaba; me dijo que las chicas salieron juntas en una noche solo para ellas, arrastrando a Sadashi en el proceso, Aiden se encontraba en algún lugar con Asia y de Dasher no tenía idea.

Subí a la segunda planta dirigiéndome a la habitación de mi copia, aunque ralenticé un poco el paso cuando escuché a Dasher gritar en su habitación.

—¡Odio que después de tanto tiempo en el que ignoraste todas mis llamadas, seas tú quien me llame ahora y solo para esto! —Alcé una ceja con intriga—. ¡Joder! —gritó tras una larga pausa, minutos más tarde escuché un fuerte golpe en la pared.

La puerta estaba entreabierta, así que me acerqué y la abrí del todo para asegurarme de que no hubiese hecho una tontería. Vestía un pantalón de chándal a cuadros y una camisa blanca y lisa, me daba la espalda, pero se giró en cuanto me escuchó y vi que su móvil se encontraba tirado y hecho pedazos en el suelo, la pared de yeso tenía una abolladura.

—Mike se molestará mucho contigo por eso —advertí, refiriéndome al capitán y administrador de la casa. Hice un movimiento de barbilla y señalé la abolladura en la pared.

Dash soltó un sonido de fastidio e hizo un ademán con la mano para luego sentarse en la orilla de la cama, puso los codos en sus rodillas y con una mano se desordenó el cabello hasta que la dejó en su frente y se quedó así por un rato, en posición de derrota, el dolor, la desesperación, la confusión. La conocía muy bien.

Hubiese querido decirle algo que lo animara o siquiera escucharlo, pero justo como me sentía, no terminaríamos bien.

—¿Sabes dónde está Aiden? —cuestioné, sacándolo de su mierda.

—Durmió a Asia y luego se fue al gimnasio de abajo —respondió, refiriéndose al área de entrenamiento que teníamos en la mansión.

Asentí como agradecimiento y me dispuse a ir en busca de mi copia, pero la voz de Dasher me detuvo.

—De verdad amo a Bárbara —susurró y lo miré—. No solo es mi novia sino también mi mejor amiga, mi apoyo incondicional. Con ella he pasado los mejores momentos de mi vida y también los peores. Ha sido la única que ha estado completa y únicamente para mí después de lo de Essie… ¡Mierda! No sé qué habría hecho si esa mujer no me hubiese tomado de la mano en el instante que me sentí perdido, cuando creí que mi hermana iba a morir. Fue esa chica quien me trajo de regreso a la luz.

Me miró y noté sus ojos rojos. El tormento en ellos era algo que yo vivía casi a diario.

—Lo sé, también lo vi —le recordé.

Mientras toda la familia nos encontrábamos desesperados por lo que pasaría con mi prima (luego de un secuestro que sufrió con mi hermano y Sadashi, en el que terminó con un disparo en la cabeza) y tratando de apoyar a mis tíos y a Dasher, Bárbara fue la única que se dedicó solo a él. Eso era algo que nadie borraría, sin excepciones.

Pero sabía a dónde se dirigía Dasher y yo tenía parte de culpa por haberlo encaminado con mi señalamiento.

—Entonces ¿por qué me dijiste todo eso por la mañana? No, espera… —Me calló y rio sarcástico a la vez que se puso de pie—. La pregunta mejor formulada sería ¿por qué eso me ha afectado tanto? ¿Por qué he recibido esa llamada después de casi cuatro años?

La desesperación goteaba de él, mis ánimos estaban hechos mierda y verlo así me afectaba más de lo normal. Era mi primo, mi hermano así no llevara mi sangre y lo quería tanto como me dolía que sufriera por culpa de alguien a quien, viéndolo en ese punto, quizá nunca tendría. Porque cuatro años podían hacer madurar y cambiar de forma radical a una persona a la cual siempre protegieron en un cascarón, y que logró romper por sí misma.

—Porque la vida tiende a joderte los mejores momentos —dije y negó—, o porque el tiempo tiene la capacidad de poner en su lugar cada cosa, así parezca correcto cuando en realidad es incorrecto.

Resiliencia

—No me estás ayudando, hermano —se quejó con voz lastimera y bufé una risa.

—Únicamente sé que el amor para que sea correcto también tiene que ir acompañado de la locura y no solo de la estabilidad y tranquilidad, pero si tú crees que no necesitas más locura y que con la tuya basta, pues de corazón te deseo toda la felicidad del mundo con esa chica que ha estado para ti en los mejores y peores momentos de tu vida. —Proferí y lo hice con toda mi sinceridad.

—Puta vida —susurró y se dejó caer en la cama de espaldas. Se llevó las manos al rostro y se lo cubrió.

—¿Quieres que diga algo más para que te sientas mejor? ¿O peor? —Satiricé.

Dasher se descubrió el rostro y me observó incrédulo.

—Hijo de puta. —Bufó y me reí.

—Deja atrás el pasado, yo sé que no fue tu culpa. —Jamás en la vida lo vi ser tan rápido como en ese momento. En cuestión de segundos estaba sentado y viéndome con terror.

Volví a reírme.

—¿Daemon, tú…?

—¿Lo sé? Claro, me enteré tres semanas después de que sucedió —lo corté. Dasher abrió y cerró la boca sin saber qué decirme—. Y quise matarte en el momento, pero justo pasó lo del puto profesor en Italia que trató de propasarse con madre y luego mi crisis a causa de lo que le hice. Así que tuviste suerte, ya que luego de eso descubrí que no fuiste el culpable, porque de lo contrario… créeme, viejo, ahora solo serías un maldito recuerdo.

Parecía que al rubio le comieron la lengua, ya que únicamente me observaba sin poder procesar lo que estaba saliendo de mi boca.

De verdad pensé en matarlo, pero como mencioné, uno de mis profesores en el instituto se propasó con madre, lo hizo mientras yo atravesaba por un episodio de manía mixto con ataques de ira, así que le di su merecido y lo envié al hospital. Levantaron cargos en mi contra y me apresaron, al estar en la cárcel sufrí un ataque de pánico que desencadenó mi epilepsia y luego caí en depresión, por lo que pasé fuera de juego por un buen tiempo.

Lo del profesor se me había mezclado con saber lo que supuestamente Dasher hizo y eso actuó como una bomba de tiempo en mí. Cuando logré superar ese episodio, me enteré de que las cosas no eran tal cual supuse, pero ya teníamos suficiente mierda encima, así que lo dejé de lado.

—Al punto que quiero llegar —proseguí— es que, es mejor que olvides lo que un día conociste, porque cuatro años pueden cambiar demasiado a una persona y si crees que nosotros hemos sido unos hijos de puta, entonces no tienes ni idea de los genes que de verdad hay en nuestra sangre —señalé, él seguía sin reaccionar—. Bárbara es un ángel, te ama, la amas y si te lo propones puedes ser muy feliz con ella, así que deja a los demonios que te atormentan a donde pertenecen. Será lo más sano.

Acto seguido lo dejé ahí al descubrir que no podría reaccionar, al menos no esa noche. Además, me pareció que me pasé con mi dosis de sinceridad esa vez, así que opté por buscar a Aiden porque tenía suficiente con mi drama como para lidiar con el de alguien más. Y no era que mi familia no me importara, se debía más a que mi mierda al explotar podría salpicar hasta a los inocentes y no iba a dejar que pasara.

Cuando llegué al salón de entrenos encontré a Aiden haciendo movimientos muy bien estudiados con un *Tanto*, tenía la música con un volumen moderado y la piel roja por el esfuerzo de los ejercicios. Me vio de inmediato y frunció el ceño.

—Mierda, D. Luces como si estuvieras con tres días de estreñimiento.

—Se llama ciclación mixta —respondí y sus ojos se abrieron un poco más.

—¿Y tu medicación? —preguntó y negué con la cabeza.

—Déjala de lado porque ahora mismo quiero saber sobre la chica de la cual me enamoré antes de los electrochoques y de Danik Black —solté sin tapujos. Aiden retrocedió un paso, claramente desestabilizado con la sorpresa—. Y quiero la verdad, hermano. Te pregunto a ti con la confianza de que me des las rosas junto con las espinas, y no me falles porque no te lo perdonaré —advertí.

Me observó serio, primero con miedo y luego con decisión.

Resiliencia

—¿Dónde está tu medicación? —inquirió de nuevo con la voz ronca, esa vez dándole un significado diferente—. Porque la necesitarás si de verdad quieres saber sobre Inoha Nóvikova y Danik Black, que en su momento fueron la misma persona.

El primer nombre me provocó un pinchazo en el pecho que jamás creí que sentiría, aunque me confundió lo último que mi copia dijo.

—Haz lo que putas quieras, pero no vuelvas a incomodar a Inoha ni permitas que otros lo hagan, porque no respondo.

—¿Me estás amenazando? —preguntó, incrédula.

—Yo no amenazo, advierto. —Ambos nos miramos cuando solté aquello—. Te repito que yo no tengo la culpa del mundo en el que vives, así que no me vengas a joder la vida por…

Gruñí de dolor cuando ese recuerdo llegó a mi cabeza. Éramos madre y yo peleando por Inoha.

—Vete —susurró y mis ojos ardieron—. Tu ropa está en la secadora, sal de aquí.

—¿Me desprecias por mi condición? —pregunté herido.

—No puedo estar con una persona como tú. Te vuelves loco con facilidad y me has violado, eres un monstruo —soltó.

Me tomé la cabeza con ambas manos cuando mi mente me llevó de un lugar a otro aumentando el dolor. Esa vez me vi frente a una chica rubia que se acurrucaba en el suelo, con miedo de mí.

—¡Joder, Daemon! —espetó Aiden y llegó a mi lado—. Por eso no se te habla del pasado. Esto provoca un *shock* en ti —explicó y me tomó de los brazos.

—¿Quién… es… Inoha? —atiné a preguntar y me aferré a sus antebrazos.

—Mamá, por favor, no quiero volver allí. No saben cuánto me arrepiento de lo que le hice a Inoha y daría todo por resarcir el daño y no por miedo a pagar, sino porque me importa… ¡La quiero! ¡Joder! Me he enamorado de ella.

—¡Mierda! —murmuré porque si gritaba el dolor empeoraba.

Esos recuerdos estaban llegando a mi cabeza de manera desordenada y me dolían, era un dolor físico y emocional.

«Con una sola frase podré llevarte a los recuerdos más oscuros de tu vida, Daemon, pero debes estar preparado», recordé al doctor Cleveland decirme.

En ese instante supe que no era una frase sino un nombre.

—¿Por qué lo hiciste, mamá? Tú no eres así.
—Tú eres el monstruo, no yo.

Éramos madre, Aiden y yo. Y fui quien acusó a madre de ser un monstruo, pero no tenía idea de la razón.

—Alana, explícate mejor… ¡Joder! Inoha nunca me dijo que está embarazada.
—¡Porque la rechazaste, imbécil! Se enteró hace una semana y está convencida de que tú no querrás a su bebé. ¡Ahora mismo va a una clínica para practicarse un aborto!

—Puta madre, esto… duele ¡Ah! —grité luego de verme con la novia de Evan, amigo de la familia y compañero de mis padres en las organizaciones, teniendo una discusión.

Casi nunca me cruzaba con ella en la actualidad, pero la conocí en una fiesta y, aunque nos saludábamos con educación ninguno buscó la oportunidad de tener una conversación y jamás llegué a intuir que ella tenía más parte en mi pasado de lo que ese recuerdo me demostró.

—¡Mierda!, creo que es hora de llamar a emergencias —exclamó Aiden luego de ayudarme a que me sentara en el suelo.

Mi visión estaba volviéndose oscura y las náuseas incrementaron junto a los sudores helados y los escalofríos que me estremecían.

—Violé a Inoha —susurré y cerré los ojos con fuerza, concentrándome en lo más cruel de esos recuerdos.

Si era así, entonces ¿era la segunda chica que dañé?

Resiliencia

—Necesito que respires profundo y te calmes —pidió mi hermano y me negué.

Las ráfagas de recuerdos me atacaban como unos malditos que no me querían dejar respirar, la migraña aumentó, el dolor era demasiado como para desear no recordar nada más.

—¡Lleva a mi hijo! ¡Sadashiiii! ¡Vas a matar a mi hijo! —La asiática se detuvo a segundos de clavar la daga y miró con los ojos desorbitados a Inoha.

—Era su hijo, porque de seguro ya lo has matado —soltó ella.

—¡No, no! ¡Noooo! —rugí totalmente desquiciado.

—¡Joder, no! ¿Un hijo? ¿Sadashi mató a mi hijo? —cuestioné en el instante que esa imagen invadió mi cabeza.

Y el mundo se me vino encima al ver el rostro pálido de Aiden.

@Patty_Arty31

20 | Princesa de papi

RAHSIA

Desde que supe que los Blanc posiblemente estaban en la ciudad, mi tranquilidad se esfumó y la paranoia volvió como una vieja y tóxica amiga que de verdad me extrañó. Y, el hecho de que Daemon estuviese en una crisis no me ayudaba en nada, pues quería estar de lleno con él, entregarle mi apoyo y ayuda, tomarlo de la mano y llevarlo de nuevo a la *normalidad*, pero no podía, ya que para eso primero necesitaba controlarme a mí misma y estar tranquila.

Y eso lo lograría hasta que mis padres estuvieran conmigo y me protegieran como lo hicieron años atrás.

—*Lupo irá por ti dentro de dos horas, cariño. Estamos en la casa de siempre* —aseguró mamá cuando hablábamos por teléfono.

Desde el momento en que llamé a papá y le mencioné lo que Noara me dijo, hizo su magia y prometió estar conmigo pronto. Aunque admitía que no pensé que sería el mismo día en que todo sucedió.

—Ya quiero verlos —susurré, sintiéndome pequeña e insegura.

Los miedos que me atacaban en ese instante no los vivía desde que escapamos de Londres y, estos aumentaron tras recibir noticias que nunca esperé en la vida. Esa tarde todo dio un giro de ciento ochenta grados para mí y me puse en una posición que me podría llevar a una muerte segura si no jugaba bien mi juego, si no lograba encajar las piezas en mi *Puzzle*.

—*Falta poco, preciosa. Solo actúa como te hemos enseñado* —pidió papá.

Me tenían en altavoz, por eso ambos me escuchaban.

—Los quiero, y pase lo que pase nunca duden de eso. —Me obligué a pedir llevándome una mano al pecho cuando sentí una opresión horrible.

¿Qué iba a hacer? ¡Jesús! ¿En qué me metí?

Corté antes de que dijeran algo y fui a ponerme ropa que cubriera las marcas que Daemon me dejó porque no quería exponerlo a críticas, o que se preocuparan por mí sin razón alguna.

Sacudí la cabeza mientras caminaba a mi habitación, ya que no pude evitar sentirme como una novia sumisa cubriendo a su pareja maltratadora, aunque tenía más que claro que Daemon no era eso, y hablaba del hombre del presente no el del pasado que como le dije a él, ambos desconocíamos y lastimosamente seguiríamos desconociendo, pues hubo una versión suya que a lo mejor jamás descubriríamos debido a que la única persona que sí la conoció o vivió, no podía (o no querría) aclararla.

Por eso me enfocaba en lo que yo sí sabía y descubrí de ese hombre, a pesar de lo terrible que me pareció su confesión, sin embargo, la manera en la que se controló conmigo me demostró con creces que estaba confiando en la persona correcta.

Y sí, como ya sabía, sus cambios de humor eran complicados y nunca sería fácil una relación con él por muy pasajera que fuera. A pesar de eso, seguía firme en la marcha, sobre todo con las muestras que Daemon me daba de querer intentarlo y hacerlo bien. Como cuando me llevó a mi apartamento, en donde incluso estando molesto por mi mentira a causa de la llegada de mis padres, se marchó evitando decir algo que me hiriera, no sin antes besarme, demostrándome que no tenía suficiente de mí.

Resiliencia

Sonreí al pensar que se creía un monstruo y me dio tristeza confirmar lo complicado que sería siempre para él, verse como el hombre maravilloso que yo veía. No obstante, lo dejé partir en ese estado, ya que hablarle de lo que me pasaba únicamente empeoraría todo y no sería la culpable de llevarlo al abismo.

Mi promesa era hacer que caminara hacia la luz, no lo contrario. Y la mantendría así me costara un infierno, que era lo que mi corazón presentía que se avecinaba.

—¡Carajo! —espeté al recordar que dejé en mi coche los móviles, el personal y el de trabajo, el único que tenía cerca era el que Caleb me dio para comunicarme con ellos.

Me puse unos zapatos cómodos y antes de terminar de llenar una mochila con un cambio de ropa, me fui hacia el estacionamiento en busca de los dispositivos. Ya era de noche, una fría en comparación a las anteriores, y la piel se me puso chinita cuando entré en contacto con el aire helado, obligándome a arrastrar las manos por mis brazos para intentar calmarme.

—¡Demonios! —grité en el momento en que dos gaviotas volaron cerca de mí y graznaron de esa manera tan espeluznante.

Por instinto me empotré a la pared del edificio donde se encontraba mi apartamento y cerré los ojos, tratando de respirar hondo y con pausas para controlar el ataque de pánico que me amenazó.

«Estás a salvo. Estás a salvo».

Me repetí como un mantra en cada exhalación que di.

Vivía cerca de la playa, pero no tanto como para que las gaviotas se encontraran ahí y menos de noche. Las lágrimas picaron en mis ojos al volverlas a escuchar y respiré profundo, tapándome los oídos a la vez.

Esas aves habían volado y graznado como locas cada vez que Jean Paul llegó a la casa de playa en la que nos encerró a mamá y a mí por meses, tras cumplir mis catorce años, para asegurarse de que no intentáramos escapar. Hubo una gaviota en especial que se mantenía cerca de las ventanas y, siempre que ese malnacido trató de tocarme y terminó violando a mi madre, la maldita graznó como si se hubiese estado riendo de nuestra situación.

Por eso mi trauma con ellas, esa era la razón de que me aterrorizaran cada vez que estaban cerca de mí (como en ese instante), ya que con el tiempo asocié que las gaviotas celebraban la llegada de Jean Paul Blanc y se quedaban atentas para burlarse.

Y que aparecieran justo después de lo que Noara me dijo empeoró la situación.

—¿Oye? ¿Estás bien? —Abrí los ojos de golpe al escuchar esa voz.

Un hombre de aproximadamente de la edad de Daemon se encontraba cerca de mí y me tomó del brazo con suavidad. Tenía las manos tatuadas y por el doblez de las mangas de su camisa que subían hasta cerca del codo, noté que sus diseños le recorrían los brazos, a pesar de no poder verlos en su totalidad; también vi unos pocos en su cuello, pero no los detallé porque me concentré de lleno en su rostro, en donde una barba oscura perfilaba su mandíbula, era de un tono menos rubio que su cabello. Había una pequeña desviación en el tabique de su nariz, como si hubiese sido golpeada y fracturada, y sus ojos verdes enmarcados por cejas pobladas me escaneaban mientras fruncía un poco el ceño.

Era guapo, aunque el toque de maldad en sus facciones me obligó a apartarme levemente de él.

—Eh… yo, yo… —El terror de aquel recuerdo que me provocaron las gaviotas me había robado la voz.

Era casi como si mi cabeza estuviese en blanco.

—Tranquila. Respira profundo —pidió con suavidad. Su forma de hablarme no compaginaba con ese aire de chico malo que tenía—. Solo me acerqué a ti porque te vi a minutos de colapsar, parecía que estabas a punto de entrar en un ataque de pánico.

—Tú no vives aquí —solté en lugar de darle importancia a sus razones para acercarse a mí, o de agradecerle.

Y no es que conociera a todos los que vivían en el condominio, pero él se me hacía nuevo ahí.

—Vine a visitar a un familiar —explicó, parecía que decía la verdad, así que me relajé un poco—. ¿Estás mejor? —inquirió y asentí.

Concentrarme en él logró que olvidara el sonido de las gaviotas.

Resiliencia

—Debo seguir mi camino —avisé y él me observó tratando de descifrarme—. Gracias por detenerte, estoy bien —añadí y no esperé más respuestas de su parte.

Comencé a caminar hacia mi coche, aunque podía sentir su mirada en mi espalda. El chico era misterioso y con ese rostro que poseía fácilmente podía conducir a muchas a la muerte sin temor alguno.

—¡Espera! —Me detuve en seco ante su demanda, a dos pasos de llegar a la puerta de mi coche.

Escuché sus pasos al acercarse y un leve temblor me recorrió el cuerpo entero. Cuando me giré para enfrentarlo sus rasgos estaban endurecidos.

—Hay alguien que está a punto de llegar por mí —advertí, sintiendo la necesidad de hacerle saber que no estaba sola, o que no lo estaría por mucho tiempo.

A él no pareció sorprenderle, en lugar de eso sonrió de lado y ese gesto me recordó demasiado a Daemon, pues fue gélido y un tanto burlón.

—¿Alguna vez te han hablado de tu padre? —preguntó y mis ojos se ensancharon.

En ese momento el temor que sentía hacia los Blanc y las gaviotas pasó a segundo plano, dándole la bienvenida a uno peor. Daemon llenó mis pensamientos, a él se le unió mamá y retrocedí hasta pegar mi trasero en el coche.

¡Dios mío! Sabía que esto pasaría, pero no me permitieron prepararme un poco más. Estaba consciente de que en algún momento conocería esa historia de mi progenitor que mi madre se negó a contarme y yo… me parecía que ya necesitaba saberla.

Sobre todo, después de lo que acepté.

—No me temas, Danik.

—¿Quién eres? —exigí saber, intentando controlar el miedo porque conociera mi verdadero nombre, ya que era seguro que con eso también estaría al tanto de mi pasado.

Él podría ser parte de ese pasado.

—Solo el ave de los avisos —respondió irónico. Por inercia cogí la pequeña navaja que descansaba en mi llavero y él sonrió al

notarlo, ladeando un poco la cabeza—. No será necesario que te defiendas, al menos no de mí.

—Mi padre está en la ciudad y si sabes de quién hablo, entonces también estás consciente de a qué te enfrentas. Ya no estoy sola —advertí y por impulso puse el filo de la navaja en su cuello.

El tipo jamás esperó mi movimiento y menos que fuese tan coordinado y certero, la sorpresa cubrió sus ojos y tras eso la diversión. Una que lo llevó a actuar tranquilo y tomarme la muñeca sin dañarme y sin apartarla de su cuello.

—Eres más Black de lo que imaginas —soltó y lo miré tratando de mostrar sorpresa—. Y créeme, no le temo a la muerte, Danik. Es más, la he deseado desde hace algún tiempo, pero todavía no puedo irme y tú no serás quien se adueñe de mi vida. —Mis instintos y mi sentido de psicóloga se hicieron cargo de la situación en ese momento.

Muchas veces trataba de no leer a las personas, de olvidarme fuera del consultorio de lo que era, pero en algunas ocasiones me fue inevitable, justo como en ese instante. La tristeza opacó la voz de ese chico y la culpa lo cubrió como un manto, sus facciones duras y malas se vieron ensombrecidas por un dolor perpetuo que lo atormentaba y, como una tonta deseé ayudarlo.

—¿Qué quieres de mí? Yo no te he hecho nada y solo busco ser feliz sin dañar a nadie —dije y jadeé asustada cuando se alejó de golpe.

El filo de mi navaja lo rozó por accidente y un hilo de sangre salió del pequeño corte, lucía desconcertado tras escucharme y me observó incrédulo y negando en el proceso. Él sufría, sus ojos brillosos me lo confirmaban.

—Te van a dañar con verdades y mentiras, y si no cedes, lo harán con lo que más amas —advirtió y un escalofrío de terror reptó por mi columna—. Dejé mi número en tu móvil, llama cuando estés dispuesta a saber de tu padre —avisó y acto seguido se fue como un alma en pena.

Y no lo decía de manera literal, sino que lo describía tal cual se mostró. Ese chico era un alma en pena y algo muy jodido tuvo que haberle sucedido para actuar así.

Resiliencia

Lo perdí de vista cuando se apresuró detrás del edificio donde estaba mi apartamento, segundos después escuché el rugir de un motor de motocicleta y el derrape de unos neumáticos. El estacionamiento se encontraba desierto y miré hacia todos lados buscando alguna señal de vida, pero no vi a nadie. Me hallaba sola y muy confundida, tanto, que no reaccioné hasta que un coche negro llegó frente al mío y vi a Lupo salir de él.

—¿Está todo bien? —me preguntó al ver mi estado y asentí en varias ocasiones, él frunció el ceño y oteó por toda la zona porque no lo convencí.

—¿Podemos irnos ya? —pedí y asintió.

El hombre fue muy amable al ayudarme con mis cosas y escoltarme en todo momento, rato más tarde estábamos de camino hacia San Bernardino. El viaje sería de poco más de dos horas y, aunque seguía ansiosa, también me sentía más tranquila porque sabía que gente de confianza de mi padre me cuidaban.

Durante el camino no dejé de pensar en Daemon y todo lo que me había sucedido ese día, la cabeza iba a explotarme y el miedo ante el futuro me agobiaba en demasía.

Años atrás me prometí que no permitiría que el pasado y el futuro me robaran la dicha de disfrutar el presente, no obstante, en ese momento me resultaba inevitable no temer, ya que mi verdadera identidad amenazaba con arrasar la fachada que me construí.

—¿Shi? Qué sorpresa —Escuché a Lupo decir presionando un intercomunicador en su oreja.

En otras ocasiones que sirvió de mi conductor viajé de su copiloto, pero esa noche necesitaba sentirme sola así fuera un momento, por eso me encontraba en el asiento trasero y Lupo lo comprendió, dándome la privacidad que precisé para encerrarme en mí misma, al no hablarme.

Irónico cuando siempre les pedía a mis pacientes que no hicieran eso, ya que era lo peor para sus estados de ánimo, pero estaba pasando por una situación en la que no quería autoterapearme sino más bien sentir miedo, pánico para así analizar los pros y contras de todas las decisiones que iba a tomar desde ese día en adelante.

—¡Mierda! Hay más hombres conmigo, nos dirigimos hacia zona segura, así que puedo enviar a algunos compañeros para que te apoyen —continuó Lupo, sonando un tanto preocupado.

Y, en lugar de preguntar qué pasaba, como siempre hacía en situaciones similares, simplemente giré el rostro hacia la carretera y me concentré en el camino, segundos después cerré los ojos y repasé todo lo que hablaría con mamá.

Ella siempre se negó a hablarme de mi padre biológico, me contó algunas cosas, pero la mayoría de las veces en las que vio mi intención de saber más de él, supo evadirme y captó mi atención con otros temas.

«Te van a dañar con verdades y mentiras».

Las palabras del chico del estacionamiento me invadieron la cabeza y mi piel se erizó, recordé también lo que dijo de su número telefónico y hasta en ese instante analicé la razón de que mi coche estuviese sin llave cuando recuperé los móviles. Estaba despistada, así que no pude pensar bien, pero cuando ya todo comenzó a asentarse, los detalles llegaron.

Busqué en mi directorio y encontré de inmediato un número nuevo en mis Favoritos. *Mensajero,* así se registró y tragué con dificultad.

¡Madre mía! De un día para otro mi vida, mi mundo estaba patas arriba. Las manos y los pies se me enfriaron en señal de nerviosismo, de agonía, de dolor, uno que me apretaba el pecho debido a la expectativa de querer y necesitar hacer las cosas bien y no saber si podría.

Pegué un respingo cuando mi móvil vibró y me sacó de mis pensamientos, era una notificación de mensaje entrante y el emisor provocó que mi garganta se cerrara.

Mensajero.

Las manos me temblaron cuando bajé la barra de notificaciones, no abriría el mensaje de forma directa, pero quería saber qué buscaba ese tipo. Me sorprendí más al ver que solo se trataba de un vídeo y como tonta lo abrí. Llevaba puestos mis auriculares inalámbricos, así que el sonido me inundó de inmediato.

Resiliencia

—*Confieso que estoy celosa.* —La voz de mamá fue clara, era ella quien grababa a un hombre en la cama.

Él vestía una playera negra y en sus brazos tenía algunos tatuajes, el cabello era rubio oscuro, el mismo color natural del mío y el del chico *Mensajero*. La cama era grande y con sábanas acolchonadas; sonrió cuando escuchó a mamá decirle tal cosa y me mordí el labio para no llorar al verme en los brazos de ese hombre.

Tenía uno o dos años, me reconocí por las pocas fotos que mamá guardó de cuando era bebé, pero nunca vi una de ese hombre y hasta ese momento me dolió el hecho de que la mujer a la que tanto amaba me negara la dicha de conocerlo, así como me sorprendió comprobar que yo poseía muchas similitudes físicas a las de mi padre.

—*¿Celosa de tu propia hija?* —cuestionó él con burla.

—¡Dios! —susurré llevándome una mano a la boca.

Su voz era ronca y soñolienta, yo lo miraba con una sonrisa tonta y con mis pequeños brazos me aferré a su cuello y comencé a darle besos, en ese tiempo mi cabello era de un rubio más claro que el suyo. Él…, mi padre, me cogió de la cintura y enterró su cara en mi barriga para hacerme reír. Esa niña que mostraba una felicidad absoluta rio a carcajadas y gritó de emoción cuando su papá le dio sonoro beso en la mejilla.

—*Bueno, tienes que estarlo porque esta señorita me ha robado el corazón ¿cierto, princesa de papi?*

—*¡La estás malcriando, Derek!* —chilló mamá con una diversión palpable.

—*Y lo haré toda la vida, Brianna* —aseguró él y miró hacia la cámara. Estaba sonriendo, mostrando un hoyuelo en su mejilla izquierda, el gesto lo hizo lucir más guapo, borrando la rudeza natural de sus facciones—. *Mientras yo viva, malcriaré y protegeré a mi tesoro, igual que a ti* —juró y guiñó un ojo.

Eran tan azules como los míos.

Mamá dejó de grabar en ese instante, yo seguí mirando la pantalla con el corazón acelerado y la respiración superficial, queriendo transportarme a ese momento, deseando recordarlo porque así fuese por un vídeo, sentí todo lo que ese hombre profesó por mí.

Derek, ese fue su nombre y lo único que conocía, ya que mi madre solo eso me permitió tener de él. Sabía que me amó, que fui todo en su vida, pero ella evitó darme más detalles alegando que era por protección y, después de todo lo que estábamos viviendo y lo que vivimos luego, quise respetar su deseo y entendí su miedo. Aunque justo ahí en ese coche y luego de verme siendo feliz al lado de un tipo que me veía como a su princesa, no pude evitar que a mi cabeza llegaran todas esas preguntas que antes me negué a formular.

«¿Habría vivido todo lo que viví si mi padre estuviese vivo? ¿Me sentiría con tanto terror en ese instante por un pasado que iba a alcanzarme? ¿Papá hubiese dejado que otros malnacidos me dañaran?».

Hice un sonido lastimero al respirar profundo, no tendría esas respuestas nunca.

—¿Rahsia, estás bien? —preguntó Lupo sacándome de mi trance.

Sentí las mejillas húmedas y me las limpié de inmediato al entender que estaba llorando. Asentí hacia él consciente de que me veía por el espejo retrovisor y me salí de ese vídeo, las manos me seguían temblando y sacudí la cabeza pretendiendo deshacerme del dolor.

Quería entender, en serio que deseaba hacerlo, pero me lo estaban poniendo muy difícil.

—¿Falta mucho? —cuestioné sin verlo.

—Estamos a dos minutos, tu padre tuvo que salir de emergencia, pero tu madre aguarda por ti —informó.

—Es mejor así —musité para mí.

En mi cabeza se repetía una y otra vez lo que acababa de ver, junto a esas preguntas que pronto me provocarían una migraña.

Mi verdadero padre juró protegerme, esa oración no me abandonó hasta que al fin llegué a mi destino, entré en aquella casa de lujo alejada de la ciudad y encontré a mi madre esperando por mí. Corrí hacia ella y me fundí en sus brazos como tanto necesitaba; seguía igual de bella, su cabello rubio estaba en un moño y no llevaba ni una sola gota de maquillaje. Era claro que la pasaba mal y la comprendí a la perfección.

—¡Dios! Mi niña hermosa, te he extrañado demasiado —aseguró dándome besos en la mejilla.

Medio sonreí al sentirla, ella siempre hacía eso cada vez que podíamos estar juntas, que últimamente era muy poco. La miré a los ojos y pensé en que era injusto que viviéramos separadas por culpa de personas que solo buscaban jodernos por pura diversión, ya que jamás les hicimos nada para ganarnos tanto odio.

—Y yo a ti, mamá. Más de lo que te imaginas —confesé y me limpió las lágrimas cuando abandonaron mis ojos sin permiso alguno.

—Todo estará bien, Danik —aseguró. Ella era la única persona que me llamaba por mi nombre sin provocarme miedo.

Trató de acostumbrarse a mi nueva identidad porque fue ella quien me escogió ese nombre después de investigar que significaba *secreto*, pero no pudo, por lo que simplemente se esforzaba cuando estábamos en público.

Llevaba por nombre Secreto (en la cultura Malaya) y estuve de acuerdo con él sabiendo que tendría que ocultar toda mi vida para comenzar de cero, algo que era obvio que se me estaba dificultando en ese momento.

—Pero veo en tus ojitos que hay algo más que te atormenta, ¿cierto? —Dedujo de inmediato.

No tenía sentido mentir, mi madre era la persona en la que más confiaba y a la única que podía preguntarle de forma abierta sobre mi padre y, esta vez no aceptaría excusas de su parte. Ese vídeo que recibí me dejó la terrible necesidad de saber más de él, ya que, si me amó tanto como esas imágenes me lo demostraron, entonces merecía que yo conociera más de su vida.

—Quiero que me cuentes todo sobre mi padre y no hablo de Caleb —aclaré y su rostro perdió el color tan bonito que poseía—. Esta vez no aceptaré excusas, mamá, porque hay personas que están intentando acercarse a mí para hablarme de él y no quiero que sea necesario recurrir a ellas.

—¿De qué estás hablando, Danik? —exigió y sentí el miedo en su voz—. ¿Los Black te han buscado?

Los Black.

Escuché ese apellido unas veces, en algunas conversaciones que Caleb tuvo por teléfono, pero nunca me pareció conocido y menos entendí la razón de que él los mencionara. El chico del estacionamiento dijo que era más Black de lo que imaginaba y no le puse demasiada atención hasta en ese momento.

¡Dios mío! Mi cabeza estaba más perdida de lo que esperaba.

—Eso es lo peor de todo, que ni siquiera sé quién se está acercando a mí y me hace sentir más vulnerable.

—Danik, no…

—No, mamá. Quiero hablar de Derek, mi padre, y necesito escucharlo de ti *¿okey?* —la corté al conocer de memoria lo que me diría. Tenía que entender que no estábamos para seguir ocultando nada.

—Está bien —cedió y sentí alivio—, pero lo haremos cuando Caleb esté aquí.

—De ninguna manera —repliqué y me observó sorprendida—. Sabes que lo amo como a un padre, pero esto lo hablaremos solo tú y yo, ya que no quiero a nadie que afecte la versión que tienes del hombre que una vez amaste.

—Caleb no lo haría —aseguró.

—Lo haría, créeme que sí. Solo quiero que me hables del hombre del que te enamoraste, el mismo con el que me procreaste y con quien por lo mínimo que sé, fuiste feliz.

—¿Por qué dices eso, hija? Y respóndeme porque me estás asustando.

Caminé hacia la cocina esperando que ella me siguiera y en el proceso saqué mi móvil. Ya conocía la casa, era la misma en la que siempre nos reuníamos para vernos por unos días.

Parecía la típica casa vacacional de gente rica, hecha de madera y con un aire hogareño único, pero la seguridad que la resguardaba hacía creer que era el mismo presidente del país quien la visitaba. La cocina era lo más hermoso, Caleb la mandó a rehacer para que quedara al gusto de mamá; la consentía como nadie, tanto en lo material como sentimental y no podría estar más agradecida con la vida porque ella tuviese a un hombre tan maravilloso a su lado y, era

precisamente por esa razón que necesitaba que me hablara de mi padre sin Caleb presente.

Lastimosamente, los humanos teníamos el defecto de opacar las virtudes de los demás cuando estábamos frente a alguien que considerábamos lo mejor, y era lo que quería evitar.

—Alguien me buscó antes de que Lupo llegara, no me dañó y tampoco habló mucho conmigo —expliqué cuando me senté en uno de los taburetes de la isla—. Dejó su número telefónico y cuando nos conducíamos hacia aquí me envió esto. —Puse el móvil sobre la isla y di reproducir al vídeo.

Ella ya estaba sentada a mi lado y su jadeo de sorpresa fue sonoro al reconocer de inmediato la imagen que veía. Sus ojos se llenaron de lágrimas mientras el vídeo transcurría y yo me sentí más triste al verlo por segunda vez. También tuve ganas de llorar, porque justo en ese momento deseé haber conocido más a mi padre.

—Mamá, aunque no te veo en ese vídeo, tu voz me demuestra lo enamorada que estabas de ese hombre y lo feliz que te hacía sentir —dije y la tomé de la mano—. Te veo feliz ahora con Caleb, lo amas con locura, pero mi corazón me asegura que también lo fuiste con mi padre y él contigo. El vídeo es corto e incluso así me muestra un amor tan puro hacia mí y, desde que lo vi me he sentido muy confundida porque te confieso que antes creía que te negabas a hablarme de papá porque sufriste y quizá fue malo contigo, sin embargo, ahora no sé cómo explicarme tu silencio.

Me miró, seguía llorando y negó con dolor, no sé si estaba recordando algo, si yo me equivocaba al pensar así; lo único de lo que estaba segura es que me dolía y mucho.

—¿Él fue malo contigo o conmigo? —cuestioné afligida.

—¡No, Danik! ¡Dios, no! —exclamó y me tomó de ambas manos al ver mi aflicción y miedo—. Derek Black fue el hombre más increíble conmigo antes de Caleb. Y contigo… ¡Jesús! Él te adoraba, se desvivía por ti y… moría por ti —confesó, perdiéndose en sus pensamientos e intuí que tras decir lo último, no lo hizo de manera literal—. Lo que le provocaste cuando llegaste a nuestras vidas fue lo más puro que alguna vez tuvo.

—Entonces por qué has evitado hablar de él durante todos estos años —inquirí, haciendo que regresara de sus pensamientos.

—Porque Derek mantuvo una doble vida mientras vivió, hija —confesó y tuve que demostrar que eso me asustaba—. Creció en una familia que solo le enseñó maldad, él traía lo malo inyectado en las venas e hizo cosas terribles, las cuales alcanzaron a lo único bueno que la vida le dio.

Me removí en mi taburete y miré hacia el frente, clavando la vista en unas sartenes que colgaban cerca de la estufa.

—Derek sabía que su entorno no era bueno para ti ni para mí, así que nos apartó e intentó encerrarnos en una burbuja, una en la que creó un mundo perfecto para nosotras, donde nos dio todo. Un mundo donde fuimos dichosas con lo mejor de él. Nos amó con locura y nos protegió hasta de él mismo, día tras día me demostró que, aunque tuviera que seguir con su vida *normal,* nosotras sacábamos la mejor de sus sonrisas.

» Malo ante el mundo, perfecto ante nosotras. Esa es la mejor manera en la que lo puedo describir porque cuando te digo que fue peligroso, aún lo estoy suavizando. Pero como esposo y padre… ¡Dios! Te juro que creí que no encontraría a otro hombre que fuese tan perfecto en ello hasta que conocí a Caleb y contrario a lo que crees, la presencia de mi ahora esposo, no nubla lo que creo de Derek. Y lo que sentí por tu padre tampoco me ciega, en su momento puede que sí, cuando atravesé por el dolor de su pérdida, aunque luego mis ojos se abrieron de la peor manera. Justo cuando el daño que hizo explotó la burbuja en la que intentó protegernos y nos alcanzó a nosotras. Fue entonces que tuve que huir para *protegerte* y fallé de forma épica.

Sentí rabia en sus últimas palabras y eso me obligó a mirarla.

—¿Culpas a papá por lo que tuvimos que vivir estos últimos años? —Quise saber. En ese instante fue ella quien miró hacia el frente.

—Sé que donde quiera que esté ha sufrido más que nosotras por vernos atravesar por todo lo malo que hemos pasado y no poder defendernos, pero fueron sus actos los que nos llevaron a eso. Derek jamás lo hubiese querido porque cuando vivió trató de protegernos hasta con su vida, sin embargo, su maldad nos fue devuelta como daño colateral.

—El daño colateral nunca será justo —susurré.

—No, mi amor, pero sí podemos tomarlo como una enseñanza cuando se nos da la oportunidad.

—¿Qué has aprendido tú? —solté de pronto con una pizca de molestia.

Respiré profundo porque necesitaba concentrarme.

—A no confiar en las personas que te buscan para *abrirte* los ojos, esas que detrás de la ayuda que te ofrecen, esconden un beneficio personal.

—Lo dices por la persona que me hizo llegar este vídeo —aseguré.

—Antes de cambiarte la identidad eras Danik Black Less, llevabas el apellido de tu padre y por tus venas corre su sangre, pero no confíes en quienes se digan familia tuya, hija, porque a las malas aprendí que esas personas solo buscan sus propios beneficios.

Crecí creyendo que únicamente me apellidaba Less, por eso el apellido Black siempre fue desconocido para mí, a pesar de las menciones de Caleb. Cerré los ojos y repasé como pude todo lo que había aprendido ese día, en ese momento pensar con claridad y actuar como debía no se me haría fácil, pero haría lo mejor y no solo por mí, sino también por mi familia.

Mi verdadera familia.

—¿Quién asesinó a mi padre? —formulé y la miré tras unos segundos en los que no respondió.

—Jamás te dije que lo asesinaron —respondió asustada e intenté sonreír con ironía.

—Responde, mamá. ¿Quién lo ase…?

—Fui yo —respondió una voz ronca y rasposa a mis espaldas y todos los vellos de mi nuca se erizaron.

¡Mierda! Todo comenzaría antes de lo planeado.

21 | ¿Confías en mí?

RAHSIA

*La mayoría de las cosas decepcionan
hasta que las miras más profundamente.*
—Evan Esar—

Desde que traté de iniciar una rutina de ejercicios semanas atrás, no había corrido tanto como en ese instante. El pecho me ardía igual que mi garganta, que aparte estaba seca por el aire que intentaba tomar por la boca, pero no solo se debía a eso si no también a las ganas de llorar que me torturaban de una manera cruel y despiadada.

La casa tenía varios acres en su propiedad y aun así no me daban la distancia que quería entre esas personas y yo.

«Lo maté yo y volvería a hacerlo si estuviese vivo».

Esa oración se repitió en mi cabeza una y otra vez mientras corría.

No vi arrepentimiento en sus ojos grises, tampoco lo noté en su voz, al contrario, sentí su determinación y las ganas inmensas de tener a mi padre de nuevo en sus manos, la frialdad y el regusto que se daría al asesinarlo de nuevo.

Y quería entenderlo, de verdad que sí. Porque sabía parte de la historia, porque mi padre hizo mucho daño por gusto propio, y porque después de todo fue él quien se buscó ese final, pero… ¿dónde quedaba la empatía por parte de ese hombre hacia mí? Sí, Derek Black pudo haber sido un malnacido que merecía el infierno, sin embargo, Elijah Pride debió tener más tacto a la hora de expresar su odio.

Y no esperaba que fuera hipócrita, solo que fuese más reservado frente a una chica que, así no recordara nada, fue parte de una versión muy diferente de aquel malvado.

—¡Rahsia, detente! —gritó Caleb.

No le hice caso y seguí sin parar.

Mamá logró enviarle un mensaje en el momento en que le pedí que habláramos, por eso él y Elijah Pride estaban en casa. La verdad, no sé qué pretendía ese hombre al acompañar a Caleb, pero fue claro que mi padre de crianza no esperaba que fuese tan cabrón a la hora de confesarme que era el asesino de mi progenitor, y menos imaginó mi reacción.

El corazón casi se me paralizó con esa declaración y más con la frialdad que pronunció todo.

—Fui yo. Lo maté y volvería a hacerlo si estuviese vivo. Y espero que no me cuestiones las razones, ya que Isabella te hizo saber parte de la historia —sentenció en el momento en que me bajé del taburete y lo encaré.

—Por supuesto, pero, aun así, le agradecería que respetara mi dolor porque, aunque sé lo que hizo, fue mi padre y me duele no haberlo conocido.

—Tuviste a Caleb, él ha hecho un mejor trabajo —zanjó con desdén.

—¿Y quién es usted para asegurar que Derek Black no lo hubiese hecho? —inquirí con furia.

Tanto mamá como Caleb se sorprendieron de mi actitud defensiva.

—¡Fue un puto violador! —espetó con saña—. Una mierda que no solo abusó de mi esposa, sino también de mi suegra, mi hermana y nuestra compañera. Y no bastándole con eso, asesinó a la última cuando ella llevaba a un hijo mío en su vientre.

Me limpié las lágrimas con violencia cuando corrieron libres por mis mejillas y miré a mi madre, ella simplemente bajó la cabeza, aceptando con derrota lo que ese hombre decía. Lloré aún más y me mordí la lengua para no decir cosas que no debía, que no podía.

Resiliencia

—Cuida lo que dices —le pidió Caleb a Elijah y este negó.

—Al final no solo obtuvimos venganza, sino también libramos a tu madre de esa escoria y a ti de un posible abusador.

—¡No se atreva a insinuar lo que no sabe! —le advertí y caminé hacia él—. Porque según entiendo, usted es un desgraciado asesino que juega al Dios aquí en la tierra y su maldita organización mata a diestra y siniestra solo porque deciden quién lo merece por malo y quién no. Y, aun así, sus hijos no corren ningún peligro a su lado ni lo correrían incluso si ellos merecieran morir por sus maldades —desdeñé y negó con una sonrisa burlona.

—Los estudiamos antes, no solo lo decidimos y ya. —Se jactó y reí sin gracia porque ignoró deliberadamente lo que quería decirle.

—¿Y mi madre y yo qué teníamos que ver con eso? —Lo encaré.

—Rahsia, ¿de qué estás hablando? —Quiso saber Caleb, dirigiéndose a mí por primera vez.

—Solo era una bebé cuando me secuestraron, así que no quiera venir a dárselas de héroe porque para atrapar a mi padre, utilizaron la forma más vil que existe —espeté hacia el señor Pride, ignorando a Caleb.

—Él hizo lo mismo al secuestrar a Isabella, a mi hermana y a Elsa, todo por hacerme caer.

—¡Y su esposa utilizó la misma táctica, solo que cayó más bajo al secuestrar a una niña! ¡Ustedes no son mejor que mi padre, malditos hipócritas! —grité llena de rabia y desesperación.

Lo hice mirando de lleno a Elijah Pride y a Caleb Brown.

—Cariño, por favor —suplicó mamá y negué con la cabeza, volviendo a limpiarme las lágrimas que brotaban de mis ojos como malditas cascadas.

En ese instante aproveché a llorar por lo que me aguanté por la tarde y cuando estuve con Daemon. La despedida estaba llegando de forma cruel e insoportable.

—Vivimos un infierno por culpa de esta maldita familia y su organización, mamá —le reproché perdiendo la voz a causa del llanto, a la vez que señalaba al señor Pride.

—¿Con quién has hablado, Rahsia? —inquirió Caleb, sonando muy asustado.

—¡No te importa! —exclamé fúrica y me percaté del dolor en sus ojos. ¡Dios mío! Eso estaba resultando más doloroso de lo que esperaba.

—Creí que serías más inteligente —murmuró Elijah hacia mí.

—*Mi padre pudo haber sido un desalmado, pero me amó igual o más, de lo que usted ama a sus hijos. —Regresé mi atención hacia él—. Así que no se atreva a decir que me salvó de un monstruo porque, así fuera por poco tiempo, yo viví con un príncipe y le aseguro que, si estuviese vivo, ni mi madre ni yo habríamos pasado por el infierno al que su mujer y usted nos condenaron.*

—¿Hablas del mismo del cual Caleb, el tipo que te ha adoptado como hija, te salvó? —cuestionó con sarcasmo y señaló al rubio a su lado.

Lo miré y respiré profundo, porque iba a lanzar una tremenda estocada que me dolería más a mí que a quien iba dirigida.

—Sí. El mismo al cual este hombre que me adoptó como hija, ayudó a enviarme. —Mamá jadeó incrédula al escucharme y por primera vez vi los ojos de Caleb tornarse brillosos por las lágrimas que aguantaba—. Lo mínimo que podía hacer por nosotras era salvarnos, ya que fue parte del plan y estuvo de acuerdo con ustedes siempre.

Los tres me observaron, era claro que me desconocían.

Mamá y Caleb me miraron con mucho dolor y arrepentimiento, Elijah Pride lo hizo con enojo, decepción y precaución, pues estaba viendo cómo la historia volvía a repetirse.

Salí de la cocina en ese momento y corrí sin parar.

Lo hice hasta que Caleb logró alcanzarme y me cogió del brazo para detenerme. Lo golpeé en el pecho cuando me giró hacia él, necesitaba que me soltara, que me dejara ir; quería que me hiciera las cosas un poco más fáciles, pero lo vi determinado a no hacerlo.

—¡¿Por qué haces esto, cariño?! —preguntó con amargura.

Seguí apartándolo de mí hasta que su fuerza me dominó y me cogió del rostro.

—Fuiste parte de su tortura —le reproché y comencé a hipar por el llanto y el dolor— y no entiendo cómo has sido tan hipócrita al adoptar a la descendencia del tipo que tú y tus amigos tachan de escoria —decirle eso logró hacer que me soltara y me alejé de él, ya que necesitaba la distancia—. ¡¿Qué se siente, Caleb?! —seguí, terminando con esa situación de una vez por todas—. ¡¿Qué sientes al tener como pareja a la mujer de aquel hombre al cual ayudaste a torturar?! ¡¿Qué sientes al haber criado a su hija?! ¡¿Acaso te ríes de mi padre al follar a su...?! —No lo vi venir y juro que el corazón se me detuvo cuando impactó mi rostro con una bofetada.

¡Jesús!

EL cabello se me fue al rostro ante la sacudida, pero ni siquiera me dolió porque él no usó la fuerza necesaria para que eso se considerara un golpe, fue más un toque con el que pretendió callarme, pero me pareció tan increíble, que el *shock* me paralizó de una manera inexplicable.

Lo que sí me dolió fue el corazón por lo que me estaba obligando a hacer.

—¡Mierda! Hija, yo… —Alcé la mano para callarlo y me acomodé el cabello. Noté el arrepentimiento por lo que me hizo y yo no lo merecía.

—Soy Danik Black para ti —solté, convirtiéndome en ese instante en la más cabrona que existía—. Y esta situación ha llegado a su fin, así que no me sigas —advertí y comencé a caminar lejos de él.

En cada paso que di las piernas me temblaron, amenazándome con llevarme al suelo en cualquier instante; parte de mi corazón se iba rompiendo en pedazos y me sentí una maldita. No obstante, era mejor que el daño llegara así.

Desde esa noche en adelante viviría una situación tormentosa a la cual me metería por gusto propio y solo rogué por no perderme en el camino, ya que, entre engañar y engañarme, había una brecha muy delgada.

—Adiós, Rahsia Brown —susurré para mí cuando llegué a una calle principal. En el camino había pedido un Uber—. Bienvenida de nuevo, Danik Black —añadí utilizando por primera vez mi apellido paterno y viendo a lo lejos la casa que albergaba mis mejores recuerdos.

Después de todo, mi decisión definitiva llegó más rápido de lo que esperé y sabía que era cuestión de tiempo para que el siguiente golpe me fuese dado y, por más que quisiera prepararme, no iba a lograrlo. Así que lo adelantaría.

> Si la familia está para ayudar, espero que se deshagan de las gaviotas que me persiguen.

Escribí en mi móvil y luego lo guardé para concentrarme en el camino. Nada sería fácil y menos cuando me creían una miedosa, pero iba a aprovecharme de eso.

Sería un agua mansa de la que todos debían rogar para que los libraran.

Llegué al hospital en cuanto Leah tuvo la amabilidad de avisarme que Daemon había sido ingresado después de un ataque epiléptico, en el camino hacia la habitación que me indicó me encontré con Aiden y Sadashi, él tenía múltiples golpes en el rostro y se agarraba el costado derecho haciendo una mueca de dolor mientras iban a algún lado, su esposa simplemente asintió hacia mí y con eso comprendí todo.

No quise preguntarle a Aiden cómo estaba o qué le pasó, ya que así me hiciera ver egoísta, mi preocupación por Daemon era mayor y me urgía llegar a su lado.

Isabella, Dasher, Bárbara, Lane y Leah estaban afuera. La madre de Daemon me observó con intriga y sorpresa e imaginé que su marido ya le había informado todo lo que sucedió en San Bernardino, no obstante, la ignoré y no le di pie a que me cuestionara nada. Únicamente necesitaba estar al lado de su hijo y dejar de sentirme culpable por no haber permanecido con él, fuera lo que fuese que haya pasado.

—¿Cómo está ahora? —le pregunté a Leah.

Ella se puso de pie y caminó a mi encuentro.

—Está recuperándose de un sedante que le inyectaron para poder hacerle una tomografía —explicó y mis ojos le mostraron lo mucho que eso me asustó—. Tranquila, Rahsia. Se encuentra bien, es solo que Aiden no logró sostenerlo cuando el ataque epiléptico lo llevó al suelo y se golpeó la cabeza. La razón de hacerle ese estudio ha sido para descartar daños severos.

—¿Qué le provocó el ataque? Porque tuvo que ser una impresión demasiado fuerte para llevarlo hasta allí —refuté y ella me sobó los brazos para tranquilizarme en cuanto los crucé a la altura de mi pecho.

Resiliencia

—Creo que fue algo de su pasado, pero todavía no nos lo han explicado. Únicamente Aiden, Sadashi y mis tíos lo saben —habló bajo y miró a Isabella—. Aunque fue grave, ya que mis primos se pelearon muy feo y llegaron a los golpes en cuanto Daemon quiso atacar a Sadashi.

—¡Madre mía! —exclamé asustada.

—Ahora mismo lo está evaluando el doctor y tía salió a hacer una llamada, por eso está afuera de la habitación —informó e hizo un gesto leve de señalamiento con la barbilla hacia ella.

Asentí y me quedé conversando con Leah hasta que el médico salió y habló con Isabella, en cuanto él se fue me acerqué a la elegante pero peligrosa mujer y omití saludarla para preguntarle sin rodeos si podía entrar a ver a su hijo.

Verla de nuevo sabiendo toda la verdad no me era fácil, y menos al recordar su actitud el día que me buscó para hablarme sobre el pasado de Daemon. Mi cabeza ya había hecho clic y entendí por qué me pidió perdón en ese momento, ahora solo esperaba que ella me entendiera a mí.

—Pasa —me alentó, mirándome a los ojos, buscando una señal para identificar si quería dañarlo.

Negué y medio sonreí ante eso.

Cuando entré mi corazón se volvió chiquito, mi precioso desastre estaba durmiendo tranquilo y su rostro mostraba paz, una que le negaban cada vez que sus maravillosos ojos se abrían o que estaba consciente.

¡Dios mío! Que loca me tenía ese hombre y verlo fue una confirmación de lo capaz que era de ir hasta el mismísimo infierno por él.

—Danik…

—No —dije bajito, imitando a Isabella en cuanto entró conmigo y quiso hablarme—. No me diga nada, señora, y solo recuerde lo que hablamos en mi apartamento —seguí cuando giré el rostro para verla—. La entiendo, juro que sí, pero no la perdono y menos cuando omitió buena parte de la historia.

—Es porque no tuvimos tiempo suficiente —se defendió— y porque tu madre dijo que ella se encargaría de decirte la otra parte de esa historia.

—Para variar, se tardaron mucho en aclarar todo este enredo y ya no sirve de nada.

—No te ensañes con mi bebé —suplicó y dejó salir una lágrima de sus ojos miel—. Eres demasiado importante para él y hoy más que nunca va a necesitarte.

Tragué en seco porque era consciente de que ella no era una madre que solapaba a un mal hijo, sino una que lo protegía sabiendo lo vulnerable que podía llegar a ser, por lo bueno que era.

—Isabella, recuerde bien todo lo que le dije ese día y evite las ofensas —exigí y alcé la barbilla para encararla, recuperando mi actitud de cabrona—. Soy hija de Derek Black, su peor pesadilla, pero no soy como él ni como Inoha, tampoco soy como usted, su marido o sus amigos. Así que no me compare con su tipo de mierda, ya que si quiero vengarme, lo haré directamente contra ustedes. Jamás contra personas que nada tienen que ver. La sangre Black también puede tener honor —zanjé con seguridad.

De manera literal le estaba declarando la guerra, aun así me observó orgullosa y con respeto.

—¿Vas a buscar a tu familia? —cuestionó y negué, provocándole un alivio fugaz con mi gesto.

—Ellos ya me buscaron a mí —confesé y la sorpresa la cubrió como un manto.

—Danik, no te de…

—¿Ra-Rahsia? —La voz ronca de Daemon interrumpió aquello que quiso decirme.

No me importó dejarla ahí de pie y corrí hasta llegar al lado del hombre que ya amaba con locura. Sus ojos estaban medio abiertos, la luz de la habitación parecía molestarle, así que puse una mano en su frente para servirle de protección, formando con mis dedos extendidos y en posición vertical, una barrera que lo cubriera un poco.

—¿Cómo te sientes, cariño? —Quise saber y con la mano libre le acaricié la mejilla.

—Con un jodido dolor de cabeza —explicó y a la vez me cogió la mano para depositar un beso en mis dedos.

Escuché la puerta cerrarse y me di cuenta de que Isabella había salido para darnos privacidad. La mujer era una pantera furiosa cuando de proteger a sus hijos se trataba, pero me estaba dando confianza y después de lo que le dije, no lo esperé. Así que me sorprendió que se fuera y me dejara a solas con uno de los tesoros que tanto cuidaba.

—Odio no haber estado a tu lado cuando el ataque pasó —me quejé y Daemon negó.

—Estás cuando debes, nena —aseguró y le sonreí.

—Quiero comerte a besos hasta que ese dolor desaparezca —solté.

Estar con él me ayudaba a olvidar todo lo que estaba pasándome, lo que pensaba y lo que haría.

—¿Tú sabías que esa chica de mi pasado iba a darme un hijo y Sadashi lo asesinó?

Perdí el color, la capacidad de pensar, hablar o reaccionar cuando esa pregunta salió de su boca.

No, no lo sabía y sentí ganas de vomitar al darme cuenta de la red de mentiras y omisiones que nos rodeaban; no podíamos seguir así, los Pride, White y Black debían permitir que nosotros, su nueva generación, escogiéramos lo que nos hacía bien o no, era nuestro derecho. Y, era consciente de que a Daemon se le ocultaban las cosas más por su seguridad, pero para ese momento y en mi opinión, él ya debía conocer todo con respecto a su pasado, para que situaciones como las que estábamos atravesando no se dieran.

—N-no lo sabía —atiné a decir y él asintió, mi sorpresa le mostró que no mentía, además de la pizca de celos que me atravesó al darme cuenta de que esa escoria tuvo la dicha de llevar a un hijo de ese hombre en el vientre. Una dicha que nadie más volvería a tener—. Pero sí sé que esa chica de tu pasado te hizo mucho daño y es la causa de que decidieras recurrir a los electrochoques —solté luego de carraspear y me miró con tremendo asombro—. Sé tu pasado, amor. Al menos la parte que tu familia me quiso contar —confesé.

—¿Sabes de Danik Black? —preguntó, incorporándose en la camilla hasta sentarse.

Me alejé de golpe cuando mi nombre salió de sus labios con reproche, de nuevo como aquella vez cuando casi me estrangula. Necesitaba saber por qué él me recordaba así, o si siquiera era yo a quien se refería con ese nombre, pero no podía a arriesgarme a confesarle que Danik Black era mi identidad real, o con la que me bautizaron al nacer, porque su semblante me indicaba que sus recuerdos no eran buenos.

Miedosa sí, estúpida no.

—Sé de Inoha Nóvikova —susurré tanteando su reacción—, la chica que te hizo conocer lo peor de la bipolaridad.

Su mirada se volvió de hielo, la tensión en su cuerpo me demostraba frustración, impotencia por tener flashazos de su pasado, pero no la historia completa.

—¿Sabes de mi pasado solo por medio del doctor Cleveland y mi familia? —Al hacerme esa pregunta con enojo, una sensación de precaución se instaló en mi pecho.

Sospeché muchas cosas en ese instante, porque si aquel chico se acercó a mí en el estacionamiento para hacerme saber de mi padre, entonces también pudieron llegar a Daemon de alguna forma y no permitiría que tergiversaran todo, así dijeran una verdad a su manera, a Daemon no volverían a dañarlo, de eso me encargaría yo.

Cortaría de raíz el mal que sus padres no pudieron evitarle.

—¿Importa para ti eso? —inquirí sonando tranquila. Me observó impaciente, él odiaba que le respondieran con preguntas, decía que lo hacía sentir tonto, como un niño indefenso al que le mentían con facilidad.

No lo hice a propósito en ese momento, únicamente seguía tanteando la situación.

—No quiero saber solo lo que les conviene, Rahsia. —Bufó furioso e hizo una mueca de dolor. En su situación podía tener migraña y molestarse lo empeoraría.

—¿Confías en mí? —cuestioné y me observó ofendido, algo que logró arrancarme una sonrisa de agradecimiento. Regresé de nuevo a centímetros de él y le tomé el rostro con suavidad—. Tú

y yo nos conocimos hace dos años y sí, nos vimos tiempo atrás en aquel aeropuerto, pero desde ese día no volvimos a cruzarnos hasta que entraste al grupo de apoyo acompañado de Lucas. —Frunció el ceño sin entender a lo que quería llegar con eso—. Me impactaste desde aquel momento que choqué contigo, cuando me salvaste de pasar un bochorno con las maletas.

—¿Por qué me dices eso? —Quiso saber y le di un beso casto en los labios.

—Porque necesito que entiendas que me enamoré de ti mucho antes de que mostraras interés en mí y te amé al mismo tiempo.

—Rahsi…

—Te amo como jamás llegaré a amar a nadie más, Daemon Pride —lo interrumpí con esa declaración y lo dejé sin habla—. Te amo tal cual eres, con todo lo bueno que no ves y con todo lo malo que dices tener. —Lo vi tragar con dificultad y respirar más rápido—. Me conoces más que nadie de mi alrededor y jamás te dañaría de ninguna manera porque para mí, tú eres como un tesoro que cuido más que a mi vida.

—Rahsia, yo… —Me cogió de las muñecas y lo besé para que no dijera nada.

En ese beso le entregué mi corazón por completo, le juré por mi vida y la suya que jamás lo dañaría, le dije sin palabras que pasara lo que pasara, yo siempre sería suya y no como una posesión sino como la otra mitad de su alma.

O de su corazón.

Y lo sintió, sé que lo hizo porque me correspondió con más intensidad de la que yo le entregaba.

—Cree en mí y en mi amor, D —supliqué, llamándolo por primera vez con el diminutivo que lo bautizó su familia. No dejé sus labios mientras hablé, no lo hice hasta que él me separó un poco y me miró a los ojos.

—Lo hago, nena —aseguró—. Así que no tengas miedo de decirme eso que te atormenta —pidió y dejé salir mis lágrimas.

La felicidad y tristeza me embargaron, él también me conocía y sentí en lo profundo de mi corazón que ambos nos correspondíamos de una manera que ni imaginábamos.

—Voy a confesarte mi verdadera identidad —advertí y él frunció el ceño, más confundido que antes—. Pero no quiero que eso te afecte.

—Hazlo, Rahsia. Dime lo que sea, ¡no me ocultes nada! —exigió tomándome de las muñecas.

Respiré hondo y me hice de todo el valor que necesitaba para decir a continuación:

—Nací bajo el nombre de Danik Black. —Sentí un tirón brusco cuando intentó alejarse de mí del todo, pero lo cogí con fuerza hasta presionar mi frente a la suya—. Escúchame, amor. No me temas —supliqué.

—Tú no puedes ser esa Danik —señaló con voz lastimera. Eso me bastó para saber que las alucinaciones que tenía con ese nombre eran las peores.

—Exacto, Daemon. No soy la Danik de tus alucinaciones. —Quiso zafarse de mí de nuevo y cogí su mano para llevarla a mi corazón—. Siénteme, cariño. Mi corazón palpita así por amor a ti y miedo de lo que puedas hacer por creer que te dañé.

—¿Por qué recuerdo a una Danik que me hizo mierda la vida? —reclamó con desesperación.

—Todavía no lo sé, solo puedo decirte que alguien usurpó mi lugar, mi nombre. Pero yo no soy esa chica que te dañó, amor. Sí, soy Danik Black, la única y verdadera, mas no una lacra despiadada que busca joder la vida del hombre que ama.

Presioné con fuerza su palma en mi pecho y con la otra mano lo tomé de la barbilla para mantener su mirada en la mía, su respiración se había agitado mucho más y sus ojos se volvieron brillosos por las lágrimas furiosas que los inundaban.

—¿Me crees? —musité con agonía.

El dolor y el miedo hicieron que las lágrimas brotaran con más fuerza de mis ojos y noté que él siguió el recorrido que hacían por mis mejillas, hasta caer en la sábana blanca que cubría sus piernas.

—Siempre, Danik —aseguró tras minutos de verdadera tortura.

Entonces fue él quien me acercó a su boca para besarme, mis pulmones soltaron el aire que retuvieron ante la expectativa y el terror de cómo reaccionaría y mi corazón se hinchó con regocijo y felicidad absoluta.

Resiliencia

Lloré mientras lo besaba, pero esa vez de tranquilidad, esa que te embargaba luego de pasar por una situación que te robaba la vida por poquitos.

Mi nombre por muchos años fue sinónimo de dolor por un pasado tormentoso, sin embargo, cuando Daemon lo pronunció y en ese momento con confianza absoluta hacia mí, le dio otro significado, uno que me liberaba de una forma increíble.

—Eres mi cable a tierra, *la mia piccola e innocente diavoletta.* Tú me has encontrado y devuelto cuando me siento perdido y, no sé por qué conozco una versión diferente de tu nombre real, pero creo en ti más que en mí —aseguró y sin importarme lo que dijeran en el hospital, me subí a la camilla y lo abracé.

—Gracias —susurré en su cuello.

—Necesito que confíes en mí y me expliques por qué te conozco como Rahsia Brown —pidió y asentí.

No me veía, pero sí me sentía.

Comencé a sincerarme con él en todo, le conté los detalles más oscuros de mi vida, desde que caímos en manos de aquellas escorias en Londres y todo lo que atravesamos con mamá, hasta llegar al punto en donde Caleb nos encontró y salvó.

Durante dos semanas me dediqué a introducirlo en mi mundo real, uno que involucraba a su familia. Sin embargo, con respecto a él únicamente le hablé de lo que sus padres me confesaron porque era la única versión que ambos conocíamos. Además de añadir los detalles que obtuve por otros medios, y logré que mantuviese su mente abierta y alerta de las mentiras que nos podían rodear.

Enterarse de que Caleb era mi padre adoptivo y no un militar retirado, como se lo hice creer en un principio, lo molestó. No obstante, entendió por qué oculté esa parte de mi vida.

—¿Y sigues sintiendo todo eso por mí incluso cuando sabes que mis padres asesinaron al tuyo? —Quiso saber un tanto sorprendido.

Para ese momento ya había aprendido sobre las organizaciones que lideraban los Pride White (y de la que Caleb era miembro), así como de sus

*archirrivales por toda la vida: los Vigilantes, la mafia a la que mi padre
perteneció y la cual lideraban los Black, mi familia paterna.*

*—Sé que odias que te responda con preguntas, pero esta es necesaria
—aclaré antes de hacerla y negó con un poco de diversión—. ¿Me odias por lo
que mi padre le hizo a tu madre, abuela, tía y esa otra chica? —inquirí.*

*Cuando le hablé de su pasado tuve miedo de dañarlo y hacerlo caer en una
crisis, pero me pareció que haberle contado antes parte de mi historia, le ayudó
a tomarse algunas cosas con calma.*

—Tú no eres él.

*—Ni tú ellos —señalé entonces, haciendo que comprendiera a la perfección
que el pasado de nuestros padres no tenía por qué afectarnos a nosotros.*

No hablé con mamá y Caleb en ese tiempo, aunque sabía que
me seguían cuidando por las probabilidades de que Jean Paul
estuviese detrás de mí, además, Daemon se estaba encargando de
forma personal de que estuviese protegida siempre; le dije que no
era necesario, que no iba a involucrarlo en mis problemas, pero fue
tajante en ese punto y aseguró que no permitiría por ningún motivo
que nadie volviese dañarme.

Pasábamos más tiempo juntos después de que su familia volvió
a Virginia y en algunas ocasiones Lucas y Angie nos acompañaron
en salidas a comer que planeamos.

Por otro lado, los Pride White no insistieron en hablar conmigo
luego de enterarme de esa verdad tan cruel que me ocultaron, y
posiblemente tenían miedo de lo que pudiese hacer, no obstante,
permitieron que siguiera al lado de su hijo sin entrometerse en
nuestras decisiones, incluso cuando me encargué de contarle a
Daemon cosas que se suponía que todavía no debía. Y por eso casi
me gano que me despidieran, ya que se quejaron con mi mentor.

Pero por primera vez no me importó.

Del *Mensajero* no obtuve más noticias hasta en ese instante, justo
cuando colgué el teléfono, intentando comunicarme con Noara
Moore. La chica había desaparecido de la faz de la tierra después
del día en que se desmayó en mi consultorio y, luego de lo que me
comentó, me preocupaba bastante.

Resiliencia

Leí en el mensaje que Mensajero me envió y con manos temblorosas reproduje el vídeo adjunto. De inmediato unos alaridos me hicieron poner total atención a las imágenes y toda mi piel se erizó con horror en cuanto vi que se reproducía una especie de película de terror.

Un cuerpo masculino y golpeado, pálido y lleno de tatuajes se hallaba sobre una plancha de metal y, cuando la persona que grababa acercó la toma reconocí a mi padre.

¡Oh, mi Dios! Eso no podía estar pasando.

De sus sienes pendían parches de electrochoques conectados a unos cables. Sus manos, pecho, piernas y pies estaban amarrados a la plancha con cinturones gruesos de cuero, y, a su lado, noté la figura de una mujer; por la oscuridad no lograba verle el rostro, pero ya sabía de quién se trataba y lo confirmé al escuchar su risa en cuanto activó algo. Mi padre comenzó a retorcerse enseguida y soltó un grito crudo que de seguro le desgarró las cuerdas vocales.

Él luchaba por huir a pesar de que era en vano.

—*Prometí acabarte y lo estoy cumpliendo.*

Isabella se inclinó hacia el frente, acercando su rostro a mi progenitor luego de regocijarse con su hazaña, sonreía con maldad y satisfacción por lo que acababa de hacer. Papá tenía sus ojos cerrados, pero alcancé a escuchar algo que me rompió el corazón.

—*Mi hija… ¿Dónde, dónde está Danik?*

—*En casa, con su madre. Cumplo mis promesas.*

Vi la resignación y las lágrimas de papá cuando ella le aseguró tal cosa, Isabella volvió a erguirse y dio otra descarga y yo no pude más. Dejé caer el móvil de mis manos y me las llevé a la boca, tratando de acallar el sonoro sollozo que salió de mi garganta.

Quería seguir entendiendo, creer que los motivos de esa mujer fueron fuertes y suficientes para llegar a ese punto, mas no podía obviar que ese monstruo al que todos odiaban fue un príncipe conmigo, que me amó hasta el punto de dar su vida por la mía. Las lágrimas y el alivio que mostró al saber que me encontraba a salvo

423

eran pruebas precisas y nadie tenía derecho a juzgarlo mal en su faceta de padre cuando solo conocieron la del hombre.

—Me están atacando de una forma cruel —dije entre llantos cuando me respondieron el teléfono— y no sé si pueda con todo esto —confesé y apreté los párpados, deseando que las lágrimas cesaran.

—*Nunca te dije que sería fácil, pero confío en que podrás* —pronunció en tono seguro y negué—. *Deben pagar y solo tú los castigarás de la manera que merecen, únicamente la hija de Derek Black logrará cortar esto de raíz* —añadió.

Corté la llamada al no poder seguir escuchando, quería derrumbarme, llorar a ese hombre que no conocí; y no al que fue despiadado y maldito, sino al príncipe, a mi padre.

> **Necesito verte.**

Le escribí a Daemon, perderme en él, en sus brazos sería mi mejor calmante, mi mejor medicina.

> **Estoy en el hotel, te espero aquí.**

Respondió y sin tardar un segundo más tomé mis cosas y le pedí a Karina que cancelara todas mis citas porque tenía una emergencia, la pobre se preocupó al verme deshecha y conseguí decirle que luego le explicaría.

Al llegar a mi coche puse el móvil en el asiento del copiloto y cuando me disponía a ponerme en marcha, el aparato me sonó con una llamada entrante, el nombre *Mensajero* se desplegó y apreté los puños para no responderle; quería echarle más sal a mi herida, no dio señales de vida durante dos semanas, pero al volver lo hizo con toda la maldad que tenía.

—¡¿Qué demonios?! —espeté en el momento que la llamada se respondió sola y se activó con el altavoz.

—*Si fueras más inteligente, estarías en este momento pidiéndome que nos veamos en lugar de dirigirte a ese hotel.*

Me congelé en mi lugar al escucharlo, dejé de respirar en realidad. Esas personas tenían más poder del que imaginé y eso me asustó.

Resiliencia

—¿No se te ocurre que voy hacia ese hotel porque no tengo ningún interés en verte? —Satiricé al lograr recomponerme un poco.

—*Créeme, Danik. Desearás haberte reunido conmigo en lugar de correr hacia Daemon* —aseguró y cortó sin esperar mi respuesta. Miré el móvil con el ceño fruncido y el corazón acelerado, su advertencia no sonó con malicia y por eso me desconcertó demasiado.

Su voz sonó con pesar, con molestia, frustración y algo más que no reconocí.

No obstante, lo dejé de lado y continué mi camino, temerosa porque sabía que si ya habían pinchado mi móvil, entonces también me rastreaban, pero tenían que ser muy estúpidos para decidir atacar a Daemon en una zona que con seguridad estaba atestada de presencia Grigori, ya que, luego de mi declaración hacia el señor Elijah e Isabella, no se quedarían tranquilos y menos se cruzarían de brazos.

Pensar en Isabella me oprimió el pecho, porque luego del vídeo que vi no me la sacaba de la cabeza torturando sin piedad a mi padre.

—¡Señorita! ¡¿Qué hace aquí?! —inquirió Alexandre cuando me metí al ascensor. Lo noté asustado y sin saber qué hacer, algo que me extrañó mucho.

—Daemon me espera —avisé y negó.

—Usted no puede subir, es… —Fui lista y lo empujé hacia afuera de la caja metálica a la vez que la bloqueé cuando intentó detenerme.

Pensé en que a lo mejor los Pride decidieron prohibirme ver a su hijo después de todo, y por lo mismo, Alexandre quería impedírmelo, pero no sería en ese momento y no lo evitarían hasta que Daemon decidiera no verme más.

Corrí hacia la *suite* antes de que Alexandre llegara por las escaleras y me metí en ella sin parar hasta la habitación; había música fuerte cuando me acerqué a la puerta e imaginé que Daemon se encontraba entrenando. Estuve a punto de abrir, pero me detuve en seco en el momento que un gemido femenino se escuchó con claridad.

—¡Oh sí! —se repitió y quise morirme.

Una corriente helada seguida por otra caliente me recorrió de un extremo a otro, la cabeza se me hinchó y deshinchó en un santiamén; respiraba, pero no entendía cómo mis pulmones funcionaban cuando mi cerebro no le emitía ninguna orden, y el corazón se me paralizó de golpe ante la presión que estaba a punto de hacerlo explotar.

—¡No entre ahí, señorita! —suplicó la voz de Alexandre a mis espaldas, lo escuché sin aire.

Que me lo pidiera de esa manera hizo que la situación me destrozara todavía más, pero no por eso le obedecería. Podrían llamarme tonta, no importaba, lo único que sí lo hizo fue mi decisión de terminar de romper aquella parte de mi corazón que quedó intacta después de lo que le dije a Caleb.

Así que giré el pomo de la puerta.

Una chica de cabello negro, piel blanca y cuerpo menudo a la cual estuve buscando por días, se hallaba montando con verdadero placer al tipo del que me enamoré como una estúpida; él le cogía las nalgas enterrando sus dedos en la carne tierna, tal cual lo hizo conmigo muchas veces desde que me folló por primera vez.

Ese era el mismo hombre que semanas atrás dijo que yo era su cable a tierra, el que aseguró que yo lo devolvía cuando estaba perdido. El que juró que sin mí se perdería y, sin embargo, estaba perdido y enterrado en el cuerpo de otra justo cuando yo más lo necesitaba.

—Gracias por la advertencia —susurré conteniendo las lágrimas hacia Alexandre.

Salí de la *suite* optando esa vez por utilizar los escalones para bajar, respirando largo y en pausas, haciendo pucheros y mordiéndome el labio con violencia para no dejar salir los pedazos de mi corazón a través del llanto.

Madre e hijo me estaban haciendo trizas.

¿Quiénes eran los malos entonces?

—Quiero verte. —Conseguí decir sin llorar cuando hice aquella llamada en el momento que regresé a mi coche.

—*Entra al restaurante italiano que encontrarás a dos millas de donde estás* —pidió.

Resiliencia

Colgué la llamada y me conduje hacia allí, intentando ser fuerte, tratando de agarrar cada pedazo de mi destruido corazón y volviéndolo a poner en su sitio, así fuera solo para no olvidar dónde iría cada pieza de ese *puzzle* que le entregué con ojos cerrados a un hombre que creí que sabría mantenerlo unido. Prometiéndome que no moriría por el dolor de esa traición, que no caería ante un tipo que se aprovechó de todo el amor que tenía hacia él.

—No era de mí de quien debías temer, Isabella —murmuré y me limpié con brusquedad aquella necia gota de amor y furia que se escapó de mis ojos.

«Entre engañar y engañarme había una brecha muy corta», me recordé y juré no volverlo a olvidar.

22 | No es la primera

RAHSIA

Llegué al estacionamiento de aquel restaurante italiano sin pensar en lo que haría, pues mi cabeza estaba llena de las imágenes repugnantes entre el hombre que amaba y la chica a la que quise ayudar. En ese instante también reproduje el día en que Noara Moore actuó aterrada al ver a Daemon en mi consultorio, sin embargo, minutos atrás no vi nada de miedo en ella, al contrario, el gozo era tan evidente en ellos que hasta me provocó asco. Ambos se conocían, era obvio, aunque Daemon lo supo disimular como el mejor de los hipócritas.

¡Dios! ¿Qué creí en realidad con respecto a Daemon y yo juntos? ¿En qué momento llegué a ilusionarme con que un hombre como él tomaría en serio a una chica como yo?

¡Patética! Así me sentía.

«No te vayas por ahí, Danik, tú eres capaz de tener al hombre que desees», me reprendí a mí misma, aunque también renegué porque en el punto que estaba, pensé en que eso no era cierto, pues el hombre que deseaba estaba en la cama con otra.

Pero me lamería las heridas luego.

Mientras tanto, me enfoqué en la fachada de aquel lugar y respiré varias veces profundamente; odiaba cuando quería retener las lágrimas y me era imposible, maldecía porque estaba haciendo pucheros y luchando para no soltarme en llanto. Tomé la botella con agua que llevaba en mi bolso y di un sorbo para intentar bajarme ese espantoso y asqueroso nudo en la garganta.

Que horrible era que te rompieran el corazón y siempre fui consciente de que algún día me tocaría, aunque creí que sería más fácil para mí después de todo lo que viví. Obviamente me equivoqué.

—Buenas tardes, señorita, ¿será solo usted? —La chica que servía como *hostess* en el restaurante cortó todos los pensamientos que me acompañaban en el trayecto hacia el interior del lugar y le sonreí en agradecimiento.

Necesitaba a Angie para que me hiciese olvidar, mi amiga era la única que me entendería.

—Voy a reunirme con alguien —respondí, ella fue muy educada al quitar la mirada de mi rostro cuando otra maldita lágrima recorrió mi mejilla sin permiso alguno.

Aunque, bueno, el llanto nunca pedía permiso y lo estaba confirmando.

—¿Cuál es su nombre? —La miré un poco apenada al hacerme esa pregunta.

—La verdad es que no lo sé —admití y ella me sonrió.

Mensajero no era un nombre que podía decirle, ya que con mi aspecto, me creería loca.

—Pregunto por su nombre, no el de la persona con la que se reunirá —explicó con una tranquilidad que envidié en ese instante.

Sospesé la respuesta que le daría, pues no sabía si ese chico me esperaba como Rahsia o Danik.

—Me llamo Danik —solté tras unos minutos, no tenía caso seguir con Rahsia—. Danik Black —añadí y la chica asintió entendiendo en ese momento por qué estaba en ese restaurante.

—Sígame por favor —pidió, dejando de lado una carta de menú que iba a tomar para mí.

Resiliencia

Mientras la seguía pensé en lo cerca que ese restaurante estaba del hotel donde Daemon pasaba gran parte de su tiempo, lo escaneé percatándome de que para muchos era únicamente un lugar lujoso donde personas adineradas iban a tomar el almuerzo, o a cenar ya sea para cerrar o celebrar tratos con mucho dinero de por medio, o para impresionar a quienes les rodeaban.

Pero entendí que esa era solo la fachada, puesto que a dos millas se encontraba una de las personas más importantes para los líderes de dos organizaciones que se ganaron enemigos muy malos.

—El señor Sellers la acompañará pronto —avisó la chica que me guio hasta una oficina, abriendo la puerta para mí.

Asentí en respuesta y me adentré a la habitación de paredes que simulaba estar hecha de piedras, la luz era tenue, aunque suficiente para trabajar en paz. El escritorio era enorme, hecho de caoba y relucía de una manera impresionante, sin una pizca de polvo. Todo estaba ordenado y decorado para hacerte sentir que habías entrado a la zona de alguien muy importante y sonreí por eso.

—Admito que no esperé encontrarte sonriendo. —Di un respingo cuando esa voz ronca y gruesa a mis espaldas me sorprendió.

Había caminado hasta una pequeña fuente de mesa, cerca de una ventana grande que me permitía ver a donde todos los comensales disfrutaban de sus comidas. Me giré hacia la puerta y me encontré con el *Mensajero*, Sellers debía ser su apellido, el nombre seguía siendo desconocido para mí.

Su forma de vestir no encajaba con nada de esa oficina, el lugar era más para un hombre con clase o etiqueta. Para un tipo de oficina, Daemon quedaba perfecto ahí cuando se convertía en el sucesor del imperio White.

Las ganas de llorar y el dolor en mi corazón crecieron un poco más al pensar en él.

—Sí, tú esperabas encontrarme llorando, destrozada, muriéndome por el desamor —afirmé y negó.

—¿Y no lo estás? —interrogó con interés e ironía.

—¡Claro que lo estoy! ¡¿Qué acaso crees que no tengo sentimientos?! —espeté—. Pero ni tú ni nadie me verá llorando,

lamiéndome las heridas —aseguré y vi que mi respuesta le sorprendió.

Nos miramos unos minutos, ambos en silencio, midiendo nuestras reacciones; cuando me sorprendió en el estacionamiento me asustó, esa vez ya no sería igual. Quería irme a mi apartamento para permitirme sufrir, desahogarme antes de que el dolor que sentía me cegara u oscureciera mi alma, pero me urgía terminar, o iniciar de una buena vez lo que sea que iba a hacer.

El mensajero Sellers caminó hacia mí al intuir que no apartaría mi mirada de él, y de nuevo fui testigo de lo alto que era. Estaba vestido con *jeans* negros y calzaba zapatillas deportivas del mismo color, llevaba una camisa de manga larga con cuadros rojos y negros sin abotonársela y por dentro una playera blanca y lisa. Su cabello era un desorden a propósito y la barba la tenía cuidada y limpia; olía muy bien, aunque a lo lejos también sentía el olor a cigarrillo.

—Me sorprendes, Danik —admitió.

Pasó a mi lado y fue a servir dos vasos cortos con hielo y licor. Me giré para volver a encararlo y no hablé hasta que me tendió uno de los vasos.

—No será necesario que me drogues para secuestrarme, Mensajero. Ya que ni siquiera vas a secuestrarme —aseguré y sonrió de lado.

Había diversión de verdad en esa sonrisa.

—Soy Demian Sellers —se presentó—. Y no hay droga en tu bebida, solo quiero que te bajes ese nudo que tienes en la garganta y que no te deja hablar ni respirar.

—No será suficiente un trago y sé que tampoco te importa lo que me está pasando —repliqué.

En lugar de responderme se llevó su vaso a la boca y bebió de un sorbo el trago, su rostro no se frunció por la dura caricia del alcohol, es más, hasta degustó el sabor del *whisky*. No sabía de tragos, pero sí lo que me había servido, ya que lo leí en la botella.

—Te lo advertí —me recordó, escrutándome con la mirada verdosa.

Esos ojos eran capaces de darte una falsa y cruel esperanza.

Resiliencia

—Yo iba a buscarte, Demian —repliqué—. Solo necesitaba tiempo, no era necesario que hicieras esto para obligarme a buscar a mi familia —reclamé y vi que lo tomé por sorpresa.

Si lo que pensaba era cierto, él era el indicado para iluminarme.

—Lo siento por ti, chica, pero que hayas encontrado a tu novio en la cama con otra no ha sido obra de nosotros. A los White no se les puede obligar a follar con nadie que no quieran —sentenció y la seguridad en su voz me dolió de una manera inmensurable.

Estúpidamente mi corazón quería encontrar una excusa para lo que vi, por eso deseé que la traición fuese obra de ellos y no algo que se hizo con conciencia. Al entender que no, imité su acción y bebí mi trago, yo sí que fruncí el rostro al obligarme a pasarlo de un sorbo, aunque esa quemazón en mi garganta era mejor que la del dolor y la traición.

—Sabía lo que estaba pasando porque, como verás, lo vigilamos de cerca —admitió Demian sin descaro alguno.

Hice un sonido de asco por el sabor del *whisky* y ante el recuerdo de Noara montando a Daemon mientras él la cogía del trasero. Sacudí la cabeza desesperada, ya no quería seguirlos viendo, me destrozaba de a poco y sentía que colapsaría de seguir así.

—Me he enfrentado a mi madre y su marido hace más de dos semanas, también a Elijah e Isabella —solté cuando el mal sabor del trago me pasó y pude controlar el llanto. Debía concentrarme en algo que borrara de manera momentánea mis recuerdos.

—Lo sabemos —aseguró y sentí inútil sorprenderme, ya que era obvio—, pero nos ha sorprendido que no te pusieras en contacto con nosotros luego de eso.

Bufé y dejé el vaso en la mesita.

—No siempre me dejo guiar por mis impulsos, Demian. Tarde o temprano iba a buscarlos, pero necesitaba hacerlo con la cabeza fría —expliqué y me miró intrigado—. Esos vídeos que me enviaste fueron crueles, sobre todo el último y tenía que procesarlos.

—La verdad suele ser cruel la mayor parte del tiempo —aseguró.

Caminé hasta la ventana de nuevo y le di la espalda, el alcohol ya comenzaba a calentarme la barriga y el rostro. Me llevé ambas manos a la cara y las restregué en mis mejillas con frustración. Por

momentos sentía el impulso de gritar, maldecir y sacar la tristeza que se me estaba convirtiendo en ira.

—Si papá estuviese vivo, jamás hubiera pasado por todo lo que pasé —susurré y lo sentí pararse detrás de mí.

No me rozaba el cuerpo ni invadía mi espacio personal, pero igualmente sentí su cercanía y me tensé un poco.

—Tu abuelo buscó a tu madre cuando se enteró de que Isabella la envió lejos con un puto rastreador en el cuerpo y a ti con ella, pero Brianna no quiso aceptar su ayuda y huyó desapareciendo del mapa —confesó y giré el rostro para mirarlo.

Tuve que mostrarle sorpresa y resentimiento ante lo que estaba diciéndome.

—O sea que mamá pudo haberme protegido mejor y en lugar de eso, me llevó a un infierno —espeté y él asintió.

La lista mental en mi cabeza iba creciendo, aumentando mi odio y diciéndome así que no me equivoqué en mi decisión.

—Sabemos de los Blanc porque están haciendo negocios con nosotros y en la investigación que llevamos a cabo sobre ellos, descubrimos todo lo que tú y Brianna pasaron en sus manos. Tu abuelo va a vengarte, Danik, lo pidas o no, lo quieras o no. David Black vengará todo lo que Jean Paul Blanc le hizo a su nieta. Él no volverá a acercarse a ti.

En ese instante dejé que la satisfacción que suponía la venganza me embargara y le demostré lo complacida que me sentía con su declaración. Dejé de mirarlo tras unos segundos y me concentré de nuevo en la ventana que era de un vidrio tintado y sellado, lo noté más grueso de lo normal e intuí que podría ser blindado.

Si dejaba de enfocarme en los comensales del restaurante, con facilidad veía a Demian detrás de mí, él me observaba en el reflejo y sonreí con picardía al pensar en una *vendetta* que nunca busqué, pero que me llegaría como un regalo por parte de mi abuelo.

—Están cumpliendo su palabra al alejar a las gaviotas de mí —confirmé.

Demian se acercó hasta quedar a mi lado y lo miré, él no buscó mi rostro, se quedó viendo al frente y mostrándome su perfil

pensativo, carente de serenidad; era dueño de unas pestañas por las que cualquier chica mataría y de una maldad que volvía locas a muchas y aterrorizaba a pocas.

—No será gratis, en tu familia y la mía nada lo es —afirmó lo que ya sabía.

—Y no esperaba que lo fuera, no olvides que llevo sangre Black en las venas y así no me haya criado con ustedes, sé en lo que me meteré, mi instinto me lo dice.

—¿Y estás dispuesta a pagar el precio? —cuestionó con una pizca de molestia en su tono, en ese instante sí me miró directo a la cara y simplemente le sonreí en respuesta, llevando mi cabello suelto hacia un solo lado de mis hombros y acariciándolo con malicia.

Negó y me sorprendió verlo un tanto decepcionado, mas no le di importancia. En ese instante aferrarme al odio me resultaba mejor para apaciguar el dolor en mi alma, y descubrí que no se me hizo difícil darle tal poder a ese lado de mis genes.

—Caleb Brown te mantiene vigilada y tras haberle declarado la guerra a los Pride, ellos se han encargado de doblar esa vigilancia contigo, así que tienes que ser lista. Tu abuelo quiere verte pronto y ya nos estamos preparando para no levantar sospechas.

—Espero estar con el lado más listo entonces —sentencié decidida y él alzó una ceja al escucharme—. Los Pride pueden hacer lo que quieran, pero no olvides que Caleb me protege así esté decepcionado de mí. Ya los burló una vez y te aseguro que lo volverá a hacer si me ve en peligro. Estoy blindada, Demian, y lo descubrirás pronto —revelé con malicia y maldad.

—Admiro que te muestres tan segura y cabrona frente a mí, pero sé que por dentro te mueres de miedo, Danik, porque sabes lo que tu abuelo te pedirá —aseguró.

—Eso déjamelo a mí —exigí.

Tuve dos semanas para analizar mis pros y contras, pasé noches de desvelo dándole vueltas a todo, estudiando cómo procedería en contra de los Pride White, de mis enemigos más grandes y los más despreciables. Nunca busqué venganza, pero me abrieron los ojos y me hicieron entender que, a veces, la revancha era necesaria

para ponerle fin a situaciones que parecían interminables. Y quería eso, lo necesitaba para sentirme plena de alguna manera, porque la felicidad ya se me había negado.

—El amor no cabe en mi vida, no, si quiero hacer pagar a todos los que me han jodido —susurré para mí, pero Demian me escuchó.

—Cierto, el amor solo te distrae y en nuestro mundo las distracciones se pagan caro —reiteró y el tono en su voz me dio a entender que él ya lo había comprobado en carne propia.

—Mantenme al tanto de lo que harán para que vea a mi abuelo —pedí cuando el momento de irme llegó.

Sin decir nada más comencé a caminar hacia la puerta, pero me detuve para hacerle una pregunta.

—Demian, ¿eres parte de mi familia? —Alzó una ceja extrañado por mi pregunta, pero respondió casi de inmediato.

—Tu padre y yo éramos primos, nuestras madres son hermanas —explicó y asentí.

—¿Y Noara? —inquirí con malicia, él sonrió al darse cuenta de que así asegurara que lo que pasaba entre ella y Daemon no era obligado, tampoco me creí que no fuera parte del mundo Black.

—Lo sabrás pronto, ahora no es el momento de que tengas esa información —respondió y quise rebatirle, pero mi móvil comenzó a sonar.

Cuando lo tomé la respiración se me cortó y presioné el aparato con fuerzas. Decliné la llamada entrante segundos después y salí de la oficina sin despedirme de Demian Sellers.

Llegué al coche sintiéndome ida y antes de tomar camino llamé a Angie para pedirle que nos viéramos; la necesitaba demasiado y ella lo sabía, ya que no se negó y aseguró que se iría en ese momento de su trabajo hacia su casa. Le supliqué que no le mencionara nada a Lucas y prometí que le explicaría más tarde la razón. Al terminar mi llamada con ella, el móvil volvió sonar con otra llamada que decliné en un santiamén, segundos después recibí un mensaje de texto que leí porque se desplegó en la barra de notificaciones.

Respóndeme, joder.

Resiliencia

—Vete a la mierda —susurré ante esas dos palabras.

Yo no sería el plato de segunda mesa de nadie, jamás.

Salí del estacionamiento como si lo que iba a hacer fuera de vida o muerte, en el cruce para incorporarme a la calle principal casi colisiono con otro coche y el conductor hizo sonar su claxon para indicarme lo molesto que estaba, no me importó. Seguí mi camino hasta llegar a casa de los Dawson, la familia de Angie; ella todavía no llegaba, así que me quedé unos minutos en el coche. Mi móvil seguía avisándome de las llamadas entrantes y opté por apagarlo. No iba a torturarme de esa manera.

Me bajé del coche cuando vi a Angie llegar y salir del suyo con una bolsa de papel en una mano y su bolso en la otra, corrí hasta ella y la abracé con fuerza; mis lágrimas tomaron ese gesto como un «adelante» y comenzaron a desbordar mis ojos de una manera que creí imposible.

—¿Qué mierda te hizo ese imbécil? —preguntó rodeándome la cintura con sus brazos.

Negué con mi cabeza enterrada en su cuello y ella comenzó a hacer el sonido de silencio para calmarme, algo inútil en mi estado.

Cuando sentí que ya había hecho el ridículo por demasiado tiempo, me aparté de ella y me llevó hacia el interior de la casa. La noche comenzaba a mostrarse, el aire olía a lluvia y unos rayos lejanos en el cielo nos decían que pronto caería a la tierra y no nos equivocamos, pues minutos más tarde de haber entrado las primeras gotas descendieron.

En la bolsa de papel que Angie llevaba había una botella de tequila reposado y lo primero que hizo al estar en la cocina fue abrirla y servir el líquido en dos vasos de *shot* que acompañó con sal y trozos de limón.

En otra ocasión hubiese preferido una buena taza de café, o chocolate caliente para disfrutar de la lluvia fuerte que nos acompañaba, mas no en ese instante.

—¿Cómo-cómo sabes que Dae… que él me hizo algo? —inquirí, recordando su anterior pregunta y ella sonrió como si tenía enfrente a una niña tonta.

—Me han roto el corazón muchas veces, cariño. Conozco las señales —aseguró y con la mano me alentó a que tomara el *shot* frente a mí.

Ella hizo lo mismo y esperó a que yo tomara el mío para beberlo de un sorbo, ya no sentí que el líquido me quemara la garganta, es más, la sensación fue como pasarme un trago de agua con un toquecito amargo, aunque cogí el limón porque me gustaba lo ácido.

—Hace unas horas encontré a Daemon con otra chica —solté, de más estaba decir que lo hice llorando.

—¿Lo viste con otra conversando o en plan romántico? —preguntó y su tono me hizo saber que ella no creía eso tan grave.

Me miró mientras rellenaba los vasos.

—¡En plan follando! —espeté y se atragantó con el segundo *shot* que acababa de meterse a la boca—. Algo así como a una maldita estúpida montándolo mientras ese idiota la tomaba con ímpetu del culo —añadí y cogí el *shot* para tragarme el tequila, esa imagen era la que más me torturaba—. ¡Arg! —grité y con más fuerza de la necesaria senté el pequeño vaso en la encimera y fue una suerte que no se rompiera.

Resultaba que el vidrio era más fuerte que mi corazón.

—¡Yo sabía que ese hijo de puta iba a dañarte! ¡Joder! ¡Le advertí que si lo hacía me las pagaría caro! —bramó.

Estaba del otro lado de la encimera, pero se apresuró a llegar a donde yo me encontraba sentada y se metió entre mis piernas para abrazarme, su acción solo hizo que llorara con más intensidad hasta que comencé a hipar y sollozar con dolor.

Me había hecho trizas el corazón, Daemon Pride White acababa de darme la peor estocada, una que ni su madre o padre logró acertar.

—¡Me entregué a él sin miedo a nada! ¡Me entregué con los ojos cerrados! ¡Feliz de haberme subido a un coche sin frenos que era dirigido a una pendiente, pero no sentí terror porque ese idiota estaba a mi lado! —Comencé a gritar con furia. Aparté a Angie y me puse en pie antes de tirar algo—. Y no es justo que jugara así conmigo, él no es un cobarde, yo nunca lo conocí por eso —añadí con voz lastimera y me cogí la cabeza con ambas manos.

Resiliencia

—Cielo, no. —Angie estaba llorando al verme en ese estado.

—No le costaba nada decirme que ya no quería seguir conmigo, Angie. Daemon jamás me pidió ser su novia, pero sabe que estoy enamorada de él, ¡que lo amo! ¡Maldición! Hubiera preferido que cortara todo conmigo antes de acostarse con otra, es lo mínimo que esperaba de ese idiota.

Golpeé la encimera con violencia y lloré copiosa y aparatosamente, los quejidos de dolor salían de mi garganta sin vergüenza alguna, me ardía el pecho, respirar me provocaba punzadas del más cruel suplicio y las arcadas se hicieron presentes. Ese golpe me estaba superando como jamás creí, quería vomitar con la esperanza de expulsar todo ese amor que sentía por él, porque tenerlo dentro me mataba a fuego lento.

—¿Tan poca cosa soy? —pregunté en un quejido, con la voz chiquita.

La peor sensación de una traición era esa, porque por muy fuertes y empoderadas que las mujeres fuéramos, el desamor era capaz de reducirnos, de bajar nuestra autoestima hasta el suelo. Sobre todo cuando en una relación nosotras éramos las que estábamos más dispuestas a todo por su hombre.

—Sé que Daemon puede tener a la que quiera y obviamente va a preferir a una chica como esa idiota, o como tú, antes que a mí —musité sintiéndome patética de nuevo.

Angie me giró hacia ella y me tomó de las mejillas.

—Solo un tipo que no te merece va a preferir a otras antes que a ti —replicó entre lágrimas—. Yo te prefiero a ti, Rahsia, y me destroza verte así, me hace mierda porque yo te amo y no como amiga —aseguró y lo último consiguió que dejara de llorar por unos segundos.

—¿Qué-qué dices? —exigí y la tomé de las muñecas.

Me observó midiendo mi reacción y continuó únicamente cuando se sintió segura.

—Daemon creyó en su momento que yo podía estar celosa de ustedes por él, Lucas también lo hizo —confesó y mis ojos se abrieron de forma desmesurada.

—Pero… ¿por qué pensaron eso? —musité confundida.

—Porque los hombres son imbéciles y creen que todo gira alrededor de ellos, su ego los ciega —aseguró molesta—, pero la verdad es que sí estaba celosa, mas no de ustedes dos juntos por él, sino por ti —siguió y a mi cabeza llegaron los recuerdos de aquella conversación que tuvimos tiempo atrás y mi broma al asegurar que yo le gustaba.

«Fue algo alucinante, sin embargo, todavía no sé si soy bisexual, ya que no siento el deseo de volver a estar con ninguna mujer si no es la chica que me despertó la necesidad de descubrirme en ese sentido».

Esas fueron sus palabras al confesarme que había estado con una mujer y tragué con dificultad. Yo no podía ser esa chica, yo no…

—Y odio que él que tiene la oportunidad de tenerte, te haya dañado de esta manera —añadió, dando por sentado lo que estaba pensando.

Cerré los ojos al comprenderla. Éramos mejores amigas, habíamos pasado buenos, malos y los peores momentos juntas, siendo incondicionales. Angie muchas veces me daba más cariño del que las amigas comunes se tenían, pero lo relacioné a su forma desinhibida de ser y no por otra cosa.

Hasta ese instante.

—¿Por qué me dices esto hoy? —Quería saber, necesitaba entenderla—. ¿Por qué aseguraste que estabas enamorada de Romeo? Y demostrabas que era así, que caíste con él.

—Porque tú siempre me has visto como tu mejor amiga y no quiero arruinar eso, además, vi lo enamorada que estás tú de Daemon y prefiero conformarme con tu amistad antes de perderte en todos los sentidos. Pero ahora que ese malnacido te ha dañado me atrevo a confesártelo por lo injusta que es la vida, pues quien puede tenerte te lastima —respondió dejándome perpleja—. Y no fingí nada con Romeo, sí me enamoré de él, pero siempre lo he estado más de ti. Y creí que en los brazos de ese hombre podría olvidarte y dejar de soñar con algo que tú no aceptarás —admitió—. No lo usaría, recuerda mi duda sobre ser bisexual, simplemente me enamoré de ambos, pero te amo a ti.

—Angie —susurré en un quejido lleno de dolor y presioné mi frente a la suya.

—¡Shhh! No digas nada, cielo —suplicó comprensiva.

Sin preverlo y tomándome por sorpresa, unió su boca a la mía en un beso tierno que no pasó de labios unidos, presionados con la fuerza de lo que Angie sentía por mí y yo por ella, aunque en mi caso no se trataba de amor de pareja sino de una hermandad que me superaba. Guiada por eso la tomé del rostro e hice más presión antes de dar por finalizado ese gesto al cual no me negué.

—Lo siento —pronuncié suavemente y Angie entendió que no se debía al beso, sino al no poder corresponderle de la misma manera.

—Yo también —admitió y negué, atrayéndola hacia mí en el proceso y fundiéndonos en un fuerte abrazo.

De repente la puerta de la cocina sonó con golpes sólidos, la mitad de ella era de vidrio y junto a los rayos de la tormenta y la luz del exterior de la casa, las dos vimos a Lucas y a Daemon parados afuera, ambos empapados con la lluvia que caía.

Lucas había sido el que tocó la puerta y por sus expresiones, supe que fueron testigos de todo.

—¿Le dijiste algo? —reproché y ella negó de inmediato.

—Sabes bien que no te traicionaría así —aseguró.

No quise mirar de nuevo hacia la puerta porque me dolía y me enervaba que Daemon luciera lastimado por lo que me vio hacer, olvidándose de que yo fui testigo de algo peor, ya que si me llamó con tanta insistencia y me buscó, tuvo que haber sido debido a que Alexandre le informó que estuve en el hotel.

—¡¿Qué demonios hacen aquí?! —exigió saber Angie al abrirles.

Tenía la espalda presionada a la encimera, así que con las manos me agarré de los bordes y seguí mirando al frente.

—Tocamos el timbre y nadie atendió, pero vimos los coches y sé que tus padres no están, así que decidí tomar el camino que tan bien me has enseñado, sin prever que nos encontraríamos con esto —soltó Lucas con burla.

Sentí la mirada de uno de ellos en mí y me limpié las mejillas para borrar el rastro de las lágrimas, aunque mis ojos y nariz roja me delataran.

—¡Nadie te ha permitido pasar, idiota abusivo! —espetó Angie y escuché los pasos de Daemon, captándolo de refilón.

Mis ojos se clavaron en su pecho cuando se posicionó frente a mí, la camisa se le transparentaba debido a la lluvia que lo empapó, su respiración era pesada y lo comprobé por los movimientos bruscos que hacía.

—Conque por eso no respondías a mis llamadas —acusó con la voz rasposa.

Eso me bastó para alzar la barbilla y mirarlo a la cara, sonreí de lado al comprobar su furia; sus ojos estaban oscurecidos y presionaba la mandíbula con firmeza.

—¡Vete a la mierda! —espeté y en un santiamén me cogió de la barbilla.

—¿Para que tú puedas seguir en lo tuyo con esa pelirroja? —Bufó, según él estaba controlándose.

Pero no le di atención a eso, ya que el recuerdo de esa misma mano con la que me tomaba, en el trasero de otra mientras la animaba a seguirlo montando, me nubló por completo.

—Quí-ta-me tu asquerosa mano de encima —exigí, fraseando la primera palabra con asco y repulsión a su cercanía, a ese aroma que no era el suyo.

¡Mierda! No olía a él sino a una fragancia dulzona que me provocó arcadas.

Lucas tenía su propia discusión con Angie, pero no les puse atención. Solo fui consciente de que se la llevó para la segunda planta de la casa y me dejó a solas con su amigo. Empujé a Daemon con ímpetu al ver que no me soltaba y mi acción lo tomó por sorpresa, ya que me soltó enseguida.

—Has cometido el peor error de tu vida, pero admito que no debo culparte solo a ti, ya que yo lo cometí primero cuando decidí ceder a tus malditos deseos —aseguré y golpeé su pecho para alejarlo más. Ni siquiera lo moví, simplemente aguantó mi agresión como una desgraciada pared—. ¡Hipócrita de mierda! ¡Actuaste muy bien el día que encontraste a esa zorra en mi consultorio! —seguí.

No era de ofender a nadie, de referirme con palabras ofensivas hacia las personas, a las mujeres sobre todo. Creía fervientemente que cuando existía una traición y no conocías o no tenías relación

alguna con la tercera persona, pues ella no era la culpable, ya que te debía respeto quien tenía toda tu confianza, no una extraña.

—Te has reído de mí como un vil cobarde, Daemon Maldito Pride —continué y sorprendiéndome a mí misma le di una bofetada. Él se mantuvo presionando la mandíbula y puños, en un silencio rotundo que solo me enervaba más.

¡Dios mío! Bien decían que no se pensaba con coherencia cuando se estaba herido o lleno de furia, ya que jamás se me cruzó por la cabeza agredir a alguien de esa manera y menos a él. Yo era de hablar y analizar, de mantener la calma y actuar con coherencia, hasta que me rompieron el corazón con tanta saña y consiguieron que me desconociera a mí misma.

—No soy yo ahora mismo. —Bufó de pronto y me tomó del rostro para hacer que lo viera a la cara.

Lloré sin vergüenza, con desconsuelo porque no era justo que me dañara así solo porque no era él, porque sus ojos estaban oscuros, demostrándome que había caído en una manía que pronto lo haría descender a la depresión.

—¡Pero yo sí, Daemon! —rugí entre sollozos—. Yo no voy a despertarme mañana, o en unos días, habiendo olvidado que encontré al hombre que amo follando con otra. —Hipé y lo cogí de las muñecas.

Mis palabras lo afectaron, pude verlo en la expresión de su rostro.

—Por esto no quería involucrarme contigo, Danik —susurró y cerré los ojos, ya que no podía ver hacia otro lado por su agarre fuerte—, porque sabía que iba a joderlo. Antes pude contenerme y que tú llegaras en el momento correcto me ayudó, pero hoy todo ha sido más intenso e insoportable debido a que esa chica despierta sensaciones en mí que no me gustan y, sin embargo, no puedo evitar.

—¡Te odio! —chillé tras su confesión y luché para apartarme de él—. ¡Yo no merezco ser solo el desahogo de un imbécil! —añadí—. ¡Te odio! —repetí con tanta intensidad que llegué a creérmelo y Daemon también, ya que me soltó de golpe, dolido e impotente—. ¿Qué acaso no se te ocurre que si esa idiota es de tu

pasado pudo haberte hecho daño? ¿Que puede estar fingiendo ser Noara cuando en realidad es Inoha, la maldita que te jodió la vida?

—¡Lo sé, joder! —espetó molesto—. No soy tan imbécil, sé que pudo haberme jodido, pero mi cabeza está frita y no recuerdo todo y tampoco confío en que mis padres, o familia me estén diciendo la verdad. Al menos no la que no les conviene —confesó y me quedé anonadada.

En un santiamén se acercó a la encimera y tiró todo lo que había en ella, provocando que diera un respingo. El descontrol estaba llegando a él sin remordimiento alguno, pude verlo, era peor a la vez que estuvimos en el hotel, cuando Alexandre pagó parte de las consecuencias.

—¡Te han ocultado cosas a ti solo porque les conviene! —gritó.

«Touché», pensé. Igual, no dejaba de dolerme.

—¡¿Qué si esa chica también fue una víctima?! —siguió y tiró con brusquedad uno de los taburetes—. Me han dicho lo que quieren y solo porque mi cabeza ha decidido darme putos flashazos que me confunden más. Tú conoces la versión de mi familia y hace poco te enteraste de tu padre y no por ellos, sino porque los Black te están buscando —añadió.

—Esa no era razón para que follaras con otra mientras salías conmigo —recalqué—. Puedes ser bipolar, Daemon, pero eso no te excusa para que me jodas la vida solo porque no puedes controlarte. —Lancé la acusación con veneno y vi lo mucho que le dolió—. No es justo que otros la caguen y yo lo pague, no cuando sabes lo que siento por ti.

No entraría en detalles con su pasado porque lo que me dijo era cierto, para juzgar teníamos que saber las dos versiones y él solo conocería una sin ponerse en peligro.

Me sentía cansada y la cabeza iba a explotarme por tanto llorar y sufrir, así que me acerqué a la encimera y puse los codos en ella para luego recargar la frente en las palmas de mi mano. El timbre sonó y escuché a Angie bajar los escalones, una pared nos dividía de la sala así que ignoré de quién se trataba.

—Lo siento —musitó Daemon de pronto, pero me dolió que lo hiciera con frialdad.

Resiliencia

—Yo también —le dije con decepción— y espero que acostarte con ella te haya dado las explicaciones que tanto buscas. —Satiricé y me erguí para mirarlo a la cara.

Iba a decirme algo en respuesta, pero Angie nos interrumpió.

—Rahsia, vienen por ti —avisó mi amiga y me miró sorprendida, incrédula. También asustada al ver el desastre en su cocina.

Yo la miré extrañada, nadie tenía por qué buscarme en casa de ella. Daemon la observó impasible y molesto porque nos interrumpiera.

—¿Quién? —pregunté con curiosidad.

—Se presentó como tu novio, Demian —soltó entre molesta y asustada.

Yo me asusté más al ver el semblante de Daemon cambiar de enfurecido a endemoniado y en ese instante capté el juego implícito. Uno que tenía que saber jugar.

Me apresuré a llegar a la puerta de la cocina para dirigirme a la sala, pero antes de lograrlo Daemon me cogió del brazo y con su mirada casi negra me exigió una explicación que no merecía.

—¡¿Tu novio?! —rugió.

Su nariz aleteó con intensidad y la presión en mi brazo me demostró que su estado podía empeorar en décimas de segundo. Me preocupó su bienestar, ya que así estuviera molesta, herida y decepcionada por lo que me hizo, no dejaría que mi familia lo siguiera utilizando.

—Así es —respondió una voz gruesa por mí y me tensé. Demian había entrado sin ser invitado y cuando me giré para encararlo lo descubrí con una sonrisa de suficiencia en el rostro.

Lucas llegó para secundar a su amigo y solo mi supuesto novio y yo sabíamos que no serviría de nada. Mi primera prueba llegó sin antes dejar que me preparara, pero recordé que también era una Black, la princesa de Derek y eso tenía que jugar a mi favor.

Daemon y Demian eran de la misma estatura, aunque Daemon estaba más musculoso por las intensas jornadas de ejercicios que se obligaba a hacer. Me quejé cuando la presión en mi brazo me lastimó y vi que los ojos se le estaban oscureciendo más, observando a Demian, reconociéndolo de alguna parte.

—Tú fuiste el enfermero que estuvo en la habitación de Essie —aseguró Daemon, su voz se había enronquecido más.

Me tensé, porque ver a Demian fue lo que desencadenó la inestabilidad en ese hombre.

—Me gusta considerarme único, así que, que me confundas no me agrada, pero lo entiendo —respondió Demian con burla—. Y te agradecería que sueltes el brazo de mi chica, ya que la estás lastimando —solicitó con fingida calma.

Daemon me miró a los ojos, suplicándome que desmintiera lo que Demian aseguraba y me soltó cuando callé. Él no tenía derecho de reaccionar así después de lo que me hizo, pero yo tampoco podía aprovecharme de mi dolor y dañarlo.

—¿Alexandre te acompaña? —pregunté en cambio, su ira no permitió que me respondiera. Miré a Lucas y él asintió en respuesta—. Vámonos de aquí —le pedí a Demian entonces y me observó alzando una ceja, divertido por mi demanda.

—¿Desde cuándo son novios? —exigió saber Daemon y giró el cuello hasta hacérselo crujir.

Miré a Demian con una clara advertencia.

—¡Te dije que me lo dejaras a mí! —espeté, mirándolo realmente molesta.

—Y también dijiste que nos veríamos esta noche, princesa —respondió satírico.

Ni Angie ni Lucas podían creer lo que estaba sucediendo, Daemon, sin embargo, lucía como un perro rabioso al que retenían con una cadena del cuello.

—Ella no es la primera mujer que compartimos, ¿cierto? —La sangre se me heló cuando Daemon habló con tanta seguridad.

Seguía al lado de él, así que vi su gesto de dolor y entendí que la furia que sentía no lo dejó tomarse la cabeza. Estaba recordando algo y maldije en mi interior porque no quería dejarlo así, pero debía hacerlo antes de que algo peor explotara.

Demian me observó sorprendido en cuanto cogí mi móvil, uno que solo usaba para comunicarme con Caleb y mi madre.

—Piénsalo bien —me advirtió con dulzura y lo fulminé con la mirada, sin detenerme a hacer lo que pretendía.

Resiliencia

—Manda ya a tus hombres a la casa de mi mejor amiga —pedí cuando me cogieron la llamada y corté sin decir más—. Vámonos ya, cariño —solicité luego viendo a Demian, con una clara advertencia también en mi tono.

Di un paso para ir hacia él, pero Daemon me cogió de nuevo del brazo.

—¿Solo yo soy el hipócrita? —inquirió a segundos de descontrolarse.

Me solté con brusquedad y seguí mi camino sin responderle. Angie me miró exigiendo una explicación y negué con la cabeza, cogiendo el brazo de Demian para obligarlo a caminar; él sabía bien que no le convenía quedarse más después de la llamada que hice. Los segundos se nos acababan.

—No es la primera, viejo —aseguró Demian antes de darse la vuelta y seguirme con voluntad—. Pero ella es más especial, así que esta vez no presenciarás nada —soltó como su estocada final.

Apresuré el paso y me dolió escuchar los gritos de Lucas al intentar contener a Daemon. Acababa de hacer todo de manera oficial y se me salió de las manos el no querer perjudicar a ese chico en nada. Pero no era solo mi culpa, también era suya por buscarme luego de follar con otra.

Tenía que entender eso.

23 | Bienvenida a la familia

RAHSIA

Tenía la cabeza a punto de explotarme cuando me subí a aquel coche negro de lujo junto a un idiota que, por lo que estaba comprobando, solo servía para provocar el caos. No quería ni verlo mientras conducía porque mis ganas de matarlo eran incontrolables y en el proceso iba a provocar mi propia muerte.

La garganta me seguía ardiendo por el llanto y me mordía el interior de la mejilla para no soltarlo, no ayudaba en nada que a Demian se le hubiera ocurrido la brillante idea de poner la radio en una estación latina donde sonaba la canción de un cantante español que no hacía más que echarle sal a mi herida.

¿De quién te has enamorado, si todo lo que soy nunca te ha gustado?
Teníamos destino yendo separados.
Ya lo veo claro.

Apreté los párpados con fuerza al escuchar esa parte en especial, de verdad dolía, en serio me destrozaba haber hecho todo por nada.

—Bájate —pidió Demian cuando entramos al estacionamiento subterráneo de un hotel. Lo hice sin rechistar, pues necesitaba acabar de una buena vez con esa situación.

Lo seguí hasta un ascensor y vi que otros hombres se nos unían. Me perdí tanto en mis pensamientos y recuerdos que ni siquiera fui capaz de fijarme a dónde me llevaron.

—Está todo limpio, aunque no tardará mucho para que los Grigoris aparezcan —informó uno de ellos a Demian y este asintió.

—Cuando aparezcan ya no estaremos aquí —aseguró y la piel se me erizó por ese tono tan altanero, pero sobre todo, por la certeza bien marcada en él. Era joven y ya manejaba un poderío a la vista de cualquiera. Algo en eso se me hizo muy familiar, incluso en sus rasgos, en el peligro y la seguridad que exudaba. Y, aunque ya sabía la razón, me seguía pareciendo increíble.

Me metí al ascensor un tanto reticente y hasta ese momento miré a Demian a los ojos.

—¿Qué? ¿Tienes miedo? ¿Vas a echarte atrás ahora, princesita? —inquirió sarcástico. La ira me recorrió de pies a cabeza y alcé la barbilla con orgullo.

Me moría de miedo y sí, por un momento creí que no podría seguir adelante, pero fue solo algo pasajero que se esfumó con los recuerdos que me forzaba a tener para agarrarme de ellos y no desistir.

—Muérete —escupí y vi su sonrisa divertida.

Subimos junto a dos hombres que parecían ser de su total confianza y me condujeron a una habitación. Al entrar me percaté de que se trataba de una *suite* y estaba muy bien acomodada como sala de operaciones para alguna de sus misiones, ahí había más personas trabajando frente a portátiles con pantallas negras y muchas letras blancas, con auriculares muy sofisticados en sus orejas y algunos concentrados en las imágenes de cámaras que de seguro tenían colocadas en lugares estratégicos.

—El programa que ha desarrollado tu protegido está resultando ser todo un éxito —señaló el mismo hombre que aseguró que no había Grigoris cerca.

Resiliencia

—No lo dudé ni un segundo, por algo es mi orgullo —respondió Demian y noté en sus gestos y reacción que no mentía, también sentí cariño en su tono de voz y eso me dejó perpleja.

—¿Qué hacemos aquí? —Me atreví a preguntar y conseguí la atención de los dos hombres que nos acompañaron en el ascensor.

—Veo que al fin te dignas a mirarme y hablarme distinto, cariño mío —se burló Demian y rodé los ojos.

—Sabes bien que lo último no era necesario, imbécil. Tampoco que te presentaras como mi novio, eso fue lo más ridículo que pudiste hacer —reclamé, el único chico al que había escuchado hablar aparte de Demian, rio divertido.

—En lugar de reírte, ve por todo lo que necesitamos y llévalo a la habitación uno, Ian —ordenó Demian con voz dura y el chico borró su gesto divertido de inmediato—. Y tú, saca todos los móviles que poseas y dáselos a Henry —exigió hacia mí y me señaló al otro tipo que nos acompañaba.

Meneé la cabeza con fastidio y negación, pero aun así saqué los tres móviles que llevaba conmigo y se los entregué a Henry. Demian me hizo un gesto con la barbilla para que lo siguiera y me llevó hasta una de las habitaciones de la *suite*. Al entrar, encontré la luz encendida, lo que me dejó ver una cama tamaño *Queen* en el medio, con mesitas de noche en color *beige* a cada lado; el suelo era alfombrado y encontré un baúl al pie de la cama que también servía como sillón o banco. En un rincón estaba una silla acolchonada de patas de madera y a su lado una cómoda discreta del mismo color que las mesitas de noche. Cerca de la ventana vi un espejo de cuerpo completo y a su lado un clóset con las puertas abiertas.

—Cuando Ian venga voy a cerciorarme de que no lleves ningún rastreador en el cuerpo y si lo encuentro, tendré que deshacerme de él —avisó Demian y lo vi quitarse las camisas sin pudor alguno.

Me volteé de inmediato hacia la puerta y le di la espalda con temor a que también se deshiciera del pantalón frente a mí, aunque alcancé a ver su espalda tatuada y algunos músculos de su torso. Sentí frío, la piel se me puso chinita y una incomodidad horrible se instaló en mi pecho por estar a solas con un hombre en una habitación, y peor con él.

—No vas a rajar mi piel si es lo que estás pensando —advertí y lo escuché bufar.

—Es eso o fundirlo a base de electrochoques, tú eliges. Pero de que me deshago de cualquier mierda en tu cuerpo es un hecho —contraatacó y apreté los puños—. Ahora, sé buena y hazme las cosas fáciles —pidió y me tensé cuando llegó cerca de mí—. Date la vuelta, Danik, estoy vestido. Solo necesitaba deshacerme de la ropa húmeda y tú harás lo mismo.

—¡No voy a desnudarme contigo aquí! —espeté y me giré.

Tenía puesta una camisa negra y lisa, se había secado el cabello, pero lo dejó desordenado. Me tendía algo y cuando lo cogí vi que se trataba de otra camisa igual a la de él, lo peor de todo era que también estaba impregnada de su aroma.

—Te estás pasando, Demian. Esto no… —Se llevó una mano al cuello y esa simple acción me cerró la boca, negó con tranquilidad y me miró con advertencia.

Respiré profundo porque en ese momento entendí que no tenía caso fijarme en nimiedades como usar su ropa, y si quería hacer pagar de una buena vez a esas personas que me jodieron la vida, pues debía comenzar a sentirme en casa. Además, cosas peores me hicieron a mí como para sentirme mal por vestir la camisa de otro.

—Ve al baño de allí —señaló a una puerta de la que antes no me percaté—, y cámbiate, en unos minutos haremos el escaneo y luego nos marcharemos a nuestro destino. Si necesitas cambiarte el pantalón házmelo saber, tu abuelo y demás familia están ansiosos por verte —avisó y asentí.

Caminé hasta donde me indicó, estando ahí aproveché para respirar un poco sin tensión y me vi al espejo; mis ojos estaban hinchados por el llanto igual que mi nariz. El azul de mis iris brillaba y me devolvía una mirada triste, el dolor era evidente y también la ira.

Todo sucedió con conciencia, nada fue obligado y todavía me ardía el orgullo al recordar las palabras de Daemon. Se suponía que nada de eso tenía que pasar o herirme, que yo era más fuerte de lo que cualquier persona imaginaba o suponía, pero estando sola me di cuenta de que las cosas se estaban yendo a un nivel que no esperé.

Resiliencia

Necesitaba despertar de esa pesadilla, volver a la realidad, una donde era feliz con el hombre que amaba y todo a nuestro alrededor era perfecto, pero no podía ser tan idiota como para pretender algo así. No cuando mi realidad era muy diferente a la que quería y cuando ese hombre acababa de darme la estocada más cruel.

Salí del baño ya con la camisa puesta, mi pantalón no se había mojado mucho y tampoco mi sostén, algo que agradecí porque hubiese sido incómodo estar en medio de tantos hombres, con frío y solo una fina tela cubriéndome. Me recogí el cabello y lo sostuve en un moño mal hecho con un lápiz que encontré en uno de los cajones del mueble del baño, al llegar a la habitación me topé con Demian e Ian y un montón de aparatos y materiales de sutura en la cama. Eso me asustó, aunque no iba a negarme porque si quería ver a mi familia, pues no los pondría en riesgo si tenía un rastreador en el cuerpo.

—Párate aquí, quítate las botas y abre bien brazos y piernas —pidió Demian y me indicó un lugar frente a él.

Hice lo que me pidió y me saqué los botines de punta y taco alto, quedándome solo con las medias negras y cortas que me protegían los pies. Ese día salí de casa vistiéndome un poco más cómoda para ir al trabajo, con un pantalón negro de tela elástica que se ajustaba bien a mi cuerpo y una blusa blanca de seda. Toda la elegancia de esa mañana se había esfumado en un santiamén igual que mi estabilidad emocional.

Demian cogió un detector en forma de barra plana y corta, y lo activó para luego recorrer mi cuerpo, sin los tacos era todavía más baja que él y evité mirarlo al rostro cuando me observó con detenimiento; sus ojos eran soñolientos, imaginaba que por sus pestañas que parecían pesar un poco, ya antes había notado que su labio superior tenía una cicatriz en un costado y (en los pocos segundos que lo miré) me fijé que esta levantaba una protuberancia a lo ancho, aunque lejos de restarle belleza, le aportaba cierto atractivo adicional.

Si no fuera tan malo, sería el tipo que volvería locas a todas incluso con sus imperfecciones que no hacían más que favorecerle, pero sus acciones asquerosas le quitaban bastante atractivo. Al menos para mí.

—¿Una pequeña incisión o electricidad? —cuestionó cuando el bip constante del detector se activó justo en mi cintura—. Tú decides, pero hazlo rápido o si no, decidiré por ti —advirtió.

¡En mi cintura! ¿En serio? Creo que Caleb se metió con mis rollitos y no lo supe hasta en ese instante.

Demian siguió con su trabajo hasta descartar que no hubiese otro rastreador en mi cuerpo y casi lo mato al obligarme a abrir la boca y meter un detector más pequeño en ella, insinuando que me dejaría desdentada si había algo en mis dientes. Me sorprendió al pasar algo distinto en mi cabeza y más cuando le pregunté la razón y me explicó que existían rastreadores hechos para los productos del cabello; se estaba asegurando de no llevarse ninguna sorpresa, según sus palabras.

Cuando finalizó opté por la incisión, puesto que sería superficial luego de comprobar que el chip era subcutáneo. La electricidad me dolería más, ya que necesitarían varias descargas hasta desactivarlo.

—¡¿Lo harás tú?! —cuestioné alarmada y esa vez fue él quien rodó los ojos. Se había colocado unos guantes y estaba untándome algo en la parte de la cintura donde se suponía que estaba el chip.

Yo me hallaba sentada en la silla del rincón.

—Soy yo o que otro hombre te toque y ya me gané suficiente odio… —Calló de repente y lo miré seria—. Mira, Danik. No pretendo llevarme mal contigo ahora que has decidido volver con nosotros, eres mi familia y quiero tratarte como tal. Aunque no lo creas, yo cuido a los míos —aseguró y sin poderlo evitar me reí.

—¡Ay, por favor, Demian! —me burlé de él y tensó la mandíbula por el descaro con el que me reí—. Limítate a hacer tu trabajo y sácame esa cosa de una vez por todas, el tiempo corre y estás demasiado confiado —ordené y vi que no le agradó para nada, pero no me importó—. No te jactes de lo que sabes hacer, porque no tienes idea de si los Grigoris ya están llegando a nosotros. —Alzó una ceja y sonrió satírico mientras cogía un bisturí.

—Veo que se te está subiendo muy rápido lo Black, princesa Danik —señaló y lo ignoré, mi atención estaba en cómo manipulaba esa cosa tan filosa—. Pero no olvides que las riendas de la organización están en mis manos ahora mismo y, no oses desafiarme cuando tenga un bisturí en ellas a punto de atravesarte la piel.

—¡Demonios! —me quejé cuando me cortó.

Fue imposible no apoyar una mano en su hombro y más cuando la silla carecía de reposabrazos para apretarlo con fuerzas. Se suponía que la crema que me puso ayudaría a dormir esa parte de mi cuerpo, pero no funcionó mucho, ya que sentí un pequeño ardor cuando el filo me sajó y luego sus dedos presionaron hasta sacar una cosa del porte de un arroz, aunque más delgado.

Menos mal no hubo necesidad de sutura, ya que manejaban tiritas *ZipStitch* y solo bastó eso para asegurar el pequeño corte.

—Colócalo en Ángela y déjala ir —pidió Demian a Ian cuando hubo terminado y yo estaba bien cubierta.

Le entregó el chip e imaginé que Ángela era una persona o un animal al cual utilizarían para despistar.

—Los teléfonos ya están limpios, pero hay uno que no lo puede seguir utilizando —explicó Ian, quien parecía de la misma edad que él. Y no hubo necesidad de pensar tanto, sabía bien de cual móvil hablaba—. Esa tecnología es una putada y si me lo permites, puedo enviárselo a…

—¡Deja a mi chico en paz! —espetó Demian callando a Ian de inmediato.

—Considero que él es el único que puede desencriptar el *software* que usan los Grigoris y Sigilosos, eso nos dará una ventaja sobre ellos —añadió Ian, arriesgándose. Demian lo miró con la paciencia en un hilo.

—Pues ese es trabajo para ustedes, inútiles. Deja al chico tranquilo porque él no es parte de esto ¡¿entendido?! —Hasta yo pegué un respingo con el rugido de ese hombre.

Demian parecía receloso con el chico al cual mencionaban y tuve mucha curiosidad, ya que lo protegía como a un hijo, pero considerando su edad, me pareció imposible que tuviese descendencia capaz de manipular la tecnología a su antojo y desencriptar algo que no necesitaba ser sabia para adivinar que estaba en chino para ellos.

Ian asintió y entendió que si amaba su vida, era mejor no seguir tocando a Demian por donde no le daba el sol.

—El señor Black aguarda por ti y su nieta, Demian —avisó Henry, llegando a la habitación y abriendo sin antes tocar.

Demian me observó cuando escuchó aquello, estaba midiendo mi reacción. Me encogí de hombros y le demostré que yo también quería verlo, así que asintió y me animó a ponerme los botines para luego seguirlo.

En el camino hacia el coche me entregaron dos móviles, los revisé y vi que varias aplicaciones hacían falta, pero la de mi juego seguía ahí, razón por la que solté parte del aire retenido. En la barra de notificaciones tenía avisos de llamadas perdidas y al bajarla me percaté de que eran de Caleb, mi madre y de Angie. Ninguna de Daemon y, aunque sabía que era lo mejor, eso solo sumó a mi dolor.

—Era necesario —murmuró Demian más tarde.

Ambos íbamos en la parte de atrás del coche, Henry conducía e Ian iba de copiloto. No comprendí por qué me dijo tal cosa y tampoco lo vi con intenciones de explicarme más, se concentró en su móvil y lo vi leer algo que lo hizo fruncir el ceño; lo noté incluso en la oscuridad que nos acompañaba y todo gracias a la luz del aparato que bañaba su rostro.

—¿Tengo abuela? —pregunté rato después, eso logró que me mirase.

Sabía muy poco de mi familia paterna y la curiosidad hormigueaba en todo mi cuerpo.

—Sí —respondió lacónico y, aunque no quería me ilusioné. Creo que él lo notó, ya que decidió añadir más a la respuesta tan seca —. Tía Bianka es la mujer más dulce que vas a conocer en tu vida —aseguró, tragué con dificultad y con el corazón acelerado—. Es todo lo contrario a mi madre —finalizó.

Se concentró de nuevo en su móvil y comenzó a teclear con mucha rapidez.

Bianka era un nombre muy bonito y que lo llevara mi abuela me dio una paz que no esperaba en medio de tanto caos, estaba segura de que ella me hablaría más de papá, por su boca conocería más de mi vida cuando fui bebé y de cómo el hombre que me procreó fue conmigo.

—¿Por qué me llamas princesa Danik? —interrogué con descuido a Demian. Iba mirando a la nada y todavía inmersa en miles de pensamientos.

Sabía que mi padre me llamaba así, aunque me causaba curiosidad que él también lo hiciera.

—Todos en tu familia se refieren así de ti, yo lo hago por burlarme —admitió y lo miré enseguida—, no de ti, sino de tu hermana —soltó y me quedé de piedra.

Justo en ese momento pasábamos por una farola y vi a Henry observarme por el retrovisor y a Ian por el espejo lateral del coche, los dos estaban curiosos de mi reacción y los vi solo porque quité mi mirada de Demian en el instante que me dejó caer semejante bombazo.

—¿Co-cómo dices? —titubeé y regresé mi mirada a él.

Demian sonrió orgulloso y negó de la misma manera.

—Conque tu madre de verdad te ha mantenido en la ignorancia. —Satirizó y me removí incómoda—. Inoha Black, antes Nóvikova, también es hija de Derek. Fue un desliz que tuvo con una bailarina y nació un año antes que tú.

—¡Para! —Logré gritarle a Henry.

El grito que di fue desabrido y los asustó a todos, razón por la que Henry se detuvo a medio camino y me dio el tiempo justo para bajarme del coche y comenzar a vomitar. Inoha Nóvikova era la misma mujer del pasado de Daemon, la chica que él amó, la que se suponía que lo dañó. Pensando en eso descargué todo de mi estómago sin vergüenza alguna por los tipos que me acompañaban.

Éramos hermanas y ambas estuvimos con el mismo hombre.

¡Por Dios!

—¡¿Es en serio, Danik?! —cuestionó Demian con asombro y burla cuando llegó cerca de donde estaba.

—¡No, imbécil! Es de mentiras —espeté y luego escupí con asco.

—¡Jodida mierda! —Lo escuché bufar y le pidió algo a Ian.

Enseguida me estaba entregando agua y papel, se alejó un poco de mí a hacer una llamada y me dio la privacidad decente para que me limpiara luego de tan asqueroso momento.

—Es Noara. —Incidí cuando regresó a mi cercanía, miró más allá de mí y supe por qué—. ¡Confírmamelo, joder! —grité no soportando más las lágrimas.

—Me quito el sombrero ante ti —expresó y tuvo la osadía de simular que llevaba uno y se inclinó.

—¡Responde! —exigí y lo golpeé en el pecho cuando se irguió y gruñó de dolor.

—¡Sí, Danik! ¡Noara y Inoha son la misma persona! ¡¿Contenta?! —ironizó y me cogió de las muñecas cuando vio que volvería a empujarlo.

La botella de agua cayó de mis manos y en el proceso nos mojó a ambos, él me soltó para limpiarse y maldijo de nuevo. Yo estaba hecha un mar de llantos y tanto Henry como Ian habían salido para presenciar todo.

Éramos hermanas. La maldita con la que Daemon se había revolcado era mi jodida hermana y también la mujer que amó y que a lo mejor amaba. Me recargué sobre el baúl del coche y comencé a negar y llorar aún más.

Dije que no me verían así, pero no pude evitarlo, no al enterarme de semejante bajeza.

—Por eso le… le fue tan-tan fácil. —Logré decir entre el llanto, recordando la imagen de esos dos juntos, aferrándome a esos sentimientos de traición.

A lo que se sentía y se experimentaba al ver al hombre que amabas con otra. Arraigué aquel dolor en mi alma y corazón y lo dejé escapar por medio de mis palabras y mis lágrimas.

—¡Por eso dijiste que no tuvieron nada que ver! ¡No hubo necesidad de drogas ni ninguna otra cosa porque es Inoha! ¡La mujer de la que se enamoró una vez! ¡Mi maldita hermana! —grité entendiendo al fin sus palabras. Su cruel afirmación—. ¡Mierda! ¡Métanse al maldito coche y denme mi puta privacidad! —exigí hacia aquellos dos tipos que me observaron estupefactos.

Hasta yo me desconocía en ese instante.

Resiliencia

Miraron más allá de mí y algo tuvo que hacer Demian porque obedecieron y estaba segura de que no fue por mi orden. Me giré en ese momento y recargué el culo en el baúl del coche, limpiándome de manera asquerosa en la camisa que ese tipo que llegó a mi lado, me prestó horas antes.

Solo las luces traseras nos iluminaban, Demian sacó un cigarrillo eléctrico con mucha parsimonia, ni me fijé de dónde, lo noté hasta que lo llevó a su boca y lo encendió inhalando un buen poco de humo, soltándolo minutos después. Olía a menta con sandía y para mi sorpresa ese aroma me calmó un palmo.

—Le dijimos que se mantuviera al margen. —Comenzó a hablar viendo hacia el frente—. La rescatamos hace casi un año de un secuestro en el que la mantuvieron en condiciones severas y las secuelas todavía la persiguen, pero se negó. No aceptó que él la olvidara, aseguró que lo que sintieron fue demasiado fuerte como para perderse. Tu abuelo la quiso recompensar, ya que afirma que es una guerrera, pues vivió lo mismo que tu padre y sobrevivió. —No tenía idea de qué quería lograr con esa explicación, porque dejarme tranquila era obvio que no.

Reí sarcástica y me acomodé el moño maltrecho.

—Sé la historia de ellos, no intentes pintarla bonita, Demian, porque sabes bien que no fue así y según tu comentario anterior con Daemon, tienes mucho que ver. Así que no insultes mi inteligencia, ya que el hecho de que me veas temerosa no significa que soy estúpida —escupí con toda la ira que me embargaba y él asintió de acuerdo.

—Pero no olvides que conoces la historia solo por parte de los Pride White y tú misma has descubierto que te ocultaron mucho —me recordó, volvió a inhalar el humo de su cigarrillo y suspiré con fuerza cuando lo soltó.

No me gustaba fumar, de hecho, odiaba el olor del tabaco, pero lo que fuera que estaba inhalando me calmaba y me gustaba mucho. Así que cerré los ojos y lo disfruté.

—Me estás drogando —murmuré al abrirlos y él rio.

—Eres peligrosa, Danik Black —susurró y lo miré, mis ojos estaban pesados—. No lo hago, pero sé lo que sientes y es mejor cuando lo inhalas de aquí —aseguró y señaló el pitillo del

cigarrillo—. Te daría a que probaras si no hubieses vomitado.

—Por increíble que pareciera debido a la situación, me sonrojé con vergüenza y miré al suelo.

Demian sonrió, lo hizo de verdad. Sus ojos se hicieron pequeños con el gesto, de su cara se borraron todos los rasgos de maldad que poseía y me sentí como si estuviese con otra persona, más cuando me tomó de la barbilla y me hizo girar el rostro hacia su lado y verlo de nuevo.

—Aférrate a ese dolor que sientes para que se te haga más fácil buscar justicia —recomendó y lo tomé de la muñeca—. Tienes todo en tus manos para hacer pagar a esos hijos de puta que tanto nos han jodido la vida. —El resentimiento e ira fueron palpables en su voz y me los transmitió como si tuviese poderes mágicos—. Demuestra quién y lo capaz que eres de obtener lo que buscas.

—Lo haré —aseguré, quitó la mano de mi barbilla, pero la entrelazó con la mía, que sostenía su muñeca—. Pero necesitaré un cable a tierra, ahora más que nunca —confesé.

—Cuenta conmigo. —Se ofreció sin titubear—. Mientras sea para joder a nuestros enemigos, te apoyaré.

—¿Y qué pasará con Inoha? —indagué y se tensó.

—Están en el mismo bando.

—Pero no seremos aliadas —aseveré—, yo también puedo ser muy jodida si me lo propongo y, ya se rieron de mí, sí, mas eso no significa que lo seguirán haciendo. Si yo no puedo tenerlo, Inoha tampoco y no me importa que sea ella a quien él ame.

El sentimiento que me embargó en ese instante fue amargo, estaba revolucionando muy rápido y comprendí entonces lo cierto que era eso de que las personas manejábamos las dos caras de la moneda, solo era necesario estar en el lado correcto para explotarlas.

—David la está complaciendo porque demostró ser una guerrera, si ella quiere estar con Daemon él la apoyará. Ya sea que Inoha lo logre por las buenas o las malas. —Lo miré seria.

Me subestimaban demasiado.

—Yo tengo el Karma de mi lado —solté tomándolo por sorpresa. Sus ojos se abrieron de más y soltó a pausas el humo que acababa de inhalar.

Resiliencia

¡Sí! Por primera vez en mi vida tenía el sartén por el mango y si el lado oscuro iba a dominarme, usaría todo el poder que mi padre me dejó. No bromeé cuando dije que Danik Black había vuelto, utilizaría el arsenal pesado y me escudaría tras él demostrándoles a los Pride cómo se hacían las cosas, pero, sobre todo, cómo se eliminaban a los enemigos.

—Llévenme a casa, chicos —pedí cuando volví al interior del coche.

Demian subió segundos después y sentí su mirada en mí. Acababa de recomponerme como una cabrona; y tan segura como siempre intenté serlo, me prometí que no derramaría una lágrima más por personas que no se lo merecían.

Busqué los ojos de ese hombre y le sonreí a la vez que le guiñé un ojo.

Acaba de iniciar mi juego.

Ya no hablamos durante el resto del camino, me dediqué a revisar mis redes sociales en cambio y pasé de las invitaciones a juegos que me cayeron muy seguidas por parte de *Demone*. Nos estábamos alejando de la ciudad, entramos al desierto en dado momento y lo admiré en aquella noche estrellada. Iban a ser las doce de la media noche cuando Henry se detuvo frente a unas enormes puertas de metal y esperó a que le abrieran.

Seguíamos en el desierto, aunque el terreno al que entramos estaba muy bien cuidado. El verde se veía por todos lados, plantas muy bien cuidadas al igual que el césped nos rodeaba y, al fondo divisé una casa enorme que parecía más un palacio.

Hombres armados ocupaban puestos estratégicos y un grupo de ellos nos detuvo antes de acercarnos más; con aparatos que nunca vi en mi vida escanearon todo el coche y miré a Demian con las cejas alzadas, él se encogió de hombros como diciéndome con ese gesto «te lo dije» y me limité a mover la cabeza en respuesta. No iba a negar lo nerviosa que me puse al avanzar y aparcar frente a aquella mansión hecha de ladrillos rojos.

Henry e Ian fueron los primeros en bajar y de inmediato este último llegó a mi puerta para abrirla, me tendió una mano para ayudarme a salir del coche y sentí ridículo que me tratasen así.

—De no actuar de esta manera, tu abuelo podría castigarlos —explicó Demian al ver mi desconcierto—. Te acostumbrarás, princesa. Tu hermana lo hizo muy rápido.

—¡Que te den! —espeté por su estúpida comparación y tomé la mano de Ian con más brusquedad de la que esperaba.

No llevaba ni veinticuatro horas cerca de mi familia y ya me sentía totalmente diferente en todos los sentidos. No cabía duda de que la traición y las ganas de buscar justicia podían darte un giro de ciento ochenta grados en un santiamén.

—Tú me caes mejor —susurró Ian y fruncí el ceño, pero cuando entendí le sonreí de verdad.

Había alrededor de diez escalones para subir y llegar a la entrada principal, Demian se acercó a mi lado todavía sonriendo por mi respuesta anterior y puso una mano en mi espalda baja para animarme a caminar. El corazón amenazaba con salirse por mi garganta y temí que él pudiese escucharlo; cada paso era una confirmación de que mi vida como la conocía ya no existiría más y si antes tuve enemigos, acababa de ganarme a los peores regresando a mi verdadero seno familiar.

La espera por entrar en esa casa era cruel y agobiante, aunque se terminó más rápido de lo que esperé porque la puerta se abrió cuando estábamos a pocos pasos de ella.

—¡Al fin llegan! —exclamó una voz grave, de inmediato un hombre de aproximadamente setenta años, o más, salió de la casa.

Era alto y la luz de las muchas farolas que nos iluminaban me permitió ver unos ojos tan azules como el océano, el cabello lo tenía casi blanco, pero muy bien peinado. Vestía de pantalón negro y camisa blanca arremangada, aunque en lugar de zapatos usaba pantuflas azul marino.

—Buenas noches, tío. Siento la tardanza, tuvimos que revisarla bien antes —explicó Demian a mi lado.

El hombre no apartó sus ojos de mí en ningún momento y pude ver el brillo que los iluminó. Yo me encontraba sin habla.

Resiliencia

—Eres… ¡Dios! —exclamó con la voz entrecortada.

—¡¿David, es…?! —Una mujer más joven que él salió exigiendo una respuesta.

Ella usaba ropa fina de dormir en color rosa suave, el cabello lo tenía en una coleta alta y todavía usaba maquillaje, por lo que intuí que no creían que llegáramos en ese momento y estaban preparándose para ir a la cama. A diferencia del señor, que ya sabía que era David Black, los ojos de la señora se llenaron de lágrimas en cuestión de segundos y sin esperármelo se abalanzó sobre mí y se aferró a mi cuerpo como si se tratase de un salvavidas.

—¡Mi pequeña princesita, eres tú! —expresó con su rostro metido en mi cuello.

El golpe de la realidad fue duro.

La señora era unos centímetros más baja que yo, pero su fuerza me arropó como solo lo hacía mi madre. Vi a Demian entrar a la casa y dejarme ahí con ellos, David se limpió una lágrima con disimulo y yo me digné a envolver mis brazos en la delgada cintura de Bianka.

«Tía Bianka es la mujer más dulce que vas a conocer en tu vida».

Esas fueron las palabras de Demian y no dudé en que era ella quien lloraba a mares sobre mí.

—Gracias al cielo que estás aquí, mi vida. —Logró decir al separarse y coger mi rostro entre sus manos. Sus ojos eran verdes, llenos de esperanza—. ¡Dios! Tienes los ojos idénticos a los de mi hijo —aseguró y solo cuando pasó sus manos por mis mejillas me di cuenta de que estaba llorando.

El amor que ella emanaba me dolía porque en la vida solo recibí ese sentimiento por parte de mi madre y años más tarde de Caleb, pero nunca supe lo que era tener abuelos o una familia numerosa que te respaldaba, hasta ese instante.

—Es idéntica a él —aseguró David, quien tenía la voz más grave que antes.

—Ven aquí, cariño —le pidió ella a su marido.

No supe qué pretendía hasta que él se acercó y nos envolvió con sus brazos. Me tensé como nunca creí cuando esas dos personas me abrazaron formando una barrera protectora a mi alrededor.

No lo esperé, nada era como me lo dijeron.

«Me han dicho lo que quieren y solo porque mi cabeza ha decidido darme putos flashazos que me confunden más. Tú conoces la versión de mi familia y hace poco te enteraste de tu padre y no por ellos, sino porque los Black te están buscando».

Las palabras de Daemon me atacaron. Me pintaron a unos monstruos y estaba ahí siendo protegida por dos personas muy diferentes. Supe entonces que no iba a…

—Abuela, ¿qué está pa…? —La magia terminó cuando esa voz nos interrumpió.

David se alejó de nosotras y Bianka se separó un poco para dejarme ver a Inoha Black, la tipa a la cual conocí como Noara Moore semanas atrás. Sus palabras murieron al verme, aunque sonrió sarcástica minutos después al reconocerme.

La vi de nuevo sobre Daemon, riéndose de mí como unos cobardes.

—Es tu hermana, cariño. Al fin está con nosotros —explicó Bianka con mucha emoción y dulzura—. Ven aquí, por favor —le pidió, pretendiendo que pasara lo mismo que con su marido.

David nos miró a ambas, claramente él sabía cosas que su dulce esposa ignoraba. Demian había vuelto y por su expresión imaginé que presenció lo anterior y no estaba muy de acuerdo con lo que su tía pedía. Inoha alzó la barbilla y con burla y malicia comenzó a caminar hacia nosotras, me tensé y la sangre me hirvió como nunca, lo que una vez más me llevó a actuar fuera de mis cabales.

—¡Oh, mi Dios! —exclamó Bianka estupefacta y se puso ambas manos en la boca luego de que me alejara de ella para acercarme a su nieta y de una bofetada girarle el rostro.

—¡Atrévete a fingir que no me conoces y te regreso la cara de otro tortazo! —amenacé a Inoha, dejando que el dolor que sentí al verla con Daemon se apoderara de mí.

—¡Inoha! —advirtió David en cuanto notó que la pequeña arpía se acercaba a mí con la intención de defenderse.

Se detuvo a un paso y apretó los puños con impotencia. Sus ojos negros me escanearon como una lunática y la tensión que se formó entre nosotras por poco y cortó a los presentes.

Resiliencia

—Ese golpe no eliminará lo que ya viste —se mofó con la voz ronca por la ira y un hilillo de sangre le recorrió la comisura de la boca. Como pude camuflé el dolor que me provocaron sus palabras y la miré con odio—. Y sé que mi golpe te dolió más —se regocijó orgullosa—. Bienvenida a la familia, hermanita —añadió y sonrió para luego escupir sangre.

Dicho esto se dio la vuelta y desapareció.

Y, en efecto, su golpe había dolido más.

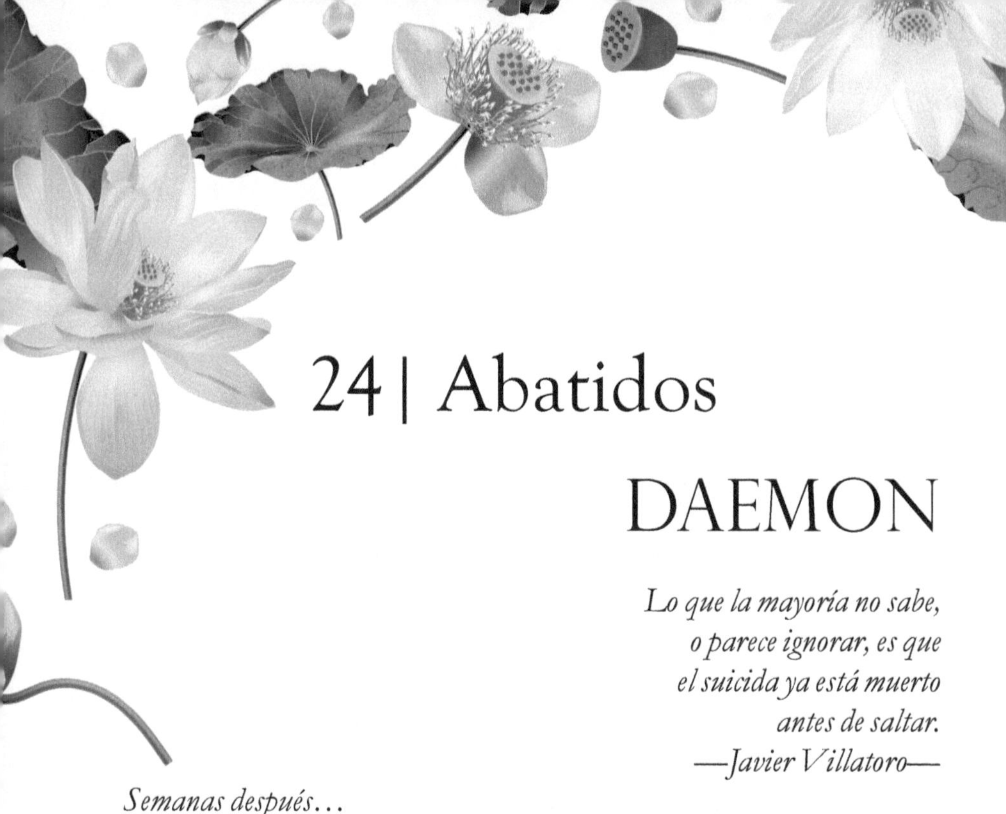

24 | Abatidos

DAEMON

Semanas después…

Esos eran los mensajes que joderían todo, pero en ese momento no lo sabía.

Una hora más tarde llegué al motel que acordamos con una emoción que nunca creí experimentar. Me sentía extasiado de que al fin la estaba viendo después de tres semanas que me parecieron un infierno, como un adolescente cayendo en las garras de la locura por primera vez y no quería dejar de vivirlo. No me importaba a quién lastimáramos, a pesar de eso, todo fue bien cuidado, protegiéndonos de nuestras familias como siempre.

Ella se giró para observarme cuando cerré la puerta de la habitación que nos reservaron y me quité la capucha que me protegía, el lugar era de mala muerte a simple vista, pero dentro de esas cuatro paredes todo parecía ser un mundo alterno donde solo existíamos los dos.

—Creí que no vendrías, que no lograrías burlar a la seguridad que te han puesto tus padres —murmuró con nerviosismo.

Me era excitante que siendo una chica tan decidida y sensual, se cohibiera con mi presencia.

—¿Me has extrañado? —pregunté acercándome y la cogí de la cintura para presionarla a mi cuerpo.

Inhalé profundamente de la piel de su cuello, su aroma me envolvía e hipnotizaba.

—Demasiado para mi gusto —apuntilló y me separé para mirarla al rostro.

Sonreí al ver el orgullo en sus rasgos, uno que me habría herido el ego si no hubiese entendido sus motivos.

—¿Qué puedo hacer para quitarte ese orgullo? —inquirí y besé el lóbulo de su oreja.

La manía siempre me mantenía con unas jodidas e insoportables ganas de follar, aunque después de todo lo que había pasado, comencé a notar que ya iban mermando y todavía no sabía si agradecerlo o asustarme.

—Dime que soy la única, que no hay ni habrá nadie más aparte de mí. —Abrí la boca para complacerla, no obstante, me calló poniendo un dedo en mis labios abiertos—. Pero hazlo solo si lo sientes. —Sus ojos brillaron con molestia y comprendí la razón.

—Eres la única, siempre lo has sido. Solamente necesitaba saber mi pasado para despejar mi mente de esos malditos demonios que me atormentaban y gracias a ti ahora lo tengo todo claro —aseguré y me miró reacia, pero sonrió tímida segundos después.

¡Mierda! ¿Cómo podía esa chica deshacerme con un solo gesto?

—¿Y tú me has extrañado? —Quiso saber y acarició mi pecho, inclinando el rostro hacia abajo para no dejar que yo notase su sonrojo.

La tomé de la barbilla y la obligué a imantar su mirada a la mía, se mordió el labio inferior y sonrió con malicia cuando notó que estaba concentrado en ese gesto inocente y pícaro a la vez, demostrándole a través de mis ojos cuánto la deseaba.

Resiliencia

—¿En serio me lo preguntas? Cuando he burlado a mi seguridad y me he puesto en bandeja de plata para tu familia —repliqué y vi la vergüenza en sus ojos.

—Ambos nos estamos jugando la vida —recordó y le acaricié la línea de la mandíbula—. Tus padres me detestan y me he arriesgado al salir de la protección que me da mi abuelo, poniéndome como carnada fácil ante ellos.

—Lo sé. —Concordé y ella negó restándole importancia—. Gracias por volver a mí —susurré cerca de sus labios.

Las cosas no estaban bien, mi familia no me quería cerca de esa mujer, se negaban a entender que solo con su presencia volvía a ser yo, el hombre que me gustaba ser y no el que fingía todo el tiempo. Y era cierto que ambos nos estábamos arriesgando al vernos, mis padres la matarían si nos descubrían y me sucedería lo mismo si era su familia la que se enteraba de todo.

Pero ahí estábamos, arriesgándonos la vida por un par de horas que para mí lo valían todo. Aunque en ese todo jamás incluí lo que de verdad estaría arriesgando horas más tarde.

El karma era una jodida mierda.

—No me dejes ir de nuevo, pase lo que pase, no lo permitas otra vez —suplicó.

Sin los tacos era más bajita y me gustaba demasiado esa diferencia entre nosotros.

Aprovechando el poco tiempo que teníamos, la acerqué a mí y le di un beso casto sin despegarme de inmediato de sus labios; era nuestro primer contacto después de semanas que me parecieron una eternidad y necesitaba disfrutarlo. Volví a besarla, pero abriendo un poco mi boca para coger su labio inferior.

Ella pretendió tomar el control, besándome largo y lento, provocándome con la punta de su lengua, situación que me llevó a dejar de lado la ternura para devorarme su boca como tanto deseaba; chupé y lamí sus labios, me zambullí una y otra vez, me emborraché con su sabor hasta que ambos perdimos el oxígeno y nos quedamos con el corazón a mil por hora.

—Me estoy haciendo adicto a ti —confesé arrancándole un gemido de placer y dolor en el momento que arrastré su labio entre

mis dientes, volviendo a acariciar su lengua con la mía en cuanto me dio acceso, asegurándome de que sintiera entre sus piernas lo que le hacía en la boca.

—Daemon —gimoteó con la respiración agitada porque restregué mi erección en su vientre, demostrándole con ello lo que me provocaban sus besos.

—Daemon ¿qué? —la provoqué, escuchándome la voz muy ronca.

Me acarició el pecho con las manos y las arrastró a mi abdomen, consciente de lo que su contacto despertaba y aumentaba en mí. Continuó con su toque yendo más abajo, demostrándome que también era descarada cuando friccionó mi erección por encima de la ropa con su mano abierta.

Sonreí sobre su boca porque la caricia fue brusca, pero me gustó y aumentó mi libido.

—Estoy ardiendo por ti —confesó mordiéndome el labio inferior y, en cuanto se alejó unos centímetros noté sus ojos oscuros por el deseo que la corroía.

—Y yo por ti, pero quería ser un caballero e irme primero por los juegos previos —admití.

—Tú no eres un caballero, nunca lo has sido y no lo quiero. No hoy, al menos.

—¡Mierda! —Bufé cuando volvió a cogerme la polla con una caricia fuerte.

Me saqué la camisa para comenzar a cumplir sus deseos y la miré con adoración en cuanto ella se encargó de desabrocharme el pantalón y bajarlo hasta mis rodillas junto con el bóxer. Sus ojos se mostraron ardientes cuando mi erección la señaló sin barreras de por medio y cogió el falo haciendo movimientos de adelante hacia atrás, saboreándose para luego tragar con dificultad, aunque por unos segundos dejó su mirada en mi tatuaje y lo delineó con un dedo.

—Lo amo —aseguró, pasando su dedo sobre las líneas de un pétalo y continuó descendiendo hasta volver a mi pene y trazarlo—, pero a él más —sentenció y se puso en cuclillas.

La sangre y el calor hincharon mi longitud dolorosamente y no la detuve. Si quería chupármela no lo impediría, ya que, fantaseé con la idea de follarme su boca durante días.

Resiliencia

Me miró desde su posición y casi me corro solo con ver ese gesto inocente que tenía, y que perdió justo en el segundo que sacó la punta de su lengua rosada y rozó la corona de mi polla.

—Joder —gruñí ante el lametazo húmedo y delicado.

Con una mano empuñó mi falo y abrió los labios para penetrárselos, demostrándome que sabía ser perversa. Volví a gruñir cuando su calidez me abrazó y lo repetí en el instante que su lengua jugó con mi corona y me masturbó mientras con la otra mano acariciaba el saco de mis bolas.

Si pretendía castigarme así, iba bien encaminada, ya que me sentía en la mejor de las torturas con su saliva lubricándome y dándome placer con todo lo que tenía.

—Vas a matarme —recalqué y me miró.

Su imagen fue inocente y sensual en ese instante, lo que me llevó a cogerle el cabello para apartarlo de su rostro y luego marcar mi propio ritmo, penetrándola hasta donde su garganta me permitía, pasando así los mejores minutos de mi vida, perdiendo el aliento, sacudiendo la cabeza junto a mi corazón en mil nudos y, cuando supe que no podría más, la hice ponerse de pie, le limpié el exceso de humedad de la boca con mi mano y luego me devoré sus labios.

Sin dejar de besarla la desnudé y me terminé de sacar la ropa, la llevé hasta la cama y la tiré sobre el colchón; se abrió para mí dejándome ver lo que brotaba de su coño, sus fluidos corrían hasta el inicio de las piernas viéndose más que apetitoso.

—¡Oh, Dios! —gritó cuando se lo devoré como sabía que le encantaba, la probé volviéndome loco con su sabor, chupé todo con la intención de secarla, pero terminé haciendo que se mojara todavía más.

Me sentí a punto de correrme de nuevo.

Esa mujer tenía la capacidad de convertirme en un precoz inexperimentado. Sus gemidos eran un canto erótico y los movimientos de su cadera pidiendo más, cuando mis dedos se colaron en su entrada para acompañar a mi lengua, los sentí como estocadas en mi polla.

—¡Mierda! —chilló cuando dejé de follarla con mi lengua y dedos.

—No te correrás así —advertí y me puse de rodillas hasta acomodarme en medio de sus piernas.

Me recargué en una sola mano y con la otra la tomé del rostro besándola duro y rápido, su sabor y el mío entremezclados enviando una avalancha de placer a mi pene. Le solté la barbilla para tomarme la polla y deslicé la punta arriba y abajo de su caliente coño, encontrando su calor húmedo y empujando la corona, forzándola dentro de su apretado canal.

Entreabrió los labios en medio del beso que no dejamos de darnos y gimió al recibirme. Volví a sacar mi polla unos centímetros, sintiéndola a ella temblar.

—¡Daemon! —Jadeó.

La empalé de regreso, su coño se envolvió alrededor de mi falo tan caliente que cerré los ojos disfrutando de la maravillosa sensación. Era como un puño furioso ensañándose conmigo y mi polla masoquista disfrutó del maltrato. Me salí de vuelta arrancándole un gimoteo lleno de frustración que por poco me descontroló.

—¡Joder! Cómo te extrañé —solté cuando di un tercer embiste.

—¡Carajo! No aguantaré mucho —confesó y sonreí con maldad, empujándome en su interior sin haberme salido, sacudiendo mi polla y consiguiendo con ello que gritara.

—¿Te gusta así lento? —la provoqué moviéndome con precisión y parsimonia a la vez—. ¿O lo quieres así? —inquirí y la tomé de una pierna hasta colocarla en mis caderas.

La posición me permitió llegar más profundo y la empalé con rapidez, golpeando mi pelvis en sus nalgas y torturándonos a ambos.

—¡Joder! Daemon, lo quiero así —suplicó y me abrazó hasta engancharse con los brazos debajo de mis axilas, mordiendo mi hombro.

Mi corazón latió más rápido y sentí la sangre acumularse en mi pene.

—Me vuelve loco ver cómo disfrutas de mi polla —susurré en su oído.

Sus uñas se enterraron en mi piel y gruñí de dolor y placer a la vez, sobre todo cuando las arrastró por toda mi espalda con la intención de marcarme, llevándome al descontrol en segundos.

Resiliencia

Maldita sea.

El sonido de nuestros cuerpos al chocar era la música que nos acompañaba, junto a los gemidos que nos abandonaban. Ella quería correrse, lo sentía y esa vez la acompañaría importándome una mierda si era demasiado pronto.

La deseé por semanas, estuve a base de pajas a diario para aguantar hasta llegar a este momento y no le hice justicia, ya que estaba saliendo mejor de lo que imaginé.

Me apoyé en mis dos manos para verla a la cara mientras la hacía mía y terminé por confirmar lo que me temía; mis padres la podían ver como un peligro para mí por la familia a la que pertenecía, pero yo miraba más allá del pasado que nos marcó a ambos.

Estuve confundido por meses, teniendo alucinaciones que me torturaban, pero cuando ella de verdad llegó a mí, cuando descubrí quién era, todo fue más claro y no hubo más dudas referentes a lo que esa mujer me provocaba.

De lo que solo ella, y no su hermana, me hacía sentir.

—¡Daemon! —gritó y sentí la avalancha de calor en mi pene que me tensó todos los músculos cuando ella comenzó a correrse.

Bombeé más fuerte y rápido.

—Te amo —confesé mientras era arrasada por su orgasmo y me miró con ojos incrédulos—. Solo a ti y a nadie más —sentencié en el segundo que comencé a correrme dentro suyo—. ¡Eres mía! —gruñí sintiendo mis abdominales apretarse y cada músculo en mi cuerpo tensándose y quemándome, tanto o más que lo que sentía por ella—. Mi pasado, mi presente y mi futuro, pero siempre mía —finalicé estremeciéndola.

Pegué mi frente a la suya y descargué en su interior hasta la última gota de mi simiente, corriéndome como descubrí que solo lo hacía con ella, quedándome sin respiración y sin ganas de salirme nunca más de su interior, porque vernos así de unidos sin saber dónde comenzaba uno y terminaba el otro, era lo mejor de mis días turbulentos.

—Solo tuya —susurró cuando fue capaz de hablar.

Con esa aceptación convirtió el momento en perfecto, uno que alargué durante las horas que continuamos juntos, en las que le seguí

demostrando que no vocalicé esa declaración solo por decirla sino porque de verdad la sentía. Le hice entender que mis sentimientos podían ser fríos y secos ante cualquiera, pero que sabía ser cálido y hasta romántico, a mi manera, con las personas que se ganaban mi amor.

Aprovechamos también para hablar de todo lo que estábamos haciendo e hicimos en las semanas que no nos vimos, y nos prometimos que haríamos todo lo que estuviera en nuestras manos para no escondernos más de nadie.

Tenían que aceptar lo nuestro, les gustase o no.

—Odio tener que irme —dijo haciendo un puchero gracioso y abrazándose a mi cintura.

Le devolví el abrazo y besé la coronilla de su cabeza, inhalando el olor de su cabello.

—Odio dejarte ir —susurré.

La cogí del rostro para besarla, ya estábamos vestidos y resignados a que la hora de separarnos de nuevo había llegado y solo dejé sus labios cuando tocaron la puerta.

—Tenemos que irnos —advirtieron y ella rodó los ojos.

Le sonreí y tras aceptar que no podíamos retrasarnos más, sentí una opresión en el pecho. Una tristeza intensa me atacó, no merecía lo que estaba recibiendo, no me sentí digno de nada; sin embargo, fingí mi mejor cara para hacer las cosas más fáciles.

La vi salir de la habitación luego de besarla una vez más, consolándome con su aroma en mi cuerpo y con los recuerdos de esas horas juntos. Me acerqué a la ventana que daba al estacionamiento y minutos después la vi marcharse sana y salva como lo planeamos, no sin antes haber posado su mirada justo donde yo la admiraba a ella.

Rato más tarde fue mi turno de marcharme y cuando llegué cerca del coche el móvil comenzó a vibrarme con llamadas entrantes de mi hermano y antes de responder vi que tenía muchas perdidas de mis padres.

Ya lo sabían y miré a Alexandre, él asintió hacia mí confirmándome todo.

Resiliencia

—¡Puta mierda! —Bufé mirando el móvil con la llamada de mi clon (como solía llamarle a mi hermano, además de copia). Alexandre había escogido un motel de paso en una carretera desierta, si acaso, había dos coches más aparte del mío y la estación de gas más cercana estaba a unas treinta millas.

Antes de conseguir deslizar al lado derecho el icono verde en mi móvil, vi llegar a dos coches más que nos rodearon, Alexandre maldijo y yo sacudí la cabeza bastante hastiado con la situación.

—¡¿Qué jodida mierda estabas pensando, Daemon?! —espetó madre saliendo de uno de los *todoterrenos*. Tres de sus compañeros, Lewis, Owen y Ronin, se acercaron a Alexandre y este alzó las manos para que no lo atacaran, pero de nada le sirvió, ya que lo tiraron al suelo bocabajo con las manos hacia atrás—. ¡Lo has hecho otra vez! ¡Te pusiste en peligro de nuevo por esa maldita estúpida! —gritó descontrolada y me molestó su manera de referirse a mi chica.

—No sabes de lo que hablas, madre. Ella no…

—¡Cállate! —me gritó y de paso me puso una fuerte bofetada que me hizo girar el rostro.

—¡Joder! No te pongas así —exigí y la detuve a duras penas cuando quiso volver a golpearme.

Estaba muy cabreada y podía entenderlo porque entre el enojo también vi su desesperación y preocupación, pero tenía que escucharme, no solo callarme a bofetadas.

—Suéltala y entra al coche —demandó padre.

Se acercó después de ella, ya que antes lo vi otear los alrededores y luego presenció con seriedad lo que madre hacía.

—Padre…

—¡Entra al puto coche! —bramó y con el tono usado me demostró que estaba más cabreado de lo que demostraba.

Solté a madre y ella con brusquedad se alejó de mí.

—Dos coches Vigilantes se acercan y hay tres más a dos millas de ellos —avisó Caleb saliendo del segundo *todoterreno* y desenfundando su arma, en cuanto mencionó a la organización enemiga de Grigoris y Sigilosos.

—¡Me cago en todo! Esto nos pasa por dejar solo a este pendejo —se quejó padre más cabreado que antes y refiriéndose a mí de

esa manera. Tensé la mandíbula y miré hacia los dos coches que se acercaban muy rápido—. Protégete, Isabella, y dale un arma a tu hijo —demandó y me lanzó un chaleco que llevaba en una mano.

Me lo coloqué sin siquiera abrocharlo de los lados. Madre estaba a nada de tomar el suyo en el momento que los coches llegaron derrapando en el asfalto y en cuestión de segundos comenzaron a dispararnos.

Lewis logró darme una de sus armas y me protegí en la puerta de mi coche. Vi a padre y a Caleb responder a los disparos junto a los otros Grigoris y Sigilosos que lo acompañaban, y a madre unirse cuando tuvo la oportunidad, pero no logró ponerse el chaleco, optó por tiarlo al suelo para poder manipular mejor su arma, y eso me asustó.

Habían conseguido emboscarnos y en ese instante no supe si me siguieron a mí o a ellos, puesto que yo traté de ser discreto y solo mi seguridad se dio cuenta de que los burlé.

—¡Ven a las coordenadas que acabo de enviarte y trae refuerzos! ¡Nos están atacando, repito, nos están atacando! —gritó madre por su intercomunicador.

Le disparé a un tipo que quiso aprovecharse de ese momento para atacarla y seguí con ello hasta deshacerme de las amenazas que tenía cerca. Desde niños nos entrenaron (a mis hermanos y a mí) en diversas artes marciales y defensa personal; en la adolescencia nos introdujeron en el mundo de las armas y nos metieron en campamentos militares para formarnos como verdaderos miembros de las organizaciones que nuestros progenitores manejaban, solo por si algún día elegíamos pertenecer a ellas oficialmente. Por eso no era ajeno a lo que hacía y, aunque no recordaba haber asesinado antes, no sentí ningún remordimiento de hacerlo en ese instante.

Sobre todo si era para proteger a mi madre.

Tres coches más llegaron y de ellos salieron varios Vigilantes. Nos superaban en números y sabía que por muchos refuerzos que hubiese llamado madre, no llegarían a tiempo. Vi a padre quejarse cuando una esquirla le rozó la mejilla derecha y se limpió la sangre del corte.

Resiliencia

Me coloqué frente a madre para escudarla y la escuché maldecir por lo que veía, Caleb y Lewis cubrían a padre mientras él recargaba el arma. Los disparos estaban bañándonos como lluvia y temí lo peor.

—No debiste buscarme, madre. Te juro que estaba a salvo —repliqué al ocultarla con mi cuerpo y hacer que corriera detrás del coche para protegernos mejor, aprovechando que Owen y Ronin nos cubrieron.

—Nunca lo estarás cerca de ella, hijo. Por más que quieras creer lo contrario —aseguró y negué con la cabeza.

—Nada será como en el pasado —prometí y la hice agacharse cuando las balas comenzaron a pasar por encima de nuestras cabezas.

—Eso te hizo creer, pero no es así. Solo quieren dañarte.

—Estás confundida —apuntillé e intentó alegar, pero una voz masculina nos calló.

—¡Alto al fuego! —No nos movimos de nuestro lugar y poco a poco escuchamos que los disparos del lado de los enemigos comenzaron a mermar—. Los superamos en número, así que no intenten hacer una estupidez.

—Estupidez fue la tuya al venir aquí y tocarme los cojones —respondió padre y madre maldijo.

—Esto no pinta bien —se quejó y me miró afligida—. ¡No! —suplicó al ver que me estaba quitando el chaleco para dárselo, ya que el suyo quedó tirado lejos de nosotros.

—Jamás me perdonaría si te pasa algo —aseguré.

—Y yo jamás te perdonaría si dejas que te dañen. —Podía estar acojonada por lo que sucedía, pero me mostró entereza mezclada con molestia al decirme eso.

Callamos cuando nos percatamos de más coches llegando y al no escuchar disparos supimos que no eran de los nuestros.

—¡¿Qué mierda estás haciendo, Henry?! —Reconocí la voz de la persona que preguntó aquello y la sangre me hirvió.

¿Qué hacía ese hijo de puta aquí?

—¡¿Hija?! ¡Rahsia! —Salí de mi escondite cuando Caleb gritó eso.

Mis ojos se abrieron con sorpresa e ira al verla llegar junto a ese imbécil, ¿qué demonios estaba sucediendo?

—Atrás, Caleb —le ordenó Demian en cuanto el rubio quiso acercarse a Rahsia. Ella lo miró preocupada, pero también decidida—. Y tú responde, ¡carajo! —exigió al tal Henry.

—Solo sigo órdenes —respondió el susodicho.

—Las órdenes te las doy yo —espetó Demian.

Danik me encontró justo en ese instante y vi la vergüenza en sus ojos. Meneé la cabeza en negación, ya que no me podía creer que estuviese presente en esa emboscada.

—Hoy se las doy yo —aseguró una mujer a la que ayudaban a salir del coche en una silla de ruedas.

—¡Hija de perra! —bramó padre al verla y Caleb lo detuvo cuando quiso irse hacia ellos.

Los Vigilantes lo encañonaron y madre corrió hacia él para controlarlo, siendo cubierta por todos sus compañeros.

—¿Qué haces aquí, madre? —preguntó Demian anonadado y la mujer lo observó con desdén, como si estuviese viendo a un pedazo de mierda y no a su hijo.

No la culparía.

—Lo que debiste hacer tú desde un principio —aseguró ella con una mezcla de asco y decepción.

—¡Madre! —grité en el momento en que esa mujer le sacó ventaja a su estado *indefenso* y alzó una glock, disparándola hacia mi progenitora antes de que Danik se la arrebatara.

Padre miró incrédulo y perplejo a su mujer desvanecerse, dejando caer al suelo el chaleco antibalas que minutos antes Caleb se había quitado para dárselo a ella. La puta y astuta parapléjica supo aprovechar ese gran descuido y la abundancia de confianza que madre y su amigo tuvieron al creer que la puerta del coche los cubría.

—No, no, no —repetí sintiendo que el alma me abandonaba el cuerpo al ver a padre deteniendo la caída de su esposa, negando con los ojos desorbitados. Grité desesperado y el infierno se desató, pasó demasiado rápido y fácil.

Resiliencia

No era posible que nos hicieran caer de esa manera, no con tanta práctica y experiencia por parte de mis progenitores y sus organizaciones.

—¡Dios mío! ¡No! —Padre miró a Danik, quien observó y gritó aterrorizada por lo que sucedía, y entendió todo mal, ya que, el único que se dio cuenta de que fue esa parapléjica la que le disparó a madre, fui yo.

—¡No, LuzBel! —gritó Caleb llamando a padre por el apodo que era conocido y se puso a unos pasos delante de él para proteger a Danik en el instante que le disparó.

Los Grigoris y Sigilosos tomaron ese acto como un banderazo de guerra y comenzaron a disparar a quemarropa a los Vigilantes que todavía no podían creer lo que sucedía. Padre vio lo que le hizo a su compañero, y mejor amigo de su esposa, cuando este cayó al suelo con una herida de bala en el pecho, pero aun así buscó disparar de nuevo.

—¡Caleb! —Escuché a Danik gritar e intentó correr hacia él, pero otro tipo la detuvo para protegerla.

Demian se colocó frente a su madre cuando notó que era el siguiente objetivo de padre, pero no pudo hacer nada en el momento que Danik se lo llevó con ella para protegerlo también, dejando al descubierto a la puta que hizo que madre cayera al suelo.

Esa vez el disparo de mi progenitor fue certero, asestándolo entre las cejas de esa vieja maldita.

Yo le disparé a Henry cuando él se concentró en padre y me quedé apoyado con una rodilla en el suelo al lado de madre, protegiéndola de aquellos que buscaban contraatacarla. Sentía que lloraba, pero ni las lágrimas me cegaban para darle a mis objetivos.

El mismo tipo de antes volvió a contener a Danik cuando intentó llegar otra vez a Caleb, y con su cuerpo la cubrió de los disparos que padre dirigió hacia ella de nuevo. Demian, que miraba todavía sin poder creer a su madre lejos de él y muerta en aquella silla de ruedas, cogió a la chica de la cintura y tiró de su compañero mientras otros lo cubrían.

Padre recibió algunos disparos en el pecho, pero su chaleco lo protegió, igual que a mí.

Hasta ese momento llegaron tres *todoterrenos* como refuerzos para nosotros y justo cuando consiguieron contener a nuestros enemigos vi el coche de Demian y Danik escapar.

Aiden salió de uno de los *todoterrenos* y corrió hacia mí al ver a nuestra madre tirada a mi lado. Sadashi lo acompañaba, ella llegó a Caleb para auxiliarlo. Y después de eso, todo comenzó a ser un borrón en mi cabeza, aunque manteniendo intacto el momento en que mi ángel, mi progenitora, cedió ante aquel disparo.

—¡*Mammina*, tienes que resistir! —rogó mi copia con desesperación y agonía.

Y esa imagen de él llorando sobre nuestra reina comenzó a llevarme en picada.

Las manos me temblaban igual que todo el cuerpo, poco a poco la energía se me iba acabando conforme la adrenalina abandonaba mi sistema y sabía bien lo que eso significaba: lo peor de mi caída llegaría pronto.

Pasé semanas en estado maniaco, los medicamentos apenas me funcionaban ya, y Fabio (el médico que me trató desde que me diagnosticaron como bipolar y se convirtió en mi mentor ayudándome a sobrellevar la condición) me reforzó algunas dosis, por lo mismo retrasó lo inevitable, pero no podría más.

Las voces a mi alrededor eran fuertes y agobiantes, al menos las de mi cabeza se callaron semanas atrás, todo gracias a la verdad que llegó por parte de esa chica.

—¡Puta madre! —espeté con agonía al alzar mis manos y ver la sangre en ellas, una que no era mía, pero sí parte de la que corría por mis venas y arterias. La bomba interior en mí perdió fuerza desde el instante en que me manché con ese líquido carmesí y maldije por no ser yo quien estaba en el quirófano luchando entre la vida y la muerte.

Miré hacia mi lado derecho justo donde padre seguía acurrucado, sosteniéndose la cabeza, con lágrimas en los ojos; él ni siquiera permitió que limpiaran sus heridas debido a que su única prioridad era estar para su mujer así fuera de lejos.

Resiliencia

Joder. No recordaba haberlo visto así alguna vez, él siempre fue el pilar de mi familia.

Brianna Less no se encontraba mejor que él, ella lloraba en silencio mientras Alice, la esposa de tío Elliot, la consolaba. Aiden maldecía y Sadashi simplemente observaba a un punto fijo, pensando, quizá, en qué fue lo que pudo joder todo de esa manera.

Esa misma pregunta me hacía yo, ¿qué puta mierda pasó? Porque cuando salí esa mañana en busca de mi chica, jamás creí regresar al hospital en lugar de ir a casa; nunca se cruzó por mi cabeza que en este jodido momento estaría rogando porque madre venciera a la muerte y porque Caleb lo hiciera junto a ella.

«¿Qué pasó, Danik?».

Eso era todo lo que mi cabeza repetía, viendo a padre sufrir por madre y a Brianna por su marido.

—Fue mi culpa, todo es mi puta culpa —refuté y me llevé las manos al rostro, sin importar que la sangre me manchara. El olor metálico inundó todos mis sentidos y las lágrimas me abandonaron al ser consciente de que era el aroma de la vida de mi madre, una que estaba perdiendo—. El rey fue amenazado y sus caballos lo defendieron —solté con ironía.

¡Maldita sea! Me cuidé bien, fui minucioso con los detalles y de nada me sirvió.

Por eso entendía el ensimismamiento de Sadashi, así opináramos diferente, o ella estuviese estudiando otros motivos, el punto era el mismo y me era inaudito haber caído de la manera en que lo hice y, sobre todo, haberme llevado a mis padres y a su amigo en el proceso.

—¿Elijah Pride? —Todos nos pusimos de pie y nuestra atención en el doctor que preguntó por padre.

Acababa de salir por la puerta del quirófano en el que estaba madre, vestía toda esa ropa verde y lucía cansado.

—Soy yo.

Cada uno de los presentes fuimos testigos de la debilidad en la voz de mi progenitor, mi corazón se detuvo un momento y por la expresión del médico supe que nada de lo que diría sería bueno. Aiden me buscó con la mirada y dejó caer sus lágrimas, yo solo negué.

—Sé que este es un momento duro para usted y su familia, señor, y lamento ser portador de malas noticias. —Caí de nuevo en mi silla cuando escuché aquello y miré mis manos—. Hicimos todo lo que estaba en nuestras manos, pero su esposa fue herida de gravedad…

Todas las imágenes que tenía de madre comenzaron a reproducirse en mi cabeza, aquellas en las que sonreía y otras en las que me regañaba eran las más claras. Cada uno de mis momentos a su lado me torturaron más que las palabras del doctor y el aire comenzó a faltarme; la presión en mi pecho era asfixiante y la cabeza se me hinchaba como si fuera un globo al cual le ponían aire y se lo quitaban a la vez.

Fui medio consciente de Aiden cayendo de rodillas y de Sadashi consolándolo. Mi cuerpo perdió fuerza y sentí que ya no podría moverme más, comencé a resquebrajarme por dentro, a vaciarme de sueños y esperanzas para darle paso a la cruel miseria.

Eché la cabeza hacia atrás y en ese lapso vi a Alice llegar a padre y abrazarlo mientras él se quebraba. Miré un punto fijo del techo y dibujé el rostro angelical de mamá, su sonrisa me estaba robando la respiración y me sentí caer al agua y hundirme.

Alzaba los brazos para alcanzarla y no podía, solo caía más y más en lo profundo.

Los pulmones me ardían por falta de aire, sin embargo, no tenía fuerzas para hacer el intento de nadar hacia la superficie y poder respirar. Me estaba rompiendo al fin, y de nuevo. No solo mi cuerpo era vulnerable a los golpes, mi mente lo era aún más. La vida me maltrataba y destruía, y no dependía únicamente de lo que hice, de cuánto puse de mi parte por ser fuerte y normal.

La resiliencia era finita y en ocasiones también cansina y, cuando llegaba a ese punto entonces me deshacía.

La inquietud omnipresente que me acompañaba siempre, que me había robado el sueño, ya era más clara; el desasosiego que me privaba de la calma tomó más fuerza junto con la infelicidad que tenía la costumbre de enturbiar mis momentos agradables. Fui atacado por esa insoportable sensación de querer que todo acabara, que el presente desapareciera, que el instante dejara de ser eterno.

Resiliencia

Sentí un displacer que me roía las entrañas y mi dolor espiritual construyó una coraza física en mí que provocó que mi piel se muriera y sin darme cuenta me convertí de nuevo en un zombi.

«Cuánto más hundido estás, menos sientes. Cuánto más te desgarra por dentro, más desconectas por fuera».

—¡Daemon! —Miré hacia el frente cuando escuché aquella voz lejana. Era una chica, aunque sus rasgos estaban borrosos—. No fue tu culpa, no te siguieron a ti… —Quise callarla, pero ya no tenía energías para levantar los brazos o decirle algo.

«¿Por qué sigo vivo?». Eso era todo en lo que podía pensar y recordé que alguien una vez me dijo que vivir era un instinto, pero también lo era el evitar tanto sufrimiento.

Mi agonía no cesaba y tampoco le veía final, pues había caído más allá del límite, barranco abajo; me sentía cual Prometeo condenado, con un padecimiento perpetuo del cual solo podía escapar acabando conmigo mismo.

Me dolía la cabeza, el pecho y las entrañas. Pero el dolor en mi alma era insostenible.

—No quiero seguir sin ella. —Me escuché decirle y traté de mirarla a los ojos únicamente para asegurarme de que esa sí fuera mi voz, pues tampoco la reconocía.

Y lo más irónico de lo que dije era que, así como tenía miedo de seguir viviendo sin mamá, también tenía miedo de morir, aunque sabía que la vida me iba a doler más.

—*Fue tu culpa.*

Miré al frente al escuchar aquello.

—*Tú la has matado.*

—Padre…

Perdí la voz.

Me sentía en un pantano, con mis demonios acechándome como caimanes hambrientos y no me daban ni un segundo de tregua.

—*Ven aquí y recuéstate en mis piernas.*

Eso fue lo último que escuché, sumergiéndome de lleno en la dulce depresión.

25 | Partida peligrosa

RAHSIA

Mentir es perder la paz
que te da la verdad.
—Eduardo Alighieri—

Llegué a mi refugio de confianza y corrí directamente al baño para vomitar, mientras lo hacía las entrañas se me retorcían junto al corazón y lloraba amargamente por lo que viví ese día. Caleb era mi pensamiento más latente, junto a Isabella cayendo al suelo y Daemon destrozado al presenciar la derrota de su madre.

¿Qué había pasado? ¡Jesucristo! Todavía no lo comprendía.

Todo iba marchando bien… ¡Madre mía! Acababa de vivir mi mejor momento y luego el peor y no sabía qué hacer ni cómo reaccionar.

—Tienes que calmarte, Danik —pidió Ian al verme tirada a un lado del váter.

El cuerpo me temblaba y las lágrimas no cesaban. Me encontraba ida y ni siquiera lo sentí entrar.

—¡Vete de aquí! —Logré decirle entre sollozos y me miró empático.

Le agradecía con mi vida que se hubiese puesto como escudo ante mí para protegerme, él usaba un chaleco antibalas y por lo mismo solo sacó moretones. Pero, al pensar en Caleb tirado en el suelo y herido de gravedad, a Isabella caída, a Daemon llorando junto a ella y el sufrimiento de mamá, deseé ser yo y no papá.

—No, no lo haré —aseguró.

Estuve a punto de decirle algo, pero me tendió un móvil que cogí de inmediato. Sabía que se trataba de una llamada y no tuve dudas de quién era el emisor.

—¡Dime qué pasó porque no lo entiendo! —exclamé entre llantos al llevar el móvil a mi oreja.

—*Esto tuvo que ser obra de la puta de tu hermana. Vimos a Henry con ella y luego él estaba con la malnacida de Charlotte* —respondió con agitación.

Negué con la cabeza, aunque no me viese y apreté los párpados con fuerza para sacudir más lágrimas.

—¿Cómo están Caleb e Isabella? ¿Cómo está Daemon? —exigí saber. Ian se fue hacia la puerta para vigilar—. Y no me mientas porque te juro que dejo tirada toda esta mierda —amenacé.

—*La situación es complicada, los han sometido a un coma inducido porque recibieron heridas de gravedad. El doctor ha dicho que hicieron todo lo que estuvo en sus manos, pero que de aquí en adelante depende de ellos y las ganas de vivir que tengan.*

—¡Joder, Sadashi! Esto no tenía que pasar, ellos debían estar a salvo —apuntillé y me llevé una mano a la cabeza.

El plan no era ese, jamás lo fue. Los únicos lastimados debían ser los Black. Los Pride White tenían que permanecer intactos a pesar de las posibilidades de un ataque. Mis padres y Daemon no podían ser tocados por ningún motivo y, sin embargo, ahí estaba tirada en el suelo, rogándole a la vida porque no se llevara a Caleb y tampoco a Isabella, ya que eso sería la caída del hombre que amaba y por ende, mi derrota total.

—¿Y Daemon? —inquirí con la voz en un hilo cuando tuve el valor necesario para hacer esa pregunta, ella respiró pesado antes de responder.

—*Ha caído* —soltó con pesar y podría jurar que el corazón se me detuvo.

—¡No, no, noooo! —Lloré.

Resiliencia

Seguía tirada en el suelo con las piernas flexionadas hacia mi pecho y me mordí una rodilla para no gritar. Ese era un riesgo que él mismo decidió tomar por más que le rogué que no era necesario, pero cuando lo vimos decidido, hicimos todo lo posible para evitarlo, hasta ese día.

¡Lo estábamos haciendo bien, carajo! ¡¿Cómo era posible que todo se nos escapara de las manos tan fácil?!

—Necesito verlo —supliqué con voz lastimera.

—*De eso ni hablar, por ceder a sus deseos estamos así* —espetó y miré al frente incrédula—. *Acordamos que no se verían hasta que la misión acabara, esto ha sido un puto error de todos y vamos a asumirlo. Ahora, necesito que busques a Demian y le hagas entender que su puta madre se buscó la muerte y las cosas deben seguir su rumbo. ¡Mi sensei es una maldita guerrera y tiene que salir de esta porque si no, yo misma voy y la remato!*

Lloré con más intensidad al escucharla a ella sollozar con lo último, Sadashi podía parecer dura, sin embargo, estaba sufriendo por una mujer a la cual consideraba una madre. Las torres del juego de ajedrez al cual decidimos meternos estaban sufriendo con toda la situación y sabíamos que la partida no sería fácil, que tendríamos bajas, pero entre saberlo y vivirlo había una enorme diferencia.

—*El rey ha sido amenazado y tú como la reina de este juego vas a defenderlo* —pronunció con voz ronca cuando se recompuso.

Pensé demasiado en aceptar convertirme en una pieza fundamental de la partida, analicé los pros y contras con detenimiento antes de dar mi respuesta porque me metería en un mundo desconocido y supe, en aquel momento, que me enfrentaría a situaciones a las cuales no estaba acostumbrada y peor aún, que les tenía terror. Pero me convencí de que podría, lo hice con el anhelo de tener una vida normal en la cual no volvería a esconderme, con la esperanza de obtener libertad para amar y ser feliz con el hombre que más dañado fue por parte de mi pasado, y el que más amenazado volvía a estar por personas sin escrúpulos que no les importaba nada, con tal de conseguir y cumplir sus objetivos.

Lo hice por Daemon y por mis padres, pero, sobre todo, lo hice por mí.

—Cuídalos, por favor —supliqué al comprender que no me podía derrumbar por más destrozada que me sintiera—. Daemon necesita mucho apoyo en este momento si ha caído en depresión y sobre todo, muchos cuidados, Sadashi. No permitas que ese pozo oscuro se lo trague por completo ni que sus demonios lo convenzan de hacer algo irreparable. —Cogí aire cuando la garganta se me cerró por las lágrimas.

Estaba dejando en sus manos algo que prometí hacer por mi cuenta y me resquebrajé más por dentro porque dejaría solo al amor de mi vida en un momento tan crucial para ambos. Me sentí una mala novia, y más, una mala hija, ya que mi padre se hallaba luchando por su vida, mamá me necesitaba y yo debía actuar como si todo me importara una mierda cuando en realidad moría lentamente.

Tenía que seguir haciendo que todos los que me importaban me odiaran, para que las personas a las que yo odiaba cayeran en la trampa.

—Papá e Isabella tienen que salir de esta —rogué y me puse de pie cuando Ian llegó haciendo una señal de corte con la mano en su cuello.

—*Convence a Demian de seguir, Danik. Eres más fuerte de lo que imaginas* —aseguró Sadashi y corté la llamada mientras negaba.

No me sentía fuerte en ese instante, no con papá luchando en un coma inducido y junto a él, la mujer que me odiaba por creer que quería dañarla.

No cuando Daemon estaba en la más profunda miseria y yo deseando correr a su lado para mimarlo.

«El arte del engaño es un arma de doble filo, porque si logramos que los más grandes se coman todo nuestro teatro, entonces vamos a desatar una guerra cruel en la que, posiblemente, también perderemos parte de lo que somos y a quienes nos hacen».

Recordé a Aiden decir el día en que todos nos reunimos para darle vida a un plan peligroso.

Resiliencia

Seis semanas atrás…

Me encontraba sentada frente a Sadashi sin poder creerme todo lo que me decía. Ese día estaba resultando ser muy pesado y me aterrorizaba que sucediera algo peor, pues entre enterarme de que los Blanc estaban cerca y que la chica a la cual trataba fue víctima de ellos y luego todo lo que se me ocultaba de mi pasado, me llevaron a un punto de casi entrar en un ataque de ansiedad.

Por eso opté por llamar a papá e informarle lo que sucedía antes de salir del consultorio, pues me pareció una muy mala coincidencia que Noara me hubiera buscado precisamente a mí para atender sus traumas. Aunque nunca se cruzó por mi cabeza que la llegada de Sadashi me pondría en un estado peor.

Ella no tenía ningún problema personal, lo único que buscaba era hablar conmigo para contarme todo lo referente a Daemon, su pasado y el mío. De su boca supe los secretos que se nos ocultaban y me quedé pasmada ante cada detalle. Tenía una hermana, una cruel y malvada que años atrás se acercó a Daemon para lastimarlo por órdenes de los Vigilantes, los enemigos acérrimos de los Grigoris y Sigilosos (organización que lideraban los Pride White y a la cual Caleb pertenecía).

David Black no solo era el actual líder de los Vigilantes, sino también mi abuelo paterno.

Inoha había sido víctima del engaño de los Black, a ella la hicieron adoptar mi identidad y mi vida gracias a una psicóloga que le lavó el cerebro siendo muy niña (por eso la conocían como Danik), además de enseñarle a odiar a los Pride White por el hecho de que no solo asesinaron a nuestro padre sino también al hermano de este.

David quería vengar a sus hijos y para eso utilizó a su nieta, algo que consiguieron por muy poco, puesto que *mi hermana* se ganó el amor de Daemon, lo enamoró hasta el punto de hacerlo caer a lo más bajo y cuando lo tuvo donde quería, se embarazó con el objetivo de matar al bebé no nacido en cuanto fuera necesario.

Y cuando lo hicieron, Daemon decidió quitarse la vida frente a sus padres y estuvo a nada de lograrlo, pero el señor Elijah lo

489

impidió recibiendo en su mano aquella bala que mi tormento se disparó en la sien (tal cual me lo confesó Isabella en su visita pasada). Después de eso recurrieron a la electroconvulsión, ya que era la única manera de salvarlo de sus propios demonios.

Y, a pesar de que Inoha se ganó una muerte segura por haber destrozado de esa manera a Daemon, los Pride White decidieron darle una oportunidad (porque la atraparon) al enterarse de que ella también había sido víctima de nuestra propia familia. Mi padre, Caleb, se encargó de forma personal de ayudarle a entender la verdad, pero la pudrieron durante años y no hubo nada que consiguiera drenar la maldad de su sistema.

Por esa razón, el señor Elijah había decidido *cortar* el mal de raíz con ella, decidiendo someterla a electrochoques, pero entonces Demian (mano derecha de David y primo de mi padre biológico) logró rescatarla por un intercambio al secuestrar a Aiden, Sadashi y a Essie, y en ese atentado fue que esta última salió herida al proteger a su primo cuando Demian le disparó, recibiendo ella el impacto en la cabeza.

—Nuestros superiores quieren encargarse de esta situación como lo han hecho siempre, pero ni Aiden ni yo estamos de acuerdo —admitió Sadashi—. Este mal de verdad debe cortarse de raíz, Rahsia, por eso te hemos estudiado y por lo mismo, te he buscado. Eres inteligente y la reina perfecta para este juego de ajedrez.

—¿Si entiendes que me quieres arrastrar a una guerra no solo con los Black sino también con los Pride White? —inquirí cuando salí de mi estupor.

Mi ansiedad iba *in crescendo* y como si fuera un maldito zombi hambriento, me puse de pie y me encaminé a la cocina para buscar algo de comer. Encontré las frituras que semanas atrás había escondido y cogí una soda del refri. Ese día aumentaría todas las libras que logré perder con mucho esfuerzo.

—Entiendo todo —replicó Sadashi, observándome atenta.

Estábamos en la sala de estar y me senté en el sofá frente a ella otra vez, puse la bolsa de frituras en la mesa que nos dividía y le ofrecí mi coca cola, pero negó. Gracias al cielo.

Resiliencia

—¡Con los Pride White, Sadashi! ¡Jesucristo! ¡Tú me quieres arrastrar a una muerte segura! —grité y ella negó con fastidio.

—La única que puede meterse con los Black eres tú, Rahsia. Ni ellos ni los Pride o los White van a tocarte porque tienes la maldita suerte de que Caleb te protege. Estás blindada por ambos bandos —explicó como si le hablara a una niñita que era fácil de engañar—. Y, además de eso, he conseguido que alguien te proteja con los Vigilantes.

—¿Quién? —Quise saber y cogí una patata que me supo a cartón con sal, pero que comí igual porque mi cuerpo estaba en automático.

No había tenido un ataque de esos en tiempos, sin embargo, la noticia de los Blanc cerca, las sospechas que me carcomían sobre Noara y luego mi verdadera procedencia y la familia podrida que me buscaba, me provocaron un *shock* nervioso insoportable.

Porque sí, mi flamante abuelo me seguía buscando. De hecho, utilizó a Inoha precisamente por no encontrarme a mí (cuando era una niña) para usarme en contra de los Pride White, ya que según él, yo sería fácil de manipular y cumplir su voluntad.

—Eso lo sabrás solo si aceptas unirte a nosotros y defender a Daemon de los ataques que vienen hacia él y, por ende, hacia nosotros. ¡Joder, deja de mover así la pierna que me pones de peor humor! —exclamó.

Estaba sentada con media nalga en el sofá y un pie lo puse en punta para poder moverlo con intensidad. Era un tic nervioso en mí ante situaciones como esa.

—¡Eso es chantaje! —me quejé ignorando su petición y sonrió de lado con petulancia.

—¿Aceptas una videoconferencia con quienes conformamos esta partida? —preguntó y sacó una portátil de una mochila que cargaba.

Había llegado como repartidora de *pizza* y me sorprendí en el momento que una chica vestida exactamente igual a ella, salió del apartamento de enfrente y tomó su lugar para marcharse. Desde ese momento supe que su visita no era solo para tomarnos un café, como *acordamos* antes de subir al catamarán.

—¿En algún momento consideraste de verdad tomarte un café conmigo y ser amigas? —indagué y me miró con diversión.

—*Nope*. Pero te consideré para incluirte en este plan, Rahsia. Y créeme, yo no incluyo a nadie en quien no pueda confiar siquiera un poco —señaló taciturna y la miré con los ojos desorbitados—. Al menos eres la hermana a la que no quiero matar y con eso te digo mucho, así que ni te fijes en el café y deja de mover la maldita pierna —añadió y abrí la boca como pez fuera del agua.

Ella era como la versión femenina de Daemon.

—¡Jesús! Me estás cayendo mal —murmuré y entonces sí que sonrió como si le hubiese dicho el mejor de los cumplidos.

Alcé la mano para que abriera la *laptop*, confirmándole que me uniría a esa videoconferencia, mientras le daba un sorbo a mi soda, pero antes tenía que dejarle algo claro.

—Con esto no estoy aceptando nada, solo quiero saber si los demás están tan locos como tú —advertí y me ignoró.

Escribió algo en un móvil muy raro que nunca en mi vida vi, y entendí que manejaban tecnología avanzada. Minutos después se levantó de su lugar para llegar a mi lado y puso la portátil de frente para enfocarnos a ambas; en la pantalla se desplegaron varias ventanas y tardaron solo segundos en aparecer imágenes de personas a las cuales no conocía a excepción de Elliot Hamilton, quien era acompañado por una bonita mujer, y a Aiden.

—Ya conoces a Aiden y a Elliot. A su lado está Alice Hamilton, su esposa —presentó Sadashi y señaló a la mujer bonita que acompañaba al tío de Daemon.

Tuve la decencia de poner la lata de coca cola en la mesa y alejé las frituras para que no se enfocaran en nuestra ventana.

—*Gracias por aceptar esta videoconferencia, cuñada. Dejaré que mi bella esposa haga las presentaciones* —habló Aiden y me puse más nerviosa.

¡Carajo! No solo iba a ganar las libras perdidas sino también a tener un rebote con esa ansiedad horrible que estaba teniendo.

—Bien, gracias —convino Sadashi con seriedad y la miré estupefacta. En serio parecía inmune a los piropos y peor aún, ¡a los piropos de semejante ejemplar que estaba loco por ella! Vaya que no la entendía—. Por orden de pantalla estás viendo a Fabio D'angelo,

el médico principal de Daemon —continuó y con torpeza levanté la mano para saludar. El hombre que señalaba era serio y guapo, él solo asintió—. El siguiente es Sebastián, nuestro guardaespaldas de confianza. —Yo seguía con la mano levantada sintiéndome como una tonta y hormonada adolescente viendo a tanto hombre atractivo—. Y luego está Dylan White, hermano de Isabella. —Verlo me sorprendió mucho, ya que por fin creí lo que esa mujer me confió antes.

Se estaba formando un complot de los grandes que dejaría sorprendidos tanto a Grigoris y Sigilosos, como a Vigilantes.

—Y por último tienes a Darius Black. —Miré directo a la ventana donde él aparecía y un escalofrío me recorrió de pies a cabeza al escuchar ese apellido siendo pronunciado sin odio o asco.

El hombre sonrió de lado, vestía con elegancia e intuí que se encontraba en alguna especie de oficina a diferencia de los demás que parecían hallarse en sus habitaciones o salas de estar. Noté rasgos cálidos en él, aunque la tristeza los ahogaba y eso los convertía en facciones toscas. Pero era entendible si su hija se encontraba en un hospital, luchando por su vida, ya que sí, Darius era el padre de Essie y Dasher. Y, además de eso, jamás estuvo de acuerdo con lo que hacía su familia y por lo tanto huyó del mundo de los Vigilantes en cuanto pudo.

—El único hombre que le da otro sentido a ese apellido, el único Black al cual no queremos matar.

—O sea que yo todavía corro peligro —murmuré con ironía cuando Sadashi hizo tal aclaración y ella negó con la cabeza, casi como dándose por vencida ante una niña que no soltaba cierto punto.

—Entiendo que Darius es tu tío segundo —siguió Sadashi, dejando de lado mis comentarios.

Miré a Darius un poco tímida y él asintió.

—*Lo soy* —aseguró él por mí. Sentía un tanto raro que después de ser solo Caleb, mamá y yo; ahora también tenía primas, una hermana, abuelos y tíos. Con primas me refería a Essie, su hija, además de Leah, pues su madre fue Amelia Black, hermana de Darius y, por lo tanto, prima de mi padre—. *Y es un gusto al fin conocerte y encontrarte después de tanto tiempo.*

—¿Me buscó? —pregunté sorprendida.

*—Lo hice, y le habría agradecido a Caleb si me hubiese evitado tanto, pero comprendo por qué te ocultó hasta de nosotros —*aseguró y le sonreí. Sadashi también me habló de los motivos verdaderos por los que papá me desapareció casi ante el mundo entero.

Mamá en su momento quiso vengar a mi padre biológico, porque David Black consiguió envenenarla, pero recapacitó cuando Isabella la obligó a irse del país conmigo, asegurando que si volvíamos a cruzarnos en su camino, no sería benevolente. Caleb al rescatarnos de las garras de los Blanc lo hizo en contra de las órdenes de su líder y por lo tanto debió escondernos y con eso *traicionar* a La Orden del Silencio.

Los Pride White estuvieron a punto de matar a Caleb y a mamá al descubrir todo, pero gracias al cielo Isabella valoraba su amistad con él y le dio la oportunidad a papá de explicarse, entendiendo todo después de eso, aunque exigiendo que siguiéramos lejos de ella y su familia por miedo a que yo también quisiera tomar represalias.

Pero el destino tenía otros planes.

*—Ahora le agradezco por convertirte en lo que eres y que estés siendo parte de esta videoconferencia lo demuestra —*añadió Darius.

—¿En lo que soy? —repliqué alzando una ceja.

Cada uno de los hombres que me observaba parecía que también me analizaban, tratando de confirmar que no cometieron un error al hacerme parte de sus planes y confiármelos, arriesgándose a que yo les diera una puñalada por la espalda y contara todo lo que ya sabía.

*—Sí, en una mujer de principios y sentimientos buenos —*habló el señor Elliot y le sonreí agradecida.

*—Que está loca por mi hermano y que estoy seguro de que sería capaz de matar por él, por protegerlo —*añadió Aiden y sentí el rostro caliente y las mejillas rojas.

*—Pero, sobre todo, Caleb te devolvió la seguridad y protección que necesitabas para convertirte en una chica inteligente; y tu madre instó en ti sentimientos buenos que te hacen ser la única Black honorable —*explicó Darius y sentí una opresión en el pecho.

¿Dónde quedaba él en esa ecuación?

—¡Ya! Yo sé que quieren convencerme y van por buen camino —admití con una sonrisa tímida y la mayoría de ellos sonrió.

Resiliencia

—En nuestro equipo hay cuatro personas más, dos de ellos ya los conoces. A los otros dos los conocerás solo si aceptas unirte a nosotros —me recordó Sadashi y asentí.

—¿A quién conozco?

—*A Alexandre, el guardaespaldas de Daemon, y a Lupo, el hombre de confianza de Caleb* —respondió Aiden y alcé las cejas hasta el nacimiento de mi cabello.

¡Hombre! De verdad que esas personas estaban bien locas como para atreverse a hacer algo que fácilmente iba a ser considerado traición.

Juntos comenzaron a hablarme un poco de sus planes (a excepción de Alice y Sebastián, ellos únicamente lo hacían cuando se requería alguna información que manejaban), aunque no explicaron nada a fondo, ya que no querían hacerlo a través de una pantalla. Me dieron razones de peso para ayudarles y de verdad me sentí honrada con la confianza que me estaban otorgando. No obstante, me asusté al ser consciente de que mi papel principal en ese juego sería el ganarme el odio de los Pride White y el de mis padres a cambio de llegar hasta mi familia paterna.

Los Black malos y despreciables.

—*Tienes que traer de regreso a Danik Black, porque solo ella tendrá la oportunidad que tanto buscamos* —explicó Dylan y asentí.

—¿Daemon sabe esto? —inquirí y negaron.

—*Pero lo hará* —aseguró Fabio D'angelo—. *Sabemos que tú como su psicóloga has insistido en que se le hable de su pasado sin dejar de lado nada, mi hermano Dominik que fue su terapeuta principal por muchos años piensa igual que tú, y yo como su doctor de cabecera lo avalo, aunque entiendo la posición de Isabella y Elijah, pues nos vamos a exponer a mucho. Esto es un cincuenta-cincuenta que solo nosotros nos arriesgaremos a tomar.*

—Lo sé —reiteré.

Había una posibilidad muy grande de que Daemon entrara en un ataque severo de manía o depresión al enterarse de todo y entonces de nada servirían los electrochoques a los que se sometió, pero también éramos conscientes de que no saber nada y sufrir alucinaciones por ciertos recuerdos, solo lo torturaban y lo convertían en la presa perfecta para esas personas que buscaban

dañarlo. Pues en su estado y sabiendo algo a medias, era fácil darle vuelta a la verdad y hacerle creer todo lo contrario a lo que sucedió.

—*Todos sabemos la razón por la que Isa y Elijah se niegan a que él vuelva a caer en cualquiera de esos dos estados. Ella no soportará ver a su hijo pasar de nuevo por la electroconvulsión y sé que mi primo sufre la misma impotencia que yo* —explicó Elliot refiriéndose por último al señor Elijah y tragué con dificultad.

—Ella fue torturada de esa manera —susurré, sabiendo bien quién fue el causante.

Como dije antes, Sadashi no dejó nada de lado y me hizo conocer pasados y verdades muy crudas. La de Isabella White y sus torturas fue la peor de todas. Tuve un padre que me amó con locura, fui su princesa y él mi príncipe, pero eso solo sucedió en mi mundo, ya que fuera de él, Derek fue el peor de los villanos, el antagonista principal de muchas historias de horror.

Elliot Hamilton, por ejemplo, fue chantajeado por mi progenitor para traicionar a su familia y por eso fue odiado durante años, aunque aseguró que lo volvería a hacer porque su motivo lo valía todo para él.

—*Todos aquí tenemos una razón de peso para hacer esto que se tomaría por traición, Rahsia* —volvió a hablar Dylan y me enfoqué en él—, *en nuestro mundo debemos evitar el mezclar lo personal con el deber, aunque es difícil actuar con sensatez cuando los hijos están en el medio. Y es egoísta de mi parte decirlo, ya que tengo una familia a la que amo y protejo con mi vida, pero únicamente nosotros podemos llevar a cabo este juego y cortar de raíz ese mal que tanto nos jode. Isabella, Elijah y Caleb jamás lo avalarán porque ninguno de ellos está dispuesto a lanzar a sus hijos entre una jauría de lobos, incluso cuando solo estos pueden lograr lo que nosotros no. Tú y Daemon sobre todo.*

—*Exacto, mi hermano por parecer el más vulnerable y tú por tener en tus manos algo que le devolvería el poder total del submundo a tu abuelo y los Vigilantes.*

—¿De qué hablas? —pregunté a Aiden con un poco de burla, pues yo lo único que tenía en mis manos en ese momento era la sal de las frituras.

—*Danik.* —Me puse rígida cuando Darius me llamó así, pero lo observé—. *Todos aquí estamos cediendo a situaciones que jamás creímos aceptar y lo hacemos porque comprendemos que es de la única manera en que ganaremos.* —Miré a Sadashi y ella asintió—. *Tú eres la heredera auténtica de uno de los clubes que antes perteneció a Lucius Black, tu tío abuelo. El deseo de él era heredárselo a tu padre, pero eso no pudo concluirse.* —Admiré la capacidad de ese hombre por ser tan respetuoso, incluso cuando se refería a una persona que les repugnaba y todo por respeto hacia mí.

Y yo valoraba con mi vida el respeto.

—*Karma es el nombre de ese club y durante años tu abuelo quiso quitármelo, pero no pudo. Contigo podrán hacerlo, ya que al ser hija de Derek, pasas a ser la heredera directa y estoy dispuesto a dártelo porque respeto lo que no es mío, pero antes debes saber que, hace unos días nos enteramos de la verdadera razón por la que David Black quiere ese club y por qué te necesita, y no porque eres la dueña.*

—Espera —pidió Sadashi interrumpiendo a Darius al recibir una llamada.

Todos callaron y nos quedamos a la espera, escuchando las respuestas y preguntas cortas que ella hacía; aumentando mi nerviosismo y provocando que volviera a mover mi pierna de manera incesante.

—Era Alexandre, parece que Daemon se reunió con alguien y no ha salido bien. Están en el hotel de siempre y pide refuerzos.

Me puse de pie de inmediato como si me hubieran prendido fuego en el culo y la miré con miedo.

—*Sí, al parecer los Vigilantes han comenzado a hacer sus movimientos* —espetó Aiden con odio y preocupación al recibir un mensaje en su móvil y leerlo frente a la cámara.

—Voy a entrar —les dije y no sabía si lo hacía por la adrenalina de todo lo que me enteré o por el miedo de que Daemon se econtraba mal y siendo amenazado—. Pero no sin antes decirle la verdad a Daemon y que él sepa por qué haré las cosas que haré.

—*¡Claro! Mi hermano será parte de esto* —aseguró Aiden y me sentí aliviada.

—*Y tú le dirás toda la verdad en su momento, me encargaré de prepararlo y Sadashi te lo hará saber* —avisó Fabio.

—*Pero si vas a entrar, comenzarás a partir de ahora* —nos interrumpió Dylan y lo miré—. *Sabemos que Caleb va de camino junto a Brianna hacia San Bernardino para reunirse contigo, y los Vigilantes han logrado mantenerte*

un ojo encima gracias a que nosotros se lo facilitamos. Eso te lo explicaremos pronto —dijo cuando vio mi duda—. *Ahora mismo lo único que tienes que hacer es dejarte llevar por cierto vídeo que te harán llegar, lo entenderás en su momento, actúa con el miedo que sientes hacia los Blanc y cuestiona a tu madre todo lo que quieras. Haz tu mejor actuación, Rahsia, y convence tanto a Grigoris como a Vigilantes de que estás dolida por todo lo que le hicieron a tu padre y buscarás la más cruel de las venganzas.*

—Voy a dañar a los que amo en el proceso —murmuré con tristeza y Elliot me observó empático.

—*Lo harás por un bien mayor* —convino Alice hablando por primera vez directamente hacia mí—. *Te prometo que lo comprenderán luego* —aseguró y asentí.

Tenía que creer eso para ser capaz de actuar como debía.

—Entonces esperaré nuevas órdenes y actuaré mientras tanto como una perra malagradecida —apuntillé y vi a Sebastián sonriendo.

—*Cuando Daemon sepa todo, vamos a reunirnos de forma personal para explicarles bien el plan* —señaló Elliot.

—Quiero ir con Daemon ahora. Por favor, luego explícame bien quién es esa persona con la que se reunió —pedí a Sadashi.

—¿Estás segura? Porque él no está en un buen momento —explicó ella y entendí a lo que se refería, mas no me importó, así que asentí—. Te enviaré la dirección a tu móvil.

—Gracias. —Ofrecí y me giré a la pantalla—. Ha sido un gusto conocerlos —expresé hacia Alice y los otros hombres. Lo hice casi corriendo porque me urgía llegar al hotel— y espero hacerlo pronto en persona.

—*Cuídate y ha sido un verdadero placer* —musitó Darius.

—*Y no olvides dar tu mejor actuación en el momento que pongas un pie fuera del apartamento* —recomendó Dylan y sacudí la cabeza en aceptación.

Los dejé hablando algo más con Sadashi y fui a por mis cosas para luego marcharme hacia el hotel.

Ese fue mi primer movimiento en un juego que no conocía y, saber lo que Sadashi me confesó me ayudó a no juzgar ni justificar a Daemon cuando él me aseguró que agredió a Inoha, ya que, esa era una historia que solo ella sabía gracias a que mi tormento lo olvidó.

Resiliencia

Y, en las manos de esa mujer estaba la oportunidad de manejar todo como sucedió o tergiversarlo, pero con sus antecedentes, tampoco podríamos confiarnos de que no lo utilizara a su favor.

Dejando de lado eso y luego de pasar uno de mis mejores momentos junto a un hombre que era más que un hermoso desastre para mí, destrozar a mis padres y ganarme a pulso el odio de Elijah Pride y el miedo de Isabella, supe que ejecuté mi movimiento a la perfección. Aunque flaqueé en el momento en que Leah me avisó de la hospitalización de Daemon y más cuando Sadashi asintió hacia mí mientras iba hacia algún lugar con un Aiden golpeado, dándome así la señal para comenzar a introducir a su cuñado en ese juego peligroso del que ya era parte, y de liberar su mente de esos demonios que no lo dejaban tranquilo.

«El pasado no va a lastimarte, amor mío», pensé. Y tampoco dejaría que me dañara a mí.

Y, una semana después de decirle mi verdadera identidad y de que él me aceptara como Danik, la hija del torturador de su madre, estábamos reunidos en el club de Elliot, en un área donde no podíamos ser rastreados. Habíamos ido ahí en una salida normal de pareja, Daemon parecía ser el hombre al que no le importaba lo que su familia pensara de la chica con la que salía y, yo, la típica descarada que le sudaba todo con tal de conseguir lo que se proponía.

Una venganza absurda, por ejemplo.

Junto a Aiden y Sadashi le contamos toda la verdad de su pasado, y sí, Daemon había perdido un hijo, pero no por culpa de su cuñada como creyó en un principio sino porque el plan de Inoha Nóvikova era ese: dañarlo hasta el punto de la locura. Durante meses Daemon estuvo teniendo *flashazos* de sus días antes de la electroconvulsión y eso lo lastimaba, sin embargo, en el instante en que decidimos hablarle de su vida, su rostro se suavizó y para sorpresa mía, de su hermano y Sadashi, en lugar de reaccionar mal, lo hizo con alivio.

«Vaya que es cabrona».

Había dicho él con una sonrisa satírica luego de ver un vídeo que Sadashi le mostró.

La asiática fue muy inteligente al grabar a Inoha mientras la mantenían encerrada en una celda de la sede de Grigori y ella la

torturaba un poco psicológicamente. La muy maldita en su afán por dañar a Sadashi, sabiendo la impotencia que esta sentía por no poder tocarla, le restregó en la cara todo lo que hizo con su compinche frente a mi hermoso desastre para llevarlo a la locura total.

—Me lo follé frente a él y no te imaginas lo que disfruté al ver su rostro suplicándome porque no me dejara tocar y peor aún, con su hijo en mi vientre.

—Eres una malnacida y ese imbécil una mierda. —Se escuchaba a Sadashi decirle con mucha repulsión.

Inoha solo reía.

—¿Pero sabes qué fue lo más placentero de todo? —A Inoha no parecía importarle lo que la asiática dijera, ella solo quería dañarla—. Que Demian no quería hacer eso, él, que siempre fue el más duro de la familia se estaba acojonando, aunque al final también lo convencí de cumplir mis caprichos. Dominé a dos hombres que se creían los más hijos de puta. Yo, la bastarda a la que solo pretendían usar, terminó usándolos para su beneficio y ahora mismo sé que los Black están ideando la manera de rescatarme y lo harán cueste lo que cueste.

Había costado la salud mental y física de la niña inocente de los Black Stone: Essie.

En ese vídeo también descubrimos que Inoha era Noara Moore, la misma maldita que me buscó como terapeuta, robándose una vez más mi vida al contarme una situación similar a la que sufrí con los Blanc, para poder asustarme y volverme vulnerable; la estúpida con la que Daemon se reunió en un restaurante y que lo llevó al descontrol al intentar tergiversar toda la historia (como lo preví), provocando que se fuera a los golpes con su hermano y que atacara a su cuñada.

Así que decirle la verdad fue otro movimiento certero que hicimos y sobre todo con las pruebas que Sadashi manejaba, ya que eso impidió que Daemon dudase de nada.

—¿Estás nerviosa? —me preguntó él cuando entramos al pasillo que nos llevaría al salón oculto de aquel club.

Me sentía en una película de mafias, y todo parecía así, solo la mano de Daemon tomando la mía me mantenía con los pies en la tierra.

Resiliencia

—No puedo evitarlo. —Acepté y me cogió de la cintura para detenerme.

—Estamos juntos en esto, *piccola* —aseguró y acarició mi mejilla con el dorso de sus dedos.

En todo ese tiempo él parecía más relajado, los *flashazos* de su pasado cesaron y dedujimos que se debía al hecho de que le ayudamos a darle forma a una historia que no conocía completa y menos la recordaba; su mente descansó y eso lo llevó a un estado de eutimia.

—Quién iba a decir que la chica más miedosa te cuidaría ese bonito culo —me mofé para liberar un poco la tensión y lo vi sonreír.

La luz que nos rodeaba era opaca, pero suficiente para deleitarme con sus perfectos rasgos.

—Confío en mi loba —aseguró.

—¿Tu loba? Daemon, soy más una oveja repletita de lana —señalé y lo hice reír más.

—Me he asegurado de tener a la novia indicada a mi lado, Danik —explicó y plantó un beso casto en mis labios. Lo miré sin entenderlo y sorprendida de que me etiquetara como su novia porque no me lo había pedido—. La loba siempre aparenta tener miedo cuando en realidad está protegiendo la garganta de su macho. —Volvió a besarme, pero esa vez sonreí y lo cogí del rostro para que no se separara de mí.

—No soy tu novia, no me lo has pedido —aclaré sin separarme de sus labios.

—¿Quieres ser mi novia? —preguntó entonces y me reí por su descaro, pero lo miré a los ojos y asentí.

—Te amo —susurré y lo besé con todo el amor que sentía hacia él, sin darle la oportunidad de decir nada.

Lo besé prometiéndole que no lo defraudaría y que valoraría esa confianza que me estaba dando. Lo protegería así fuera lo último que hiciera en mi vida y lo amé un poco más porque siendo tan protector y posesivo, me daba mi espacio, dejándome tomar mis propias decisiones.

Él no me tenía como una mujer débil, al contrario, me veía tan fuerte que dejaba su vida en mis manos y eso me provocaba amarlo y protegerlo aún más.

Cuando entramos al salón (siendo novios ya) donde nos reuniríamos con todos los integrantes de aquella partida, me aferré más a la mano de Daemon; él lucía imponente e inescrutable, sin temor alguno porque su vida era amenazada. Yo en cambio me puse nerviosa, ya que al ver a Elliot Hamilton junto a su esposa Alice, a Aiden y Sadashi, a Dylan White, Fabio D'angelo, Sebastián, Lupo, Alexandre y Darius Black sentados alrededor de una mesa redonda, di por hecho que ya era oficial que armaríamos un complot de los peligrosos.

—¿Estamos todos? —preguntó Daemon y Aiden le señaló unas sillas acolchonadas para que tomáramos asiento.

—Buenas noches —saludé yo casi en un susurro.

Jamás olvidaré la tensión que sentí al estar rodeada de personas tan peligrosas y poderosas a la vez, porque, aunque eran de los buenos, no ignoraría el hecho de que ellos hablaban de muertes y las ejecutaban cuando era debido.

—Los necesarios para iniciar —informó Aiden luego de responder a mi saludo igual que los demás.

Daemon tuvo la delicadeza de sacar mi silla y ayudarme a sentarme en ella, él lo hizo luego. Miré a todos ahí reunidos, algunos me sonrieron y otros solo asintieron; noté que sobraban dos lugares en la mesa e imaginé que alguien más se nos uniría en el proceso. Alice estaba con una *laptop* frente a ella y a sus espaldas se encontraba una mesa más pequeña con un proyector encima, Elliot la animó a hacer algo y de inmediato activó la tecnología que manejaba para proyectar en una pared delante de nosotros, un eslogan que me hizo tragar con dificultad.

«El arte del engaño y la brecha tan corta entre engañar y ser engañado».

Aiden fue el anfitrión y comenzó con explicar lo básico de esa reunión, miré a Daemon a mi lado que lucía sereno y frío; era casi como si hubiera nacido para ser un líder igual que su hermano, pero que tuvo la osadía y petulancia de despreciar un lugar que lo convertiría en uno de los hombres más importantes del país. Porque me puse la tarea de investigar bien quiénes eran los Grigoris y los Sigilosos y descubrí cosas que me sorprendieron en demasía.

Resiliencia

El gobierno les había dado la potestad para operar a su antojo y el poder para llegar a varios países, estaban inmunizados ante todos y muchas veces lograban cambiar los roles a su conveniencia, pues en varias ocasiones fue el gobierno estadounidense quien trabajó para ellos y no al contrario. Sus líderes eran un secreto a voces, pero ningún medio de comunicación o noticiero se atrevía a mencionarlos; únicamente sus enemigos acérrimos los conocían y por esa razón protegían a su familia y amigos.

También investigué sobre los Vigilantes, liderada por los Black como ya me había explicado Sadashi. Y, aunque no era de admirar, me dio vergüenza que parte de mi legado fuese obsequio de personas sin escrúpulos que únicamente dañaban a los países donde existían.

Ser una Black me daba asco, no obstante, Darius me hacía verlo de manera distinta.

—Se nos ha informado que David Black intentará ponerse en contacto muy pronto con su nieta y luego de eso utilizará todo lo que esté en sus manos para llegar a Karma y recuperar el poder que Lucius y Derek perdieron —comentó Aiden y me concentré en todo lo que decían.

No iba a negar que cuando se mencionaba el nombre de mi padre biológico sentía una punzada de dolor en el pecho y más porque lo pronunciaban con asco, pero no lo defendería, ya que se ganó a pulso tal repulsión.

—¿Por qué es tan importante ese club? —Me atreví a preguntar.

—Porque tu padre dejó en él una caja de pandora —respondió una voz que reconocí de inmediato y me puso la piel de gallina.

El sonido de la puerta al cerrarse hizo eco y muchas miradas furiosas se clavaron en aquellos dos hombres que acababan de llegar. Era el *Mensajero* que me envió el vídeo de mi padre mimándome cuando solo era una bebé, junto a un chico desconocido.

Ellos eran las últimas personas que esperaba ver en esa reunión.

—¡Puta madre! Qué coincidencia que menciono la palabra mierda y tú apareces. —Bufó Aiden.

Noté a Darius llevarse un puño a la barbilla y hacer respiraciones profundas, el hombre hacía hasta lo imposible por mantener

la calma y no comprendí la razón en ese momento, no hasta que Sadashi habló.

—Daemon y Rahsia, ellos son las *personas* que les faltaba por conocer. Demian Sellers e Ian Johnston.

Podría jurar que me quedé sin saber cómo reaccionar cuando señaló al Mensajero y dijo que se llamaba Demian. No podía creer que precisamente ese tipo se hiciera presente en un lugar donde todos querían asesinarlo, incluso yo luego de saber que fue el malnacido que dañó a Daemon junto a Inoha y el mismo que tenía a Essie Black postrada en una cama.

Y una imagen sangrienta cobró vida en mi cabeza en el momento que Darius se puso de pie y caminó hacia él.

26 | Caballos de guerra

RAHSIA

Cerré los ojos para no ver, ya que no quería terminar vomitando, gritando o llorando de terror, pero los abrí cuando escuché a Aiden musitar un «después, tío». Lo encontré tomando a Darius del brazo y a este último con los puños apretados y la mandíbula tensionada. Daemon en cambio miró a Demian de pies a cabeza y noté un indicio de reconocimiento de su parte, aunque luego se concentró en Ian y actuó casi como si le estuviesen diciendo que ellos eran un cero a la izquierda, reacción que me descolocó más.

—Tomen asiento —pidió Darius con la voz rasposa y se regresó a su silla con una impotencia más grande que el ego de Sadashi.

Ian lo hizo de inmediato, Demian en cambio lo miró con vergüenza y calló todo lo que intentó responderle a Aiden.

Hasta en ese instante entendí las palabras de Darius en aquella videoconferencia, él estaba aceptando algo que jamás imaginó solo por deshacerse del mal que teníamos en común y lo admiré, ya que tenía que ser muy tolerante y poco orgulloso como para sentarse junto al tipo que dañó a su niña.

—¿De qué caja de pandora hablas? —exigió saber Daemon sin un ápice de odio en su tono, rompiendo un poco la tensión y regresándonos al motivo de esa reunión. En ese instante era la cabeza más fría del salón y le agradecí cuando me cogió la mano por debajo de la mesa.

Aunque su mirada fija en Demian me ponía nerviosa.

Había cosas tan difíciles de creer, como por ejemplo que el Mensajero compartía la misma sangre que los gemelos y Dylan, ya que resultó que era hermano de este último e Isabella, un hijo bastardo del padre de los White y del cual no supieron hasta que Demian llegó a sus vidas, pero del lado equivocado, pues su madre pertenecía a las filas de los Vigilantes y por lo tanto supo usarlo y envenenarlo a su favor igual que con Inoha.

Aunque más increíble era que Demian estuviese ahí sentado, siendo parte de ese complot, traicionando a su organización y ganándose una muerte dolorosa y segura donde los descubrieran a él e Ian, su compañero. Los motivos que lo llevaban a ese suicidio todavía los desconocía, lo que sí descubrí en esa reunión era que ellos serían las personas que me protegerían dentro de los Vigilantes.

Sadashi fue quien logró llegar a Demian y lo convenció (con algo que mantuvo solo para ella) de que se uniera a su plan, y de la misma manera consiguió que Aiden cediera y lo aceptara; juntos influyeron para que Darius también lo hiciera, pero estaba claro que el hombre se encontraba a segundos de pararse de nuevo y matarlo.

Por Demian se enteraron de que mi padre escondió en el club antes mencionado, información clasificada y certificada acerca de secretos gubernamentales e internacionales que podían poner a los Vigilantes en una posición muy alta y regresarlos al poder, así como el acceso a millones de dólares que les otorgarían la oportunidad de comprar voluntades, pero, ya que Isabella (White en ese momento) lo cazó antes de poder utilizarlos, esa caja de pandora quedó bien protegida en Karma y únicamente con la lectura de mi retina ocular podrían acceder a la cámara que los acorazaba, y si intentaban forzarla, la autoprotección que papá creó gracias al padre biológico de Dasher, haría explotar el lugar y un buen radio de sus alrededores.

Darius jamás se preocupó por esa cámara porque ignoraba lo que contenía hasta que Demian se los confesó.

—¿Con mi retina? —cuestioné incrédula.

—Así es, Derek sabía que solo su princesa podría proteger algo tan valioso —respondió Demian y Daemon le dedicó una mirada peligrosa por referirse así a mí—. Llevó el lector hacia ti y las grabó en él.

—¿Cómo se enteraron de que únicamente Danik puede abrirla? —Volvió a preguntar Daemon.

Todavía no me acostumbraba a que me llamara así, pero escuchar mi nombre de sus labios se sentía muy bien.

—Justo antes de que Isabella secuestrara a Brianna y a Danik para hacer caer a Derek, Lucius le había pedido a su sobrino que protegiera esa caja porque en una semana la iban a utilizar —comenzó a explicar Demian y lo miré atenta, todavía en *shock* porque hablara sin que lo forzaran.

—Yo estuve presente cuando Lucius ordenó que fabricaran esa cámara, pero jamás supe para qué o qué mecanismo utilizarían —aportó Darius y Demian asintió—. Aunque no la encontré cuando me hice cargo del club y tampoco le di importancia.

—Derek se encargó de los detalles y Jarrel Spencer, que en su momento era el mejor hacker que los Vigilantes tenían y aparte, un ingeniero nuclear muy cabrón, diseñó una cámara especial con autoprotección integrada. Si intentan abrirla sin la lectura de retina de Danik o forzarla de alguna manera, provocarán una explosión con un radio de expansión que abarcaría varias millas —reiteró Demian lo que ya nos había dicho antes y me sentí tonta al ser a la única que le continuaba sorprendiendo cada cosa.

¡Hombre! Todo era nuevo para mí y, podía ser hija de un hijo de puta, o criada por un tipo inteligente, pero eso no me quitaba que había nacido para ayudar con mi profesión, no para destruir o ser capaz de armar estrategias como esa. Mi misión más grande sería jugar como reina en una partida de ajedrez que ni siquiera entendía, no obstante, por el hombre a mi lado valía la pena intentarlo.

—Tu padre sabía bien que, si esa cámara era descubierta por los Pride o los White, ellos jamás la destruirían porque no arriesgarían vidas inocentes. Eso le daría el tiempo suficiente a él, a Lucius o a tu abuelo de llevarte y ponerte frente al lector, ya que, de alguna manera, Jarrel se encargó de que la máquina con la que grabaron tu lectura ocular no funcionara más a la distancia. Esa fue una de las razones por la que secuestraron a su esposa e hijo, quiso joderlos y terminó jodido también.

Me llevé una mano a la boca y negué, sintiendo un dolor sordo en mis sienes. Bien decían que un buen corazón siempre sería la mayor fortaleza y, a la vez, la más grande debilidad de los buenos, ya que jamás expondrían a nadie al peligro y los villanos sabían aprovecharse de eso.

Miré a Darius y lo noté más impotente, triste y exhausto; no conocía la historia de ellos con Dasher, únicamente que lo adoptaron, pero imaginé que no fue fácil para el chico quedarse sin sus padres de la nada y menos el tener que acostumbrarse a otra familia. Por suerte, la vida no fue tan perra con él y lo puso en un hogar que lo aceptó como si hubiese salido de sus entrañas.

—Cuando atraparon a Jarrel tiempo después, lo obligaron a hablar, puesto que Derek se llevó a la tumba quién tenía la *llave* para abrir esa cámara y tampoco supieron de inmediato que fue Jarrel el que creó el sistema de autodefensa. Él les confesó que solo los ojos de la princesa los llevaría a su añorado tesoro, no obstante, no soltó nada más y murió llevándose consigo la respuesta del acertijo. —Demian sonrió al detenerse unos segundos y pensar en algo—. Cuando tu abuelo descubrió de qué se trataba fue a casa de su hijo a buscarte, pero adivina ¿qué? —inquirió entre divertido y sarcástico.

Me quedé en silencio porque no sabía qué responder.

—Nuestra adorada hermanita ya las tenía en su poder de nuevo y las desapareció, quitándole con eso, una vez más, la oportunidad a tu abuelo de tener el poder en sus manos —respondió Dylan con orgullo.

Demian rio de nuevo, pero en ese instante lo hizo sin gracia cuando Dylan le dio en el ego, lo reconocí ya que había aprendido en esa reunión que podían ser hermanos, pero el menor de ellos

los detestaba gracias a las mentiras de su madre. Y si yo de verdad hubiese estado del lado de los Black malos, también odiaría a Isabella con todas mis fuerzas porque al final del día, ella era la que siempre les jodía todo y quien les lograba truncar los planes incluso sin proponérselo.

—Y luego, ese maldito imbécil se alió con los Blanc para que te encontraran, pero los malnacidos le dieron una cucharada de su propia medicina, ya que David les había hecho una cagada de las grandes. Fue así como tu madre quedó atrapada con ellos y sufrieron un infierno —explicó Aiden y me acojoné al pensar en eso—. No fue culpa de mis padres que atravesaras por esa mierda, fue culpa de tu abuelo —aseguró y entendí por qué.

En la casa de San Bernardino les dije que era culpa de los Pride… ¡Jesús! Dije muchas cosas duras y los lastimé como jamás esperé hacerlo, pero tal cual mencioné antes: yo no estaba preparada ni acostumbrada a ese mundo tan retorcido y por supuesto que me dejé llevar por el miedo hacia esos malditos demonios, y ahora resultaba que todo fue obra de mi abuelo.

¡Puf! Genial.

—Cuando terminé con la videoconferencia ese día, tu tío me dijo que me dejara llevar por el vídeo que recibiría, pero nunca me explicaron de qué sería —me defendí—. Yo no soy como ustedes, Aiden, y espero que hayan contado con eso el día que se les ocurrió hacerme parte de este plan. Y sí, sé muy bien que mi padre fue una mierda y jamás voy a justificarlo, pero no olvides que conmigo actuó distinto y, aunque eso no cambie que lejos de casa fue un malnacido, te pido con mucho respeto que, así como yo comprendo que ustedes lo odien a pulso, tú comprendas que a mí me duele que no fuera el príncipe que yo creí.

Me había puesto de pie sin siquiera sentirlo para decirle todo eso y él me miró sorprendido, pero pronto también lo hizo con comprensión.

—No olvides la leyenda en esa pared. —Señalé y sonrió de lado. En ese momento lo vi idéntico a su hermano—. El arte del engaño y la brecha tan corta entre engañar y ser engañado. Yo sé dónde estoy parada, ¿lo sabes tú? —indagué y alcé una ceja.

Todos nos sorprendimos cuando Ian comenzó a aplaudir y sonrió con orgullo sin dejar de verme, pero dejó de hacerlo en cuanto nadie lo siguió. El tipo se mantenía al margen, aunque atento a lo que escuchaba. Alice, Sebastián, Lupo y Alexandre sonrieron con burla al verlo hacer semejante papelón; Demian lo miró serio y negó con fastidio.

—Este es un claro ejemplo de que eres la reina perfecta —nos interrumpió Fabio. Daemon puso una mano en mi cintura y me hizo sentarme de nuevo, aunque sonrió y también vi el orgullo en sus ojos—. Te duele, te hiere y te dejas llevar por esos sentimientos, pero mantienes claro tu objetivo. Actúas a la perfección, lo haces a tal punto de que has logrado hacer dudar a uno de los estrategas de este juego. Y eso tiene que ser un golpe directo a su ego —siguió y lo último lo entonó con burla hacia Aiden—. No te he aplaudido, Danik, sin embargo, te observo, analizo y respeto —finalizó.

Y por alguna razón me cohibí y busqué a Daemon. Él mantenía una mano en mi cintura y me metió entre su brazo para hacerme saber que me sostenía y no me soltaría.

—Pero eso no será suficiente para que tu abuelo te crea capaz de llevar a cabo todos sus planes —señaló Demian—. Te está analizando y solo se acercará cuando vea que eres la indicada.

—Por eso seguirás dejándote llevar —sugirió Dylan—. Siente, vive el luto de haber perdido a tu padre. Piensa y actúa como lo haría Danik Black si los genes de Derek fueran más fuertes en ella y haz lo que debas hacer hasta convertirte en nuestro caballo de troya.

—Reina del ajedrez y caballo de troya, ¿quién iba a imaginarlo, Rahsia? —murmuró Sadashi y la miré mal por la diversión en su voz.

No era bonito estar en mi posición.

—¿Crees que Inoha va a intentar llegar a Daemon de nuevo? —Quiso saber Elliot.

Le hizo esa pregunta a Demian y me tensé.

—Sería tonto no creerlo —respondió él.

—Yo me encargaré de alejarla cuando logre entrar —aseveré y todos me miraron. Vi a Daemon sonreír de lado y con diversión—. Me va a encantar jugar a la caprichosa cuando le pida a mi abuelo que la aleje de él.

—Pero con eso querrá que seas tú quien lo lastime —mencionó Darius.

—Ya me las arreglaré para evitarlo, tengo el poder de Karma en mis manos y el que mi padre me dejó por ser su… *princesa*. —Me supo a hiel decir eso, pero lo ignoré—. De algo tendrá que servir.

—*¡Cazzo!* Y tú que creías que mi copia tenía a una dulce damisela a su lado, *cara mia* —se burló Aiden de Sadashi y rodé los ojos, a pesar de que me emocioné al escucharlo hablarle en italiano a su esposa con ese mote cariñoso, dejando de lado la primera expresión.

—Tengo a una loba, asiática —afirmó Daemon hacia ella y me sonrojé.

Demian los miró y se quedó pensativo, pero no dijo nada.

Cada uno de los presentes siguió aportando su conocimiento en esa reunión, Aiden y Sadashi eran excelentes estrategas, así como Demian lo era en su organización. Darius conocía a los Vigilantes por haber pertenecido a ellos en su momento y también por ser familia y convivir años que denominó un asco y, por irónico que pareciera, él y Demian serían la clave para joder bien a los Black, pues uno sabía las mañas viejas y el otro las nuevas.

Dylan, Elliot y Alice seguían siendo parte de la vieja escuela de los Grigoris y ellos conocían a la perfección cómo operarían Isabella, Elijah y Caleb en el momento que nos vieran amenazados. Fabio era uno de los mayores escudos para Daemon junto Sebastián y yo. Alexandre y Lupo se convertirían en las manzanas podridas a las cuales Demian instaría a probar para hacerle creer a los Vigilantes que estaban ganando terreno.

Yo quedaría en manos de Demian e Ian en el momento que buscara a mi familia, o ellos a mí.

El plan que idearon era casi perfecto y ahí me enteré de que fue por ellos que Demian logró utilizar conmigo una tecnología avanzada e indetectable que me vigilaba hasta cuando dormía, y Alice siendo una hacker de miedo y teniendo a su favor los instrumentos que le facilitaba su trabajo en la Unidad de Delitos Cibernéticos, la monitoreaba para que todo fuera seguro para mí.

Demian también tenía a alguien que le ayudaba con eso, aunque aseguró que esa persona no era parte de los Vigilantes y

menos de su entorno, y con Sadashi llegaron a un trato de que jamás fuese expuesto.

—¿Cómo puedes confiar en él? —le pregunté frente a todos y ella se encogió de hombros.

—Dicen que la sangre llama y él ansiaba reivindicarse ante sus hermanos y sobrinos —soltó con tono burlón y escuché a Demian bufar.

—Vaya humor negro el que tienes, *amore* —comentó Aiden con sorna y ella le guiñó un ojo.

Yo continué esperando una respuesta medianamente sincera de su parte.

—Simplemente encontré su talón de Aquiles —dijo entonces y miró a Demian, él se puso serio—. Como suele decir tu hermano, a todo fanfarrón le llega su momento cabrón —murmuró sin dejar de verlo y supe que eso no era conmigo.

Me dieron indicaciones a seguir luego de eso, Daemon no estuvo de acuerdo con algunas cosas, pero eran necesarias para que todo resultara de maravilla, así que no nos quedó más que aceptarlas.

La más importante que recibimos fue que al salir de ese salón actuaríamos como si desconociéramos todo referente a nuestro pasado, y en el momento que me atacaran con más vídeos de mi padre debía actuar, creer y pensar igual a una chica dolida, confundida y manipulable. Daemon tendría que permitir que le hablaran de su vida antes de los electrochoques incluso si solo fuera algo distorsionado de la realidad.

—Conque en este juego pareceré ser el rey estúpido que no sabe defenderse ni de las moscas. —Bufó Daemon.

Por supuesto que deseaba mantenerse a mi lado, incluso sugirió que llegado el momento de los ataques siguiéramos juntos y que yo fingiera destruirlo como Darius señaló que mi abuelo querría, pero eso no podía ni siquiera imaginarlo, así que no lo acepté. No quería ser igual a esa maldita aun solo por aparentarlo para un bien mayor.

—Un rey que mantendrá nuestra fachada, Daemon —señaló Dylan—. De tu actuación y la de Rahsia dependerá el éxito de esta misión —aseguró y le creí.

Resiliencia

Solo si él fingía no saber ni recordar nada y yo convencía a Elijah e Isabella de que quería vengar a mi padre, mi abuelo iba a buscarme y a utilizarme para recuperar su poder. Ya que la verdad era que no se trataba sobre buscar justicia para un hijo, sino de obtener un poder que creía suyo porque era una persona ambiciosa y egoísta.

—En este juego hemos escogido posiciones estratégicas para cada uno y actuaremos en conjunto para hacer movimientos certeros —informó Elliot y todos pusimos atención en él—. Sí, Daemon, tú eres el rey al que hay que proteger porque para nuestra desgracia este… *caballero* —señaló a Demian y supe que no era eso lo que quería decirle— tuvo la maravillosa idea de rescatar a Inoha y ahora esa chica busca su venganza personal contigo.

—He pagado caro, así que deja los reproches —reviró Demian, en respuesta recibió un bufido amenazador y burlón por parte de Darius y Aiden.

—Rahsia o… Danik, es la reina perfecta que podrá moverse de un lado a otro porque está protegida por Caleb y nosotros ante Isabella y Elijah —continuó Elliot para restar tensión—. Y con la ayuda de tus alfiles que son Darius y Demian, conocerás todo lo que debes conocer acerca de tus abuelos, padre y her…

—Inoha —lo interrumpí y corregí, por lo que me miró con disculpa.

—Ian, quien tiene la posición de peón, y Demian te cuidarán cuando te infiltres. Aiden y Sadashi son las torres de este juego. Alice, Fabio, Dylan, Alexandre, Lupo, Sebastián y yo, somos los peones restantes.

—¿Y los caballos? —cuestionó Daemon, yo no tenía ni idea de que hacían falta piezas, ya que lo único que llegué a jugar en mi vida fueron a las damas.

—Lo serán tus padres y Caleb —respondió y mis ojos se desorbitaron.

—¿Cómo? Si se supone que ellos no son parte de esto —exclamé.

—Ni lo serían si supieran que aparte de exponernos de esta manera, hemos incluido a este imbécil —escupió Aiden y señaló a Demian.

—Agradéceselo a tu esposa que se mete donde no debe —reviró el susodicho.

Más que confirmado que tanto él como los demás presentes estaban obligados a soportarse.

—¡Ya! —los calló Fabio—. Caleb y tus padres actuarán como caballos de guerra en el momento en que los vean atacados a ustedes. Lupo y Dylan nos informarán sobre sus movimientos y desde ahí partiremos con los nuestros. Demian hará lo suyo con los Vigilantes.

Me quedé en silencio luego de eso y seguí escuchando atenta, Daemon me sobaba la pierna de vez en cuando o me tomaba de la mano al verme nerviosa. Admiraba su entereza en un momento como ese y me daba un poco de tranquilidad. Alice nos explicó lo que debíamos hacer cuando saliéramos de ese salón, pues a mí me estaban escuchando y viendo por medio de cámaras y micrófonos en forma de insectos que implantaban gracias a Alexandre o Sebastián, este último había sido transferido como mi guardaespaldas y me enteré hasta esa reunión.

Demian se estaba adjudicando buenos puntos con los Vigilantes gracias a ese hecho, sin saber que el bien mayor era para los reyes del engaño; así bauticé en mi mente a ese grupo de personas que me rodeaba. Pues para los Black malos, Alexandre y Sebastián eran escorias que traicionaban a la mano que les daba de comer.

—¿Cómo voy a comunicarme con ustedes cuando esté con los Vigilantes? Porque sé que me seguirán vigilando incluso estando con ellos —pregunté y analicé—. ¿Y cómo es que ahora mismo ellos no saben que estoy aquí?

—Alice se encarga de eso —respondió Elliot, ella se mantenía pendiente de su *laptop* todo el tiempo.

—Y Demian por su parte también tiene a alguien que le ayuda con eso —añadió Sadashi y vi la tensión de él ante ese comentario.

—Yo sé cómo te comunicarás conmigo —apuntilló Daemon y lo miré, todos lo hicieron—. O más bien, sé cómo lo harás con *Demone*.

Por un momento no entendí de qué hablaba, pero cuando lo hice casi me quedo sin orbes porque estaban a punto de salirme extirpados ante semejante revelación.

Resiliencia

¿Era posible que él también fuera el chico por el cual tuve un enamoramiento virtual? Porque si era así, no lo dejaría ir nunca de mi vida. Así tuviese que hacerle un embrujo para que me correspondiera y amara tanto como yo a él, no permitiría que huyera de mi lado jamás.

—¿Alice, puedes hacer una réplica exacta de un juego de *Puzzle*? —preguntó a la mujer cuando vio que yo no podría decir nada y con eso me confirmó todo.

Ella asintió y yo seguí con unas ganas tremendas de llorar, pero de felicidad. Quería tirármele encima y adorarlo sin importar quién estuviese enfrente. Él lo supo el día que estuvimos en el hotel, mi cabeza hizo clic con ese momento al recordar lo que dijo y cómo fingió no estar interesado y, después de saber que era vigilada por los enemigos lo agradecí, ya que, si hubiese dicho algo entonces, los Vigilantes se hubieran enterado de que ambos jugábamos el mismo juego y podíamos comunicarnos de esa manera.

¡Dios! Daemon también era mi *Demone,* el único demonio que quería en mi vida.

—El arte del engaño es un arma de doble filo, porque si logramos que los más grandes se coman todo nuestro teatro, entonces vamos a desatar una guerra cruel en la que posiblemente también perderemos parte de lo que somos y a quienes nos hacen —finalizó Aiden aquella reunión, con esas palabras que se grabaron en mi cabeza.

Yo no quería perder a nadie, solo deseaba proteger a los que amaba y miré a Daemon al pensar en ello.

Todos estaban poniéndose de pie para ese momento y tomé la mano de Daemon cuando me la tendió; Aiden se acercó a Demian y lo cogió del hombro para volver a sentarlo con brusquedad, situación que me asustó. Vi a Darius sacarse la camisa de dentro del pantalón y desabotonar algunos botones, él se quedaría con Aiden.

Dylan se llevó a Ian, noté a Demian sonreír rendido y yo sospeché lo que sucedería.

—¡¿Es así como cumples tu palabra, maldita china de…?! —Demian calló cuando Aiden puso un puñal en su garganta y detuvo la ofensa hacia su esposa.

Sadashi achicó un poco más sus ojos rasgados y sonrió de lado.

—Edúcate, imbécil. No soy china, soy coreana —respondió ella con parsimonia y Demian la miró con deseos de estrangularla.

—Coreanos, chinos, japoneses, filipinos. Todos son la misma mie… ¡Joder! —gritó cuando Aiden rozó el puñal en su garganta y lo hizo callar de nuevo—. Me diste tu palabra de que no me matarían —reclamó y Sadashi se encogió de hombros—. ¿A caso no vale nada lo que prometes con palabras?

—Claro que lo vale y ya deja de llorar, ellos no te matarán —respondió la asiática despreocupada y Daemon sonrió burlón por lo que presenciaba.

Yo me encogí en mi lugar porque entendí a la perfección lo que eso significaba. Darius ya se estaba terminando de enrollar las mangas de la camisa y miraba impaciente a Demian.

—¡¿Qué?! ¡¿Tú no te quedarás también?! —Chinchó Demian a Daemon cuando este me cogió de la cintura para marcharnos.

—Tú a mí no me debes nada —respondió mi chico y se me hinchó el pecho con orgullo, Demian lo miró con sorpresa—. Toca de alguna manera a Danik y te juro entonces que desearás que sea mi hermano y tío Darius quienes te den esta bienvenida de nuevo, y no yo despedazándote —juró.

Sonreí sin poderlo evitar a pesar de que lo que prometió fue solo daño, pero a su manera ese chico era un romántico que me volvía loca. Aiden y Darius también vieron con orgullo a Daemon, porque su respuesta anterior demostró que nada de lo que Inoha y Demian le hicieron en el pasado lo afectaba ya; de verdad olvidó todo y decirle la verdad selló una fuga que pudo hacerlo explotar si no hubiésemos actuado a tiempo.

—Por cierto —musitó Daemon y nos detuvo cuando íbamos cerca de la puerta—. Este idiota es el mismo enfermero que estuvo en la habitación de Essie hace unos meses —confesó y los ojos de Demian demostraron que eso solo le haría ganar más de lo que ya merecía.

Dicho eso continuamos nuestro camino y me encogí con nerviosismo cuando escuché el primer gruñido de dolor al cerrar la puerta.

Resiliencia

Esa noche salimos directo a mi apartamento (ya que estaba vetada de la casa de Daemon), y ahí, en la intimidad de mi pequeño espacio traté de olvidarme de un hombre siendo golpeado y de un plan que nos cambiaría la vida; le demostré a mi novio lo feliz que me sentía al saber que él era mi *Demone*, pero más de ser su novia y verlo bien, descansando de esa carga tan pesada así fuera por unos días.

Hicimos el amor muchas veces y dejamos de lado aquel pasado loco que podía destruirnos si no teníamos cuidado. Esa noche solo fuimos Daemon y Rahsia, dos personas luchando por ser felices a pesar de una oscuridad maldita.

Aunque una semana después de eso, el ser Danik Black me pasó factura, puesto que encontrar a Daemon revolcándose con la zorra que se suponía que no debía tocar por ningún motivo, me destruyó por completo.

Nada de aquel día fue actuado entre nosotros cuando nos enfrentamos en casa de Angie, ni siquiera el hecho de que ella confesó amarme, y por un momento me dejé cegar por el dolor y me metí tanto en mi papel que terminé asustando a Demian e Ian. Nunca había experimentado esas ganas de matar como cuando tuve a Inoha frente a mí y ya no solo por lo que le hizo a ese traidor, sino también por haberse acostado con él el mismo día en que me reencontré con mis abuelos.

Y la bienvenida que ellos me dieron me descolocó por completo, pues lo último que esperé de esos Black, eran tantas muestras de amor.

—Así que tú eres la famosa Danik Black —apuntilló una señora que se hallaba en una silla de ruedas justo en el final de los escalones de la gran casa, cuando bajé al siguiente día de la habitación en la que mi abuela me acomodó.

Me pasé la noche llorando e ignorando los mensajes que caían a mi juego de *puzzle* porque no me sentía capaz de enfrentar a Daemon ni siquiera de esa manera, tenía el alma y corazón destrozados y todo lo que deseaba era olvidarme por un momento de su imagen follando a otra.

Estaba metida en esa casa para intentar destruir a la persona que tanto daño nos causó y él, en cambio, no desaprovechó la oportunidad de acostarse con esa estúpida de nuevo.

¿Dónde había dejado al hombre que me pidió ser su novia de manera descarada? ¿Dónde estaba el hombre que no me quería dejar sola y que demostró no sentir nada por Inoha? Porque el que yo vi un día antes no era más que un estúpido traidor que me dañó de la manera más cruel y eso jamás se lo perdonaría.

Esa mañana hice todo lo que estuvo a mi alcance para ocultar mis ojos hinchados y de verdad me era difícil fingir cuando tenía el corazón roto, y más con esa señora escrutándome con la mirada. Menos mal no me había cruzado con Inoha y esperaba no hacerlo porque no respondería de mis actos. Ya tenía suficiente con seguirla imaginando sobre Daemon como para tenerla restregándomelo en la cara.

—Sí. ¿Y usted es? —pregunté a la señora, sonando pesada cuando no lo pretendía así.

—Es Charlotte, mi madre —respondió Demian y la besó en la mejilla.

La señora trató de hacer el rostro a un lado para evitarlo, pero no lo logró. Luego sonrió con altivez hacia mí y alcé las cejas evitando verme sorprendida por esa acción tan maleducada y desamorada de su parte. Demian actuó como si no le importara y me dio la impresión de que estaba acostumbrado a esos desplantes, aunque no era estúpida ni él tan inhumano como para que no le doliera que su madre fuese así.

—Dijeron que te parecías a tu padre, aunque te imaginé un poco más como tu hermana. Al menos en el cuerpo, más… delgada —soltó y tuve que dar un paso atrás por la impresión que me causaron sus palabras.

Miré a Demian sin poderme creer lo que acababa de escuchar y él negó con la cabeza en desacuerdo con su madre, mas no dijo nada.

Carraspeé y respiré profundo antes de hablar porque no quería ser irrespetuosa y menos ponerme a su nivel. Pero por primera vez no lo logré, ya que de por sí era difícil que te juzgaran por tu aspecto, o por no entrar dentro de ciertos estándares estúpidos, y encima añadirle que te compararan con la peor persona.

¡Dios! Eso te hería el ego y la dignidad.

—No se preocupe, eso pasa. —Me recompuse con una sonrisa fingida—. A veces uno imagina a las personas de una manera y resultan ser todo lo contrario. Yo, por ejemplo, creí que Demian era alto por usted, pero lastimosamente no lo puedo comprobar al estar postrada en esa silla de ruedas. Así que imaginaré que sacó el porte de su padre, John White —escupí y alcé la barbilla.

Vi a la señora cambiar de colores y a Demian tan sorprendido como lo estuve yo por el comentario de su madre.

—Cuida tu lengua, mocosa maldita. Porque te aseguro que no querrás tenerme como enemiga —espetó ella cuando se recompuso.

«Piensa y actúa como lo haría Danik Black si los genes de Derek fueran más fuertes en ella», recordé a Dylan decirme.

La miré desde mi posición y sonreí con burla, luego me incliné un poco para llegar más cerca de ella, pero seguía estando más alta.

—Ni usted a mí, señora Sellers —advertí—. Y no vuelva a compararme con Inoha de ninguna manera porque así les duela a ambas, yo siempre estaré por encima de las dos —desdeñé y noté cuánto le molestó esa declaración—. Mi padre pudo ser condescendiente con usted, pero conmigo tendrá que ganarse su lugar. —Demian la detuvo cuando intentó golpearme, yo sonreí al ver su impotencia y me alcé en toda mi altura—. Aprenda a subordinarse como su hijo —añadí para rematarla.

Vi lo mucho que Demian tensó la mandíbula por incluirlo en mi burla, pero ambos callaron y miraron más allá de mi espalda.

Cuando los imité encontré a mi abuelo de pie en el descanso de los escalones, siendo un espectador de tan repugnante escena; me había metido muy bien en mi papel de perra, pero el corazón me latía a mil por hora porque no estaba de acuerdo con lo que hacía ni decía. Más allá de David se encontraba Inoha con el rostro desfigurado por la rabia y supe que también escuchó todo lo que dije. No pude descifrar lo que ese señor pensaba en ese momento y tampoco le di importancia, lo único que me interesaba era salir de esa casa y respirar un poco de aire fresco y no el putrefacto de ese lugar.

Así que sin decir ni pío caminé hacia la salida y antes de cerrar la puerta los escuché decir algo, pero no entendí nada. Solo corrí escalones abajo y me dirigí al jardín trasero que pude ver desde mi habitación, en él habían construido un pequeño laberinto y cuando llegué al medio me encontré con una hermosa fuente de agua cristalina, era grande y en una parte simulaba un pequeño río donde

nadaban peces de colores; los pájaros jugaban entre las ramas de las enredaderas y las mariposas volaban alrededor de unas flores. Entre ellas descubrí a un par de *Morphos* azules y mi corazón dolió ya no solo por lo que estaba viviendo, sino también por los recuerdos.

—Una hermosa Monarca.

—Es una Morpho.

—Las Morpho son azules —señaló él.

—Sí, pero era mi tatuaje así que quería una Morpho roja y fue lo que me hicieron.

—La sigo viendo como una Monarca, no inventes nuevas especies.

—No vayas a molestarme porque todavía puedo irme —lo amenacé.

—Déjame eso a mí._

Cerrando los ojos todavía veía esa sonrisa picarona suya y me estremecí con dolor.

Maldita sea.

Pude escuchar mi sollozo cuando me arrodillé sobre el pasto verde y puse las manos sobre las piedras que rodeaban el río artificial. La voz de Daemon resonaba en mi cabeza y me era insoportable, me estaba torturando sola y lo sabía, pero era imposible evitarlo porque yo amaba con locura a ese hombre y él terminó traicionándome.

—¿Aprenda a subordinarse como su hijo? ¡¿Me estás jodiendo?! —Me giré y vi a Demian detrás de mí.

Me limpié las lágrimas con brusquedad y me puse de pie.

—Era necesario —solté satírica, devolviéndole su respuesta cuando lo cuestioné por el comentario que le hizo a Daemon al salir de casa de Angie.

—¡Joder! Tengo que aplaudirte entonces porque estás metiéndote muy bien en tu papel de perra desde ayer —espetó y no me importó su ofensa, lo único que logró fue que me asustara y mirara hacia todos lados porque podían escucharnos.

¡Se suponía que me estaban vigilando por microcámaras!

—Han truqueado la imagen de momento, nadie de ellos puede escucharnos —informó al comprenderme y me sentí un poco tranquila.

Resiliencia

—Tu madre es una arpía, Demian, y tuve que defenderme —expliqué—. Además, me está provocando en un mal momento y créeme que estoy haciendo hasta lo imposible por no joder los planes.

—¿Todavía estás dispuesta a seguir? —inquirió y supe por qué dudaba.

—No lo hago solo por él, también por mí y por los que amo y me importan. Así que su traición de mierda no me va a detener ni hacer cambiar de idea —aseguré y lo vi respirar profundo.

—Él no te ha engañado —soltó entre dientes y me reí.

—A menos que fuera a Aiden al que vi, que lo dudo, ya que no creo que Inoha siguiera viva si Sadashi se enterara, yo no pude haber alucinado a mi maldito novio dejando que esa estúpida lo montara. —Bufé.

No me verían la cara de idiota solo porque buscaban mantenerme en el plan, eso no lo permitiría.

—¿Y qué viste, Danik? —preguntó y lo miré con cara de «estás idiota»—. Responde, joder. ¿Qué viste? —exigió y lo encaré.

—Lo vi en su cama, acostado mientras Inoha lo montaba y él le tomaba el culo para animarla a no parar —escupí con asco y él negó y rio burlón.

Se tomó el torso e hizo una mueca de dolor. La paliza que Aiden y Darius le dieron todavía lo imposibilitaba.

—Vaya que la mente de una persona herida es cabrona —soltó irónico y lo miré mal. Tenía ganas de golpearlo en las costillas rotas para que chillara de dolor—. Daemon quiso advertirte, pero se lo impedimos porque sabíamos que así te doliera en el momento, eso te ayudaría a reaccionar de esta manera y tu abuelo lo tomaría como la oportunidad perfecta para buscarte.

Me alejé de él y negué, no me iban a engatusar, pero tampoco me mentiría, la esperanza que punzó en mi pecho fue cruel.

—Descubrí antes de ayer que Inoha pensaba buscar a Daemon y drogarlo, lo permitimos junto a tus aliados porque Fabio blindaría a tu noviecito. Le dio algo para contrarrestar el efecto de la droga y también para que no se le parara, ya que así Daemon desprecie a tu hermana, el cuerpo es traicionero y si la droga hacía su efecto gracias a la bipolaridad que padece, entonces Inoha lo aprovecharía.

—Estaba montándolo, no soy estúpida —espeté.

—Sí lo eres porque te estás olvidando de una regla importante en este plan, Danik. El que engaña también puede ser engañado si se descuida —me recordó y con eso me dejó en silencio—. Daemon fingió estar drogado y cuando la cogió del culo fue porque quería sacársela de encima, demostrándole a Inoha que ni en ese estado la quería cerca. Pero ella ya tenía su plan y nosotros lo sabíamos, tu hermanita únicamente necesitaba que tú la vieras sobre él y lo permitimos para que tú explotaras. Con lo único que no contamos es con que te fueras en busca de esa amiga tuya y que Daemon te encontrara comiéndole la boca; eso sí que lo descontroló más que mi comentario —soltó con diversión y sin pensarlo lo golpeé en el pecho y logré hacerlo retroceder.

Gruñó de dolor, ya que tenía varias costillas fracturadas y el movimiento brusco lo lastimó.

—¡Estaban desnudos! —chillé y lo vi tomar una cantidad de aire impresionante para no profanar infinidad de cosas por el dolor que sentía.

—Él tenía que fingir, joder —gruñó con la voz entrecortada.

Me di la vuelta para no verlo más y me llevé las manos a la cabeza con mucha frustración.

¿Sería verdad? ¡Dios! Deseaba que sí, aunque me enfurecía que me hicieran sufrir adrede por… por un motivo de fuerza mayor, tal cual yo lo hacía.

—Les dije que declararle la guerra a los Pride no bastaría para que tu abuelo creyera que estabas lo suficientemente herida como para buscarte. Vimos una oportunidad y la tomamos, Danik. Por eso estás aquí.

—¿De verdad Daemon no me fue infiel? —pregunté con la voz chiquita y lo miré porque calló por demasiado tiempo.

—No, pero tú sí con esa pelirroja… ¡Ni lo intentes! —advirtió cuando me fui sobre él de nuevo—. Responde a sus mensajes y deja que él te explique todo porque lo estás llevando a un punto donde puede cometer una locura —pidió y le creí.

Sabía que, en su desesperación, Daemon podría hasta buscarme y no lo arriesgaría.

Resiliencia

—Así que sí te preocupas por tu sobrino —señalé burlona solo para desquitarme un poco, ya que no podía golpearlo.

Él chasqueó con la lengua y se puso todo indignado.

—Me preocupa el plan, no él ni ellos —aseguró y sonreí.

Por primera vez desde ayer lo hice sintiéndome liviana.

—No mientas, porque tras la paliza que te dieron Aiden y Darius, te veo con más ganas de estar al lado de ellos. Eres masoquista, Demian Whi…—Callé de golpe cuando me tomó del rostro con una mano y me apretó las mejillas con mucha fuerza hasta hacer mi boca como de pez.

Negó, advirtiéndome así que no le diera ese apellido y volvió a gruñir de dolor.

Darius y Aiden lo golpearon hasta el punto en que necesitó ser sacado de aquel salón con ayuda y lo llevaron al hospital para ser atendido. No le tocaron el rostro ni los brazos porque no pretendían que los Vigilantes se dieran cuenta de cómo estaba, pero todo lo que restaba de su cuerpo no se salvó de ningún cardenal; le encontraron dos costillas rotas y tres fracturadas, así como golpes internos severos que necesitaron medicación.

Admitía que sentí lástima por él y no creí justo que lo dañaran cuando nos estaba ayudando, pero Sadashi me explicó que Demian hizo cosas peores por las cuales con una paliza no alcanzaba a pagar y, sin embargo, le estaban perdonando la vida.

Incluso el mismo Demian lo aceptó y con eso me bastó para no compadecerlo más.

Días atrás también me enteré de que Dylan habló con él para contarle su versión sobre John White, el padre de Isabella y por ende de ellos, pero Demian era reacio a creerle, ya que su madre llevó a cabo un excelente trabajo al ponerlo en contra de su familia paterna. No obstante, Dylan no se dio por vencido y le hizo ver muchas cosas, como el hecho de que Charlotte traicionó a Isabella por celos, cuando la mujer estuvo del lado de los Grigoris años atrás, por eso llegó a intimar con el señor White y procrearon un hijo del que él jamás se enteró porque murió.

De hecho, nadie supo que existía otro White hasta dos años atrás, cuando Demian apareció para joder a personas que odiaba

sin justificación verídica y todo por culpa de la cizañosa de su progenitora.

Dylan también le confesó que con él sucedió algo similar, ya que su madre le ocultó a John la existencia de un hijo de ambos (aunque en su caso fue por orgullo), pero cuando el hombre se enteró, lo buscó y trató de darle todo lo que no pudo por culpa de terceras personas.

—Mi único apellido es Sellers —escupió Demian molesto y lo tomé de la muñeca para que me soltase, ya que me lastimaba.

—Pero no tu sangre y lo sabes —espeté y me sobé las mejillas cuando me dejó ir—. Así te enerve oírlo, eres un White, Demian. Y el que estés ayudándonos lo comprueba.

—Eso solo me convierte en un traidor, no digas tonterías —siseó y negué.

—Sea cual sea el motivo que tengas para traicionar a los Vigilantes, sé que no es egoísta. Estás en esto porque tu corazón no te permite seguir actuando en contra de tu familia paterna y de alguna manera el veneno de tu madre está saliendo de tu sistema.

—¡Cállate! —pidió y no le hice caso.

—No, Demian. Muy en el fondo sabes que aquí te han mentido, que la mujer que más debió amarte y protegerte te dejó a merced de personas malas que te hicieron alguien que no eres. Te convirtieron en un ser despreciable y la gente a la que más dañaste ahora te está aceptando y dando una oportunidad. Y si no eres capaz de verlo, entonces no solo eres despreciable sino también el más grande de los imbéciles.

—Ellos no me aceptan, me usan igual que yo a ellos —ironizó y reí.

—Pero ¿por qué los usas? —debatí y él supo que no lo hice por simple curiosidad sino por lo que intuía: Essie Black Stone tenía mucho que ver. En ese momento me dio la espalda porque no soportó que lo leyera—. Han accedido a darte algo que no mereces y te juro por mi vida que así los Pride White no contaran con tu ayuda, igual lograrían su objetivo.

Lo vi menear la cabeza en negación, pero calló y se quedó pensativo; minutos después sacó un móvil, digitó en él y me lo

entregó. Su mirada estaba apagada al enfrentarme y únicamente habló para decirme que disponía de un minuto y que tratara de no acercarme a su madre.

Al tener el aparato en mis manos escuché la voz de Daemon a lo lejos. Eso bastó para olvidarme de Demian y sus conflictos, el corazón se me alocó y el cuerpo entero me tembló. Quise odiar a mi tormento rato atrás, me estaba destrozando como una masoquista con recuerdos de algo falso y, luego, quería ahorcarlo y matarlo por engañarme así, pero también besarlo y demostrarle que podía ser tan posesiva como él.

—*Tuve que fingir, nena, y te aseguro que me dolió más a mí decirte todo lo que te dije en casa de la pelirroja, que a ti al escucharlo. Y te juro que jamás me pesó tanto este plan como en el momento que tuve a Inoha frente a mí sabiendo la verdad, consciente de que tú nos verías y que por un momento te dañaría.*

—Demian acaba de explicármelo, pero sigo queriendo ahorcarte —musité e hice un puchero.

—*Lo sé y acepto que merecía verte con tu amiga.* —Sentí que me sonrojé cuando recordó aquello y miré a Demian que se había alejado de mí para hacer una llamada.

—Angie es solo mi mejor amiga y sé que ese beso pudo hacerte creer lo contrario, pero te juro que no hay nada entre ella y yo, más que amistad.

—*Estuve a punto de volverme loco porque no me dejabas explicarte nada.* —Quise responderle algo, pero Demian se acercó y habló.

—Alguien viene, corta ya.

—Te escribiré en *Puzzle World.* —Alcancé a avisarle a Daemon antes de que Demian me arrebatara el móvil.

Me limpié el rostro y acomodé el cabello viendo cómo él se escondía los aparatos, minutos después escuché pasos y al girarme hacia el sonido encontré a Henry, el otro tipo que nos acompañó junto a Ian la noche anterior. La actitud de Demian, cuando el hombre estaba cerca, me demostraba que no era parte de nuestro plan y eso fue lo que me llevó a actuar como perra cuando íbamos para la mansión.

—El jefe les espera para desayunar juntos —avisó y ambos asentimos.

Me adelanté a ellos y me tensé en cuanto Henry le dijo a Demian que necesitaba revisar la comunicación, ya que estaba presentando unos inconvenientes. Imaginé por qué fue y admiré la entereza de Demian al fingir tranquilidad y el control de todo, puesto que el chico se estaba jugando la vida con esa traición.

En casa, mi abuela ya nos esperaba muy emocionada por esa mañana, aunque se preocupó al verme el rostro acongojado y tuve que decirle que era por todo lo que me había enterado de mi padre. Bianka era una mujer muy dulce, e intuía que ignoraba muchas cosas referentes a la vida de su marido e hijo, puesto que la bondad y dulzura que la caracterizaban demostraba que no había sido manchada con la maldad que la rodeaba a diferencia de su hermana.

Inoha y Charlotte ya se hallaban en la mesa junto a David y tuve ganas de huir de ese comedor, pero recordé mi motivo para estar ahí y, sobre todo, pensé en las palabras de Daemon rato antes; eso me hizo sonreír con descaro y petulancia porque al final del camino, la engañada no estaba siendo yo.

—Veo que te encuentras mejor —señaló mi abuelo y se puso de pie para darme un beso en la mejilla.

El señor se las daba de respetable y amoroso, pero yo no olvidaba que por su culpa viví en un infierno.

—Me he criado con la certeza de que la vida continúa pase lo que pase y esté quien esté —aseguré y sonrió de acuerdo—. Solo necesitaba reordenar mis ideas y objetivos para ver con claridad hacia adelante.

—Me enorgulleces, cariño —aseguró y me señaló la silla a su lado para que tomara asiento.

Demian se encontraba sentándose al lado de su madre y mi abuela ocupó el otro lugar a la par de mi abuelo. Inoha quedó en medio de Demian y ella. Una señora del servicio se acercó para servirme café y jugo y luego David pidió que llevaran la comida, aunque la mesa ya estaba servida con frutas, semillas secas y panecillos.

—Ya que estamos todos reunidos como *la gran familia que somos* —nos interrumpió Inoha hablando con sorna a lo último—. Quiero comunicarles que me he reconciliado con mi novio justo ayer y quiero que me sigas apoyando para verlo, abuelo.

Resiliencia

Presioné la taza que ya tenía entre mi mano y desvié la mirada de Demian que estaba midiendo mi reacción, por el rabillo del ojo vi a Charlotte sonreír burlona y mi abuelo imitó a Demian, pues me observó atento. La abuela era la única que sonrió feliz, la pobre de verdad ignoraba lo que pasaba a su alrededor y por un momento me imaginé a mí y a mamá si mi padre viviera, pues si actuaba igual que su padre, era obvio que nosotras nos hubiésemos mantenido en la ignorancia.

El abuelo carraspeó antes de hablar.

—Habiendo tantos chicos, tú quieres seguir aferrada precisamente a él —respondió, restándole importancia, pareciendo ante su esposa que no tenía intenciones macabras con Daemon, incluso queriéndome engañar a mí.

—Nos amamos y queremos intentarlo. No nos importa si sus padres se oponen, incluso está dispuesto a hablar contigo. —Traté con todas mis fuerzas de no reaccionar como quería.

En mi cabeza me repetía el mantra de que el que engaña también podía ser engañado y puse sobre la mesa la taza de café antes de tirárselo a Inoha, o a Charlotte en el rostro.

—Las cosas han cambiado, querida —soltó David de pronto y eso borró la sonrisa victoriosa del rostro de aquellas dos mujeres y la feliz de mi abuela—. Porque así desee verte complacida en todo, tampoco voy a herir a mi otra nieta con esto.

—Eso no es justo —se quejó Inoha.

—¿De qué hablas, amor? —exigió saber mi abuela.

—De que tu nietecita se le metió por los ojos al hombre que Inoha ama y ahora tu marido está siendo injusto —espetó Charlotte, dejándome claro los bandos en esa casa.

Pero lo que ellas ignoraban era que mi bando no estaba ahí.

Bianka me miró sorprendida y entendí que lo que Charlotte y Inoha buscaban eran ponerla en mi contra al ver la emoción de la señora conmigo. Yo sacudí la cabeza con una sonrisa burlona y vi a David tratar de no perder la paciencia, Demian negó sonriendo, pero bebió de su café manteniéndose al margen.

—Por eso la golpeaste anoche —recordó mi abuela con tristeza.

En otro momento y en otra situación me habría dolido.

—La golpeé porque por la tarde la encontré en la cama con mi novio y ella ya sabía quién era yo y que ese chico estaba conmigo. Yo en cambio descubrí hasta anoche que somos hermanas y que es la ex del idio… hombre con el que se acostó —me corregí.

Debía hablar como una chica herida, ¿no?

—¡Dios mío! ¡¿Eso es cierto, hija?! —le preguntó a Inoha, ella me miró con odio y yo le guiñé un ojo.

—Ellos fueron novios antes —la defendió Charlotte.

—Sí, antes. Hasta ayer ese chico era mi novio y yo desconocía la existencia tanto de Inoha como de mi abuela y menos sabía de usted, señora. Así que, por favor, no se meta donde no la llaman.

—¡Silencio, todas! —exigió David levantando un poco la voz.

Disimulé un respingo porque, aunque no gritó, su voz demostraba que podía ser cruel si le tocábamos demasiado allí donde no le daba el sol. Demian me miró pidiéndome que tuviese cuidado, ya que él conocía mejor dónde estaba parada.

—Y sí, Bianka. Danik era la novia actual de ese chico y no sabía de nosotros —le explicó a su esposa y ella me miró con empatía—. Lastimosamente yo desconocía que ese muchacho era el mismo del que Inoha está enamorada, así que le permití que lo viese, pero te juro que, si hubiera sabido que mis dos nietas se enfrentarían por él, jamás lo habría autorizado, por lo que me encargaré de arreglarlo. Ni Inoha ni Danik se acercarán de nuevo al chico Pride.

—¡Eso no justo! —chilló Inoha y se puso de pie—. Tú me prometiste que me ayudarías a estar con él sin importarte que ella….

—¡Suficiente de escándalos! —la silenció David de golpe, evitando que la tipa lo dejara en evidencia ante mí y Bianka.

Demian se tragó una sonrisa de burla y yo dejé de mirarlo para que no me provocara una igual, y también porque descubrí a Charlotte atenta a nosotros.

—¿Podrían llevarme el desayuno a mi habitación? —pregunté a mi abuela y ella asintió con pena.

David me miró con la intención de impedirlo.

—Deja que se vaya a descansar, amor. La escuché anoche y sé que no la ha pasado bien. —Hubiese preferido que ella no

mencionara eso, ya que fue como un soplo de aire para el ego de aquellas dos víboras, aunque eso sirvió para que mi abuelo cediera.

Al marcharme y comenzar a subir los escalones supe que dentro de esa casa iba a tener que cuidarme más de lo que pensé porque Charlotte era una enemiga peligrosa y junto a Inoha podían volverse explosivas y atacar en mi contra.

Y no me equivoqué.

Tres semanas después estaba viendo los resultados.

Había logrado que Inoha se alejara de Daemon, mi abuela se volvió cercana a mí y se convirtió en lo único bueno de esa mansión, pues su ignorancia conservaba su bondad y me daba el amor que necesitaba para mantenerme de pie, aunque pensar en Caleb y mamá me destrozaban, puesto que ellos de verdad creían que los había traicionado.

Demian siguió ganando puntos con mi abuelo, era su mano derecha, pero se alejó de mí por completo. Ian era el único que se me acercaba y cuidaba cuando salía al jardín o de compras con Bianka; por él supe que Demian estaba cuidando las apariencias, ya que su madre desconfiaba y eso me preocupó.

> Me siento demasiado inquieto y desesperado, la manía me está pasando la factura.

Eso me había escrito *Demone* en mi juego de Puzzle y me preocupé mucho, la poca comunicación nos estaba cobrando caro a ambos.

Mi abuelo había decidido preparar una demanda en contra de Darius Black para recuperar Karma y tuve que ir con muchos abogados a firmar documentos y que me explicaran todo. El club en sí valía una fortuna, ya que, *la oveja negra* de la familia como lo denominó mi abuelo, lo colocó entre los clubes más prestigiosos del país, y, de hecho, eso fue con lo que quisieron convencerme para irme a corte, puesto que ellos desconocían que yo ya sabía la razón verdadera por la que querían hacerme llegar a Karma.

Tenía un enorme poder en mis manos gracias a ese club y lo estaba aprovechando al máximo, razón por la que me gané más el odio de Inoha, puesto que mi abuelo le prohibió incluso tener el

número telefónico de Daemon para no lastimarme a mí con eso. Pero confiarme fue mi peor error, ya que por creer que tenía la sartén por el mango dejé de prestarle atención a mi alrededor y me olvidé de que Charlotte Sellers podía joderme la vida.

Y lo hizo.

Había pasado uno de mis mejores momentos con Daemon. Alexandre y Demian se encargaron de que me reuniera con él sin ser descubiertos y me sentía en las nubes al haberlo logrado, en el cielo luego de que mi chico confesara que me amaba sin necesidad de hacerle ningún embrujo.

Me amaba, lo dijo sin tapujos mientras me hacía el amor. Me miró a los ojos y ellos me demostraron la verdad en sus palabras.

Me mantuve en ese cielo incluso cuando me marché de aquel motel y terminé abrazando a Demian por la felicidad que me hacía volar al recordar las horas junto a Daemon.

—*¡Joder! Déjate de cursilerías.* —*Me había dicho en un gruñido y me aparté de él.*

—*Eres un amargado, yo no tengo la culpa de que a ti no te amen* —*le respondí riéndome y sin pensar, pero al ver su rostro serio me di cuenta de mi cagada.*

En ningún momento le dije eso por su madre, pero él sabía que yo pensaba así porque veía los tratos toscos de esa mujer hacia su hijo, aunque respeté el hecho de que no le diera importancia. Sin embargo, lo herí con mi comentario y estuve a punto de disculparme cuando recibió una llamada que lo cambió todo.

La llamada que me hizo caer de las nubes en las que flotaba.

Sadashi le avisó que habían emboscado a Daemon y a sus padres, quienes lo descubrieron y fueron a buscarlo. El corazón se me paralizó al pensar a mi chico en peligro. La asiática, como la mayoría la llamaba, necesitaba refuerzos porque no llegarían en el tiempo que deseaban y Demian debía arriesgarse a delatarnos.

Y él no dudó en ningún momento en darles el tiempo que pedían. Aunque de nada sirvió, pues mi padre estaba luchando entre la vida y la muerte por servirme de escudo, Isabella corrió con la misma suerte y eso llevó a Daemon a la depresión en cuestión de minutos.

Y Demian… ¡Jesús! A él lo hallé en un salón aledaño tras cortar mi llamada con Sadashi, con el rostro desfigurado por el dolor de la pérdida de su madre. Se encontraba bebiendo *bourbon* como un sediento bebe agua en el desierto y con el rostro mojado por las lágrimas.

Sí, tal vez yo vi que esa mujer no lo amó como se suponía que una madre debía amar a su hijo, pero él sí la amaba, fui testigo de ello. Demian era el hijo que Charlotte jamás mereció, un hombre que fue entregado por su propia progenitora para que lo convirtieran en una máquina del mal, un inocente envenenado hasta las entrañas por la persona que tuvo que haberle inyectado amor y bondad.

—¡Descubrió mi traición e iba a entregarme con tu abuelo! —espetó con dolor cuando llegué a su lado—. Me convertí en todo lo que odió siempre, la decepcioné, lo vi en sus ojos y por eso creyó que lo mejor era que mi vida terminara en manos de David Black.

—Demian —susurré con lágrimas en los ojos.

Estaba atravesando mi dolor por Caleb y Daemon, pero también me dolía él porque así todos lo odiaran, yo sí lograba ver más allá de esas capas de maldad con las que lo recubrieron. Y entendía a Darius y a los Pride White, sin embargo, mi empatía también me ayudaba a comprender a Demian.

No era fácil enterarte de que tu propia madre iba a entregarte a una muerte cruel y segura.

—Me odió desde que era un feto porque cuando LuzBel la atacó, tuvo la oportunidad de operarse y recuperar la movilidad de sus piernas, pero para eso debía abortarme y Derek y tu abuelo la convencieron de que no lo hiciera, ya que por medio de mí ella podía conseguir poder —confesó y me mordí el labio para no sollozar.

El señor Elijah fue quien la dejó parapléjica en el enfrentamiento que tuvieron Grigoris y Vigilantes cuando se enteraron de que Charlotte traicionó a Isabella. Sucedió hacía más de veinticinco años, pero la mujer lo siguió viviendo como si acabara de suceder.

—Me odió por parecerme a John con el pasar de los años, Danik —añadió y me tapé la boca—. Lo hizo más porque a pesar de

permitir que me convirtiera en asesino siendo apenas un chaval, y de enseñarme todo lo malo que sé, jamás quise reclamar ningún derecho que por ser un White mereciera y eso la hizo decepcionarse de mí. Nunca entendió que yo no quería nada de esa familia, ya que si John me despreció como me lo hizo creer, entonces jamás mendigaría nada de ellos.

—Te negaste por dignidad. —Entendí al fin.

—Y porque no necesitaba ni necesito el poder de los White, porque siempre me he sentido capaz de obtener lo que me proponga sin recurrir a un apellido de prestigio, pero a ella no le bastó. —Lloró y eso fue insoportable para mí—. Me decía que por mi culpa dejó de caminar y que no había servido de nada… ¡Mierda! ¡¿Lo entiendes?! —inquirió y callé, aunque lo entendí—. No me parió por amor sino por interés y aun así yo la amé, ya que muy dentro de mí he sentido culpa y… no entiendo por qué si me criaron para ser malo, he sido capaz de sentir amor por esa mujer.

—Yo sí sé. —Incidí y él negó con la cabeza.

Aunque dijera que no, Demian también lo entendía.

—No te atrevas —advirtió y se terminó el último sorbo de *bourbon*.

Le tomé la barbilla y lo obligué a mirarme, demostrándole que no le tenía miedo.

—Así te moleste, eres un White y por tus venas corre la misma sangre de tus hermanos y sobrinos. Sangre que no se deja corromper y lucha con el veneno en tu sistema. Tu familia está allá afuera confiando en ti, Demian. Te han dado una oportunidad y no solo porque buscas algo a cambio de ellos. Creen en ti como nunca nadie lo hizo y por esos White debes seguir adelante.

—Ya alguien más confió en mí y le fallé —atacó.

Se puso de pie y me dio la espalda.

—Pero la vida te ha dado una segunda oportunidad para reivindicarte —aseguré.

Iba a decirme algo más, pero Ian llegó en ese momento como loco.

—¡David Black ha llegado y Inoha viene con él! —Alcanzó a avisar y sentí que la vida terminó de abandonarme cuando escuchamos un disparo que le atravesó la frente.

Grité con horror al verlo caer, eso no podía estar pasando.

27 | Rey en jaque

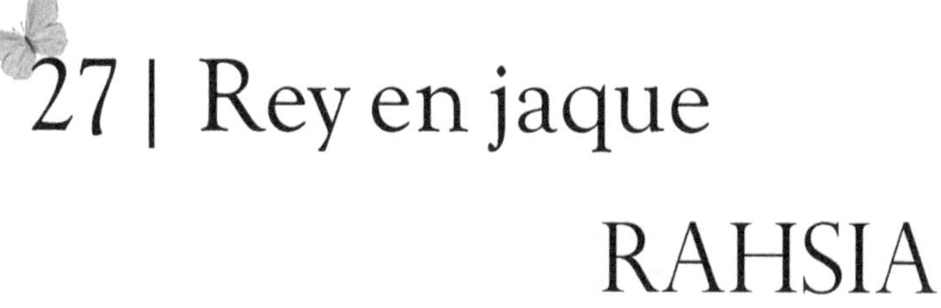

RAHSIA

Grité, lo hice con terror y dolor.

Ian no podía terminar de esa manera, no después de que me salvara la vida, no siendo tan joven, extrovertido y una de las mejores personas con las que me topé en el mundo de los Black. Le supliqué que se levantara cuando lo vi tirado en el suelo, bocabajo y con un charco de sangre a su alrededor.

No se movía.

¡Dios mío! Se había ido.

Mi siguiente reacción fue abrazar a Demian por la espalda en cuanto él me metió detrás suyo y tomó dos pistolas, abriendo los brazos con un arma en cada mano y apuntándola a las personas que acababan de llegar. Y, en ese momento no tenía la seguridad de que siguiera de mi lado y con los Pride White, o si, por el contrario, decidió volver con los Black para vengar a su madre; de lo único que mi instinto me hizo estar segura fue de que era el mejor escudo si decidían volver a disparar y no, no lo quería muerto, fue mi autodefensa la que actuó por mí.

—Vaya, vaya. Así que Inoha tenía razón. —Escuché a mi abuelo decir.

La tensión en el cuerpo de Demian me indicaba que no debía confiarme ni bajar la guardia y que me mantuviese en mi lugar.

—¡La única razón que conozco es que una de tus nietas es una puta estúpida! Y no hablo de la que está temblando detrás de mí —espetó Demian con todo el dolor y la rabia que sentía.

—¡Y tú un maldito traidor que se dejó engatusar por esa idiota! —gritó Inoha.

—Bajen las armas todos, incluido tú, Demian —exigió David.

Vi a varios tipos rodearnos, pero bajaron las armas ante la orden de su jefe. Demian no cedió y se giró un poco obligándome a mí a moverme; al final, y sabiendo que de nada servía, bajó las suyas, aunque me entregó una.

—Tú eras mi mayor orgullo, hijo. Mi más grande creación —reprochó mi abuelo a Demian.

Como si él hubiese sido Víctor Frankenstein hablándole a su Prometeo con mucha decepción. Y, aunque pareciera irónico, Demian sí fue el experimento de ese señor; solo que, en lugar de ensamblarlo con partes de cadáveres, lo creó a base de muertes y le inculcó maldad.

Logró retorcer de manera perfecta la mente de un niño.

—Y si lo soy, ¿por qué viniste aquí y asesinaste a uno de mis mejores hombres? ¿Por qué siento que me vas a acusar de algo que sabes que jamás haría?

Admiré la entereza de Demian, la rapidez con la que se recuperó y tomó el control.

—Porque tu madre me llamó hace unas horas muy decepcionada, pidiéndome que habláramos con urgencia de algo delicado y luego me llegó la noticia de que la asesinaron y de que tú estuviste presente en el altercado que le quitó la vida. Y te acompañaba la chica que creí que llegó a mis brazos por amor y no para traicionarme.

El miedo me retorció las entrañas.

Inoha sonrió con orgullo al escuchar a su abuelo y eso me sirvió para no dejarme vencer por el miedo, y más para no arruinar lo que fuera que Demian estuviese haciendo, si es que eso me

favorecía. En ese momento David hizo una señal con su cabeza y por inercia alcé mi arma y apunté a uno de los tipos que se movió; él llegó, junto a otro, al cuerpo de Ian y lo sacaron del salón en el que estábamos.

Demian puso su mano en mi brazo y me obligó a bajar el arma, las lágrimas aparecieron una vez más cuando observé cómo levantaban a mi inerte amigo.

—Charlotte estaba muy decepcionada de ti. Juntas descubrimos su traición —confesó Inoha y presioné el arma en mi mano—. Tanto luchaste para que te amara y al final no lo lograste y, lo poco que conseguiste de ella lo enviaste al cesto de la basura en el instante que decidiste ayudar a esa estúpida.

—¡¿De qué demonios están hablando?! —grité, dejando que mi miedo se convirtiera en indignación.

Inoha le dio un golpe bajo a Demian con esas palabras y lo noté, su semblante dejó entrever el dolor que le causaron. Esa maldita era consciente de que el hombre añoró el amor de madre y nunca lo obtuvo, la falta de afecto por parte de su progenitora era uno de sus talones de Aquiles.

—Sí, fue en vano todo lo que hice. Al final, mi madre nunca dejó de ver en mí a Enoc, pero eso no significa que los traicioné —aseguró, haciendo mención del apodo con el que conocieron a John White en ese mundo—. Sabes bien cómo me educaste, tío. —David lo miró sin creerle—. Inoha logró envenenarla por el odio que siente hacia Danik y lo sabes.

—Descubrí lo que mi abuelo no pudo ver —replicó ella.

—Tú solo te dejaste llevar por la envidia y el odio que sientes al ver que David trata mejor a Danik que a ti. Te hiere, te arde el orgullo cuando ves que hagas lo que hagas jamás dejarás de ser una bastarda.

—¡Igual que tú, imbécil! —se defendió y Demian sonrió.

—Pero a mí no me importa y jamás he anhelado el reconocimiento de la familia de Enoc, siempre me he sentido orgulloso de ser un Sellers, a pesar de que mi madre no me quiso y tú eres consciente de eso, tío. ¿O acaso no fue por eso por lo que Charlotte me odió más? —inquirió irónico.

Psicología inversa, la ciencia más usada y acertada en casos como el que estábamos viviendo. Los rasgos en el rostro de David se suavizaron y solo yo lo noté, porque eran muy tenues como para percibirlos si no estabas entrenada en eso. Y Demian no mintió en esa parte, era cierto que no buscaba redención con los White, las cosas iban más allá e intuía que la razón lo superaba como para convertirse de buena fe en lo que más odiaba: un traidor.

—Bien sabes que disfruto mucho de las traiciones cuando me favorecen, pero detesto a los traidores y los castigo como se merecen —puntualizó David.

La tensión en Demian disminuyó un palmo y eso me indicó que iba por buen camino.

—Y yo he sido tu más grande e implacable castigador —le recordó y mi abuelo asintió.

—¿Qué hacían en la emboscada? —cuestionó, dándole una oportunidad a Demian de explicarse.

Al menos le daba eso.

—Henry me dijo que madre le pidió llevarla a un motel de paso, allí Inoha se reuniría con Daemon.

—¡Eso es mentira! —gritó la susodicha.

Claro que era mentira, la que se vio con Daemon era yo.

—Tu nieta se estaba revolcando con ese escolta, así que se sintió herido al saberla con otro.

No debía sorprenderme esa declaración, pero lo hizo al pensar en que Inoha era capaz hasta de dormir con el mismo diablo si eso le permitía cumplir sus caprichos.

—¡Gilipolla de mierda! —escupió Inoha sin negarlo y David alzó una mano para callarla.

Respiré profundo para no mostrar gozo al presenciar cómo se le estaba volteando todo.

—Por supuesto que madre se molestó por mi cercanía con Danik, pero bien sabes que únicamente he seguido tus órdenes al pie de la letra. Inoha llevó a la muerte a tu cuñada al engatusarla, Henry me lo dijo todo y no estaba de acuerdo, por eso pidió mi apoyo. Así que, agradece que en este momento no le esté metiendo un balazo entre ceja y ceja a la estúpida de tu nieta.

Resiliencia

—¡No! ¡Henry no pudo haberte llamado! —chilló Inoha y alcé las cejas al ser testigo del gran arte del engaño en el que Aiden tanto se enfatizó.

—Te vi huir de allí en otro coche, lo rastreé y confirmé que eras tú —espetó Demian metiéndose tanto en su papel que hasta yo me lo estaba creyendo—. ¡Madre llegó a una muerte segura por tu maldita culpa! —terminó gritando.

—¡No! Tu nueva amiga la mató —se defendió y vi que David los miraba atentos, los estaba analizando.

—Danik a la única que le disparó fue a Isabella. —Mis ojos se abrieron desmesuradamente cuando soltó semejante barbaridad, pero lo disimulé al ver la sorpresa de mi abuelo—. La ha enviado a un puto hospital y ruego porque se muera de una maldita vez, ya que, de ser así, tu hermana también te superará en eso, puesto que ha hecho lo que ninguno de nosotros pudimos en años.

—¡Hijo de puta, mentiroso! —Inoha se fue sobre Demian luego de gritar eso y él estuvo listo a alzar su arma y ponérsela en la frente.

La chica se detuvo de golpe, consciente y segura de que al demonio frente a ella no le temblaría la mano para presionar ese gatillo y acabar con su vida de una buena vez. Pero David llegó a ambos de inmediato y puso su mano sobre el arma para que Demian se detuviese antes de cometer una locura.

Inoha era consciente de que no era la primera vez que Demian atentaría contra su propia sangre y menos que le fuese difícil hacerlo. Él sonrió con suficiencia al ver que había echado sal a una herida muy profunda de esa zorra y mi abuelo observó estupefacto todo.

De ser un traidor, Demian pasó a ser un líder despiadado en cuestión de segundos y se lo habría celebrado solo si hubiese sucedido justo antes de que asesinaran a Ian.

—¿Eso es cierto? ¿Fuiste tú la que le disparó? —preguntó David y callé.

No me sentía capaz de admitir semejante barbaridad, ya que el atentado a Isabella tenía al amor de mi vida sumido en un agujero negro y yo no estaba allí con él.

—Ahora mismo tu nieta encabeza la lista de personas por asesinar lentamente, de LuzBel. Y le sigue esta mentirosa —señaló

Demian, Inoha estaba roja por la ira—. Ese cabrón no solo mató a tus hijos, ahora irá por su decendencia y Danik será la primera.

Eso de verdad logró que mi piel se erizara con un escalofrío de terror, ya que no mentía, esa parte era la única que no se fingía porque Elijah Pride sí me quería matar de la manera más cruel por creer que fui yo quien atentó contra Isabella.

Y solo Dios iba a sacarme de semejante embrollo y, rogaba porque fuese antes de que ese señor pusiese sus manos sobre mí, puesto que, si lo lograba, no habría poder humano sobre la tierra que me protegiera.

—Señor, lo que Demian dice es cierto. —Se atrevió a hablar uno de los hombres en la sala.

No, no era cierto, pero al parecer ellos sabían de qué lado estar y en qué momento.

Había dos bandos en esa organización, uno lo lideraba David Black y el otro Demian Sellers, aunque las apuestas se llevaban a cabo a base de traiciones y expectativas. La más fuerte en ese instante era que, a pesar de que Inoha era nieta del líder, Demian fue desde siempre su mano derecha y el que hacía funcionar mejor a la organización.

—¿Tú lo viste? —preguntó David y Demian lo miró atento a la respuesta que daría.

Esa mirada prometía lo mejor o lo peor.

—Vi cuando LuzBel arremetió contra su nieta, cegado por la ira y el dolor de ver a la reina Grigori tirada en el suelo. El perro guardián de ella se interpuso y recibió los disparos. —Quise dispararle a él por referirse así a Caleb, pero me contuve.

Ese perro guardián tenía más valentía y fidelidad que muchos de los que me rodeaban y no hablaba solo de los Vigilantes.

—¡Bastardo mentiroso! —masculló Inoha.

—¿Cómo puedes asegurar que es mentira si no estuviste allí? —la encaró Demian—. Si huiste como una perra traicionera luego de enviar a mi madre a la boca del lobo.

Inoha alzó la barbilla y sonrió con maldad, la muy perra gozaba el dolor de Demian a pesar de estar en una mala situación y eso me hizo pensar en todas las cosas que Sadashi me dijo sobre ella, en todo lo que le hizo a Daemon aprovechándose de su amor y vulnerabilidad porque así me hirviera la sangre por ello, así mi D no lo recordara, él se enamoró de mi maldita hermana.

—Ahora mismo estoy en un momento en el que no puedo confiar en nadie, aun así, voy a darte una oportunidad —habló David evitando que volviesen a enfrentarse—. Me alegra saber que no me has fallado, cariño —dijo hacia mí y sentí repulsión—. Estás vengando a tu padre y ahora solo falta dar el golpe final contra esos imbéciles. —Lo miré atenta, sus facciones se volvieron duras, aunque gozosas—. He enviado a gente de mi total confianza para que secuestren a Eleana o a Mateo White, la descendencia de Dylan. Otro maldito que me la debe.

Quise correr de ahí y avisarle a Sadashi, estaba hablando de los hijos de Dylan y Tess Pride y sabía la razón: el hermano mayor de Isabella también asesinó al hijo mayor de mi abuelo, Robert Black.

Los hermanos White junto a Elijah Pride eran los verdugos de los Black y en ese instante confirmé que David no lo había olvidado y menos lo dejaría pasar. Tal vez mi abuelo fue el que se mantuvo en la sombra con respecto a los Vigilantes años atrás, pero eso no significaba que no fuese igual, o más retorcido que su hermano Lucius (quien fue el líder de la organización en vida); solo esperó su momento y lastimosamente gracias a Charlotte, logró dar un golpe letal a sus enemigos.

—Y tú te encargarás de traer ante mí a Daemon Pride White ahora que su padre está concentrado en la puta de Grigori, mientras yo me llevo a Danik para tomar posesión de Karma.

—Daemon queda fuera de esto, me lo prometiste —espeté sin poder callarme cuando David ordenó tal cosa a Demian.

—No me decepciones, cariño.

—¡Y una mierda! —grité. No iba a permitir que tocaran a Daemon y peor en su estado—. Daemon. No. Se. Toca —advertí haciendo pausas para que quedara claro.

—Creí que estabas dolida por su traición, que deseabas hacerle pagar por lo que te hizo —ironizó.

—¡No! Tú creíste que soy igual a Inoha, abuelo. Me duele lo que me hizo, pero no voy a vengarme de él por una traición, no soy

tan ardida. Mi problema es con sus padres y será contra ellos que atentaré. ¡Ya lo hice! —escupí enfurecida.

—Y te lo aplaudo, pero yo voy a enseñarles a esos hijos de puta que jamás debieron meterse conmigo o mis hijos. Así que no voy a discutir esto contigo —zanjó—. Demian, reúnete con mis hombres de confianza y prepara el siguiente atentado. Ya mis chicos tienen bien vigilado a la locura de mis nietas.

Miré a Demian asentir y me aterró porque esos hombres de los que David hablaba no eran de los que se pasarían a su bando. Ellos eran a los únicos que no compraríamos y si ya estaban vigilando a Daemon, solo significaba que ejecutarían lo ordenado sin rechistar y de inmediato.

Quise retener a Demian y que me dijera que estaba actuando, pero no pude, únicamente lo vi caminar hacia afuera; Inoha sonrió victoriosa y David le cogió el brazo para que caminara junto a él. Estaba perdiendo esa batalla y Daemon no estaría en las mejores condiciones para defenderse.

¡Carajos! En ese momento las movidas del juego eran peligrosas y favorecían a David Black.

—Tú tocas a Daemon y yo te impido llegar a Karma —masetullé entre dientes y tanto David, Inoha y Demian, se detuvieron.

Mi abuelo se tensó porque con eso le demostré que sabía que Karma era más que un club millonario para él, Demian en cambio, aunque no demostró nada, me observó preguntándome con la mirada qué demonios estaba haciendo, pues decir que conocía lo de la caja de pandora era como asegurarle que, en efecto, su más grande creación le había traicionado.

—¿A qué te refieres, *cariño*? —Satirizó, queriendo engañarme con su voz dulce. Demian seguía midiéndome y se llevó una mano al arma que rato atrás se metió en la cinturilla de los pantalones.

Me pregunté si se preparaba para dispararme o defenderme.

—A que tienes demasiado interés en que recupere Karma, abuelo. Y con el dinero que posees sé que no necesitas de ese club para seguir aumentando tu fortuna, así que saber la razón es tan fácil como sumar uno más uno —respondí segura y él sonrió de

lado, Inoha lo miró atenta y curiosa por su actitud—. Es dos, Inoha, por si tus escasas neuronas no sirven ni para eso.

Mis palabras sirvieron para atizarla e iba a decir algo, pero David se le adelantó.

—Veo que te he subestimado demasiado —murmuró el viejo Black.

—Daemon no se toca —advertí.

—Y tú me subestimas a mí —señaló petulante y con la barbilla le indicó a uno de los hombres que me desarmara. No tuve tiempo de evitarlo—. Voy a conseguir lo que quiero y no vas a interponerte, cariño mío. Así que, Demian, cumple mi orden y tú me entregarás lo que tanto me importa así tenga que arrancarte los ojos. —Me tensé ante esa declaración y entendí que los buenos tratos habían acabado—. Llévenla a casa y asegúrense de que no contacte a nadie.

—¡No! —grité cuando dos hombres más llegaron a mí y me tomaron de los brazos.

—Es hora de que tu hermana consiga un poco de lo que desea —añadió y me removí como loca con la intención de escapar de aquellos hombres.

Pero me congelé en mi lugar al ver a Demian sonreír irónico.

Lo desconocí, ese no era el tipo que me había protegido y ayudado, ese era más el malnacido que dañó a Daemon, Aiden e Essie, el que fue capaz de asesinar a su prima embarazada porque trató de joder sus planes, y en ese instante sí que me aterré de verdad, pues podía darse el caso de que se convirtiera en un verdadero traidor y entonces estaría jodida.

Estaríamos jodidos.

28 | Movimiento de torres

DEMIAN

Escuché a Danik gritar para que la soltaran y sonreí con diversión bajo la atenta mirada de aquel tipo que se convirtió en mi única figura paterna desde que tuve uso de razón. Escudarme en mi fachada de hijo de puta era lo mejor que podía hacer ante esa situación y le sacaría provecho; no era el momento para bajar la guardia así me sintiera destrozado y liberado a la vez.

«Por más que lo intente, nunca podré verte sin verlo a él».

«Maldigo la hora en la que me dejé convencer para parirte».

«Lo único que puedes hacer para ganarte un poco de mi afecto es obedecerle a David en todo y no fallarnos».

Ni un te quiero, menos un *me siento orgullosa de ti*. Todo lo que obtuve siempre de Charlotte fueron desplantes y rechazos. Crecí con ellos y llegó un momento en que lo fueron todo para mí porque así fuese un asesino despiadado, un cabrón de mierda que se encargaba de ejecutar lo peor, también fui un hijo.

Uno no deseado.

Así que con la muerte de Charlotte sentí un profundo dolor por todo lo que nunca tuve, pero también libertad por lo mucho que me sobró.

Amor y odio.

—Daemon Pride ha salido del hospital y está en su mejor momento —avisó David y sonreí por su burla—. Espero que no me falles y demuestres que estás de mi lado.

Me detuve y lo encaré, esa puta rubia se mantenía alerta y estaba siendo más inteligente que su abuelo en ese instante, le reconocería eso, puesto que era la única que notaba que todo lo que hacía era para mi beneficio.

Maldecía el momento en que la creí importante, maldije aquellos tiempos en los que la consideré mi familia porque por concentrarme en salvarla, perdí los mejores días de mi vida y descuidé a lo único que debió importarme de verdad.

—Sabes que eso está de más decirlo, tío. He sido tu escudo desde los ocho años —resollé, recordándole la vez que me usó para que Darius no lo asesinara.

Asintió y sonrió complacido, no fue sorpresa para mí que quisiera hacerme sentir orgulloso de su cobardía. Yuliya, mi difunta prima, había estado a mi lado esa vez y los dos lo escudamos en aquel altercado en donde Darius estuvo a punto de asesinarlo luego de que lo secuestraran a él y a su, entonces novia, pero David se aprovechó de la certeza de que su sobrino no nos dañaría, por eso no dudó en ponernos frente a él para escaparse de la muerte.

Yuliya ya había pagado su error por mi propia mano y estaba consciente de que yo también lo haría en algún momento.

—Y lo seguiré siendo —añadí.

—Lo único que tienes que hacer es traer a Daemon conmigo, mis hombres se encargarán de lo demás y Inoha le hará una bienvenida especial —aseguró y la maldita sonrió como una niña caprichosa.

David sabía que a pesar de que yo la hice quedar mal minutos antes, ella actuaría como él deseaba porque estaba igual, o más imbécil que nosotros dos juntos.

—Perfecto —respondí y me di la vuelta para marcharme.

Resiliencia

—¿Qué pasará con tu madre, Demian? —preguntó Inoha con tono burlón y me tensé.

Seguía con la intención de joderme frente a su abuelo y me contenía únicamente porque sabía que yo no sería capaz de castigarla como se lo merecía. Eso lo dejaría en manos de otra persona.

—He mandado a que recuperen su cuerpo y sé que tía Bianka arreglará su funeral —respondí sin voltear a verlos.

Agradecí en mi interior que no siguiera jodiendo y continué con mi camino hasta llegar al coche donde aguardaban por mí. Cuando nos alejamos de aquel edificio en una zona abandonada, saqué un móvil satelital, e imposible de rastrear, y marqué un número en el que sabía que solo me escucharían.

—El rey está en jaque y es el momento perfecto para hacer un movimiento de torres, ya que la reina ha sido acorralada y el peón ocho está a punto de caer —recomendé y colgué.

El tipo que conducía era el mismo que se pasó a mi bando cuando estábamos en el edificio y su compañero lo apoyaba, así que no me preocupé porque se entrometieran en nada.

Decían que la única manera de salvar a un rey en jaque era interponiendo a una pieza entre él y el atacante, así que la torre nos venía perfecta en ese instante. El peón ocho iba a quedar fuera de juego de momento si no entendían mi mensaje (que lo dudaba) y por lo mismo, como dijo Elliot días atrás, debíamos ser uno solo haciendo movimientos inteligentes, sin desesperarnos cuando nuestro contrincante hiciera una jugada maestra y David pudo hacer una muy buena.

Y teníamos la ventaja de que, del ajedrez, solo usáramos los nombres de las piezas y no los movimientos legales, porque eso nos ayudaba a movernos como quisiéramos y pudiéramos.

Juraba que Danik se había quedado pensando en que cambié mis planes, pero lo cierto era que ahora más que nunca seguiría adelante y los Reyes del engaño, como esa chica los bautizó, tenían que hacer su mejor jugada porque no iba a detenerme y cumpliría al pie de la letra la orden de David.

Llevaría a sus pies, y a los de Inoha, a Daemon Pride White.

Cuando salí del coche me sorprendí por la cantidad de Vigilantes que nos rodeaba y cuidaba desde puntos estratégicos, la verdad era que David también tenía a gente fiel que actuaba con inteligencia y sabían aprovechar las oportunidades. Alexandre colaboró como un real traidor con ellos y eso me valió para que me dieran un voto de confianza; la mayoría de Grigoris estaban concentrados en resguardar la seguridad de Isabella y demás familia, y solo unos pocos Sigilosos cuidaban de Daemon.

Mismos que no fueron nada en contra de la cantidad de Vigilantes que los sorprendieron, pero Sadashi era astuta en eso y los hizo retirarse antes de perderlos, lo que me confirmó que el plan de emergencia estaba siendo ejecutado.

—Está sumido en la depresión, así que actúa en piloto automático. No les será difícil llevárselo —aseguró Alexandre y Roque asintió.

Roque era el tipo a cargo de esa misión y el hijo de puta lucía feliz por cumplirla con éxito.

Cuando entramos a la *suite* encontramos a Daemon sentado en una silla acolchonada, tenía los codos apoyados en las rodillas y un vaso con licor en las manos mientras miraba hacia abajo, el cabello le cubría la frente y los ojos. Usaba la misma ropa de la tarde, lo noté por las manchas de sangre en ella. Lucía derrotado y ni siquiera reaccionó cuando Roque llegó a él y lo tomó con brusquedad del cabello para que nos viera a la cara.

—Al fin estás en nuestras manos, maldito bipolar de mierda —masculló Roque con regocijo.

Sonreí con suficiencia cuando Daemon me miró, tenía los ojos oscuros y las lágrimas mojaban su rostro. Era la viva imagen de lo patético mezclado con la mierda.

—Anda, sobrino. Vamos a casa, una rubia despampanante nos espera deseosa porque la folle una vez más frente a tus ojos —solté con gozo.

Resiliencia

Esa vez reí porque ser un hijo de puta se me daba de maravilla y se sentía mejor que estar sumido en la tristeza por la pérdida de una mujer que no me amó.

Y como dijo Alexandre, llevarnos a ese pobre imbécil era fácil en su estado. La depresión lo hacía desear la muerte con todas sus fuerzas, pero la cobardía no lo dejaba buscarla por su propia mano, así que necesitaba de alguien más que lo hiciera por él.

—Grigoris y Sigilosos se acercan con rapidez, tenemos menos de tres minutos para salir de aquí sin toparnos con ellos —avisó otro Vigilante que estaba bajo las órdenes de Roque.

No nos tardamos ni dos minutos en salir.

Cuando íbamos en el coche aproveché para llamar a David y asegurarle que pronto tendría en sus manos a la verdadera caída de un imperio y fui capaz de identificar el regocijo en su voz. Roque y su compinche iban adelante, otro tipo me acompañaba en la parte de atrás y Daemon fue colocado en el medio de nosotros con las manos esposadas en la espalda.

—Prepárate para una noche de diversión, amiguito —recomendé cuando buscó mi mirada y tras escucharme la regresó al piso del coche inclinando el rostro, y noté sus ganas de sonreír.

¡Puto cabrón! Iba a disfrutar cobrándole un par de cosas. De eso no se iba a escapar estando en el que aún era mi territorio.

Cuando llegamos de nuevo al edificio se lo llevaron para una habitación donde se encargarían de desactivar cualquier rastreador. Yo esperé con paciencia a que David y Inoha llegaran, sabiendo que con cada minuto que pasaba el fuego del infierno se acercaba con el más candente deseo de lamer nuestra piel y carbonizarnos con sus llamas.

Y esa vez no me importaban las consecuencias.

—¡Conque sí cumpliste! —exclamó Inoha, claramente sorprendida de verme ahí con Daemon a metros de ella.

Solo una pared nos dividía.

—Siempre cumplo con mi palabra y las promesas que hago —dije con orgullo.

David me observó así también.

—Me alegra escuchar eso, hijo. —Celebró y palmeó mi hombro—. Vamos a disfrutar de la noche —nos animó y se adelantó ordenándole a un subordinado que abriera la puerta.

Daemon yacía sentado en una silla de madera, con las manos amarradas hacia atrás y una cadena en el cuello que estaba anclada al suelo del otro extremo. La imagen era similar a la de años atrás, cuando lo atrapamos luego de que Inoha le hiciera saber que abortaría al hijo que gestaba y estuvo a punto de morir en nuestras manos tras un ataque epiléptico que le provocamos tras follar en sus narices.

Maldición. Pensándolo bien en ese momento aceptaba que la palabra mierda era poco en comparación a lo que me identificaba, pues fui el peor de los hijos de puta al prestarme para eso.

Inoha se quedó unos pasos atrás de su abuelo y sonrió victoriosa al verlo, la detuve cuando pasó a mi lado.

—Te prometo que esta vez sí voy a disfrutar de este momento —susurré en su oído. Le acaricié el rostro y sonreí de lado antes de darle un beso casto.

Daemon tenía el rostro inclinado, pero la vista clavada en nosotros.

—¿Te atreverías a jugar como la otra vez? —indagó y asentí—. Pero si vuelve a convulsionar, no vayas a ayudarlo —se quejó con aburrimiento, como si ella no se hubiera acojonado en aquella ocasión al verlo caer con su ataque epiléptico.

Aun así, volví a asentir, aunque nada iba a ser como aquella vez, esa noche cumpliría mi palabra y disfrutaría de todo lo que iba a suceder.

Gozaría de ella y con ella, sobre todo.

Inoha entró al salón campante, vencedora, empoderada. Yo por mi parte, lo único en lo que pensaba era en «¿qué mierdas estaba haciendo?», aunque la seguí.

Rony, un súbdito italiano que se unió a las filas de los Vigilantes un par de años atrás (y quien obedecía más mis mandatos que a los de David, no como Ian, pero ya no podía contar con él) servía de escolta; así que lo llamé y le ordené que cuidara de Danik y la llevara al salón en donde nosotros nos encontrábamos, en el momento indicado, pues debía ubicarla en el punto acordado.

Resiliencia

—Ve por un bastón eléctrico —solicité al percatarme de la mirada de Inoha y David puesta en nosotros.

No debía permitirles seguir desconfiando, así que fingí que únicamente lo llamé porque buscaba algo más para seguirme divirtiendo.

Daemon miraba al suelo en ese momento, luciendo más perdido que cuando llegamos; estar en ese estado tan vulnerable le evitaba que lo golpearan, pero no se salvó de los cubetazos de agua fría que utilizaron para deshacerse de cualquier gel o químico rastreable.

El rastreador en su cuerpo se lo desactivaron a punta de disparos con una taser.

—¡Pobre pedazo de mierda, no sé por qué mis nietas han caído en tanta estupidez por ti! —espetó David al cogerlo de la barbilla con violencia y luego soltarlo con brusquedad.

Daemon volvió a mirar el suelo, con un gesto destrozado.

«Bien, sigue así», pensé.

No nos convenía que cayera en las provocaciones de nadie.

—Pregúntale a una, la tienes aquí —recomendé satírico hacia David y Inoha negó con fastidio.

—Ya solo quiero hacerle pagar algunas cositas y de paso, joder a Danik —masculló ella y miró con desdén a su verdadera némesis.

David rio y negó divertido, y con eso confirmé que en realidad él veía a Inoha como su nieta, a Danik en cambio la miraba como un pase directo a su poder y a una venganza peligrosa en contra de Grigoris y Sigilosos.

—Tienes media hora máximo, querida —le recordó mirando el reloj en su muñeca. Vi el mío y activé una alarma—. Cuídenla o me cobro con sus vidas de mierda si le pasa algo —amenazó a los tipos que nos acompañaban y luego salió del salón dándome una palmada en el hombro al pasar a mi lado.

Yo estaba con las manos hacia atrás en una posición de descanso y sacudí la cabeza al confirmar que el hijo de puta se iba satisfecho con mi desempeño, igual que en los viejos tiempos, y feliz de que su nieta fuese una perra. Ella les ordenó a los tipos que se dieran la vuelta y que por ningún motivo se volviesen para ver lo que sucedería.

Maldita zorra, sentía más vergüenza yo que ella; y eso ya era demasiado para asimilar.

Me sentía más consciente y vil, y no sabía si se debía a todo lo que viví antes de unirme a los Pride White o si, por el contrario, la convivencia con ellos en realidad me hizo ver y descubrir cosas a las que antes me negué. Aunque seguía manteniéndome en pie con la idea de que no necesitaba del poder de los White y menos una relación familiar, pero admitía que continuar con los Black ya me era estúpido, pues nací para cosas más grandes, no para seguir de subordinado de nadie.

Madre odió todo de mí, pero, sobre todo, que heredara el hambre de liderazgo que caracterizó a uno de los fundadores de Grigori. Ese hecho me condenó con ella de por vida. Imaginaba que prefería a un fracasado en mi lugar.

—Dicen que, a veces, para que alguien recupere la memoria es necesario llevarlo a revivir hechos que lo marcaron como hierro caliente en la piel y, tengo unas ganas tremendas de llevarte a uno de los momentos más divertidos de nuestras vidas —comentó Inoha hacia Daemon y me sacó de mis pensamientos.

Daemon la miró entretanto ella caminaba hacia mí, la pequeña demonio me sonrió con malicia en cuanto estuvimos frente a frente y acarició mi pecho. Le daba la espalda a él, aunque yo sí lo veía y en ese instante noté un atisbo de ira marcar sus rasgos. Les dije que eso podía pasar, les advertí que los alcances de esa maldita eran indescriptibles y que me vería obligado a jugar un papel repugnante para ellos, de ser necesario, y lo aceptaron. Sin embargo, eso no significaba que minimizaría el dolor y la mirada de ese gemelo demostraba que lo que presenciaría podría desestabilizarlo de verdad.

—Esto es lo que sucedió el mismo día que suplicaste morir, o que te borraran los recuerdos —le confesé, permitiendo que Inoha me sacara la camisa y comenzara a besar mi pecho. Metiéndome en mi papel y ganándome más el odio de ese imbécil.

Hubo un tiempo en el que disfruté de esas caricias que Inoha me daba, y no sería hipócrita, admitía que tal vez lo hubiese seguido haciendo si estuviéramos en otro lugar, solos. Porque la verdad era que la exrubia follaba de maravilla y yo era un hombre que gozaba de un buen coño sin importar el alma podrida de la dueña.

—Follamos frente a ti y luchaste por detenernos, pero esa cadena en tu cuello te contuvo como el perro que eres —recordó Inoha con burla, dándose la vuelta y restregando su trasero en mi entrepierna.

La puta no sabía el fuego que estaba alimentando.

Tomó mis manos y con las suyas me guio en los movimientos que quería que le hiciera, magreé sus pechos y abrí su blusa hasta que se mostró en sostén; fingía gemidos con tal de que esos afectaran a nuestro espectador y él sonrió incluso con la ira reflejada en sus ojos.

—¡Woof, woof! ¿Si te das cuenta de que ahora no te recuerdo? —inquirió él con burla, ladrando antes como un jodido perro.

Mierda.

Aunque señaló un buen punto, me causó gracia que tuviera el valor de jugar y burlarse en la posición en la que estaba. El imbécil era más temerario que yo.

—Tu mente no, pero tu cuerpo sí —aseguró ella ignorando la burla de Daemon y evité rodar los ojos.

Sí, estaba buena y follaba de puta madre, pero eso era mentira. El cuerpo también olvidaba ciertos toques cuando caía en las manos de la persona correcta y capaz de borrarlos, y era claro que esos gemelos idiotas ya estaban cogidos de los huevos por sus respectivas parejas, por lo tanto, solo respondían a ellas.

Le sonreí a Inoha pensando en eso cuando me desabrochó el pantalón.

—Suplicaste con tu mirada que no me dejara tocar… ¡Joder, sí! —gimió al final, porque con la palma de mi mano abarqué su sexo y lo restregué con lujuria.

El tipo me observó con la clara amenaza de que se las pagaría y no porque le doliera que yo tocara a la zorra, eso estaba más que claro.

—Pero tú seguiste como la puta que eres —apuntilló él y eso sacó una sonora carcajada de la garganta de Inoha.

Dudé de que fingiera con mi toque, la maldita en serio se estaba excitando.

—Y no solo seguí, sino que lo gocé; y más cuando comenzaste a convulsionar como un perro con rabia—aseguró ella y sin que nadie lo premeditara, Daemon se puso de pie con la intención de irse sobre nosotros.

Me aparté de la espalda de Inoha y cogí al chico de la camisa húmeda para detenerlo.

Esa era una reacción aceptable, mas no inteligente y él lo sabía. El hijo de puta intentó darme un cabezazo y me defendí propinándole un puñetazo en la mandíbula que lo sentó enseguida, aunque terminó cayendo al suelo por la brusquedad.

El cabrón se lo merecía, me lo debía y aproveché la oportunidad, sin embargo, lo cogí de nuevo del cuello de la camisa y lo hice ponerse de pie.

—No. La. Cagues —mascullé entre dientes al acercarme a él. Sonrió como el psicótico que era y volvió a ladrar, deseando salir pronto de esa situación para encararme. Y estaba bien, lo aceptaba. No obstante, en ese momento debía seguir el juego.

Los tipos que nos daban la espalda intentaron auxiliarnos, pero se contuvieron al ver que Daemon tomó asiento de buena fe.

—Me encanta cuando te pones todo gruñón. —Canturreó Inoha apartándome de su camino y llegando a él para tomarlo de la barbilla.

Asco fue todo lo que noté en ese tipo y estaba a punto de espetar algo cuando la puerta se abrió y Danik entró exigiéndole a Inoha que no lo tocara, mirándome a mí con desconcierto por las fachas en las que me encontró.

De cierta manera me sentí aliviado porque su presencia significaba que la hora límite estaba a punto de cumplirse y pronto terminaría con esa farsa.

Por primera vez estaría del otro lado del infierno y sonreí por la ironía.

29 | Jaque Mate

RAHSIA

Luché con todas mis fuerzas para soltarme de aquellos dos imbéciles que cada vez me magullaban más los brazos, grité palabras soeces que jamás fueron propias de mí, pero que nunca en la vida me sentí más orgullosa de mascullar como en ese instante. De nada me sirvió. No cedieron y si me contuve de lanzar amenazas fue solo porque no quería empeorar las cosas; necesitaba quedarme en ese edificio, puesto que en casa de David Black sería más difícil escapar.

—Deberías dejarla aquí. —Escuché a Inoha decir cuando llegaron cerca de donde me llevaban.

Por primera y única vez estaría de acuerdo con ella.

—¿Quieres que presencie lo que harás? —preguntó David con diversión y me tensé.

Rogaba porque no lograran su objetivo, porque Demian encontrara una manera de proteger a Daemon, pero tampoco quería hacerme falsas esperanzas porque ya no estaba segura de si ese idiota seguía en el juego, o si, por el contrario, decidió vengar a su madre.

—Me gustaría, pero también estoy pensando que en casa tiene la posibilidad de convencer a la abuela para que la libere y ella, al estar ocupada con los preparativos del funeral de Charlotte, se descuidará con facilidad.

¡Oh, maldita! No era tan estúpida después de todo. La abuela Bianka me quería, eso no lo dudaba y era una víctima más en ese mundo, o al menos eso quería creer.

—Te concedo eso, querida —alabó mi abuelo y rodé los ojos.

—¡Auch! —me quejé cuando uno de esos tipos tiró de mí siendo un bruto.

—Déjala, Jack —le ordenó David—. Sé que mis nietas son inteligentes y Danik en especial sabe lo que le conviene. Solo llévala a la habitación y cuiden de que no se meta donde no debe.

Ni siquiera lo miré, me repugnaba y ya no podía ocultarlo.

—Después de que acabemos aquí, nos iremos hacia Richmond, cariño —me recordó y caminó hacia mí.

Me cogió la barbilla y sonrió fingiendo amor de abuelo, lo encaré gélida y no me aparté. No lo haría, no le demostraría que temía y tampoco me mostraría vencida, porque no lo estaba. Ellos habían hecho una movida en esa partida que me inhabilitó de momento, lograron derribar a los caballos de guerra y desestabilizar a uno de los alfiles; se deshicieron de un peón e iban en busca del otro, de Dylan específicamente al pretender secuestrar a uno de sus hijos. Pero, el ajedrez era así y por un movimiento bueno no íbamos a perder el juego, me negaba a ello.

Teníamos muchas piezas aún por mover para proteger al rey y hasta que no lo derrocaran, la partida no estaba perdida.

Y no permitiría que mi rey fuese derrocado.

—Si por algún motivo nos acorralaran y el rey llegara a estar en jaque, pues las torres haremos nuestra jugada —dijo Aiden en su explicación sobre la partida que jugaríamos en contra de los Vigilantes.

—Optaremos por un enroque, ese será nuestro movimiento sorpresa. —Miré a Sadashi cuando añadió eso y a pesar de que muchas veces me desesperaba su egocentrismo, la admiraba por la capacidad tan grande que tenía de cuidar a su familia.

Resiliencia

Cambiar a su torre por mi rey no debía ser fácil y admitía que yo no hubiese sido capaz de soportarlo.

Recordar ese momento me devolvió la confianza, ya que estaba segura de que ejecutarían el juego como prometieron y sonreí ante la anticipación.

—Haré lo que quieras, abuelo. Simplemente quería que dejaras fuera a Daemon —musité, mostrando molestia y no solo fingiendo que seguía de su lado, porque eso habría sido demasiado obvio.

Todo el tiempo había actuado así, dolida, molesta y estúpida para que él creyera que mis ganas de vengarme eran auténticas y me funcionó, y tenía que seguir funcionando. Me observó, analizándome y puse en mis ojos aquella mirada que decía que todo lo que salió de mi boca era cierto.

—No seas egoísta, cariño. Deja que tu hermana se divierta un poco, se lo debo. —Presioné mis muelas entre sí al escucharlo.

Odiaba que recalcara el parentesco porque para hermanas como ella, prefería seguir estando sola en el mundo, y me refería a la cuestión de hermanos.

—Bien, entonces espero que no tarde mucho porque ya quiero salir de aquí —espeté y decidí meterme a la habitación a la que ordenó antes de que se arrepintiera de dejarme.

En el camino hacia allí tenía que cruzarme con Inoha y me fue imposible no sonreír, consciente de que odiaba ese gesto altivo en mí.

—Diviértete —recomendé y me detuvo del brazo, clavándome las uñas más de lo necesario.

Me miró con ironía ante mis palabras y luego sonrió tal cual yo lo hice.

Sus ojos eran negros gracias a una queratopigmentación que se practicó para que nadie la identificara por el color, así como cambió el rubio extraclaro y natural de su cabello. La nariz también era muy distinta a la que los Pride White conocieron y el chip que le insertaron para rastrearla antes de que Demian la rescatara, lo removieron de su cuerpo junto a una costilla, ya que en Grigori se encargaron de que no fuera fácil de extraerlo, pero a ella no le importó con tal de librarse de ellos.

Por todo eso logró acercarse a mí y a Daemon, aunque esa vez su juego fue descubierto y lo pagaría caro.

—Lo haré, hermanita, y te demostraré que ese hombre sigue siendo mío —aseguró—. Que así se haya achicharrado el cerebro, su cuerpo y alma me siguen reconociendo porque en su momento me amó al punto de preferir morir si no estaba a mi lado.

Me zafé de su agarre y opté por callar.

Podía decirle muchas verdades, pero únicamente la alentaría a seguirme jodiendo y era muy probable que terminara metiendo la pata en el proceso y no me convenía. Mostrarme dolida y frustrada era mi mejor opción y la más inteligente. Así que sin decir nada llegué a la habitación y me senté en la silla que se encontraba frente a una mesa de madera que parecía más vieja que mi abuelo.

El lugar olía mal y agradecí que no tuviese puerta así el aire ventilaba un poco, visualicé manchas de sangre en algunas partes y me arrepentí de haberme sentado sin antes percatarme de que donde puse mi trasero no hubiera rastros de tortura.

Pero ya lo había hecho y prefería mantenerme en la ignorancia.

Vi a Inoha y David marcharse, dos hombres se quedaron a cada lado de la puerta para vigilarme; el tiempo comenzó a correr y alargarse al mismo tiempo, las imágenes llegaron a mi cabeza para torturarme y lloré en silencio al pensar en Caleb tirado en el suelo después de haberme protegido.

Mi pobre padre de verdad creyó que le fallé, que tiré a la basura todo lo que me enseñó y le rogué a Dios para que me diera la oportunidad de verlo de nuevo y explicarle que no fue así, que solo quise librarlos de un mal que los aquejó y me aquejaba desde mi nacimiento. Necesitaba que me perdonara por llevarlo a ese destino.

Quería que se sintiera orgulloso de mí, de Rahsia Brown, su hija, a la que él bautizó y crio como propia.

Ya no era más Danik Black, esa chica murió años atrás. Renací como Rahsia Brown el día que ese hombre me rescató y me sentía orgullosa de tener su apellido y ese nombre que escogieron junto a mi madre.

—No te atrevas a dejarme, Caleb —susurré para mí y me mordí el puño para no soltar un sollozo.

Resiliencia

Lloraba por mi padre luchando con la muerte, por mamá sufriendo sola y por el amor de mi vida, por mi precioso desastre, mi chico de ojos gris miel sumido en su más grande miseria.

—Necesitan una barra eléctrica para desactivar un rastreador. Demian solicita que lo lleves y te encargues de Daemon Pride. —Me puse de pie de inmediato al escuchar esa voz y ese acento de nuevo.

Se parecía al de los gemelos Pride White.

El corazón se me aceleró como loco y me di cuenta de que pasó más tiempo del que imaginé, el tipo que llegó pidiendo eso fue el mismo que secundó a Demian en la mentira de que fui yo quien le disparó a Isabella, y uno de los que me había estado cuidando se marchó de inmediato. Me acerqué a la puerta desesperada por salir de esa habitación, pero me detuvieron el paso.

Sabía que Sadashi podía matarme por mis pensamientos en ese instante, mas no lo podía evitar; deseaba con todo mi corazón que la torre hubiera tomado el lugar del rey, que el enroque hubiese sido ejecutado a la perfección.

—¿Dónde está Demian? Quiero hablar con él —exigí.

—No puede, está reunido con su hermana y abuelo —explicaron y quise salir de nuevo, pero me regresaron de un empujón.

Apreté los puños y volví a irme sobre ellos, uno de los que me habían estado cuidando me cogió de la cintura (era el más pedante) y en el alboroto quedamos como si nos estuviésemos abrazando, al volverme a empujar logré tomar un arma que llevaba en su espalda y lo apunté quitándole el seguro en el proceso.

—Si sabes contar, cuenta con que no dudaré en meterte un balazo en las bolas —advertí tomando posición.

Y fue eso lo que les hizo darse cuenta de que sabía lo que hacía y que no actuaba guiada por la ira o el miedo. No conocía mucho de defensa cuerpo a cuerpo, pero Caleb tuvo la iniciativa de enseñarme a utilizar un arma y disparar, así que incluso si no era la mejor, podía hacer mucho daño con una semiautomática en mis manos.

El otro tipo sacó su arma y estuve a segundos de apuntarlo a él, aunque me detuve al ver que en realidad encañonó al hombre al que le robé la glock.

—¿Qué carajos haces, Rony? —preguntó su compañero muy molesto.

También me preguntaba lo mismo, pero no lo desalentaría a que me ayudara.

—Estoy apostando por el equipo ganador y si hueles el ambiente, entenderás que el viejo Black ya está a punto de caducar, Jack —explicó Rony.

—¡Vas a pagar caro tu traición, italiano hijo de puta! —espetó Jack.

Conque era italiano, por eso su acento me sonó familiar.

—Entra —le ordené yo a Jack. Lo hizo al ver que estaba muy jodido por adelante y por atrás.

Rony se encargó de amordazarlo y tapar su boca para que no hablara y le dejó en un rincón donde nadie lo vería de momento. Cuando terminó, yo seguía apuntándole a él.

—La llevaré a donde desee, señorita Black, pero tiene que esperar el momento adecuado —sugirió y negué.

—Quiero ir a donde tienen a Daemon.

—Bien, pero aguarde a que su abuelo se vaya a la oficina. Él no estará mucho tiempo con el joven, ya que Demian y su hermana se encargarán de él. —Iba a decirle algo, pero escuchamos un revuelo y personas acercándose—. Quédese dentro, fingiré que la estoy cuidando y esconda esa arma. La dejo a cargo de Jack —avisó.

Volvió a su lugar y yo al mío.

Jack me observaba con odio desde su lugar y la adrenalina comenzaba a provocarme un temblor en el cuerpo. Pero tenía que soportar y llegar a donde sea que tuviesen a Daemon. Un grupo de varios hombres pasó frente a la habitación, iban armados y preparados para la guerra; situación que me puso peor, ya que no era normal que desplegaran tanta seguridad a pesar de lo que había sucedido horas antes.

—Lleva a la señorita al área protegida porque pronto esto se volverá un infierno —le pidió un tipo a Rony y este asintió.

Cuando todo se calmó me acerqué a la puerta y vi que iban desapareciendo por una esquina. El edificio era enorme y contaba con salones grandes adecuados para almacenar armas o drogas, incluso a personas.

—¿Qué está pasando? —inquirí y Rony me miró más tranquilo al ver que ya no lo apuntaba con el arma.

—Tienen a un Pride White, señorita. Es obvio que Grigoris y Sigilosos llegarán pronto y se están preparando para recibirlos, su hermana y abuelo se irán pronto y a usted querrán llevársela con ellos.

—No, gracias —musité y él sonrió.

—Su abuelo ya salió del salón donde tienen al joven. Solo Demian, su hermana y otros guardaespaldas fieles a la asociación se encuentran dentro. Si la llevo, tendré que actuar a favor de ellos y usted debe entregarme esa arma —advirtió y me lo pensé unos minutos.

No confiaba del todo en Rony, pero no me quedaba otra opción; quería ir a donde estaba Daemon para comprobar si de verdad era él porque, de ser así, entonces sabía lo que Inoha pretendía y en su estado sería fácil quebrarlo. Por lo que le entregué el arma y dejé que me cogiera del brazo para que me encaminara. Lo miré mal cuando al doblar en una esquina me tomó con más fuerzas y comenzó a halarme con brusquedad.

—No te pases —advertí, odiando lo magullados que habían sido mis brazos ese día.

—Es parte del espectáculo —susurró él.

No dijimos nada más porque pronto estuvimos frente a una gran puerta, había dos hombres custodiándola y nos detuvieron.

—Será parte del espectáculo, Demian me envió por ella —explicó Rony y tras asentir, uno de los hombres abrió la puerta.

Quise soltarme de Rony cuando encontré a Inoha cogiendo el rostro de Daemon, él estaba mojado, de seguro lo maltrataron al llegar y tenía un golpe en la mandíbula. Demian iba sin camisa y con el pantalón sin abrochar, lo que me desconcertó demasiado. Razón por la cual volví a mirar a Inoha y me di cuenta de que su blusa estaba abierta del frente.

¡Asquerosa!

El salón era grandísimo y la mayor parte lucía en la oscuridad a excepción del frente, que es donde tenían a mi…

—¡Suéltalo! —exigí a Inoha y me gané toda su atención y la de los demás presentes.

Demian hizo un gesto de dolor y sobó su puño derecho, así que supe que era el causante del golpe en aquel hombre que lucía exactamente igual a Daemon, pero que no era él. Mi corazón sintió un poco de alivio al confirmarlo, aunque me asusté por Aiden y la posición en la que se encontraba.

Querían hacerlo vivir de primera mano lo mismo que a su hermano en el pasado y eso lo destrozaría. Entre todas las atrocidades que hizo Inoha, haber mantenido relaciones sexuales con Demian frente a Daemon fue la peor y la más mortal para mi chico, lo que detonó su bomba interior y con lo que *mi hermana* se ganó a pulso el odio de Aiden y Sadashi Pride.

Sin contar a Isabella y Elijah.

—¡¿Qué?! ¿No la reconoces? —se burló Inoha cuando *Daemon* puso los ojos en mí.

Miré a Demian y su gesto me hizo saber que seguía de nuestro lado a pesar de lo que hacía.

—Claro que me reconoce, así como yo a él, estúpida —respondí por Aiden y sonreí.

—Amárrala a esa silla y pobre de ti si se escapa —le exigió ella a Rony, ignorando mi gesto y vi que este miró a Demian, preguntándole así si obedecía.

Demian me observó con un atisbo de vergüenza y supe la razón: se iba a prestar al juego de Inoha una vez más y negué, porque así no fuese Daemon el que estuviera en esa silla, lo que pretendía era repugnante para los ojos de muchos, incluso para los *voyeur,* ya que ese acto se haría con maldad, con la única intención de dañar y no de dar placer.

—Hazlo —dijo él hacia Rony y este me obligó a caminar hacia una silla.

Negué con la cabeza y miré a Demian con decepción, luego vi a Aiden con vergüenza y este asintió.

—Calma, *piccola*. Todo va a estar bien —pidió y me tensé por la forman en que me llamó, aunque la risa burlona de Inoha no me dejó ponerle más atención.

Si no conociera de verdad a mi tormento, habría creído que el que me hablaba era él y no su hermano. Pero a esos dos los

identificaría hasta con los ojos cerrados a pesar de que sus voces también se parecían. No sabía por qué o cómo, ya que eran gemelos casi idénticos a excepción del color de sus iris, sin embargo, mi cuerpo reaccionaba únicamente a la cercanía de Daemon.

—A mí también me llamabas *piccola* —recordó Inoha y tragué con dificultad.

A esas alturas podía estar mintiendo o diciendo la verdad, y de lo único que podía estar segura era de que, en efecto, tuvo un pasado con Daemon y con él había detalles que solo ella recordaba.

Aiden la miró, fingiendo ser su hermano y ocultando con éxito el odio hacia la pelinegra; sentí a Rony llevar mis manos hacia atrás cuando me sentó en la silla indicada, pero al amarrarlas solo enrolló una cuerda en mis muñecas y dejó los extremos de ella en mi palma para que no se soltara. La sostuve con fuerza y fingí que me había dejado muy asegurada.

—Y le suplicabas porque no se portara mal conmigo —añadió Demian y llegó detrás de Inoha para cogerla de la cintura.

Lo que sucedió a continuación me destrozó el corazón, ya que Demian se encargó de narrarle a Aiden cómo fueron las cosas cuando secuestraron a Daemon. Tocó a Inoha tal cual lo hizo esa vez y explicó las reacciones de mi hermoso desastre al verlos, lo que le desencadenó un ataque epiléptico.

—¡Sigue! —exigió Aiden con la voz ronca cuando Demian se detuvo en la parte donde desnudaba por completo a Inoha.

Para ese momento ella estaba semidesnuda del torso. Demian se detuvo y lo miró dubitativo, entendí que eso no era parte del plan y yo tampoco quería que continuaran.

—Bueno, admito que esa vez no pediste eso. —Inoha habló con diversión y cogió las manos de Demian para llevarlas al botón de su pantalón—. Pero si el nene quiere, vamos a complacerlo. ¿Cierto, cariño?

Cerré los ojos para sacudir mis lágrimas en el momento que Demian comenzó a bajar el *jean* de Inoha como respuesta a su pregunta y ella se reveló solo con una tanga diminuta en color rojo. Se quitó antes los zapatos y eso disminuyó su estatura unos cinco centímetros.

La maldita era el claro ejemplo de que el más letal de los venenos iba en presentaciones pequeñas.

Aiden estaba a punto de explotar y yo lo noté igual que Demian. Y justo cuando este último llevó sus manos hacia el broche del sostén de ella, un bip entrecortado pero constante, comenzó a sonar del reloj en la muñeca de Aiden y también en el de Demian. Mi cuerpo fue atacado por un escalofrío y sentí movimientos a mi alrededor, mas no veía nada, ya que estaba oscuro.

Esa vez mi manía de otear hacia todos lados fue alimentada por una presencia etérea que palpé a mis espaldas.

—¿Qué ha sido eso? —exigió saber Inoha alzando la voz y varios tipos que estaban afuera comenzaron a entrar para protegerla, los que se habían mantenido de espaldas se giraron alertas.

Lo tomaron como una señal.

—Nada, solo es el momento de mi siguiente dosis de antipsicóticos y Demian como buen tío está pendiente de ello —explicó Aiden con burla, demostrándose como él y no como su hermano.

Me deshice de la cuerda cuando supe que esa bomba iba a explotar y no quería ser alcanzada. Inoha miró a Demian con desconcierto y luego a Aiden.

—¡Sáquenle la camisa! —ordenó ella y antes de que alguno lograra llegar a Aiden, este se puso de pie y llegó a Inoha.

Demian la detuvo en cuanto quiso retroceder. Dejándola en medio de ellos dos.

—¿Y por qué no me la sacas tú, pequeña puta? ¿Ya te aculillaste con este perro rabioso? —Satirizó Aiden y sonrió con una maldad que solo vi en los villanos—. ¡Woof, woof! —Le ladró en la cara y mi mundo se detuvo en el momento que cada hombre de los Vigilantes que nos rodeaba comenzó a caer uno a uno.

Mi cuerpo no me mintió, sintió la presencia de alguien más incluso sin poder ver y casi me caigo de la silla cuando me puse de pie de inmediato al ver a Elijah Pride salir de las sombras.

Oh. Santa. Mierda.

El rostro de Inoha se desencajó y su actitud cabrona cambió de inmediato a una de «ya comí mierda».

Resiliencia

—Y como dicen por allí, aquel que no conozca mis demonios no debería de darse la tarea de provocarlos, pero a ti te importó una mierda. ¿Cierto, exrubia? —la saludó y sentí lástima por ella—. Ha pasado un buen tiempo sin verte —añadió.

Tenía las manos manchadas de sangre y parte del rostro.

«¡Que no me vea, que no me vea!», rogué en mi mente porque si así miraba a Inoha, no quería ni imaginar cómo me iría a mí.

Retrocedí con la intención de huir y estuve a punto de gritar cuando choqué con mi espalda en un enorme cuerpo, pero me cubrieron la boca y hablaron en mi oído.

—Shhh, calma, *la mia piccola e innocente diavoletta.* —Me vi envuelta en una tremenda sensación de alivio cuando reconocí esa voz de barítono y quise voltearme para abrazarlo, pero me conformé con un beso casto que depositó en mi cuello.

¡Jesús!

La luz del bombillo alcanzó su rostro y cuando lo vi a los ojos la preocupación barrió el alivio. Sus iris estaban casi negros y al igual que su padre, había manchas de sangre en su rostro. Tras asegurarse de que me había estabilizado, me dejó y se acercó tras la espalda de su gemelo, iba sin camisa, con el torso manchado de sangre y una daga escurriendo demasiado líquido carmesí; la cinturilla del bóxer se le veía por encima de la del pantalón y, a pesar del momento pensé en ¿cómo era posible que provocara tanto miedo y deseo a la vez?

—¡Madre mía! —balbucí y sacudí la cabeza para espabilar sin dejar de ver que Daemon cortó el amarre en las manos de su hermano, justo cuando Inoha habló con la voz entrecortada.

—¿De qué se trata esto?

—Del *jaque mate*, Nóvikova —respondió Daemon y con una mano en el hombro de su clon lo apartó para revelarse frente a ella.

No existía palabra para describir la expresión de Inoha en cuanto vio a Daemon sin camisa, mostrando la mitad de aquel loto que lo identificaba ante personas ajenas a ellos. Fui capaz de notar cómo ella tembló al percatarse de que no solo estaba frente a los gemelos, sino también tenía al demonio mayor viéndola en ropa interior.

Me tensé cuando la cercanía de Daemon con ella se hizo más corta y fue necesario que él inclinara la cabeza hacia abajo para poder observarla. La escrutó como el mejor de los escáners y sonrió malicioso en cuanto olió su cabello y ella pegó un respingo.

—Mmmm… —Daemon cerró los ojos al hacer ese sonido, luciendo como la bestia a punto de comerse a su presa—. Hueles a terror y eso activa más mi instinto asesino.

—¡Santo padre! —susurré por lo bajo y no me perdí de cómo Inoha se estremeció.

Esa era una versión desquiciada de Daemon Pride White y la piel se me erizó, más miedosa que celosa por lo que estaba presenciando.

—No entiendo cómo osas compararte con tu hermana —siguió mi tormento, hablando con la voz cada vez más ronca y me enterré las uñas en la palma de la mano al cerrarlas con brío cuando él le subió el tirante del sostén que le cayó a la mitad del brazo—. Aunque entiendo porqué te refieres a mí como perro, es obvio que lo fui al haber preferido tus insípidos huesos en el pasado.

En ese instante dio un paso atrás. Su aura era igual a la de su padre y gemelo, solo que un poco más desquiciada debido a su estado.

—¡Que no quede ninguna rata viva! —ordenó el señor LuzBel por un radio y comenzamos a escuchar un alboroto afuera.

El sube y baja raudo del pecho de Inoha demostraba que ya no solo estaba asustada, sino también indignada por lo que escuchó de la boca de Daemon.

Rony, quien de milagro no fue tocado e imaginaba que se debía a que Demian lo protegió, se acercó para entregarme un arma y se quedó a mi lado. Demian se alejó para recoger su camisa y vi a Inoha aprovechar para correr hacia la puerta y ninguno de esos hombres la detuvo; supe la razón cuando al abrir, una sonriente Sadashi ya la estaba esperando.

—¡Puta madre! Nunca imaginé que me pondría feliz al verte, zorra Inoha. —La susodicha cayó al suelo en el momento que Sadashi la regresó a su lugar de una patada, demostrando el gozo que sentía al verla.

El golpe sonó seco en el suelo, Sadashi llegó con rapidez y la cogió del cabello para luego empujarla con fuerza hacia

el frente. Inoha tropezó con su propio pie, pero sus ganas de vivir la hicieron levantarse de inmediato y buscar una salida. Quedó en el medio de un círculo formado por Aiden, Daemon, Elijah y Sadashi.

Inoha miró a cada uno, ellos mostraban un ansia enorme de venganza a excepción de Daemon, y agradecí que el mayor de los Pride tuviese su atención en ella y no en mí.

—¡Nada de lo que me hagas eliminará el hecho de que te obligué a borrar tu memoria! —Debía admitir que me sorprendí ante tremenda estupidez por parte de esa chica.

Estaba viendo lo que sucedía, su posición ante ellos, y en lugar de tratar de apaciguar el fuego lo encendía más.

—¿Y quién te ha dicho que yo te haré algo? —inquirió Daemon y ella lo miró sin entender—. Vine aquí por mi novia, que es lo único que tienes que de verdad me importa. —Quise llegar al frente para que esa tonta me viera, solo por alardear.

Pero con eso me arriesgaba a que el señor LuzBel me viera y no, gracias.

—*El exterminio está saliendo de puta madre, solo nos queda la rata mayor, cambio.* —Reconocí a Elliot hablando por el radio que usaban Sadashi, LuzBel y Daemon.

—Y dos de las menores —añadió el padre de mi demonio y no supe si me incluía a mí.

Tampoco le preguntaría porque en ese caso prefería quedarme con la duda.

—Comencemos con la más asquerosa. —La voz de Sadashi sonaba con emoción cuando se acercó de nuevo a Inoha y la golpeó arriba de los talones, desestabilizándola y llevándola al suelo una vez más, ella a duras penas se protegió la cabeza y jadeó al perder el aire—. Me encanta cuando me ves así, desde tu única posición ante mí y los demás —alardeó la asiática y Inoha no pudo defenderse en cuanto la tomó del cabello y la colocó de rodillas.

La exrubia, como le estaban llamando los Pride White, gritó entre molesta y doliente, golpeó el brazo de Sadashi para zafarse y con ello logró que la chica le arrancara algunos mechones y se carcajeara por lo que sucedía.

Los hombres veían con gozo lo que pasaba, me pareció que Aiden hasta estaba empalmado de ver a su esposa en acción, yo en cambio había comenzado a temblar y como apoyo tomé la mano de un aterrado Rony. Supuse que justo en ese instante, el chico agradeció haber escogido bien el bando.

—¿Crees que tu novia va a perdonarte que te hayas acostado conmigo? —cuestionó Inoha a Daemon cuando Sadashi la inmovilizó. Comprendí que, ya que no podía hacer daño con golpes, buscaba hacerlo con palabras.

Daemon le hizo una señal a Sadashi para que se detuviera justo cuando ella golpearía una vez más a Inoha.

—¿Hablas del día en que me drogaste y la hiciste que fuera al hotel para que nos encontrara? —Inoha se quedó en silencio ante la pregunta de Daemon y los demás rieron—. Porque ella sabe que todo fue un plan y que ni siquiera fuiste capaz de provocarme una erección. Por lo que la engañada fuiste tú, *troia*[13] —añadió y fue un golpe al ego de la chica.

—¡Hijo de puta bipolar!

—¡Ajá! Bipolar, pero incluso así no volvería a tocarte ni en mis peores momentos.

—¡Claro que no! ¡Tú solo violas cuando estás en tus peores momentos! —atacó y vi la tensión en la espalda de Daemon porque ella recordó eso.

Di un paso al frente para buscarlo, sin importarme quedar a la vista del señor LuzBel, aunque él negó cuando vio mis intenciones con su hijo y me detuve.

¡Carajo! Ese hombre me hacía temblar las piernas y no de la manera en la que lo hacía Daemon.

—Y si me jodiste a mí de esa manera cuando según me amabas, ¿acaso crees que no la violarás a ella? ¡Aaah! —gritó en el instante en que Sadashi reveló una daga y la clavó entre el espacio de su cuello y hombro derecho.

---

13 Zorrita.

Resiliencia

Sacó el arma sin delicadeza de regreso y enseguida la obligó a ponerse de pie. Estaba solo en ropa interior y la sangre manchaba su piel blanca.

—He estado con él en sus peores momentos y sé que no lo hará —respondí por Daemon.

Lastimosamente, ese era un punto en el que Daemon no debatiría. Uno en el que trabajaríamos para que superara y sabía que lo lograría; un error, por muy cruel que fue ese que cometió, no lo convirtió en una mala persona y ya me lo había demostrado infinidad de veces.

—He pagado caro esa falta —aseguró él y Inoha rio.

—Que lo olvides no es pagar —rebatió y dio un paso atrás soltándose de Sadashi.

Chocó con el señor LuzBel y este la agarró con fuerza del hombro lastimado, sacándole otro grito de dolor.

—Pero lo que vivió para llegar a eso sí, ¡y tú te encargaste de ello! —espetó él.

Una vez más, Sadashi la golpeó, detrás de las rodillas en esa ocasión y la volvió a poner sobre ellas dejándola en una posición de sumisión ante su suegro.

—Quiero que lo recuerde, que jamás lo vuelva a olvidar —susurró Inoha y su voz mostró el dolor en su cuerpo.

—Shi —demandó el mayor de los Pride tras escucharla y su nuera llegó a ella, poniéndole la daga cerca del ojo izquierdo.

—Voy a revelar de nuevo el verde de tus ojos, pequeña mierda —declaró la asiática y temblé de terror cuando hizo una herida cerca de la orbe.

Inoha se retorció, el agarre de Sadashi en su cabello no la dejó apartarse, así que cogió la mano de su castigadora y eso provocó que la herida se corriera a su mejilla.

—Esta vez ni Isabella ni Caleb están aquí para defenderte, así que voy a enseñarles a mis hijos el lado oscuro de este mundo y cómo castigamos a quienes tocan lo más sagrado de mi vida —explicó ese demonio de ojos grises—. Pero, según mi esposa, debo ser un caballero y no tocar a ninguna mujer, por lo que uno de mis mayores orgullos después de mis gemelos y Abigail, se encargará de ejecutar mis órdenes.

Sadashi sonrió como toda una cabrona orgullosa y vi su placer al hundir los dedos en aquella herida viva en el rostro de Inoha; el grito que dio provocó placer en la mayoría y el pánico más horrendo en mí, sobre todo cuando fui capaz de ver sobresalir los dedos de la asiática en la boca de Inoha, dando un paso atrás por las ganas de vomitar que me atacaron.

—Madre no está viéndonos y a Shi no le importa que yo no sea un caballero —habló Aiden con emoción y llegó a Inoha, salvándola por un momento del agarre de su mujer—. Y estoy seguro de que tú no dirás nada, padre. Que me guardarás este secreto. —El señor demonio sonrió de lado y… ¡Jesucristo! Entendía a su esposa—. Además, esta putita quería divertirse conmigo, ¿cierto, *troia*? —Para ese momento él se había apoyado en una rodilla y cogió el cabello de Inoha.

La chica le escupió el rostro en respuesta, a pesar del dolor que le causó el movimiento, y Aiden la cogió del cuello, haciendo un gesto de satisfacción cuando Inoha gimió de dolor por el agarre violento.

—Atrévete a tocarla de más y me desharé de cada lugar donde poses tu mano —le amenazó Sadashi cuando notó que Aiden miró atento una cicatriz en el abdomen de Inoha, cerca de las costillas, y alzó la mano para tocarla.

Él miró a su padre tras unos segundos y ambos sonrieron por la amenaza.

—¿Tocarla cómo, *amore mio*? ¿Así? —la retó Aiden y llevó la mano a la teta de Inoha.

Me encogí en mi lugar y abracé a Rony cuando un grito desabrido abandonó la garganta de Inoha, luego de que Sadashi sacó una katana y con un movimiento limpio cortó la teta de la chica.

Eso era demasiado para mí, no soportaba ver tanto horror porque tuve que vivirlo en el pasado y no quería repetir esos episodios. Sentí que Rony se apartó cuando varios tipos lograron entrar al salón, Jack los lideraba y sonrió maligno al vernos.

—¡Ustedes sigan con su juego! —les ordenó Elijah a Aiden y a Sadashi.

—¡Perfecto! —exclamó ella como niña mimada y Aiden la cogió del cuello acercándola a él para besarla.

Resiliencia

La imagen fue oscura y romántica a la vez.

Daemon y su padre formaron una barrera y empezaron a luchar contra los hombres que los atacaban, desesperados por salvar a Inoha de aquella tortura a la que era sometida. Me alejé para no estorbar, aunque me mantuve pendiente con el arma en mi mano, apuntando a cualquiera que quisiera pasarse de listo.

Y, a pesar de los gruñidos masculinos, los gritos de Inoha sobresalían y me tapé la boca justo cuando Aiden la obligó a abrir la de ella y Sadashi le cortó la lengua, molestándose enseguida porque Inoha se desmayó. De inmediato su marido sacó una inyección que la reanimó en segundos y sentí una lágrima correr por mi mejilla, rogando porque el corazón de la que tuvo que haber sido una verdadera hermana mayor, se detuviese, puesto que esos dos no pararían hasta desmembrarla en carne viva, sintiendo cada milésima de dolor.

—¿Te molesta si la toco aquí, *cara mia*? —Eso fue lo último que escuché de Aiden y me escondí detrás de unas cajas en el momento que Sadashi alzó la katana, dispuesta a desgarrar la vagina de Inoha, pues fue allí donde su marido la tocó.

El grito que dio me asustaría en mis peores pesadillas.

—Saluda a tu padre en el infierno, zorra de mierda. Ya lo tendrás solita para ti —sentenció Sadashi y tras eso escuché un golpe seco.

Mi mirada me traicionó y observé a mi hermana con una katana que se introducía en su vagina y salía cerca del corazón.

—¡Dios mío! —Lloré, ni en las peores torturas de los Blanc vi algo así.

Dejé de concentrarme en esa imagen tan grotesca cuando un cuerpo cayó a mi lado, en ese instante el señor Elijah atacó a Demian y entendí entonces a quién se refería con lo de ratas menores. Demian se defendió y le asestó buenos golpes a su cuñado…

¡Jesús! Qué loco era pensar en el parentesco.

Ambos estaban bien entrenados, el señor LuzBel… digo, Elijah (me había estado refiriendo a él por su apodo cuando su ira fue dirigida a mí), tenía más experiencia, así que dominaba la lucha la mayor parte del tiempo, aunque Demian sabía sacarle la vuelta y evitar los golpes mortales.

Daemon por su lado parecía que necesitaba golpear y que lo golpearan casi como el aire en sus pulmones, así que lucía desquiciado a la hora de asestar y recibir. Noté que se dejaba lastimar adrede y sonreía con satisfacción entre los golpes, pero cuando devolvía, era con más intensidad.

Más hombres entraron, Sadashi y Aiden se unieron a Daemon y a Elijah en esa lucha, aunque vi claramente cuando la asiática mató a un Vigilante y lanzó el cuerpo de este sobre la espalda de su suegro, logrando así que liberara a Demian. Aiden empujó a otro para que su padre se concentrara en él y que de esa manera Demian pudiese escapar.

Escuché un gruñido que conocí como si fuesen los latidos de mi corazón y noté que Daemon era retenido por dos tipos y golpeado por otro, ese sacó una daga para apuñalarlo, por lo que, sin dudarlo ni un segundo quité el seguro de mi arma y disparé sin rechistar. Como dije antes, no era la mejor y mi puntería fallaba en muchas ocasiones, pero no me arrepentí del resultado: apunté a la mano y le di al Vigilante en la cabeza.

Luego de él le disparé al siguiente, este corrió con mejor suerte. O al menos eso creí hasta que Daemon cogió la daga del muerto y la clavó en el corazón del otro y tras deshacerse del tercero, buscó mi mirada y me sonrió.

Fue una sonrisa siniestra como la que le dio a Inoha, pero cálida a su manera y orgulloso de lo que acababa de hacer por él, únicamente por mi tormento, ya que, con tal de proteger su vida, era capaz de acabar con otras.

—¡Saca a Danik de aquí! Nosotros nos encargaremos de los demás —demandó su padre.

Daemon no esperó que se lo repitiera, llegó de inmediato a mí y me tendió una mano ensangrentada que no dudé en tomar; si hubiese sido otra persona a lo mejor me lo habría pensado, pero estaba descubriendo que aceptaba todo lo que viniera de ese hombre por muy oscuro que fuera.

—¿Estás bien? —preguntó cuando me pegó a su pecho y besó mi coronilla.

Resiliencia

—Hasta que no salga de aquí no lo estaré —respondí sincera—. ¿Tú lo estás? —indagué, iba todo manchado de sangre y ya no distinguía si era suya o de las otras personas.

—Ahora sí —aseguró cogiéndome de la barbilla.

Ni el olor metálico de la sangre impidió que me diera cuenta del significado de esas palabras cuando me miró con una oscura adoración.

—*David Black va directo al ala este del edificio, repito, la puta rata mayor intenta huir. ¡Que alguien lo detenga! ¡Que alguien lo putas detenga!* —gritó Elliot por el radio y Aiden le hizo una señal a Daemon para que saliéramos de ahí.

Corrimos evitando la pelea que se desarrollaba en aquel salón; Aiden, Sadashi y el señor Elijah eran unas malditas máquinas para asesinar y los tres se movían como en una danza de la muerte.

Demian y Rony habían logrado huir rato antes, e imaginé que ese era el plan al ser todos conscientes de que el señor Pride no lo perdonaría incluso si les ayudó ante la caída de ese imperio. Miré una última vez a Inoha y sentí lástima porque mi corazón era necio ante cuestiones parentales, a pesar de que mi terapeuta interior tenía claro que la sangre no siempre era sinónimo de familia. A Danik en cambio no le importaba que no nos hayamos llevado bien ni el que ella se hubiese ganado a pulso ese final; mis genes Less eran más fuertes y eso me obligaba a sentir más empatía por las personas.

Cuando llegamos al pasillo vimos a Darius Black correr con rapidez hacia el ala este, Daemon cogió con firmeza mi mano, aunque me mantuvo detrás de él todo el tiempo, en la otra llevaba una glock y con ella se deshacía de los Vigilantes que intentaban impedirnos el paso. Solo nos detuvimos cuando fuimos rodeados por cinco tipos, pero el retraso no fue mucho, pues en segundos, varios hombres con uniformes ninjas en color rojo vino se nos unieron. Tenían una insignia bordada en la manga derecha de la camisa, eran las letras LODS entrelazadas entre sí y de inmediato deduje de quienes se trataban.

La Orden del Silencio.

—¡¿Ronin?! —exclamé al reconocerlo incluso con la máscara ninja que usaba.

—Te lo dije, *kanmi*[14]. No puedes ocultar tu belleza si solo te cubres medio rostro —le dijo Owen, su esposo, y Ronin negó con la cabeza, acercándose a nosotros.

—*Si alguna vez hubiera apostado con tu padre sobre verte en una situación como esta, habría perdido, cariño* —comentó y sentí un poco de vergüenza.

—Voy a sacarla de aquí —les avisó Daemon a ambos y a lo lejos reconocí a Lewis, el mellizo de Owen, deshaciéndose de un par de Vigilantes.

Había otro Sigiloso con ellos, Isamu, uno de los más letales en el grupo de papá. Lo supe recientemente y, aunque sospechaba que era un tipo duro por su seriedad en las pocas veces que lo vi junto a mi padre, nunca imaginé hasta dónde llegaban sus alcances.

—*Más te vale que lo hagas, muchacho* —recomendó Ronin y Daemon sonrió de lado.

—Creí que yo era tu favorito —reprochó mi chico con un poco de diversión y eso me dio a entender que eran muy cercanos.

—No con Rahsia en la ecuación —aclaró Owen por su esposo—, pero eres mi favorito, así que mueve tu culo antes de que esto se vuelva color mierda.

—¡Ya lo está! —gritó Lewis a lo lejos e Isamu rio.

Tras eso seguimos nuestro camino, viendo cómo las katanas, tantos y otro tipo de armas blancas eran lo último que tocaban los cuerpos de aquellos Vigilantes convirtiéndolos en cadáveres. Más enemigos seguían llegando, sin embargo, los Sigilosos y Grigoris nos limpiaron el paso.

No obstante, me detuve de golpe y retrocedí al pasar por un pasillo que tenía final cerrado y en él se encontraba Darius apuntando a David, pero este último usaba a Demian de escudo.

—¡Abuelo, no! —grité.

Él puso sus ojos en mí, ya que quedábamos de frente, pero Darius no se inmutó con mi voz y se mantuvo firme. Demian negó y se rio de la situación, y no entendía por qué lo hacía, ya que no le veía lo gracioso.

---

14 Dulzura.

Resiliencia

—Maldita traidora, es tu culpa que estemos en esto —masculló David y con demencia presionó el arma en la sien de Demian—. ¡Dispara, hijo de puta! ¡Demuéstrale a este bastardo que me traicionó por nada! —alentó a Darius.

Daemon alcanzó a detenerme cuando intenté llegar a Darius y suplicarle que no lo hiciera a la vez que alzó el arma y apuntó a mi abuelo, eso solo sirvió para que este quitara el seguro de la suya.

—¡No te detengas esta vez, Darius! ¡No vuelvas a cometer ese error porque ya sabes lo que sucedió por dejarme vivir! —gritó Demian.

Sus ojos estaban brillosos por las lágrimas, yo comencé a derramar las mías y a negar como loca.

—No, Darius. Te lo suplico… —Lloré y Demian me miró sorprendido de que interfiriera por su vida—. ¡Eres mi familia, idiota! —grité hacia él y me miró con tristeza.

No me estaba refiriendo a los lazos sanguíneos sino a los que formamos en esas semanas que pasamos conviviendo juntos.

—Tío —susurró Daemon y por un momento creí que se refería a Demian por primera vez de esa manera, pero no, le hablaba a Darius.

La respiración de Darius era acelerada, en su rostro se veía un tormento doloroso.

—Ya una vez fui su puto escudo —comentó Demian.

—¡Cállate, bastardo traidor!

—¡Dios, no! —supliqué cuando mi abuelo hizo el amago de disparar.

—¡Sabes en qué parará todo si no te deshaces de él! ¡Joder, Darius Black! ¡Cumple tu venganza, te lo mereces! ¡Me lo merezco! —continuó Demian.

—¡No! —chillé yo.

—¡Ha despertado! —gritó Darius y nos dejó perplejos a todos.

Incluido David quien no entendió nada. Daemon miró a su tío, rogándole porque repitiera eso.

—¡¿Qué?! —musitó Demian y dejó escapar una lágrima.

—Mi Estrellita ha reaccionado bien a la operación, ha despertado. También cumplo mis promesas —añadió.

—Gracias. —Ofreció Demian.

Y entonces un largo y desabrido «no» salió de mi garganta en el momento que Daemon se giró para abrazarme y protegerme mientras Darius, aprovechando la distracción de David, disparó hacia los dos.

No fue un disparo, fueron dos, tres, cuatro, cinco… perdí la cuenta cuando los respingos de mi cuerpo no cesaron y caí al suelo entre los brazos de mi amada locura. Gritando, llorándole al chico que en los últimos días se convirtió en mi amigo y protector.

«¡Dios, no por favor!».

Eso era todo lo que mi mente repetía y quise salir de entre la protección de Daemon al ver a Darius bajar el arma, con el rostro acongojado, liberado y a la vez atado a lo que acababa de hacer.

Logré ver a mi abuelo y a Demian tirados en el suelo, el primero con la cabeza casi desecha por los proyectiles y al segundo, con el pecho agujereado como un colador; ambos inertes porque la vida acababa de abandonarlos.

Volví a gritar, eso no era justo. En un solo día perdí a Ian y luego a Demian, mi padre estaba en coma y vi a una chica de mi sangre ser torturada. Me iba a volver loca, sino es que ya lo estaba.

—El edificio está limpio —avisó Elliot llegando a donde estábamos—. ¡Mierda! —exclamó al ver aquella escena.

Pronto Aiden, Sadashi y Elijah se nos unieron. Este último sonrió satisfecho y me limité a abrazar con fuerzas a Daemon, ya que no quería gritarle nada, pues entendía la reacción de ese señor así a mí se me destrozara el alma.

Fueron muchos años de dolor y daños por culpa de los Vigilantes y nada lo borraba, ni siquiera el sacrificio de Demian.

—Está hecho, vamos a casa. Tu familia te espera —alentó Elijah a Darius y lo tomó del hombro para que volviese en sí—. Aiden y Shi, encárguense de que ninguno sobreviva —pidió hacia la pareja y por último me miró a mí—. Tienes muchas cosas que explicar, reina del ajedrez, pero antes llevemos a Daemon al hospital, ya que lo indujeron a la manía para que viniese por ti. Tus padres te esperan, Caleb ha despertado —avisó.

Resiliencia

Solo eso último consiguió que ignorara el apodo con el que me llamó. Antes de partir miré a Sadashi, quien observaba a Demian con detenimiento, no sé si lamentando que de nada hubiera servido todo lo que hicieron para que escapara con vida.

—¿Qué harán con este lugar? —Quise saber. Aiden me miró comprensivo.

—Vamos a quemarlo, nadie saldrá con vida después de nosotros —aseguró y me metí entre el brazo de Daemon, necesitaba apoyo.

—No quiero que él se quede aquí —supliqué con voz lastimera.

Darius y Elijah ya se habían ido, solo Elliot nos acompañaba; por primera vez vi empatía en Sadashi hacia mí.

—Te entregaré sus cenizas si deseas respetarlo dándole sepultura —prometió y la miré agradecida.

—Vamos, chicos. No hay nada más que hacer aquí —nos animó Elliot.

Daemon me miró, preguntándome así si estaba lista. Asentí porque sabía que tenían razón, ya no había más que hacer y estaba forzando a mi chico a estar en esa situación. Si lo indujeron a la manía, eso significaba que la depresión lo atacaría en cuanto la droga saliera de su cuerpo y no merecía sufrir las consecuencias en ese lugar, no cuando pidió tal cosa con tal de salvarme.

Antes de dar un paso lo besé agradecida de que, contra todo pronóstico, cambiara las reglas del juego, pues en esa ocasión, fue el rey quien salvó a la reina.

Miré hacia atrás y dejé que mis lágrimas siguieran cayendo libres cuando unos tipos sacaron el cuerpo de David como si fuese basura, luego cogieron a Demian y descubrí que su muerte me estaba doliendo más de lo que imaginé.

Con ellos dos estaba llegando a su verdadero fin un imperio de maldades y atrocidades, e incluso con el dolor de mi pérdida, sentí que las cadenas de mi pasado al fin me dejaban.

Ya no más familia enferma y vengativa.

Ya no más temores.

Ya no más daño.

Ya no más dolor.

Ya no más, Danik Black.

Era el turno de Rahsia Brown, la chica enamorada de aquel hombre que llevaba en su sonrisa a un ángel y mil demonios en su cabeza.

30 | Piezas de Puzzle

RAHSIA

Lloré de camino hacia el hospital porque cuando la adrenalina me abandonó, todo lo vivido se reprodujo en mi cabeza y aparte de irreal, se sintió como si me rompieran en mil pedazos. Me dolía Ian y, pensar en su sonrisa contagiosa, en los comentarios fuera de lugar y las acciones sin sentido que tuvo, fueron una puñalada a mi corazón.

Luego, Demian se apoderó de mis pensamientos, recordar las pocas veces que rio y sonrió hicieron que mis ojos se nublaran; siempre vi en sus iris color esperanza, la oscuridad, pero también la necesidad. Algo que le molestó que señalara cuando me enfurecía y le gritaba sus verdades.

Logré acercarme un poco a él, me parecía que hasta le caí bien después de todo y pensé en lo increíble que era el hecho de que cuando sabías pelar las capas de un corazón amargo, descubrías dulzura, pero era incluso más surreal tener un día a una persona y, al siguiente, obligarte a entender que ya no estaba más ni lo estaría.

Sollocé al ser consciente de que habían muerto, que me abandonaron después de asegurar que estarían a mi lado porque como tonta llegué a desear que siguieran conmigo aun cuando el juego acabara. Se convirtieron en mi familia y… ¡Dios! Ya no estaban.

Ganamos la partida, pero perdimos piezas importantes.

—¡Madre mía! —exclamé con la voz entrecortada, sintiendo la garganta como si me hubiesen puesto fuego puro.

—¡Shhh! —susurró Daemon al abrazarme y apretarme en su costado, dejándome llorar como tanto necesitaba.

Antes de subir a una *todoterreno* fuera de aquel edificio, la madrugada del siguiente día, le pedí a Elliot que por favor contactara a mi abuela y no hubo necesidad de explicarle las razones, ellos ya sabían que Bianka era una víctima en todo ese asunto y prometió reunirla conmigo pronto.

Daemon iba a mi lado, se había limpiado la sangre y usaba camisa, y así como a mí la adrenalina lo abandonó y ya comenzaba a ver los estragos. Me acomodé bien entre su costado y pecho, él dejó su brazo a mi alrededor y comenzó a acariciarme la espalda de arriba abajo; tenía los ojos cerrados y unos auriculares en los oídos que conectó a su móvil para desconectarse de la realidad.

Supuse que aguardaba paciente a terminar el tedioso camino. La carga ya se nos estaba haciendo pesada y él era tan fuerte, que no quería derrumbarse sin antes dejarme entre la seguridad que tendríamos en el hospital.

De pronto lo sentí colocarme uno de sus auriculares en mi oreja expuesta y escuché atenta la melodía que se reproducía. Era Dean Lewis con *Half A Man* y, a lo mejor no era su intención, pero me lastimó el alma con las primeras estrofas.

Miré hacia el frente, el señor Elliot conducía y de copiloto se encontraba otro hombre que no conocía; parecía que ambos iban inmersos en su propio mundo, la radio sonaba con una canción alegre, mientras que en la parte de atrás yo me moría de tristeza y miedo porque esa melodía podía significar muchas cosas, aunque lo que más predominaba era el temor de que mi tormento se estuviese dando por vencido.

Resiliencia

Incluso así, armándome de valor decidí mirarlo y me topé con sus ojos oscuros detallándome como si nunca me hubiese visto en su vida.

Pero ¿cómo se supone que debo amarte, cuando no amo quien soy?
¿Y cómo puedo darte todo de mí, cuando solo soy un hombre a medias?
Porque soy un barco que se hunde y se quema, así que suelta mi mano.

Sin contenerme, fruncí el ceño e hice un puchero al escuchar tan crueles palabras, pero lo que más me destrozó el alma rota, fue cuando de sus ojos cayeron lágrimas y se mordió el labio para evitar un sollozo.

—No me hagas esto, amor. —Logré susurrar en su oído. Con una mano lo cogí del cuello y sentí cuando él me tomó con fuerza, mas no dijo nada. Simplemente unió su frente a la mía y negó en cuanto otra estrofa me desgarró.

Lo que está roto ya no puede estar completo…
Pero ¿cómo se supone que debo amarte, cuando no amo quien soy? ¿Y cómo puedo darte todo de mí, cuando solo soy un hombre a medias? Porque soy un barco que se hunde y se quema, así que suelta mi mano.
Oh, ¿cómo puedo darte todo de mí, cuando solo soy un hombre a medias?
Y nadie puede hacerme daño como me he hecho a mí mismo, porque estoy hecho de piedra y estoy más allá de toda ayuda.
No me des tu corazón.

—Estoy cansado de esto, de todo —dijo.

En ese momento sabía que el señor Elliot se había percatado de lo que estaba sucediendo y fue muy amable al darle volumen a la música del radio para así dejarnos en nuestro mundo.

Mi hermoso tormento me hablaba por medio de la canción porque su cerebro no daba más para ordenarle a su boca que vocalizara las palabras, y en cuanto la siguiente melodía comenzó a reproducirse (*Safe & Sound* de Hayd), supe que no fue al azar; él las escogió para poder comunicarse en momentos como esos, era su forma de pedir ayuda cuando sus demonios lo cegaban y callaban porque así dijera que estaba cansado, su alma luchadora no, y buscaba la manera de sobrevivir un día más, de superar un episodio más.

—*¿Sientes lo que yo siento? ¿O es simplemente otro sueño en el que… persigo cosas que no son reales?* —dijo, siendo ese el principio de aquella canción.

—Sé lo que estás pasando, cariño. Ya lo viví y es lo más horrible, pero tú eres tan fuerte —le respondí y lo cogí del rostro para que me viese.

—Me pasa, Danik. Hay monstruos en mis sueños y a lo mejor debería pelear con ellos, pero los dejo entrar. Me roban todo el sueño —siguió y le limpié las lágrimas—. Quise ser fuerte por ti y mi familia y no tienes idea de cómo me frustra entrar a este estado cuando más me necesitan. ¡Me siento tan mierda! —espetó y pude ver que de verdad se sentía así—. No mereces a alguien como yo —añadió, soltando las palabras que tanto temía.

Me obligué a ser fuerte y limpié sus lágrimas con ternura. Lo besé en la comisura de los labios, se había puesto reacio, creyendo que no merecía nada de mí, mas no me apartó, solo respiró pesado y cansado.

—No está en tus manos sentirte diferente ahora mismo, y créeme cuando te digo que yo más que nadie te entiende —aseguré y lo tomé más fuerte del rostro para que me pusiera atención en el instante que quiso zafarse y seguir encerrándose en su mundo oscuro—. ¿Recuerdas cuando te comenté que yo también tuve mis demonios y los dibujé? —pregunté y asintió.

Hasta ese punto de nuestra historia le hablé sobre mi pasado, mas no de mis demonios ni de todo lo que pasé para llegar a tenerlos en mi cabeza, o de la depresión en la que me fundí a causa de mis traumas.

—Me obligaron a ser testigo de violaciones y torturas, tuve que llevar a otras chicas para que fueran ultrajadas por Jean Paul Blanc porque si no lo hacía, mamá pagaría por mí. —Empecé a decirle y él me puso atención, a pesar de que su cabeza no estaba para eso.

Durante años me sentí miserable y culpable. Quise quitarme la vida cuando el remordimiento me ganó porque todas aquellas víctimas aparecían en mis sueños cada noche para reprocharme el haberlas dejado solas con un tipo tan asqueroso, ignorando sus gritos y súplicas.

Resiliencia

¿Hice algo para ayudarlas? No pude.

El día que no soporté llevar a una chica más a aquella habitación del demonio, me resigné a que era mi turno porque preferí que me abusaran a mí y no seguir cargando en mi conciencia el daño hacia otras mujeres. Ni con todas las terapias del mundo iba a sacar de mi cabeza el momento en el que Jean Paul osó poner sus manos en mi cuerpo y mi madre fue obligada a verlo, en ese instante solo repetía en mi cabeza que me lo merecía y que era mejor yo y ya no más otra persona. Tonto de mi parte, lo sabía; pues ese malnacido no se detendría únicamente porque cumpliría su sueño más repugnante conmigo.

Pero pasó algo que en su momento lo tomé como una desgracia más, hasta que me llevaron a otra habitación, ya que fui ofrecida como premio a un tipo. Para Caleb Brown siendo exactos, quien utilizaba un nombre distinto porque estaba de encubierto dentro de la mafia londinense.

Ese fue el día en que mi vida cambió de verdad, la luz llegó junto con la esperanza, aunque cuando me vi envuelta en la seguridad de un hogar, mis demonios decidieron atacar, recordándome a todas las víctimas que ayudé a dañar y torturándome cada vez que cerraba los ojos. Comencé a desarrollar depresión y a tener problemas alimenticios, me veía como una tipa gorda, a pesar de que no lo estaba, y perdí todo mi amor propio.

Estar sumida en la depresión no era capricho ni menos algo pasajero y fácil, añadirle a eso ataques de pánico y ansiedad fueron como una bomba de tiempo en mi sistema. Varias veces me escapé de casa porque odiaba el encierro al que en ese instante tenía que someterme por seguridad y terminaba perdida, o en vehículos de extraños a los cuales les suplicaba ayuda.

Caleb era quien iba por mí al hospital a donde, por suerte, esos extraños me llevaban; lloraba por nada o reía por todo y casi siempre esos momentos de carcajadas incontrolables terminaban en llanto. Me miraba al espejo de cuerpo completo cuando salía de la ducha, me desnudaba y me reprochaba lo fea que me veía. Le decía a mi reflejo lo patética que estaba con todas esas libras de más, según yo, celulitis hasta en partes que no creía que podía tenerse y estrías por doquier.

El cabello fino y poco era otro extra que me encantaba señalar y en cuanto me cansaba de reclamarme por todo lo *mal* que veía en mí, terminaba en la cocina, no comiendo sino embutiéndome todo lo que encontraba a mi paso. Y lo peor de eso era que, en lugar de aceptar que necesitaba ayuda me negaba a ella.

Hasta que un día Caleb me habló molesto, y cegado por la ira me dijo cosas hirientes, pero verdaderas, me hizo caer a lo más profundo y luego, como un verdadero padre, corrió para ayudar a levantarme. Buscó al mejor psicólogo y me internó en una de las mejores clínicas, el proceso fue largo y difícil, sin embargo, ni él ni mamá me dejaron sola; estuvieron allí para mí hasta que resurgí con un amor propio casi intacto y me convertí en lo que ahora soy: una mujer que, a pesar de sus miedos, quería seguir adelante sin mirar atrás.

Pero, sobre todo, en una mujer que no se daba por vencida sin luchar y derramar hasta la última gota de sangre.

—Así que, ahora soy tan testaruda que, aunque me eches de tu vida yo siempre seguiré a tu lado, Daemon. Y no importa si me convierto en un grano en el culo para ti, no me daré por vencida, no podrás deshacerte de mí. Ya sea como amiga o novia, jamás te dejaré solo —le aseguré tras contarle aquella parte de mi vida y decirle que no era obligación que se sintiera bien justo en ese momento, que podía vivir su proceso, pero que me dejara estar a su lado para apoyarlo.

Me regaló una sonrisa triste y negó como diciéndome «te vas a arrepentir», pero dejó que lo besara y lo mejor de todo fue que me correspondió. En ese instante descubrí que los besos también hablaban y no solo te excitaban, pues justo ahí pude ver la diferencia de cuando alguien te besaba con amor y agradecimiento y no simplemente con deseo.

Y lo estaba descubriendo en el mismo paquete, ya que, mi hermoso desastre no solo me elevaba a las nubes con placer sino también con amor.

—Me despiertas la ternura y los demonios a la vez, hermosa mariposa —susurró al separarse de mí, justo cuando el coche se detuvo y sonreí por cómo me llamó.

Resiliencia

Y también porque en ese momento lo hizo en otro contexto y ya no como la primera vez en la que intentó asustarme para que corriera lejos de él.

—¿Soy una *Morpho* para ti o más como Heimlich? —inquirí intentando bromear, olvidando por unos segundos a mis muertos, a mis heridos y su depresión. Reí cuando frunció el ceño y no entendió nada—. ¿Nunca viste la peli de *Bichos*? —seguí y su rostro fue cómico cuando entendió que me refería a aquella oruga graciosa que jamás logró su metamorfosis completa.

O la metamorfosis a la que estábamos acostumbrados.

Y sí, yo podía comparar mis rollitos con lo que quisiera, sin embargo, no me sentía fea ni insegura. Eso quedó en el pasado, aunque me divertía hacer ciertas comparaciones y más la reacción de las personas.

Daemon bajó del coche y me tendió la mano para ayudarme a descender, volviendo a su seriedad y dejando que la depresión hiciera con él lo que quisiera, y me parecía increíble que incluso así, me procurara como lo hacía.

Asentí hacia Elliot cuando, con un ademán de mano, nos pidió que nos adelantáramos; ya era de día y oteé hacia mi alrededor dándome cuenta de que había muchas personas armadas cerca, incluso militares.

—Te veo más como Gypsy —comentó Daemon tomándome de la cintura y alentándome a que caminara cuando ralenticé el paso con un poco de temor.

Al principio no entendí lo que dijo y cuando lo miré me guiñó un ojo.

—Conque sí has visto la peli —solté con una pizca de emoción y no me respondió—. *Okey*, Manny. Tomaré tu silencio como respuesta afirmativa. —Lo chinché, llamándolo igual que el bicho que era pareja de esa mariposa.

—Culpa a madre y sus tardes de pelis con Asia. —Estaba sonriendo, pero dejé de hacerlo cuando su voz al decir aquello demostró ya no solo tristeza, sino también miedo.

No quise decirle nada y opté por callar, ya que su miedo también fue el mío.

Nadie me dijo nada más sobre Caleb luego de que el señor Elijah informara que había despertado; y mi cabeza estaba tan atestada de pensamientos, dolores, preocupaciones y traumas, que tampoco pregunté. Me aterraba que no me dijeran nada bueno y tras el día y la noche horrible que tuvimos, no quería añadir más penas hasta llegar al puente del dolor y obligarme a cruzarlo.

El hospital era el mismo en el que Daemon estuvo en el pasado y con los días aprendí que los Pride White no solo movían sus hilos con el gobierno sino también en el área de la salud (y quién sabía qué áreas más), por lo mismo, cada vez que ellos requerían de atenciones médicas todo un piso se cerraba y prestaban la máxima seguridad.

El señor Elliot quiso que tanto Daemon como yo fuésemos revisados por un doctor antes de llegar a nuestras familias, pero nos negamos; yo por mi parte estuve alejada demasiado tiempo de mamá y no quería perder ni un segundo más, aunque Daemon sí fue obligado por Fabio a tomar medicación para contrarrestar la droga de su cuerpo y controlar el estado al que había entrado. Y agradecí que obedeciera, ya que lo necesitaba bien y cooperando para salir pronto del abismo.

—Ve con tu madre, yo me quedaré con él —me animó Elliot y miré a Daemon, él asintió hacia mí comprendiendo que, aunque me moría por estar ahí, también me urgía ver a mamá y a papá.

Ya lo tenían en su habitación, recostado en una camilla mientras una enfermera se encargaba de colocarle un catéter.

—Estaré aquí, mis padres serán sometidos pronto a una operación y les están haciendo estudios, así que no puedo acompañarlos en donde se encuentran —informó y escucharlo me desconcertó y asustó.

Vi bien al señor Elijah antes de partir, no creí que necesitara ser sometido a operación.

—Ven, Danik. Dejemos que Fabio atienda a Daemon y yo te explico todo —propuso Elliot.

Besé a Daemon antes de irme y le prometí que volvería con él pronto, asintió y cerró los ojos cuando Fabio, quien llegó minutos atrás, le inoculó algo en el catéter.

Resiliencia

Afuera de la habitación, Elliot me esperaba para acompañarme al área donde estaban mis padres y en el camino me habló de todo lo sucedido luego del atentado a Isabella y papá. Los riñones de la madre de mi chico se vieron comprometidos ante la lesión de la bala, uno lo había perdido y el otro sufrió daños severos que en el futuro podían acarrearle una enfermedad renal, así que, le practicarían un trasplante preventivo con el que se recuperaría por completo y para eso, el señor Elijah le daría el suyo, puesto que se negó a que su mujer tuviese algo de otra persona si él podía ser compatible.

Y para *suerte* de él, no solo eran compatibles en el corazón, sino también con los riñones.

«Vaya locura».

—Gracias por todo —le dije a ese hombre de ojos azules que me transmitía confianza absoluta, sonrió de lado y asintió.

—Gracias a ti en realidad, porque si no hubieses aceptado unirte al plan, no habríamos logrado todo lo que logramos —aseguró y sentí una punzada en el pecho al recordar todo lo que perdí, a pesar de lo que gané—. Y siento mucho lo de Demian e Ian.

—Yo también —susurré con pesar.

Minutos después emprendí mi camino hacia donde me indicó y, como lo dije antes, el piso entero estaba lleno de seguridad y, aunque me puse nerviosa, ver rostros conocidos me dio la confianza de seguir adelante hasta llegar a la habitación donde tenían a Caleb. Leah se encontraba afuera junto a una chica que no reconocí porque me daba la espalda.

—¡Jesús, mujer! Al fin estás aquí —exclamó al verme y corrió para abrazarme.

Su acción me sorprendió, pero la recibí más consciente de que esa chica era mi familia al igual que Darius e Essie (y agradecida también de haberme cambiado de ropa y no apestar a muerte) y se sintió bien darme cuenta de que no toda mi sangre Black era para aborrecer, aunque no dije nada de eso, ya que no sabía si ella conocía esa parte de la historia de su madre biológica.

La chica que la acompañaba se giró para mirarme, era muy hermosa y de rasgos tan familiares para mí que no dudé de a quién

tenía enfrente. La pequeña de los Pride estaba de regreso y entendí la razón: su madre.

Abigail no era la chica que Daemon me describió ni la que vi en aquella fotografía del catamarán. Patito la llamaban, pero yo vi a una mujer hermosa de cabello chocolate como el de su padre, ojos hipnotizantes y rasgos pícaros; poseía la elegancia y belleza de Isabella y el peligro y porte de Elijah Pride. Destilaba seguridad y sensualidad, aunque también bondad. Su apodo le fue dado por el cuento del patito feo y al verla en ese instante más como un precioso cisne, supe que era una digna caracterización de ese famoso cuento infantil.

—Tú eres Rahsia, la novia de mi hermano —aseguró y me sorprendió que me conociera, aunque más el que me hablara con confianza y afecto.

—Y tú su hermanita —dije con una pizca de burla ante lo último y sonrió. Ya sabía que Isabella y Elijah Pride tenían buenos genes, yo amaba a una de sus hermosas creaciones, pero ver a esa chica me confirmó que supieron superarse.

Su sonrisa fue angelical e inocente, una mezcla extraña para la sensualidad que destilaba.

—Ellos insisten en verme como su niña —señaló y no lo dudé. Daemon era consciente de que su hermana se convirtió en una mujer en todo el sentido de la palabra, pero cuando se refería a ella lo hacía como si hablara de una nenita inocente todavía—. Me alegra conocer al fin a la hermosa mariposa de mi gruñón —añadió al acercarse y darme un beso en la mejilla.

Leah se rio al ver mi vergüenza por como me llamó, pero más que vergüenza fue sorpresa, ya que solo escuché dos veces a Daemon llamarme así (una vez en italiano) y que ellas lo supieran me hizo entender que conocían ese mote más que yo.

Justo iba a preguntarles sobre ello cuando la puerta de la habitación de Caleb se abrió y vi a mamá salir acompañada de un médico. Mi corazón se aceleró de emoción y la encontré en el camino que corrió para abrazarme. Me sentí segura de nuevo entre sus brazos y en mi interior fue como si abrieron el grifo del agua, ya que comencé a llorar como niña pequeña.

Resiliencia

Esa mujer me calmaba, pero así también me volvía vulnerable.

—Perdóname por todo lo que dije e hice, mita —supliqué, llamándola como muchas veces lo hice de niña.

Siempre me fue divertido cambiar el mamita por mita y a ella le pareció cariñoso, así que cada vez que me porté mal o deseaba que me mimara la llamaba así. En ese momento fue más como un ruego, pues la dañé con mis palabras hirientes y la dejé sola en un momento tan importante.

Me dolía no haber estado a su lado en una situación tan crítica.

—No vuelvas a hacerlo, mi niña. ¡Por favor! —Lloró y la abracé más fuerte. Negué en respuesta porque hablar me resultaba difícil y me cogió del rostro para que la mirara. Ambas éramos de la misma estatura, mi cabello rubio era como el de ella (pero lo teñía un poco más oscuro), aunque nuestros cuerpos muy distintos—. Sabemos la razón, ya somos conscientes de todo lo que hicieron —añadió y al ver que no me observaba con reproche, me tranquilicé.

Le pedí que me dijera cómo estaba Caleb y sentí tremendo alivio cuando me confirmó que había despertado; lo indujeron a un coma para que se recuperara, pero incluso así logró reaccionar y lo primero que hizo fue murmurar mi nombre y eso apachurró mi corazón. Mamá vio que me sentí culpable y me pidió que no pensara así, asegurando que las cosas pasaban porque tenían que pasar y no porque se provocaran, ya que incluso así, sucedían porque era el momento adecuado.

Caleb estaba dormido en ese instante, así que me pidió que habláramos antes de entrar a verlo, me confirmó que mi abuela siempre fue buena con ella cuando papá estaba vivo y que la mantenían al margen de todo. Según Bianka, su esposo e hijo solo fueron empresarios importantes y adinerados que por lo mismo se hicieron enemigos a causa de las envidias, mamá intentó decirle la verdad en cuanto entendió que su marido hizo cosas atroces, pero se lo impidieron.

Por primera vez hablamos con verdades y no nos ocultamos nada y de esa manera nos liberamos de un pasado tormentoso que trató de joder nuestro presente.

—¿Por qué él, amor? —preguntó en el momento que tocamos el tema de Daemon. La noté afligida y al conocer su pasado con los Pride White la entendí.

—Porque se me metió bajo la piel desde que nos cruzamos en aquel aeropuerto, porque lo volví a ver en el grupo de apoyo que manejaba y me hechizó de una manera increíble. Porque lo conocí en cada terapia y comencé a amarlo incluso sin saberlo… ¡Dios! Podría seguir dándote razones y nunca terminaría —respondí y sonrió dejando caer un par de lágrimas.

—Eres increíble, mi niña, y de verdad deseo que seas feliz y estés con el hombre que te merece —aseguró.

—Daemon Pride White me merece —respondí y ni yo sabía explicar por qué, pero ese hombre me hacía sentir demasiado segura y confiada— y sé que yo lo merezco a él —aseguré con orgullo.

Más tarde pude ir con ella a ver a Caleb y lo primero que hice al tenerlo tan cerquita fue pedirle perdón y suplicarle porque se recuperara. Tenía lesionado un pulmón y para suerte de todos, la segunda bala que recibió no tocó ningún órgano y salió limpia de su cuerpo.

—¿Rahsia? —Tenía mi frente presionada en su mano cuando lo escuché llamarme. Sonaba débil y ronco, pero sentí alivio y felicidad al volver a escucharlo.

—Sí, papá. Soy yo, tu Rahsia —aseguré al alzar la cabeza y encontrar sus ojos azules mirándome con miedo de que no fuera real. Mamá llegó al otro lado de la camilla y lo tomó de la mano, una lágrima rodó por su mejilla y la limpié regalándole una sonrisa—. Sé que no es el momento, pero necesito decirte que lo lamento mucho. Tuve que hablarte así y actuar diferente a lo que me enseñaste, sin embargo, todo fue para que nos liberáramos de esas escorias que tanto querían dañarnos y casi te pierdo. ¡Dios! Por poco y pierdo la oportunidad de decirte que te quiero mucho y que, aunque no me hayas engendrado, tú eres el único padre que reconozco.

Con cuidado me lancé sobre él para abrazarlo y lo escuché reír.

—¡Dios! Sí eres tú, cariño —confirmó y sentí su brazo rodearme.

Agradecí esa oportunidad porque de verdad tuve miedo de no tenerla, me aterraba la idea de perderlo y más el no poder explicarle mis razones para comportarme como una perra malagradecida.

—¿Lo dices porque peso? —pregunté y me separé de él, mamá rio por mi pregunta y Caleb negó con debilidad, pero también con diversión.

—No, hija. Lo digo por esos momentos en los que hablas casi sin respirar. —Reí, ya que tenía razón.

Fui una parlanchina desde niña y el dolor de cabeza de mamá cada vez que comíamos, pues era mi momento favorito para hablar de todo lo que olvidaba por jugar.

Despacio y con resumen le expliqué a Caleb lo que sucedió y no me regañó solo porque en su estado no era recomendable que hiciera corajes, aunque al igual que mamá, me pidió… no, él me ordenó que no volviese a hacer algo como eso y se los prometí con la seguridad de que no habría necesidad.

El mal había llegado a su fin, o al menos eso esperaba.

Al siguiente día pude ver a Isabella, quien también ya comenzaba a reaccionar del coma, antes de eso nos habíamos reunido con el señor Elijah todos los que fuimos parte del complot en contra de los Vigilantes, y tenía que admitir que mi estómago jamás me falló como en ese instante, pues el hombre a pesar de que ya sabía las razones que nos indujeron a hacer lo que hicimos, nos gritó un par de verdades.

Aiden y Sadashi se adjudicaron toda la responsabilidad y nunca los admiré tanto como cuando se enfrentaron a uno de los tipos a quien yo más temía, pues en el instante en el que LuzBel Pride insinuó que el estado de su mujer y el de mi padre era culpa de nosotros, el más curioso de sus clones (como lo llamaban, aparte de copia) se plantó ante él aclarándole que, en su mundo se mantenían expuestos a situaciones como esas y todos los que pertenecían a sus organizaciones estaban conscientes y lo aceptaban.

—Estás hablando también de mi madre, padre. No es solo tu mujer y me duele tanto como a ti lo que sucedió, pero ambos somos Grigoris, nuestras esposas lo son y están con nosotros en esto sin importar las consecuencias.

—No serás un Grigori hasta que hagas tu juramento y, para eso, tu madre y yo debemos aprobarte y no lo hemos hecho. Así

que actuaste como un subordinado saltándote muchas de nuestras reglas y eso nos llevó a esta situación.

Quise irme de la habitación en la que estábamos en ese momento, no obstante, me obligué a ser fuerte. Sadashi se mantuvo todo el tiempo al lado de su esposo para apoyarlo y podía jurar que yo no hubiese sido capaz de estar tan cerquita del señor Elijah y encararlo de esa manera.

—Merezco mi lugar, me lo he ganado e hice lo que ustedes deberían haber hecho desde hace mucho.

—¡No a costa de ustedes, jamás los hubiésemos arriesgado! —vociferó el señor Pride y reculé ante el señor Elliot en el momento en que su primo alzó la voz.

—A veces para acertar hay que errar y, si no arriesgas, no ganas. Me lo enseñaste tú, padre, y es lo que hice.

Elijah calló y negó con la cabeza tras unos minutos al escuchar a su hijo, luego de eso siguieron hablando, esa vez Elliot y Fabio se unieron y me incluyeron. Dylan y Darius habían viajado a Virginia para cuidar de sus respectivas familias y me sentí aliviada cuando aquel martirio acabó y me permitieron ir a ver a papá.

Tras estar con él hablé un poco con Leah y Abby y luego ambas me acompañaron a la habitación de Isabella. En dos días los someterían a cirugía y con eso se esperaba que la hermosa mujer recuperara su vitalidad y fuerza.

—Sé que todo saldrá bien, usted es una mujer demasiado fuerte —susurré al tomarla de la mano. La mantenían dormida para que no se preocupara por el estado de Daemon, ya que eso no le haría bien.

Como madre, e incluso sabiendo que el estado de su hijo era parte de su condición, ella siempre se preocuparía por él y no la juzgaba; yo también me sentía así aun viendo que lo estaban tratando para ayudarle a salir pronto de la depresión.

—Y usted también estará bien —aseguré a Elijah, quien no se separaba de su Bonita, como llamaba a su esposa a cada momento.

Me seguía sintiendo un poco incómoda a su alrededor, pues su seriedad me hacía pensar que no terminaba de caerle bien, pero quise ver a Isabella y eso significaba estar a solas con ese hombre, por lo que me arriesgué.

Resiliencia

—Lo sé —dijo lacónico y su tono solo me puso peor.

Me quedé un rato más y cuando calculé que Daemon despertaría, puesto que le estaban administrando medicamento para que pudiese dormir y combatir el insomnio, decidí despedirme de la madre de mi gruñón y así dejarla tranquila con su guardaespaldas personal.

—Gracias por estar con D en este momento, eres la mejor compañía para él ahora que nosotros tenemos que dividirnos. —Convino Elijah cuando le informé que me iría con su hijo.

—No lo agradezca, lo hago porque lo amo —reiteré y sentí que me sonrojé, ya que era la primera vez que expresaba mis sentimientos hacia ese hombre frente a uno de sus padres—. Y tal vez no soy la mujer que usted quería para él debido a mi familia, pero le aseguro que…

—No me importa tu familia cuando has demostrado lo que sientes por Daemon, Danik.

—Rahsia —lo corregí tras su interrupción—. Ese fue el nombre que Caleb y mamá escogieron para mí y lo prefiero —expliqué y asintió.

—Bien, Rahsia. Como te decía, no me importa de dónde vienes ni tu familia, me importa más lo que veo y sé que amas a mi hijo, así que, aunque no sea necesario, gracias —repitió y asentí.

—Es un poco tonto lo que diré, pero… espero algún día poder sentirme cómoda a su alrededor y no como si tuviera una piedra en el estómago cada vez que lo veo. —Sus ojos grises se abrieron un poco más al escucharme y sacudí la cabeza al pensar que estaba entendiendo mal mi comentario—. Me refiero a que no soy como Sadashi, esa mujer es su orgullo y lo veo interactuar con ella casi como un padre con su hija y no son celos, ¡eh! Solo… de verdad espero algún día estar a su lado sin sentirme tan nerviosa, o con la necesidad de caerle bien todo el tiempo porque…

—Hey, respira —pidió y me avergoncé por mi verborrea, más cuando él sonrió de lado y como tonta hice lo que me pidió—. Sí, Sadashi puede ser mi orgullo e interactuamos bien porque nos manejamos en el mismo ambiente, es una compañera de organización y no solo mi nuera —aclaró—. Tú en cambio sí eres

la favorita de toda la familia, incluso de ella, y esto que apenas te conocen. —Mi corazón se aceleró por la seguridad en su voz—. Tienes ese don que muy pocos poseen, el de agradarle al mundo entero y nos ganas con facilidad. Así que deja de preocuparte por tonterías, ya que me caes bien desde la primera vez que Daemon habló de ti y sus ojos brillaron. Eso me bastó para asegurar que mi hijo al fin había encontrado su luz y eso vale todo para mí.

Sonreí tímida ante lo último y asentí liberando un poco de tensión porque sus palabras fueron muy sinceras.

«Vaya, algunos demonios sí tienen alma», pensé y lo vi reír. Las mejillas me ardieron al darme cuenta de la razón.

—Jesucristo, yo no quise…

—No se trata de que tenga alma, pero tengo hijos y tú eres la dueña del corazón de uno de ellos —aclaró y la vergüenza que me embargó fue horrible.

¿Cuándo aprendería a mantener los pensamientos solo para mí? ¡Madre del amor hermoso!

—Me voy antes de que siga poniéndome en vergüenza a mí misma —avisé.

—Sí, hazlo —me animó él todavía sonriendo.

Me marché enseguida hacia la habitación que adecuaron para Daemon, todavía regañándome por la imprudencia mental que no controlaba. Encontré a Abby muy cómoda en un sofá al lado de la camilla de su hermano, había música bajita y reconocí a Radiohead cantando *Creep*, ella tenía los ojos cerrados al igual que mi tormento y noté que se dejaba llevar por la melodía. Me observó cuando cerré la puerta y le sonreí con disculpas.

—Despertará pronto, así que te dejaré tranquila con él —avisó al ponerse de pie y asentí.

Se marchó de inmediato, Daemon ya no estaba dormido, pero optaba por cerrar los ojos para no enfrentarse a la realidad y lo comprendía tanto.

A la habitación únicamente llegaba Fabio cuando era necesario, así que con confianza me subí a la camilla que gracias al cielo era grande y sonreí cuando mi chico se hizo a un lado para darme espacio. Antes de llegar busqué aquella canción en mi móvil que siempre quise dedicarle y la dejé lista para reproducir; había descubierto que en ese estado era más fácil hablarle por medio de melodías y por lo mismo supe que Jason Mraz con *I Won't Give Up* sería perfecta para ese instante.

—Escucha con atención —susurré entre su pecho al abrazarlo fuerte y amé que me correspondiera el gesto.

Di reproducir a la canción y dejé que ella le dijera todo lo que yo quería.

Habíamos hablado poco desde que llegamos y se volvió más distante conmigo, eso aumentó mi miedo ante la expectativa de que pensara romper nuestro noviazgo; opté darle espacio por lo mismo, ya que no quería que se apresurara con las decisiones que tomaría y siendo sincera, también estaba retrasando el momento porque con solo pensarlo e imaginarlo me dolía.

Sobre todo, en su estado, ya que sería difícil convencerlo de lo contrario.

Cuando miro a tus ojos, es como si observara el cielo nocturno o un hermoso amanecer. Contienen tantas cosas y al igual que en las estrellas viejas, veo que has llegado muy lejos para estar justo donde estás.

—Tu alma resiliente es lo que más admiro de ti —comenté y sentí su pecho subir y bajar ante un profundo suspiro que soltó.

En mi vida había conocido a personas con una fortaleza digna de admirar, mi madre era una de ellas porque me defendió por encima de todo cuando caímos en manos malvadas y nunca se quejó de ello, ya que su amor era más grande y prefirió mantenerme a salvo, por eso y más Brianna era mi mayor ejemplo.

Luego estaba Isabella Pride White, su historia iba cargada de oscuridad y atrocidades que no cualquiera superaría fácil, luchó en aguas pantanosas y resurgió victoriosa, anteponiendo a sus seres amados, pero sabiendo darse su lugar cuando era necesario. Los pacientes que atendí como psicóloga también tenían su lugar especial en mi lista, ellos con sus luchas me enseñaron demasiado de la vida.

Pero por sobre todas las personas fuertes físicas y mentalmente que admiraba, Daemon siempre encabezaría mi lista, y nada tenía que ver el hecho de que lo amara, sino a lo que él era. Luchaba cada día de su vida y muchas veces sin quejarse, salía adelante y

encontraba su propia luz en los momentos más oscuros, me enseñaba que cuando uno quería podía, o que se podía conseguirlo incluso si la propia mente no daba para más.

En pocas palabras, si me pedían describir la fortaleza absoluta, sin dudarlo un segundo pensaría en mi adorado tormento y lo describiría a él.

Daemon Pride White era *Resiliencia* para mí.

—No renunciaré a nosotros —aseguré al tiempo que aquel solista cantaba lo mismo.

Incluso si los cielos se vuelven tormentosos.

Te estoy dando todo mi amor. Sigo mirando hacia arriba.

Y cuando necesites de tu espacio para hacer algo de navegación, esperaré aquí pacientemente para ver lo que encuentres.

Pues incluso las estrellas arden, algunas hasta caen a la tierra.

—*Tenemos mucho que aprender.* —Canté junto a Jason Mraz y busqué el rostro de Daemon, él me observó y escuchó—. *Dios sabe que lo valemos. No, no renunciaré.*

Él me acarició el rostro con premura y escuchando atento la letra de la canción me besó de una manera muy tierna la frente y yo aproveché para apretarlo contra mí queriendo fundirme en su piel cada vez que aquella melodía decía que no renunciaría a nosotros, porque se lo estaba prometiendo con mi vida.

Nunca me enamoré como lo estaba de Daemon y menos amé de la forma en que lo amaba; conocí chicos, Andy fue la relación más seria que tuve y lo quise, pero nada se compararía jamás a lo que ese tipo complicado me provocaba.

Me enamoré de sus demonios, de su oscuridad, de su infierno, de sus traumas, de sus problemas, de su bipolaridad, pero más me enamoré de su fortaleza, de su lucha diaria, de su sinceridad y seriedad, de su resiliencia y, sobre todo, de su corazón.

—Tampoco renunciaré, incluso cuando lo desee. Te lo prometo —susurró en mi oído y eso bastó para que mi corazón se acelerara por la felicidad que sus palabras me provocaron, luego selló su promesa con un beso.

Me besó el alma y me dijo muchas cosas a través de ese gesto. Cosas que me hicieron sentir afortunada porque confirmé que le entregué mi corazón a un hombre que lo cuidaría el doble, a un chico que era capaz de ser fiel y respetar por muy difícil que le fuese, ya que en sus estados maniacos todo se volvería complicado, pero yo también era una luchadora y no me daría por vencida jamás.

Además de eso, Daemon ya me había demostrado que pondría todo de su parte por hacerme feliz.

—Siento no poder hacerte el amor con el cuerpo en este momento para sellar mi promesa —murmuró cuando se separó de mí y volví a besarlo mientras sonreía.

No, mi hermoso desastre no podía hacerme el amor porque lo que describían en algunos libros sobre personas bipolares estaba muy lejos de la realidad. Daemon no era solo sexo desenfrenado y pasión por las peleas y problemas, él también era de momentos frustrantes y falta de deseo sexual; tenía esos días en los que únicamente le apetecía dormir y holgazanear, pero igualmente me enamoré de eso, ya que como una vez me lo dijo… Daemon Pride White era real y bipolar.

—Pero me lo haces con el alma —aseguré.

—Siempre, Rahsia Brown —confirmó, dando por sentado de esa manera que él también dejó ir a Danik y con ella, su pasado oscuro.

Me sentí feliz y completa con esa declaración ahí entre sus brazos, pues al fin retomaríamos nuestras vidas como lo que éramos: dos chicos enamorados que vencieron a la maldad y los estereotipos, dos seres de luz, pero, sobre todo, dos piezas de *puzzle* que encajaron a la perfección.

Él era y sería siempre mi tempestad y yo su calma. Y juntos lucharíamos por nuestro arcoíris.

—Te amo, *mio Signore* —aseguré y lo vi sonreír.

—Y yo a ti, *mia bella farfalla* —respondió dándome la confirmación de que contra todo pronóstico estaríamos bien.

Él era mío y yo suya; y no estaba hablando de una posesión carnal, sino de la pertenencia del alma.

Nuestras almas.

FIN.

@Patty~Ailly31

Epílogo

DAEMON

Natural sonaba de fondo con un volumen especialmente alto. Estaba en el salón de entrenamientos junto a Aiden y padre; mi copia y yo acabábamos de llegar de una ceremonia que se celebró en memoria de Demian Sellers. Rahsia lo organizó junto a su abuela, y de la familia, únicamente nuestro padre no asistió y lo respetamos, pues como él decía: ser hipócrita no se le daba.

La vida iba marchando cada vez mejor y solo el memorial de aquel tipo con el que compartí sangre White, ensombreció un poco mi día, ya que en el tiempo que lo conocí, supe que pudo ser capaz de volverse una buena persona, pero la vida se lo llevó pronto y con eso dejó a mi chica triste, por eso lo lamentaba.

Sadashi cumplió su palabra luego de una semana de aquel enfrentamiento, en donde una de nuestras mejores piezas pereció por el bien de todos, le entregó a Rahsia las cenizas de Demian y todavía recordaba lo mucho que mi chica lloró al ver convertido a alguien que pudo ser un grande, en algo tan pequeño. Pero tenía

claro que la vida era así y seis meses después se sintió preparada para despedirlo de verdad.

Ella también había establecido una relación cercana con su abuela, la señora supo la verdad sobre su familia y terminó pidiéndole perdón a su nieta por cosas que no le correspondían, pero que aplaudimos, ya que fue algo humilde de su parte; era muy amable, aunque empalagosa a veces y eso me obligaba a buscar un poco de rudeza luego de compartir mi tiempo con ella.

Asimismo, mi chica logró relacionarse de manera perfecta con tío Darius y su familia, y juntos se encargaron de destruir aquella caja de pandora que una vez amenazó la vida de todos. El club Karma pasó a ser posesión de ambos, puesto que Rahsia aseguró que no estaba preparada para asumir esa responsabilidad y tío Darius no merecía perder en totalidad algo que cuidó con esmero, y eso, fue un acto de bondad por parte de mi bella novia que todos le admiraron; tía Laurel la adoraba y se encargaba de, según ella, aconsejarla para que disfrutara más de nuestra relación y la verdad, no podía quejarme de ello.

Incluso cuando mi *piccola innocente* iba desapareciendo con cada visita, dejándome solo a la *diavoletta* que me ponía más a sus pies.

Cada vez que veníamos a Richmond, Virginia, para visitar a la familia, tía pretendía acapararla solo para ella y eso provocaba peleas divertidas entre Brianna y la pelinegra que ponía de cabeza el mundo de los Black Stone, y mientras ellas discutían, madre aprovechaba para llevarse a Rahsia a comer, o hacer cosas de chicas junto a Sadashi, Abby y Leah.

Esta vez habíamos vuelto a la ciudad para celebrar el Año Nuevo juntos, aunque también el juramento de mi copia como miembro oficial de Grigori y La Orden del Silencio, pues madre tomó la decisión de cederle su lugar en vida como líder Sigiloso para dedicarse por completo a su pasión que era la fotografía y así poder disfrutar más de sus dos nenas, Abby y Asia.

Rahsia decidió aprovechar la oportunidad para hacer el acto en memoria de Demian y esparció sus cenizas en un lago cercano a la propiedad de Caleb que era especial para ella.

Resiliencia

Angie y Lucas nos acompañaban esa vez, la pelirroja ya sabía de la condición de mi amigo y lo aceptó, al parecer lo de ellos se volvió serio, pero como ambos decían: únicamente estaban disfrutando al máximo de su presente.

Angie y yo logramos tener una relación cordial dejando los celos de lado, y no por lo que una vez sucedió entre nosotros (que seguía siendo solo de los dos porque no lastimaríamos a nadie más con algo sin importancia), sino por lo que intentó con Rahsia; pero me prometí que el pasado lo dejaría en donde pertenecía y lo estaba cumpliendo. Además de que la pelirroja entendió que yo amaba a su mejor amiga más de lo que ella la amaba y eso facilitó nuestra tolerancia.

—¡Joder, padre! ¡Eso es juego sucio! —espetó Aiden cuando nuestro progenitor lo lanzó al suelo de una manera poco honorable.

Padre rio divertido y con la mano lo instó a que se pusiera de pie, yo me encontraba bebiendo un poco de agua saborizada y preparándome para cuando mi turno de luchar llegara. Esos momentos entre los tres eran de los mejores de mi vida, pues mientras hacíamos algo que nos apasionaba, también compartíamos tiempo de calidad y nos reconectábamos como cuando yo vivía en la ciudad.

Aunque aquellos días distaban mucho de ser los que me hacían feliz.

—No chilles, colega, porque no estoy jugando, solo te demuestro que afuera te enfrentarás a cosas peores. —Lo chinchó él y reí.

Tras la operación a la que se sometieron meses atrás con madre, les tocó mantenerse mucho tiempo fuera de juego y esa era la primera vez que luchaba. Tanto él como madre evolucionaron de manera perfecta y ambos volvieron a sus vidas normales, aunque siendo más cuidadosos que antes; y estaba de más decirlo, pero padre era el más feliz con la decisión de su mujer de retirarse y no lo culpaba, yo también agradecía que dejara de ponerse en peligro.

Suficiente tendría con la agonía de saberlo a él y a mi hermano todavía metidos en ese tipo de vida.

—A ver, viejo, vamos a quitarte un poco el polvo —dije cuando fue mi turno y le saqué una carcajada.

Pero después de eso nos fuimos a la lucha cuerpo a cuerpo y nos reíamos cada vez que uno acertaba o el otro esquivaba. Aiden por su parte disfrutaba de burlarse de nuestros errores o descuidos.

—¡Puta madre, D! Veo que Rahsia te mantiene cansado —se burló Aiden cuando padre golpeó detrás de mis rodillas y me hizo caer al suelo por tercera vez.

Le respondí mostrándole el dedo medio y eso lo hizo reír.

—Y a ti te mantiene cansado Shi —señaló padre, recordándole que él no estuvo mejor y aproveché su descuido, lo golpeé en los tobillos logrando que cayera a mi lado.

—Y a ti madre —me burlé.

—¡Mierda! —Jadeó.

Aiden gritó un fuerte «sí» y los tres comenzamos a carcajearnos, ya estábamos cansados y optamos por ir a tomarnos una bebida y nos sentamos en las colchonetas uno frente al otro, charlando y recuperándonos tras el desgaste que habíamos tenido en cuestión de cuatro horas.

—Me alegra y enorgullece verlos felices —comentó nuestro progenitor mientras bebíamos un poco de rehidratante.

Nos estuvo preguntando un poco sobre nuestras rutinas, poniéndose y poniéndonos al día, ya que así habláramos o nos viéramos por videollamada, no era lo mismo como estar en persona. Incluso con Aiden que era con quien convivían más a menudo.

—Siempre quise un amor como el tuyo y el de madre, y estoy seguro de que los dos lo hemos encontrado —aseguró Aiden y asentí.

No se equivocaba.

Durante años busqué la medicina adecuada para mi condición, probé de todo lo habido y por haber y no fue hasta que Rahsia llegó a mi vida que comencé a sentirme bien en realidad. Con esa chica descubrí lo cierto que era que existían personas que podían ser remedio o veneno y, para mi suerte, conseguí mi remedio después de tanto veneno.

—Y según tú, ¿cómo es el amor entre tu madre y yo? —indagó padre.

—Tú besas el suelo por donde ella camina y madre mata por ti. —Padre sonrió al escuchar a mi clon.

—Te protege como una loba mientras que tú la procuras como a tu diosa —añadí yo.

—Te convirtió en su creyente más fiel cuando siempre fuiste ateo —siguió Aiden y nuestro progenitor terminó soltando una carcajada sin negar lo que aseguramos—. Queríamos eso para nosotros.

—Y ambos lo tienen —reiteró él—. Tú con tu diabla y tú con tu ángel. —Sonreí cuando nos señaló e hizo esa comparación tan certera entre Sadashi y Rahsia—. Una vez dije que estaría para ustedes cuando llegara la indicada luego de estar con las equivocadas y me alegro de que ese día llegara, chicos —prosiguió y lo miré atento—. Y me alegra más que no hayan salido como yo en ese sentido, pues siempre he admirado la capacidad que tienen para demostrar sus sentimientos sin temerles o avergonzarse de ellos.

—Habla por nosotros, no por Abby —solté irónico y lo vi mirar hacia el suelo y sonreír a la vez que negaba.

—De verdad espero que mi nena únicamente me ame a mí y a ustedes, a nadie más. Es por su bien. —Deseó, con Aiden nos reímos, ya que así nuestra hermanita volviera de Londres siendo una total cabrona, eso no significaba que nunca caería en las garras del amor.

Y, de hecho, ya había caído doblemente, pero dejaría que ellos se enteraran cuando fuera el momento. Y disfrutaría de la cara de padre y mi hermano con las buenas nuevas que les daría ese Cisne Negro en cuanto cogiera valor.

Joder.

La nena de la familia se descubrió de una manera que nunca imaginamos.

Al día siguiente todos nos reunimos en casa de Caleb para desayunar, era la última mañana del año y, por la noche, Aiden haría su juramento para iniciar el nuevo año como uno de los

líderes Silenciosos, siendo el sucesor de madre, además de su nombramiento oficial en Grigori.

El gran comedor estaba lleno de familiares y amigos, Isabella lucía en todo su esplendor, como la mujer poderosa y vital de siempre, siendo uno de los pilares fuertes de los Pride White, aunque la novedad y felicidad más grande era el hecho de que Essie nos acompañaba por primera vez después de ganarle la lucha a la muerte. La hermosa Estrellita se encontraba en recuperación, pero los doctores dieron el visto bueno para comenzar a integrarla a eventos pequeños e íntimos.

Y más dichoso no podía sentirme, pues tenía a mi novia, mis padres, hermanos y a toda mi familia unida como en los viejos tiempos.

—Y espera a que te haga más travesuras. —Escuché a Brianna decirle a madre mientras hablaban de las nuevas hazañas de Asia.

Mi hermosa sobrina se reía de algo que madre le decía y estiraba sus brazos para que padre la cogiera y como todo un alcahuete la cargó y comenzó a hacerle mimos; me parecía que ella, Abby e Isabella eran las únicas mujeres que lograban ponerlo vulnerable.

—¡Oh por Dios! Trágame tierra y escúpeme en una habitación a solas y sobre D —susurró Rahsia a mi lado tras lo que su madre dijo y me reí por sus ocurrencias.

La tomé de la mano y alcé una ceja haciéndole saber que la escuché; como siempre, se sonrojó y la besé en la coronilla cuando se cubrió el rostro y se recostó en mi hombro. Caleb nos observaba de reojo y evité reírme para no amargarle la mañana. Aprobaban nuestra relación, aunque eso no significaba que no fuera celoso con su hija.

—Mamá está a punto de ponerme en vergüenza —avisó y eso bastó para poner atención a lo que Brianna decía.

Debido a la cantidad de amigos y compañeros que a los Brown les gustaba reunir en su hacienda, Caleb recurrió a la compañía de Aiden, Dasher y Lane para que le diseñaran y construyeran un comedor con el espacio perfecto para hacernos sentir acogidos. La mesa era redonda, por lo que todos disfrutábamos de ese desayuno viéndonos a la cara.

Resiliencia

Rahsia y yo estábamos sentados cerca de mis padres y los suyos, razón por la cual escuchábamos mejor lo que conversaban.

—… Era una nenita, pero llegó llorando porque ese niño le dijo pupa y ella lo llamó tonto. Aunque lo que más la hacía llorar es que ya no volvería a ver al pequeño luego de que yo le expliqué que él solo la había halagado —soltó la mujer y madre rio por la inocencia de mi chica.

Vi a padre mirarla atento y luego habló.

—¿A qué clínica la llevabas? —preguntó él dejando que Asia jugara con el relicario en su cuello, mientras la paraba en sus piernas.

—Al pediátrico *Thomas James* —respondió ella.

—Daemon y Aiden fueron al mismo de niños y es curioso que ellos una vez llegaron contándome que D había peleado con una niña porque la llamó pupa y ella lo trató de tonto —contó padre y nos miró a ambos.

La sorpresa fue evidente en ellos, incluso en Rahsia, yo por algún motivo sonreí casi como si mi subconsciente supiese desde hace mucho que esa chica no llegó a mi vida por casualidad.

Miré a Rahsia y algo en sus bellos ojos me confirmó que pensábamos lo mismo, no había sido curioso sino más bien obra del destino que nos conociéramos incluso antes de saberlo y apreté su mano para demostrarle lo agradecido que me sentía.

—Me tienes tatuado justo al lado de tu corazón —aseguré y su mirada se volvió acuosa y llena de felicidad—. Y tus ojos me han mostrado el cielo desde antes de tener uso de razón.

No había vuelta atrás y tampoco lo dudaba, yo era el niño que representó con su mariposa.

—Me salvaste —musitó y recordé la historia detrás de su tatuaje—. Siempre has sido tú —reiteró y mi pecho se hinchó con orgullo porque incluso antes de ser conscientes, ya nos pertenecíamos.

Las circunstancias se encargaron de separarnos, pero el destino caprichoso volvió a unirnos, no importaba que yo hubiese conocido a su hermana antes, o que ella se hubiera ido para otro país y conocido a otros chicos. Estábamos juntos y ya no pensaba dejarla ir, así me costara un infierno por mi condición lucharía por

"""

hacerla feliz, ya que, si la vida me premió con ese ángel, lo cuidaría hasta que diera mi último respiro.

Esa era mi promesa más sagrada.

—Ármalo mientras me esperas, prometo que no tardaré —le dije a Rahsia por la noche, antes de irme a la ceremonia de juramento de mi hermano.

Tía Laurel, Brianna, Abby, Angie, Leah y Bárbara se quedarían con Rahsia en casa de mis padres junto a Lucas, Dasher y Lane mientras estábamos en el cuartel de Grigori. Essie también las acompañaría y evité pensar en las locuras que harían juntos. Solo esperaba que a mi novia le quedara tiempo de armar ese rompecabezas que mandé a hacer especialmente para ella.

La ceremonia de Aiden se haría exclusivamente con los miembros de las organizaciones, pero yo fui requerido por mi clon y por eso se me permitió estar presente.

—¿Un rompecabezas? —inquirió Rahsia irónica y asentí.

No la dejé decir nada más y la besé en la frente.

Me fui al cuartel con mis progenitores y al llegar encontré a muchos de los miembros principales de ambas organizaciones ya reunidos. Los Grigoris de menor rango recibieron a mis padres con un saludo militar y los de La Orden del Silencio lo hicieron con una reverencia. Solo esperaban a los líderes de la sede de Virginia para iniciar la ceremonia; y busqué a mi hermano (quien se hallaba con Sadashi) para acompañarlo mientras madre empezaba con el discurso de honor.

El abuelo Myles cedió su liderato en vida a padre en el pasado, así que nadie se extrañó de que madre hiciera lo mismo con su heredero, y se celebraba en grande que Aiden tomara su lugar, ya que mi copia se ganó el respeto y apoyo de todos por sus hazañas.

Aiden nació para liderar y me sentí muy orgulloso de que lograra su mayor sueño.

—*Ángel fui, pero un día caí.* —Comenzó a decir mi clon luego de que se le diera la palabra. Sadashi a mi lado se encontraba embobada

al verlo vestido todo de negro, luciendo tan poderoso como las personas a su lado: nuestros padres—. *Nadie sabe mi motivo, nadie sabe la razón, mas el Todopoderoso conoce mi corazón y en algún momento recibiré su perdón. Ahora tomo mi lugar ya sea para salvación o condenación y juro ante ustedes y por mi antecesora, que digno seré de pertenecer a esta organización.*

Padre fue el encargado de cortar la palma de la mano de su hijo con una daga de oro mientras madre sostenía un cáliz y tras eso, un juramento más se llevó a cabo, era el que convertía a mi copia en el nuevo líder de La Orden del Silencio y en ese momento todo se volvió más especial, pues tres Sensei asistieron la ceremonia, Isabella era uno de ellos y lució más poderosa que nunca con su vestimenta en honor a la cultura japonesa.

—Sin piedad la justicia se toma por crueldad. Y la piedad sin justicia es debilidad —pronunció madre, orgullosa en cuanto le hizo entrega de un tahalí y su katana más preciada a uno de sus primogénitos.

Enseguida de eso, mi piel se erizó cuando Isamu, otro de los mejores amigos de madre y miembro de su élite especial dentro de los Sigilosos, alzó su katana y gritó:

—¡Sigilo, justicia y piedad!

—¡Hacen a un silencioso de verdad! —respondió mi hermano alzando también su katana.

—¡Justicia, razón y pasión! —gritó tío Dylan.

—¡Hacen a un Grigori de corazón! —vociferó de nuevo Aiden, tomando un porte más poderoso del que ya tenía, alzando una glock con la otra mano en señal de que respetaría y honraría pertenecer a ambas organizaciones.

Vi el júbilo de cada persona en ese salón turnándose para gritar su respectivo lema. Los Sigilosos hicieron una reverencia ante mi hermano con respeto y aceptación, mis padres lo miraron con orgullo, el mismo que hinchaba mi pecho y seguía erizándome la piel porque lo que vivía era surreal. Y más lo fue ver a Sadashi ponerse sobre una rodilla con una humildad que no sabía que podía tener, clavó la katana en el suelo frente a su esposo y lo miró, diciéndole sin palabras que le entregaba una vez más su lealtad, pero como su líder en esa ocasión, porque como su mujer ya la tenía.

Cazzo.

Estaba hecho, la vida nos había puesto a cada uno en nuestro lugar. Y era consciente de que muchos pensaron que yo querría ser parte de las organizaciones, no obstante, mi vida ya estaba llena de suficiente guerra, tormento y adrenalina; por lo que lo único que buscaba era un poco de tranquilidad y esa la encontré en una vida normal, al lado de aquella psicóloga extrovertida que me permitía ver el cielo a través de sus ojos incluso cuando todo se volvía oscuro.

Yo ya era el líder absoluto de donde más importaba, y estaba aprendiendo a gobernar mi propia mente con la ayuda y el apoyo de la mejor compañera que la vida pudo darme.

—Conque… ahora tendrás que ponerte bajo la sumisión de tu líder —provoqué a Sadashi mientras ambos veíamos a Aiden ser felicitado por otros miembros de las organizaciones, rato después de la juramentación.

—Ja, ja, ja —ironizó ella y sonreí con diversión.

—Al menos ahora con su nuevo tatuaje ya no nos confundirás —seguí jodiéndola y sentí su mirada asesina.

Aiden se había tatuado el nombre de su hija en letras *hiragana* llevándolo en el lado derecho de su cuello en forma vertical, comenzando debajo de la oreja y terminando justo donde iniciaba el espacio entre su hombro y cuello.

—Sigue con tus chistecitos y no dejaré que Asia se quede contigo mañana en su siesta —amenazó y eso sirvió para que me riera de verdad, pues tanto ella como yo sabíamos que no cumpliría.

Las siestas de Asia eran para mí cada vez que estaba de visita en la ciudad y nadie impediría que esa nena se quedara conmigo y Rahsia, pues lo mejor de ellas era cuando la pequeña despertaba y nos regalaba su más grande sonrisa.

Por nada me lo perdería.

Cuando la mayoría de los presentes terminó de felicitar a mi clon, me acerqué a él y con un fuerte abrazo le deseé lo mejor en su nueva etapa, tras ello me despedí de mis padres y me fui en busca de Rahsia. Sabía que ese era un momento importante para ellos, pero iniciar un nuevo año al lado de mi novia me emocionaba más.

Resiliencia

Llegué a casa justo cuando la media noche iba a caer y fui recibido con una Rahsia eufórica que se colgó en mi cuello y cintura como un koala, me reí por sus arranques de emoción y más cuando me llenó el rostro de besos castos.

La eutimia para mí ya tenía nombre y apellido.

—*¡Lo voglio!* —gritó hablando mi idioma de nacimiento y sonreí por su gracioso acento—. *Voglio andaré a vivere con te* —añadió y la miré divertido, pero también feliz.

—*Sono lieto di sentirlo, mia bella farfalla* —respondí y me reí más al ver su rostro confuso.

—Tengo que aprender italiano —refutó y negué metiéndome a la casa con ella en brazos.

—¿Quién te enseñó a responder así? —cuestioné.

—Abby.

—¿Te ayudó a armar el rompecabezas?

—No, pero sí a traducir lo que decía —respondió con ilusión y la besé en la boca justo cuando el reloj sonó anunciando las doce de la media noche.

En la casa de al lado los gritos no se hicieron esperar y supe entonces que toda la familia se encontraba con los D'angelo recibiendo el nuevo año.

—Feliz año nuevo, *piccola* —susurré y le di un beso casto.

No era casualidad que ella me esperara ahí en lugar de celebrar con los demás y confirmé una vez más que fuimos hechos el uno para el otro, ya que preferíamos estar juntos en lugar de recibir una nueva aventura con nuestra familia.

—Feliz año nuevo, *mio Signore* —respondió sobre mis labios y volvimos a besarnos.

Tras eso la llevé a mi habitación y no perdí tiempo en desnudarla, el rompecabezas que le di estaba armado sobre la mesa y se leía con claridad «¿Quieres irte a vivir conmigo?» en italiano, en la caja dejé un juego de llaves del nuevo apartamento que compré con la intención de habitarlo con ella y me hizo feliz que aceptara.

Podía pedirle que se casara conmigo, ya que no dudaba de querer compartir mi vida con esa mujer para siempre, pero antes pretendía que se adaptara por completo a mí y a mis cambios de humor.

Además, Rahsia había vuelto a trabajar con el doctor Cleveland y estaba cumpliendo nuevos objetivos como psicóloga, así que no iba a estresarla de momento con planes de boda, porque con lo exagerada que era, sabía que eso la pondría peor.

—¿Quieres el primer polvo del año? —preguntó con picardía y me reí al verla con un conjunto de encaje negro que le quedaba perfecto y que hizo que mi polla saltara de alegría.

—Y tú también —aseguré porque, aunque era sexi sin un motivo en especial, había aprendido que esos conjuntos los guardaba para cuando quería una noche larga y placentera.

Y como su súbdito la complacería.

Rio en respuesta y la tumbé en la cama para comenzar a besarla de pies a cabeza, poco a poco los gemidos la abandonaron y me deleité saboreándola como tanto nos gustaba. Su entrepierna fue mi objetivo más importante y mientras lamía y chupaba, gocé con su placer y disfruté de los gritos que no pudo contener; y cuando el orgasmo la arrasó y los espasmos se calmaron, di un beso en su sexo tal cual como besaba su boca.

—¿En dónde querías que la tierra te escupiera? —pregunté en cuanto me arrastré hasta colocarme sobre ella.

Rio con picardía y no dudó en responder.

—Justo aquí, sobre ti. —Señaló y me tumbó sobre mi espalda, colocándose a horcajadas sobre mí.

Nos miramos a los ojos y supe que puse esa mirada que a ella le intimidaba cuando me pellizcó con suavidad en el brazo y buscó mi boca para besarme y saborearse en mí. No dejé de mirarla incluso así y la tomé de la cintura para restregarla en mi erección.

—*Sei reale, bella farfalla* —aseguré y me di cuenta de que, estando cuerdo, me sentía más seguro hablándole en mi idioma natal.

—Lo soy, *amore mio* —respondió y la posesión implícita en esas palabras me hizo amarla un poco más.

Ya me había desnudado antes de hacerle el amor con la boca, así que me fue fácil levantarla un poco y luego clavarme hasta lo más profundo de su ser, sintiéndome poderoso al unirme a ella de esa manera, creyéndome capaz de todo y descubriendo a través de sus gestos de placer que un pedacito de cielo ya era mío.

Resiliencia

Gruñí de gozo con sus movimientos de cintura, el sudor nos revistió bendiciéndonos de esa manera y cuando nuestros corazones se aceleraron al mismo compás y el orgasmo nos arrasó, ambos nos llamamos por nuestros nombres y explotamos de la forma más deliciosa.

—Amo esto —dijo Rahsia rato después, estaba acariciando mi tatuaje, aunque esa vez se concentró más en el nuevo trazo que lo adornaba.

No solo Aiden decidió hacerse un nuevo tatuaje, de hecho, como en el pasado, volvimos a tatuarnos juntos. Solo que esa vez yo escogí añadirle una mariposa roja a mi loto; era la misma que Rahsia llevaba en el costado, con la diferencia de que la mía posaba tranquila sobre los pétalos de mi flor celeste.

—Yo te amo a ti —aseguré y le acaricié el rostro cuando me miró a los ojos. Era la segunda vez que se lo decía de manera tan directa, pero ella sabía muy bien que le demostraba mi amor más de lo que lo vocalizaba.

Así era yo, de pocas palabras, directo y sincero, aunque no temía demostrar mis sentimientos y menos con mi novia.

Con mi cable a tierra.

Con mi Rahsia.

Con mi pieza perfecta de *puzzle*.

Con mi eutimia.

Con mi hermosa mariposa.

Agradecimientos

Siempre agradezco a Dios, mi familia y amigos con cada libro que presento al mundo, pero esta vez le agradeceré a dos personajes que con sus vidas (así sean literarias) me dieron una lección muy grande.

Gracias, Daemon Pride White, por plantarte en mi cabeza y pedirme que contara tu historia. De esa manera me hiciste estudiar sobre la bipolaridad, me adentraste en ese mundo para que aprendiera a ser más consciente sobre las palabras a utilizar con las personas o el trato que debo tener, porque nunca se sabe el dolor que se esconde detrás de una sonrisa.

Contigo he aprendido que las condiciones mentales no son menos dolorosas que las enfermedades o el dolor físico. Y, descubrí a tu lado la fortaleza que existe en cada una de las personas que hoy luchan con la oscuridad de sus pensamientos.

Ahora eres parte de mi vida y uno de los personajes más fuertes que he llegado a escribir.

Tú siempre tendrás mi corazón.

Gracias a ti también, Rahsia Brown, porque así siempre vieras a Daemon como un resiliente, para mí tú igual lo fuiste.

Admiro tu capacidad de perdonar y amar, de ver la vida con positivismo y ese don que tienes para no permitir que el pasado te envenene. Gracias por mostrarme tus inseguridades y demostrarme que no te dejas por vencer por ellas.

Gracias por enseñarme a ser feliz, a amarme y a respetarme, pero, sobre todo, a cuidar mi cuerpo y mi mente.

Tú eres ese ejemplo de mujer que yo quiero ser.

Biografía

Jasmín Martínez, escritora de novela romántica y del subgénero Dark Romance. Nació en El Salvador un 31 de octubre de 1988.

Comenzó su aventura en el mundo literario a través de la plataforma de lectura y escritura Wattpad, donde actualmente cuenta con más de 154,000 seguidores. Luego se unió a Booknet, otra plataforma que también permite escribir y leer, pero, sobre todo, vender libros en formato digital únicamente. Ahí ha conseguido llegar a más de 17,000 lectores del mismo género que le apasiona escribir.

Emigró a Estados Unidos en el año 2016 con su esposo e hijos, y en el 2018 tuvo la oportunidad de publicar de manera independiente el primer libro de la trilogía Corazón, trilogía que le ha dado reconocimiento en varios países: tanto de América como Europa, conquistando así a más de 200,000 lectores que le ayudaron a posicionarse en el año 2021 como una de las autoras más vendidas de Amazon, KDP, lo cual le otorgó la oportunidad en el recién pasado año 2022, de vivir la experiencia única de las firmas y presentaciones de sus libros en ferias internacionales tales como:

—En la Feria Internacional del Libro de Bogotá, Colombia.

—En la Feria Internacional del Libro de Lima, Perú.

—En la Feria Internacional del Libro de Guayaquil, Ecuador.

—En la Feria Internacional del Libro de Guadalajara, México.

Actualmente, cuenta con nueve títulos publicados en papel de manera independiente en Amazon, KDP (De ellos, tres traducciones al inglés), uno con un contrato editorial con Cosmo Editorial, así como cuatro novelas publicadas en las plataformas anteriormente mencionadas, plataformas que le ayudaron y siguen ayudándole a darse a conocer en el mundo literario con un número de historias que promete ir en ascenso con la ayuda de su imaginación y la de sus lectores que la siguen apoyando en cada proyecto al que le da vida.

Ha fijado su residencia en Portsmouth, Virginia, ciudad del país que le ha dado la oportunidad de dedicarse por completo a sus letras y familia. Espera, poco a poco, ir sumando más logros con su gran pasión y escape.

Es la mayor de tres hermanos y se siente feliz de enorgullecer a su familia con cada meta que se propone y consigue, siempre con el apoyo de los que ama. Se define como una escritora aficionada: ama leer un buen libro y escribe para describir los mundos que imagina en su cabeza. Pero, sobre todo, creé fervientemente que los sueños se cumplen cuando luchas por ellos, cuando no te rindes.

Sigue escribiendo cada día y promete no parar mientras Dios le de vida e imaginación.

Otros libros del Autor

JASMÍN MARTÍNEZ
AUTORA DEL BESTSELLER "CORAZÓN DE HIELO"
AIDEN
ÉRAMOS UN
ERROR CON
SABOR A CIELO.
JASSY'S BOOKS

JASMÍN MARTÍNEZ
AUTORA DEL BESTSELLER "CORAZÓN DE HIELO"
DAEMON
EN MI REALIDAD,
LA BESTIA
SERÍA YO.
JASSY'S BOOKS

Contenido

www.ingramcontent.com/pod-product-compliance
Lightning Source LLC
Chambersburg PA
CBHW020758150726
48196CB00001B/82

* 9 7 9 8 8 6 9 3 2 2 7 3 9 *